U0613546

山东省一流学科曲阜师范大学中国史学科奖补资金资助成果

塑造论哲学之社会学哲学论证

SUZAOLUN ZHEXUE ZHI SHEHUIXUE ZHEXUE LUNZHENG

张全新 著

山东人民出版社

国家一级出版社 全国百佳图书出版单位

目　录

绪论：由塑造论哲学论社会学何以可能

第一篇　前阶："无意识—有意识"·从"无意识前提"说起

第二篇　枢纽："潜意识—显意识"·由"潜意识显意识机制"展开

第三篇　超越："显意识—超意识"·向"超意识状态"升华

结语：关于塑造论哲学之社会学哲学论证的结论

第二章　显意识与潜意识由对立统一走向同一·社会（自然）塑造人与人塑造自然（社会）

第三节　趋于主客体相互映照走向显意识与潜意识统一

三、诉诸于符号、拟剧、标签、身体

（一）米德、布鲁默等人的符号互动论。

符号互动论是一种侧重于从心理学角度研究社会学的理论流派。这一理论认为，社会是由互动着多个人构成的，对于诸种社会现象的理解只能在这种互动中寻找。第二次世界大战后，特别是 20 世纪 60 年代至 70 年代以来，符号互动论在美国及西方社会学界颇为流行。

1. 在社会学意义上讲，"符号互动论"这一概念是由赫伯特·布鲁默在 1937 年正式提出来的。这个概念最早出现于 E. P. 施米特编辑的《人与社会》一书由布鲁默撰写的一章中，该书由纽约"普林泰斯—赫尔"公司于 1937 年出版。而符号互动

论的一些基本观点的出现要早得多。通常说来，符号互动论的产生直接得益于两个领域的学者：一是美国的实用主义哲学家，二是美国芝加哥学派的学者。当然就其理论来源而言，还可以追溯于18世纪的一些哲学家，特别是受苏格兰一些伦理学家的思想影响。这些苏格兰伦理学家突出主张研究现实生活，主张考察日常生活经验并从中归纳出理论，认为只有通过社会经验才能找到有用的知识。他们认为自己更为关心的不是纯粹的知识而是人类的活动。他们认为，人不是生而为人类的，而是通过社会生活才成为人类的。

这里先要讲到的是，这些学者中的一位重要代表即亚当·斯密。他不仅在经济学上卓有建树，而且较早地阐述了符号活动的一些萌芽思想。他在探讨人们互相联系的影响时说："将一个人带到社会中，他立即便有了一面他渴望得到的镜子，这面镜子就在与他一起生活的人的表情与行动之中。这是唯一的一面我们可以在某种程度上从别人眼中看到的镜子。通过它可以检查我们的行为举止是否得体。"① 这与后来的符号互动论的"镜中我"思想显然是一脉相承的。斯密还认为，同情是一种普遍的人类特质，它使人们能设身处地地站在他人的立场上，从他人的角度看世界。这可以打开人们之间交往的大门。正是通过这种交往，人们才可对自己有所认识，并且为赢得别人的赞许而不断改变着自己。社会是一个庞大的人际交往的网络，其中每个人都被它的褒贬、毁誉、是非评价所控制。另一位苏格兰伦理学家、著名哲学家大卫·休谟也表述了相近的思想。他说："不管是什么人，一旦他对我作出评价，他就将其所有的观点都散布给我了，这些观点多多少少地会引起我的判断的变

① 转引自［美］S. 斯特赖克：《符号互动论》，伦敦，1980年版，第18页。

化……人们的思想观点是他们相互之间的一面镜子。"[①] 休谟也强调人类同情心的重要，认为同情是通过与他人交往获得的一种理解他人情感的倾向。与斯密、休谟同样值得一提的还有亚当·弗格森，他研究了人们的习惯与本能，研究了人与人之间的有机联系，这对于后来詹姆斯等人关于本能的思想有较大影响。弗格森认为人类是具有革新能力的，除了一些天生的本能外，他们的行为源于习惯，而习惯是人们在联系、交往中从他人那里获得的，是别人告诉我们可做什么、不可做什么。弗格森认为，如果习惯于本能可以分开的话，那么事实将证明习惯在人类行为中发挥的作用大于本能。弗格森说："人的意愿的更为普遍的特征不是一种作为手段的无目的的倾向，而是一种有目的的、本能的模仿。为了达到这一目的，他通过自己的观察与体验去发现和选择那些也已证明是有效的方法。"[②] 这样，某个人一方面具有一些本能，另一方面又不完全受这些本能的制约。这里很大程度上依赖于人的符号行为。

苏格兰伦理学家的上述思想与美国的实用主义哲学具有密切联系。实用主义哲学家詹姆斯、杜威等人所阐述的很多思想，特别是后来成为符号互动理论来源的那些思想，在斯密、休谟关于同情心的论著中，在弗格森、休谟关于习惯的论著中，都已有所表述，总之，这些苏格兰哲学家强调思想与行为之间的关系，重视自然、社会与个人的联系，重视人类心灵有机、内在的运动变化特点，将心灵、精神的活动当作自然的客体，将思想当作适应与调整的一种工具，所有这些都成为后来的符号互动论的有机组成部分。当然，这种发展是通过实用主义，特

① 转引自［美］G. 布赖森：《人与社会》，普林斯顿，1945 年版，第 156 页。

② 转引自［美］G. 布赖森：《人与社会》，普林斯顿，1945 年版，第 139～140 页。

别是詹姆斯、杜威等人的实用主义而实现的。

威廉·詹姆斯（1842—1910）是美国哲学家和心理学家。在哲学上，他以实用主义哲学而著称，他主张概念只不过是人们为了在行动中取得成功而采用的“操作假设”。在心理学上，他主张心理学应研究意识的机能与功用。在社会学领域，他专门研究提出“社会我”的思想，正是他在这方面的研究为符号互动论奠定了初步的理论基础。

在詹姆斯生活的年代里，几乎各门科学都受到达尔文主义的影响。在心理学上，表现为人们通常使用“本能”的概念，强调人与其他动物的一致性。这种思想不同于后来的符号互动论，因为符号互动论重视的是人与动物的重大区别，认为人能使用非本能的符号而动物则不能。

尽管詹姆斯没有公开反对本能论，甚至还在某些方面运用了这个理论，但是，他的关于习惯在人类行为中具有重大作用的论述实际上是对当时颇为流行的本能论的一个重大打击。詹姆斯研究了本能是怎样被习惯所取代的。所谓习惯指通过经验学习到的和被经验修正了的行为。他认为习惯的基础是记忆，通过记忆人类可以将过去发生过的行为从心中唤起。在记忆的基础上重复这一行为，这就意味着此种行为已不再是无目的的了，这时，本能消失了。因此，本能既可以改变也可以发展，也有很多会“逐渐消失”①。詹姆斯认为，在人类的行为主要以生物因素为基础转向以社会因素为基础的过程中，习惯起了重要作用。

在对于“意识”的探讨中，詹姆斯进一步研究了意识中产生的“自我”。他认为，自我就是“一个人可以用来称呼他自己

① ［美］威廉·詹姆斯：《心理学原理》（第2卷），纽约，1980年版，第390～398页。

的一切之总和"[1]。"自我"这个概念，意味着承认人类可以而且也正在发展着对待他们自己的态度和关于他们自己的感觉，意味着承认他们自己也是可以观察的对象，就好比人类观察一个外部的客体。正如人们可以向他人和周围的世界发出信号，可以对这些客体有感觉和反应一样，他们也可以对他们自己作出反应。詹姆斯还探讨了自我的类型。他将自我类型分为四类：①"物质自我"（The Material Self），它包括身体、衣着、房屋、家庭和财产；②"精神我"（The Spriritual Self），即心里的能力与爱好；③"社会我"（The Social Self），即个人在其所处的环境中得到的公认，由于一个人不可能总处在同样的环境里，因此，当他处在与他相关联的不同群体中时，他就会拥有不同的社会我；④"纯粹的我"或"抽象我"（The Pure Ego）。其中，社会我的意义最为重要。

詹姆斯对于"社会我"理论主要阐述了以下三重思想。第一，承认"自我"至少在某些方面是来源于经验的；在社会我中，自我来自他人的经验，是他人给予的。詹姆斯讲："正确地说，一个人具有多种社会我。有多少个认识他并对他持有一定看法的人，这个人就有多少个社会我。"[2] 这一思想与当时"符合互动论"关于对自我的看法以及角色理论有密切联系。第二，詹姆斯将社会我看成是人们之间社会关系的派生物，这样就可以通过多方面的社会关系来认识自我的多重特征，也可以将这多方面的自我看成是异质性社会的产物。第三，詹姆斯认为人类本能地追求得到社会上他人的承认，他们总是据此来衡量自

① ［美］威廉·詹姆斯：《心理学原理》（第2卷），纽约，1980年版，第291页。

② ［美］威廉·詹姆斯：《心理学原理》（第2卷），纽约，1980年版，第294页。

我的价值。当然，这种衡量并不是简单地、客观地、分毫不差地反映他人的观点。一个人的自尊、自重是其主张得以实现的重要条件。自尊既有客观基础又有主观基础，客观基础是指得到他人的承认，主观基础在于一个人奋发向上的努力。

在符号互动论先行者的队伍中，鲍德温是一位为人们不甚熟悉的人。他对于杜威和库利都有重要影响。

詹姆斯·马克·鲍德温（1861—1934）是现代遗传心理学的创始人之一，他的主要著作主要有：《儿童和种族的精神发展》(1895)、《精神发展的社会观与伦理观》（1897）等。鲍德温以詹姆斯关于自我的观点为起点，但对之作了修正，他认为整个自我均起源于社会。他将人格视为这个无差别的“社会我”的一种发展，它本身是自我与他人关系的产物。他专门考察了社会与人格、社会与心灵之间的关系。他认为儿童的自我的发展有三个阶段。首先是投射阶段。在此阶段，婴儿感觉到了他人，在他们与物体之间划了明显的界限，还学会了对其他一些差别的区分，如将母亲与其他亲属分开。第二是主观阶段，即通过模仿别人的行为，体会到有一种与此行为相联系的感觉状态，从而出现自我意识。第三是射出阶段，即儿童们将上述感觉状态与人的概念联系起来，因而得知其他人也有感觉状态。①一些学者认为，后来的符号互动论者库利的同情反省方法，以及米德的角色扮演理论，都是建立在这种关于射出阶段的理论之上的。

约翰·杜威（1859—1952）是美国的哲学家、社会学家、教育家，也是实用主义哲学家的主要代表之一。杜威实用主义哲学的一个十分重要的特点是，它强调人类调整自己以适应环

① 参见［美］J. M. 鲍德温：《儿童和种族的精神发展》，纽约，1906 年版，第 17 页。

境的过程。人类独一无二的特性就在于他们具有思想的能力。他认为精神是一种思想的过程，而思想产生于人类调整自己适应环境的过程中之。精神具有工具的性质，它是一个人在头脑中定义客观事物的过程。在这个过程中，一个人勾勒出可能采取的行为方式，设想某种行为方式的后果，区分出那些不能与环境相协调的行为并计划消除此类行为，以及寻找出能实现协调目标的行为方式。他说："思索就是对于各种挑选出来的因素进行组合的一种实验……目的是看一下，如果有这些因素参与的话，活动结果将会是什么样子。"①

杜威用这种将思维当作工具的观点来说明"互动"在解释人类行为时的重要性。一般认为，他的这些思想与当代心理学中流行的行为理论有相当密切的联系。他在题为《心理学中的反射弧思想》的论文中提出了"刺激因素是如何构成的"的问题。他认为刺激因素并不存在于个人追求的活动之外，而是在行动的内容之中。它既不是先于这一行动而存在，也不是引起行动的原因。按照这种观点，只有当一个人寻找这根针时，大海中的一根针才构成了刺激因素，否则它便构不成行为的刺激因素。因此，刺激人们的感觉的世界就是一个最终要依赖于人们所从事的活动特性的世界，当这些活动改变时，世界也就发生变化。这正是符号互动论关于互动观点的精髓。

在杜威的思想中，与符号互动论相关联的，还有两个方面值得一提。第一，杜威不同意将社会视为单一的整体结构、铁板一块的观点。他认为，社会是由众多协作团体构成的，而不是仅仅只有一个单一组织的结构。在人们为追求那些由于为人们所共享而变得十分重要的利益的联合行动中，人们结合在一

① ［美］J. 杜威：《人性与行为》，纽约，1922年版，第190页。

起形成了协作团体。因此，人们相互交往和参与的利益有多少，就存在着多少个协作团体，它们的数量是无限的。[①] 第二，杜威主张，社会科学以及哲学应将日常生活状况和问题作为研究的主题。他认为要想证实一种社会科学的正确与否，就需要将它应用于解决实际问题的活动中，要看它解决实际问题的功效。这种注重实际生活、重视日常人际互动的倾向，一直是符号互动论的重要特点。从总体上看，为符号互动论奠定最初思想基础的上述理论中，像詹姆斯对于本能与习惯关系的论述、对于自我的研究，杜威强调对现实生活的研究、强调社会科学理论要能解决实际问题等，无疑都包含着合理因素。

2. 詹姆斯、鲍德温、杜威等人，从哲学、心理学角度为符号互动论的产生打下了基础，但是，他们的理论还算不上真正意义的符号互动论。作为一种社会学理论，符号互动论基本原理的提出，以及符号互动论的创立，应归功于美国早期学者库利、托马斯，尤其是米德的努力。

查尔斯·霍顿·库利是美国早期具有社会心理学倾向的社会学家。他对于前述的苏格兰伦理学家的著作，以及对于詹姆斯、鲍德温、杜威等人的著作都非常熟悉。可以说，这些人的思想正是通过库利而进入到社会学中来的。

库利的突出特点之一是他非常强调主观世界的重要。因此，人们常把他看成是与持客观主义的涂尔干相对立的、更重主观的代表。库利认为社会学家应特别关心的主题是“精神”与“主观”，因为这些才是人类社会的特点。

库利对于符号互动论的突出贡献之一是提出了“镜中我”概念。他认为，一个人的自我观念是在与其他人的交往中形成

① 参见［美］J. 杜威：《哲学的重建》，纽约，1922年版，第205页。

的，一个人对自己的认识是其他人关于自己看法的反映，人们总是在想想别人对自己的评价之中形成了自我的观念。这样，每个人都是对方的一面镜子，反映出对方的情况。库利给"镜中我"下定义说："一个人对于自我有了某种明确的想象——即他有了某种想法——涌现在自己心中，一个人所具有的这种自我感觉是由取决于别人思想的、别人对于自己的态度所决定的，这种类型的社会我可以称作'反射的自我'或曰'镜中我'。"①

库利的"镜中我"思想与他的初级群体思想密切相关。他认为，初级群体是人们的自我观念发展的摇篮。初级群体的特点是人们亲密无间，有面对面的直接交往与合作，这种群体为个人的社会性与个人的理想奠定了基础。库利说："个人的最早的、最完全的社会生活经验是源于这里的。"② 初级群体使得个人学会设身处地从他人立场看问题的本领。库利认为，对他人的态度、评价作出迅速的反应，乃是一个人走向成熟的标志。而这种对他人态度的敏感性只能在初级群体中得到培养。他还认为，人性是在初级群体中逐渐形成的，人不是剩下来就具有人性的，如果没有亲密的人际交往，人性就无法形成，在孤立中人性将会消亡。

威廉·艾萨斯·托马斯与库利几乎一样，他们受到了实用主义思想的极大影响，并且都为符号互动论提出了最初的基本理论。但是，两者的理论角度很明显的区别：库利的兴趣主要集中于探讨儿童时期自我观念的形成，而对于托马斯来说，由于他主要研究的是社会变迁和社会解组，因此他的兴趣集中于

① ［美］C. H. 库利：《人性与社会秩序》，纽约，1902 年版，第 151～152 页。

② ［美］C. H. 库利：《人性与社会秩序》，纽约，1902 年版，第 152～153 页。

探讨通过何种过程去重新建立成年人的自我观念。此外，在风格上，库利主要是纯理论研究，而托马斯擅长于经验研究。

从符号互动论以及社会学理论的角度看，托马斯的最大贡献则在于他提出了情景定义、情景分析思想。

托马斯认为，社会学的任务就在于分析人们的行为，分析在人与人、群体与群体相互协调的过程中出现的那些行为。而人们相互协调的过程是由情景造成的，是个人与群体对于所处的客观环境的反应。情景定义恰恰居于客观环境（情景）与行为反应之间，它是人们的主观经验因素。托马斯断言主观因素在人类生活中具有重大作用，他说："如果人们认定某种情景是真实的，那么这一情景就具有真实的效果。"[①] 这就是说，如果一个人真的相信有某种现象存在，根据这一判断，他就会真的采取某种行动，就会造成某种客观效果，虽然事实上这一现象并不存在。

托马斯强调主观因素的作用对后来的符号互动论有较大影响。但是，后来的符号互动论者及一些著作对托马斯的思想了解得不够全面，他们片面夸大了托马斯所说的主观方面。其实，托马斯不仅强调主观方面，也强调了客观方面。他认为必须将情景本身和情景定义结合起来说明人们的行为，失去了任何一方都是不全面的。他说："在整个情境中总是多少包括一些主观因素，只有将这全部内容结合起来才能研究行为反应。换言之，要将可以证实的、客观的情境与人们心中感觉到的、似乎存在的情境结合起来。"[②] 当然，托马斯再三强调，在任何一种较为严格的解释中都必须引入情景定义。他认为，客观情况并不是与人们行为完全一致的。他指出："人们调整行为的任何一种活

① ［美］W. I. 托马斯：《在美国儿童》，纽约，1928 年版，第 567 页。

② ［美］W. I. 托马斯：《在美国儿童》，纽约，1928 年版，第 572 页。

动都是按照某种既定的路线而作出的'做或不做'的决定为先导的。而这种决定本身是以'情境定义'为前提的，这就是说，一种解释或观点，最终成为一种政策或行为模式。"①

由此，托马斯强调了情景定义的重要性，说它是所有"自我决定的"行为之先导，认为所有这类行为都依赖于它，个人的人格和"人生观"都产生于它。例如，人们总是从小就在群体中成长，而社会群体对于它所遇到的各种情景通常已经有了定义，并有了一些以这些定义为基础的行为规范，道德标准就产生于这些代代相传的情景定义之中。儿童们不可能单独创造出关于社会的定义，他们的思想行为必定受到社会的影响。当然，个人本能的情景定义与社会的定义存在某种程度的冲突，因为个人的定义强调的是享乐即先要满足个人的乐趣，而社会的定义强调的是社会功利，即为达到某种社会目标发挥作用，这样，所谓社会化就成了一个人接受社会定义的过程。同样，因其个人以及社会解组的原因就在于，社会上各种不同的情景定义并存，而哪一种也不能全面地发挥制约作用。

然而，需要注意，在托马斯的著作中，所谓"情景"的含义并不是始终如一的。在他的名著《波兰农民在欧洲和美国》一书中，他将情景视为态度和价值观。他说："情景是个人或群体在活动中必然会遇到的一组价值观与态度，人们的活动就是依据它而进行的，人们对活动结果的评价也是以它为依据的。每一项具体活动都是有情境决定的。所谓情景包括三个方面(1)个人或社会进行活动的客观条件，即各种价值观、经济、社会、宗教、知识等的整体，它在特定时间里直接或间接地影响着个人或群体的意识状况；(2)个人或群体的先存态度"，它

① ［美］W. I. 托马斯：《原始行为》，纽约，1937年版，第8页。

在特定时间里对人的行为发挥实际影响；（3）情景定义，即对于条件、状况和态度意识的比较清楚的概念。[①] 后来，他又用情景表示“社会关系的状况”，包括“所有的制度、习俗”以及价值观、态度。在不甚严格的意义上，他还用这个词表示引起行为反应的那些条件、因素的结构状况。[②]

尽管库利和托马斯是早期符号互动理论流派中的重要人物，但是，在当时这个理论最重要的代表则是美国哲学家、社会学家乔治·赫伯特·米德。可以讲，符号互动的思想到了米德这里才开始形成比较完整、系统的理论体系。因此，社会学史上也常将米德视为符号互动论的创立者。[③]

米德出生于美国马萨诸塞州的南哈德利。1879 年米德进入奥柏林学院读书，1883 年在该学院毕业后于 1887—1891 年先后在哈佛大学、德国莱比锡大学、柏林大学攻读学位。1891 年米德回美国后即在密执安大学任教，在该校工作的 4 年中，深受当时与他共事的著名实用主义哲学家杜威和社会学家库利等人的影响。1894 年米德应杜威的邀请转入芝加哥大学哲学系执教，直到他逝世为止。米德生前很少出版著作，在他死后，他的学生把他授课的笔记汇编整理出版。他的最重要著作有：《论现实的哲学》（1932）、《19 世纪的思想运动》（1936）、《行动的哲学》（1938）、《米德文集》（1964）等，其中《心智、自我与社会》（1934）被认为是符号互动论的经典之作。

当符号互动论出现在早期时，很难说是一个名称统一的思

---

① ［美］W. I. 托马斯：《波兰农民在欧洲和美国》，参见《身处欧美的波兰农民》，译林出版社 2000 年版，第 68 页。

② 参见［美］W. I. 托马斯：《行为模式与情景》，《美国社会学界》1927 年第 22 期。

③ 见贾春增主编：《外国社会学史》，中国人民大学出版社 2008 年版，第 259～267 页。

想流派，如前所说，当时并没有明确提出"符号互动论"这一名称，然而却有许多学者对人类社会的符号互动抱有浓厚的兴趣。这些学者包括威廉·詹姆斯（William James，1842—1910）、约翰·杜威（John Dewey，1859—1952）、查尔斯·霍顿·库利（Charles Horton Cooley，1964—1929）等人。他们的研究来源于多个学科领域，曾在哲学、心理学、社会心理学和社会学研究中提出的一些有价值的概念和思想，直接促成了符号互动论的诞生。詹姆斯对"自我"的分析、库利的"镜中我"、杜威的实用主义等相关概念，被米德综合成浑然一体的理论体系。米德开始他的综合基于两个基本的假设：①人类之所以迫使他们与群体中的他人进行协作是为了谋求生存，克服自身弱点；②在这个过程中有利于人类生存或适应的行动将会保存下来。从这两个假设出发，米德重新组织其他思想家的概念，认为心智、自我与社会通过符号互动而产生和发展。

关于心智。继杜威之后，米德认识到人类心智的独特之处在于，它具有理解象征符号的能力。其中他将运用象征符号的过程称作想象性预演。想象性预演的主要内容是：选择各种行动方案，扮演他人的角色。这也恰恰说明了他的心之概念不是一个结构，而是一个过程。米德考察心智不是从成熟的有机体的心智开始的，而是集中考察个体最初是怎样形成这种能力的。米德根据行为主义、进化论和实用主义的原理，强调心之产生于一种选择的过程。在此过程中，儿童最初的随意之态所具有的可能技能被认定为是一些有利于婴儿生存反应的动作。例如，出生婴儿的哭叫不能表明他需要的究竟是水、食物，还是温暖，他只是简单地发出姿态，并不能给姿态固定的意义。米德认为这种姿态是没有效率和缺乏适应性的。只有当一种姿态在它的发生者和接受者身上都能引起共同的反应时，它才获得了社会意义，米德称这种姿态为常规姿态。"表意的姿态或符号要有意义，必须永远依赖于产生它的经验和行为的社会过程。”[①] 在共同的意义上运用和解释常规姿态的能力，意味着人类心智、自我与社会的发展迈出了极其重要的一步。有意义的姿势通常以包括一定内容的语言为基础。通过接收和理解姿态，人们就可以认识有利于协作且必须的姿态，从而进行想象性预演。想象性预演就是将自己置于他人的地位，了解那些相合作的他人的态度，从他人的角度来定义和解释周围的环境中的客体的这一过程。通过想象性预演个体得以调节和控制自己的行为，以谋求彼此间的最佳适应。只有当一个人对符号的理解与他人一致时，人类的互动才成为可能。这样，米德相信，当一个有机体能懂得常规姿态（尤其是语言）的含义，承担他人角色，并想象性地预演可选择的行动方案，那么，这一有机体就具有了“心智”。

关于自我。继詹姆斯、库利之后，米德强调，人类能象征性地表示自己。于是，对姿态的理解有利于人类彼此间的合作，同时这成为人类评价和估计自身的基础。自我概念是人们的主观意识的核心，但人们不是天生具有自我概念，而是在与他人互动过程中逐渐获得的。通过采取他人立场，并以别人的观点评价自身的行为，从而个人就成为自身的对象了。这种在互动中将自己的想象为被评价的客体的能力，是与心智过程紧密相连的。米德认为，在这个过程中，重要的是随着有机体的成熟，在每一个与具体他人互动的场合中引起的暂时的“自我想象”，最终将这种或多或少稳定的“自我形象”加以明确，并使之逐步定型，从而进入到相对稳定地将自身确定为某一类客体的

① Mead George Herbert. Mind, Self and Society: From the Standpoint of a Social Behaviorist. Edited by C. W. Morris. Chicago: University of Chicago Press, 1934. p89.

"自我概念"阶段。借助自我概念，这些作为中介的个体行动获得了前后一致性。这作为某类人稳定并始终如一的态度、意向或意义而贯穿于个体之中了。米德指出，自我的发展主要有三个阶段：玩耍阶段、游戏阶段和概括阶段。每一阶段不仅意味着某一个体从角色领会中而贯穿于个体得到短期自我想象的演变，而且标志着一种更为稳定的自我概念在进一步明确化。例如，在玩耍阶段，个人简单地"扮演"其他一些人的社会角色。在这一阶段，婴儿只能面对有限的几个他人，最初涉及的只是由一两个人进行想象。在游戏阶段，由于生理的成熟和角色领会的实践，个人同时承担几个社会角色，并把它们组成一个整体。这标志着一种能力，一种从一群处于协作（自身也投入与这种协作）之中的人那里获得多重自身自我形象的能力。在概括阶段，个人按照"概括化的他人"行动。在这一阶段，个人能体味进而理解社会中"一般他人"的角色或明确的"共有态度"。在这一阶段，个体看来似乎能够对社区或一般信仰、价值观和规范作整体性的透视设定。这意味着人们能同时提高对那些他们必须与之交往之人的反应的恰当性，并将他们可评价的自我形象从该特定他人的期望，扩展到更为广阔的社会共同体的标准和观点。这样，随着"他人"总量的不断扩大，角色领会的能力也不断提高，正是这个过程表征着自我发展的阶段。

关于社会。米德学说中的"社会"概念，被看作已组织起来，通过一般的他人得以规则化了的活动。在这里人们彼此调适和协作，这种调适和协作是心智过程和自我过程的反映。对此，他主要围绕以下四个问题展开论述：①社会制度与结构是如何产生的？②社会控制是如何实现的？③社会和它的制度是如何维持和延续的？④如何认识社会变迁？

关于社会制度与结构是如何产生的。米德认为，这是由个体之间的组织与模式化的互动产生的。而这种个体之间互动的组织化与模式化，依赖于心智的存在。正是由于个体具备扮演他人角色与选择各种行动方案的心智能力，个体之间才能协调他们的行动。

关于社会控制是如何实现的。米德认为社会也依赖于自我的能力。由于个体能够把自己当作客体、从一般人的角度来观察与评价自身，这样也就能在规模较大的群体中对各种活动进行协调，从而实现社会控制。在米德看来，在心智与自我发展过程中形成的共同意义与态度，对于社会制度和结构的形成具有决定的意义。人们承担他人——特殊的他人与概化的他人的角色，并用适应共同意义的态度结构来控制他们自己的行为过程。

关于社会和它的制度是如何维持和延续的。米德不仅把心智与自我看作是社会维持与延续的决定性因素，也把心智与自我看作是社会动荡不定与不断发生潜在变化的决定性因素。在米德看来，社会组织的持续与变化都是在头脑的适应能力和自我调节作用下产生的。没有什么社会的既定形式是终极性的。米德侧重用承担他人角色的心智能力及其过程，来说明社会结构与社会制度。这样，也就强调，心智的调适功能和自我的中介性影响能延续社会组织，也能改变社会组织。

关于如何认识社会变迁。米德厌弃僵硬的、压制的社会组织模式。他认为，社会源于个体间的调适性互动。因此，社会也能通过心智和自我概念表征的那些过程来改变和重新构建。然而，米德进一步强调，变迁往往是难以预测的，即使是那些诱发变迁行为的人也难以预测它。为了说明这种不确定性，米德沿用了詹姆斯最初提出来的两个概念“主我”和“宾我”。在米德那里，“主我”指的是个体的能动倾向，而“宾我”则表示的是行为发出之后的自我形象。利用这些概念，米德强调，“主我”或能动行为是不能预知的，因为个体只能“在经验中认识”

(“宾我”)实际发生的事情和“主我”的行动结果。

在米德的社会学乃至全部学术研究中，达尔文进化论发挥着重要作用。米德由此看问题，他强调，人外部的自然界、生物界是不断进化的，人类社会也是不断进化的，而且社会个体及其主观意识同样如此。米德相信，不管是社会的维持还是社会的变迁，都是通过心智和自我在符号互动中的过程来实现的。社会表征着那些协作活动业已构成的模式——这些模式由行动者内心或他们之间的象征性互动保持和改变。虽然在米德看来，许多群体中导致稳定或变迁的互动是可以预测的，但改变存在互动模式的偶发的不可预知行为同样存在。①

对于米德的社会学研究来说，“活动”(the act)是关键的范畴之一。普通心理学界常将 the act 译为“动作”，而许多论者的论著参照米德强调其社会维度而将其译为“活动”。米德指出:“如果从行为主义的角度来考虑……那么，活动而不是神经束”，在“社会心理学和个体心理学”中凡是活动就都是要研究的“基本材料”②。米德认为，之所以如此，是因为完整地考虑活动就是把人类的行为举止过程当作一个完整的单元，把整个有机体当作一个单元来考虑。米德指出，活动作为一个有机整体，由四个相互依赖和相互渗透的部分组成，它们是：冲动、知觉、操纵，以及完满(congsummation)。这里需要指出的是，米德以活动及其四个组成部分作为其社会心理学和社会哲学研究的出发点，目的主要在于反对传统心理学在这个问题上提出的过于简单化的“刺激—反应”模式；有学者评论说，此举不

① 参见贾春增主编:《外国社会学史》，中国人民大学出版社 2008 年版，第 259～267 页。侯钧生主编:《西方社会学理论教程》，南开大学出版社 2010 年版，第 247～251 页。

② H. George Mead, *Mind*, *Self*, *and Socier*, Chicag 1934; P. 8.

仅深化了普通心理学对个体行为的基础性研究，而且为米德进一步“从外到内”研究个体的社会化过程奠定了基础。①

具体说来，冲动是活动的第一阶段，它唤起活动之其他阶段的意向（饥思食渴盼饮），因而是以后诸阶段得以发生的前提。知觉由冲动唤起，这是活动的第二阶段。这由即将出现的各种刺激及其所引发的心理意向组成，包括个体根据以往经验对刺激的主动选择，它使人觉察到出于某种距离之外的事物。操纵则是个体与其对象的实际接触，这是活动的第三阶段。它不仅使人感受到对象以初级属性，还有助于人把意义赋予对象以初次属性，而在这个过程中，手发挥了至关重要的使用工具作用，因而是人类智力发展的标志。② 第四个阶段，完满于个体对其对象加以消费的完成，它不仅使人满足了一系列直接需要，同时也展示了对象的最终用途、价值和实在。人们认为，米德虽然在其研究和论述“活动”的过程中，是将动物与人对照起来研究而得出这些结论的，并且用它们来说明人类情感乃至家庭、民族等社会现象，③ 但是但这绝不意味着米德把许多社会现象和个人行为化约到生物学层面来说明，而是表明米德强调应当从进化的角度考察个人行为以及某些社会现象的根源，揭示人的生理机制和心理机制是如何在更高层次上发挥作用的。

实际上，米德认为活动及其生理和心理机制只为说明人的心理活动提供了潜能；真正全面地说明人的心理活动，就需要“把经验世界与有机体的全部活动联系起来”④，而在经验世界

---

① 苏国勋编：《当代著名哲学家评传》（第10卷），《米德》，霍桂桓撰，山东人民出版社1996年版，第281页。

② H. George Mead, *Mind*, *Self*, *and Socier*, Chicag 1934; P. 119.

③ H. George Mead, *Mind*, *Self*, *and Socier*, Chicag 1934; P. 228.

④ H. George Mead, *Mind*, *Self*, *and Socier*, Chicag 1934; P. 111.

中，"个体"获得一个观念的过程本身就是社会过程，就是个体通过有意义的"姿态"与他人进行沟通所经历的社会过程。

为了说明沟通所利用的语言的起源以及它在社会沟通中的作用，米德通过动物与人的沟通活动，论述了"姿态"（gestures）这个对于他的社会哲学研究来说非常重要的范畴。对此，有学者强调，如果说米德对"活动"的论述则主要涉及的是个体的生理和心理层面，主要是个体的直接物质需要及其满足；那么，他有关"姿态"的论述则主要涉及个体心理智力层面，主要涉及个体的间接精神需要及其满足。这样说，并不是说米德将这两个侧面分开论述，而是要指出米德通过"姿态"这个范畴已经实现了上述转折。实际上，无论就动物和人的实际生活而言，还是在米德相应的研究论述中，这两个方面都是不可分割地相互交织在一起的。

米德反对包括达尔文在内的以往生理心理学家关于动物行为、姿态只是对其内在情感加以表达或抑制的观点；在此基础上，他强调指出，姿态虽然具有动物情感的功能，但它们首先是动物进行沟通的手段——就基于本能活动的动物而言，当其相遇，它们相互以特定的姿态发出某种信号，并且通过由此形成的"姿态对话"（conversation of gestures）来进行沟通。[①] 所以，就动物活动而言，姿态既可以是刺激，也可以是反应，这是动物活动的开端，包含着有关随之而来的诸活动阶段的信息。不过，米德指出，姿态虽然在人看来都是有意义的，但是对于依靠本能而生活的动物来说，它们却无法也不必有意识地觉察姿态的意义，而对于人来说，情况就大不相同了。

米德认为，对于人来说，虽然姿态是其社会活动的开端，

---

① H. George Mead, *Mind*, *Self*, *and Socier*, Chicag 1934; P. 42.

但是必须把它们置于更广阔的脉络之中，当作“社会活动组织的组成部分，当作在该组织中非常重要的成份”① 来考察。他指出，姿态是有意义的，其意义在于它们所承载的有关社会活动之某种结果的信息；而一般说来，无论人们是否觉察到姿态的意义，意义在社会互动中都是客观存在的，是根据社会个体的反应给定并被陈述出来的。② 另一方面，意义既不是个体社会活动的心理条件，也不是以往人们所认为的意识内容或者观念，因为“在社会活动中……意义机制是在意识的实现或者发生意义觉察之前存在的”③。所以在米德看来，包含意义的姿态对于社会个体及其置身于其中的社会生活来说具有重要的社会作用，后者即表现在个体可以通过进化和学习过程注意并了解其他个体的姿态及其意义，并且运用之进行有效的社会互动。

关于如何分析和把握社会姿态的意义，米德认为可以通过以下三个方面来进行：①个体的姿态；②个体的反应；③他们进行互动的结果。米德指出，“存在于姿态、适应性反应以及社会活动之结果之间的这种三重关系或者三元关系……是意义的基础”④，因此，人们既可以根据这种关系在社会个体姿态中的客观表现来确定该姿态的意义，也可以进一步对这种意义进行客观的评价。可见，米德通过研究“姿态”而形成的关于“意义”的见解，既不将意义化约为排除社会个体的纯粹客观内容，也不将其化约为社会个体内心的主观构想，而是将其主观方面与客观方面统一起来，通过姿态所包含的三重关系来说明和规定它。因此，有专家这样讲，尽管米德和其他实用主义者一样，

① H. George Mead, *Mind*, *Self*, *and Socier*, Chicag 1934; P. 44.
② H. George Mead, *Mind*, *Self*, *and Socier*, Chicag 1934; P. 76.
③ H. George Mead, *Mind*, *Self*, *and Socier*, Chicag 1934; P. 77.
④ H. George Mead, *Mind*, *Self*, *and Socier*, Chicag 1934; P. 80.

将其分析范围主要局限于经验范围，但是他对姿态及其意义的这种分析却难以被牵强地称为"主观唯心主义"；毋宁说，他这种做法带有强烈的自发唯物主义和构建统一的社会哲学的倾向。米德正是坚持这种基本倾向，从对姿态及其意义的分析出发，通过论述作为声音姿态（the vocal gesture）和有意味的符号（significant symbol）的语言，来阐述心灵的产生和个体社会化过程的。

米德认为，虽然任何姿态都承载着某种意义并发挥沟通作用，但是就成功的沟通而言，至关重要的是其意义在沟通者间直接获得一致认同的姿态形式，这意味着该姿态形式，无论对于做出姿态的沟通者本人来说，还是就接受这种姿态的其他个体而言，其意义都是相同的。米德指出，与所有不诉诸声音的身体姿态相比，只有声音姿态最能承载由发声者和接受者视为同一的意义："声音刺激的重要意义在于这样一个事实，即个体能够听到他所说的事情，并且在听他所说的事情的过程中，他就倾向于像其他人做出反应那样做出反应。"[①] 所以，就声音姿态而言，它就有可能成为说话者和倾听者沟通同一意义的语言。有研究者认为，这里必须强调指出两点。首先，米德这里对声音姿态及其沟通意义功能的强调，既涉及不同社会个体之间的沟通，也涉及个体的自我沟通；前者所涉及的是语言的社会维度，即其意义沟通的社会认同，后者所涉及的则是语言的个体社会化维度，即个体如何通过语言的社会性意义实现个本自身的意义认同和沟通并借助于这种自我沟通过程以产生和发展自我意识的方式逐步使个体社会化。虽然米德在这里同时涉及宏观与微观、涉及社会与个体这两个侧面并将其有机统一起来，

① H. George Mead, *Mind*, *Self*, *and Socier*, Chicag 1934; P. 67—70.

但是，他的论述重点还是放在后一个侧面，即个体通过语言意义的自我沟通所进行的社会化上。其次，正是出于强调个体在与其他人沟通的基础上进行自我沟通，米德才突出强调最可能传达同一意义的声音姿态优于表达个体内在情感的非声音姿态。他指出："如果我们把声音姿态排除在外，那么，一个人就只有通过使用镜子，才能得到像其他人对自己的姿态做出反应那样做出反应的地位。"① 因为"一个人通过声音姿态比通过面部表情更容易使自己介入并把握自己"②。当然，米德并非仅论述作为语言的声音姿态而置社会个体其他形态于不顾。关于这一点，从米德在其他处叙述中，如在关于"玩"等范畴的论述中，可以看到，毋庸置疑的是，米德在其社会学研究中的确把语言放在至关重要的地位来研究和陈述。他之所以成为符号互动论的奠基人，其根本原因亦在于此。

米德认为，虽然人类的所有语言都可以是有意义的，但这并不意味着它们在意义沟通中都是有意味的，因为倾听者以同一种方式倾听一组语言并不能保证他们由此做出同样的反应，得到同样的意义；只有当一组语言在倾听者那里引发的对反应与说话者所预期的反映相同时，也就是说，这组语言对于会话双方语言而言具有同一意义时，它才是有意味的。米德称这种语言为"有意味的符号"，而称具有同样功能的姿态为"有意味的姿态"③。就作为语言之语词的有意味的符号而言，米德认为它们具有两种功能，即"传达某种意义"和引发某种"情绪性的律动"（emotional throb）④，而与作为声音姿态的活生生的语

① H. George Mead，*Mind*，*Self*，*and Socier*，Chicag 1934；P. 66.

② H. George Mead，*Mind*，*Self*，*and Socier*，Chicag 1934；P. 65.

③ H. George Mead，*Mind*，*Self*，*and Socier*，Chicag 1934；P. 45.

④ H. George Mead，*Mind*，*Self*，*and Socier*，Chicag 1934；P. 75.

言相比，作为沟通形式的书写和指号语言（sign language）是"从特殊的声音姿态发展而来的"[1]，是人们实际运用的语言的派生物。因此，学者们指出，一般说来，米德认为语言是姿态的一种，而指号语言则是语言的派生物；这种观点实际上简略地勾勒出了语言的发展演化史，贯彻了他的发生学研究的基本倾向。

有研究者强调，需要指出的是，米德在这里的研究论述与他在其他地方的研究论述一样，所采用的是功能取向而非形式同一取向，也就是说，他是从功能角度研究对象并得出有关其相同或不同的结论，而不是从形式角度进行研究而得出相应的绝对同一抑或有所差异的结论，而米德称其心理学为"功能心理学"[2] 也说明了这一点；这种倾向是考察米德的全部社会哲学研究乃至此后的符号互动论社会学所应当把握的一条基本线索。也正是出于这种取向，米德这里所谓语言在不同个体那里唤起相同的反应，所指的也就是其反映在功能上相同而非绝对同一种反应，因为不同个体因其经验背景及视觉的差异，显然不会对同一种语言做出完全相同的反应。[3]

显然，对于一种既定语言的使用者来说，只有通过作为有意味的符号的、具有相同意义的语言，他们才能通过共享和沟通各种观念协调其行为，进行有意义的社会互动，这在米德的学术脉络中是理所当然的。他指出，语言不仅使我们能够与他人会话，而且可以使我们在内心中与我们自己对话，因此，"只有根据作为有意味的符号的姿态，心灵或者智力才可能存在；因为只有根据作为有意味的符号的姿态，思维——它们只不过

---

① H. George Mead, *Mind, Self, and Socier*, Chicag 1934; P. 67—68.

② H. George Mead, *The Philosohy of the Present*, Chicago, 1921; P. 630.

③ H. George Mead, *Mind, Self, and Socier*, Chicag 1934; P. 21).

是个体通过这些姿态与自己进行的一次内化或者潜在的会话——才能发生”[1]。因此在米德看来，思维的本质就是处于社会过程中的个体将其与其他个体的外部会话在经验中的内化，思维的机制就是个体在其内心中运用社会互动所使用的符号而进行的自我会话，而这种内心会话所构成的领域，既是思维的领域，也是人们常说的心灵领域。所以，一言以蔽之，心灵就是个体运用有意味的符号与其他社会个体进行社会互动形式的内化，而心灵的产生过程也就是个体将这种社会性符号互动内化的过程。米德指出：“根据我们的探讨，当有机体能够向他自己以及其他人指出各种意义时，智能（mentality）就出现了。心灵就是在这里出现的，或者你愿意的话，可以说就是在这里突现的。”[2]

在米德看来，虽然人们通过运用语言产生了其对意义的意识，但是，当人们在复杂的社会互动过程中面对各种冲突和问题时，其运用有意义的符号进行的内心会话就会上升到一个更高的层次，米德称这种意识状态为“反思意识”（reflective consciousness）或者“反思智力”（reflective intelligence）。在这种情境中，个体正在进行的社会行动受阻，他不得不停下来，并且根据过去的经验和目前面临的处境，通过运用有意义的符号进行内在反思，设想和评价将来可能出现的各种事件及解决问题的方法，从而使进一步的行动成为可能[3]。因此，作为意识之高一级形式的“反思智力”，就是个体为解决现在的问题，根据过去而预测和评价未来的能力。

米德强调，人们的活动并不是对存在于这种活动之外的外

---

① H. George Mead, *Mind*, *Self*, *and Socier*, Chicag 1934; P. 47.

② H. George Mead, *Mind*, *Self*, *and Socier*, Chicag 1934; P. 132.

③ H. George Mead, *Mind*, *Self*, *and Socier*, Chicag 1934; P. 100.

部"刺激因素"的简单反应。在社会行为发展的早期，某些手势、姿势开始被当作特定行动的标志，例如，举起拳头标志着要打人。这样，一些手势、姿势渐渐地具有了符号的意义，它对于发出者和接收者都是同一个意思，于是人们之间的交往就可以通过这些手势、姿势而进行了。所以，随着社会行为的发展符号也发展起来了，并在完成这些行为的过程中发挥功能。人们的活动起始于一种没有终极目标的力量，人们根据环境中的客体来调整自己的行为，环境中的这些客体通过人们在行为中发挥功能而成为刺激因素，在此过程中它们被定义为与上述行为过程相关联的东西。例如，当一个人感到十分饥饿而在环境中寻找客体时，植物的叶、根、果实等这些先前并无意义的东西便被定义为食物。因此，正是在"活动"过程中，刺激因素获得了意义。米德认为，这种个人行为与客体环境之间的关系成为社会行为。社会行为的完成要有他人的参与，即在满足人的动力要求的过程中，社会行为是由两人或两人以上的相互关联的行动组成的。从这些社会行动中，人格以及有组织的社会行为发展起来，而这一发展得以实现的机制是以语言等为媒介的交往。符号使人们能够预先知道他们自己与他人的行为，能够预期未来将发生的互动过程。通过这种期待，符号还使人们能在互动发生之前调整各自的行为或选择某种行为。符号还使人们能够评估自己的行为对他人的结果以及人们之间行为的结果，就此而言，符号大大促进了合作性的活动。

有学者特别指出，在米德的社会学的研究和论述中，最重要而且也是他最充分论述的部分，是论证个体自我通过社会互动过程而突现的过程，亦即论证个体通过社会化过程而形成"个体自我"的过程。因为这部分内容不仅为他论述意识与心灵的产生提供了现实基础，同时从逻辑上看也是论述社会个体意识发生发展的进一步展开。在这里，语言对于自我概念的发展、社会习俗的传播并使之内化发挥了至关重要的作用；另一方面，米德在这一部分通过玩（play）、游戏（game）、承担角色（role-taking）等重要范畴，简明扼要地阐述了个体自我从婴幼儿时期直到成年所经历的社会化过程诸阶段，突出强调作为有意味的符号的语言在个体社会化过程中所发挥的重要作用，从而阐明了作为其社会哲学之核心论题的个体与社会关系框架的重要一维——个体在其社会环境下而社会化。社会学界的学者认为，米德以此为突破口沟通社会学的主观意义研究与客观实证研究，沟通宏观研究与中观、微观研究，具有相当重要的启发借鉴意义。

在米德看来，儿童的世界也是一个社会世界；这不仅是说婴儿一出生即处于父母和其他看护人组成的社会群体中，而且指婴儿与生俱来的各种反应虽然其自身未曾意识到它们的社会意义，但是对于其他人来说是具有社会意义的；而且，婴儿要生存和成长，就必须依赖作为社会个体的父母、看护人及其社会环境。米德指出，婴儿“从其周围那些人那里得到一种反映，而正是这些人使婴儿实际实现或者完成他的活动。换句话说，他依赖其他人完成他的活动”①。所以在米德看来，个体的社会化过程从其作为生物个体的婴儿时期便在父母或看护人的抚养、帮助和影响下开始了。他强调指出，只有当婴儿通过反复的社会互动形成了对包括其父母和看护人在内的其他人格与自我的清晰直觉时，他（她）才能逐渐形成和理解对其自我和行动的觉察，进而把握其社会意义。

米德让人们注意到，婴儿在其生长和智力发展过程中不仅与其作为社会个体的父母及看护人发生互动，而且也与由各种

① H. George Mead, *Mind*, *Self*, *and Socier*, Chicag 1934; P. 140.

物体组成的周围世界发生各种关系。米德认为，婴儿主要以两种方式获得和理解这些物体的意义：①通过父母或看护人的演示及婴儿自己的学习："成年人不断向婴儿演示他自己动作的结果：球是某种可以抓住或抛掷的东西。"[①] ②婴儿通过自己与诸物体的接触、操纵以及使用了解它们的意义："对于一个儿童来说，锨是某种用来挖掘的东西。"[②] 因而一般来说，儿童是通过各种刺激物的结果来认识它们的意义的。米德在这里强调的是，幼儿在这种学习过程中不是消极被动的，而是积极主动地——正是通过这种学习过程，儿童逐渐了解了其后参与更复杂的社会互动过程所需要的意义。

米德在这里突出强调了语言在儿童社会化过程中所发挥的重要作用。他认为，儿童为了更加主动和有效地参与社会互动，必须学习语言，语言不仅可以使其意识发展到内心会话和反思智力的较高意识层面上，而且可以通过运用有意味的符号，更有效地与其他社会个体进行沟通和社会互动；另一方面，儿童只有通过具体社会互动过程，才能逐渐掌握语言及其所承载的社会意义，而通过这种学习过程，儿童所掌握的并不单纯是有意味的符号，而且还有社会个体运用这些符号的约定成俗的方式。[③] 显然，米德在这里突出强调的，是儿童学习语言时所经历的社会化过程更进一步的过程，因为他在这里强调语言本身的社会性，而且充分强调运用语言所不可或缺的社会互动维度及其对儿童社会化的重要意义。由此可以完全顺理成章地说，在学习语言的过程中，儿童所内化的不仅是语言的意义，而且还有其他社会个体运用语言进行社会互动的方式；这两者虽然密

① H. George Mead, *Mind*, *Self*, *and Socier*, Chicag 1934; P. 143.
② H. George Mead, *Mind*, *Self*, *and Socier*, Chicag 1934; P. 132.
③ H. George Mead, *Mind*, *Self*, *and Socier*, Chicag 1934; P. 150.

不可分，但显然后者更为重要，因为后者不仅构成儿童模仿性行为方式的基础，而且会逐渐积淀成儿童乃至其成年后的社会模式。

米德指出，在通过学习语言而经历的向社会化过程中，开始主要表现为“玩”（play）。玩在这个阶段主要表现在两个层次上：①通过自言自语而玩；②通过扮演他人角色而玩。就前者而言，玩主要表现在儿童初学语言时对语言着迷而进行的外在的自言自语和内心会话上；在这种不断反复进行的过程中，儿童在逐渐了解具体语言意义的同时，也逐渐掌握了其中的用法。在此基础上形成的内心会话是以设想会话伙伴及其相应行为为前提，这便是扮演他人角色（role-play）的最初级形式。就后者而言，一旦儿童学会了运用语言，他（她）便开始以其周围的各个社会个体为模型，通过有意识地扮演他人角色而玩；在这一过程中，儿童可能扮演母亲、大夫、售货员等等，而通过这种玩的过程，儿童就不知不觉地获得了社会有关角色、互动过程等方面的知识，为更进一步的意识的发展准备了条件。[①] 米德认为，在儿童自我发展的这两个阶段中，符号都发挥了重要的作用。正是由于人类有符号互动的能力，人们才可能扮演角色，并从中发展出自我。总之，米德认为人类个体总是不断地进行自我反省、反思、自我控制。这种活动之所以能存在正是由于人们参加到了互动中来，并掌握了互动中产生的语言等交往工具。由于掌握了语言符号，一个人才能思想。人们从他人立场看自己才有了自我意识，人们运用它们学得的符号来选择某种行为从而控制自己的活动。

有学者在这里指出两点。首先，米德在这里突出强调，儿

① H. George Mead, *Mind*, *Self*, *and Socier*, Chicag 1934; P. 150.

童的玩不同于动物游戏，这在于前者是有意识地扮演他人角色而进行其活动，后者则完全是出于本能而进行的无意识的活动；这当然是正确的。不过，米德在这里并未充分强调人的社会性，而仅仅强调人的意识在进化脉络上高于动物本能。其次，米德在这里论述当儿童扮演他人角色而玩时，运用了两个处于不同理论层次的术语：play 和 game；这两者在汉语中均可译为"游戏"；但米德用 game 表示儿童在掌握和运用某种游戏规则时，通过扮演他人角色而玩，强调其有规则性和竞技性，同时通过用 play 表示儿童尚无规则、只是简单地扮演他人角色的玩。[①]所以，一些学者往往在这里取 play 之最一般意义而将之汉译为"玩"，同时将 game 汉译为"游戏"，主要取"戏"之规则含义。[②]

米德指出，虽然儿童在扮演他人角色而玩耍的时候主要运用其想象力而并未实际参与具体社会互动，而且他（她）在这个阶段极为清晰地把自己所扮演的角色与其他人区别开来，也不像成年人那样拥有清晰的自我概念[③]，但是，儿童在通过扮演他人角色而玩耍的过程中，不仅逐渐熟悉了各种社会角色的意义和行为方式，而且逐渐掌握了这些社会角色进行社会互动的方式[④]。尽管在这里模仿和学习的成份远远多于独立进行理性设计和实施的成份。而在这种模仿和学习的过程中，儿童也逐渐意识到其自我，通过模仿和扮演他人角色逐渐学会评价和控制自己的行为；而且，在扮演他人角色的过程中，儿童逐渐形成

① H. George Mead, *Mind*, *Self*, *and Socier*, Chicag 1934; P. 145.

② 参见苏国勋编：《当代著名哲学家评传》（第 10 卷），"米德"，霍桂桓撰，山东人民出版社 1996 年版。

③ H. George Mead, *Mind*, *Self*, *and Socier*, Chicag 1934; P. 66.

④ H. George Mead, *Mind*, *Self*, *and Socier*, Chicag 1934; P. 151.

了对不同人格属性的独特整合和重构，所以，扮演他人角色并使之内化影响儿童独立性格的产生、发展和最终形成。

米德在这部分论述中相当倚重“扮演角色”（role-play）这个概念，而这个概念与“承担角色”（role-taking）概念既大致相同又略有差异。所谓“大致相同”是指米德用它们都表示处于社会性符号互动过程中的个体对其他人角色的设想和扮演；所谓“略有差异”则是指，“扮演角色”是处于儿童时期的社会个体从模仿和想象角度对他人角色的扮演；这有助于儿童发展其独特的意识和人格，但在社会互动中很少导致具有现实意义的社会结果；而“承担角色”则表示已成年的社会个体在参与社会互动时，从理性角度有意识地设计某些现实的社会角色，并通过实际社会互动过程采取特定社会行动承担这些角色，这会导致具有现实意义的社会结果。显然，就社会个体与角色的关系而言，“扮演角色”是个体“承担角色”的基础和前提，而“承担角色”则是个体通过“扮演角色”而经历向社会融入过程的现实结果。

米德注意到，由于儿童在玩耍阶段主要是模仿和学习其他社会个体在其具体社会互动过程中进行的行为，而后者往往是经过严密组织并且遵循某些特定规则的，所以米德指出，如果说儿童在扮演某些角色而玩的阶段，其角色只在某种程度上受到相应规则约束，而儿童也只是自发而且模糊地意识到这些规则；那么，到了游戏阶段，情况就大不相同了。“如果我们把玩和一场有组织的游戏情境对照一下，我们就会注意到下列本质不同，即正在玩一场游戏的儿童必须准备承担该游戏所涉及的某个角色的态度，而且这些不同角色之间必须具有明确的关系"[①]。因此与玩相比，游戏具有各种严格的规则并且经过比较严格的组织，儿童若要参与这些具有很高竞技性的活动并且在其中获胜，就必须学习这些规则，并且锻炼自己熟练地掌握这些规则组织和控制自己的行动。米德指出，如果说儿童通过扮演他人角色而开始部分地发展其自我，那么，游戏则由于其结构和规则。由此米德说，儿童在其中需要协调多种角色才能顺利完成游戏，所以它有助于儿童发展其更有组织的"整体自我"："游戏具有一种逻辑，所以这样一种自我组织有可能被表现出来。"[②] 因此，儿童参加游戏的过程也就是其逐渐产生整体自我而成为社会的有机成员的过程。

与在其他部分一样，米德在这里也同样强调个体的主动性和创造性。他认为，儿童在游戏中并不仅仅消极被动地学习、遵守和适应各种游戏规则，他们还能创造和操纵某些新的游戏规则。米德指出：儿童"为了使自己摆脱各种困难而当场制定各种规则。而对游戏的一部分享受就在于得出这些规则"。[③] 显然，米德在这里，在论述儿童社会化的过程中，既强调社会环境对儿童生理、心理、意识发展的塑造和引导方面，也强调儿童本身在这一过程中作出积极反应的方面；既着重论述语言作为有意味的社会符号所发挥的关键作用，又不失时机地指出包括接触和操纵各种物体在内的非语言活动的重要意义。有研究者由此指出，这种做法充分体现了他抛弃二元论、构建统一的社会哲学的基本倾向。

米德指出，由于游戏通常不是由一个而是由多个儿童共同进行，所以，必须提及的是，要有"他人"这个概念。这是

---

① H. George Mead, *Mind*, *Self*, *and Socier*, Chicag 1934; P. 151.

② H. George Mead, *Mind*, *Self*, *and Socier*, Chicag 1934; P. 158—159.

③ H. George Mead, *Mind*, *Self*, *and Socier*, Chicag 1934; P. 152.

"由参与这同一个过程的那些人的态度组成的"[①]。因此在米德看来，儿童在游戏中虽然不必同时扮演几个角色，但是，这些角色及其根据规则和当时情景将要做出反应却必存在；而正是儿童需要同时在内心中设想多个角色的情况，在儿童的意识中促成了米德所谓"一般化的他人"（the generalized other）的出现，而后者的实现则标志着儿童的意识发展又迈上了一个新台阶。

所谓"一般化的他人"，在米德看来，具有涵盖范围大小不同而有密切相连、实质内容相同的两种含义：①它指的是儿童进行游戏活动所涉及的游戏队伍之所以有个人的有组织的态度；②在经过一定发展时期的更高层次上，它指的是儿童和成年社会个体参与社会互动所涉及的整个社会共同体乃至整个社会系统之有组织的观点和态度[②]。在米德看来，只有参与游戏的每一个儿童都能够在其意识中形成一般化的他人、因而发挥相应的作用，参加这场游戏的全部儿童才能相互协调成为一个整体，使游戏顺利进行直至完成。显然，所谓"一般化的他人"是儿童在社会化过程中，通过把游戏规则以及参与者的行为和态度内化而达到的更高仪式发展阶段。其基本特征是，当儿童不是像在扮演他人角色而玩时那样只将其部分自我参与其中，而是将全部身心都投入其中并且形成了与其他游戏者的协调和有机整合。

关于一般化的他人与融入社会即"社会化"之儿童的关系，米德指出，"社会过程正是以一般化的他人的形势影响参与之中并且在其中进行的诸个体的行为"[③]；因此就作为一种意识发展

① H. George Mead, *Mind*, *Self*, *and Socier*, Chicag 1934; P. 154.

② H. George Mead, *Mind*, *Self*, *and Socier*, Chicag 1934; P. 154.

③ H. George Mead, *Mind*, *Self*, *and Socier*, Chicag 1934; P. 155.

阶段的"一般化的他人"而言，儿童在这个阶段逐渐从单纯主观的内心会话，向更加客观地考虑和对待他人、向共同体乃至向整个社会之态度和行为转化，从个体意识向社会意识转化；而就一般化的他人在个体融入社会的社会化过程中所发挥的作用而言，它是作为决定性因素进入个体思维并且发挥塑造个体意识和思想作用的，是共同体和社会过程的中介和形式。这不仅使儿童获得有关某种具体游戏之诸方面的整体视角，而且为儿童进一步学会运用有意味的符号对更大社会群体和社会互动过程之一般化的他人作出整体的反应，进一步理解有意味的符号所承载的一般社会意义并运用之参与实际社会互动，奠定了坚实基础。

米德认为，随着儿童逐渐的学会参与实际社会互动，他们逐渐成熟了。实际上，儿童意识发展到一般化的他人出现时，已经具备了像成年社会个体那样参与社会互动的潜能；而在其逐渐成熟后，儿童便有以往的扮演他人角色发展到承担具体社会角色。米德指出，儿童在这个由扮演他人角色向实际承担社会角色过渡的过程中表现出以下几个变化：①内心会话随着逐渐涉及一般化的他人而变得日益抽象[①]；②逐渐学习在社会舞台上成为演员；③逐渐获得通过移情作用和心理共鸣，理解他人之感情和情绪的能力；④倾向于把周围的各种动物和物体当作社会存在来考虑，并且模拟性地承担其角色[②]；⑤逐渐形成交换意识和与他人进行交易的能力，学习扮演和承担买卖双方的角色；⑥从学习扮演和承担家庭和其他小群体成员的角色，向扮

① H. George Mead, *Mind*, *Self*, *and Socier*, Chicag 1934; P. 162.

② H. George Mead, *Mind*, *Self*, *and Socier*, Chicag 1934; P. 182—186.

演和承担更大、更复杂的社会群体之成员角色转化[1]。

可见，在米德的研究和论述中，扮演角色和承担角色是十分关键的范畴，而在个体童年时从扮演他人角色到承担社会角色的，语言作为有意味的社会符号始终发挥着最关键的作用。不过，在米德看来，无论个体在玩要中扮演他人角色，还是在游戏抑或实际社会互动中承担社会角色，都不可能达到十分完美的程度，而只能随着个体不断成熟而不断提高；另一方面，个体在这个过程中通过对复杂程度不断增加的社会互动的参与，不断创造日益美好的世界[2]。

下面，再来简略地看一下米德关于自我的理论。

对于“自我”的研究，在米德思想中占有重要地位。米德认为，自我是对社会客观现实的内化和主观解释，自我的观念是在社会互动中产生的。自我作为它自己的一个客体，它实质上是一种社会结构，它产生于人的社会经历。米德将自我视为一个过程或在一个过程中逐渐形成的。他认为人们自己在同自己交往，他称之为“自我反省、反思的过程”。因此，可以说，自我是存在于自我观察、反省的活动之中。而这种活动之所以可能，是由于有了最重要的符号系统——语言。正是语言符号才使得一个人有可能站在他人的立场上，从他人的观点出发将自己视为一个客体。米德指出：“自我是一种社会实体，是不能像希腊学者定位心理现象那样将其定位在心脏、大脑或者其他器官之中的。它是一种必须与整个身体联系起来的社会实体，

① H. George Mead, *The Individual and the Social Self*. Chicageo, 1982; pp. 97－105.

② H. George Mead, *The Individual and the Social Self*. Chicageo, 1982; pp. 91－102.

只有自我与身体联系起来了，它才能与环境联系起来。"[①] 因此，在米德看来，社会个体的自我是一种社会存在，必须把它当作整个社会系统和社会过程的组成部分来考虑；个体自我只有通过社会及其中不断进行的符号互动过程才能产生和存在，因此，它的实际突现与存在不仅与其直接的社会小环境相关，而且与间接的社会大环境相关。另一方面，个体作为一种社会实体，其本身是个体的身体、心灵、行为，以及与环境相互作用的有机统一体；而且随着个体意识的不断发展，自我便组织得日益完善，而其行为对微观、中观乃至宏观社会环境的影响也就日益增加。[②] 可见，米德在这里既突出强调了自我的社会生成和存在本性，也着重指出了自我作为社会实体所具有的统一性；其中前者表现了其自我理论的研究重心，后者则昭示了他贯彻在这种研究乃至其全部社会学之中的基本取向——扬弃二元论，构建统一的社会符号互动论社会学。

米德关于个体意识发展的社会哲学研究基本上是由语言符号及行为而从外向内的研究。他说："无论在儿童那里还是在种族那里，'alteri'（众多他人）都出现在自我面前。""如果没有关于他人自我的意识，你就不可能拥有自我意识。"[③] 可见在米德看来，自我的产生以社会意识的存在为基础和前提；只有运用有意味的符号参与社会互动而把其他社会个体当作自我和人格来理解时，社会意识才随着他开始与自己进行有意义的沟通而逐渐由外向内被构成；正是在这种基础上，个体的自我才作

① George H. Mead, *The Individual and the Social Self*. Chicago, 1982; P. 148。

② H. George Mead, *Mind, Self, and Socier*, Chicag 1934; P. 199—222.

③ George H. Mead, *The Individual and the Social Self*. Chicago, 1982; P. 63。

为社会实体而在其意识中突现出来。

具体说来，米德通过指认儿童是在扮演和承担角色的过程中发展其自我的。他在对此加以说明过程中指出，该过程大致分为早期学习和运用有意味的符号、玩、游戏三个阶段：①就儿童学习和运用有意味的符号而言，米德指出，儿童学会运用语言，便拥有了最简单的承担角色而“对他自己采取客观的非个人态度”并因而使他“变成他自己的对象”[①] 的最基本手段；②在达到玩的阶段以后，儿童通过扮演他人角色，参照并运用他人角色之组成部分塑造自己的自我[②]，从而进一步发展其自我和人格；③到了游戏阶段，儿童则由发展部分自我转化为逐渐发展出经过整合统一的整体自我，从而逐渐完成向成年人的转变而成为社会的有机成员[③]。米德还指出，即使儿童发展到成年人之后，其自我仍然会在各种具体社会互动及其具体人际关系的不断影响下持续发展。

关于自我的结构及其社会意义，米德指出，个体“自我的结构表达或者反映了他所从属的这个社会群体的一般行为模式”[④]，因为融入社会的“社会化”过程主要是由外向内进行的，所以，个体自我反映他处于其中的社会世界的结构，包括各种角色、游戏规则、一般化的他人，以及群体和制度的结构。具体说来，米德认为社会化对于儿童自我的塑造过程表现为两个方面：①使儿童形成与其他社会个体共同具有的某些属性；②使儿童发展出某些独特的个人属性[⑤]。米德认为，各种社会群

① H. George Mead，*Mind*，*Self*，*and Socier*，Chicag 1934；P. 138.
② H. George Mead，*Mind*，*Self*，*and Socier*，Chicag 1934；P. 150.
③ H. George Mead，*Mind*，*Self*，*and Socier*，Chicag 1934；P. 159.
④ H. George Mead，*Mind*，*Self*，*and Socier*，Chicag 1934；P. 164.
⑤ H. George Mead，*Mind*，*Self*，*and Socier*，Chicag 1934；P. 317.

体和社会制度及其所表现的一般化的他人，使儿童通过社会化形成前者，而这是任何一个社会顺利的进化发展所不可或缺的先决条件；另一方面，由于任何两个个体无论在其经历向社会融入的过程中，还是具体的社会互动和社会结构中，都不扮演或承担完全相同的角色，而且他们也时常希望自己与众不同[①]，这样便导致了后一方面的形成。

可见，米德重视强调，个体置身其中的社会结构及其互动过程的整合性和复杂性，影响自我的发展和具体表现；而个体在其融入社会过程中承担并不断变换其社会角色，既表明了个体是以自我的不同部分参与具体社会互动的，也表明了他（她）已经具备了从他人视角出发来看待自我和承担、变换不同角色的能力。这样，米德引出了另一个重要问题——"主我""客我"及其社会意义的问题。

米德在这里从其关于"多重自我"（multiple selves）的观点出发，把个体自我分为主我"（the I）和"客我"（the me），亦即"主体我"与"客体我"。"主体我"也称为"自然我"，米德常把它说成是人的一种本能的冲动，未融入社会的、自然形成的我。他把这也看作是人类经验的重要组成部分；"客体我"（me）亦称"客体我"，"自然我"，是融入社会的我。这是从个体自我与现实社会互动所展示的特征出发来论述的。显然，在承担不同社会角色而参与具体社会互动的过程中，社会个体既是积极主动的行为主体，同时相对于其反思行为方案、所承担的角色以及其他社会个体来说，其行为主体又表现出客体一面。所以米德认为，"主我"和"客我"是作为整体自我的存在而发挥作用的。米德也正是根据它们在社会符号互动过程中所发挥

① H. George Mead, *Mind*, *Self*, *and Socier*, Chicag 1934; P. 178.

的不同功能来研究和论述它们的。

总之，正如有的研究者指出的，米德的“符号互动论”中对语言的社会维度、以及语言在社会互动和个体带入社会过程中所发挥的关键性作用的强调，直接导致了符号互动论社会学的崛起和蓬勃发展，为后人的研究提供了基本理论视角和相应观点，为研究个体与社会互动展示了一个独特的视角。[①]

3. 符号互动论的真正创立，学术界往往认为是在20世纪30年代的美国，到六七十年代曾盛行一时，成为至今仍有很大影响的社会学理论流派。如前所说，“符号互动论”这个词真正作为社会学的学术概念而出现，在美国最早见于社会学家布鲁默（Heobert George Blumer，1900—1987）的著作《人与社会》（1937）一书中。因此，学界将布鲁默称作符号互动论的定名人。在功能主义占主导地位的时代，他继承和发展了乔治·赫伯特·米德（Herbert George Mead，1863—1931）的思想，并且声称要做主流社会学的“忠实的反对派”。

布鲁默1900年3月7日出生于美国密苏里州圣·路易斯市，1922年在密苏里大学获社会学硕士学位。他25岁时到芝加哥大学，一面教书一面读学位，1927年获社会学博士学位，此后长期在芝加哥大学执教。在芝加哥大学期间，他受业于托马斯、库利、米德等人门下，受到他们思想的熏陶。他将芝加哥学派符号互动论、社会心理学的思想加以整理，系统论证了这一理论，并且明确提出了“符号互动论”这个名称。因此，人们也常把完成符号互动论理论体系的功劳归之于布鲁默。布鲁默本人也说：“在我看来，没有任何一位学者曾以‘符号互动’的观点来对人类群体生活之性质做过一种系统的研究。在那些学者

① 参见苏国勋编：《当代西方著名哲学家评传》（第10卷），霍桂桓撰写，“米德”，山东人民出版社1996年版，第281～301、314页。

中，米德给这种研究奠定了最初的基础，但是，他并没有发展出一套可供社会学使用的方法论……我再次所表述的，应被视为我自己的观点。我的目标是要提供一套研究人类群体生活的基本理论和研究方法。"①

1962年，布鲁默发表了题为《作为符号互动的社会》的重要论文，全面探讨了社会中的符号互动现象。他认为，社会是人际间符号互动的结果，人类社会的最典型特征就是符号互动。人类社会的互动并不是相互之间行为的简单反应，并不是纯粹地按照"刺激—反应"的方式进行的。人类相互之间总是对对方的行为作出自己的解释和定义，并以此为依据进行互动。例如，一个人咳嗽了一声，从简单的、直接的意义上说，他是在清喉咙，但当它作为一种符号时就具有更深的意义了，如给他人一种暗示，对讲话者的观点表示反对。布鲁默指出，人们之间的"反应"并不是相互行为的直接产物，而是根据他们附加在对方行为上的意义所作出的。因此，人际互动是以运用符号来解释或确定相互间行为的意义为媒介的。换言之，每个人都有自己特定的文化、知识、经历，人们对社会和他人的解释总是受到其本身的这些特殊因素的影响和制约。布鲁默强调的正是人们的这些主观方面。

布鲁默进一步研究了社会中主体与客体之间的关系。他认为，客体并没有固定的意义，所谓意义是符号互动的产物。这里，客体被分为三种类型：物质客体，如桌子、汽车、植物；社会客体，如父母、教室、朋友、官员；抽象客体，如价值、权利和法律等。他认为，不管哪一类，所谓客体就是能够对之

① ［美］H. 布鲁默：《作为符号互动的社会》，载布鲁默编：《符号互动论：观点与方法》，新泽西州，1969年版，第88页。另载阿伦·韦尔斯编：《当代社会学理论》，加利福尼亚，1978年版，第91页。

进行处理的事物，正是通过符号互动，客体才被创造、被肯定或被否定。因此，他认为我们所说的客体不过是我们经验的产物，我们所体验的客观世界，并不是客观世界本身，而是我们所想象的世界。当然，对同一社会的成员来说，他们所遇到的大多数情境是有着相同的定义的，正式通过这种共同的理解与定义人们的互动才得以进行。然而，即使在这种情况下，解释的过程也并没有中断，参与者的行为仍然是解释的结果。当人们接受了共同的定义时，他们的行为就会不相适应，有组织的、集体的行为就受到阻碍。

由此，布鲁默研究了人们在社会中的行为。他认为，社会是有行为着的人们构成的。而这些行为是发生在一定的情境之中或与一定的情境有关，他们是因为对情境的解释而产生的，是由确定那些必须加以说明的事情的含义，以及由此得出结论所决定的。因此，人类的行为就是人们所建造出的“解释性行为”。他进一步指出，这种解释性行为是由人们对事物的解释和在这种解释基础上产生的行为两方面构成的。它包括人们的希望、愿望、目标，以及为实现目标而使用的手段、人们的行为、对他人行为的参与和特定行为结果等。他认为这种解释性行动构成了个人的活动，也构成了行为一致的集体性活动。

布鲁默还说明了他的理论与他称之为“传统的”社会学的功能主义理论的主要区别。传统的社会学家将社会视为一种结构或组织，认为人的行为就是这种结构或组织的产物。因此，宏观的社会结构与组织在决定人们的活动上发挥着重大作用。布鲁默认为，他的符号互动论与此相反，它注意的是人们行为的联合，它认为社会结构或组织不过是一个框架。他说：“社会组织不过形成了一种人们得以在其中活动的情景，它不过为人们解释他们所处的情境提供了一套固定的符号，只是在此意义上它才参与并影响了人们的行动，成为人们行动的一部分。"①这就是说，社会组织、制度、结构之所以能影响人的行为，是因为它们影响了各个人对情境的定义。他指出，功能主义将人的行为视为社会组织结构的必然产物，这样，人似乎只是一种被动者；而符号互动论则认为，社会组织的活动与变迁是人们活动的产物，每个人的行为都受行动者自己的控制，个人为自己设计对象、赋予其意义并作出决定，因此，人是有主观选择能力的，在这里，人是一种能动的人。

1969年布鲁默的《符号互动论：观点与方法》一书正式出版。这成为布鲁默理论的代表作。此书中收集了他关于符号互动论的一些重要文章。②

布鲁默认为，在符号互动中，人们彼此理解姿势，并在由理解过程所获得的意义的基础上行动。在布鲁默看来，互动包含了比简单的"刺激—反应"更多的意义。布鲁默认为："人类的互动是以使用、解释符号以及探知另一个人的行动的意义作为媒介的。这个媒介相当于在人类行为中的刺激和反应之间插入一个解释过程。"③布鲁默认为应当在"刺激—反应"这两个词之间插进"解释"一词，其结果就成了"刺激—解释—反应"。

布鲁默指出，符号互动论有三个理论前提：第一，个人对事物所采取的行动，是以他对事物赋予的意义为基础的。布鲁默认为人类在理解有意义的行动中最关键的因素是意识。对此，

---

① ［美］H. 布鲁默：《作为符号互动的社会》，载布鲁默编：《符号互动论：观点与方法》，新泽西州，1969年版，第88页。

② 贾春增主编：《外国社会学史》，中国人民大学出版社2008年版，第270～272页。

③ Herbert Blumer. Symbolic Interactionism：Perspective and Method. Englewood N. J. Cliffs：Prentice-Hall，1969. pp. 78—79.

他作出分析："人类所意识到的任何事物乃是向其自身表示的那些事物——滴滴答答的钟声、咚咚的敲门声、朋友的出现、同事的提醒，突然感到自己感冒等等，表示某些事物就是将它从其所处的环境中分辨出来，将其分开，赋予它意义。在无数行动当中的任何行动——无论是小到穿衣之类的事，或者大到组织，自己进入某一职业生涯——个人对自身指定了各种不同的对象，赋予它们以意义，判断它们对自身行动的适应性并根据此种判断作出决定，这就是以符号为基础的解释或行动所赋予的意义。"① 从第一个基本前提的内容以及他的解释看，布鲁默认为人类对某事客观事物所发出的行为，主要是根据人类对客观事物所赋予的意义而定。同一事物对不同的人有不同的意义。第二，这些意义产生于互动过程之中。根据这一前提意义乃是社会的产物，意义是被创造出来的而非事物所固有的。意义既然产生于人与人之间的互动过程之中，所以它不是固定的东西。布鲁默认为，"事物对于某人的意义产生与其他人对这个人采取的与此事相关的行动过程当中。他们的行动确定了事物对某人的意义"②。第三，"这些意义不是固定的，而是通过自我解释过程得到修正"③。布鲁默认为一个人其实是经过一种"自我对话"的过程来把握和交流意义的。比方说倾诉个人忧虑、苦衷的人其实正在向他（或她）自身解释是什么东西给他带来烦扰。正是在这一"自我表白"（或自我指示）的过程中某人达到陈述的

① Herbert Blumer. Symbolic Interactionism：Perspective and Method. Englewood N. J. Cliffs：Prentice-Hall，1969. p. 80.

② Herbert Blumer. Symbolic Interactionism：Perspective and Method. Englewood N. J. Cliffs：Prentice-Hall，1969. p. 4.

③ Herbert Blumer. Symbolic Interactionism：Perspective and Method. Englewood N. J. Cliffs：Prentice-Hall，1969. p. 2.

目的。[1]

布鲁默强调，行为者总是根据他的特定的"处境"来选择、审查、修正事物的意义。因此，所谓意义、解释不是事先就存在的，而是有一个形成的过程。人们总是在不断体验的基础上构造他们的对象，根据以往的经验评价事物，赋予事物以意义，规定着自己行为的目标，作出决定，并进而通过对方的反应了解自己的行为是否得体，随时加以修正。人与人之间的所有这些行动结合在一起就形成了"共同行为"。

"共同行为"（Joint-action）是布鲁默重视提出的概念，这里强调两个以上的人共同采取的行为。在共同行为中，处于不同地位上的人通过各自的解释、定义而互相作用，结合在一起，形成一个持续不断的过程。当人们对某些事物的定义有共同认识时就会出现固定模式的行为。当然，布鲁默指出，所谓固定不变的模式的行为并不是一成不变的，它要随条件的变化而变化。例如，家庭是一个共同行为的集体，丈夫、妻子、孩子的行动总是处于不断的变化之中。孩子两个月时夫妻的关系与孩子六个月时的关系会有很大差别。当丈夫增加工资时，他在家庭的地位就会提高，这就会影响家庭的全部关系。布鲁默认为，人们的共同行为是一些参加者的独立行为互相作用的结果。不应忽视这样的事实，即那些建立的比较完善的、重复发生的模式也存在一个要通过解释、设计而继续建设的问题。他认为，那种使用诸如文化、社会秩序、规范、价值观、规则等概念进行分析的做法忽视了一个基本事实，即"正是群体生活中的社会过程创造着规则，而不是规则创造与支持着群体生活"[2]，因

---

① 侯钧生主编：《西方社会学理教程》，南开大学出版社 2010 年版，第 252～253 页。

② 转引自［美］S. 斯特赖克：《符号互动论》，伦敦，1980 年版，第 93 页。

此，社会结构是社会互动的产物而不是相反。他认为，共同行为是从参加者的过去的行为中产生的，它与过去的行为相联系，因而也必须从历史的内容上来理解共同行为。按照这种观点，社会环境、社会生活、社会活动都是十分易变的，都在不断经历着建设与再建设的过程。在社会学中，这是以定义和解释的过程为前提的。①

在布鲁默的论述中，可以看到，他的理论与米德的理论相比，已经从重于具有自我个人的分析转向重于群体的分析。米德理论中的自我概念是布鲁默构建起理论的核心。布鲁默反对过分看重结构的连续性。他认为米德关于结构的观点与流行的社会学在这个问题上的观点之间有很大的差别。但是另一方面他认为米德并没有排斥社会结构的存在，特别指出某些社会结构有非常重要的作用，比如社会角色、地位、社会制度之间的关系等。布鲁默提出了他关于结构的独到见解。布鲁默关于结构的观点强调了两点：第一，有些社会结构之所以重要，在于它们参与了解释过程以及随共同行为而来的意义的过程；第二，他所谓的社会互动不是角色互动，而是人与人之间的互动；角色影响行为，但行为不是角色的产物。

布鲁默讲："然而，社会结构的重要性在于它们参与了解释过程以及参与了随共同行为而来的意义的过程。它们参与的方式与程度随情境的不同有很大的差别，这取决于人们所考虑的事情以及他们如何评价这些被考虑的事情。让我们作一个扼要的阐述。例如，像大多数有名的社会学家所作的那样，认为主张社会互动是一种角色之间的互动是荒唐的。社会互动显然是人与人之间而不是角色之间的互动，参与者所需要的将是解释

① 贾春增主编：《外国社会学史》，中国人民大学出版社 2008 年版，第 272～273 页。

和把握他们所面临的事物——诸如某一对话题目或某一问题，而不是对他们的角色予以表达。只有在高度礼仪性的关系当中，行为方向和内容才能够由角色予以解释。行为方向和内容通常形成于互动中的人们必须应付的事情之中。虽然角色不同程度地影响了行动的方向和内容的各个方面，这一点是真实的，但它是设定状况中的决定之物。这同主张行动是角色产物完全不同。我在对社会角色的扼要讨论中已作出的观察同样有效地适用于其他所有结构性事物。"①

由布鲁默关于结构的论述可见，他并不否定结构的存在，而是反对过分看重结构性的事物对决定人的行为的重要意义。他认为，人们的行为总是以个人事先简单拟定好的计划或意图为先导的。同时他认为人们的行为是很复杂的，假如微不足道的活动都必须事先确定的话，那么人的行为可能会有"太多相互误解的、潜在的、灾难性的机会"。鉴于此，符号互动论认为实际上存在着许多未构建好的、不确定的情景，人们在此种情境中构想自己的行为。另外，即使在多数行为已经事先确定的情境中也会包含许多尚未确定的行为。

布鲁默讨论符号互动论的另一个侧重点是对"疑难未定的情境"和需要作为新的解释的情景的分析。通常社会学的其他一些理论流派对这类情景往往予以回避。布鲁默列举出疑难未定情景的例子，如开玩笑、争吵、打斗等；他强调，在此类情景当中，人的情绪起主导作用。布鲁默声称唯有符号互动论才有办法处理这类情绪化或带有敌意关系的情景。比如，他常常用足球比赛做例子来说明这类比赛应当重在以智取胜。他分析说，尽管大多数的足球赛是可能预先确定、预先计划好的，但

① Herbert Blumer. Symbolic Interactionism：Perspective and Method. Englewood N. J. Cliffs：Prentice-Hall，1969. p. 75.

是当一个球被人截住时，情景就变得不确定了。于是自我指示和解释就十分必要了。与这类不确定情景有关的其他一些敌意关系是危机、困境、干旱、战争、骚乱、恐慌等等。布鲁默认为，情景越是无结构的，则符号互动论的分析越是有助于解释这类无结构的情景。

以上可见，布鲁默作为米德的学生，继承和发展了米德的思想，确立了“符号互动论”这一名称，并建立了符号互动论的基本框架。同时他还提出了关于符号互动论的研究方法。但是，布鲁默过分抛弃了社会结构概念，这样，从个体的符号互动中归纳出来的论断很难用于解释复杂的社会模式，如分层、群体冲突、科层制等问题。

当布鲁默在芝加哥学派积极推进符号互动论时，另一位互动论者曼夫德·库恩（Manford Kuhn）在依阿华大学则发展出了另一种独具特色的互动论。这个人阐发的符号互动论的区别很多，其中包括对互动本质的理解不同。布鲁默主张把自我视为“主我”和“客我”相互作用的过程，互动是在实行的过程中被创造出来的，因此他着重互动的创造性和构建性；库恩则强调自我在互动中的力量，以及制约互动的群体环境，因此在他那里互动是从结构中被释放出来的。两种不同形态的互动论在方法论上的区别是明显的，依阿华学派对芝加哥学派持批评态度，认为他们太多直觉，过于含糊，缺乏科学所应有的精确性，库恩坚持社会学方法应追求可靠的手段对行动者的符号过程加以测量。他们对诸如“自我”“社会行为”和“普遍化的他人”等符号互动论的关键概念制定了方法论上严格的操作定义，发展了结构化的测量手段，如问卷表等，以便对关键变量进行可靠和有效的测量。库恩测量方法尝试的例子之一是运用“二十条陈述测验”（Twenty Statement Test，缩写为 TST），把对自我的研究客观化。这道“我是谁”的测验题，要求受测者选出最能准确地描述他们自己的二十条陈述，并且必须在限定的时间内完成，然后主测者及研究者将结果与受试人的社会地位加以对照。芝加哥学派批评这是用定量的和静态的方法将本质上动态的与有机的过程对象化，依阿华学派则批评芝加哥学派的方法缺乏判断力。①

（二）戈夫曼的拟剧理论。

戈夫曼把戏剧比拟引入社会学，开创了社会学理论中的戏剧分析的范例，因而他的理论通常被称为"拟剧论"。

戈夫曼（Erving Goffman，1922—1982）出生在加拿大的曼维尔。1945 年毕业于多伦大学。之后期间他曾在设得兰群岛从事实地研究，据此写出他的第一部著作《日常生活的自我呈现》（1956）。1949 年获文学硕士学位，1953 年在芝加哥大学获博士学位。戈夫曼是布鲁默的学生，1962—1968 年他在加利福尼亚大学伯克利分校社会学系任教授。在这期间，他出版的著作和论文有：《日常生活中的自我呈现》（1959）、《日常接触：关于互动的两项社会学研究》（1961）、《收容所：关于精神病人和其他被收容者的论文》（1961）、《公共场合中的行为：有关聚集的社会组织笔记》（1963）、《耻辱：有缺陷者管理笔记》（1963）和《互动的仪式：关于面对面行为的论文》（1967）。戈夫曼此后在宾夕法尼亚大学任本杰明·富兰克林人类学和社会学教授，在这期间又出版了许多著作和论文：《战略性互动》（1969）、《公共关系：公共秩序的微观研究》（1971）、《框架分析：关于经验组织的论文》（1974）、《性广告》（1979）和《谈话方式》（1981）等。他还曾在芝加哥大学任教授，1981—1982 年他曾出任美国社会学学会主席。

① 侯钧生主编：《西方社会理论教程》，南开大学出版社 2010 年版，第 254～256、258～259 页。

戈夫曼把现象学和象征互动论结合起来，提出一种关于日常生活中自我表现的现象学解释。他认为，社会是一座舞台，人的社会行为就是社会表演，人生就是戏剧，可以用戏剧演出的程式来说明人的自我表现的现象。他认为，在人生的戏剧中，社会系统是剧作家规定个人角色的剧本；个人在社会系统的剧本中扮演一定的角色。在戈夫曼看来，每个人的生活都是演给群众看的一幕幕戏剧，但这不是完全按照社会系统所规定的角色演出，每个人都有一定的自由，按照他在人际关系中的地位，并参考别人对他的看法，改变他的表演；如在监狱、孤儿院、修道院、兵营等场合，个人的“本来自我”受到压抑，却能以一种他自己设计的自我形象做出表演，如表现为“麻木不仁”“顽强反抗”“安心定居”“彻底转变”“泰然处之”等。戈尔曼强调，大多数人在面临发生事情时的样子不一定是真的自我，无论如何，在大多数情况中，其真的自我并不会发生大的变化。诸学者各自提出自己看法认为：戈夫曼的角色理论来自结构功能主义，但没有了角色的规范性；日常生活的自我表现理论来自现象学；观察别人对他的反映而设计自己的表演则来自象征互动论。这些思想主要表述在《日常生活中的自我的表现》《烙印》《框架分析》等著作之中。

戈夫曼的方法论与他老师布鲁默的方法论有相同之处，二者的共同点是都以个人运用符号的能力为出发点，都强调个人内部对话反思着的社会的“我”，都重视符号在人际活动过程中的作用。人们认为，戈夫曼与布鲁默都有主观主义与形式化的倾向。二者的不同之处在于，戈夫曼在克服布鲁默的形式化倾向方面前进了一步，着重分析了个人在与他人的交往中如何获得社会效果及其策略。

人们注意到，在戈夫曼的拟剧论中关于自我表演的思想占据核心地位。戈夫曼用戏剧和舞台的比喻来描述个人的行动，研究日常生活中人类的行为；他吸收了米德和库利的思想，指出人们以多种方式向他人表现自己，这种种方式都旨在影响别人从他那里得到的印象，他称这一过程为"印象管理"。正是由此，戈夫曼在其著作《日常生活中的自我呈现》中提出了戏剧分析模式，即所谓"拟剧论"，这为以后的一系列著作提供了框架。

戈夫曼之所以在人际交往形式的研究中首创"拟剧论"，是因为他认为社会不是自行调整的，意义也不是行为中固有的，社会秩序或某一特定行为之所以具有重要意义，是由于人赋予它们以重要性。在互动中，个体不仅彼此向对方表现自我，还努力进行特殊的印象处理，通过控制自己表现出来的姿态，以求在一定的社会场景中给人们留下某种印象。正所谓社会行为就是社会表演。社会成员在社会舞台上小心翼翼地扮演自己的多种角色，从而使自身的形象能恰到好处地为自己欲达的目的服务。

戈夫曼在论述其学说体系过程中，使用了许多戏剧的术语，如剧本、舞台、演员、观众、表演、前台、后台和面具等。他运用剧场语言来描述"自我"在日常生活中的表演，社会中的行为者被类比为舞台上的演员，社会成员类似地要调整各自的反应以寻求相互协调；演员必须与观众相呼应，行为者必须考虑各种不同的也被概括化了的他人的态度；演员被赋予有不同含义的角色，行动者也由于各自不同的概念和角色扮演技巧而拥有独特的互动方式。成功进行上演的程序和由此形成的对情景的全面定义，是戈夫曼社会学要论述的重要内容。在戈夫曼看来，这些上演涉及以下一些内在相关的主题：①剧场。在戈夫曼的第一部著作《日常生活中的自我呈现》和最后一部著作《分析框架》中，分别用舞台和剧院类比于社会，因此，将他的工作标识为"剧场（互动）"成为一种个共识。剧场这一比喻是戈夫曼构建的一个统一的理论视角——拟剧理论的大轮廓的取向，而深入研究他的理论可以看出他不是仅仅停留在这一个聪明的比喻的层次上的。②前台。个体特定时间内的表演，为观众展现一定的情景，须借助标准的、有规则的设置和道具，戈夫曼将此称为“前台”。前台包括：第一，布景，这是演员演出时所必需的场景，缺少它演员就无法演出。例如外科医生通常需要一间手术室。第二，个人门面，这包括个人外表与举止。个人外表是“在告诉人们表演者的社会地位时起决定作用的标识”[①]。例如：医生穿一件白大褂，脖子上挂一个听诊器，这成为同其他人员区别开来的标识。举止则是“告诉人们表演者在互动中扮演的角色时起作用的标志”[②]。一般说来，一种傲慢、侵犯性的举止和一种温顺、谦和的举止，代表着完全不同的“门面”。同时戈夫曼认为前台趋于被构建的、被制度化的，以及对不同环境进行模式铸造。基于这一原因，“当一个个体充当某已构建好的角色时，他（或她）通常会发现，某一特定的前台已经设置好了”[③]。前台倾向于被选择，而不是由演员创造的。③后台。后台是不让观众看到的，因而是限制观众与局外人进入的舞台部分。后台通常与前台为邻，但彼此泾渭分明。在前台，人所表现出来的是社会化了的自我，而在后台，人所表现出来的则是自我中的自发的、最本然的那些部分。在自我表演中，演员要严守后台的秘密，防止观众不合时宜地闯入。如果观众闯入后台，那后台就会变成前台，即成为另一场演出的前

① Erving. Goffman，The Presentation of Self in Everyday Life. Gardern N. Y. City：Doubleday. 1959. p. 24.

② Erving. Goffman，The Presentation of Self in Everyday Life. Gardern N. Y. City：Doubleday. 1959. p. 24.

③ Erving. Goffman，The Presentation of Self in Everyday Life. Gardern N. Y. City：Doubleday. 1959. p. 27.

台。戈夫曼认为，社会学家要观察到人是如何从后台转变到前台的。同时他指出，地位越高的人，后台的同伴越少，因为他总是在同一级前台上赢得同伴。④剧组。戈夫曼把"彼此协作以形成某一特别情景定义的表演"[①] 的组成人员叫作剧组。所有剧组演出要呈现的是在观众面前保持特殊的情景，这是关于最基本问题的定义。戈夫曼强调，剧组与维持互动的情景有关。同一剧组的成员彼此处在一种关系中，这种关系有两个基本特点：首先，当剧组表演正在进行时，任何成员都有可能出于不恰当的举止而泄露或破坏整个演出；每个成员都有可能依赖其他人，因而必会存在一种互惠互赖契约，这把剧组各个成员彼此联系起来。在社会中，这种类似剧组成员所共同构成的相互依赖性，甚至会超越社会分层的界限。其次，剧组中所有成员都了解他们是在上演同一幕剧，他们都了解舞台演出技巧上的秘密，即都是"知情人"，所以，类似剧组成员彼此熟悉，社会成员相互间的社会距离会相对较小，他们共同保守"剧组"的秘密。因此，戈夫曼把剧组称为"秘密社会"，并指出，在"剧组"里，"表演者经历了行动诡秘的同谋生涯"。

戈夫曼还提出"越轨生涯"的概念，认为人们一旦给异常行为者标上污记，或曰"标记"，就往往使这个异常行为者与其他异常行为者为伍，其结果是强化了他们本来准备放弃的行为。戈夫曼在对异常行为者的研究中提出"污记说"。戈夫曼认为，有些污记是先赋的（如种族或部落或生理缺陷等），有些污记则是自致的（如同性恋、性病和犯罪经历等）。污记在某种程度上贬低了个人或群体的价值，限定了他们的社会地位。

戈夫曼把他所讲的拟剧互动说成是"印象管理"。"印象管

---

① Erving. Goffman, The Presentation of Self in Everyday Life. Gazdern N. Y. City: Doubleday. 1959. p. 79.

理”，是指被观察者努力在他人心中塑造一个自己所希望的印象的过程。或者说当人们观察他们时，被观察者应如何表现自己。对此，戈夫曼主要从以下几个方面进行论述：

第一，理想化表演。理想化表演掩饰了那些与社会公认的、规范、标准不一致的行为，而表现出与社会公认的、规范、标准一致的行为。显示理想化的面孔，首先意味着有一定程度的掩饰。戈夫曼说过：“表演者会掩盖或部分掩盖与他自己理想的形象不一致的活动、事实和动机。”所有的社会事件与社会行为都有这种故意演戏，即显示理想化形象的成分。例如，一个医生在例行医务时，只显示医生的角色面孔，而掩盖其他角色的面孔。戈夫曼认为，人们常常在前台演出中竭力试图展现他自己的理想化形象，因而，不可避免地需要在演出中隐藏某些事情。他列举了几种情形：其一，掩饰在参与演出前的秘密性纵欲行为（例如饮酒），更经常是试图隐藏过去的生活（例如酗酒）等等不利于演出的行径。其二，掩饰演出前的准备失误，以及修正这些错误的步骤。以免使自己因偶尔失误而破坏自己在观众中的好印象。其三，当某个体向他人呈现某种成果时，他往往只呈现最终的结果，而遮掩制造产品的过程。因为这个过程往往伴随着艰辛，他们希望从过程到结果都是令人感到轻松、愉快的。其四，如果说个体的活动要体现几种理想标准，那么，行动者往往会在观众面前维护某些主要的标准，而牺牲某些次要的标准。

第二，神秘化表演。演员经常通过限制自己与观众之间的接触，而将其演出神秘化。借助自己与观众之间制造“社会距离”，演员可以在观众中造成一个令人敬畏的印象，还可以避免观众对演出提出质疑。在此戈夫曼指出，当观众也卷入到这一过程中，他们往往以尊敬的方式，对表演者行为进行配合。

第三，补救表演。印象管理往往用来应付一些未预期到的意外行动，如无意动作、不合时宜的闯入，失礼、当众吵闹等都会导致表演的不协调。戈夫曼对此提出了四类补救措施：①从表演者来说的预防补救措施，这包括戏剧忠诚（高度的内团体效应，避免剧组成员过分迎合观众）、剧组素养（演员牢记自己的角色、避免过失、维持自我控制和处理演出时的面部表情和声调）、戏剧规则（事先决定演出的最好办法，做好各方面的筹划）。②观众或局外人用以帮助表演者补救其表演的保护性措施。其中最主要的保护性措施，包括避免观众或局外人进入后台、对表演者的忽视以至视而不见、对新手的宽容等等。③表演者还要采取一些措施，以使观众或局外人都能为了表演而使用那些保护性措施。表演者善于接受观众的暗示；表演者要按照特定的仪式行事；表演者给观众寻找一个开脱的理由，如演员最好以开玩笑的口气说话等。④使观众有意忽视。观众为了配合表演的完成，对于表演者的失误能有意识地忽略。

戈夫曼关注个体在情境中的实际行为，使个体在自我表演中为他人展示一个良好的自我形象，使个体能熟练地施展其表演技能，使个体对社会规范赋予自身的角色采取灵活变通的方式去扮演，使个体在不违背社会公认的准则的同时能实现自我设计。传统社会学分析只强调社会规范对个体的制约，却忽视了个体在实现社会期望过程所采取的一系列幕后行为与理性算计，戈夫曼则通过对个体在情境中即刻投入的分析，深刻揭示了社会期望得以实现的微观机制。[①]

（三）埃德温·勒默特的标签理论。

标签理论亦称标志理论或标定理论，这是一种主要探讨在某特定的社会体系中，某人或某事被占主导地位的理论体系加

① 参见侯钧生主编：《西方社会学理论教程》，南开大学出版社2010年版，第260～264页。

以“定名”或“标示”的社会学理论。这是一种从符号互动论角度探讨社会问题与越轨行为的理论。可以说，这是符号互动论的延伸。这种理论产生于20世纪50年代，后至60年代流行起来，到70年代它甚至成了美国社会学界研究越轨行为的占统治地位的理论。

虽然标签理论的基本倾向在库利和米德的著作中已有所表现，但是，它真正成为一种比较完整的、有一定影响力的理论，离不开勒默特、贝克尔等人的努力。1951年，埃德温·勒默特写出了《社会病态》一书，1967年他又发表了题为《人类的越轨、社会问题和社会控制》的著作；霍华德·贝克尔则于1963年写了《局外人：越轨社会学之研究》一书。此外，还有凯·埃里克森也发表了几篇论述越轨行为的文章。在这些著作中，他们都阐发和应用了标签理论。

标签论认为，人的意识是在互动的过程中产生的，人们根据别人对自己的反应来确认自己。标签理论的中心概念涉及观察者眼中界定的社会问题和偏差；此理论认为，当社会给某人或某事贴上“标签”，被贴“标签”者接受了这一形象后，有可能难以摆脱压抑感，成为重复性异常行为。这一理论认为，所谓社会问题或越轨行为，或者说某种社会现象之所以成为问题就是因为社会给它贴上了这样的标签。贝克尔说：“越轨行为是应用章程、法律等对于一个‘冒犯者’标定的结果。所谓有越轨行为者，就是被成功地贴上了这种标签的人。”① 由此，标签理论认为，在研究社会问题与越轨行为时，这些问题或行为本身并不太重要，重要的是社会如何评价和对待它们。因为应着重研究某种社会状况或行为，是在什么情况下，以及为什么被

① ［美］H. S. 贝克尔：《局外人：越轨社会学之研究》，纽约，1953年版，第9页。

定为社会问题。标签理论指出，同样的行为或事件在一些社会中被视为正当的，而在另一些社会中则被视为问题；就是在同一社会中，对于同样的现象，人们也会贴上不同的标签。为什么会有这种区别呢？标签理论在解释这种现象时引入了一些冲突论的思想，由此指出，原因在于贴上不同的标签，会分别有益于不同社会中的社会势力，或有益于同一社会中的不同社会势力。标签理论认为，那些凭借权力占据了统治地位的集团可以通过贴标签，宣布被统治者为"有越轨行为者"，来歧视、控制、镇压被统治者。可见，这种标签经常是不公正的。例如，在美国，当黑人与白人犯了同样的罪行时，对黑人判的刑罚通常要比白人重。标签理论还指出，一些人被贴上"有越轨行为"的标签后，他们往往会真的按照标签所定的越轨行为的模式去做，结果发展出了更多的越轨行为。例如，当一个人被公众斥为吸毒者后，他往往可能更多地按照吸毒者的行为模式去做：不去找工作、不接受治疗、一步步走向犯罪等。这就涉及了初次越轨行为和再次越轨行为的理论。

埃德温·勒默特最先提出了区别"初次越轨行为"和"再次越轨行为"的理论。他认为，几乎每一个人都可能偶尔发生越轨行为。绝大多数这类行为是暂时的、试探性的、轻微的和容易隐瞒的。这类发生的"第一次"，虽然违背了普遍的行为规范，但行为者本人与别人却并没有认定此初次越轨行为是越轨行为。例如，一个青年人出于好奇而吸了一次毒、某人偶尔发生漏税行为等，这些行为并没有引起很多人的注意，行为者本人也不承认自己是越轨行为者。但是，如果这样的行为被公布于众，而且行为者本人的朋友、父母、雇主或者警察、法庭等也视这个人为越轨行为者，这人就有可能发展成为再次越轨行为者。当这人的再次越轨行为出现时，不但别人这样看——如认为某人是吸毒者、小偷、骗子、无赖或"怪人"等——而且行为者本人也有意无意地接受了这些“标签”。一旦某人被贴上了越轨行为的标签，他周围的人就会对他另眼相看。这就会迫使他与其他越轨行为者为伍，以越轨行为者自居，按照其他越轨行为者的行为模式去做，并把此类越轨行为变为自己的习惯，甚至终生沿着这条路走下去。因此，雷默特认为，对某正常行为者无端被贴上越轨行为的标签，反而会助长越轨行为。[①]

（四）特纳等人的身体社会学，以及女性主义、性别主义，社会行为中的情感问题。

1. 身体社会学。

（1）身体社会学作为社会学的一门分支，重在研究身体的社会表征、身体的社会史、身体文化和社会的复杂互动，主要讨论身体的社会性，讨论身体的社会生产，讨论社会变迁对身体的影响，讨论快速变化的世界和现代社会快节奏的生活给身体和健康所带来的新的风险和挑战。此作为一个崭新的研究领域出现在人们的视野之中。

布莱恩·特纳（Bryan S. Turner）的理论与现代的身体社会学的兴起有很大关系。特纳是剑桥大学社会学教授，曾先后在澳大利亚弗林德斯大学（1982—1987）、荷兰乌得勒支大学（1987—1990）、英国埃塞克斯大学（1990—1993）以及澳大利亚迪金大学（1993—1998）担任教授。现为新加坡国立大学亚洲研究院教授。其学术方向由身体社会学延伸于政治社会学以及宗教社会学。他与费瑟斯通（Featherstone）合编了《身体与社会》杂志，对身体社会学的创建与发展作出了卓越的贡献。

特纳在阐释身体社会学的议题时，首先追溯了身体社会学体现的哲学传统。在特纳看来，哲学对于身体的研究是从思考

① 贾春增主编：《外国社会学史》，中国人民大学出版社 2008 年第 3 版，第 279～280 页。

"什么是人"这个问题开始的，提出这个问题的原因在于，哲学争论中的身体，摆脱不了相关的人生观（personhood）、个体化（individauation）和身份（identity）等问题。

在特纳之前的以往社会学中，对于将身体纳入社会学研究往往是被忽视的。因为身体本身是自然的产物，它具有生物、生理、官能的基础。后来人们才越来越意识到，身体也是带有社会性的。身体并不仅仅是自然存在，它必受到社会规范和社会经验的影响，它是在人融入社会过程中，被历史化、精神化、商业化、审美化了的人类文化载体。到20世纪80年代，无论是社会科学还是人文科学都开始转向对社会生活中身体的探讨，这项议题成为当代社会学理论的重要组成要素。

特纳强调，从社会学的角度看，人有两种身体：它既是一种事物，又是一个符号标志。所以，身体不仅仅是个体的生命有机体，被视为身体的东西更是社会阐释的东西。正如特纳所说："人的身体屈从于诞生、衰弱和死亡的过程，但是源于身体在自然界中的存在的这些过程也是位于文化信仰、符号和实践世界中的'有意义的'事件。在个体层面上，我的身体是被体验的一种极限环境，但是我们的意识也表现我既拥有身体，又是身体。"[①] 身体总是由社会形成并且由社会定位的。

特纳对身体的探讨，不是只把身体作为自然科学和医学框架中的有机体来看待，他所关心的是社会学中的身体研究领域，或者说是对身体直接有社会学意义的含义加以研究和发展。在社会学内，对身体的研究面临着两种选择：一是对身体由基础主义视角看过去，二是由反基础主义视角看过去。在基础主义视角下，身体被理解成一个活生生的经验对象，或者是关于身

---

① ［英］布莱恩·特纳：《身体与社会》，赵国新译，春风文艺出版社2000年版，第124页。

体的现象学，或者是试图分析有机系统、文化框架和社会进程这三者之间的复杂互动。而在反基础主义视角下，身体被概念化为有关社会关系性质的话语，或者将身体理解成有关象征系统，或者试图理解身体实践如何成为有关更大社会结构的隐喻，或者将身体理解为社会中知识权力的某种社会建构，或者将身体看作是社会话语的某个效应。对身体的探讨还往往发生在社会建构主义与反建构主义之间，建构主义认为身体独立于那些表征它的话语形式，而反建构主义则认为身体是被话语实践所社会性地建构的。

对于这些争论，特纳认为，将身体是看作是被社会建构的，是看作“话语的”，还是将其看成是现象学或者哲学人类学视野内的活生生的身体，是一种立场的选择。特纳对身体的理解不是在这些取向中作出选择，他更想建立一个“小限度”的理论综合，这一理论在对身体的共同兴趣框架下接纳和提升各种传统的社会理论。于是特纳提出，他的基本观点是把身体看作一个象征系统。

就此，特纳在《身体与社会》中提出了“身体化的社会”的概念，意思是说，身体在现代的社会系统中已经成为“政治与文化活动的首要领域”。特纳综合了社会学、文化人类学、精神分析学、女性主义等领域的研究成果，糅合了梅洛一庞蒂、费尔巴哈、青年马克思、福柯、弗洛伊德等人的理论，力图把对身体的研究从简单的肉体层面提升到更高的层面。其主要目的在于思考当代关于身体发展的理论问题，以便加强从社会学的角度对身体的理解。正如特纳在《身体与社会》第二版序言里所述：“随着《身体与社会》第二版的出版，应该及时思考人文学科及社会学科中对人类身体体现于进行艺术再现这个问题。"[①] 除此之外，作者还提出了身体社会学家们在未来的研究课题中应该优先考虑的一些主题。

有研究者指出，身体社会学中对于身体问题的探讨是处于社会理论的重要议题发展的交接点上，自从新康德主义运动以来，社会学的认识论问题集中在：人类是处在自然和文化中的双重成员这种身份上。

特纳认为，关于身体社会学的早期研究曾主要是有关社会性别、性本性和身体的女性主义分析；后来，对于身体的研究扩展到政治监控、医学和环境等领域。尽管如此，特纳认为，关于身体的现有社会理论研究仍然存在局限，这就是没有能够超越文化表现和社会建构的观念，没有达到对于社会交互性的真正理解。基于此，特纳从以下几方面对社会学中关于身体的理论作了整体概括：[②] ①深入理解有关身体体现的基本概念，利用这一方式，可以从身体的肉体性、感官性和客观性出发，系统地探索身体的复杂性。②有关社会行为（social action）的理论中，一种体现身体的社会行动（social agency）观念：全面把握身体形象在社会空间中如何发挥功能。③真正从社会学角度评价各种社会身体在长时间内的交互作用，也就是说，达成对于身体体现之集体性的理解。④以一种彻底的历史感来认识身体及其文化形态。⑤从政治的角度理解身体与治理的关系，尤其是参照可以称之为肉体公民权（corporeal citizenship）的方面，即国家立法在生育技术、流产、收养、抚养等方面对身体

① ［英］布莱恩·特纳：《身体与社会》，赵国新译，春风文艺出版社2000年版，第1页。

② 参见［英］布莱恩·特纳主编：《社会理论指南》（第2版），上海人民出版社2003年版，第584页。

实施的监控和性调控。

在特纳看来，这些分析领域是有一定秩序的，从涉及社会存在状态问题的身体体现，到社会行动的性质，到交换和交互性的社会层面和政治层面，再到最整体性的历史形态、文化形态的层面。特纳认为，目前，身体社会学在以下三个领域中有很大发展：身体的文化表现政治学；性本性、社会性别和身体；健康与病患中的身体。特纳总结了在这几个领域中的研究现状。

特纳认为，身体社会学的重要关注点是在身体的文化表现方面。他指出，晚近有大量的研究在考察身体作为社会关系的一种隐喻所具有的符号意涵。对于身体的表现特征的研究主导了文化人类学的大部分传统，其中，道格拉斯（Mary Douglas）在《纯洁与危险》（1966）和《自然象征》（1970）中围绕着身体创造了一种学术研究的范式。在这里，身体被解释成一种载体，表现了围绕社会生活中一些过渡点所产生的危险。在文化人类学中，身体基本上是一种象征系统，体现着各种社会关系，尤其是那些意义含混的社会关系。由此观之，身体不应该是消极被动的场所，任由各种信息铭刻其上，而是社会本体论的积极要素，不能只满足于身体体现在文化中。相反，身体作为一种实践的行动因子，型塑着文化，也生产着文化。

特纳认为，身体社会学的第二个关注点是以社会性别、生理性别和性本性等问题为核心的女性主义理论。关于女性主义和同性恋的研究，引发了对权力的社会性别化性质的质疑。然而在社会学和社会理论中，对于身体的社会体现的女性主义研究和其他研究存在着很大的分歧。大多数女性主义的主要论点可以这样概述：简单的两分（男性或女性、男性气质或女性气质）是社会和文化的产物，身体也是一种社会性别化的社会建构，这种社会建构把女性身体表现为一种偏离或者异常的身体。女性主义还关注把女性塑造为弱者的社会建构是如何在医学和自然科学中合法化的，从这个意义上说，生理性别有被宗教、医学和法律等有权力的话语建构的历史。

特纳认为，身体社会学的第三个领域是医学，它在为疾患、疾病、病痛等范畴提供某种社会学角度的关照方面发挥了重要作用。身体的社会建构论认为，疾病自有其历史，而且对于疾病的科学性话语也受到文化的塑造，其存在处于一种权力关系之中，这种观点对传统的医学提出了挑战。其中，阿姆斯特朗的《身体政治解剖学》有效地说明了身体在时间和空间上的散布，新的知识社会学对有关医学的历史分析产生了怎样的影响。再有，女性主义关于精神厌食症的分析也促进了对于医学中想当然范式的历史批判。

对于身体社会学的议题，特纳有一种执著的追求。继《身体与社会》这本书出版之后，特纳又在1995年主编了《身体与社会》杂志，并且从以下几方面重新确定了身体研究的范围：身体的符号意涵；身体对社会生活的实际组织过程起作用，而不是后者对身体的影响；围绕各类生理性别和社会性别范畴所产生的身体体现的分化；发达信息社会中技术与身体之间的关系；年龄与衰老的社会学；有关身体健康、病患、幸福和舒适的议题；研究如何系统严格地安排身体的锻炼培养和发展，作为体育运动的一种规划。此外，《身体与社会》杂志还指出了正在兴起的身体社会学现正在以下几个方面形成重大理论主题：对围绕身体体现的一些分析主体的深入探讨；身体体现如何融入有关行动、互动、交换和交互性的社会学中的一些根本范畴；就日常世界以及身体体现在日常生活互动情境中的位置，发展一种基础性的现象学；最后，是深入细致地理解人类身体体现的历史。

（2）其实，对于身体的研究并非专属特纳的社会学。特纳的身体社会学是一种继往开来的学术成果。哲学史上有哲学家曾从另外的角度涉足这一领域。这其中，身体曾经遭到贬抑、承受压抑，经受过漠视，也受到过褒奖。这些来自于由哲学视阈提出的身体观，对于身体社会学无疑是一笔财富；而且，在某种程度上看，身体社会学正是来自于其中的一些哲学思想。

特纳强调，西方思想传统的渊源主要在于“双希”精神，也就是古希腊哲学和以希伯来为宗的基督教。这两大传统缔造了迄今为止的西方精神，作为西方精神具体体现的身体同样深受“双希”精神的浸染。特纳围绕身体社会学对西方文化作了追述。

①古希腊哲学论身体，身体与灵魂。

提到古希腊，许多人心中一下子涌现出来的就是地中海式的阳光明媚；在哲学传统中，这种明媚阳光的象征就是阿波罗这个太阳神，它代表的是理性、节制和光明；这也是古希腊所遗传给西方传统的最重要的精神遗产，直到尼采时代，占据西方传统至尊地位的始终被认为是阿波罗。因此，许多人认为古希腊乃至整个西方的精神特质就是理性。事实上，即使在古希腊，也并不是铁板一块的理性大一统。关于古希腊的精神特质，罗素非常清楚地指出，古希腊民族存在着两种非常明显的倾向：一种是热情的、宗教的、神秘的、出世的；另一种则是欢愉的、经验的、理性的。[①] 前者的代表是狄奥尼索斯，后者的代表是阿波罗。阿波罗为人们所熟知，而狄奥尼索斯则不为许多人所知。但是，事实上，在西方身体思想的形成过程中，并不仅仅是阿波罗在起作用，狄奥尼索斯时时刻刻都在力图发生作用。而这种作用的真正发生，学界认为，是到尼采在《悲剧的诞生》中重新发现了狄奥尼索斯的酒神精神之后，是经过福柯和德勒兹

---

① ［英］罗素：《西方哲学史》（上），何兆武等译，商务印书馆 1963 年版，第 46 页。

的进一步发扬光大才开始逐渐达到高潮的。

在古希腊，狄奥尼索斯是作为植物之神，尤其是作为欢乐的生命之神被为人们崇拜。据说，狄奥尼索斯是宙斯与珀耳塞福涅所生的儿子，宙斯希望他能成为世界的统治者，这遭到巨人提坦的阻挠，在赫拉的怂恿之下，提坦将年幼的狄奥尼索斯撕成碎片并吞下了肚子。宙斯震怒，用雷鸣闪电将他们烧为灰烬，并从灰烬中创造出了人；同时，宙斯又将狄奥尼索斯的心脏吞下肚子，并创造了一个新的狄奥尼索斯。有所谓"狄奥尼索斯秘教"。据说，狄奥尼索斯秘教中的信徒力图通过对所信奉的神及对神的效仿来分享神的欢乐和痛苦，并以此来达到与神的合一。值得注意的是，这种效仿主要是通过模仿狄奥尼索斯的生与死的过程，并且分享狄奥尼索斯的身体而达到。在狄奥尼索斯的祭仪中，他的信徒通常是狂热的妇女，她们按照狄奥尼索斯的伴随者那样装扮自己，头戴常春藤编织成的花冠，身穿兽皮，挥舞着松果状尖顶的节杖，在山顶点燃火把，伴着狂热的音乐，大喊大叫，手舞足蹈；在狄奥尼索斯的伴随者当中还有以性欲旺盛而著称的森林之神，而且，狄奥尼索斯是从宙斯的敏感部位——大腿——诞生出来的，因此，在狄奥尼索斯的祭祀活动中又不可避免地多了一种性的宣泄成份。在仪式的开始，妇女常常抬着一个硕大的男性生殖器的象征物进来，而性的无节制的宣泄其实正反映了狄奥尼索斯秘教所强调的对人之内在本能的无拘无束的发挥和张扬。狄奥尼索斯主要是一种酒神，因此，酒对他的信徒而言成了一种圣物。饮酒之后，妇女们更容易达到一种酣醉状态；对欲望的放纵，对狂欢状态的追求成为狄奥尼索斯秘教中一个最引人注目的特征。在极度的狂欢状态下，这些女信徒们会将儿童或动物活活撕碎，并生吞下去，通过这种方式，信徒们相信她们同样经历了狄奥尼索斯的生与死，并重新战胜了死亡，获得了新生。信徒们相信她们已经完全为狄奥尼索斯所拥有并与他合一，同时彻底变成了狄奥尼索斯这个伟大的神，她们因此也具有了狄奥尼索斯非凡的能力，如预占、治疗疾病甚至还有统治自然的能力。狄奥尼斯密教的这个人神统一的结果是非常大胆，也非常令人震惊的。

在西方哲学传统中一直存在着一种二元论，这种二元论曾被具体表述为身心二元论。在古希腊语境中，身体往往代表感性，心灵代表理性。那时往往认为，感性产生的是意见，理性导致的才是真理。古希腊哲学的最高追求是对真理的发现、以及对意见的弃绝，很显然，真理高于意见，所以，心灵高于身体。具体到狄奥尼索斯和阿波罗来讲，狄奥尼索斯代表的是感性、是身体，阿波罗代表的则是理性、是心灵。整个西方传统哲学被认为就是一部心灵压迫身体的历史，是一部理性压迫感性的历史。

作为古希腊哲学的主要代表，柏拉图的哲学主要建立在二元划分基础之上，他将世界划分为现象世界和理念世界。理念世界是本原，它决定了感性事物的存在；感性世界是对理念世界的分有和摹仿的结果，感性事物仅仅是理念的影子。

柏拉图把灵魂和身体对立起来，但毕竟已把身体作为一个单独的范畴提了出来。在《斐多篇》中，柏拉图记载了苏格拉底面对死亡时的从容态度：他谈笑风生，“快乐地”高谈阔论哲学。苏格拉底为什么面对死亡无所惧怕？柏拉图解释说，真正的哲学家一直在学习死亡，练习死亡，一直在追求死之状态。因为，死亡不过是身体的死亡，是“灵魂和肉体的分离，处于死的状态就是肉体离开了灵魂而独自存在”[①]。身体在死亡的过程中被卷走了，死亡就是让身体消失，它在和灵魂的结合和纠

① ［古希腊］柏拉图：《斐多篇》，杨绛译，辽宁人民出版社2000年版，第13页。

缠中消失。这样，灵魂摆脱了身体而独自存在，变得轻松自如。这对于柏拉图来说，是值得庆幸的。他基于这样的理由：身体对于通向知识、真理来说，是它们之间的障碍。"因为带着肉体去探索任何事物，灵魂显然是要上当的"①。就此，柏拉图断定："我们要接近知识只有一个办法，我们除非万不得已，得尽量不和肉体交往，不沾染肉体的情欲，保持自身的纯洁。"②

在柏拉图看来，身体成为灵魂的枷锁和监牢，而死亡则是灵魂对身体摆脱的最好途径。因此，苏格拉底面对死亡，求真的坦途才得以顺利铺开，灵魂才能自由自在，无拘无束，才能笔直地通向纯粹的智慧、真理、知识。在《高尔吉亚篇》中，柏拉图论证说，正是身体的欲望和需求导致了尘世间的苦难和罪恶。在《理想国》中，柏拉图同样对身体的满足感嗤之以鼻，因为灵魂的快乐足以压倒身体的满足。

这些论述，体现了如此的见解："身体是暂时的，灵魂是不朽的；身体是贪欲的，灵魂是圣洁的；身体是低级的，灵魂是高级的；身体是错误的，灵魂是真实的；身体导致恶，灵魂通达善；身体是可见的，灵魂是不可见的。"③ 在柏拉图看来，伦理学的基础是理性的自由，善是灵魂的和谐，是内心世界的理性状态，而身体随时爆发的冲动正是对这种和谐理性的粗暴破坏，身体因此总是站在善的反面。

在柏拉图的学说中，与其二元论的见解相对应，关于灵魂与肉体的关系，他对肉体的态度始终是贬抑和否定的。柏拉图

① ［古希腊］柏拉图：《斐多篇》，杨绛译，辽宁人民出版社 2000 年版，第 15 页。

② ［古希腊］柏拉图：《斐多篇》，杨绛译，辽宁人民出版社 2000 年版，第 17 页。

③ 汪民安、陈永国编：《后身体文化、权力和生命政治学》，吉林人民出版社 2003 年版，第 3 页。

对于肉体持一种强烈的敌意，这使他的哲学不可避免地带上一种浓厚的禁欲主义色彩。在《斐多篇》中，柏拉图给出了他否定肉体的几个原因。“首先，身体因追求生存而给我们造成了难以计数的干扰；其次，缠扰我们的疾病妨碍了我们去探索真理；此外，身体中充满了爱惧等情欲、各种幻想以及许许多多毫无价值的东西，其结果使我们根本没有闲暇来考虑其他问题……最糟糕的是，即便我们从肉体欲望那儿争得一些时间来进行某些方面的研究，肉体欲望还会再度闯入我们的思维过程，中断、干扰、分散及妨碍我们捕捉真理的微光。”① 在柏拉图看来，身体是一种虚假的存在，是一种无意义的存在，身体是心灵的牢笼，身体是心灵的坟墓，身体阻碍了心灵对智慧的追求，而哲学家毕生的追求目标就是智慧。智慧本身是一种极其纯净的东西，只有当哲学家真正摆脱身体的羁绊，灵魂才能获得自由，只有自由的灵魂才能达到对智慧的追求。而现实之中，只有死亡才能达到心灵与身体的完全分离。在这种身心理论下，柏拉图提出了一种死亡观，他认为，死亡本身并不可怕，死亡的真正意义在于让心灵摆脱身体的束缚，达到真正的自由，从而获得智慧的追求。由此，柏拉图得出了一个结论：人的一生就是练习死亡的过程，“真正的哲学家把追求死亡作为自己的职业”②。对此，评论者说，这样，就不难理解，苏格拉底为何拒绝逃生，面对死亡，反倒谈笑自若、神态安详、慷慨淡定、从容赴死。苏格拉底的从容赴死不仅是柏拉图身心二元论的绝好阐释，更成为世世代代思想家心目中的一个伟大象征。苏格拉

① ［古希腊］柏拉图：《苏格拉底的最后日子》，余灵灵、罗灵平译，上海三联书店 1988 年版，第 127 页。

② ［古希腊］柏拉图：《苏格拉底的最后日子》，余灵灵、罗灵平译，上海三联书店 1988 年版，第 130 页。

底之死清楚地表明，生命的意义在于心灵而不是身体，身体是毫无意义的。柏拉图的哲学对西方思想影响非常深远，怀特海评论到：整个西方哲学发展史不过是对柏拉图哲学所作的一连串脚注。不过，柏拉图的思想对于身体发展来说可能就是灾难性的，从此之后，西方社会就开始了漫长的身体压抑和污名化时期。

哲学史界认为，早期希腊思想中的狄奥尼索斯和阿波罗两大源头经过柏拉图的改造变成了阿波罗一个源头；与此相应，传统西方哲学中的"身体/心灵"二元论经过柏拉图再到笛卡尔实际上变成了心灵一元论，身体逐渐消失并且走向死亡。特纳尖锐地指出："身体的屈从性是西方文明本身的一个明确特征……传统的身心二元论对立以及对人的身体的忽略是社会科学中主要的理论和实践问题。"①

②基督徒的身体隐喻：十字架下的罪孽与苦修。

基督教成为传统西方思想的一个重要渊源，关于基督教对西方文明的重要性，艾略特有一个比喻，他说，西方文化如同羊毛，基督教就是羊毛附着的羊皮。在基督教中，同样包含了系统的身体思想，这构成了理解西方身体思想的另一个参照。

人们往往大致说，中世纪基督教思想的渊源主要有两个：基本教义主要源自于它的母体犹太教，主要理论则源自于柏拉图。只不过柏拉图经过新柏拉图主义的修改，再加上奥古斯丁的神圣化，以另外一种面目进入了基督教的神圣世界。柏拉图给了基督教重要的理论支撑，基督教由此获得了信众的充分认同，其影响迅速越出了罗马帝国，成了一个世界性宗教。

关于身体与心灵的看法，基督教依然沿袭了柏拉图的观点，

① 汪民安：《后身体文化、权力和生命政治学》，吉林人民出版社 2003 年版，第 4 页。

强调身体的卑贱和低劣，只不过除了像柏拉图一样贬抑身体之外，基督教将上帝引入了进来，身体被赋予了另一种独特的色彩。在基督教中，柏拉图的理念世界变成了神圣世界，柏拉图的感性世界变成了世俗世界，而且是有罪世界。所以，身体在基督教中不是像柏拉图那样成为回忆理念的激发手段，身体成了走向天国这个神圣世界的工具和阶梯。在柏拉图那里，哲学家的最高任务是追求智慧，而在基督徒这里，基督徒的神圣使命是回到上帝身边。在回归途径上，首先是惩罚身体、洁净身体，清洗基督徒心中的欲望魔鬼。至于清洗方法则是通过苦修来抑制身体欲望，禁食、节欲、折磨身体成为必由之路。此外，柏拉图认为哲学家的一生就是练习死亡，基督徒同样抱此观点，对末日审判的盼望，指向着跨越地狱、飞升天国的最终目标。基督徒身体的寂灭并不是世俗的死亡，而是神圣的重生，是为上帝拣选作准备。基督教还有许多身体隐喻，也都进入了当代身体文化构成，比如，最经典的亚当和夏娃的故事，实质上隐喻的是男性与女性的绝对不平等；因为女性只是男性身体的一个组成部分，而且，女性自身更是不完全的构成；这个理论后来成了弗洛伊德“阴茎羡妒”思想的重要来源。此外，在亚当和夏娃的故事中，身体的欲望、女性的存在导致了亚当的堕落，于是被禁绝。这开启了基督教中源远流长的禁欲主义传统。至于玛利亚圣灵感孕的故事更是直接点明身体的次要性乃至无用性。在基督教神秘主义崇信者的观念之中，上帝是男性的、是新郎，基督徒追寻上帝靠的是灵魂而非身体，基督徒最终与上帝的合一，被比喻为新郎与新娘的合一。基督徒神人合一时的狂喜更被进一步比喻为世俗世界中男女交合的性狂欢。这些比喻在柏拉图《会饮篇》和《美诺篇》中有大量的生动描写。这又一次验证了柏拉图对身体的弃绝以及对灵魂的崇仰，也再一次证实了柏拉图对基督教世界的深刻影响。基督教描绘的是并不存在或无法感知的神圣世界，因此，用身体以及身体所代表的感性世界来比喻和象征就显得尤为重要。所以，隐喻就成了基督教中关于身体的主要话语方式。

相对来说，柏拉图只是在世俗世界中对身体进行贬抑，基督教将这种对身体的贬抑扩张到了极点，不仅身体以及与身体相关的感性世界被否弃，而且，肉体的人以及人所栖居的现实世界也被彻底否定。一千多年的中世纪神权统治使对身体以及对人的蔑视达到了顶峰。①

基于历史考察，特纳强调，"在西方，随着基督教作为一种文化力量在政治上变得越来越重要，对身体所持的禁欲态度也变得越来越细致，由于基督教把身体界定为邪恶的东西，身体逐渐与作为一种堕落的或有缺陷的动物的人联系起来。人的身体实际上被转化为肉体观念，于是也把人的身体与动物性联系起来……在苦行僧传统中身体作为肉体被给与更灰暗的印象，需要用饮食控制、静坐冥思和宗教行为来训诫"②。

③近代以后逐步解除对身体的压抑：从身体的缺席到重视身体的生理及社会冲动。

在中世纪时，身体在道德伦理上是遭到压制的；而在宗教改革之后，尤其是从 17 世纪起，身体又要受到知识的诘难。17 世纪以后，哲学和科学逐渐击退神学，国家逐渐击退教会，理性逐渐击退信仰。由此，身体逐渐走出了神学的禁锢。但是，身体又消失在心灵对知识的孜孜探求中。有学者这样概括："以前，人们压制身体，是因为身体是个问题；现在，人们忽视身

① 参见王瑞鸿：《身体社会学——当代社会学的理论转向》，《载华东理工大学学报（社会科学版）》2005 年第 5 期。

② ［英］特纳：《身体与社会》，赵国新译，春风文艺出版社 2000 年版，第 17 页。

体，是因为身体不再是个问题。以前，神学总要警告身体；现在，科学不再理睬身体。以前，信仰因为身体的捣乱要管制身体；现在，理性因为身体的反智性而放逐身体。”①

柏拉图的理论在近代哲学中最理想的传人被认为是笛卡尔。其传承主要体现于他关于身体与心灵关系的理论。笛卡尔最经典的表述就是他那句标志性的经典名言：“我思故我在”。不过，“我思”所指涉的自我不是身体自我，而是精神自我、是我的灵魂。换句话说，笛卡尔认为，正是因为有了灵魂，所以才有了我的存在；我是灵魂性存在，而不是身体性存在。

在笛卡尔的思想中，精神和身体是完个不同的，“在身体的概念里不包含任何属于精神的东西；反过来，在精神性的概念里边也不包含任何属于肉体的东西”②。在柏拉图那里，身体是被贬抑的，但是，通过身体的感性训练，灵魂还可以“回忆”起理念世界中的印象。而在笛卡尔这里，身体不仅被贬抑，而且，身体和心灵是根本不相关的两种存在。特纳就此评论道：“社会科学普遍接受了笛卡尔的遗产，在笛卡尔这里，身体和心灵存在着尖锐的对立。他的二元论相信，在身体和心灵之间没有互动，因此，这两个领域或者主体都是被各个不同的学科分别提出来的。身体成为包括医学在内的自然科学主体，而心灵则成为人文科学或文化科学的主题，后来，这种分割成了社会科学基础的一个重要特征。”③

在强调理性和“我思”的笛卡尔那里，要将柏拉图的“身

① 汪民安、陈永国编：《后身体文化、权力和生命政治学》，吉林人民出版社2003年版，第8页。

② ［法］笛卡尔：《第一哲学沉思录》，庞景仁译，商务印书馆1986年版，第228页。

③ 汪民安：《后身体文化、权力和生命政治学》，吉林人民出版社2003年版，第4页。

体坟墓说"改说成"身体铁镣说"。他在《第一哲学沉思集》中，曾将身体比拟为心灵的"铁镣"，并设想，如果有人从童年开始脚上就带上铁镣，他就会认为铁镣是他身体的一部分，甚至会认为没有它就没有办法走路。同样的道理，认为我们没有身体（大脑）就不能思维，亦只不过如同从小就带上铁镣的人一样。言外之意，"心"如果没有"身"这一铁镣的拖累，或许会"走"得更轻盈、更自由。

在笛卡尔那里，身体和意识是分开的，身体代表感性、偶然性、不确定性，甚至代表错觉和虚幻；意识则意指理性、稳定性、确定性，以至真理。由于身体的非理性和偶然性，所以被置于一个无关紧要的位置。

由此可见，笛卡尔所讲的身体是解剖学的身体，甚至是功能紊乱时的身体，对待它的相应态度是控制、克服；笛卡尔讲的身体是"威胁之身"（body-as-threat），其相应的伦理取向便是压抑肉身、排斥肉身。

特纳概述了笛卡尔之后西方社会学的情况，沿着这一思路可大致回顾如下：

A. 社会学家研究中的"身体缺席"。

尽管在刚进入近代时，哲学、宗教、人类学、艺术等许多学科及领域都直接或间接地在谈论身体，但是以社会关怀为己任的传统社会学家一直对身体这个基本现象和重要范畴保持着持久的沉默，在传统社会学的论域中很少提及身体，哪怕是对身体的贬低。对于这种奇怪现象，特纳认为主要有三个原因：

首先，西方传统身心不平等二元论的影响。西方传统的身心观在柏拉图那里是严重不平等的，在笛卡尔那里进一步成为身心对立论，这种后果最终演化为心灵霸权主义的一元论。这种对立和一元化导致了身体与心灵的人为分离，这种分离进一步表现为身体和心灵分别被不同的学科所专有，身体成了医学、生物学等自然科学的研究对象，心灵则成了哲学、社会学等人文社会科学的研究对象，这种分割构成了社会科学研究的一个重要特征。[①] 这种特征在韦伯、狄尔泰以及新康德主义那里都有明显的反映。

其次，社会学的非生物主义假设。传统社会学是建立在反生物主义实证论的基础之上的，社会学的核心假设认为，自我是价值和意义的主体，而不是生物性的肉体，个体的意义取决于社会存在而不是生物存在。社会也不是纯粹自然的存在，而是被人类社会性实践活动重构的结果。这两种观点经过马克思、韦伯的阐发在传统社会学中根深蒂固，这阻碍了身体的浮现。这一点从社会学的核心问题是自我与社会的二分而不是自然与文化的二分，也可以看得很清楚。[②]

再次，社会学反原子主义的整体论。传统社会学所要关注的是对社会事实的整体解释，宏观社会学将社会系统作为自己的研究对象，因为，社会系统或社会结构无法也不能被还原为单纯的个体。微观社会学同样拒斥了身体，因为，作为社会行动者的自我不是由个体的生物性所决定，而是由个体所隶属的社会结构所决定。传统社会学更多地立足于系统、制度、解构、组织、关系的研究之上，无法纳入身体这个基本事实。这种观点在涂尔干、帕森斯以及哈贝马斯那里都有非常明显的表现。[③]

诸多学者认为，从学理上来说，特纳的解释是有说服力的，但是，特纳忽视了一个非常重要的解释维度，即历史解释。社

---

① 汪民安：《后身体文化、权力和生命政治学》，吉林人民出版社 2003 年版，第 4 页。

② ［英］布莱恩·特纳：《身体与社会》，马海良、赵国新译，春风文艺出版社 2000 年版，第 89～92 页。

③ ［英］布莱恩·特纳：《身体与社会》，马海良、赵国新译，春风文艺出版社 2000 年版，第 93 页。

会学以及其他人文社科从根本上来说都是对现实生活的反映，是对人类的自我认识和社会行动的具体反映。传统社会学的产生和发展对应的是工业社会，注重的是生产建设，所以，传统社会学只能对这些相关社会实践作出解释。当代社会已经进入了后工业社会，生产型社会开始被消费型社会所替代，集权主义社会已经被个体主义社会所取代，集体责任意识逐渐被个体权利意识所取代，所有这些都使个体成为社会学关注的焦点，对个体的深入关注必然导致对身体的深入探讨。当代社会学中身体研究热潮的涌动严格来说首先是对当代社会变迁的生动反映，而不是社会学本身研究范型转换所导致。

B. 社会学家关于身体研究的反应。

尽管身体在传统社会学中遭到了很久的忽视，但这并不意味着传统社会学中身体的荡然无存，大概来说，传统社会学中的身体现象主要表现在两种情形中：

第一，"社会身体"理论：一种有意味的假设。

斯宾塞由实证社义提出社会有机体论。斯宾塞尝试着用生物学的观点来解释人类社会。在斯宾塞看来，人类社会与生物有机体一样，有一个漫长的进化过程，在这个进化过程中，社会如同生物有机体一样结构日趋复杂、功能逐渐分化、关系日益紧密。有意思的是，斯宾塞用生物有机体的结构来比附社会的结构。生物有机体有一个营养系统，不断摄取营养，社会相应地也有一个营养系统——生产系统。主要包括工人、农民等劳动者；生物有机体有一个循环系统，人类社会也有一个循环系统——分配系统，主要包括商人阶级；生物有机体有一个神经系统，人类社会也有一个神经系统——管理系统，主要包括统治阶级。斯宾塞的解释很有意思，但他主要还是受到了柏拉图的影响，柏拉图很早就提出，人类灵魂被分为理智、情感、欲望三个等级，相应地，人类社会也分别有统治者、武士、劳动者三个阶层。用身体来图解社会，这被认为是一种很天才的设想。有学者认为，尽管这种假设看起来过于非社会学化，但并非毫无道理。在笔者看来，其实，在中国古代传统哲学中及中国传统医学中，这种类似的思想理论早已有之。另外，在当代另一个社会学研究热点——大众传媒——的研究中，麦克卢汉被频频提起，而麦克卢汉非常有名的一个观点就是："传媒是人的延伸!"有学者讲，在这里，麦克卢汉与斯宾塞颇有异曲同工之妙。

一些学者认为，与社会身体学相关联的另一个发展方向是建立在达尔文生物进化论基础之上的社会生物主义。许多社会学家否定这种学术方向，这种思潮始终没有成为社会学的主流。而其中显示出，一些人关心揭示人的生物性与社会性的内在关联。当代身体社会学一个非常显著的研究特征就是寻找身体与社会的内在联系，用身体呈现来解释社会文化。[①]

第二，身体社会学：初步的尝试。

如果从学术思想史角度追问身体社会学在现代的开头，那就不能不说到20世纪中叶，以法国哲学家梅洛一庞蒂为代表的所谓新现象学派所起到的重要作用。梅洛一庞蒂的著作《知觉现象学》（1945）可以说是第一部以讲"身体"为专题的学术著作，该著作被认为一反昔日的哲学仅仅关注形而上学问题的传统，把形而下的身体作为现象学分析的起点，把"作为物体的身体""身体的体验""身体的空间性""身体的性别""作为表达和言语的身体"等一系列问题当作哲学问题来探讨，从而开辟了现象学史上的"身体现象学"时期。

在梅洛一庞蒂对于身体的研究中，将"现象之身"提升到

---

① 参见王瑞鸿：《身体社会学——当代社会学的理论转向》，《华东理工大学学报（社会科版）》2005年第4期。

哲学本体论的高度，传统的身体"工具"的概念被抛弃；身体不是单纯的工具，它还是我们自身在这个世界中的表达。笛卡尔"透明的""我思"被拒绝，"感知的主体不是绝对的思者，相反，它是依照我们的身体与世界间、我们自己与我们的身体间的生来的联系而起作用的"①。在梅洛—庞蒂现象学中，身体成了意义世界开显的场所："身体是我们拥有世界的总的媒介。有时，它受限于生命保存的必要行动中，因而它在我们周围设定了一个生物学的世界；另一些时候，在阐释这些基本的行动并从它们的字面意思上升到寓意的过程中，它又通过它们开显出一种新的意义之核：跳舞中的习惯性运动就是如此。最后，有时，身体的自然手段无法达到要求的意义，它就必须为自己建造工具，并因而在自己周围筹划出一个文化的世界。"② 梅洛—庞蒂尤其关注在现世中人体成为主体与主体之间的一种中介性质，也就是说，在现实世界中，人总是通过躯体、通过触摸或凝视、通过姿态、通过言说等多种方式从事文化交流活动，使人由客体变成主体，并由主体变成主体间的"真正主体"。如此，身体上升至本体论的位置：它不只是万物中的一物，而且是"万有之尺度"③。

梅洛—庞蒂在其代表作《知觉现象学》中概述了对于现象学的大量研究，他发展了一个精彩的"肉身"观点，以克服传统中心物、心神对立的观点。《知觉现象学》中的大部分篇幅是讨论身体问题及其与被知觉的世界之关系。梅洛—庞蒂认为，

---

① Merleau-Ponty, *The Primacy of Perception*, Notthwestern University Press, 1964, p. 6.

② Merleau-Ponty, *Phenomenology of Perception*. Routledge&KeganPaul, 1962, p. 146.

③ Merleau-Ponty, *The Visible and Invisible*. Northwestern University Press, Evanston, 1968, pp. 248—249.

知觉总是从一个特殊地点或角度开始的。正是从身体的“角度”出发，外向观察才得以开始，如果不承认这一身体理论，就不可能谈论人对世界的感知。我们对日常现实的感知取决于活生生的身体，举例来说，我们环绕着一个房子走动是借助于视力和触觉以及味觉的，但即使我们一些更“高级”的知觉也一定和我们的（原始）身体有关。身体是主动积极的，它是外向的，或者它被某种习惯所引导。梅洛一庞蒂断定，基本的意向性扎根于活生生的身体，这个身体则在作为一个化身的主体性之内。

梅洛一庞蒂通过“幻肢现象”、身体空间和运动形式、性欲、身体表达及语言等方面的现象学分析，批判传统神经生理学和心理学关于身体的机械论因果关系思想，进而指出，身体不是抽象的概念，既不是单纯的生理性存在，也不是纯粹自我的意识，作为物质存在的躯体和作为精神存在的意识密不可分地统一在身体中。人就是这种身心统一的“实存”。“实存”是活生生经验着的，就是现实的人的身体。他指认，若把躯体抽象地思考为独立于这种实存的结构，它就不可能有躯体的功能。反过来，也不可能有不以身体为基础的精神活动。他认为，人们关于自己身体经验的基础就在这现象的身体中；身体又是被作为性存在来研究的存在者，性状态是我们身体经验的本质部分，是人实存的表现或功能；身体以手势、语言等来表现自己，通过这类表现和表达，身体作为完整的整体的存在而被体验到；身体的行为既非单纯心理也非单纯物理的东西，而是心理与物理统一的行为。这样的身体，就是知觉的主体，是存在于世界之中与他人及世界发生关系、观察和发现对象意义的主体。梅洛一庞蒂称之为“现象身体”或“身体性”，也叫身体—主体。海洛一庞蒂指出这体现了心身的统一，是对心身分离或二元观点的克服；而作为单纯生理事实的躯体则叫作“客观的身体”，它只是一种概念的抽象意义的存在。也就是说，客观的身体不是现象的身体之真理，不是我们所体验到的身体的真理，它只是现象身体的贫乏的表象，而灵魂和身体的关系问题涉及的不是只有概念的存在的客观身体，而是现象身体。这种现象身体和客观身体的区分及对现象身体的论述，表现了梅洛—庞蒂在克服心身分离或二元论传统观点进程中力求取得新进展，现象身体作为不同于生理学意义的躯体和自我意识的第三类型的存在，本身就体现了心身的统一。海洛—庞蒂强调，作为现象身体，即经验着的主体，在知觉活动中，自己投入到被知觉的世界中，去感知、体验和发现存在于世界中的意义；被发现了的意义总是不确定的，因而被感知的对象具有了不确定的形式；但世界总是只有一部分是确定的，因为被发现的意义总是一部分，它总有一部分是暧昧的、尚未确定的，而身体知觉又不断地投入未来，使未来变成现实，也就是使暧昧变成确定。被感知世界的意义就在这种知觉投入和扩展中不断地被体验和发现，身体与世界联系的范围也不断扩大。这就是梅洛—庞蒂关于身体知觉与世界关系的基本模式。

梅洛—庞蒂的身体现象学使人们注视身体的社会存在意义，因为"我以我整个存在的一种总体方法去知觉，我把握事物的独特结构，存在这种独特的方式就在瞬间向我呈现出来"①。于是，肉体通过感觉的综合活动去把握世界，并把世界明确地表达为一种意义。梅洛—庞蒂的身体现象学在当代社会科学中有着很大影响，有论者甚至称梅洛—庞蒂的"现象之身"乃是政治经济学、历史、科学、哲学、艺术、心理分析的根基。

强调实践哲学的布迪厄，由社会习性说到"身体化的社会

① Maurice Merlean-Ponty, *Sense and Non-Sense*, p. 17, 50, 149.

结构”。布迪厄在他的理论中将习性表述为“身体化的社会结构”[①] 以及“身体反应的社会必然性”[②]。布迪厄这样论述：习性作为“身体的习惯”以一种稳定而直接的方式表现于人的“言谈举止”“感知和思维”[③]。与此相应，身体在此本身就是习性的一个组成部分，它是社会结构的直接产物和生产者，是实践的直接的生成及结构化。换句话说，习性指的并非只是社会行为者的心智结构，而同时也是身体化的结构。德国学者利保就此指出，在布迪厄的理论框架中，于此，身体本身结构的社会性是被社会化了的。[④] 在此过程中，“原始野性”的身体被变成了“习性化了的”身体。[⑤] 布迪厄讲，“习性是社会化了的主体性”[⑥] 这才成为“身体化的社会结构”。

布迪厄进而指出，对于习性是“主体性”（subjektive）的，并不能因此认为这只是个体性（individuell）的内化结构系统，他认为习性总是为同一阶级或群体的所有成员所共有；个体习性可以被视为是阶级习性或群体习性在结构上的一种变化形

① Pierre Bourdieu Enturf Die feinen Unter schiede Kritik der gesell schaftlichen Urte ilskraft Frank furt am Main Suhrkamp 1981，p730.

② Pierre Bourdieu Sozialer Sinn Kritik der theoretischen Vernun ft Frank furk am Main Suhrkamp 1987，p. 127.

③ Pierre Bourdieu Sozialer Sinn Kritik der theoretischen Vernun ft Frank furk am Main Suhrkamp 1987，p. 127.

④ Eckart Liebau Gesellschaftliches Subjekt und Erizie hung Zurp dagogischen Bedeutung der Sozialisations theorien von Pierre Bourdieu und U lrich O evennann Weinheint Jur venta，1987，p63.

⑤ Pierre Bourdieu Entwurf einer Theorie der Praxis auf der ethnologischen, Grundlage der kaby lischen Gesellschaft Frank furt am Main Suhrkamp. 1979. p199.

⑥ ［法］皮埃尔·布迪厄：《文化资本与社会炼金术：布迪厄访谈录》，包亚明译，上海人民出版社 1997 年版，第 173 页。

式。[①] 固然，因为习性的生成来自于社会行动者对外部的物质及文化生活条件的内化。这其中，因为同一群体或阶级的所有成员所面对的社会物质文化生活条件类似，所以他们通过对其内化而生成的习性也相应地表现出类似性。而当其外化形成"身体化的社会结构"表现出来的个体性时，同一阶级或群体的社会成员因其在阶级或群体内部所处的位置不尽相同，在他们的个体习性之间同时也就有着不可否认的差异。用布迪厄的论证说，他们所持有的各类资本（如经济资本、文化资本、社会资本）的总量和结构不尽相同，他们每个人的社会生涯也不同。对于这种个体习性与群体习性之间的类似与差异并存的关系，布迪厄认为其中有着"多样性中的均一性"（vielfalt in Hanogenität）[②]。也就是说，在作为同一个阶级或群体的成员的习性形式表现出类似性和同质性的同时，行动者的个体习性却变化多样。当其将内化的社会结构外化出来成为个体性，既有行动者与他人所共有的群体习性，即习性的社会性。布迪厄说："社会学将所有的生物性个体看成是相同的，他们是同样的客观条件的产物，具有同类的习性形式。"[③] 又形成一个个有个性的个体习性，这是由社会习性统摄着的个体习性，是作为阶级习性或群体习性在结构上的一种变化形式才被纳入社会学的。

身体社会学的兴起，在于由社会本身的内在变化所引发，身体社会学本身的发展逻辑同样遵循着从直接切入生理身体到间接关怀社会身体这样一个循序渐进的过程，对健康、疾病、

① Pierre Bourdieu Sozialer Sinn Kritik der theoretischen Vernun ft Frank furk am Main Suhrkamp 1987，p. 113.

② Pierre Bourdieu Sozialer Sinn Kritik der theoretischen Vernun ft Frank furk am Main Suhrkamp 1987，p. 113.

③ Pierre Bourdieu Sozialer Sinn Kritik der theoretischen Vernun ft Frank furk am Main Suhrkamp 1987，p. 111.

老龄化等直接与身体相关的社会现象的关注直接催生了身体社会学的最初研究兴趣。“由于医疗实践性质和技术发生了重大变化，由于疾病与病痛的变化结构，以及由于人口老龄化——至少发达的工业社会是这样的，身体在当代文化中变得重要起来。”①

吉登斯（1938—）在《社会学》一书中专门用了一章的篇幅介绍了与健康、疾病、衰老紧密相关的身体社会学的初步研究旨趣。吉登斯认为，社会生活与我们的身体相互之间存在着一种内在的、深刻的本质性关系，“被称为身体社会学的这个领域，是对我们身体受社会因素影响的方式所作的研究。我们作为人类是肉体的，即我们都有身体。但身体并不只是存在的问题，它也不仅仅是存在于社会之外的有形的东西。我们的身体受到我们所属的规范和价值观的影响，也深受我们社会经验的影响”②。

关于健康，身体社会学摆脱了单纯的生物学模式，进一步揭示出了生活方式、行为特征、饮食习惯等个体变量和社会阶层、文化差异、种族、年龄不平等等社会结构的双重影响。关于健康的概念，也已经超越了简单的躯体健康，上升到了心理健康、道德健康、社会适应健康，这从联合国世界卫生组织1989年关于健康的概念界定上可以看得很清楚。

关于疾病，身体社会学抛弃了纯粹的医学模式，努力揭示社会因素对疾病的影响以及疾病对个人的重新塑造，吉登斯认为，疾病会溶入个体的“传记”之中，疾病体验将对人们的自

---

① ［英］布莱恩·特纳：《身体与社会》，马海良、赵国新译，春风文艺出版社2000年版，第7页。

② ［英］吉登斯：《社会学》，李康译，北京大学出版社2003年版，第182页。

我感构成挑战并引发转型。[①] 苏珊·桑塔格则以个曾经的癌症患者身份犀利地指出："疾病是生命的阴暗面，是一重更麻烦的公民身份。"[②] 疾病本身并不可怕，可怕的是我们看待疾病的方式，我们往往给疾病赋予了太多本不应当的隐喻、象征乃至污名，比如艾滋，"对于之滋病这种带来如此之多的犯罪感和羞耻感的疾病来说，使其从意义、从隐喻中剥离出来，似乎特别具有解放作用，甚至是抚慰作用。不过，要摆脱这些隐喻，不能仅靠回避它们。它们必须被揭露、批判、细究和穷究"[③]。

关于衰老，已经不再仅仅是一个生理年龄的变化问题，而是进一步上升为有关经济、文化、政治的重大社会问题，衰老的出现不仅导致了老年边缘化以及与此相应的青年中心化运动，而且，进一步引发了工作、休闲、生活方式、社会保障等结构性社会问题和社会变迁，衰老的大量出现不仅仅是一个年龄结构的变化，更是一个社会结构转型的开始，老龄化社会的出现就是明证。老龄化日益成为社会学关注的热点就是生动例证。

尽管吉登斯所评介的身体社会学只是初步的，但是，他依然敏锐地觉察到"这是一个崭新的，也是最激动人心的领域之一"[④]。事实也的确如此，当代身体社会学越来越多地引起了社会学家们的热烈关注，并且在研究领域和研究方法上都取得了长足的进展和突破。

第三，当代社会学中的身体理论兴盛：延伸论到权力、文化及社会学建构。

---

① ［英］吉登斯：《社会学》，李康译，北京大学出版社 2003 年版，第 203 页。

② ［美］苏珊·桑塔格：《疾病的隐喻》，程巍译，上海译文出版社 2003 年版，第 5 页。

③ ［美］苏珊·桑塔格：《疾病的隐喻》，程巍译，上海译文出版社 2003 年版，第 161 页。

④ ［英］吉登斯：《社会学》，李康译，北京大学出版社 2003 年版，第 181 页。

当代身体社会学的研究领域主要围绕着以下方面逐渐展开。

一是，作为象征的身体。

当代身体社会学研究呈现出一幅斑斓多姿的景象。在众多的身体研究热潮中，有三条非常明显的理论主线：作为文化象征的身体；作为社会建构的身体；作为欲望规训的身体。这三个主线分别由文化人类学、女性主义以及身体的社会建构论为代表。

由于学科研究理念以及研究主题的缘故，人类学尤其是文化人类学一直非常关注身体研究，人类学对于身体研究进入社会科学研究视野，起到了非常重要的作用，其中，道格拉斯、赫兹和莫斯的贡献尤为突出。

道格拉斯注意到了身体的物理属性和社会属性，并且强调身体的社会塑造特征。她将身体区分为物理身体和社会身体，她讲道："社会身体制约着我们对物理身体的理解，我们对于物理身体的经验总是支持某一特定的社会观点，它总是被社会范畴所修改，并通过它被了解。在两种身体经验之间，存在着意义的不断转换，这样，任何种经验都强化着另外一种。"[①] 学界评论说，很显然，道格拉斯认为，在两种身体之间，物理身体和社会身体同时并存，但是，物理身体是基础，社会身体是本质。两种身体之间的相互影响和转化主要是通过赋予物理身体充满社会意义的象征而实现。因为"身体是一个模式，它可以代表任何有限的系统。它的边界可以代表任何有威胁和不牢靠的边界。身体是个复杂的结构，它的不同部分的功能及其相互

① 转引自［英］恩特维斯特尔：《时髦的身体》，郜元宝译，广西师范大学出版社2005年版，第11页。

联系，为其他复杂的系统提供了象征的源泉"[①]。道格拉斯由此分析了排泄物、母乳、流涎、洁净、肮脏的社会意义，指出了身体与文化的内在关联性。

赫兹主要研究了人类生活中对于左手和右手的看法：常人往往认为，左手和右手、左撇子和右撇子是一种生理的遗传结果，其实，大谬不然；"还有什么比我们的两只手更完美地相似呢！然而，这里有惊人的不平等！右手充满荣誉、令人满意的指派、特权：它行动、下命令和获取。左手则相反，它受到鄙视，减少到微不足道的辅助作用：它单独不能做什么，它只能辅佐、支持和忍受。右手是所有贵族的象征和表率，左手则代表所有的平民。"[②] 在当今社会里又何尝不是如此，左撇子的小孩从小就要受到父母严厉的斥责，也会受到同伴的无理嘲讽，尤其值得注意的是，当今社会中的许多用品基本上都是按照右撇子的习惯来设计的，常常忽略了左撇子的特殊性，从某种意义上可以毫不夸张地说，当代社会其实是一个右撇子霸权的社会。

二是，身体、性别、表演、生理革命。

女性主义的研究目标被认为主要在于揭示和批判男女两性之间的差异和不平等，女性主义最核心的战斗武器就是社会性别（Gender）。在女性主义看来，人的性别其实有两种：一个是社会性别，主要由后天的社会文化建构而成；另一个是生理性别（Sex），主要由先天遗传所造成。生理性别无法改变，而社会性别则可以改变。对社会上的人们来说，最重要的是社会性

---

① 转引自［英］鲍伊：《宗教人类学导论》，金泽等译，中国人民大学出版社2004年版，第51页。

② 转引自［英］鲍伊：《宗教人类学导论》，金泽等译，中国人民大学出版社2004年版，第97页。

别而不是生理性别。现实之中，女性在身体上有许多地方不如男性，比如力量、速度、强壮等，许多人往往通过身体上的不足进一步断定女性不如男性。女性主义坚决反对“生理就是宿命”的观点。

激进女性主义者看到，在男女两性的互动中全然否定身体，肯定是不现实的。他们将身体的重要性推进到了另一个极端。激进女性主义对身体的倡导主要表现在几个方面：

首先，女性身体的优越性。激进女性主义认为，尽管男性在力量、速度、强壮等方面存在着优越性，女性身体同样也存在着许多优越性，女性免疫力强于男性、女性平均寿命高于男性；男性更具暴力倾向，女性更具关怀特征；男性快感只限于生殖器，女性快感则遍布全身。至于弗洛伊德所津津乐道的女性对于男性具有一种“阴茎羡妒”情结，女性主义者则还以论辩：男性对女性具有“乳房羡妒”和“子宫羡妒”情结。对女性身体优越性的全面挖掘和重新发现使女性很自豪地宣称：“女性是优越的。”

其次，生理革命论。在激进女性主义看来，女性之所以受到男性压迫，主要原因在于生理上的不平等。因为具有子宫，所以，女性被强迫承担起对孩子的孕生工作；因为具有乳房，所以，哺养孩子的任务也被强加给了女性。这进一步将女性束缚在了家庭这个私人领域之中，严重阻碍了女性走向社会公共领域。激进女性主义者甚至发现了另一个惊世骇俗的现象：因为身体结构的不同，即使在性欲这个隐私领域中，女性同样遭受着男性的压迫。因此，解放女性可以通过生理革命来完成，推行避孕技术、试管婴儿、人工授精可以解放生育和抚养中的被压迫女性。甚至有人提出，推行女性同性恋则可以解放婚姻中被压迫的女性。

再次，欲望政治化。对性别的深入研究导致了身体被重视，对身体的深入研究又导致了性和欲望的被重视。女性主义认为，在男性霸权统治下，女性主要是作为性对象和欲望对象而出现的，女性的身体是被男性所改造，如美容、瘦身、割礼、缠足等，这些既是训练女性性感化的工具，又是束缚女性、压抑女性欲望的策略。

最后，性别表演。在女性主义看来，性别处于何种遭遇不是天生的，而是社会文化塑造的结果，因此，日常生活中的性别身份主要表现在角色扮演的不同，换句话说，性别的差异实际上是性别表演的不同。因此，女性往往注重以通过身体表演的改变来改变性别的不利地位。言语方式、行为模式、服装款式的改变由此成为女性主义革命的另类选择。表演与性别的主要关系与戈夫曼所论的人的日常生活表演有异曲同工之妙，这在后来的时尚研究和消费研究中引起了巨大回响。

女性主义关于身体的决定性、欲望的政治化、性别的表演性、身体的性别特质等观点深刻地影响了当代身体社会学的发展，并以新的内容和形式焕发出了炫目的光彩。

三是，由身体、技术到性别政治，以及欲望、权力、文化。

一些学者强调，既然身体是社会的建构、是文化的象征，那么，对身体进行管理就成为理所应当。关于这方面的理论见解，应该提到莫斯。莫斯发明了一个关键词"身体技术"，所谓身体技术指的是"人们在不同的社会中，根据传统了解使用他们身体的各种方式"[①]。有研究者指出，这种身体技术带有鲜明的社会文化色彩。在莫斯看来，日常生活之中，人们打交道的对象其实不是具体的身体，"我们打交道的是各种身体技术。身体是人首选的与最自然的工具。或者，更准确地说，不用说工

① ［法］莫斯：《社会学与人类学》，余碧平译，上海译文出版社2004年版，第301页。

具，人首要的与最自然的技术对象与技术手段就是他的身体”①。莫斯讲的身体技术有点类似身体表现方式，在这里，人及其身体表现方式与社会文化产生了别有意味的对接。也正因为身体技术是后天的文化使然，而且，身体技术与人本身紧密相连，所以，对身体的训练和学习就成了首要的选择。莫斯认为，人在一生中始终伴随着身体技术的学习和训练。婴儿出生时身体技术包括接生方式、母亲体位等等；儿童时期的身体技术包括喂养孩子的姿势、训练孩子走路的样态等等；青少年时期的身体技术主要包括女性的礼仪训练、男孩的职业培训等等：成年时期的身体技术包括睡眠、奔跑、舞蹈、消费等等。诸多身体技术受到了年龄、性别等因素的影响。人的一生其实就是通过训练获得为社会所承认的各种身体技术，从而表现自我并与他人交往的过程。莫斯的身体技术学说涉及了身体的规训以及身体的表现，这些都成了当代身体社会学的理论观点。

莫斯的身体技术理论直接影响了福柯的身体观，但是，无论从广度还是深度来看，福柯对身体的探讨都远远超过了他的前人，福柯身体理论的影响是很大的。有人讲，可以毫不夸张地说，当代身体社会学研究热潮的出现很大程度上就是由福柯所引爆的，而且，福柯对当代身体社会学的影响是带有根本性的，这种影响不仅仅在于研究主题的转换更在于研究范式的根本性转换。部分研究者对以下几点特别重视：

首先，权力的引入。传统的身体研究更多停留于社会建构和文化再造，福柯则进一步将身体研究推向了政治层面，建立了身体政治学。西方传统社会认为，身体是灵魂的牢笼，福柯则反过来认为，灵魂是身体的牢笼。整个身体史就是被压抑、

① ［法］福柯：《规训与惩罚》，刘北成、杨远婴译，生活·读书·新知三联书店 1999 年版，第 106 页。

被宰制、被规训、被糟蹋的历史。在福柯看来，只有身体才是真正的本原，但是，"身体正在进入一种探究它、打碎它和重新编排它的权力机制。一种'政治解剖学'，也是一种'权力力学'正在诞生，它规定了人们如何控制其他人的肉体，通过所选择的技术，按照预定的速度和效果。使后者不仅在做什么方面，而且在怎么做方面都符合前者的愿望。这样，纪律就制造出驯服的、训练有素的肉体、驯顺的肉体"①。在福柯看来，当代社会就是座巨大的监牢，层级监视、规范化裁决以及检查是对身体进行规训的主要手段；学校、医院、兵营等组织和机构则是对身体进行规训的具体场所。福柯的身体理论不仅引入了权力、真理、话语这些宏大而又沉重的关键词，同时，身体又被放置在深厚的历史背景之中来解读，这使福柯的身体理论具有一种不同凡俗的面孔的同时，又具有一种超乎寻常的震撼力。

其次，狄奥尼索斯的复活。福柯深受尼采的影响，自称为尼采主义者。事实也的确如此，福柯不仅继承了尼采的权力批判、系谱研究中的观点，同时，也接受了尼采关于阿波罗和狄奥尼索斯的观念。福柯认为，阿波罗代表的是理性，狄奥尼索斯代表的是欲望，西方传统社会一直是理性压迫欲望，我们真正需要的是打破理性压制，追求酒神冲动，也就是欲望的冲动。欲望冲动导致的不仅仅是政治反抗，更有极限的快感。福柯一生张扬梦想快乐、追求快乐，甚至希望那种过量的快乐，即使为它死去也在所不惜，因为在福柯看来，那种纯粹的、完全的快乐是同死亡紧密联系在一起的。此外，福柯非常喜欢萨德，称他是一个关键人物，一个标志着理性主义彻底崩溃的关键人物，萨德对性自由的实践、对虐恋的病态狂热深深影响了福柯。

---

① ［法］福柯：《规训与惩罚》，刘北成、杨远婴译，生活·读书·新知三联书店1999年版，第156页。

另外一个深受福柯钟爱的人物是巴塔耶，巴塔耶对兴奋、幻想、陶醉、销魂的迷恋以及对色情的越界体验同样深深影响了福柯。在福柯的思想中，身体并不是福柯的理论目标，极限体验和生存美学才是福柯贯彻一生的终极追求，正是这种追求，使福柯将欲望、性、同性恋等作为热切探讨的话题以及身体力行的实践，也正是因为有了福柯的勇敢越界和大胆违规，性以及非常态的性才成为当代身体社会学中另外一块诱人的探索领域。[①]

再是，回顾关于身体的思想史可以看出，从尼采开始，到梅洛一庞蒂、福柯、德勒兹以及吉登斯等著名学者，他们的理论话语越来越诉诸“身体”的形象及其意义。身体与灵魂二元论的观念特别是蔑视身体的传统正逐渐隐退，“身体”成为学术研究的焦点之一，身体社会学就是在这一背景下兴起并发展起来的。从社会学角度看，由特纳对身体社会学理论议题的关注来看，这时身体社会学在身体与权力、身体与性别政治及身体与消费文化等的议题中，有了很大的发展。

身体与社会这一议题研究的深入开展，吸引了更多的学者加入对身体社会学的研究中。其中，奥尼尔（John O’Neill）对身体社会学的理论建构进行了深入的探索。他在《身体形态》一书中，提出五种身体的系统设想：世界身体、社会身体、政治身体、消费身体和医学身体。世界身体：“人们通常是以自己的身体来构想宇宙以及以宇宙来反观其身体，一切科学之基础即是世界身体。”[②] 这里也就是说，世界身体是人类通过其身体来构想自然和社会，人类首先是将世界和社会构想为一个巨大

① 王瑞鸿：《身体社会学——当代社会学的理论转向》，《华东理工大学学报（社会科版）》2005 年第 4 期。

② ［美］奥尼尔：《身体形态——现代社会的五种身体》，张旭春译，春风文艺出版社 1999 年版，第 15～16 页。

的身体，由此出发，他们由身体的结构组成推演出了世界、社会以及动物的属类别。社会身体：它构成了内在于公共生活的深层交往结构，社会身体是秩序与价值的象征，比如左手与右手的二元对立在某些社会中就具有社会的意义。政治身体：政治的架构与身体的架构是"同构的"，如在古希腊，系统被视为源自于一个"最早的城市"，即"一个放大了的身体"，城邦组织系统的和谐如同身体的诸器官之间处于和谐的统一状态一样。消费身体：这是需求的身体，这是商业美学所利用的资源，是时装工业算计的对象。医学身体：身体的医学化是身体全面工业化的一个重要的组成部分，"我们生命中的每一个阶段——怀孕、生产、哺育、行脚、疾病、痛苦、衰老、死亡等——均置于职业化和官僚化中心的处置之下"①。

关于身体与权力。

在社会学领域，现代的几个著名社会学家如韦伯、涂尔干、米德等皆未完全摆脱笛卡尔二元论的模式。身体真正与社会学其他重要范畴渗透在一起加以论述，成为当代社会学的焦点之一，是与福柯分不开的；他将身体置于权力运作进行探索，通过对疯癫、性、监狱、医疗制度的谱系学考察，建构出"权力微观物理学"与"政治身体"的体系。在其中，身体"直接卷入某种政治领域；权力关系直接控制它、干预他，给它打上标记，训练它、折磨它，强迫它完成某些任务、表现某些仪式和发出某些信号"②。

福柯从尼采那里接受了"身体"这个概念。尼采的身体一

① ［美］奥尼尔：《身体形态——现代社会的五种身体》，张旭春译，春风文艺出版社1999年版，第123页。

② ［法］福柯：《规训与惩罚》，刘北成、杨远婴译，生活·读书·新知三联书店1999年版，第27页。

元论和决定论，使福柯认识到，历史在某种意义上只能是身体的历史，历史将它的痕迹铭写在身体上。福柯看出了身体在历史中的作用，认为道德并不是从外在的超验性标准出发而是从身体内部的生物学冲动出发，道德不是普遍性的规范而是身体灵机一动的结果。于是福柯要从身体出发来构造自己的社会理论，来构造自己的谱系学；这样一个谱系学断然地根除了意识和意识形态在历史中的主宰地位，断然地拒绝了主体假设。在谱系学中，福柯特别提到了身体的两个特征：一是身体是来源的处所；二是历史事件纷纷展示在身体上。作为历史事件的冲突和对抗都刻写在身体上，可以在身体上发现过去事件的烙印。福柯将身体安置于出发点和归宿之处；历史常常源自身体的冲动，事件的起源根植于身体，历史的变迁可以在身体上找到痕迹，它在身体上刻下烙印；身体既是对“我思”“意识”的消解，也是对历史事件的铭写。

福柯指出，如果历史和身体有无数的交接，如果历史事件可以反复地刻写在身体上，那么身体就是带反射性的；身体既干扰了历史又受到历史的干扰。福柯由历史与身体的关系，提出了有关身体的“权力技术学”和“政治经济学”。在对惩罚所作的谱系学研究中，福柯认为，今天的社会惩罚，“最终涉及的总是身体，即身体及其力量、它们的可利用性和可驯服性、对它们的安排和征服”①；这样的身体因此是备受蹂躏的身体，是被宰制、改造、矫正和规范化的身体，是被一遍遍反复训练的身体；身体的可利用性、可驯服性，它们如何安排、如何被征服、如何被塑造、如何被训练，都是由某种政治、经济、权力来实施的，都是由历史事件来实施的，都是由一种惩罚制度来

① ［法］福柯：《规训与惩罚》，刘北成、杨远婴译，生活·读书·新知三联书店1999年版，第27页。

实施的。身体反射这种惩罚，那么，"当这种惩罚制度声称以掌握犯罪的灵魂秘密为自己的目标时，我们能以肉体史为背景来撰写这种惩罚史吗?"[①] 福柯关注的正是这种"身体政治"，即将惩罚技术置于身体政治的历史中。福柯的结论是惩罚和监狱属于一种涉及身体的政治技术学。他就是要将身体和惩罚连接起来，从而透过身体来展示惩罚史，展示谱系学家的惩罚史。

福柯强调，身体的可变性是某种身体史和惩罚史的前提。在谱系学那里，身体是可塑的，"我们总认为，身体只服从生理规律，无历史可言，这又错了。身体处于流变过程中，它顺应于工作、休息、庆祝的不同节奏，它会因药物、饮食习惯和道德律等所有这一切而中毒，它自我阻抗"[②]。这是这种身体的可变性，使惩罚有了场所和机会，使惩罚得以产生效果，使惩罚能调用手段、实施技艺、运用策略，从而对身体进行改造处置和驯服。身体的可变性预示了历史的可变性。

福柯讲的可变性身体即非中心化的身体，它是流动的、变化的、灵活的、非稳固的。这种全新而且极美的身体处于流变过程中，它丝毫不能充当某种不变的固定基础。这样，身体就会被各种力量塑造，它要经受种种训练和折磨，它要被权力生产和锻造。身体的不稳定性和可变性，使它一定与权力遭遇，一定会被权力有意地揉捏。身体的器官、功能以及所有被认为是生物学意义的组织，都被动摇和改变了，都被认为是权力和社会的塑造产品。身体进入权力的视野中，进入社会的视野中，进入机制的视野中。福柯将身体引入谱系学的目的是要"表明权力机制如何同身体直接相关，如何同众多身体功能、生理过

① ［法］福柯：《规训与惩罚》，刘北成、杨远婴译，生活·读书·新知三联书店1999年版，第27页。

② 杜小真编选：《福柯集》，上海远东出版公司2003年版，第157页。

程、感观和快感相关；身体并没有被抹去，有必要通过分析使身体变得可见”①。

福柯讲的身体的可变性来自于外部，它内部的可变性是通过外部的权力来实现的。正是在权力的干预下，身体发生了变化。权力或身体紧紧地连接在一起，福柯用“规训权力”来描述权力对于身体的管理、改造和控制，身体的可变性是权力有意图地来实施的，权力生产或造就了身体的多样性，身体是权力的产品和结果。正是身体的这种可变性为权力的生产性提供了条件：一个坚实而稳固的身体，不可能被生产和锻造。福柯将身体视作被动的，其目的是为了表明权力的主动性。如果说身体只是一个等待判决的对象，那么，权力则是一个主动而积极的生产者，身体和权力展示了被动和主动的对应关系。

福柯指出，社会，它的各种各样的实践内容和组织形式，它的各种各样的权力技术，它的各种各样的历史悲喜剧，都围绕着身体而展开角逐，都将身体作为一个焦点，都围绕身体进行精心的规划、设计和表现。身体成为各种权力的追逐目标，权力在试探它，挑逗它，控制它，生产它。正是由对身体作的各种各样规划过程的分析，权力的秘密、社会的秘密和历史的秘密昭然若揭。福柯将身体作为纷乱的社会组织中的一个醒目的中心焦点凸显出来，强调是身体而不是意识处在历史的紧迫关头；他说，“身体是事件被铭写的表面（语言对事件进行追记，思想对事件进行解散），是自我被拆解的处所（自我具备一种物质整体性幻觉），是一个永远在风化瓦解的器具”②。由此可见，在福柯社会理论中，矗立着的是身体和权力的关系。权力和身体成为历史的主导内容，身体刻写了历史的印记，而历史

① Foucault，*The Will to Knowledge*. Penguin Books，1990，pp. 151－152.

② Michel Foucault：*Counter-Memory*，Practice，Bouchard，1981，p148.

又在摧毁和塑造身体。

通过对身体与权力关系的研究，福柯试图向人们表明，资本主义精神和现代性是怎样居心叵测地利用人的身体，身体是怎样变成既有用又驯服的生产工具的。正如他所说："在资本主义社会中，权力否定了身体的现实状况，而去支持灵魂、意识和幻想。事实上，没有比权力的实施更加物质的、生理的和肉体的了。"① 特纳对此解释说："秩序问题起于这样的事实：身体如果不予钳制，就会像太空的星球，隔一段时间就互相碰撞。解决的办法就是创造一种管制身体运动的绝对权力。"②

关于身体与性别政治。

特纳认为，身体社会学的主题离不开性和感情分工的性质，身体社会学其实是对性控制进行的社会学研究。具体而言，就是男性对女性的性施加的父权控制，即关于性别政治的问题。女权主义对父权制社会组织的批判以及女性在公共生活领域角色的转变，成为身体处于突出位置的原因之一。

这使特纳将妇女的从属地位问题看作是性别政治的核心问题。关于妇女的从属地位，一般有两种解释：一种是"自然/文化说"，另一种是"财产说"。对于这个问题，女性主义者认为，普通的父权制之所以形成男人对女人的权力体系，是因为女人在人类社会里扮演着繁衍生息的角色，所以把她们与自然而不是文化联系起来，并因此使她们处于一种"第二性"的位置。如果说女人真的没有从自然性过渡到文化性，那是因为她们仍然被性欲和生殖力与自然捆在一起。这样，对妇女在社会中处

① 包亚明主编：《权力的眼睛——福柯访谈录》，上海人民出版社 1997 年版，第 171 页。

② ［英］布莱恩·特纳：《身体与社会》，赵国新译，春风文艺出版社 2000 年版，第 160 页。

于从属地位的原因的解释，归结到了她们的繁衍功能的普遍性。由此，女性主义理论得出结论：妇女的从属地位，本质上并非生理的结果，而是因为文化把女人的繁衍性，解释为自然的。正是这种分类把妇女归入低级的“自然”范畴，把男人归入高级的“社会”范畴。在这种分工中，男人创造了经久的象征物，而女人则繁衍了易逝的身体。女人的社会角色被认为低于男人的社会角色。

特纳在女性主义理论的基础上，对“自然/文化说”和“财产说”给出了自己的解释。他认为，尽管“自然/文化说”可以很好地解释男人对女人的父权性支配现象，但是它也存在一些弱点。首先，在前现代社会，父权制典型地牵涉到成年男性对妇女、儿童以及其他不能独立的男子施加的权力。在这样的社会中，既有男人对女人的支配，也有父亲对儿子的支配。如果把未成年的男子与女性一样归入“自然”的行列，就会削弱这个学说的清晰性，而且，很难看出未成年男子在何种意义上更靠近自然或者是自然的一部分。其次，“自然/文化说”的第二个弱点是它的概括性不足。很难相信在任何时间、地点和社会都能以同样的此种方法解释女人。另外也存在着女人在繁衍过程中并不是特别重要的因素这个观点，如果这个观点成立的话，那么，何以认为女人更靠近自然？最后，尽管一些人认为“自然/文化说”能解释父权观点的起源，但是很难看出它如何将这种观念维持和延续；而且这种两分法，在城市化、世俗化和医学科学化的社会里变得越来越模糊和遥远。由于文化对繁衍的介入，使得女人离自然越来越远。

在此基础上，特纳认为父权制对女人的态度以及对她们的性控制是一种政治和意识形态安排，其基础是通过特殊亲缘关系而进行的财产分配。由此可见，关于女性从属地位与父权制，这两种说法是可以合在一起的，因为把女人与自然（因此也与低下的地位）联系起来的观念成了父权控制财产之合法化的基础。

特纳理论提示人们关注的是，女权主义者们对于像科学、医学和保健等在传统中往往被认为是无可怀疑的学说，也进行了尖锐的批判性反思。如果说，女性主义最根本的出发点是对女性的各种正当权利要求，那么，在这些权利中，女性对于自己的身体的管理控制权就是最为天然和本质的一种。而要获得这种权利，又必须首先对于自己的身体有所认识，而且这种认识还不能是被男权文化所污染了的。

《美国妇女自我保健经典——我们的身体，我们自己》一书，正是在这样的背景下问世的。它是为了女性的需求而开始的集体写作，作者写作的初衷是：尽量多录入妇女保健方面的信息；大胆说出广大妇女不同的经历和看法；尽量多地影响妇女，使其对自身保健和生命更负责任，敢于对现存医疗体系提出质疑和异议，并随时为其改善而奋斗；对改进现存医疗保健体系的男女予以支持；努力工作，创造更公正的两性平权的社会，在这个社会中，良好的健康不是奢侈，而是一种权利。该书的作者还对传统医学和保健的许多观点和做法进行了尖锐的批判；例如，在对日益成为外科常规手术的子宫切除和卵巢切除问题的论述中，作者除了具体医学知识的介绍之外，尤其指出，在美国每年约65万做子宫全切术的妇女中，至少有30%～50%是完全没有必要做此手术的，另外10%或更多的人则可以使用其他方法而无须手术。像这样的内容，不仅仅对于妇女患者是必须提醒的，而且应充分引起那些过分沉迷于外科手术技艺，而轻易决定切割人体的医生们的关注。这更鲜明地反映出女性主义的特点，表达了女性对待身体的态度。

接下来，福柯对于性本身有关历史建构的研究，激发了一批学者深入探索身体、政治与性本性之间的复杂关系。拉克尔在《从古希腊到弗洛伊德的生理性别、身体和社会性别的塑造》一书中，揭示了中世纪有关性的理论是如何促进了一种特定的教义：单一的生理性别，二分的社会性别，其中的女性身体只是女性身体的一种弱化或倒转的形式。以至于此时的解剖学的考察也无法将中世纪这种刻板的意识形态观念转变为另一种替代话语。因为此时的解剖学往往也只限于一种关于灵魂的道德话语，而不是一种关于身体的科学。这种状况一直到弗洛伊德的精神分析出现才有所改观。所以，当代学术研究中有相当一部分深入到这样一种历史分析：对于社会性别差异如何表现为某种道德秩序的差异，加以分析；对于基督教意识形态所产生的不良影响，进行分析。尽管大部分此类分析关注的是男性和女性之间差异的历史塑造过程，但在当代工业社会里，在权力和权威的表现过程中，社会性别差异依然起着不可忽视的作用。

特纳的理论强调，对于身体与性别政治这项议题，女性主义理论在其中所起到的作用是重要的。这是因为女性主义理论最早涉及有关社会性别、性本性和身体这样一些议题，并且女性主义理论将生物、性别、性征这三者之间的关系问题化了，同时从女性主义的视角对身体进行探讨并给出回答。

关于身体与消费文化。

随着消费社会的兴起，身体越来越成为令人瞩目的对象，身体问题正同消费主义结合在一起。与消费主义密切相关的是，人们对身体的审美性质日渐重视了。正如鲍德里亚所说，身体已经成为消费社会中最有魔力的超级商品，这句话已经在现代社会得到验证。现代人对于“身体是本钱”的认识越来越深刻，以关照自己身体为目的的消费欲望也越来越强烈起来，于是那些嗅觉灵敏的商人们，纷纷推出满足人们身体健美需求的产品和服务，由此出现了一个新的消费模式——身体消费。身体消费是现代社会中关涉身体的基本形态之一，它不仅是一种经济现象，也是一种文化现象。

消费文化理论对身体维护保养与对外表的重视，提出两个基本范畴：内在的身体和外在的身体。内在的身体是指对于健康、合宜的身体功能的关注，它要求在面对疾病以及老年化过程的时候对身体加强维护与保养；外在的身体是指外表以及在社会空间中身体的运动和对于身体的控制。

20世纪增长的消费文化和时尚产业特别重视外在的身体。消费社会重视强健、美丽的身体。在这个消费社会的成长过程中，可以看到西方的价值观发生了重要的历史性变化。曾经，西方的价值观因为禁欲主义而强调内心的控制，现在，则因为审美目的而强调对身体外表的操控；曾经，饮食的目的是用来控制精神和灵魂生活的，现在，饮食的目的则是为了变得更性感和更长寿。对待身体的这种变化代表了西方在价值观方面的世俗化倾向。

在现代的消费文化中身体被认为是快乐的载体。现实中的身体越是接近青春、健康、苗条和美丽的理想标准，那么它的交换价值就越高。也就是说，身体的改造已经从福柯的权力改造那里悄悄地发生了变化。福柯关注的历史，是权力将身体作为一个驯服的生产工具进行改造的历史，那是个生产主义的历史。而今天的历史，是身体处在消费主义中的历史，是身体被纳入消费计划和消费目的之中的历史，是权力让身体成为消费对象的历史，是身体受到赞美、欣赏和把玩的历史。身体从它的生产主义牢笼中解放出来，但是，今天，它不可自制地陷入了消费主义的陷阱。一旦身体变得时尚化，权力组织身体和改变身体的方式就发生了变化，它就要制造出身体的需要，有的时候甚至是虚假的需要，为的是要让身体成为一个消费品。

正如特纳所说："躯体已经开始有些与当代社会的重要机构脱离的倾向，比如家庭、再生产以及财富的拥有。躯体不再在家庭经济中的财富、继承的相互影响下发挥功能。它不再那么明显是婚姻策略的焦点，国君争夺或国家之间暴力的焦点。身体的这个社会脱位（social dislocation）意味着身体已经更面向消费主义文化的游戏性的使用，这种对于身体的游戏性使用已经成为消费主义欲望的主要载体。”① 他进而认为：“现代自我的出现是与消费主义的发展紧密联系的，现代的自我意识与无限制的对于快乐之物（食物、符号以及消费品）的个人消费观念紧密联系。消费的自我这个观念具有现代个人主义的典型特征。”② 可以说，消费社会中的文化是身体文化，消费文化中的经济是身体经济，而消费社会中的美学是身体美学。在当今的消费社会，身体越来越成为现代人自我认同的核心，即一个人是通过自我的身体感觉，而不是出身门第、政治立场、信仰归属、职业特征等，来确立自我意识与自我身份。

对身体态度的这一转变有深刻的社会文化原因，其中消费社会与消费文化的兴起是最重要的原因。因为消费社会是高度世俗化的社会，是世俗生活与宗教生活相脱离的社会。消费社会的一个重要特点就是宗教和意识形态对身体界定、规训和控制性的权威性在减弱，身体正变得越来越自由。同时，消费文化又在极力鼓励消费，以消费带动生产，而不再压制消费。与此同时，广告、大众刊物、电影电视对时尚身体形象的宣称，更加鼓励了身体消费的热情。减肥、健美、美容、化妆乃至整容等对身体的消费已经成为现代人生活中的一个重要内容。笛卡尔时代的“我思故我在”（I think therefore I am）在如今的

① ［英］布莱恩·特纳：《身体与社会》，赵国新译，春风文艺出版社 2000 年版，第 6 页。

② ［英］布莱恩·特纳：《身体与社会》，赵国新译，春风文艺出版社 2000 年版，第 6 页。

消费社会已经变成"我消费故我在"（I consume therefore I am)。也就是说，在今天这个把年轻、健美和性感的身体置于重要位置的时代，身体消费已经成为大众自我确证、自我认同的核心。

除了文化的变迁，对身体消费起重要作用的还有经济形态与产业结构的变化。传统的产业是农业与重工业，其中需要的是生产性的身体，因而反对纵欲主义，重视身体的生产性价值和能力。而在消费社会中，农业与重工业衰落，身体的生产性功能不再受到重视，而身体的外观、审美价值则变得越来越重要，身体的保养、维护逐渐成为核心的产业之一。这正是后工业社会中服务业兴起的一个重要标志，所谓服务业，其中一大部分是为身体服务的。

由特纳的理论论证，我们可以再去看一下：在现代消费社会中，特别是现代化的大城市中，身体已成为文化和经济竞相争夺的领地。不可忽视的是，开发身体、管理身体、美化身体、保养身体、展示身体、出卖身体，成为文化的焦点甚至成为经济的命脉。无论是各种各样的公司、企业还是个体，都在为身体而忙碌着。围绕着身体应运而生的"身体产业"和"美丽产业"已经成为现代社会中非常具有活力的新经济产业。

总之，在现代社会，通过对身体的规划与塑造来追求个人满足成为一种大众理念，这一消费文化的兴起又加剧了人们对身体的规划与塑造。甚至可以说，在现代社会，对身体的规训与享乐主义已经结为一体，人们在其中的感受便是"痛并快乐着"！身体社会学发现了身体与社会的交织，这种交织使身体不再是纯粹的自然性事实，不再是生产主义的劳作工具，也不再仅仅是医学、生物学和人类学关注的对象。在身体社会学中的身体既可能改写社会，也可能被社会所改写；既可能利用社会，也可能被社会所利用；既可能控制社会，也可能被社会所控制。

身体上面刻满了复杂的社会印记。除此之外，身体社会学也发展出一种关于身体的新型社会理论，它包括新型的消费主义、文化政治学和生物伦理学。这也使得身体被置于双重的格栅中：它既被置于现实的格栅中，也被置于理论的格栅中。

C. 身体引起社会学关注的社会历史原因。

身体社会学在 20 世纪 80 年代兴起决非空穴来风，其社会背景包括女性主义和女性解放运动的政治后果和社会后果，围绕“试管授精”这类新医学技术而产生一系列复杂的法律问题和伦理问题，虚拟现实的有关技术发展，机器人越来越多地运用于军事和工业目的，以及消费文化中一种身体美学的发展。尤其是在现代社会中，私人生活领域普遍受到关注，具有私人性质的身体成为人们关注的焦点，大众传媒对于身体的兴趣更是强烈无比。身体在现实生活中所得到的关注引起了社会学家的兴趣，“身体”成为一批风格激进的理论家共同聚焦的范畴。

在特纳看来，身体受到关注是现代工业社会深刻变革的结果。特纳讲道：“身体形象在通俗文化与消费文化中的突出地位及其无所不在，就是身体（尤其是其繁衍能力）与社会的经济和政治结构相分离所产生的文化后果。”① 现代社会对与身体相关的快感、欲望、力比多的强调，是后工业主义、后现代主义与后福特主义造成的文化环境的组成部分。因为随着基督教禁欲主义的式微和大众消费主义的盛行，谴责身体享乐的道德机制在很大程度上已经消失。这些变化是与当代社会经济结构的变化联系在一起的，经济结构的调整为劳动的性质和构成带来了重大的转变，劳动的身体成为追求欲望的身体。面对这些变化，特纳认为：“应当在一个广阔的历史语境下看待这些社会与

① ［英］布莱恩·特纳：《身体与社会》，赵国新译，春风文艺出版社 2000 年版，第 2 页。

文化的变化，即建立在土地所有制基础上的封建制度的衰落，建立在控制工业生产过程基础上的工业资本主义的兴起，以及围绕着对传播和符号体系的控制而组织起来的后工业社会或后现代社会的出现。"①

这里主要是面对如此的情况：随着全球经济、服务业、广告业和消费主义的盛行，财产、性与身体之间的传统关系在很大程度上已经不复存在，这种制度的瓦解标志着多样化生活模式的时期已经到来，尤其是避孕手段的广泛普及，使得原则上拥有多个性伙伴和保持多种性关系成为可能。这种可能使人与人之间的关系尤其是男女之间的关系不再建立在财产契约之上，而是建立在通过亲密关系和性接触来实现的对个人满足的一系列期盼之上。这正如我们所看到的那样，身体对于表现性和亲密性的新型模式是至关重要的，因为身体是这些情感表现的渠道和载体。后工业社会消费主义的盛行，使人们对于美好生活的标志与文化资本标识的身体具有一种强烈的商业与消费主义的兴趣。除此之外，对身体的审美、对衰老身体的否定、对死亡的摒弃、对运动的重视和对健康的追求，都成为人们关注的焦点。由于这样变化，身体作为一个不可化约的课题就浮现在理论视阈，"身体"这个范畴开始与阶级、党派、主体、社会关系或者政治、经济、文化、意识形态这些举足轻重的术语相提并论，共同组成了当代社会学的理论框架。

正是基于此，面对身体社会学的兴起及其发展，英国社会学家特纳作出了他的理论贡献。他的《身体与社会》成为身体社会学中一个具有奠基性意义的重要文献。他把对身体的研究放在社会学研究的中轴之中，由身体与社会的种种关系谈到人

① ［英］布莱恩·特纳：《身体与社会》，赵国新译，春风文艺出版社 2000 年版，第 3 页。

的身体诞生、衰弱和死亡等过程，并指出身体在自然界的存在过程，也是位于文化信仰、符号和实践世界中的“有意义的”事件。

从20世纪80年代开始，出现了一系列以身体为主题的著作，除了布莱恩·特纳的《身体与社会》（1984）与奥尼尔的《五种身体》（1985）和《沟通性身体》（1989）之外，具有代表性的还有巴克尔（Barker）的《弱小的私人身体》（1984）、阿姆斯特朗（Armstrong）的《身体政治解剖学》（1983）、约翰逊（Johnson）的《身体》（1983）以及费赫（Feher）主编的《人类身体史话》（1989），这些著作是20世纪80年代身体社会学学术研究质量的一个体现。

显然，在当代社会科学的诸多分领域里，都已经出现了大量有关身体的著述。至于身体的社会学分析，现在更得到有关日常世界的社会学分析的保障，并且系统地启发了关于社会性别、健康和衰老的研究。身体社会学已经深深地影响了情感和社会结构方面的研究兴趣在晚近的回升。尽管在迪尔凯姆和莫斯的作品里，就已经对情感社会学的意涵有了一定的认识，但大体而言，身体体现和情感在以往经典社会学里是被忽视的。后来，关于自我观念、身体体现和情感状况之间关系的研究兴趣，可以看作属于对身体社会学的一种更广泛的发展。

回顾身体社会学的发展历程，人们注意到，当1984年布莱恩·特纳的《身体与社会》出版的时候，当时的学术界还没有多少人关注“身体”这一议题，而10年后，大量的身体社会学、身体文化学的著作纷纷问世，“身体社会学”已经成为一专门的学科，关于身体的研究发展非常迅速。

刘少杰主编的《当代国外社会学理论》在作了以上综述后，对特纳的论述强调有以下要点应充分予以重视：

第一，身体不仅仅是个体的生命有机体，更是一个符号标志，它总是由社会形成并且由社会定位的。因此，身体社会学的研究主题包括如下几个方面：对围绕身体体现的一些分析主题的深入探讨；身体体现如何融入有关行动、互动、互换和交互性的社会学中的一些根本范畴；就日常世界以及身体体现在日常生活互动情境中的位置，发展一种基础性的现象学；最后，是深入细致地理解人类身体体现的历史。

第二，身体社会学的议题具有很深厚的哲学传统，来自于哲学视阈下的身体观，无疑是对身体社会学的一笔财富。由特纳的著述可见，他特别追溯了柏拉图的身体观、笛卡尔的身体观、梅洛—庞蒂的身体观。

第三，从社会学角度看，身体是在社会建构和体验之中形成的。由此，发展出以下理论议题：福柯从权力的角度关注身体；女性主义从性别政治的视角探讨身体；消费主义将身体消费看作现代社会中身体的基本形态之一，它不仅是一种经济现象，也是一种文化现象。[①]

总括以上情况，诸多人认为，身体社会学的出现，体现着当代社会学的理论转向。

身体是目前越来越热的一个关键词，身体研究热潮的兴起意味着社会本身的深刻变革，同时，也将意味着社会学理论本身的转向。从古希腊的柏拉图一直到当代，身体始终是一个很难被忽略的研究兴趣，传统社会学因为种种原因在一定程度上忽视了关于身体的研究，但是，当代消费社会的兴起，导致了身体重新复苏，人类学、哲学、医学等学科对身体的持久关注最终唤醒了社会学家关于身体研究的热情，当代身体研究的主题越来越宽广，权力、文化等政治、经济、文化等诸多因素先

---

① 以上参见刘少杰主编：《当代国外社会学理论》，中国人民大学出版社 2009 年版，第 134～154 页。

后被引入了身体研究领域，身体社会学由此逐渐成为一门当代显学。

任何人都无法否认的一个基本事实是：我们的存在与身体之成息息相关。无论灵魂多么高贵，身体的寂灭必然导致灵魂的消散，从而取消人的现实存在。从这种意义上来说，“人类有一个显见和突出的现象：他们有身体并且他们是身体”[①]。也正因为如此，对身体的探讨本质上就是对人本身的探讨，身体的命运实际上也正是人自身命运的一种生动写照。古希腊德尔斐神庙的入口处镌刻有一句流传千古的名言：“认识你自己”，这也正是西方思想史包括西方社会学的努力所向，要想真正认识你自己，反观自身就成为一种必然的选择。对身体的观照有助于澄清笼罩在身体之上的暧昧想象，有助于重建明晰的身体意象，有助于显明人的潜在本质，当然，也有助于追寻社会学对人的理解之路。由塑造论哲学来说，这有利于由行为及符号探究并且成就显意识与潜意识的统一，从而实现超越。

一些学者对身体社会学愿景有这样的看法：迈向感性社会学。身体社会学在当代社会学乃至社会科学中的兴起已经是一个不争的事实，一个显而易见但又并非人人重视的事实是：人首先是一个身体的存在，心灵尽管重要却无法脱离身体而成为纯粹的独立实体；这也正是尽管被长期压抑，但身体依然顽强存在并且突现的根本理由。当代身体社会学的触角已经逐渐延伸开去，体育、时装、消费、舞蹈、美容、医学、法律等众多领域中，身体正在以全然不同于以往的清晰姿态呈现出来。这被一些社会学家视为身体社会学真正繁荣的前奏。

许多学者断言，身体社会学并非只以身体本身为最后的理

① ［英］布莱恩·特纳：《身体与社会》，马海良、赵国新译，春风文艺出版社2000年版，第54页。

论旨归，当身体作为一种载体、一种象征、一种隐喻，其背后所潜藏的是更加值得注目的感性。随着神权主义的崩溃、随着君权主义的瓦解，人们探询的目光逐渐转移到人自己的身体；随着人文主义的兴起，随着消费社会的到来，当今的社会正在向感性化的方向演进。身体社会学的复苏其实正是这种变化迹象的具体表征，就此而言，身体社会学一定会引发感性社会学的到来。

2. 性别社会学。

前面讲到，特纳由其身体社会学特别涉及有关女性、性别问题。由这一论点的角度，特别形成了包括男性社会学在内的涉于性别的种种社会学见解，以至使性别社会学成为社会学理论的一个重要分支。前已涉及，"性别"这项议题曾长期在社会学理论中缺席，而在20世纪70年代末以后，性别社会学（gender sociology）孕育发展起来。性别社会学作为把性别当成一个基本变量来研究的社会学分支。有人讲，这特别是向性别不平等的社会制度进行挑战的社会学，是把构建平等、和谐的两性关系作为理论和行动目标的社会学。就此而言，社会学经历了从身体社会学，到女性社会学、男性社会学，到性别社会学的发展路径。

（1）性别社会学开启于女性主义理论。在西方，"女性主义"（feminism）一词较早出现于19世纪80年代。有学者说，女性主义是"指称所有那些理论或理论家，他们认为性别之间的关系是不平等的，是一方压制另一方，一方服从另一方的；他们认为这是一个政治权力问题，而不是一种自然的事实；并且认为这一问题对于政治理论及实践是至关重要的”①。

许多文献指出，传统社会学对女性问题的忽视，主要表现在：第一，社会学的传统研究课题忽视了对妇女问题作出专门研究。以往社会学实质上倾向于把社会作为一个单一性别（男性）构成的整体。第二，社会学家解释权力与地位现象倾向于维护现状。社会学家很少把社会性别作为重要的因素加以研究。第三，社会学研究的一些方法论（如量化的方法）和研究情景（如让男性社会科学家研究包括女性的社会）明显地阻碍一些信息的获取，而这些信息对于解释某些社会现象是不可或缺的。

诸多学者强调，女性主义理论与社会学结合，十分重要。一方面社会学为研究社会中的妇女以及女性角色及其地位的变化提供了极有用的理论和方法。另一方面，由于把性别纳入社会等级化的理论以及认识到性别是不平等的根源之一，社会学得到了丰富。有著作指出，这可以由以下几点来加以说明：② 第一，性别联系于分层系统；任何社会中的这种分层都来自于社会生产的组织或制度。第二，社会生产可广义地被看作是一种多方面的、等级性的组织过程，这一过程在再生产中维持着社会生活。第三，对这一过程的有效分析应改变传统的研究思维。第四，意识形态掩盖着社会生产的真实性，同时又在个人与社会的互动过程中造成了分层结构。

有人指出，女性主义社会学侧重研究的问题是性别关系中的不平等或差异性，故被称为性别社会学（sociology of gen-

① ［美］瓦勒里·布赖森：《女权主义政治理论引论》，见李银河主编：《妇女：最漫长的革命·当代西方女权主义理论精选》，生活·读书·新知三联书店 1997 年版，第 2 页。

② P. M. Lengermann and J. Niebrugge-Brantley. 1990 . *Feminist sociological theory : the near-future prospects*. In G. Ritzer. Ed. Frontiers of Social Theory : The New Syntheses. Columbia University Press. pp. 323－324.

der)，也有人称之为"女性社会学"。同时，女性主义社会学理论是一种与后现代主义思潮密切相关的新理论，它在许多方面对传统的理论思维提出了挑战。这一理论广泛涉及了两性关系、妇女地位与发展、性别不平等与社会分层等诸多问题。因此与之相关的研究是多学科或多视角的。但是，P. M. 伦格曼等又指出，有三个方面的因素在影响着女性主义理论与一般社会学理论的结合：①作为职业的社会学组织。②女性主义社会学理论与女性主义的关系。③社会学与女性主义所用词语和格调的不同。[①]

人们注意到，女性主义理论对社会学的发展产生了重大影响。不但影响到了社会学的理论研究传统，更影响到了社会学所研究的课题。与性别相关的问题正成为社会学界关注的焦点之一。妇女问题现成为世界共同关注的问题之一。当然，女性主义者所提出的理论主张及方法论，还有许多争议之处，有一系列理论与实践问题尚待解决。

学界认为，西方女性主义的发展主要经历了三个阶段：

第一阶段：从 19 世纪中叶到 20 世纪中叶。这一阶段以自由主义的女性主义为主要特征，强调生理性别（sex）的作用。即主要从生理差别上强调男女的不平等。

第二阶段：20 世纪 60 到 80 年代。这一时期被看作是西方女性运动发展的第二个阶段，这时出现了一个高潮。在这一时期，涌现出一系列女性主义观点，重要的特征是强调社会性别（gender）的作用，提出造成性别不平等，主要不在于男女生理上的差异，而在于社会文化上的差异。如女性主义者安·奥克

① P. M. Lengermann and J. Niebrugge-Brantley. 1990. *Feminist sociological theory: the near-future prospects*. In G. Ritzer. Ed. Frontiers of Social Theory: The New Syntheses. Columbia University Press. pp. 318—319.

利（Ann Oakley）在其1972年发表的有影响的著作《性别、社会性别与社会》中，对“sex”和“gender”作了明确划分。认为sex指的是生理意义上的性别，而gender是社会文化意义上的性别。他主张必须考察与社会性别差异相关的各种社会文化因素。

第三阶段：20世纪80年代至今。这一阶段的女性主义主要以“后现代主义的女性主义”为代表。它对传统的女性主义的许多观念提出了挑战，包括“男女平等”概念。80年代后，许多女性主义者逐渐放弃了建立统一的理论的目标，转而注重对有限的对象或问题作更为具体的研究。其原因，一方面是女性主义思潮逐渐成熟和分化，有关的学术研究或妇女研究逐步制度化，研究问题得到深化；另一方面，受社会背景和其他社会思潮的影响，女性主义具有了新的内涵。实质上女性主义的某些主张完全是后现代的，如关注多元化、差异性、反权威性等。因此女性主义作为一种反主流的文化，得到了广泛传播，并影响到了各个领域。①

女性主义理论作为对性别社会学产生重要影响的理论流派，包括自由主义女性主义、激进主义女性主义和社会主义女性主义。

关于自由主义女性主义，是女权主义早期理论的表现形式。其思想文化背景是欧洲启蒙运动，其政治社会背景是法国大革命和《人权宣言》；代表人物有沃斯通克拉夫特（Mary Wollstonecraft）、泰勒（Harriet Taylor）和米尔（John Stuart Mill）等人。自由主义女性主义认为，尽管男女有先天的生理差异，而男女不平等的根源在于社会制度中的一系列的规范和法律。沃

① 侯钧生主编：《西方社会学理论教程》（第3版），南开大学出版社2010年版，第489～490页。

斯通克拉夫特在她的代表作《为妇女权利辩护》一书中，批判了在理性和智力问题上肯定男性而否定女性的观念。她指出，理性是公民资格的基础，理性包含着克服或者控制感性的能力。女性在理性和智力上并非低于男性。她们之所以在这方面能力显得不足，是因为教育方面的机会不平等造成的。

自由主义女性主义的另一位代表人物米尔，在她的著作《对女性的征服》中写到，女性的屈从地位是人类历史的野蛮时代的产物，是一群人压迫另一群人的结果，"一个性别从属于另一个性别是错误的"。她认为，女性的能力看上去低于男性，那是社会长期的压迫和错误教育的结果，是压抑一方，激励另一方的结果。

自由主义女性主义特别关注那些拒绝女性受教育的法律和制度，主张纠正这些不公平，以法律为武器争取女性权利和男女平等。基于这一点，他们主张废除性别歧视的法律；他们主张中性法律，要求在法律的制定上不分性别，对男女同样适用，不能因为性别而给予区别对待；他们主张制定反歧视法，用法律的力量规定不得有性别歧视，用法律加速性别平等的实现。

关于激进主义女性主义，强调关于女性的理论是由女性自己创造的、"完全没有父权制痕迹"的理论。其主要代表人物是费尔斯通（Shulamith Firestone）。费尔斯通在其代表作《性的辩证法：为女权主义革命辩护》一书中详细阐述了作为自己理论之基础的生物学革命的观点。她认为："两性之间生殖上的天然差异直接导致了基于生理性别的第一次分工。以此为起源，才有了所有进一步的分工，即划分为各个经济上和文化上的阶级。"① 从这个角度看，妇女的怀孕、生育及抚育孩子使她们体

① ［英］F. R. 艾略特：《家庭：变革还是继续?》，魏章玲译，中国人民大学出版社 1992 年版，第 114 页。

质变弱，必须靠男人才能生存。因此，妇女解放需要靠“生物革命”来完成，用现代科学技术使女性从生育这一压迫她们的生理功能中解放出来，妇女的处境才会得到实质性的改变，也才可以实现男女之间的真正平等。20 世纪 70 年代，激进主义女性主义开始谴责男性的生理状态，从而走上贬低、排斥和攻击男性的思路。她们认为男性侵犯女性的倾向是与生俱来的，男人的基本特征是富于攻击性的，男人喜欢暴力和战争。激进主义女性主义进而肯定和赞美女性，强调女性生理上固有的力量以及与生理有关的创造力，并把女性的生理和心理视为女性解放的力量源泉。所以，激进主义女性主义致力于创造女性空间和女性文化，指出社会正义应当赋予女性特征以文化价值。激进主义女性主义的理论目标重要的是向人们揭示出父权文化如何规范性别角色和如何使女性处于受支配的地位，即揭示“性别阶级”的存在，从而表明，其理论的责任就是要结束传统的生物性别，使社会性别体系中的两性不再作为对立的阶级而存在。

关于社会主义女性主义，一些学者讲到，这受到马克思主义女性主义和激进主义女性主义的影响，认为要认识女性受压迫的根源就必须把父权社会和资本主义社会两种因素都考虑进去，要改变经济基础还必须借文化活动来发展女性意识，改变整个社会的关系结构。这一理论的代表人物有：米歇尔（Juliet Mitchell）、本斯通（M. Benston）和默顿（P. Morton）等人。英国著名的女权主义理论家米歇尔在她的《妇女：最漫长的革命》论文中，将妇女受压迫的原因概括为四大类：生产、生育、性和儿童的“社会化”。女性想取得与男性平等的地位，就要在这四个方面进行变革，用马克思主义所论的阶级斗争推翻资本主义社会，用精神分析在意识形态上颠覆父权社会。所以，社会主义女性主义的奋斗目标是既消灭阶级压迫又消灭性别压迫，改造的目标是取消公私领域的区分，是"生育自由"，即赋予女性在生育问题上的选择权，这些努力将使社会出现结构性的重建和改组。①

（2）社会学中还发展出与女性社会学密切相关的男性社会学理论，以及性别社会学理论。

这里要涉及到的是，除应阐述女性理论，还应阐述关于性别的种种社会学理论，诸如康奈尔关于性别与权力、男性气质，米利特关于性别政治与父权制，卢宾关于社会性别制度，戴尔森关于父权制是一种经济关系，爱森斯坦、米歇尔·巴蕾特、海迪·哈特曼关于女性及父权制问题与资本主义的关系，沃尔比、沃特斯关于父权制的建构主义分析和对男性社会性别系统的分析，柯林斯关于性别分层冲突，布卢姆伯格关于以不同社会类型为基础对性别分层的研究，珍妮特·查菲茨关于女权主义的理论，班杜拉关于性别决定论的社会学习理论，科尔伯格关于男女性别特征认同的"自我归类说"，凯特·米利特关于性别角色是由社会建构的见解，等等。另外，还有霍克希尔德、肯普尔、哈瑞斯在男性、性别相关方面作出的学术贡献。

康奈尔（R. W. Connell）提出了她的男性气概理论，这建立在她对社会性别理论进行研究的基础上，特别是基于其关于社会性别秩序三重关系的理论。

康奈尔在《性别与权力》（1987）一书中，强调社会性别秩序有三重关系：生产关系（分配工作的方式）、权力关系（男人控制女人以及彼此控制的方式）和情感关系（cathexis）（人与人之间形成依恋和纽带的方式）。马尔科姆·沃特斯说："康奈尔的三分法对应于经济、国家和市民社会之间的区分，是社会

① 参见刘少杰主编：《当代国外社会学理论》，中国人民大学出版社2009年版，第448～450页。

学中一种广泛存在的区分，经常会在黑格尔派和马克思主义的社会学中有所体现。”[①] ①生产关系：工作的分配形式方面，性别分工是常见的，结果是男人控制财富。②权力关系：这里的主轴是男性的统治地位与女性的整体从属性地位，这一结构也就是妇女解放运动所说的男权制。③情感关系：在这一点上，康奈尔探讨的是社会成员“与对象之间倾注感情关系的建构”。异性恋的夫妻关系，即使是安排正常的结构模式，妇女成为欲望的对象。强劲的男人争强好胜，妇女料理家务。[②]

康奈尔指出，这三个方面在不同的制度中有不同的组织方式。例如，在家庭中，丈夫的权力是与其职业生涯相联系的，也是与妻子在家庭分工中主要作为孩子抚养者的角色期待相联系的。同时，国家以法律的形式授权男人在情感关系中加强其支配地位。这既公开展示了妇女的家庭属性，又公开展示了她们的受害过程。[③]

吉登斯对康奈尔上述观点有这样的概括：“劳动是指劳动的性别分工，既包括在家庭内部（如家务和养育孩子），也包括在劳动力市场（职业隔离和不公平报酬一类问题）。权力是通过机构、国家、军队和家庭生活中的诸如权威、暴力和意识形态等社会关系起作用的。倾注是指私密、情感和个人生活中的动力学，包括婚姻、性行为和孩子养育。”[④]

---

① ［澳］马尔科姆·沃特斯：《现代社会学理论》，杨善华、李康译，华夏出版社 2000 年版，第 296 页。

② See R. W. Connell, *Gender and Power*, London, Allen & Unwin, 1987, p. 112.

③ 参见［澳］马尔科姆·沃特斯：《现代社会学理论》，杨善华、李康译，华夏出版社 2000 年版，第 296～298 页。

④ ［英］安东尼·吉登斯：《社会学》，赵旭东、齐心、王兵等译，北京大学出版社 2003 年版，第 150 页。

康奈尔重在阐发其关于男性气概的理论，她认为，男性气概不是一个孤立的客体，而是一个大结构的一部分。[①] 康奈尔指出，婚姻、性行为、孩子养育，这三个互相影响的社会层面构成了一个社会的性别秩序，即遍布全社会的男性气概和女性气质之间的权力关系模式。在这三个领域中树立起的性别关系，以一种特别的性别秩序在社会的层次上被组织起来。男性气概是在上述三重关系下，在实践中建构起来的。

康奈尔特别强调，男性气概是在实践中的建构的，而实践是在社会性别秩序三重关系下的实践。在 1995 年出版的《男性气质》一书中，康奈尔详细阐述了这一观点。与性角色理论将男性气概与生理差别作简单的连接相反，康奈尔认为，男性气概不是天生的，而是在实践中建构起来的。她说，不管我们怎样划分我们的社会世界，也不管我们选取什么样的分析单位，我们都可以发现实践的性别的形构实践。康奈尔通过下述三个分析单位，来考察男性气概在其中建构的机制：第一，个人的生活经历，康奈尔采取的方法是进行生命史研究，其中又特别加入了对身体实践的研究。第二，符号实践，即话语，特别涉及意识形态以及文化的一面，这种符号实践活动可能比任何个人的生活都延续得长久。第三，性别建构的场所，即国家、工作场所和学校等机构。[②]

康奈尔认为，男性气概和女性气质是"社会建构的"或是"在话语中形成的"，"性别的常识性知识绝不是恒定的，而是在不断变化的实践中的理性认识，通过这些实践，性别就在日常

① ［美］康奈尔：《男性气质》，柳莉译，社会科学文献出版社 2003 年版，第 91 页。

② ［美］康奈尔：《男性气质》，柳莉译，社会科学文献出版社 2003 年版，第 99 页。

生活中‘形成了’或‘完成了’”[1]。而实践，是在生产关系、权力关系、情感关系这三重社会性别秩序关系中的实践。这并不是说三重关系决定着实践，而是说三者在实践中有相互建构的关系。在对性别觉醒的过程中，离不开“身体和社会过程的相互作用”[2]，这体现于性关系中。

康奈尔非常强调身体在男性气概实践中的作用。康奈尔说，“我们需要坚持身体在社会过程中的行动性，也就是‘能动性’的本来意义。”“身体参与了社会的能动性，参与了产生和型塑社会行为的过程。”[3] 康奈尔提出了一个超越现有社会理论的模式，即身体的反身实践。她强调，“身体同时是实践的对象和行动者，实践本身型塑了定义与约束身体的结构”。[4] 反身实践，“并不是内在于个人的东西。它们涉及种种社会关系和符号系统，也可能涉及宏观的社会制度。各种典型的男性气概是作为有意义的身体和形象化的意义建构起来的。通过反身实践，不仅个人的生活得以形成，而且一个社会世界也得以形成”。“身体的反身实践活动型塑着结构同时也被结构型塑着——结构是有其历史惯性和坚韧性的。社会有着它自己的实在。”如果说这三个层次是社会层面的，那么，反身实践便是个人男性气概的建构过程，是一个社会的性别秩序形成的途径。“实践活动的出现不是空穴来风，它总是对某一状态的回应。而这种状态是通

---

① ［美］康奈尔：《男性气质》，柳荆译，社会科学文献出版社 2003 年版，第 7 页。

② ［美］康奈尔：《男性气质》，柳荆译，社会科学文献出版社 2003 年版，第 72 页。

③ ［美］康奈尔：《男性气质》，柳荆译，社会科学文献出版社 2003 年版，第 82 页。

④ ［美］康奈尔：《男性气质》，柳荆译，社会科学文献出版社 2003 年版，第 84 页。

过接受某些可能性而不是另外一些建构起来的。实践也不会驶入一个真空，它创造了一个世界。在行动中，我们改变了初始的状态，造就了新的状态。实践建构了并重构着结构。""在这个意义上，构造男性气概的实践也具有构成性。它们作为反身实践，建构了一个身体维度上的，但并不是被生物性决定的世界。"[①] 但康奈尔也强调："性别是那种始终与身体和身体做什么有关，但不能还原为身体的社会实践。"[②]

康奈尔说，这个新世界并不是由身体的物理性机能所决定的，所以它可能不适合身体的物理性存在。康奈尔以两个通过酒精、毒品和性来建构男性气概的人为例，他们身体高度受损，最后他们开始改变自己的男性气概，从身体的改变到关系的改变。因此反身实践、种种社会关系和符号系统，及宏观的社会制度在实践中表现出来的可能性，塑造了当事人的男性气概。

康奈尔在分析中还提出了"集体维度"[③] 这一概念，弨调群体是男性气概的载体，强调环境的重要性。"性别主要形成于和环境斗争的能动过程，以及在该环境中建构的生活方式"[④]。康奈尔将男性气概的实践放到生命史过程中进行考察。她强调了生命史研究在男性气概研究中的重要性：生命史是一项投入，是穿越时间的实践的统合。生命史所记录的绝不是个人的主观感受和经历，也记录了社会结构、社会运动和制度，是丰富的

① ［美］康奈尔：《男性气质》，柳荆译，社会科学文献出版社 2003 年版，第 88～89 页。

② ［美］康奈尔：《男性气质》，柳荆译，社会科学文献出版社 2003 年版，第 98 页。

③ ［美］康奈尔：《男性气质》，柳荆译，社会科学文献出版社 2003 年版，第 148 页。

④ ［美］康奈尔：《男性气质》，柳荆译，社会科学文献出版社 2003 年版，第 158 页。

非个人的和集体过程的证据。生命史所记录的，本身就是决定实践的社会环境和实践产生的未来社会世界之间的联系。生活史方法一直关注穿越时间的社会生活的形成。生活史是真实的历史。[①] 康奈尔又强调，仅分析个人生命史还是不够的，而应该将其置于群体框架中再分析，寻求特定社会位置上的男性生活轨迹中的异同，并且了解大规模社会变迁中他们的集体性定位。这里，重点应放在公共背景和社会生活的经验常规上，以便了解大规模社会变迁的影响。[②]

在《男性气质》一书中，康奈尔将实践中建构起来的男性气概分为四种类型：支配型（hegemony）、从属型（subordination）、共谋型（complicity）和边缘型（marginalization）。在康奈尔看来，这些均是男性气概的不同表达方式，而这些方式间存在着等级，它们共同建构着现代西方性别秩序中的主流男性气概模式的种种实践和关系。

一是支配型：康奈尔讲，支配型男性气概被认为是男性气概的“理想类型”。一个集团可以凭借支配型男性气概来声称和拥有在社会生活中的领导地位。支配型男性气概是男权制用来保证男性统治地位和女性从属地位的形构。并非具有男性气概就具有了权力，当文化的理想与组织机构的权力达成一致时，支配型才能建立起来。这种权力可能是个人性的，也可能是集体性的，商界、军队、政府高层提供了获得这种权力的样板。当维护男权制的条件变化时，特定男性气概统治地位的基础就动摇了，男性霸权是一种历史性的可变化的关系，它的兴衰是

① 参见［美］康奈尔：《男性气质》，社会科学文献出版社2003年版，第121页。

② 参见［美］康奈尔：《男性气质》，社会科学文献出版社2003年版，第124～125页。

男性气概的一个核心要素。二是从属型：康奈尔讲，支配型与整个社会的主导文化有关，在这个总框架中，存在着不同男性群体之间的具体的统治与从属的性别关系。男性中也有性别等级，同性恋就处于最底层，其处境类似于女性。一些异性恋男人也被从合法性的男性气概圈中驱逐，处于从属的地位，如贫穷者。三是共谋型：康奈尔讲，能够从各方面严格实践支配型男性气概的男性是相当少的，但大多数男人从支配型中得到好处，这是男人们普遍从女性的整体依附中获得的。某些人一方面谋取权利的利益，一方面又避开男权制推行者所经历的风险，这类人的气质就是共谋型男性气概。婚姻、父道以及社区生活经常要与女人做出广泛的妥协，而不是赤裸裸的统治或者说一不二的演示。四是边缘型：康奈尔讲，边缘型是性别与其他结构，如阶级和种族，相互作用发展出的男性气概之间的进一步关系。占统治地位的男性气概与从属阶级或种族集团的边缘型男性气概之间存在直接联系，比如，黑人男子具有从属型，而富有的黑人明星，则属于边缘型。①

对于上述四种男性气概，吉登斯称之为一个组织清晰的性别等级制。但吉登斯也注意到，康奈尔反对性别关系是固定的和静止的观点，性别关系是易于被改变和受到挑战的，"人们在不断地调整性别认同和性别观"②。他强调，一方面，上述四种男性气概是人们可能实践的四种性格类型，但是，另一方面，多元男性气概不等同于性格类型学，对男性中的性别关系的关注需要动态的分析，也就是说，四种类型不是僵死的，而是一

① 参见［美］康奈尔：《男性气质》，柳莉译，社会科学文献出版社2003年版，第104～111页。

② ［英］安东尼·吉登斯：《社会学》，赵旭东、齐心、王兵等译，北京大学出版社2003年版，第153页。

种动态的存在。康奈尔曾说："支配型男性气概和边缘型男性气概不是固定的性格类型，而是在变化的关系结构中特殊情形下产生的性别实践的形构。任何有价值的男性气概理论都必须对这种变化的过程给出说明。"[①]

吉登斯这样评价康奈尔："她的理论在社会学界特别有影响，因为她把父权制和男性气概概念结合为一个性别关系的综合理论。在康奈尔看来，男性气概是性别秩序的重要部分，不能同性别秩序或者同与之相伴的女性气质分开理解。"[②]

以上的讨论得出这样一个共识，这方面学者普遍认为，性别是社会建构的产物。而这种建构是通过性别制度——父权制实现和完成的。从理论上讲，最初源于社会学的父权制这个概念，它意味着"一种社会结构。在这种社会结构中，父亲就是家长"[③]。

父权制实际上包含了两个方面的相互联系的意义：一是狭义的父权制，二是广义的父权制。狭义的父权制是以家庭为基础的父权制，包括三个基本构成——父系制（世系按照父子相承的惯例）、父居制（以父亲的住所为居所）和父姓制（以父亲的姓氏为姓氏）。同时，婚姻上的父权制表现为夫权制，丈夫拥有支配权，具体表现为：夫系制（丈夫家世的延续）、夫居制（妻子婚后到丈夫的居所居住，也叫从夫居）和夫姓制（婚后妻子改姓丈夫姓）。广义的父权制是一种在社会系统中的父权制，表现在社会制度层面男性支配女性的状况。可以说，这时的性

---

① ［美］康奈尔：《男性气质》，柳荆译，社会科学文献出版社 2003 年版，第 111 页。

② ［英］安东尼·吉登斯：《社会学》，赵旭东、齐心、王兵等译，北京大学出版社 2003 年版，第 149 页。

③ ［德］E. M. 温德尔：《女性主义神学景观》，刁承俊译，生活·读书·新知三联书店 1995 年版，第 30 页。

别社会学诉诸制度，主要是诉诸于父权制。

19 世纪的经典理论家是从狭义上来理解父权制的：父权制就是家长制。这是指年纪较长的男性统治包括妻子、孩子及年纪较轻的男性在内的整个家庭的一种家庭类型。

19 世纪人类学家梅因（Henty James Sumner Maine，1822—1888）是最早对社会性别支配进行探讨的学者，他的重要贡献是将"父权制"这一术语引入自己关于法律体系的描述之中。梅因论证说，在现代法律制度化之前，社会是由家庭构成的，而家庭往往在本质上是父权制的。他勾勒了父权制组织的特点："在家庭当中，年龄最大的男性家长，也就是最老的长者，是至高无上的。他的统治扩展到了生与死，无条件地加在他的孩子和家人身上，就像加在他的奴隶身上一样。"① 古代罗马的家庭就是这种意义上父权制家庭，父亲握有家庭成员的生死大权，丈夫对妻子实行严格的约束和统治。在现代法律中，未婚妇女说起来是自由的，而已婚妇女通过一种契约安排自愿地服从男人的意志。在梅因看来，"古代法律使妇女从属于她的血亲，而现代法学的一个主要现象就是妇女从属于她的丈夫……女性不再居于被监护的地位，从她达到法定年龄一直到成婚，她所形成的所有关系都是契约关系"②。

马克斯·韦伯作为建构主义社会理论的奠基人，在社会性别问题上，使用了"父权主义"的概念而不是"父权制"的概念。他将父权主义看作是传统型支配类型的最基本的例子，在传统型支配情况下，对支配的诉求所依据的是习惯上确立起来

① 转引自［澳］马尔科姆·沃特斯：《现代社会学理论》，杨善华译，华夏出版社 2000 年版，第 268～269 页。

② ［澳］马尔科姆·沃特斯：《现代社会学理论》，杨善华译，华夏出版社 2000 年版，第 269 页。

的规则和权力。因此，在韦伯看来，父权主义指的是这样一种状况：在一个通常同时依照经济基础和亲属关系基础组织起来的群体［家户（household）］当中，由一个根据特定继承规则确定的特定个体进行统治。长老统治（gerontocracy）和父权主义通常是并肩建立起来的。[①] 也就是说，韦伯所说的父权主义是一种限定了的支配类型，只有当父长在他自己的家户中实施权威时，才会出现父权主义。而且在父权主义下，这种权力是不受约束的，妇女和儿童构成了家户的财产，可以变卖、出租和抵押。有学者这样评论：韦伯的观点说明了父权制是前现代的支配形式，他暗示资本主义对传统家庭经济的冲击将会导致传统家庭的解体、传统权威的转换及父权制的削弱。

恩格斯利用人类学家摩尔根（Lewis M. Morgan）对人类进化理论的论证，在《家庭、私有制和国家的起源》（1884）一书中，主张女性从属地位与私有财产和阶级不平等的出现相对应。从母权制到父权制的转变，是“女性的具有世界历史意义的失败”[②]。恩格斯对父权制的阶级分析至今仍成为马克思主义和社会主义女权主义研究的基础，尤其是下面几段话：“在历史上出现的最初的阶级对立，是同个体婚制下的夫妻间的对抗的发展同时发生的，而最初的阶级压迫是同男性对女性的压迫同时发生的。”[③] 在社会主义制度的确立中，父权制被推翻。“因为随着生产资料转归社会所有，雇佣劳动、无产阶级，从而一定数量的——用统计方法可以计算出来的——妇女为金钱而献身的必

---

① ［澳］马尔科姆·沃特斯：《现代社会学理论》，杨善华译，华夏出版社 2000 年版，第 269 页。

② 恩格斯：《家庭、私有制和国家的起源》，《马克思恩格斯文集》（第 4 卷），人民出版社 2009 年版，第 68 页。

③ 恩格斯：《家庭、私有制和国家的起源》，《马克思恩格斯文集》（第 4 卷），人民出版社 2009 年版，第 78 页。

要性，也要消失了。卖淫将要消失，而专偶制不仅不会灭亡，而且最后对于男子也将成为现实。"[①]

有研究者指出，梅因、韦伯和恩格斯都是用父亲的家庭权威来描述男性统治的形式。这种父权制的共同点是：①在私人的家庭领域内，男性借助于他们对女性作为丈夫或父亲的关系，对女性进行直接剥削；②在公共的社会领域内，男性掌握着经济、政治、军事、意识形态的权力，女性无地位。

20 世纪 60～70 年代的新女权主义者根据各派的需要重新使用了"父权制"这一术语，把它扩展为一个多层面的、关于女性受压迫的概念。他们认为，父权制是一个社会系统，在其中男性家长控制家庭人力资源和非人力资源，这是男性支配女性的一种历史性制度，这被视为关于私有财产的一种综合性的社会制度。

这些理论指出，父权制度是女性受压迫的根源，父权制对女性的压迫是最基本的压迫机制，它在整个社会中运行，其力量远远超过了正规的权力制度，超越了阶级和种族的界限。由此，他们的理论提出了整个女性群体"殖民化"（colonizing）的概念，这一概念的主要假设是："妇女普遍的殖民化，即普遍屈从于父权制的压迫。"[②] 他们认为妇女受到的压迫最深重，也最难根除，因此，妇女解放的根本任务就在于一切领域和一切社会体制中彻底改变男女之间的社会关系和权力结构。

凯特·米利特被认为是第一个系统论述了父权制理论、奠定挑战传统观点理论基础的学者。她在《性的政治》一书中指

① 恩格斯：《家庭、私有制和国家的起源》，《马克思恩格斯文集》（第 4 卷），人民出版社 2009 年版，第 89 页。

② S. Smith，and J. Waston，ed.，*De/Colonizing the Subject*，University of Minnesota Press，Minneapolis，1992，p. 19.

出，性是政治，这首先是因为“男性—女性”的关系是所有权力关系的范式。她认为父权制是男性借以统治女性的政治、经济思想结构尤其是心理结构所组成的整个体系：“我们的军队、工业、技术、高等教育、科学政治机构、财政，一句话，这个社会所有通向权力（包括警察这一强制性的权力）的途径，全部掌握在男人手里。”[①] 这一状况“使我们清醒地认识到，我们的社会数千年来在多大程度上一直是建立在男人对女人的控制之上的”[②]。

据米利特分析，父权制的意识形态夸大了男女之间生物学上的差异，规定了男人永远担任统治的角色，这成为男性气质的角色；而女人永远担任从属的角色。这一意识形态是如此强有力，以至于通常都能够得到妇女的赞同和拥护，而这些妇女恰恰是受男人压迫的。米利特这样分析：如果说父权制在前资本主义时代盛行是比较容易理解的话，那为什么在女性已经获得大部分权利并接受高等教育的当代发达资本主义社会，父权制仍是坚不可摧的呢？这是因为：“凭借天生的权力进行统治的群体正在迅速消失，但是，一群人按天生的权力统治另一群人的古老而普遍的格局仍然存在，即盛行于性别领域的那种格局。”[③] 因而，“它比任何形式的种族隔离更坚固，比阶级的壁垒更严酷、更普遍、更持久”[④]。米利特认为，父权制的产生不是

---

① ［美］凯特·米利特：《性的政治》，钟良明译，社会科学文献出版社 2000 年版，第 34 页。

② John B. Cobb，Jr.，*Postmodernism and Public Policy*，Albany，State University of New York Press，2002.

③ ［美］凯特·米利特：《性的政治》，钟良明译，社会科学文献出版社 2000 年版，第 33 页。

④ ［美］凯特·米利特：《性的政治》，钟良明译，社会科学文献出版社 2000 年版，第 33 页。

基于生物学上的原因，而是由于社会接受了男性统治女性的价值体系，并把它内化为两性心理结构的一部分。因此，女性解放应通过人类意识形态的变革及消灭父权制的家庭来实现。

米利特对于"父权制"理论的和论述与很多女权主义产生共鸣。以《妇女：最漫长的革命》(1966)一文而著称的女权主义者朱丽叶·米切尔(Juliet Mitchell)把父权制看作一种普遍有效的意识形态结构：父权制"描述的是一般文化，但每一种特殊的生产方式都通过各种不同的意识形态来表现这一点"。即"男人进入阶级统治的历史结构，而妇女(无论她们在现实生产中的工作是什么样的，仍然要由统治者的组织形式来限定。阶级差别、历史时代、特殊的社会状况改变了女性的姿态；但在与前辈的法律关系中，妇女的整个地位是可以比较的"[①]。研究者评论说，由此可见，米切尔所说的父权制结构是作为史前的或非历史的生产方式——意识形态变化背景而存在，位于经济关系之外的这种意识形态和心理结构始终保持同一种形式。

盖尔·卢宾(Gayle Rubin)审视并借鉴了马克思主义政治经济学、列维—斯特劳斯结构主义人类学、弗洛伊德—拉康精神分析学，在其论文《女人交易：性的"政治经济学"初探》中提出了"性/社会性别制度"的概念，试图从人类社会发展初级阶段与个人生长发育初期阶段来寻求男女性别不平等、妇女受压迫的根源。

盖尔·卢宾认为，"性/社会性别制度"并非隶属于政治、经济及其他社会制度，而是与其并行的人类社会制度之一。她首先讨论了经典马克思主义性别压迫理论，认为"性/社会性别制度"是独立存在的，因此只是对资本主义的分析不能足以解

---

① Juliet Mitchel, *Phychoanalysis and Socialist Feminism*, New York, Monthly Review Press, 1979, pp. 5—40.

释对妇女的压迫。不过，马克思关于劳动力价值的决定因素的理论中的确包括了一个历史的和道德的成分，在卢宾看来，这个历史的和道德的成分，指的是包容了整个性别、性文化和性别压迫的领域。

盖尔·卢宾进而转入对列维—斯特劳斯对亲属关系的研究。斯特劳斯认为：婚姻是礼品交换最基本的一种形式，女人是最珍贵的礼物。通过交换女人，交换双方（男人）建立了亲属关系。卢宾认为，“女人的交换”是个有力的概念，它揭示了妇女的从属地位是社会性别制度造成的，而对妇女的经济压迫则是派生的、第二位的。斯特劳斯进一步分析了劳动的性别分工，认为劳动的性别分工，并不是基于生物性的男女差异，而是为了保证男女的结合、建立两性间相互依靠状态的机制。对此，盖尔·卢宾认为：可以把劳动的性别分工看成一个“禁忌”：“一个反对男女同样的禁忌，一个把两性分成两个独特的类别的禁忌，一个加深两性生物差异从而创造了社会性别的禁忌。”①

盖尔·卢宾在论述了人类生理性别进入“社会化”的过程，之后又转入弗洛伊德—拉康的精神分析学，努力阐明个人是怎样被造就成社会认可的男人和女人的。在精神分析学说中，俄狄浦斯情节（即恋母情结）是个重要的概念，在俄狄浦斯那里划分了两性，所以卢宾将其视为生产“性的人格”的“装置”，即为了符合社会性别角色的要求，男孩向父亲认同，而女孩则以母亲为榜样，变成女性味的、被动的、异性恋的小女人，并努力适应自己的次等权利。因此，卢宾认为，有必要改变劳动的性别分工，同时也有必要消灭强制性的性欲和性别角色，这

① ［美］盖尔·卢宾：《女人交易：性的“政治经济学”初探》，见佩吉·麦克拉肯主编：《女权主义理论读本》，艾晓明译，广西师范大学出版社2007年版，第51页。

样男性价值就不会被估价过高，就有可能根除性别压迫和歧视。因此，女性主义的目标"不应是消灭男人，而应是消灭创造了性别歧视和社会性别的社会制度"①。

还有一位激进女权主义者克里斯汀·戴尔菲在《主要敌人》(1977）中对父权制提出了又一种解释：父权制是一种物质、经济关系。戴尔菲认为，西方社会有两种生产方式，即工业生产方式和家庭生产方式。工业生产方式为资本主义的剥削提供了场所，而家庭则为父权制的剥削提供了场所。戴尔菲指出：女性处于低下的和受压迫的地位是由于：一方面，在家庭中丈夫支配着家庭的生产和生育活动，女性提供的是无偿的家务劳动，丈夫是女性劳动力的主要受益者；另一方面，女性参加有偿工作并没有带给她们独立的地位，她们的工资还可能被丈夫所控制。

又有女权主义者以一种"二元制理论"来解释父权制与资本主义制度之间的关系。1979 年，齐勒·爱森斯坦用"资本主义父权制"这个词来强调资本主义的阶级结构和性等级结构之间相互作用的关系。米歇尔·巴蕾特（Michele Barrett）坚持认为：一方面，女性所受的压迫主要发生在家庭之中；另一方面，父权制的发生与资本主义有着密切关系。因而要独立地分析"父权制"概念所表明的女性受压迫的体系是不可能的。海迪·哈特曼也认为，既不存在"纯粹的资本主义"，也不存在"纯粹的父权制"，因为两者是共存的。因而，女性解放取决于资本主义关系的改变与父权制关系的改变。

---

① ［美］盖尔·卢宾：《女人交易：性的"政治经济学"初探》，见王政、杜芳琴主编：《社会性别研究选译》，生活·读书·新知三联书店 1998 年版，第 65 页。

另外，建构主义理论[①]将社会行动的场域想象成一个竞争的市场，在其中，男人会利用财产、技能和地位象征作为策略，排斥和剥削妇女。所以，建构主义理论考察了男人通过怎样的过程，成功地将妇女限定在家庭事务中，或者不得已而求其次，将妇女限定在低报酬、“女性化”的职业中。

沃尔比用建构主义理论分析了父权制的整个结构。她认为，父权制生产方式受到其他领域的父权制关系的影响，特别是依赖于资本主义生产领域中排他性封闭的实践。在这种情况下，妇女只能进入某些特定的职业而受到限制，而在其他职业中，妇女的职业生涯也会被结婚育子而打断，这使得妇女被迫回到对家庭的依赖和从属之中。在此基础上，她概括出社会性别关系中有两个阶段和环节：一个是私人男权制（private patriarchy），一个是公共男权制（public patriarchy）。在私人男权制中，男人借助他们对女人的丈夫或者父亲的关系，对女人进行直接剥削，在这里，女人被排除在公共领域之外；而在公共男权制中，妇女虽然没有被排除在公共领域之外，但在其中也是处于从属地位。在这里，对妇女劳动的征用是基于家庭领域和公共领域的共同基础而实现的。所以，在沃尔比的分析中，相对于19世纪的私人男权制，20世纪的公共男权制代表了一种进步。

沃特斯则从两个维度分析了家庭领域和公共领域之间的关系。第一个维度是结构的分化程度。在此维度这一极，不存在分离的经济结构和政治结构，而只有融合一体的亲属关系结构。沃特斯将父权制这个术语限制在由亲属关系结构安排下运作的男性社会性别系统，这是按照由亲属关系实践所配置的各种经济角色和政治角色而生成结构的那些社会性别系统。延伸开来，

① 参见［澳］马尔科姆·沃特斯：《现代社会学理论》，杨善华、李康译，华夏出版社2000年版，第298～304页。

存在着政府、生产和家庭关系分化了的结构。至此，沃特斯建议用"男权制"代替"父权制"，用以描述出现在分化了的社会情境下的男性社会性别系统。他认为，在父权制扩大的亲属关系系统中，年长的男性成员具有控制权；而在男权制中，所有的成年男性都拥有一种集体性控制，这并不直接依靠他们在亲属关系中的定位。

第二个维度是偶变性维度。在此维度的这一端，社会性别关系在公共领域中的组织被在家庭领域中的组织所决定。这成为直接的男性社会性别系统。而在相反的一端，公共领域呈现出独立性，家庭领域至少部分是偶变的。这两个领域之间的关系是一种再生产的关系，因为妇女对公共领域的参与是一种没有基本权利的参与，而一种不平等的家庭权利分配又再生产了这种参与。男性社会性别系统正是以这种扩大系统的方式组织起来。

沃特斯通过揭示这两个维度的交叉，进一步分出了四种类型的男性社会性别系统，如下图所示。

	家庭领域与公共领域的分化	
	分化程度低	分化程度高
以家庭领域为中心	直接父权制	直接男权制
以公共领域为中心	扩大父权制	扩大男权制

沃特斯的父权制与男权制图式

可见，相对于沃尔比来说，沃特斯的主张是更为精致的，他把沃尔比的"私人男权制"进一步分为三个历史阶段（直接父权制、扩大父权制和直接男权制）。沃尔比认为家庭男权制始终受公共男权制的影响，而沃特斯认为，伴随着每一次历史阶段的转换，因果关系的方向也会发生逆转。

（3）由诉诸制度，一些社会学家把性别社会学理论纳入社会分层理论，形成“性别分层理论”。

长期以来，对社会分层的研究并未重视社会性别层面，用吉登斯的话说，就是“许多年来，分层研究有‘性别盲区’——在他们看来，仿佛女性并不存在，或者在分析权力、财产和声望的分配时，仿佛女人是不重要的和无意义的”①。社会学家们后来意识到，把社会性别问题纳入社会分层研究，注重考察社会性别不平等，可以丰富社会学的理论认识。由于社会性别分层比较复杂，涉及诸多的分层因素，仅仅用传统的分层研究框架很难解释性别不平等的问题。所以一些社会学家对性别分层进行了深入的研究。

美国社会学家柯林斯于1971年发表《性别分层冲突》一文，运用其冲突论的观点对性别分层问题作出分析。在他的理论中物质性体力与符号资源的讨价还价是关键变量。当两性中的一方控制了强制手段，就可以支配另一性别，并建立一个性别不平等的体系。历史上，当出现父系社会，明显地偏向男性，男性比女性具有决定性的强制力优势，并且他们用这一优势控制了经济、政治以及意识形态资源。这表现于：

首先，柯林斯提出了性别分层的三个基本假设：一是人类有着性别分层的强烈动机；二是人类强烈地抵制压迫；三是男人的性别分层动机通常比女人更强。

其次，柯林斯提出了历史上存在着的两种性别分层的模式：一是性的占有，男性具有支配地位的状态，表现为男性对女性具有“所有权”，具有排除他人亲近和使用的权利；二是双向的性拥有，这是现代的两性关系，女性具有了谈判地位。

---

① Anthony Giddens, *Introduction to Sociology*, NY, W. W. Norton, 1991, p. 270.

最后，柯林斯提出了几个重要命题，可以由此来分析两性的权力关系状况：①某一性别对暴力手段和物质资源的控制程度越高，它对性活动的控制就越高，在从属性别那里所能调动的辅助性服务就越多；②在没有其他资源的情况下，较强性别群体的成员总是性侵略者和性活动程序的控制者，较弱的性别群体的成员则总是试图避免性接触，以避免被强制；③占统治地位的个人占有他人作为性财产的权力越大，戒律就越严格，对违反那些财产权利的愤恨就越大；④一个社会超出维持生命者生命之外的经济剩余越少，能被占统治地位的性别强加于从属性别的工作就越少；⑤围绕着妇女的工作而组织起来的经济资源越多，亲属系统就越可能是母系的；⑥女性一边的血缘团结得越强，妇女在家庭事务中的权力就越大；⑦家庭事务中力量集中的程度越高，男性对于女性在卑下的劳动、仪式化的遵从和性道德标准方面的权力就越大。[①]

在此基础上，柯林斯认为，当某一性别者获得对性事及相关活动的控制后，男女间的关系就变成财产关系，这时，两性关系就越来越受到规则的约束。当这一规范化的规则出现时，处于从属地位的那一性别的人逐渐丧失改变不平等的能力，而这种不平等，与一个性别将另一个性别规范性地界定为自己财产的能力有关，与控制强制性的能力和物质资源能力有关。

由此柯林斯指出，性别分层的基本特征是性财产的制度化：由于男性占有控制地位，故性财产的主要形式是男性对女性的占有。当然，柯林斯指出，随着社会结构的变迁，性别角色和

---

① 参见［美］柯林斯：《冲突社会学：走向一种解释的科学》，见谢立中主编：《西方社会学名著提要》，江西人民出版社 1998 年版，第 435～436 页。

观念都有相应的变化。如下表所示。①

社会结构类型、性别分层和主导观念

社会结构	男性和女性的资源	性别角色	主导观念
原始部落社会	男：个人力量、魅力 女：个人魅力	有限的男性性财产占有和对女性的剥削	乱伦禁忌
家庭化的分层社会	男：组织力量、财产占有 女：上层妇女在其家族中断时可继位	突出男性性占有 突出女性剥削 妇女在家族中是交换的财产	男性重视女性的贞洁
初级市场经济的中央制国家	男：拥有收入和财产 女：个人魅力；家务；情感支持	个人交易性的性别市场 婚姻中双方占有财产	浪漫的恋爱观 理想的婚姻结合
发达的市场经济社会	男：收入和财产；个人魅力；情感支持 女：收入和财产；个人魅力；情感支持	个人交易性的多元的性别市场	多元概念

① See Randall Collins, *A Conflict Theory of Sexual Stratification Social Problems*, 1971, Vol. 19, No. 110.

与柯林斯的性别分层理论不同，布卢姆伯格（Rae Lesser Blumberg）的性别分层理论，以关于不同社会类型的广泛经验知识为基础，认为这些社会类型包括狩猎、采集、农业社会和工业社会。

布卢姆伯格认为，性别分层最终是由女性相对于男性对生产手段和剩余产品的分配控制程度决定的。而性别不平等"嵌套"在不同层次的外部环境中：男女两性间的关系嵌套在家庭之中，家庭又嵌套在社区之中；家庭和社区嵌套于阶级结构之中，而阶级结构又被容纳于一个更大的由国家掌管的社会之中。

布卢姆伯格认为，妇女的经济权力会受到其所在层次的影响。通常的情况是，如果男人控制了更宏观的社会领域，对于处于家庭微观层面上的妇女来说，常常得不到与其经济贡献相应的家庭权威。而如果妇女在更为宏观的层面上拥有权力，则会增进妇女在微观层面即家庭中的权力。工业革命以来，妇女的经济权力相对于男性处于增长之中，这一提高会转化为政治影响。如果在某些条件下，妇女的经济权力和政治影响结合起来，那么，不利于妇女的政策就会减少，男权主义意识形态就会衰退。所以，妇女在宏观层面社会组织中的经济权力越多，她们就越能获得其他形式的权力，而且她们在微观层面的贡献中就会起更大的作用，这能提高她们在家庭中的权威和在社区中的影响力。

布卢姆伯格认为，对经济权力的控制，如对生产手段和对产品分配的控制，也是影响妇女在社会分层体系中地位的关键条件。他认为，妇女所从事劳动的需求，尤其是这种劳动的策略性和不可或缺性（strategic indispensability）决定了妇女经济权力的获得。如果妇女的劳动被认为是重要的，其不可或缺性就会增加。但这并不是唯一的因素，妇女控制专业技术的程度、妇女离开男人控制自主工作的程度、妇女工作组织的规模与层次、妇女按照自身所追求的利益组织起来的程度等因素都影响着妇女经济权力的获得。亲属关系也影响着妇女获得经济权力的能力。布卢姆伯格分析了与此相关的继承制度：如果妇女可以继承财产，那么她们就能够掌握经济权力。亲属间的居住规律和代际传承规则也是影响妇女经济权利获得的重要因素。除此之外，另一个影响妇女经济权力获得的重要因素是剩余产品和其他资源的分配方式。在男女平等地承担劳动并且平等地享有劳动成果的社会体制中，妇女所拥有的经济权力要远远大于只是由男性所主宰的社会体制下妇女所拥有的经济权力。

布卢姆伯格认为，妇女没有了经济权力，也就没有了荣誉与声望，更为重要的是，她们追求各种利益的权利和对机遇控制的能力会相对减弱。因此，经济权力关系到妇女在性别分层中的位置，也就是说，妇女如果没有经济权力，性别分层的差距就会加大；而拥有经济权力，两性之间的性别不平等的程度就会减少。

珍妮特·查菲茨（Janet S. Chafetz）被认为是解释性别分层十分重要的女权主义理论家。她从两个层面来探讨性别分层问题，从而提出了一个很有特点的性别分层理论。

第一个层面是关于“性别分层的维持”。查菲茨认为，强制因素和个人自愿行动是造成性别不平等的主要因素。从强制因素来看，性别分层与社会的宏观劳动分工相关联。如果劳动分工是以性别为基础，那么，男人会获得比妇女更多的资源，而且这种物质资源的优势会导致男性与女性之间在微观的个体水平上的权力差异。这主要表现为在家庭中，男性较少地承担家务和养育子女的责任，而女性承担大部分的家务劳动；在这种情况下，即使女性有工作，她们也很难与男人竞争，这种状况又反过来维护了劳动的性别分工。在查菲茨的性别模型中，她列出了三种主要的性别观念：①关于男性与女性由在基本生物学意义上的差异，所形成的性别意识形态或信念（gender ideology)；②关于男女行为方式的恰当与合适的性别规范（gender norm)；③关于男女在情境中的性别刻板效应（gender stereotype）的通常反应方式差异。查菲茨认为，人们在这些性别观念方面达成的共识越高，对维持性别不平等的作用就越大，而且还会使男女之间的机会分配合法化，这些相互关联的过程被查菲茨称为关于"性别模式生成过程"的"动态影响"。在这一过程中，男女两性在不自觉中"自愿"接受了他们在性别分层体系中的地位。

查菲茨强调，从个人自愿行动来看，劳动分工的程度越高，占据精英地位的人所分配的资源就越多；社会的文化定义越是表现出性别偏见，人们在工作和家庭生活中就越会见证性别差异。就这样，按照家庭与其他"社会化"机构中性别生成程度的不同，个人不同程度地自愿行为，去维持宏观的劳动分工与关于男女差异的社会定义，同时在微观层面再造性别差异。从这一理论出发，查菲茨提出了要改变这种性别不平等的体系，就要：①改变性别劳动分工；②改变男性在资源占有方面的优势；③改变社会性别观念、规范和刻板印象；④改变导致男女两性的行为取向和期望的"社会化"过程。

第二个层面是关于"改变性别不平等与分层体系"。查菲茨认为，引起性别分层系统变迁的因素有两种：一种是发生在性别体系之外的无意识因素。诸如人口学变量、技术变量、经济变量和政治变量，这些力量可能对性别不平等体系所产生的压力和它们所引发的性别分层体系的变迁是无意识的，这些情况在世界经济与技术、政治和国际政治变化、国际人口迁移发展时会发生。另一种因素是，许多性别分层的变化是有意而为的，涉及改变男女间资源分配的有意识行动。其中，这种有意识变迁的一个来源是控制关键地位的男性精英积极地寻求改变性别分层，这种情况是在以下的条件中发生的：一是他们认识到性别分层威胁到他们的精英地位；再是他们认为性别分层阻碍了他们的社会计划与目标；还有是他们认为在与其他精英集团竞争中需要妇女作为同盟者。无论男性精英是否作出改变性别分层的努力，工业化、城市化和中产阶级的扩展，都使中产阶级妇女开始尝试家庭责任之外的机会，这种尝试有助于改变现存的性别分层体系。当她们在追求家庭之外的权力和机会时，她们会体验到更强的剥夺感，这促使她们兴建妇女组织，力图清除或者减少性别不平等。

查菲茨指出，在性别分层的体系中，无论是无意识的变迁过程，还是有意识的变迁过程，当这种变迁使社会中有实力的利益集团产生被威胁感的时候，他们会组织起来反对这种变迁。这些反对的力量来自于，在一些人群受传统性别意识的影响很深，有些男人会极力维护自己已经拥有的权力和优势，妇女运动内部的冲突也导致了对运动某些方面的离心离德。这使反女权的男女结合起来阻止性别分层的变迁。①

（4）总起来说，对于性别社会学关注的命题及相关的学科理论发展，有人作出如下概括：

一是性别角色理论。

此理论认为，对于具体的人来说，是在接受和强化性别角色的期望的过程中，才完成对性别角色的塑造。通过性别角色的掌握，使男女两性之间在社会中有了社会意义上的性别差异。对于这一点，不同的理论进行了不同的解释，形成了不同的理论流派。②

① 刘少杰主编：《当代国外社会学理论》，中国人民大学出版社 2007 年版，第 455～470 页。

② 参见郑新蓉、杜芳琴主编：《社会性别与妇女发展》，陕西人民教育出版社 2000 年版，第 20～24 页。

在社会学的理论中，社会角色被认为是指社会群体对处于某一特定地位上的个人所规定的一套行为模式。男女两性的差异不仅表现于不同的生理特征，而且还表现为不同的社会特征。在不同的社会和文化背景中，人们对不同性别的人有着不同的角色期待，每个人都要学习自己所属文化所规定的性别角色。这在西方学者中往往被称为性别角色的社会化（gender socialization）。

20 世纪 30 年代米德（Margaret Mead）对新几内亚的三个部落进行观察后，写成了《三个原始部落的性别与气质》一书。她发现在一个叫阿拉佩什的部落中，男女都有一种通常人看来是属于女性特征的个性，他们性格温和，待人热情，强烈反对侵犯、竞争和占有欲，男女都照看孩子。与此相反，邻近的一个叫蒙杜古莫的部落是一个有吃人肉习性的部落，部落里的男女凶暴，并富有攻击性，女人们很少表现出母亲的特征，她们害怕怀孕，不喜欢带孩子。第三个部落是德昌布利部落。与前两个部落不同，这个部落里的男女性别角色差异明显，但与通常的性别角色行为截然相反：女人专横跋扈，不带饰物，精力旺盛，是家庭经济的主要支柱；男人却喜爱艺术，喜欢饶舌，富于情感，并照顾孩子。由此米德指出，两性人格的许多方面极少与性的差异本身有关，就像社会在一定时期内通行或所规定的男女的服饰、举止等与生理性别无关一样；性别角色特征不是天生注定的，而是通过各种文化中的性别行为模式的学习、模仿和认同后形成的。

二是心理分析理论。

性别形成的心理分析理论（psychoanalytic theory of sex typing）又称"角色自居说"。该理论的代表人物有弗洛伊德（Sigmud Freud，1856—1939）、海伦·多伊奇（Helene Deutsch）、霍尼（Karen Horney）和埃里克森（E. Erikson）；该理论以精神分析学说为其理论基础，强调"自居作用"在男女两性性别行为形成中的作用。“自居作用”的机制是指认同、接受、暗示和模仿，是一种保持心理平衡的自我防御机制，是意识个体社会化即融入社会的重要因素。

该理论认为，男女两性的性别特点的形成是由于他（她）们在儿童时期，在无意识中模仿和自己性别相同的成年人，特别是模仿父母的行为，从而形成不同的性别角色。性别角色的形成可分为两个阶段：第一个阶段是男女两性的婴儿共有的对母亲本能的依恋，以使潜意识的本能在与母亲的交往中得到满足，使本我得以通过自我得到发展；第二个阶段是儿童发生自我意识之后，男女两性根据外部世界，特别是家庭环境的要求，有意识地模仿与自己性别相同的成年人，特别是父母的行为，限制和压抑本我的冲动，以求得心理上的平衡。在这一过程中，男孩子抑制了本能的“恋母情结”，转而认同自己的父亲，模仿父亲的举止行为，并且将这变为自己个性中的一部分。而女孩子对母亲认同，这并不是由恋母情结所致，而是害怕失去母亲的爱，她把母亲的形象纳入了自我概念中。

三是社会学习理论。

对于性别形成的社会学习理论（social learning theory of sex typing），也称“性别定性论”。这是20世纪60年代在美国形成的心理学派，该理论的代表人物有阿尔伯特·班杜拉（Albert Bandura）、米歇尔等。这一理论的哲学和心理学基础是环境决定论和行为主义，认为行为强化是性别形成的决定因素，重视两性心理的外部表现，即男女不同的行为差异。

社会学习理论关于性别角色社会化的基本观点是，性别角色是后天学习获得的，是经验积累的结果，是通过学校、家庭和社会的影响实现的。引导不同性别者融入社会即使之社会化的人通常是父母、教师、演员、同龄人团体，往往借助小说、报刊、电影、电视等。家长、教师、同伴等影响儿童，通过榜样、期待、玩具选择来强化性别适应行为，通过对男女儿童的不同对待来形成儿童的性别行为。

关于性别形成的社会学习理论认为，性别角色的形成过程是包含大量观察、模仿同性模式的学习过程。在儿童早期，父母会按照社会对男女两性的要求去塑造孩子的行为，母亲和父亲的赞扬和要求是性别角色学习的强化因素。在性别定型过程中，男孩子倾向于模仿父亲的行为，女孩子则模仿母亲。随着儿童生活环境的扩大，生活中其他同性人的行为以及大众传媒所提倡的性别形象，又成为他们自觉学习和有意识模仿的对象。在个体社会化过程中，男女两性逐渐摆脱本身某些固有的、不符合社会要求的性别行为的自然特征。这样，社会通过对男女两性有控制、有选择的熏陶与学习训练，使他（她）们逐渐形成了社会生存和活动所必须具有的不同性别特征的心理结构。随着年龄的增长，男女两性也就逐渐地符合社会性别规范，从而变成被社会所接纳的、具有相应社会性别特征的成员。

四是认知发展理论。

性别形成的认知发展理论（cognitive development theory of sex typing），又称"自我归类说"。提出或研究该理论的代表人物有皮亚杰（Jean Piaget）、科尔伯格（Lawrence Kohlberg）。该理论以皮亚杰的发生认识论为基础，强调男女两性性别特征的形成，关键在于，主体与外部世界在连续不断的相互作用中逐渐建立起来一系列结构。机体具有组织和适应两种机能。性别特征的形成，即性别行为适应机能的实现。这是以某种基本的结构存在为前提的，是在行为的同化和顺应两种方式中进行的。

科尔伯格认为，性别认同是认知发展的结果，他把儿童性别角色的确认分为三个阶段：①基本的性别认同阶段，大约在2—3岁的时候。这一阶段的儿童开始确认自己的性别，但还不能具有性别的恒常性认识，例如，知道自己是男孩子，但对自己长大以后还是不是男人就不能确认。②性别确认的稳定阶段。大约发生在3—5岁。这一阶段儿童认识到一个人的性别是不会随年龄变化的。③性别确认的坚定阶段。大约在7岁普遍形成。这时儿童进一步确认一个人的性别不会随着外貌和活动的改变而改变。根据科尔伯格描述的认知发展模式，孩子们了解自己的性别大多通过相同的途径，即认识各种形体对象的同一性，并且随时辨认这些形体对象所具有的同一性。

性别认知理论认为，性别角色学习是认知发展的一个方面，儿童在4—6岁时，开始具备性别恒常性和性别认同的基本概念，男女儿童的性别认同是儿童对周围认同的组成部分。儿童对自我性别的认同决定了他（她）对自己和他人行为的基本评价，当这种评价与社会性别规范联系起来时，其行为便纳入各自角色的性别轨道。个体对同性性别角色的认同，是个体获得积极的自我概念的一部分，男女两性性别认同的发展，不仅是外界作用的结果，也是个体自身内部动机的结果。该理论特别重视性别特征形成过程中内部动机和外部环境的相互作用，特别重视性别认知与性别行为之间的相互联系。

五是制度与文化的建构理论。

以上可见，许多理论更多的是从个体的方面说明性别角色社会化的形成。而另有一些理论注重从制度与文化的建构来对性别角色社会化作出解释。例如，一些女性主义者把批判的矛头直接指向“父权制社会文化”，从而向传统观念提出挑战，主张变革传统的性别角色关系，要求重新申审视妇女的地位和角色。

他们鲜明地指出，性别角色不是自然形成的，而是现代父权制社会文化建构的产物。因为在性别角色的社会化中，充斥着男性中心主义和性别歧视，男性角色是孤立的、主导的和流动的，而女性角色是从属的、次要的和被动的。女性角色是男性角色的从属物，男性气质则是建立在对女性气质的控制之上。女性主义理论从性别的角度分析了社会中的政治、经济、文化特别是思想、认知、观念、伦理等各个领域，认为女性处于与男性不平等的受压迫、受歧视的地位，在家庭这个私人领域女性同样处于与男性不平等的地位。女性主义者大多认为，这种不平等不是自然形成的，而是被以男性为中心的社会和文化所建构的。[①]

著名的女性主义者凯特·米利特（Kate Millett）指出：在男权社会里，家庭的重要作用是使年轻一代熟悉和接受男权制思想体系中有关角色、气质和地位的固有态度（主要是通过他们在这方面的榜样和告诫）。虽然对男权定义有细微差别，这在于父母对与此相关的文化价值的理解有所不同，但是一致的总效果达到了，而且通过同伴、学校教育、新闻媒体和其他正式或非正式的学习资源得到进一步加强。尽管人们可花费时间和精力为家庭成员的权力平衡而争论；而必须记住的是，整个文化支持生活各个领域中的男性权威，而且，往往在家庭之外，不给女性以权威。[②] 因此，米利特认为，对男性优越这一偏见的普遍赞同保证了男尊女卑的合理性。表现在性别角色上，就是对男女两性各自的行为、举止和态度作了不同的规定。

这些女性主义者反对所谓的"母性"之类的"本质主义"观念，强调应运用历史话语的、社会结构的观点去看待性别角色和"女性气质"问题；反对把男性视角的性别角色普遍标准化，主张解构传统的性别角色关系，倡导女性角色的自主性和

① 参见李银河：《女性主义》，山东人民出版社 2005 年版，第 1 页。

② 参见［美］凯特·米利特：《性政治》，宋文伟译，江苏人民出版社 2000 年版，第 43 页。

独立性。其观点可以归纳为：①认为性别角色分工反映了男性对女性的权力控制；②社会中的性别角色社会化是各种文化力量作用的结果；③性别、种族和阶级相互作用共同影响着个体的行为；④关于性别的知识和认识都是由社会构建的。[①]

（5）近几十年来性别社会学产生了重要影响，向许多领域有所拓展。

①对行为及实践观的影响。

长期以来，“身体”一直作为医学、解剖学、生物学等自然科学学科的研究对象，在一些学者那里，其被视为非理性的、产生欲望的东西。在社会学理论方面，西方社会学界长期关注的是社会与理性、社会结构和社会秩序、社会与个人、社会进化等议题。“身体”曾被湮没在社会理论发展的洪流下而无人问津。也就是说，在传统的社会学研究中，身体处于一种“缺席在场”（absent-presence）的地位，确切地说是，身体是被“忽视”或“湮没”（submergence）的。之所以如此，特纳认为，原因主要有三个：其一，从本体论上看，西方传统思想中的身心二元对立思想长期占主导地位，这导致身体只是医学、生物学等自然科学的研究范畴，心灵属于哲学、宗教等人文学科的研究范畴；其二，从认识论上看，因社会学的非生物主义假设，使得任何对身体的论述都要冒着被污蔑为生物主义的危险；其三，从方法论上看，社会学创立后，把社会作为一个整体来看的整体主义方法论在社会学中是主要视角，从个体的角度来研究社会行为，往往会被贴上个体主义和还原论的标签。

这种情况后来发生改变。19 世纪末 20 世纪初，尼采由对理性主义提出质疑，提出关于“一切以身体为准绳”的思想，这

① 刘少杰主编：《当代国外社会学理论》，中国人民大学出版社 2009 年版，第 451～454 页。

被认为是对饱受几千年心灵压制的身体的解放。随后，伯格森的生命哲学、弗洛伊德的精神分析、现象学、存在主义等都显示出对身体的关注。梅洛—庞蒂提出的"身体现象学"被人重视。梅洛—庞蒂在胡塞尔思想的基础上，主张人们应该在"生活世界"中，即在时空的具体情境中，考察"活生生"的身体。他强调，身体作为灵魂和肉体的结合①，是知觉产生的基础；人们通过知觉认识世界，身体是主体通向世界的"媒介"。梅洛—庞蒂的思想对布迪厄、特纳等人的身体研究产生了很大影响。

以福柯、德里达、利奥塔、拉康、罗蒂等人为代表的后现代主义者的理论影响，促进了身体社会学的产生和发展。他们持如此观点：现代社会的理性特别是工具理性，在人们思想中占主导地位。这并不能使人们真正得益，相反，促成的却是无休止的劳作、身体的疲惫、心灵的倦怠和价值的迷失。所以，他们声称，要反对理性，消解现代性，强调丰富多彩的日常生活世界，关注个体的感受性、体验性、生物性，追求个体的真正自由和解放。福柯的影响尤甚，他用知识考古学和权力谱系学的方法，讨论了权力、知识、话语等在微观层面是如何介入身体、惩罚身体、规训身体、控制身体的。

20世纪80年代以来，身体进一步被社会科学和人文学科"问题化"，出现了身体现象学、身体人类学、身体管理学、身体叙事学、身体美学、身体政治学、身体社会学等一系列研究科目。人们认为，布赖恩·特纳（Bryan S. Turner）的《身体与社会》一书出版，标志着身体社会学（The sociology of the body）在英国诞生；经过30多年的发展，身体社会学已经成为社会学公认的研究领域，并引起社会学家的广泛关注。布赖

① ［法］莫里斯·梅洛—庞蒂：《知觉现象学》，姜志辉译，商务印书馆2005年版，第125页。

恩·特纳（Bryan S. Turner）有句话值得人们深思，他说："人类社会有一个明显而突出的现象：他们有身体并且他们是身体（they have bodies and they are bodies）。"[①] 有学者解释道，这句话所要表达的意思是：一方面，身体是个体与社会存在的物质基础。在日常生活中，我们必须经常、有规律地对身体进行保养、维护、规训和再生产。另一方面，又不能把对人的身体研究简单归结为生物还原论，说成所谓的社会生物学和社会达尔文主义理论。因为人的身体是物质性与精神性的统一，是自然性与社会性的统一，是个体实践和社会建构的统一，是自我的体现之一。身体社会学就是要把霍布斯的秩序问题当作"管理身体的问题"重新提出来，并思索如何在时间与空间中对个体身体与社会人口的身体进行管理与约束，以实现社会秩序的稳定。[②]

当代西方的身体社会学研究，主要以特纳（Bryan S. Turner）、弗兰克（Arthur W. Frank）、奥尼尔（John O' Nell）、谢琳（Chris Shilling）等人为代表。他们又十分关注社会制度、国家权力对身体的结构性制约，以及在日常生活世界中身体实践对社会和国家的建构作用，并建立了身体类型学——把身体化约为几种理想类型加以表述。概括一下，他们显然关注到这样一些方面：

一是身体结构模式。作为身体社会学的倡导者和最有力的推行者，特纳认为不仅要考察单数的身体（body），而且还要考

① ［英］布赖恩·特纳：《身体与社会》，马海良、赵国新译，春风文艺出版社2000年版，第54页。原文在Bryan S. Turner：*the body and society*：*exploration in social* theory，SAGE，1996，P37.

② 侯钧生主编：《西方社会学理论教程》，南开大学出版社2010年版，第505页。

察复数的身体（bodies），考虑到人口（populations）。受福柯的影响，特纳认为一个社会要在时间上控制人口的繁衍，防止因人口急剧增多而产生的问题，如马尔萨斯的理论；在空间上运用空间规划和制度手段对众多身体实行有效的规训，如卢梭的理论。对个别身体而言，要对个体内在欲望进行克制和约束，如韦伯对新教伦理时期禁欲苦行的探讨。在外部社会互动中，身体表现要符合社会规范，如戈夫曼对日常生活中互动表现的论述。只有在内部、外部、时间和空间四个维度上对个体身体和人口身体进行有效控制，才能实现霍布斯所谓的秩序问题。社会学史家评论说，无疑，特纳的身体结构模式带有浓厚的建构论、功能论色彩，遭到了批评，批判者认为特纳把重点放在了社会如何对身体进行建构上，忽略了身体作为社会行为和实践经验的载体和基础等方面。[①] 所以，弗兰克提出了他的身体行动模式。

二是身体行动模式。身体行为模式根据身体自我控制、欲望程度、身体与自我及他人的关系，将身体分为规训的身体（disciplined body）、镜像的身体（mirroring body）、支配的身体（dominating body）、交往的身体（communicative body）四种理想类型。在弗兰克的视域中，身体存在，是行为问题而不是结构问题，应从现象学而不是从功能取向的角度展开分析。每一种身体的理想类型都可以在日常生活中通过具体的行为模式展开，获得相应的角色。如通过理性化的管理与秩序产生"规训的身体"，通过商店消费产生"镜像的身体"（这与鲍德里亚的消费理论有一定的相似性），通过战争等强力产生"支配的身

① S. J. Williams and G. Bendelow，The lived body：sociological themes，embodied issues，Routledge. 1998.

体”，通过话语、交流和认同产生“交往的身体”。[①] 有研究者认为，弗兰克的身体行为模式相对于特纳而言具有动态性和多元性，他不仅把握了社会作用于身体的各种行为方式，也描述了在具体行动中身体是如何行为和被社会构建的。这两种身体模式是从不同的空间层次展开，特纳是自上而下的，弗兰克是自下而上的。[②] 他们的相似处则在于都把身体问题置于行为、行为者，使之成为结构所关注的中心。身体结构模式把身体看成是结构、权力所建构的产物，关注身体体现出来的权力、伦理、道德等内涵，即“对身体做了什么”。这以涂尔干、道格拉斯、女性主义，特别是以福柯、特纳等为代表。

三是一些人基于“行为模式”而关注日常生活中的身体实践。他们强调必须经常、有规律地对身体进行保养、维护和再生产，以建构自我、表现自我和进行社会互动，即“身体做了什么”。以梅洛一庞蒂的身体现象学以及戈夫曼、弗兰克、消费主义等为代表，试图通过对“惯习”的研究弥补二者之间的鸿沟。例如布迪厄。[③] 在布迪厄看来，惯习是结构性因素在个人身上的体现，或者说结构正是通过惯习这种身体化的分类图式影响着个体的社会行为。反过来，惯习也通过身体型塑着社会结构。

许多研究者指出，身体社会学，看起来是关注人的身体，

① Arthur W. Frank：“For a sociology of the Body：an Analyrical Review”, Mike Featherstonc，Mike Hepworth，B. S. Turner，The body：social progress and cultural thcory，SAGE，1991，p54.

② Alexandra Howson，David lnglis，Thc body in sociology：tensions inside and out-side sociological thought，The Editorial Board of The Sociological Review. 2001，p301.

③ 闫旭蕾：《教育中的“灵”与“肉”：身体社会学视角》，南京师范大学 2006 年版，第 12 页。

看起来是关注被以往社会学所忽视了的作为人的生物性、感受性和体验性的身体；而实际上，身体社会学强调的是人的社会因素和生物因素共同影响着社会行为。这样，身体社会学从一个新的综合的视角来研究身体和人的社会行动，它涉及社会学、政治学、历史学、人文学等学科，以及女性主义、现象学、结构主义、后结构主义和文化研究等多种理论。目前大部分身体社会学研究都坚持建构主义的立场，认为身体是文化、制度建构的产物，即"社会建构的身体"（the socially constructed body）。谢琳认为，身体社会学的研究是对人类身体历史进行的探究，是对"霍布斯的秩序问题"的新解释，是对"活生生"的身体及其体现问题的关注，可以被看作是戈夫曼所探讨的日常生活中互动的身体的一个继续和发展。[①]

又有研究者指出，当代科技进步特别是医学的深入发展，加速着对身体的塑造并使之发生改变。这使人们对身体关注有加。还由此产生了伦理、法律上的一系列社会问题。特纳指出，当代对身体的学术兴趣是对身体及其与经济、技术和社会之间关系发生根本转变的一个回应。科技的发展，使得人们对外貌、衰老、疾病和死亡问题，更加关心，并且越来越有能力加以改善。现在人们对涉及身体的美容、整形和医疗等各种生物技术产业及其关涉的经济增长，十分重视。随着器官移植、基因工程、克隆技术和干细胞研究的不断进步，身体的模糊性、脆弱性和可塑性，同时被凸显，使得身体在伦理和法律上面临着更多的争议。[②] 随着对身体的自我重塑和社会建构，不仅使人们对身体的本质产生了疑问，也使人类和机器、自然和社会的边界

---

① Chris Shilling，The body and Social Theory，london：SAGE Fublication Ltd，2003，pp62－63.

② Bryan S. Turner：body，Theory Culture & Society，2006，23（2－3）.

越来越模糊。哈拉维（Donna Haraway）对于电子人（cyborg）及其在军事行动、工业发展、政治监控和社会服务等方面的应用所进行的思考，引起许多人的关注。① 而且，随着全球化、老龄化的进程，政府对人口的身体管理已经超越了地区和民族国家的范畴，越来越伴随着注意考虑发生在世界范围内的传染病的流行问题、难民问题和移民问题。②

还有学者指出，人类面对的现代政治与道德问题，总是要通过讨论人类的身体表现出来③；而在诸多的社会理论中，在关注有感性、体验性的“身体人”时，重视的是揭示理性霸权。这从马克思的“异化”、韦伯的“铁牢笼”、哈贝马斯的“生活世界的殖民化”、福柯的“规训社会”与“全景敞式监狱”等有关论题中可以体会到这一点。身体社会学以身体为切入点，把“人的身体”作为可以分析的具体对象，注重分析人身肉体活动再由此涉及精神活动，并且把它放置在具体的社会生活世界中加以考察，关注丰富多彩的日常生活世界，试图把人从现代理性的霸权下救赎出来，实现人的自由和解放。所以，开展和加强身体社会学研究有利于更好地认识人、理解人、解放人。④

②对消费主义理论的影响。

鲍德里亚（Jean Baudrillard）和费瑟斯通（Mike Feather-

---

① Donna Haraway: “A manifesto for Cyborg: Science, Technology, and Socialist Feminism in the 1980s”, Simians, Syborgs, and Women: The reinvention of Nature, NY: Routledge, 1991.

② Chris Shilling, Sociology and the body: classical traditions and new agendas, The Editorial Board of the Sociological Review. 2007.

③ ［英］布莱恩·特纳：《身体与社会》，马海良、赵国新译，春风文艺出版社2000年版，第8页。

④ 侯钧生主编：《西方社会学理论教程》，南开大学出版社2010年版，第505～511页。

stone）等人阐发的理论关注消费社会对身体的影响。他们认为，身体已经成为消费社会"最美的消费品"[①]，消费社会带来的"丰裕"及"符号消费"，使人们"自我迷失"。消费理论对消费社会中"女性的身体""权力压迫的身体""消费的身体"的关注，对身体社会学的产生和发展有很大促进。

许多学者指出，对身体关注是西方工业社会发展的结果。特纳认为，在当代社会，以禁欲苦行主义为主的基督教清教主义式微，传统社会的道德体系滑落，大众消费主义、享乐主义盛行。身体的美使其进入消费，享受日益成为人们追逐的目标。延缓衰老、死亡，强调运动、保持健康，成为人们的普遍诉求。[②] 有人讲，当代社会，自我感觉和消费观念已经如此密不可分，真可谓"我消费，故我在"（I consume，therefore I am）。特纳还指出，在当代社会，人们的欲望远远超越了生活"必须"的水平，使欲望具有无限的膨胀性，人们总是渴望消费新产品。[③] 奥尼尔（John O' Nell）认为，现代生活对直接体力的要求越来越少，休闲、健康以及体育运动成为可以交易的商品，身体体验成为这些商品的主要成分。[④] 在这个过程中，大众传媒通过各种商业广告和身体展示，以科学为招牌，以健康为名义，拿美丽和个性向人们宣扬重视身体、关爱身体、美化身体的见解，使得身体不断进入人们的学说视野。

情感主义社会学。

① ［法］鲍德里亚：《消费社会》，刘成富、全志钢译，南京大学出版社 2000 年版，第 139 页。

② ［英］布莱恩·特纳：《身体与社会》，马海良、赵国新译，春风文艺出版社 2000 年版，第 1～4 页。

③ Pasi Falk，The consuming body，SAGE，1994，P. 94.

④ ［美］奥尼尔：《身体形态——现代社会的五种身体》，张旭春等译 春风文艺出版社 1999 年版，第 101 页。

对社会行为中情感问题的研究及其拓展所产生的影响。

性别社会学中，曾有特别涉及“情感关系”的，如康奈尔等人。近三四十年来，情感作为一个独立的主题，进入社会学家的研究视野，而这又往往离不开关注身体。社会学家逐渐认识到人类行为不仅是由纯粹的工具理性所驱动的，情感对人们社会生活的影响是不可否定、不能轻视的。但多数社会学家并不追求严格意义上的情感定义，而往往从他们对情感的解释中，总结出情感的主要组成要素：身体和生理感觉的变化；姿势和表情的展现；对背景或情景刺激的评价；文化与社会的标签。其中，对情景的评价，重在于关注行为者对与之互动着的客观条件及先在态度的主观意识，身体是作为前提出现的。文化与社会标签指示着人们由如何获得、识别、表达和解释各种情感所产生的词汇、评价性观念与社会维度。学者们着重从以下三个方面对情感作了社会学研究。

（1）关于情感的社会根源。

对情感的社会根源的研究反映了关于情感研究最初的发展与日渐的分化。于此大致可以分为两种取向：社会建构主义与实证主义。虽然两种取向所强调的社会刺激各有不同，但他们都在寻求情感的社会刺激根源，试图把社会学的洞察力介绍到曾一度被心理学所独断的领域中。

霍克希尔德（A. R. Hochschild）和肖特（S. Shott）是较早对情感概念加以研究和发挥的社会学家，他们是社会建构论的主要代表。在他们看来，社会规范与文化规则是情感最重要的决定因素。情感在很大程度上是与生物特征相分离的，只有认知标签和社会场景才能区分出不同的情感体验。由于情境定义与文化标签是随着文化与时代的变动而变化的，所以情感亦是如此。

肯普尔（T. D. Kemper）也是情感社会学的先驱之一。最初他称自己的研究思路是"情感的社会互动理论"，但很快便转向了实证主义。他与柯林斯共同发展了关于地位与权力的情感理论，并与肖特等学者展开了对话与交锋。人们注意到，总起来说，实证主义者从另一方面把影响情感体验的结构因素抽取出来。他们反对文化规范决定情感的观点，注重社会结构与社会关系对情感的决定作用。实证主义者主张，情感与生物学有着重要的关联，不同情感生理过程是不一样的。社会刺激与情感生理过程的关系就像钥匙与锁的关系：特定的社会刺激开启特定的生理过程，以产生特定的情感。而这种社会刺激就是行动者的"权力—地位"关系。换言之，"权力—地位"关系的不同结果引发了不同的生理过程，后者又进一步与不同的情感相关联。[①] 所以，根据肯普尔的观点，与其说建构主义者强调的是社会规范对情感的决定和制约，不如说他们赋予了行动者能动地、主动地定义情境与建构、管理情感的能力；而实证主义者则恰恰相反，他们注重的则是在客观上决定真实情感产生的结构性因素。

不过，人们又注意到，无论是社会建构论者还是实证主义者都认为，情感唤起是由在情境中行动者的预期与经历是否一致的程度决定的，当二者高度不一致时，情感唤起就随之发生了。

（2）关于情感的"社会化"。

有学者论述道，尽管某些基本情感可能是先天的，但是对于大部分情感而言，儿童是在融入社会的社会化过程中习得了情感知识，获得了识别情感与管理情感表达的能力，而且这种关于情感的知识和能力随着儿童所处的社会位置的不同而出现

① T. D. Kemper, Social Constructionist and Positivist Approaches to The Sociology of Emotions. *American Journal of Sociology*. 1981. Vol. 87. No. 2. p. 339.

了分化。这虽发生在童年，但会在一生中延续。发展心理学家已经开始研究习得过程在塑造儿童情感方面的作用，当时他们主要研究的是在每一个年龄阶段，对不同性别的儿童获得了哪种情感知识等内容，而诸如社会阶层等结构性因素对情感社会化的影响却被忽视了。戈登（S. L. Gordon）、哈瑞斯（P. Harris）、与奥瑟夫（T. Olthof）等学者在这方面做了主要的理论研究工作。

戈登的研究指出这样一些意思，儿童所形成的关于情感的观念并不是他们自己的创造，而是来自对情感的接触，并且通常反映了广泛的情感文化。他论证说，接触某些情感，即有机会经历或观察一种情感或者被告知关于该情感的某些事情，这是使之产生或提升该情感的前提。儿童的社会位置，比如出生年代、社会阶层或性别等，通过社会潮流、历史事件、环境事件、照料者的行为或儿童自主的活动，使儿童接触到不同的情感。照料者通过制度化的社会化来为儿童成为社会成员做准备，以此训练儿童的情感能力。通过学习理解照料者对言语与非言语的情感符号的使用，儿童在获取奖赏、获得人际优势、保护自尊等方面的反应变得更加有效。像社会能力一样，情感能力也需要知识与行为技巧。戈登认为，情感能力体现在以下方面：表达和解释非言语信息的情感姿势；控制冲动的而且社会不赞成的性感的外部表达；同时感受与表达社会性适当的情感；识别情感的文化意义；妥善地处理令人苦恼的情感。[①]

哈瑞斯与奥瑟夫用三个模型——唯我主义模型、行为主义

① S. L. Gordon，The Socialization of Children's Emotion ：Emotional culture，Competence，and Exposure. In C. I. Saarni，P. Harris （ed.）. 1989. Children's Understanding of Emotion. New York：Cambridge University. 1989. p. 324.

模型和社会中心主义模型来表示情感能力获得的过程。在每一个模型中，都分别假设儿童首先通过自我观察、对他人的观察或通过社会团体的口头指示来学习特定的情境事件、表意性姿势与内在感受之间的联系。

（3）关于情感的社会后果。

大多数情感社会学家假定情感激发了后续的行动，他们认为引导和激发微观行动的关键机制是情感，而且我们可以通过情感来进一步理解相关的宏观现象。这些研究成果主要体现在两个方面：一是把某些情感类型与社会控制的结果联系起来，二是揭示情感在群体团结和社会团结中的作用。

这主要体现于情感对自我控制与社会控制的作用，这可以说是互动论传统在情感领域方面的扩展。肖特的关于角色领会的情感理论认为，当个体充当他人或一般化他人的角色时，就会唤起和标识"角色扮演的情感"，任何一种角色扮演的情感都通过鼓励自我控制，使大多数人的行为即使在没有外奖赏或惩罚的情况下都遵守社会规范，从而促进了社会控制。斯特莱克（S. Stryker）的情感理论是其自我认同理论在情感主题方面的探索。他把自我概念化为是由按照等级排序的多重身份构成的，身份即内化的社会角色。情感根据角色演出是否符合身份设定来激发个体的规范行为。舍弗（T. J. Sheff）试图将互动论观点融入心理分析理论中，把关注点放在羞耻感会产生遵从的功能上。他指出遵从及其伴随的自豪感和羞耻感根据其程度与类型构成了一种微妙的、渗透性的社会制裁系统。与正式制裁不同的是，遵从—情感系统事实上可以随时出现，而且无法看见。也就是说，社会控制包含了一个生物社会系统，它以无声的、连续的以及无法看见的方式在社会成员内部发挥着作用。[①]

另外还有互动仪式链理论。交换网络理论与互动仪式链理论都试图要回答这样一个问题：当现代社会的行动者在追逐各自特殊利益的时候，是什么力量将他们聚合在一起？他们的分析对象不是行动者本身，而是行动者之间的关系。不同的是，前者关注的是交换关系，后者关注的则是互动仪式中的关系；当他们的视野延伸到情感领域时，就分别将侧重点放在了情感在维持交换关系与互动中的关系的功能上。劳勒（E. J. Lawler）及其合作者们发展了一种交换网络的情感理论，用来说明社会交换过程中所产生的情感在促成群体团结中的作用。这一理论特别关注了社会交换所需要的共同行动（joint activity）以及在共同行动中的情感反应对群体团结的影响。积极情感的群体或网络归因会增加行动者对社会单位的情感依恋，而消极的归因则会促使行动者的情感分离或疏远。

柯林斯的互动仪式链理论基于这样的观点，即社会学应以面对面的互动为基础，或者说宏观的社会结构是由个人间的微观际遇产生并支持的。他认为“社会”不是一个抽象的系统单位，而是通过仪式参与和仪式性符号能彼此感觉到团结的人们的集合。在成功的互动仪式中，通过共同的关注焦点与共享的情绪建立起高度的情感协调，其结果是产生成员之间的团结感。共享的情绪最初是短暂的，但是通过互动仪式将其转化为长期的“情感能量”（emotional energy）。高度的情感能量是一种对社会互动充满自信、积极与渴望的感觉，人们可以从互动参与中感受到共同的成员身份。所以，柯林斯认为正是互动仪式中的情感能量将人们聚合在了一起，导致了社会团结。

① T. J. Sheff, Shame and Conformity. American Sociological Review. 1988. Vol. 53. No. 3. p. 396.

社会学家们指出，研究表明，情感不是简单的、个体的生理机体现象，它还受到诸如文化规范、社会结构等宏观因素的制约；同样，对情感的管理与控制也不仅仅是个人互动意义上的，它还可能影响到社会控制与社会团结。情感与理性不是对立的，但是对情感的控制不能简单化约为理性的表现，这不能等同于人类智识思维的理性化趋势。社会学家们在该领域已经做了大量的理论研究工作，致力于情感社会学的研究者们迫在眉睫的下一步工作就是进行严格的、系统的假设检验。情感社会家们不得不直面测量与方法论的问题，这将直接影响到该理论的合理性与发展。①

四、后现代主义思想家所阐发的社会理论

后现代主义思想家众多，这些思想家的理论有不同的重点，有些侧重于哲学，有些侧重于文学，有不少人在社会理论方面发挥了他们的见解。

（一）福柯关于"知识考古"与"谱系学"的社会学。

在后现代主义社会学理论中，法国福柯的思想是很有刺激性和挑战性的。这位被称为"20世纪法兰西的尼采"的社会理论家以法国思想家素有的浪漫主义风格，向欧洲的文化传统、理性观念和历史意识发起了激烈抨击。围绕着知识、权力、疯癫、理性等问题，福柯阐发了诸多振聋发聩的社会学思想。

米歇尔·福柯（Michel Foucault，1926—1984）于1926年10月15日出生在法国维埃纳省普瓦捷市。福柯的父亲保罗·福柯（Paul Foucault）是位医术很高并有两个私人诊所的外科医生，而且是大学教授，家境殷实、声望显赫。米歇尔·福柯姐

① 侯钧生主编：《西方社会学理论教程》（第3版），南开大学出版社2010年版，第491～495页。

弟三人，有一个姐姐和一个弟弟。母亲安娜·马拉派尔（Anne Malapert）是位勤勤恳恳、精打细算的女人。福柯在父母那里经常接受的训导是“生活要简朴，行为要规矩，做事要勤奋”。

福柯4岁时同姐姐一起迈入普瓦捷亨利四世公立中学的小学部的校门。1943年，福柯在这所学校毕业。福柯对小学和中学的学习生活没有什么好的记忆，他甚至认为这一时期的学习生活对他是一种痛苦的折磨。中学毕业后，福柯没有按照父亲的意愿报考医学专业，而是根据自己的兴趣要学习文学、史学和哲学。福柯立志要考入法国当时被认为最有名气的学府即巴黎高等师范学院。报考这所学校的学生很多，竞争十分激烈。福柯参加了预备班学习，勤奋刻苦，但第一次考试名落孙山。经过又一年的预备班学习，福柯于1946年终于以优异成绩考入了他梦寐以求的理想学府。

巴黎高等师范学院作为法国最负盛名的高等学府之一，于法国大革命时期建立，为法国培养了许多有成就的大学教授和中学教师，孕育了许多著名的思想家，例如柏格森（Henri Bergson）、列维－斯特劳斯、梅洛－庞蒂、雷蒙·阿隆（Raymond Aron）和萨特等人都毕业于此。福柯步入巴黎高等师范学院之时，正值战后学校学术氛围异常活跃的时期，这里涌动的各种学术思潮和理论观点深深地吸引着福柯敏感的学术神经。在这里，福柯不仅对战后迅速流行的以萨特为代表的存在主义兴趣浓厚，而且对黑格尔哲学和马克思主义也倾注了极大热情。对这些思想家或理论流派著作的阅读和钻研，为福柯后来的学术研究奠定了基础。在巴黎高等师范学院读书时，福柯以“学习狂”著称。他博闻强识、学养深厚、勤奋刻苦，同学们对他的能力非常羡慕和钦佩；同时，他性格孤僻，脾气暴躁，待人傲慢，言谈尖刻，同学们都以为他精神不太正常而敬而远之。

上大学期间，福柯开始同性恋和吸毒。据福柯自己回忆，他在进入巴黎高等师范学院的第一年就遇到了同性恋伙伴。由于政府和校方对同性恋严格禁止，福柯进行同性恋一直十分隐蔽。福柯曾两度自杀未遂。人们把他自杀的原因归结为同性恋倾向受到压抑。谈到自己大学期间的吸毒经历时，福柯曾说："有些毒品（药品）对我十分重要，因为它们是达到我所追求的、我所无法体验的那种不可想象的极度快乐的媒介。"[①] 福柯这种体验与其同性恋追求一样被视为他心理与人格上的病态。

大学毕业后的福柯 1950 年参加"教师资格会考"失败，翌年再上考场获得成功。按当时教育部门的规定，获教师资格后应先到公立中学教书，可福柯不愿赴任。在申请到梯也尔基金会的资助后，福柯留在学校从事了三年学术研究。而后，经过阿尔都塞的一位朋友推荐，福柯得到去里尔大学任教的机会。

1955 年 8 月，在著名神话学家乔治·杜梅泽尔（Georges Dumezil）的大力推荐下，福柯被瑞典乌普萨拉大学聘为法语教师。在从事法语教学的同时，福柯还担任法国外交部文化交流处在瑞典设立的"法国之家"主任，得以在这里开展丰富的社会交往。1958 年 10 月，福柯离开瑞典前往波兰，任法国驻波兰大使馆代理文化参赞。福柯对这个职位非常满意，并有志于在此职位施展抱负。然而，福柯一直不断的同性恋活动引起了法国政府和大使馆官员的反感，这使得福柯最终失去了正式文化参赞之职。仕途的中断使福柯烦闷懊恼，他别无选择，重返学术生涯。在德国汉堡逗留了一段时间后，福柯于 1960 年返回巴黎，任克列蒙一费朗大学心理学讲师。

1961 年，福柯通过了博士论文《疯癫与非理智》的答辩，并获得博士学位，这篇论文被评为当年哲学学科的最优秀论文，

① 刘北成：《福柯思想肖像》，北京师范大学出版社 1995 年版，第 29 页。

福柯的职位由讲师升为教授，时年 34 岁。1966—1968 年，福柯到突尼斯大学任教。1968 年，在法国“五月风暴”期间福柯由突尼斯返回巴黎，亲身感受这场来势汹涌的学潮对社会各方面的冲击。1970 年，福柯经过激烈竞争被选为法兰西研究院的“思想哲学史教授”。这是一个具有很高学术地位的职位，也是福柯多年追求的目标。

在种种同性恋活动的“终极体验”中，福柯染上了艾滋病。1983 年，潜伏已久的艾滋病开始发作，各种艾滋病的症状在福柯身上不断地表现出来。福柯意识到自己来日无多，他忍受着内心的折磨和身体的痛苦，完成了《性史》第 2 卷和第 3 卷的写作。1984 年 6 月 2 日，福柯晕倒在厨房里，6 月 25 日，病情恶化，经抢救无效而离开了人世，时年 58 岁。

福柯一生发表了许多学术著作，其中主要有《精神病和心理学》（1954）、《疯癫与文明》（1961）、《临床医学的诞生》（1963）、《词与物》（英译本名为《事物的秩序》，1966）、《知识考古学》（1969）、《话语的秩序》（1971）、《规训与惩罚》（1975）、《性史》（1976）等。

福柯的这些著作发表后，在哲学、社会学和文学艺术等领域掀起阵阵狂澜，他的思想观点拨动着各种学科的理论神经，使人们惯常的思维遭受一次又一次强烈刺激。赞誉之辞和反对之声不绝于耳；震撼、兴奋、省悟、拒斥、责难等各种反应在四面八方此起彼伏。这一方面说明人们对福柯的理论许多观点并没有达成广泛共识；另一方面也说明福柯的理论发人深思，因而引起广泛反响。

从思想来源上看，黑格尔哲学、西方马克思主义、现象学和结构主义对福柯都有影响。黑格尔哲学对福柯的影响主要体现在对理性的思考上。福柯是接受了黑格尔关于理性是人类思想与行动根据的基本观点，并通过对第二次世界大战前后的欧洲社会现实的反思，对理性开展了广泛深入的批判。

西方马克思主义对福柯的影响主要表现在理论对现实的批判性上。西方马克思主义的突出特点之一是认为现实在意识形态的控制下往往是被扭曲的，因而必须以否定的眼光审查现存和批判现存，进而促使现存由不合理向合理转化。综观福柯的著作，他所论述的社会现象处处被看作是异化的、虚假的、与人性相悖的存在。

第二次世界大战之前在德国兴起的、以胡塞尔和海德格尔等人为代表的现象学，对欧洲学术界产生了广泛影响。梅洛—庞蒂、萨特等法国哲学家把现象学引入法国，并声称同马克思主义理论相融合，使现象学思潮更加关注现实，而且以否定性的态度批判现实。战后，这种自认为同马克思主义结合的现象学在法国形成热潮。从福柯思想理论同现象学的联系中会发现，福柯讨论的许多重要问题来自现象学。福柯关于理性专断、话语断裂、情感扭曲、社会异化等方面的论述，在萨特和梅洛—庞蒂那里能看到痕迹。

第二次世界大战后在法国兴起的结构主义对福柯也有很大影响。索绪尔（F. Saussure，1857—1913）为代表的结构主义语言学、列维－斯特劳斯为代表的结构主义人类学、阿尔都塞（Louis Althusser，1918— ）的结构主义的马克思主义，战后在法国都曾产生广泛影响。福柯起初对结构主义的许多观点和方法很感兴趣，而后来发现，结构主义在寻求现象的内在本质时，认为所有事物都有规定其存在的稳定结构，并且同类事物有共同的本质结构。福柯认为，这些观点同变动不居的社会现实是不相符的。基于这种认识，福柯后来在很大程度上以反对本质主义、拆解结构主义的后结构主义立场来阐述自己的一系列学术见解。

福柯的知识考古社会学，由面向知识考古，诉诸符号语言，聚焦于考古对象，而关键是重于通过研究各个社会的不同的历史档案，来揭示产生不同知识领域的话语构成和事件，并由此揭示现实世界的存在、异变和扭曲。

在福柯的《词与物》《知识考古学》等著作中，对于语词、陈述、话语、档案、文体等，大量被讨论。这其中，福柯对语言问题展开了充分的论述。福柯讨论语言问题，不是主要分析语言的语法结构和运用规则，也不是主要分析语言作为概念、判断及其所指，而是主要揭示语言是如何构造事物之间的关系的。他通过对语言的研究，揭示语言所指的物与物之间的关系是怎样被语言建构起来的，又是怎样在语言的控制下存在、断裂和异变的。福柯称之为“话语实践”。他指出：话语研究“揭示了另外一项任务。这个任务在于不把—不再把—话语当作符号的整体来研究（把能指成分归结于内容或者表达），而是把话语作为系统地形成这些话语所言及的对象的实践来研究”。福柯如此发问：“谁在说话？在所有说话个体的总体中，谁有充分理由使用这种类型的语言？谁是这种语言的拥有者？谁从这个拥有者那里接受他的特殊性及特殊地位？反过来，他从谁那里接受如果不是真理的保证，至少也是对真理的推测呢？”[①] 因此，福柯所论述的语言问题，实际上是在提出他要研究的说话者所处的群体、地位、角色、权力等人际间或群体间的网络关系问题。

福柯认为，话语实践的突出特点在于人们面向实际过程的经验性。福柯称之为“实证性”（positivity）。他指出：“话语实践开始个体化和获得自律性的时刻，因此也是陈述形成的唯一和同一系统起作用的时刻，或者还有当这个系统被转换的时刻，

---

① ［法］福柯：《知识考古学》，谢强、马月译，生活·读书·新知三联书店 1998 年版，第 62 页。

我们将这些时刻称为实证性的界限。”[①] 这里，所谓话语实践个体化，是指陈述指向特定的经验现象，按照特殊的规则组织陈述去说明、表达某种经验现象。在福柯看来，此时，话语实践并没有形成科学知识，但是，这种处于实证性或经验性层面上的陈述，却是科学知识或思想体系得以建立的前提和基础。科学知识和思想体系是观念系统，是思想史的研究对象；而实证性的话语实践不是观念系统，因此是被思想史忽视的而由考古学关注的研究对象。

福柯指出，考古学“分析实证性，是要指出话语实践根据什么规则可形成对象群、陈述整体、概念定义、理论选择体系”[②]。考古学在话语实践中揭示的规则被福柯指认为：“它们是一致（或者不一致）的命题得以立足，相对准确的描述得以发挥，验证得以进行和理论得以展开的基础。它们构成诸如知识或幻觉，公认的真理或被揭穿的谬误，最终的成果或被克服的障碍那样起作用的东西的先决条件。”[③]

福柯主张把考古学的研究方式同思想史研究区别开来。他认为，相比较而言，考古学要在实证性的话语实践中揭示出具有差别性的规则，而思想史要在有差别的思想理论中揭示出无差别的普遍规律。“考古学只是力图认真对待这些差别；力图理清这些差别，确定它们怎样分配，怎么样相互包容，相互依附和相互隶属，它们属于怎样不同的种类，简言之，就是要描述

① ［法］福柯：《知识考古学》，谢强、马月译，生活·读书·新知三联书店1998年版，第234页。

② ［法］福柯：《知识考古学》，谢强、马月译，生活·读书·新知三联书店1998年版，第234页。

③ ［法］福柯：《知识考古学》，谢强、马月译，生活·读书·新知三联书店1998年版，第235页。

这些差别，并在它们之间建立它们的差别的系统。”[①]“对于思想史来说，差别，正像它所呈现的那样，是谬误或者是圈套。分析的洞察力不应为差别所迷惑，而应该试图分解差别，即在差别之下，再发现一个更小的差异，而在这个更小的差异之下，再发现另一个更有限的差异，以此类推，直至找到理想的界限，这个界限可能是完美的连续的无差异性。”[②]

在福柯看来，思想史、认识论和各种科学史，都在那里追求共同的无差别的普遍规律和连续性线索，形成这种错误追求的原因之一是它们都停留在观念层面的研究上。考古学可以避免这种错误追求，因为它不去玄思那些观念，而是面对在特定条件、特定环境和特定关系中的话语实践，研究人们说出来的话语，亦即“说出来的事件”。福柯把那些尚未成为哲学概念系统和科学知识体系的“说出来的事件”称为“档案”。

福柯努力讨论语词、陈述、话语和档案等方面的问题，强调考古学据其宗旨要翻阅、审理那些以说出来的事件构成的档案，虽然这些档案收藏的资料不是哲学认识论和科学发展史的正文，但是它们蕴含着哲学认识论和科学发展史展开的前提。翻阅这些“档案”就是对现在人们面对的各种思想观念和科学知识的“考古”。“在确定可能的句子构造系统的语言和被动地收集说出的词语的资料体之间，档案确定着一个特殊的层次，即某种实践的层次，这种实践使陈述出现多样性，就像同样多的有规则的事件，就像同样多的提供给研究和操作的事物

① ［法］福柯：《知识考古学》，谢强、马月译，生活·读书·新知三联书店1998年版，第220页。

② ［法］福柯：《知识考古学》，谢强、马月译，生活·读书·新知三联书店1998年版，第220页。

那样。"①

有学者这样指出，在实践观点上，马克思和法兰克福学派所讲的实践是以生产劳动和社会斗争为主要内容的社会行动过程，而福柯讲的实践是言谈、对话和书写的语言表达与交流过程。比较而论，作为社会行动的实践具有较强的感性或物质性色彩，而言谈对话的实践则具有较强的理性或精神性色彩。不过，福柯不是这样看的，他认为，话语实践不同于纯粹观念或意识层面上的精神活动，因此言谈和对话是说出符号，书写是记录、写出符号，不仅言谈、对话、记录和书写都是可感知的具有物质性的活动，而且符号也是思想内涵和物质形式的统一。因此，福柯一向认为面对话语实践的考古学具有超越形而上学思辨的感性现实性。福柯在考古学的话语实践研究中，不仅揭示出各种具有特殊性的规则和网络关系，而且揭示了它们对所言之物的控制。这就是福柯学说的论题之一：语言和权力的问题。

福柯晚年以"权力—知识—身体"三角关系的谱系学（Genealogy）分析，取代了其早年的"知识考古学"的方法。按照英国社会学家尼格尔·多德（Nigel Dodd）的概括，福柯考古学方法与谱系学方法之间最重要的差别，是后者仅将前者中暗含的东西——即知识与权力的纠缠关系，推到了前沿。在福克看来，考古学认为历史是由一系列的缺乏共同衡量标准的认识所组成，谱系学则把历史解释成一系列的无法相互比较的推论体系，它们与争取权利的斗争有不解之缘，而且也将永远如此。②

① ［法］福柯：《知识考古学》，谢强、马月译，生活·读书·新知三联书店1998年版，第167页。

② 参见［英］尼格尔·多德：《社会理论与现代性》，陶传进译，社会科学文献出版社2002年版，第104～105页。

简言之，知识考古学仅仅将自己的考察对象局限于话语本身，而系谱学则更多地将话语与权力联系起来。

在福克那里，谱系学的概念来自尼采《论道德的谱系》（On the Genealogy of Morality）。在此，谱系学既是一种分析方法，也是一种基于尼采权力意志之上的哲学。追随尼采，福柯把谱系学视为对现代历史主义及其宏大的哲学基础乃至整个西方形而上学传统的彻底批判。他说："对谱系学来说，就必须审慎克制：超出单一的合目的性去发现事件的独特性；在最料想不到它们发生的地方，在情感、爱欲、意识、天赋这些被认为毫无历史可言的东西中去侦伺事件；把握事件的重现，以便发现它们起不同作用的不同场合，但绝不寻找缓慢的演进线；甚至还要确定它们的缺漏点、未曾发生的时刻。"①

福柯讲，谱系学力图告诉人们：历史中的一致性和规律性是"虚构"的。福柯的谱系学放弃对所谓的"深层""目的"和"规律"的探索。在谱系学看来，不存在所谓的单一的深层本质、深刻意义和终极目的，每个事物都是可以多元化理解的。换句话说，每一种解释和理解都不是必然的、唯一的、绝对正确的。②

在福柯看来，历史上，启蒙运动曾为人类提供一种社会历史观，即通过揭示社会秩序与变革之普遍法则来讲解放全人类，祈求某种理论为设计社会重建方案提供一个立足点。福柯反对靠某种社会理论来把握某一社会或历史时期的基本结构与意义的意图。他认为普遍化理论的缺陷在于简单化倾向和排他性特

① ［法］福柯：《尼采、谱系学、历史》，见杜小真编选：《福柯集》，远东出版社 1998 年版，第 146 页。

② 刘少杰主编：《当代国外社会学理论》，中国人民大学出版社 2009 年版，第 156～163 页。

征，要正确理解千差万别的社会冲突与运动必须采用地方性、灵活多变、暂时性的话语。他的谱系学研究的就是追求这种知识的努力。在他看来，谱系学就是"能够阐明知识、话语、客体领域等事物之构成的一种历史形式，它不需要参照某个主体，不管这个主体是否超越了事件场，还是顶着空洞的身体贯穿于历史"①。福柯强调，谱系学主要是揭示当前的主体话语与实践的起源与发展的过程，并试图揭示出客观化的理性形式及其真理与知识体系，揭示作为历史性的偶然而非永恒的必然力量是如何形成的，恢复被总体化叙事所压制的自主话语、知识和声音。福柯指出，支配性话语对社会的规范化和对人的塑造，如肉体、欲望、自我、各色人群等都受到权威话语的约束和规范。

福柯特别提出关于权利的谱系学分析。他认为这是为了揭示隐蔽在中立或友善面具下的权力与统治的实际运作状况。他把权力定义为："各种力量关系的、多形态的、流动性的场，在这个场中，产生了范围广泛但却从未完全稳定的统治效应。"②在福柯看来，现代权力是一种关系性权力，它在无数的点上被运用，具有高度的不确定性，并且从来都不是某种可以获得、抓住或分享的东西。根本不存在或可供争夺的权力源泉和中心，任何主体也不可能占有它，权力纯粹是一种结构性的活动。权力是分散不确定的、形态多样的、无主体性的和生产性的，它构建了个体的躯体和认同。权力和知识的历史分析表明，知识通过把人们构造为主体来生产权力，知识被用于支配主体。

福柯由其权力谱系学得出的结论是："话语是危险的，那些掌握权力的人试图对那些他们认为对自己构成潜在威胁的话语

① 杜小真编选：《福柯集》，远东出版社 1998 年版，第 434 页。

② 参见［美］凯尔纳、贝斯特：《后现代理论》，张志斌译，中央编译出版社 1999 年版，第66～67 页。

形式施加控制。"[①] 因此，"在一个像我们这样的社会中，真正的政治任务应该是去批判那些表面上看来似乎是中立而又独立的制度的运作；应该用批判的方法揭去这些制度隐蔽地发挥其作用的政治暴力的假面具，只有这样，我们才能战胜它们"[②]。福柯认为，人类社会走不出支配体系。福柯所提供的这幅人类历史图景是黯淡的。[③]

福柯由其谱系学方法对"现代性"提出质疑。福柯指出，现代主义有两种表现形式：一是"根据现在书写过去的历史"，把现在的概念、模式、制度、利益或感觉，强加到历史中去，强加到其他时代，然后宣称发现这些较早期的概念、制度等具有现在的意义；二是决定论色彩，这种决定论在过去的某一点发现现在的核心，然后揭示从那时到现在进化的必然性。在福柯看来，历史并不存在终极目的，历史并非普遍理性的进步史，也不是黑格尔意义上的绝对观念展开的历史，它是人类某种统治到另一种统治前进的权力的戏剧，是一部"没完没了重复进行的关于统治的戏剧"。

福柯认为，谱系学是旨在从"权力—身体—知识"的视角来审视"实际的历史"，而不是"历史学家的历史"。谱系学一方面考察将个体视为劳动的、说话的、知识的、生物的主体，是如何在"权力—知识"中被制造出来的；另一方面考察某种话语，是如何被"权力—知识"关系在欲望的主体上产生并散播开来的。进而，谱系学揭穿种种"不可置疑的真理"的虚假

① 参见［美］乔治·瑞泽尔：《后现代社会理论》，谢立中等译，华夏出版社2003年版，第64页。

② 参见［美］凯尔纳、贝斯特：《后现代理论》，张志斌译，中央编译出版社1999年版，第74页。

③ 侯钧生主编：《西方社会学理论教程》，南开大学出版社2010年版，第470～471页。

面目，使人们习以为常的"熟悉"的过去看起来变得"生疏遥远"。①

在《词与物》这部著作中，福柯把视野投向话语的构成，集中论述了他所关注的重要问题——话语的结构。福柯试图通过他称作"话语构成"（discursive formation）的形成来展示知识型（episteme）是如何运作和"表达自己"的。他不仅论述了话语如何构造事物、型塑人们的认知，而且揭示了话语随社会条件变化而演化出的类型的变迁。

福柯在《词与物》中提出了一个基本范畴：演化中的"知识型"（episteme）。这个范畴类似于库恩（Thomas Kuhn）的"范式变迁"（paradigm shifts）概念。两者的共同点，是揭示因条件的变化而引起了话语系统的变化，而话语系统变化的实质是思维方式的变化，这种变化表现为连续性的断裂，并且也是科学、知识乃至社会的跃进。两者的区别在于，"范式变迁"指的是科学理性在某种程度上以线性行进的方式发展，由每一个范式都可以发现前一个；而福柯的想法和库恩不同，他不认为从文艺复兴时期到现代有任何线性的发展，他认为此间只有一些相同和相异的例子。

在福柯那里，概括地说，知识型关涉的是围绕特定的世界观和话语组织起来的历史时期，而且这些历史时期只能通过这些世界观和话语得以解释。它们的特征是一些和这些世界观一致的机构、规训、知识、规则及活动。福柯概括出四种知识型：第一种是16世纪文艺复兴时期的"词与物统一的知识型"；第二种是17—18世纪古典时期的"以词的秩序再现物的秩序的知识型"；第三种是19世纪产生的现代的"以词的秩序表现人对

① 参见刘少杰主编：《当代国外社会学理论》，中国人民大学出版社2009年版，第163～164页。

物的关系的知识型”；第四种是当代的“词的秩序同物的秩序分离的知识型”。福柯仔细考察了16世纪到当代的历史过程中的四种知识型的不同特点和演化关系。

关于第一种知识型。福柯讲，第一种知识型作为文艺复兴时期的知识型，其主要特点是追求相似性。福柯说到在文艺复兴时期的话语实践，认为其中可区分出四种相似性。首先是空间联系的相似性，即关于动物与植物、大地与海洋、灵魂与肉体等在距离和运动关系上的相似性；其次是关于形象相仿的相似性，这是注重表面形象相像的相似性，例如太阳和月亮像人的两只眼睛；再次是关于类比关系的相似性，即联系密切、可以作类比或类推性描述的相似性，例如星星与天空、植物与大地、矿藏与岩石等相似关系，或者可以称之为相关性；最后是被称之为“同感”或“共振”（sympathy）的相似性。

福柯强调，Sympathy这个概念可在心理学、生理学和物理学几个层面上理解。在心理学上，sympathy意指人们相互同情，在某些或某个事物上形成同感，达成一致意见；在生理学上，sympathy意指人体的交感和感应能力；在物理学上，Sympathy意指共振、共鸣等物理现象。因此，当福柯用这个词来说明第四种相似性，并称之为最强大的相似性时，是把它看成一种包含了心理、生理和物理各方面相似性，或者说是在身心关系和心物关系上来论述这种相似性的。并且，当福柯论述sympathy的反题antipathy（“反感”）时，更多强调的是它的主观意识性。福柯实质上是在指出，文艺复兴运动时期，人们注重根据自己的主观感受把世间有关系的事物联系在一起，用一种统一性的眼光看待世间的一切。

福柯认为，文艺复兴时期人们寻求统一性的心理更重要的是表现在词与物的关系上。这时，人们以为自己建立的各种关于对象的话语，都是各种对象的“记号”（signature）。此类记号同对象是完全相符的，人们说出和写出的话语与文字，都直接表达或描述着外在事物；并且无论哪种视野里的话语，无论学术语言还是神学语言，都依循能指、所指和联结项构成，这意味着人们在各种领域里都在追寻着相似性，因为联结项就是表示相似性的。这种词与物的相似性关系，实质上就是人们在文艺复兴时期追求主观世界与客观世界统一性，乃至追求整个世界统一性的世界观或思维方式。因此，文艺复兴时期是人类寻求共同性、统一性，用笼统、模糊、未分化的眼光来看世界、理解人生的时期。文艺复兴时期是"相似的时代"。

关于第二种知识型。福柯讲，第二种知识型是从寻求共同性转入寻求特殊性的古典知识型。这是一种否定相似性、注重把握事物的特征与差异的知识型。人们用分析方法取代了类比方法，这使人们能够区分不同类别的事物，并且对这些事物进行分门别类的研究，达到了对不同事物的特殊性和个别性的把握。这种知识型的典型表现形式是数学、起源学和分类学。数学是计算各种类别事物之间秩序的科学，起源学是追溯事物秩序的发生和演化的科学，分类学则是在数学与起源学基础上揭示事物的同一性与差异性的科学。没有数学难以达到对事物确定性的认识，没有起源学难以达到对事物来龙去脉的把握，而分类学则是在数学和起源学对事物的规定性、秩序性和发生、发展过程有了基本了解基础上展开的。

关于第三种知识型。福柯讲，第三种知识型是19世纪开始的现代知识型，其特点是崇尚历史、关注人性。福柯认为，这种从古典知识型向现代知识型的转变是通过两个阶段实现的。第一个阶段大体上是1775—1795年，在这个时期，朱西厄（A-L. de Jussieu）、拉马克（Jean-Baptiste de Lamarck）的器官结构理论，亚当·斯密的劳动价值系统，威廉·琼斯（William jones）的语言学理论，都体现了不再单纯注重空间类比分析，而是形成注重时间过程的历史分析的新方向。第二个阶段是1795—1825年，这个时期的变化沿着第一阶段出现的新趋向继续发展，并且出现了更明显的变化。李嘉图（David Ricardo）、居维叶（Georges Cuvier）和葆朴（Franz Bopp）分别在他们的政治经济学、生物学和历史比较语言学中代表了第二阶段的发展趋向。

福柯说明道，在政治经济学中，李嘉图开始把自己的目光瞄向生产过程，并对之重视加以分析，这意味着政治经济学不再像从前只注意分析流通过程，专注于货币流通和商品价值兑现，而是开始注意生产者及其活动过程，注重人的活动在经济领域里的地位和作用。福柯指出："最重要的是，在19世纪初，一种新的知识格局建立起来。它同时包含着经济（在生产方式方面）的历史性、人类存在（在短缺和劳动方面）的有限性，以及一种历史终结的实现——无论是不确定的减速还是根本的颠倒。根据一种图式，历史、人类学和发展的中断三者被联系在一起。这种图式决定了19世纪主要的思想网络。"①

按福柯的列举，在生物学中，居维叶率先越出古典分类学视野，不再孤立地、静止地研究生物的各种器官，而是注重研究器官结构的功能，研究生命过程的变化。在古典分类生物学中，生物学家们注意的是各种生物的存在类别，通过列表等方式给各种生物分门别类。居维叶在比较解剖学中不仅注意到生物有机体内部的连续性，而且也注意到不同有机体之间的不连续性，从生命过程有始有终的特点断定了生物有机体之间的分离性。与一般历史的目光不同，福柯在历史过程中强调的不是历史事件的连续性，而是间断性。因此，居维叶在生物学中以

① Michel Foucault, *The Order of Things*, New York, Random House, 1970, p. 262.

生命过程的起始和终结断定生物有机体的分离性，福柯对此十分赞成，他指出："在居维叶的时代，还不存在进化论所描述的生物史；但是一开始就是从使之能够拥有历史的条件来考虑生物了。"①

福柯又举例说到，历史比较语言学以注重历史性因素的变化为突出特征。在葆朴之前，语言学家更多的是注意研究语言如何表达思想，按什么样的规则和方法才能使语言更有效呈明思想观念，这就是古希腊以来的语言逻辑学。葆朴突破了这种语法结构和逻辑规则的研究方式，他把语言视为在一定的系谱关系上建立起来的有生命的形式。语言作为一种声音现实，它有自身的变化规律，有自己的演变历史，没有必要非得把它同外界事物对应起来考虑。葆朴把世界各种语言放在一起比较，发现印欧语言有共同祖先，今天的分化状态不过是历史演化的结果，因此，语言获得了自己的历史。

福柯指出，政治经济学、比较解剖学和历史比较语言学是现代知识型的具体表现或典型代表，其共性不仅在于把时间、过程和历史引入了科学知识，引入了现代人思考自然、社会和人生的思想境界之中，更重要的是，它们在现代知识中明示了人，张扬了一种能够自我意识、自我展现，并且在理性主义和启蒙主义指引下去作用自然、创造世界的现代人。

福柯认为，现代知识型中呈现的人，既是一个主体的人，又是一个客体的人；既是一个认识世界的人，又是一个等待认识的人；既是一个无限之中的理想的人，又是一个在有限中被限定的具体的人……总之，是一个在二元分立的思维方式中被理解的人，所以，也是一个在人类自我意识中被分裂的人。

---

① Michel Foucault, *The Order of Things*, New York, Random House, 1970, p. 276.

福柯强调，现代人的二元分裂性是由现代哲学三种二元性思维方式导致的。福柯指出："在对有限者的分析中，人是一个奇怪的经验——先验二元体。"① 一方面，现代哲学把人看成一定历史条件中存在的具体的人，在人所经历的各种经验过程中，人是一个受限制的被动的有限的存在；另一方面，现代哲学又纷纷认为人是具有先验性的，人没有先于经验过程的理性范畴，就不可能有目的、有意识地主动地创造世界。这是现代哲学的第一种二元论思考。

福柯指出，现代哲学的第二种二元论思考是"我思"和"无思"的矛盾关系。福柯认为，笛卡尔提出的"我思故我在"明确地肯定了现代人的主观自觉性，现代人可以在自明的理性观念和积极的自我意识支配下开展活动。然而，由于人一定在经验过程中开展活动，因此人也一定具有被动地、受到种种限制的方面，这些对人来说是"从来不能被他的思考甚至是他的意识所接近的东西：晦暗的机制、无形的决定因素、阴暗的领域……即无意识"②。因此，人又具有无思、未思或无意识的那一面。然而，由于人是在理想性的先验观念支配下开展实践，人具有探察这些未知因素包括自己无意识层面的欲望，人因此而成为"我在故我思"。

福柯指出，现代哲学的第三种二元论思考是关于历史起源的后退与回归的矛盾关系。他论证说，历史性引入现代知识之中，一定要关系到起源问题。因为历史是回顾，不断地回顾遥远的过去实质就是追溯起源。但是仅凭思想的回顾无法探寻历

① Michel Foucault, *The Order of Things*, New York, Random House, 1970, p318.

② Michel Foucault, *The Order of Things*, New York, Random House, 1970, p. 327.

史的起源，于是，人们的目光不得不转向现实经验，在现实经验中寻找历史的踪迹。这种做法的结果是把目光由历史起源拉回现实，而在现实中追问起源，实质是起源问题的现实回归。荷尔德林（Holderlin）、尼采（Friedrich Wilhelm Nietzsche）和海德格尔等人在对现实生活缺失与异化的追问中不断地触及起源问题，很多现实生活中的缺失，往往是起源之后在历史过程中产生的。也就是说，现实的经验过程并非起源后的历史的无缺损继续，而是历史不断丧失自身、不断压抑和异化自身的结果，人们只有在缺乏历史或起源的现实中不断地追问那些缺失，才能真正回归那未分化、未异化、未扭曲的起源。

福柯阐述现代哲学二元论思维方式的三种形式，不仅意在说明现代知识因为引入历史而形成了现代人的观念，更意在说明，现代哲学给了人们二元分裂的思维方式；在这种两极对立思维方式中思考与生活的现代人由此也就变成了分裂的二元人。不仅人的思想意识是分裂的，而且人的历史过程和经验过程也是分裂的。所以，现代人的诞生，或者说现代人自我意识的生成，并不是理性主义所认为的那样是一幕令人兴奋的喜剧，而是如同尼采所言，是悲剧的诞生。

关于第四种知识型。福柯认为，第四种知识型是当代的"词的秩序同物的秩序分离的知识型"。这是一种话语或话语同现实分裂的知识型。在这种知识型中，语言符号和话语实践形成了一个自我运行的领域，有自己的运行规则和运行秩序，它不仅不像文艺复兴时期那样，语言或话语同事物直接统一，而且语言符号作为一种新的自存领域，同现实世界产生对立、分离和异化。语言难以表达现实世界，生活在现实世界中的人也无法理解无限繁杂而又不断分崩离析的语言符号。即便掌握了某种语言，也因为那是一些专业化或主题化的语言，在布满鸿沟的语言世界中寸步难行，分裂的语言，分裂的世界，这就是福柯的结论。

福柯强调，如尼采所宣告的那样，人杀死上帝后，人又杀死了自己，现代知识型树立的现代人的形象也随着现代性的瓦解而消逝了。福柯最后宣告："无论如何有一件事是确定的：对于人类知识来说，人既不是最古老的问题也不是最常见的问题。仅就一个有限领域中一段较短的历史实例——16 世纪以来的欧洲文化——而言，我们可以确定，人是其中一个较近的发明。知识在黑夜中很长时间并不是围绕他及其秘密徘徊……（人的出现）是基本知识格局的一次变化的结果。正如我们思想的考古学很容易证明的，人是一个近期发明。而且人或许正在接近终结。如果说（从前）那些（知识）格局既然会出现也必然会消失……那么我们可以断言，人将会像海边沙滩上画的一副面孔一样被抹掉。"① 也就是说，现代"人"的观念无非是特定历史时代的一种文化与观念的建构，人的理性主体形象以及人类中心主义观念实际上只是"现代性的一个发明"。②

如果说福柯的《词与物》主要是在一般层面上对"话语与事物关系"所进行的普遍性概括，那么他在《临床医学的诞生》中展开的则主要是关于"对话与事物"的案例性研究。

福柯在《临床医学的诞生》中所论述的核心问题是：科学话语如何制约和构造着人们的感性经验。在该书的前言中，福柯首先列举了两个病例。一个是 18 世纪中期波姆的病例。医生波姆在治疗一个癔病患者时，让她每天浸泡 10～12 小时，经过 10 个月的治疗，波姆看到"许多像湿羊皮纸的膜状物……伴随

① Michel Foucault，*The Order of Things*，New York，Random House，1970，pp. 386－387.

② 刘少杰主编：《当代国外社会学理论》，中国人民大学出版社 2009 年版，第 171～176 页。

着轻微的不舒服而剥落下来，每天随着小便排出；右侧输尿管也同样完全剥落和排出"。在治疗的又一阶段，肠道也发生同样的情况，"肠道内膜剥落，我们看到它们从肛门排出。食道，主气管和舌头也陆续有膜脱落。病人呕出各种不同的碎片"。另一个是现代时期贝勒的病例。医生贝勒在 1825 年记述了这个病例，即在解剖脑部病灶时真正看到了病灶形成的"假膜"，并精确地记录了病人的解剖所见。①

在福柯看来，这两个病例有着根本性差别。贝勒的每一个词句都具有"质的精确性"，"把我们的目光引向一个具有稳定可见性的世界"，而波姆的描述则缺乏任何感官知觉的基础，"是用一种幻象的语言对我们说话"。但是，福柯发问道：是什么样的基本经验致使我们在我们确定性知识的层面下、在产生这些确定性知识的领域里确立了这样明显的差异呢？怎么断定，18 世纪的医生没有看到他们声称看到的东西，而一定需要经过几十年的时间才能驱散这些幻象的图像，在他们留下的空间里揭示出实物真实的面貌？

福柯认为，答案在于话语对感性经验的制约作用。波姆是在古典时期分类医学的话语中来展开和描述自己的临床观察，并且像林奈（Linnaeus）的生物学分类方法那样对疾病分类，甚至把疾病看成与身体不一样的实体——内膜；而贝勒是在现代时期解剖医学的话语中来展开和描述自己的临床观察，必然用解剖学的话语来描述自己的观察结果。而我们则是用贝勒一样的解剖学话语来鉴别这两种观察经验的真伪，那么也一定会站在贝勒一边，接受贝勒的描述并信以为真。

更进一步说，福柯认为感性经验的变化归因于话语系统的

---

① See Michel Foucault, *The Birth of the Clinic*, London, Tavistock, Preface, 1973, pp. 1—2.

变化。以医学经验为例，福柯考察了从18世纪到19世纪历史条件变化对话语同经验之间关系的影响。18世纪的分类医学同当时的政治和经济条件密切相关，把疾病看成可以同人体分离的实体，可以离开人体到处传染。医院为疾病提供了便利的传染空间，因此分类医学像当时的经济学一样，认为医院对医治疾病非但无益，反而为疾病蔓延提供了途径和空间。经济学从政府为医院开支而承受巨大经济负担的角度看，认为应当废除医院，把节省下来的钱直接发给那些有病的穷人，而这需要医生来鉴别谁是有病的穷人，于是，医生在经济利益等问题的驱动下，获得了批准谁能获得医疗资助的经济权力和政治权力。

福柯讲，到了法国大革命期间，医学实践的变化表现为，迫于大革命期间军事和政治的压力，革命政府开放了诊所，但是与当时的政治形势和价值理想紧密联系，开放的诊所具备了新的形式与功能，即新诊所不仅是像过去诊所那样的单位，而且是把理论与实践、教学与治疗统一起来的医疗单位。新诊所要在国家的直接控制下，不仅为病人治病，而且要严格遵守道德、保护病人。新诊所的建立形成了新的医学范式。在新的医学范式里，“不仅疾病的名称、系统分类发生变化，而且应用于病人身体的基本感知符码，观察的对象领域，医生目光扫视的表面和深层，这种目光的整个定向系统也都发生了变化”①。简言之，在新的医学范式里，分类医学转变为症状医学，这是临床医学的第一个阶段。

福柯讲，症状医学认为疾病是动态的非实体，是各种症状的综合性表现。这种疾病概念引起了疾病的象征符号化和语言结构化。在症状医学中，呈现在医生面前的疾病不再是确定的

① Michel Foucault, *The Birth of the Clinic*, London, Tavistock, 1973, p. 54.

客观实体，而是表现病理发展的象征符号，对症状或疾病的观摩与解释都被融进特有的语言结构中。福柯认为，症状医学有四种认识上的迷误：其一，疾病犹如语言的字母表，医生可以看到这些有限的因素；其二，疾病作为非实体的符号象征，体现一系列病理关系，只要了解了这些语言符号之间的关系，就能理解各种病理的关系；其三，疾病如同化学化合物，医生可以用目光之"火"来分辨；其四，医生的目光被特定的话语结构限制着，但是医生却无法自觉。

福柯讲，从 18 世纪末开始，症状医学的这些迷误在一种新的感知方式的推动下逐渐消解。福柯认为这种新的医疗感知方式是"洞视"（glance），它同症状医学中的"注视"（gaze）不一样。"注视"是关注疾病表面现象的感觉方式，它的功能是捕捉各种象征符号，实质上存留于语言世界之中；"'洞视'不是扫视一个领域，而是切入一点，一个中心点或关键点，因而超出了它所看见的东西。它不被直接的感觉方式所迷惑……它实际上具有破除迷信的能力"[①]。可见，洞视已将医生的目光引向了病人的身体的内部，试图探视人体的内部结构。这不仅是症状医学被超越的标志，也是医学在当时的科学话语，即专注各种现象内在结构的科学知识的作用下发生了由表及里，由现象及结构的变化的标志。概言之，症状医学发展到了解剖医学，这是临床医学的第二个阶段。

福柯进一步讲，解剖医学引起医学发生了一系列重要变化：首先是死亡观念的变化。在分类医学中，死亡是疾病和生命的终结；在解剖医学中，死亡是一种特殊的生命过程，它不仅被确认为病人已经死亡的某种标志发生之前就已存在，而且在这

---

① Michel Foucault, *The Birth of the Clinic*, London, Tavistock, 1973, p. 121.

种标志出现以后仍然在继续，即死亡是一个时间过程，而不是瞬间的时间点。其次是空间概念的变化。解剖医学要求医生要将其目光由时间的一维性展开为空间的三维性，因为解剖医学只有通过对人体各种构成的直接分割与组合才能完成其任务，所以必要求医生把自己的医疗对象展示在空间概念之中。最后是医学的知识标准也发生了变化，这里追求的不再是具体理想性和政治色彩的“健康”状态，而是器官和组织的“正常”状态。福柯认为，解剖医学引发的最重要的变化是人成为科学的对象。解剖医学敢于用手术刀来切割死亡了的人，把人体的五脏六腑都展示在医生面前，这是对亚里士多德关于科学不能应用于人这个古训的突破，人第一次被置于科学的利刃之下。

福柯关于临床医学诞生过程的论述，一方面解析了科学话语如何在特定历史条件中改变人们的感觉经验，另一方面也揭示了科学话语是如何入侵人体并进而进入人生的。人最初在科学视野之外——人体同疾病是两种实体（分类医学）；然后，人体通过语言符号呈现在科学之中——疾病是人体病理变化的外在表现，医学语言描述了这些表现（症状医学）；最后，人体完全被抛入科学视野之中，并且被置于科学利刃之下——疾病是人体病变，可以通过解剖人体来明晰病情（解剖医学）。[①]

福柯的知识考古学方法是在《知识考古学》这本书中系统阐述的，而此理论的许多基本原则早在1961年出版的《疯癫与文明》中便得到了阐发。在《疯癫与文明》这部著作中，福柯考察了不同时期欧洲精神病患者和精神病医生的话语实践，得出了“疯癫不是一种自然现象，而是一种文明产物”的结论。

在《疯癫与文明》的开篇，福柯引用帕斯卡尔（Blaise Pas-

---

① 刘少杰主编：《当代国外社会学理论》，中国人民大学出版社2009年版，第169～171页。

cal）的句子："人类必然会疯癫到这种地步，即不疯癫也是另一种形式的疯癫。"福柯认为："研究疯癫现象，必须抛弃通常的各种终极真理，也绝不能被一般的疯癫知识牵着鼻子走。"① 他提出，在谈论那些重新置于历史之中加以考察的行动时，应该将一切可能被视为结论或躲在真理名下的东西置于一旁。因此，福柯不是去描述欧洲精神病及其治疗的历史演化线索和一般规律，而是在不同的时代、不同的历史背景中，概括出不同的精神病类型和治疗方式，以此来具体地说明"理性的疯癫"。

福柯把欧洲精神病病史或疯癫史分为三个时期：①从中世纪到文艺复兴的序幕时期；②从 17 世纪开始的古典时期；③20 世纪以来的现代时期。在这三个不同时期，由于理性对人性压抑的程度和形式不同，欧洲人的疯癫概念和治疗疯人的手段也不同，三个时期不仅表现了三种疯人类型和治疗疯人的三种形式，而且也表现了理性对人性的压抑是越来越深入，越来越隐蔽、越来越残酷的过程。

福柯运用他所总结的知识考古学方法，把人们惯常认为是不正常精神状态的疯癫放到欧洲的政治制度、经济条件和宗教、伦理、文学艺术等文化形式中去考察。他指出，疯癫不是单纯的生理学、心理学和医学问题，它首先是政治、经济和伦理道德问题。疯癫及它的遭遇都是特定历史条件和意识形态的产物，向来被认为应当受到理性治疗的疯癫，是理性压迫的结果，疯癫的内涵和外延都应当受到重新审查。而在对不同时期疯癫的审查中，人们将发现，真正疯癫的是理性，理性凭借着科学与工业的成就，变得越来越蛮横、越来越残酷，它对人性的压抑已经由外部环境和活动空间深入到人的心理底层。与福柯相似，

① ［法］福柯：《疯癫与文明》，生活·读书·新知三联书店 1999 年版，前言Ⅰ页。

英国社会学家齐格蒙特·鲍曼在《现代性与大屠杀》中，展示了一幅独特的反思文明与理性的图景。以往人们往往认为大屠杀是邪恶之徒对无辜者犯下的可怕罪行，是纳粹分子对犹太人的种族主义清洗。甚至在一些社会学家看来，大屠杀只是历史正常发展过程中的一次断裂，文明社会体内生长的毒瘤，健全心智的片面疯狂，而断裂可以弥补，毒瘤可以摘除，疯狂可以拯救。但是，在鲍曼看来，大屠杀是一个典型的现代现象，概而言之，大屠杀揭露了现代社会的另一面，是现代文明使得大屠杀变得可以想象：大屠杀是工业社会的技术成就，也是科层制度的组织成就；现代文明不是大屠杀的充分条件，但是必要条件。福柯通过知识考古的方式发现历史的差异和断裂，相比之下，似乎比鲍曼立足现代性本身反思现代性，更富挑战性和冲击力。

福柯一直关注讨论权力问题。在《规则与惩罚》一书中，福柯运用他所总结的谱系学方法，不仅提出了把知识与权力统一起来的新权力观，而且对权力通过规训、监视及监狱等手段、技术和设施而行使的方式和展开的过程也作出了独辟蹊径的概括。以此来阐述规训社会中的权力控制。福柯指出，暴露于公共场景中的展示国家权力控制的仪式性惩罚（公开酷刑、示众、暴力等）的消失并没有使权力控制减轻，反而意味着其借助于工具理性的力量渗入人的精神与灵魂深处，因而现代资本主义表面上带来了人的“自由”，实质上却意味着权力控制的无孔不入。

福柯从权力同知识关系的构成因素来阐发他的社会学见解。在权力与知识的关系上，福柯力图揭示知识同权力的正相关关系。进而阐明权力如何在知识的建构与传播中，变成把整个社会包揽无疑地笼罩起来的规训之网。福柯指出：“我们应该承认，权力制造知识（而且，不仅仅是因为知识为权力服务，权力才鼓励知识，也不仅仅是因为知识有用，权力才使用知识）；权力和知识是直接相互连带的；不相应地建构一种知识领域就不可能有权力关系，不同时预设和建构权力关系就不会有任何知识。因此，对这些'权力—知识'关系的分析不应建立在'认识主体相对于权力体系是否自由'这一问题的基础上. 相反，认识主体、认识对象和认识模态应该被视为'权力—知识'的这些基本连带关系及其历史变化的众多效应。总之，不是认识主体的活动产生某种有助于权力或反抗权力的知识体系，相反，'权力—知识'贯穿'权力—知识'和构成'权力—知识'的发展变化和矛盾斗争，决定了知识的形式及其可能的领域。"①

福柯提出的观点包含三个层面：其一，知识是在权力的制约中形成与发展起来的，没有脱离权力关系的抽象知识；其二，权力离不开知识，不仅权力在特定的知识背景、知识结构中形成，而且知识本身就是权力；其三，权力同知识不可分，只有在权力与知识的联系中才能把握权力的实质与作用。在福柯那里，权力与知识的关系实际上是一个持续的相互作用过程。在"权力—知识"的关系中，福柯又加进了身体（body）因素，形成了"权力—身体—知识"三维结构。按照福柯谱系学的观点，身体不仅是知识的反映、分析对象，而且也是权力的具体作用对象，身体由此而成为权力与知识的中介关系。把身体引入"权力—知识"结构的意义在于，使权力与知识的讨论超越了传统认识论或传统知识论。如果仅就权力与知识两种因素开展讨论，难免限于一般观念论和知识论的视野，而引入了身体因素，就会使权力与知识关系不可回避地展开于社会过程之中。在福柯看来，所谓身体是社会生活中具体的人，作为人的感性存在

① ［法］福柯：《规训与惩罚》，刘北成、杨远婴译，生活·读书·新知三联书店 2003 年版，第29～30 页。

展开为种种经验活动，并且折射出各种历史条件和社会环境的影响。

福柯把以“权力—身体—知识”三维结构为基础建立的理论观点称为“微观权力物理学”。福柯说：“我们对这种微观物理学的研究就提出以下的假设：施加于肉体的权力不应被看作一种所有权，而应被视为一种战略；它的支配效应不应被归因于‘占有’，而应归因于调度、计谋、策略、技术、运作；人们应该从中破译出一个永远处于紧张状态和活动之中的关系网络，而不是读解出人们可能拥有的特权；它的模式应该是永恒的战斗，而不是进行某种交易的契约或多一块领土的征服。”[①] 概言之，福柯强调，权力是策略性和生产性的，它施加于作为肉体的身体。

福柯考察了历史上施加于肉体的三种“惩罚”模式：①中世纪末期和旧制度时期的酷刑；②18 世纪反对酷刑的改革者的刑法；③现代监视技术和监狱设施等。通过对这三种惩罚的历史形式研究，福柯一方面揭示权力的实现形式——惩罚在不同历史时期的表现方式和运行特点，另一方面也在历史记载的各种经验事实中显示了，权力及其表现形式都是受某种知识的影响而发生变化的。

福柯认为，酷刑是一种技术，它并非一种无法无天的极端狂暴表现。惩罚要成为酷刑的话，必须符合三条基本标准：首先，它要制造出某种程度的痛苦，这种痛苦必须能够被精确地度量，至少能被计算、比较和划分等级；其次，酷刑应成为某种仪式的一部分，使人们不会忘记示众，戴枷受辱和历历在目的痛苦；最后，公开的酷刑和死刑应该是引人注目的，应该让

① ［法］福柯：《规训与惩罚》，刘北成、杨远婴译，生活·读书·新知三联书店 2003 年版，第 28 页。

所有的人把它看成几乎是一场凯旋仪式。其目的不仅在于炫耀统治者的权威，而且在于表现统治者的价值观念。所以，酷刑是统治者维护统治的一种方式，而不是历史中的个别事件。

福柯讲到，18 世纪的改革者们主张弘扬"人性"，反对酷刑，他们提出要用独立于王权的司法权或按照法律的普遍原则来惩治罪犯。福柯指出，首先提出这些改革方案的不是那些高喊人性和理性的启蒙主义者，而是一些司法官员。他们改革司法原则的现实根据是：当时的犯罪方式和犯罪性质都发生了重要变化，犯罪不是简单的群众暴动，而是更隐蔽地攫取和诈骗财物，犯罪矛头指向的不再是国家而是社会，因此，惩罚的权力从君主的报复变成保卫社会的手段。改革司法原则的理论根据是社会契约论，这种理论以人民和君主的契约关系为根据，不仅论证了法律原则的普遍权威性，而且也从理论上限制了王权的无上性。

然而，在福柯看来："通过 18 世纪，无论在司法机构内外，无论在日常的刑罚实践中，还是在对现行制度的批判中，都会发现有一种关于惩罚权力运作的新策略。就其严格意义而言，无论是法学理论中提出的'改革'，还是各种方案中规划的'改革'，都是这种策略在政治上或在哲学上的体现，其首要目标是：使对非法活动的惩罚和镇压变成一种有规则的功能，与社会同步发展；不是要惩罚得更少些，而是要惩罚得更有效些；或许应减轻惩罚的严酷性，但目的在于使惩罚更具有普遍性和必要性；使惩罚权力更深地嵌入社会本身。"① 也就是说，司法改革表面上祛除了惩罚的严酷性，但并没有使惩罚变得更少，其形式的变化实质是使惩罚的效果更深入彻底，进而促使规训

① ［法］福柯：《规训与惩罚》，刘北成、杨远婴译，生活·读书·新知三联书店 2003 年版，第 27 页。

权力（discipline power）的增长和扩张。

福柯把规训权力的增长和扩张，归因于三种技术手段的运用：层级监视、规范化裁决和检查。关于层级监视，福柯论证道，这被认为是规训权力得以实现的首要技术，这实质上是模仿自然科学观察自然，控制自然的方法来监视人、控制人。在古典时期，军营、医院、学校和工厂的建筑设计都考虑到了如何对士兵、患者、学生和工人进行监视，并且在这些建筑的群体中出现了各种层次或级别的监视者，如军队中的班长、排长、连长，工厂里的工头和监工，学校里的课代表、学生干部和助教，等等，都体现了监视技术的层次性和等级性。福柯形象地说道："由于有了这种监督技术，权力'物理学'对肉体的控制遵循着光学和力学法则而运作，即玩弄一整套空间、线条、格网、波段、程度的游戏，绝不或在原则上不诉诸滥施淫威和暴力。这是一种更微妙的'物理'权力，因此似乎是不那么'肉体性'的权力。"[①] 关于规范化裁决，这是通过内部惩罚来维持规训权力的手段。福柯论证道，由于规训权力是十分深入的，它要对人们的各种行为都做出约束，这仅凭规训的普遍原则是难以做到的，因此有必要根据各种机构或体制的特殊要求，制定一些"内部规则"来实行超规训的内部惩罚。虽然这些"内部规则"具有特殊性，但是为了保证它的效力不被限制，规训权力一定要使它获得一般原则性，并称之为"规范"（norm）。福柯指出，自18世纪以后，"规范"已被标榜为推行或实施规训权力的基本形式。关于检查，即把层级监视的技术与规范化裁决的技术结合起来，它是一种追求规范化的目光，实现一种能够导致定性、分类和惩罚的监视。"检查把权利的仪式、试验

① ［法］福柯：《规训与惩罚》，刘北成、杨远婴译，生活·读书·新知三联书店2003年版，第200页。

的形式、力量的部署、真理的确立都融为一体。在规训程序的核心，检查显示了被视为客体对象的人的被征服和被征服者的对象化。"[①] 检查之所以能够达到这种效果，依靠了观察权力、书写权力和个案技术。被检查者一定要被置于可观察状态或可监视环境中，规训权力可以包揽无遗地审视被检查者。并且，检查过程中有不断的书写记录，建立了可以对个人进行有效分类、复审、核对的档案，个人被投入文件控制之中。个案技术是档案管理的表现形式，每个被检查者的文字记录都要被整理归案，形成了可以不断积累、翻阅、评审的个案资料，使检查和档案管理具体地落实到个人身上。

福柯借用边沁（J. Bentham）的"全景敞视监狱"（panoption）概念来描述现代规训社会的形成。"全景敞视监狱"的构造是：四周是一个环形建筑，中心是一座瞭望塔。瞭望塔有一圈大窗户，对着环形建筑。环形建筑被分成许多小囚室，每个囚室都贯穿建筑物的横切面。各囚室都有两个窗户，一个对着里面，与塔的窗户相对；另一个对着外面，能使光亮从囚室的一端照到另一端。然而，所需要做的就是在中心瞭望塔安排一名监督者，在每个囚室里关进一个疯人或一个病人、一个罪犯、一个工人、一个学生。通过逆光效果，人们可以从瞭望塔与光源恰好相反的角度，观察四周囚室里被囚禁者的小人影。这些囚室就像是许多小笼子、小舞台。在里面，每个演员都是茕茕孑立、各具特色并历历在目。敞视建筑机制在安排空间单位时，使之可以被随时观看和一眼辨认。在一定程度上，"全景敞视监狱"是一个规训权力无孔不入的"规训社会"产生的标志。

有研究者认为，福柯论述"全景敞视监狱"的目的在于揭

① ［法］福柯：《规训与惩罚》，刘北成、杨远婴译，生活·读书·新知三联书店2003年版，第208页。

露现代资本主义社会进步与自由的神话。“全景敞视监狱”在使用上具有多种价值。它可以用于改造犯人，也可以用于医治病人、教育学生、禁闭疯人、监督工人、强制乞丐和懒惰者劳动。它是一种在空间中安置肉体、根据相互关系分布人员、按等级体系组织人员、安排权力的中心点和渠道、确定权力干预的手段与方式的样板。它可以应用于医院、工厂、学校和监狱中。凡是与一群人打交道而又要给每个人规定一项任务或一种特殊的行为方式时，就可以使用全景敞视模式。

福柯把纪律控制无处不在的资本主义社会称为“监狱金字塔”“监狱群岛”，认为全社会进入监狱系统的结果是：纪律控制确立起一种渐进的、连续的、不易觉察的等级秩序；越来越庞大的纪律惩罚系统建立起来，全社会在不断制造人们的纪律惩罚经历；人们面对不断强化的纪律控制变得越来越麻木，规训权力在越来越广泛的层面上得到了容忍；规训权力的不断深入和膨胀，并且在越来越广的层面和越来越多的群体中具体化，出现了规范权力；监狱体系确保规训权力对身体的实际控制，为产生控制人的科学奠定了现实基础；监狱体系或监狱化的社会获得了难以动摇的根基。①

人们注意到，福柯在其有关“性”“监狱”和“人类”的论述中揭示了一种“规训社会秩序”。论述指出，在一个规训的社会中，秩序不是通过法律、政府的强制性体制实施，而是通过各种控制技术，或者规训技巧和话语来维持的，如空间分隔、时间管制、禁闭、监视以及一套把个人分类排名以达到规范社会行为之目的的检测体系。“规训涉及对个体在空间上的分配，

① 刘少杰主编：《当代国外社会学理论》，中国人民大学出版社 2009 年版，第 164、168、176～180 页。

这包括对个体的封闭和区隔，以及功能性的座次、等级的发展。"[①] 规训包括了对活动不断加以强制和规范的时刻表，对人们的各种行为表现进行监控的监督措施，为奖励顺从、惩罚抗逆而设立的各种考核制度，以及为了施加或强化道德价值而推行的规范判断等等。规训的最终目标和结果是规范化，通过对精神和肉体的改造来消除所有社会的和心理的非规则性，生产出有用且驯服的主体。福柯说，规训制造出受操纵、被训练的身体，驯顺的身体。概括地说："规训包括一系列秩序，它们被用来对个体进行分配、分类，在空间上固定他们，提取他们最大的时间和精力，训练他们的身体，对他们的连续行为进行编码，把他们保持在理想的能见度中，用监视机制包围他们，将他们登记注册，在他们之中建构一套累积、集中化的知识。"[②] 现代西方社会在军队、监狱、工厂、学校、医院、精神病院乃至各种社会组织中普遍运用了规训技术。在福柯看来，规训的要素充塞于整个社会，影响了社会的细碎环节。当代社会的规训机制在扩散。福柯反对规训秩序对社会的支配，却没有提出走出规训秩序的方案。[③]

总而言之，福柯自认为他将反对理性的矛头直指启蒙运动以来与现代性有关的总体性的宏大话语霸权，他关于"权力—知识""权力展开方式""权力施行策略"和"全景敞视监狱"等一系列问题的展开，体现知识考古学和谱系学方法。这里的阐释不仅涉及概括权力结构演化史，而且通过对"被忽视的历

---

① ［美］乔治·瑞泽尔：《后现代社会理论》，谢立中等译，华夏出版社 2003 年版，第 77 页。

② ［美］乔治·瑞泽尔：《后现代社会理论》，谢立中等译，华夏出版社 2003 年版，第 79 页。

③ 侯钧生主编：《西方社会学理论教程》，南开大学出版社 2010 年版，第 471 页。

史”或“沉默者的历史”的挖掘而揭示了欧洲近代以来利用各种技术和策略对人性控制和对全社会压抑，这样一种他所抨击的社会现实。①

（二）鲍曼关于现代性与后现代性的社会理论。

20 世纪 60 年代以后，随着西方发达资本主义国家及其经济的发展，社会理论界也呈现出活跃的局面，涌现出诸多理论范式，如信息社会、景观社会、消费社会、后工业社会，等等。这些理论从多角度对当今社会及其未来加以描述和阐释。在众多的社会理论家中，齐格蒙特·鲍曼以其对现代性与后现代性对比和阐发而独树一帜；理论上的敏感与擅长文学修辞的风格，使之赢得颇多的认可和赞誉。

齐格蒙特·鲍曼（Zygumnt Bauman）1925 年出生在波兰西部波兹南市一个贫苦的犹太人家庭，这种家境使得鲍曼在少年时代经历了贫困与反犹太主义的双重痛苦。1939 年第二次世界大战爆发时，鲍曼随家人逃到苏联并参加了在那里的波兰红军，他成为一名军官并在与德国交战的波罗的海的炮兵部队服役。战后，鲍曼被提升为上尉，成为华沙一个规模庞大的军事组织中的一名政治官员。

在军旅生涯的早期，鲍曼提升很快，20 世纪 50 年代初，他成为波兰军队中最年轻的少校之一。然而，由于反犹太主义的影响，鲍曼在 1953 年被撤销了在军队中的职务，原因是他被告知自己的父亲到以色列大使馆去咨询有关移民可能性的问题。这使鲍曼不能再成为职业军人。他将自己在军队的制服染成了普通市民服装的颜色，开始了他的第二次职业生涯。

1954 年鲍曼成为华沙大学哲学与社会科学部的初级讲师，

---

① 刘少杰主编：《当代国外社会学理论》，中国人民大学出版社 2009 年版，第 180 页。

并在 20 世纪 50 年代后期到英国伦敦经济学院进行为期一年的学术访问。1961 年鲍曼成为华沙大学社会学系的助理教授和《社会学研究》杂志编辑部主任。1966 年鲍曼当选为波兰社会学协会执行委员会主任。在此期间，他撰写了大量社会学论文，内容涉及社会主义、马克思主义、文化与政治等方面，有些论文还被译成希伯来文和意大利文。

鲍曼有段时间在苏联，这期间他对苏联的社会主义革命和建设抱以极大热情。鲍曼的遭遇，即穷苦的出身以及希特勒党卫队对犹太人的威胁和种族屠杀，使之感到共产主义给人以解放的力量和精神鼓舞。在 1967 年，波兰发生了反犹太运动，犹太人被当作为国外势力工作的间谍而遭到诋毁，许多犹太人被解雇或被迫辞职。在这样的条件下，鲍曼于 1968 年上缴了他的党证。

鲍曼反对知识分子成为政治傀儡，这一立场使其第二次职业生涯受到影响。他被认作"修正主义"并受到严密监视，他的著作和言论也遭到审查与指责。1968 年 3 月，鲍曼与华沙大学的其他五位教授因"毒害青年罪"被开除了在这里的学术职位。

被开除教职后，鲍曼离开波兰，开始了他的第三次职业生涯。1968 年，在以色列旅行后，鲍曼踏上西方之旅，他先后到加拿大、美国、澳大利亚工作，最后来到英国并于 1971 年在利兹大学担任社会学教授。从 1972 年到 1990 年退休，鲍曼一直执教于利兹大学，担任社会学系主任并最终成为利兹大学的终身教授。鉴于鲍曼对社会学理论与方法论的卓越贡献，他于 1990 年被授予"阿马尔菲欧洲奖"（Amalfi European Prize），并于 1998 年被授予“阿多尔诺奖”（The-odor W. Adorno Prize）。[①]

鲍曼的主要著作有《在阶级和精英之间》（1960，1972 年译成英文）、《作为实践的文化》（1973）、《社会主义：积极的乌托邦》（1976）、《论批判社会学》（1976）、《阐释学与社会科学》（1978）、《阶级的记忆》（1982）。这几部著作涉及对文化、社会学的性质和社会主义乌托邦的探索。以 1987 年出版的《立法者和阐释者——论现代性、后现代性与知识分子》为转折点，鲍曼的兴趣主要转向现代性与后现代性的比较分析，自此以后，鲍曼作为社会理论家而蜚声国际学术界。

1987 年后鲍曼出版了《立法者与阐释者》（1987）、《现代性与大屠杀》（1989）、《现代性与矛盾情感》（1991），这三部著作被鲍曼称为“现代性的三部曲”。继 1992 年出版的《后现代性的通告》之后的三部著作《后现代伦理学》（1993）、《生活在碎片中——论后现代道德》（1995）、《后现代性及其缺憾》（1997），被鲍曼研究专家贝尔哈茨（Peter Beilharz）称为“后现代性三部曲”。其他作品还有《全球化——人类的后果》（1998）、《流动的现代性》（2000）、《个体化社会》（2001）、《共同体》（2001）、《被围困的社会》（2000）、《流动的爱》（2003）、《废弃的生命》（2004），等等。

鲍曼的理论成果涉及社会学以及政治学、伦理学、文化学、美学、哲学等诸多领域。研究者通常认为，对于鲍曼理论可以从三个方面加以把握：一是从百年来人类社会的巨大变迁入手，考察如何对社会历史状况进行批判性与创造性的描述、诠释和预言；二是就社会学从古典到当代发展脉络的探察，立足于社

---

① 刘少杰主编：《当代国外社会学理论》，中国人民大学出版社 2009 年版，第 175～176 页。

会历史变迁对社会学的理论与方法论加以批判、继承和创造；三是著述的方法论，这不仅涉及理论自洽，更与对社会现实状况的理解密切相关。这里主要围绕鲍曼关于现代性与后现代性、关于知识权利及阐释者、关于全球化与全球性等展开的社会理论，作出阐述。

1. 鲍曼把社会划分为前现代、现代和后现代。前现代社会是由众多自给自足社群组成的，有各自的传统和生活方式，社会没有中心，呈支离破碎的状态。宗教文化和严格的权力关系控制着社会，因此社会等级分明，秩序稳定。

鲍曼认为，现代社会以政府为中心，建立了包括法律、规训策略和意识形态的多层控制体系，不断实现社会准则、价值观念和信仰的标准化，形成一种理性的社会秩序。因此现代性的核心是命令、分类、设计和操纵一切的意志。现代性的政府肩负控制社会和自然的使命，力图创造符合理性的社会。后现代社会是破裂的、无中心的秩序，后现代社会靠引诱实施社会控制，商品可以营造的幻觉与希望诱惑人们达成社会一致性。"在后现代时期，公民已经被整合进社会里，他们对公共制度的拥护是通过市场这一机制来达成的。个人需求、欲望、身份认同以及生活方式等都和消费紧紧结合在一起。"①

鲍曼认为，建立在启蒙运动基础上的现代性虽然还在继续，但是业已证明其失败。孕育于现代性内部、从现代性吸取营养的后现代性正在浮现，它将超越现代性并占据主导地位。后现代性的思维方式和社会状况都发生了变化，他摒弃了任何为宣扬确定性或追求真善美的普遍标准效力的根基，保留了现代性的选择性、多样性、批评性、反思性等价值观念，肯定或赞扬

① ［美］史蒂文·塞德曼：《有争议的知识——后现代时代的社会理论》，刘北成等译，中国人民大学出版社2002年版，第207页。

多元、模糊、暧昧、不确定性、偶然和转瞬即逝的事物。后现代性推崇一种无中心的、破裂的社会秩序。[①]

鲍曼一再强调，现代性与后现代性在时间上没有明确的前后截然划分，二者可以共存于同一屋檐下；甚至在2000年出版的《流动的现代性》中，鲍曼放弃使用现代性与后现代性这对范畴。而很重要的是，在鲍曼那里，在现代性与后现代性的概念之下彰显了迥然不同的历史状况，或者说彰显了社会变迁的不同境况。在他看来，科层制、福特流水线生产模式、生产主导的社会、民族国家统治等是现代性的重要表征，而消费主导的社会、意义多元化或普遍主义的消解、专家的衰落与顾问的兴起等，则预示着后现代性的到来。

对于鲍曼的理论视角，鲍曼由这一理论视角将现代性之外的理论称为“后现代性”的，这被指认是一种在特定思想氛围中有清晰明了的性质的、一种新的与众不同的“元文化”立场、一种对时代明确的“自我意识”。在鲍曼理论中，这种自我意识的基本要素之一，便是认识到现代性已经完结，认识到作为一个历史时期的现代性，已画上了句号。鲍曼强调，现在可以对这一时期进行全面的反思，通过反思，不仅可以理解其理论追求，而且也可以了解它的实践效果。反思的智慧使在现代性中不成为问题的东西成了问题。[②] 在对现代性进行回溯和超越的过程中，鲍曼指出了现代性有以下重要的表现与特征：

（1）现代性表现为对秩序的一种永无止境的建构。

鲍曼在《对秩序的追求》一文中指出：“在现代性为自己设

---

① 侯钧生主编：《西方社会学理论教程》，南开大学出版社2010年版，第479页。

② ［英］鲍曼：《立法者与阐释者——论现代性、后现代性与知识分子》，洪涛译，上海人民出版社2000年版，第158～159页。

定的并且使得现代性成其为是的诸多不可能的任务中，秩序的任务——作为不可能之最，作为必然之最，作为其他一切任务的原型（将其他所有的任务仅仅当作自身的隐喻）凸现出来。"[①] 秩序是一项任务，也是一种实践，同时也是对生活状态的反省、维持和培育，这种理念是现代性所内在固有的。秩序的另一面并不是另一种秩序：混乱是其唯一的选择。混乱是一切恐惧的源泉和原型。为了避开混乱，"格网"式的分类统治成为现代性追求的目标。然而，悖谬的是，为了实现有序而实施的各种干预似乎又在促成其他的失序，并带来失序的种种效应或者说"非意图的后果"，这就造成了秩序整合念头的再生与重构。正是这种对秩序的永无止境地建构，使现代性处于不断追求确定性的行动中。在对秩序寻求的过程中，分类学、类别系统、清点目录、分类目录和统计学成为至高无上的实践策略。然而世界并不是几何的，无法被硬塞进几何学灵感的产物——格网之中。[②] 对现代性的后现代意识表明，对人类存在的复杂性强加严格划分的系统网络的现代抱负是注定要失败的。任何形态的社会设计所产生的痛苦如果不是比产生的幸福更多的话，至少也会和它一样多。因此，鲍曼得出这样的结论：各种各样的立法者是用他们的双手和头脑使行动计划"现代化"的人。他们很可能是自欺的、危险的。在最坏的情况下，他们会成为像希特勒那样的人。希特勒宣称自己能够创造一个更"完美"的世界，但他制造的却是人间地狱。

鲍曼指出，在二战期间，德国对犹太人的大屠杀是现代性对秩序追求的最杰出的"作品"。鲍曼以这一屠杀事件为例，为现代性进行了重新审视。对于鲍曼来说，大屠杀是一场犹太人

① ［英］鲍曼：《对秩序的追求》，邵迎生译，《南京大学学报》1999 年第 3 期。

② ［英］鲍曼：《对秩序的追求》，邵迎生译，《南京大学学报》1999 年第 3 期。

的悲剧，但大屠杀并不仅仅是一个犹太人的问题，也不仅仅是发生在犹太人历史中的事件。大屠杀在现代理性社会、在人类文明的高度发展阶段和人类文化成就的最高峰中酝酿和执行，从这个意义上来说，大屠杀是这一社会文明与文化中的一个问题。尽管现代文明不是大屠杀的充分条件，但毫无疑问是大屠杀的必要条件。没有现代文明，大屠杀是不可想象的。[①] 由此，鲍曼探讨了大屠杀与现代性之间的选择性亲和关系（selective affinity）。[②]

在对大屠杀的社会学分析中，鲍曼展示了一幅独特的反思现代性的图景。以往人们往往认为大屠杀是邪恶之徒对无辜者犯下的可怕罪行，是纳粹分子对犹太人的种族主义清洗。甚至在一些社会学家看来，大屠杀只是历史正常发展过程中的一次断裂，文明社会体内生长的毒瘤，健全心智的片刻疯狂，而断裂可以弥补，毒瘤可以摘除，疯狂可以拯救。由是观之，大屠杀作为一种历史事件只是现代文明的弦外之音，除了交给历史学家记入史书并举办一些例行化的纪念仪式外，大屠杀很少被做进一步的实质性分析，对社会学和社会学家而言尤其如此。

但是，在鲍曼看来，大屠杀是一个典型的现代现象，只有结合现代性的文化倾向和技术成就的背景才能加以理解。“大屠杀并不仅仅是一个犹太人问题，也不仅仅是发生在犹太历史中的事件。大屠杀在现代理性社会、在人类文明的高度发展阶段和人类文化成就的最高峰时酝酿和执行，从这个意义上说，大

① ［英］鲍曼：《现代性与大屠杀》，杨渝东、史建华译，译林出版社 2002 年版，第 18 页。

② 杨善华、谢立中主编：《西方社会学理论》（下卷），北京大学出版社 2006 年版，第 334～335 页。

屠杀是这一社会、文明和文化的一个问题。"[①] 概而言之，大屠杀不是现代文明的对立面，而是揭露了现代社会的另一面，是现代文明使得大屠杀变得可以想象：大屠杀是工业社会的技术成就，也是科层制度的组织成就；现代文明不是大屠杀的充分条件，但是必要条件。

首先，鲍曼强调，现代性"园艺文化"的区分与排斥策略是反犹太主义与大屠杀的重要根源。"园艺文化"渴求清晰的秩序，要求区分并用适当的机器和农药清除杂草。犹太人作为"没有祖国的民族"被卷入现代社会对划清界限和维持界限的关注和斗争。所有将社会视为花园的看法都会使一部分社会栖息地被界定为人类的杂草，它们必须被隔离、控制，被划定在社会界线之外甚至被杀死。"随着现代性的上升，犹太人的隔离也成了一个问题。就像现代社会中所有其他事务一样，这种隔离现在也不得不受到制造、搭建、理性地探讨、科学地设计、执行、监控及管理。"[②] 对于把社会视为一个花园的人而言，种族灭绝与大屠杀只是他所要做的处理诸多杂物的事情中的一件。

其次，鲍曼强调，现代科层制度与组织是大屠杀得以设计、实施和实现的重要机制。科层制度将社会视为管理的对象，被控制、掌握、改进与重塑的对象。作为使工具理性精神制度化的现代科层体系使得大屠杀的方案成为可能并增加了这一方案贯彻实施的可能性。现代科层体系以理性化、科学化、专业化的运作原则使得大屠杀远远超过了过去的屠杀事件，就好比现代工厂超过了手工工匠的村舍作坊，现代拖拉机、联合收割机

---

① ［英］鲍曼：《现代性与大屠杀》，杨渝东、史建华译，译林出版社 2002 年版，第 5 页。

② ［英］鲍曼：《现代性与大屠杀》，杨渝东、史建华译，译林出版社 2002 年版，第 76 页。

和杀虫剂超过了农庄的马匹、锄镐和手工除草技术一样。

另外，鲍曼强调，层级化和功能性的劳动分工是科层体系的重要特征。在鲍曼看来，劳动分工的重要后果是科层体系中的成员以技术的责任代替道德责任。具体来说，劳动分工使对集体性和组织性行动的最终成果有所贡献的大多数人和这个成果本身之间产生了距离，这种距离意味着科层体系等级中的多数成员可能在没有了解组织指令后果的情况下发出命令和采取行动，而劳动分工等级和效果的增加也意味着它所制造的距离的扩大。这使得执行具体分工职责的人往往承担具体的技术责任，而对他们所无法直接看到的行动的后果及其可能具有的道德责任漠不关心。因此，“一旦他们由于科层体系内部复杂的功能划分而远离了他们的行动所引致的最终结果，他们的道德关注就会完全集中到很好地完成手边的工作上。道德也就归结为要做一个好的、有效率的和勤劳的专家和工人的戒律”[①]。而且，在权威的科层体系内，关于道德的语汇充斥着像忠诚、义务、纪律这些全部面向上级的概念，上级是道德关怀的目标和最高的道德权威。科层体系的普通成员完全服从于上级权威的命令而将自己看作执行上级意愿的代理人，这使得组织中的成员把自己的行为当成别人操纵的结果，进而将承担行动后果的责任推诿给他人，“责任在本质上可以被‘取缔’的事实使得集体执行残酷的行为变得更加容易了，而这些行为的参与者都相信责任在于一些‘适当的权威’身上”[②]。一种连续不断、处处存在的责任转移造成的后果是造就一种“自由漂移”的责任，而行

① ［英］鲍曼：《现代性与大屠杀》，杨渝东、史建华译，译林出版社2002年版，第136页。

② ［英］鲍曼：《现代性与大屠杀》，杨渝东、史建华译，译林出版社2002年版，第214页。

动越中介化，和受害者在身体与心理上的距离越远，行为就越容易变得残酷。

鲍曼作出这样的论证：大屠杀昭示，最耸人听闻的罪恶不是源自秩序的涣散，而是源自完美无缺、无可指责且未受挑战的秩序的统治。残酷从其本源来说，社会性的要远远多于性格上的；对残酷的纵容并非源自参与者的罪恶，而是源自邪恶的社会安排。典型的现代秩序设计和工程野心与典型的现代权力资源和管理技术的联合，构成了现代文明的悲剧的重要促发因素。概而言之，现代性与大屠杀之间存在一种"选择性亲和"(selective affinity) 关系。① 按鲍曼的论证，尽管现代文明不是大屠杀的充分条件，却是大屠杀的必要条件。②

在鲍曼看来，之所以称为选择性的亲和关系，是因为大屠杀既不是对现代性的"偏离"，也不是现代性的一个"正常的""自然的"结果。鲍曼指出，根植于西方社会自我意识中的病因学神话（etiological myth）将大屠杀看成是文明的脆弱性的表现，是理智在对情感的斗争中的脆弱性的表现。这种观点认为，随着文明进程的深化，人类可以有效地防止这种野蛮行为的发生。与此观点相反，鲍曼认为，大屠杀可能远不仅仅是一次失常，远不仅仅是人类进步坦途上的一次偏离，远不仅仅是文明社会健康机体的一次癌变；简而言之，大屠杀并不是现代文明和它所代表的一切事物的一个对立面。相反，它与现代文明所向往的（令人欢呼的）那一面很好地、协调地依附在同一实体上。或许它们就是一枚硬币的两面，而且每一面都离不开另外

① 刘少杰主编：《当代国外社会学理论》，中国人民大学出版社 2009 年版，第 380～382 页。

② ［英］鲍曼：《现代性与大屠杀》，杨渝东、史建华译，译林出版社 2002 年版，第 18 页。

一面而单独存在。[①] 也就是说，大屠杀是现代文明进步的一个副产品（side-effects）。但这并不意味着现代性就是大屠杀，或者说现代性必然导致大屠杀。鲍曼反对将大屠杀宣称为现代文明的一个“范式”，或者现代文明的“自然的”，“正常的”结果及它的“历史趋势”的观点。[②] 有研究者指出，鲍曼所要说的是现代性中的“正常”（这里的所谓“正常”指的是完全符合人们所熟悉的文明、它的指导精神、它的精髓、它的内在的世界观等等；“正常”还指追求人类幸福和完美社会的正确方式）要素是如何在特定的情境下结合在一起而导致了大屠杀事件的产生。重要的不是这些因素，而是这些要素异常罕见地结合。[③] 这些要素的奇妙结合体现为：现代性对秩序的追求以及对社会的宏大设计赋予了大屠杀以合法性，国家官僚体系赋予了它工具，社会的麻木则赋予了它“道路畅通”的信号。[④]

鲍曼对大屠杀事件的分析，被认为构筑了另一种历史的（或逻辑的）“真实”。有研究者指出，鲍曼在不同语境下对这一事件进行的分析，绝不是因为他挥之不去的“犹太情结”，而是因为他预感到集中营和大屠杀时代并未终结。鲍曼讲，“我们的政府，为了我们的利益（让我们的工厂开工并保证我们的工作）而向谋杀者供应枪支弹药及毒气使杀人者为所欲为”[⑤]。这是一

① ［英］鲍曼：《现代性与大屠杀》，杨渝东、史建华译，译林出版社 2002 年版，第 10 页。

② ［英］鲍曼：《现代性与大屠杀》，杨渝东、史建华译，译林出版社 2002 年版，第 8 页。

③ ［英］鲍曼：《现代性与大屠杀》，杨渝东、史建华译，译林出版社 2002 年版，第 126 页。

④ ［英］鲍曼：《现代性与大屠杀》，杨渝东、史建华译，译林出版社 2002 年版，第 151 页。

⑤ Bauman Zygmunt, *Life in Fragment-Essays in postmodern Morality* Blackwell, 1995, p. 203.

种变相的大屠杀，是以一种更为隐蔽更为迷惑人的形式的大屠杀。只要现代性继续下去，大屠杀就既不是异常现象，也不是一次功能失调。如果现代性的理性化和机械化不受到控制和减缓，如果社会力量的多元化在实际中被销蚀，那么现代性的理性化和工程化趋势就可能带来大屠杀的后果。[①]

(2) 知识与权力的共生是现代性的最显著特征。

按照鲍曼的理论逻辑，如果说对秩序的追求是现代性内在的理论目标，那么在对有序化追求的过程中，知识分子作为现代国家规划和设计的"园艺师"的角色必然凸显出来。鲍曼关于知识分子实践模式的分析是围绕着合法化的主题而展开的。立法者的兴起是因为充当立法者角色的知识分子满足了社会的功能需要，为国家的统治提供了合法化的依据；而立法者地位的丧失则是国家不再需要知识分子为他的统治提供合法化的依据。相反，市场诱惑的力量能够提供更为有效的合法化依据。也就是说，并不是国家的统治无须合法化的依据，而是依据本身发生了改变，它不再是由知识分子来提供，而是由市场来提供。立法者角色的沉浮说明了它既是在一个特定的历史脉络中形成的，也将随着历史的发展而发生变化。同样，阐释者经历了从边缘走向中心的地位转变，也是满足了社会发展的功能需要，但它也许也要经历同样的沉浮。鲍曼说："知识分子立法者的角色正在被阐释者的角色所取代，但是，这种转变是不可逆转的吗？还是知识分子仅仅在这一瞬间丧失了勇气？"[②]

对于鲍曼来说，现代社会中知识与权力关系既不是从来就

① ［英］鲍曼：《现代性与大屠杀》，杨渝东、史建华译，译林出版社 2002 年版，第 151 页。

② ［英］鲍曼：《立法者与阐释者——论现代性、后现代性与知识分子》，洪涛译，上海人民出版社 2000 年版，第 166～167 页。

有的，也不是一成不变的，而是在历史中形成的。鲍曼认为这一关键的历史时刻的发生地在法国。在法国，知识分子和国家之间的联合是现代社会知识和权力融合的历史基础。鲍曼指出，现代民族国家的建立要求集中而长期地努力去发展和灌输一种超越本地、超越阶级并且超越种族的“国家意识”，这种国家意识是稳固的政治统治所需要的。因此，统治者寻求文化霸权的支持，而知识分子正满足了这一需要。知识分子一方面以对民众进行启蒙的教化者身份出现，另一方面为国家权力提供合法化的依据。知识分子就是在这一历史脉络中确立了其立法者的身份。

在分析立法者身份确立的过程中，鲍曼对启蒙运动进行了新解读。在鲍曼看来，史称“启蒙运动时代”的“社会—思想”运动，不是以真理、理性、科学和合理性之名进行的一场声势浩大的宣传运动，也不是一场出于高尚的理想而把智慧之光带给充满困惑的受压迫者的运动。相反，启蒙运动是一场实践，此可分为截然不同却密切相关的部分：第一，国家扩张它的权力，它的胃口在增大。原来由教会履行的牧人式的职能，现在转交给了国家。经过重新组织后的国家，其核心是规划、安排、管理这些与社会秩序的维持相关的职能。第二，创造了一个全新的、有意识设计的训导人们行为的社会机制，目的在于规范和调整作为这个教育者和管理者的国家和臣民的社会生活。[①] 换言之，正是国家希望通过约束与训导人们的行为建立社会秩序的意愿，使得原本作为“独立的知识分子”的启蒙思想家在依据他们所喜爱的生活方式参与到对社会的改革时，设计了监狱、劳动救济所和其他社会机构来加强对社会的控制。因此可以说，

① ［英］鲍曼：《立法者与阐释者——论现代性、后现代性与知识分子》，洪涛译，上海人民出版社 2000 年版，第 106 页。

当知识分子介入到政治权力中时，他就很难保持其独立思考和批判反思的精神。在对权威性话语的追逐中，只是迫切需要与权力的结合，而权力在寻求合法化的过程中又迫切需要与知识的结合。知识与权力的结合成为现代性最显著的特征。但问题是这种结合是否将一直持续下去呢？对鲍曼来说，知识与权力的结合既不是从来就有的，也不是永远存在的，它是一定历史阶段的产物，它也将伴随着历史的发展而发生变化。如果说，知识与权力的结合是现代性最显著的特征，那么知识与权力的分离则成为后现代最显著的特征。

鲍曼指出，由于西方社会的现实发生了变化，作为立法者的知识分子无法在社会结构脉络中发挥核心的作用，他们必须调整自身的角色以适应社会发展的需要，承担着阐释者角色的知识分子就是在这一时刻从边缘走向了中心。在鲍曼看来，立法者的衰落只是表明知识分子放弃了在社会整体中的普遍主义野心，而没有放弃针对自身的普遍主义野心，没有放弃在共同体内部充当立法者的普遍主义野心。[①] 也就是说，虽然不存在适合于所有共同体的立法者，但在每一个共同体内部依然存在着立法者，依然存在着为争夺权威性话语而展开的斗争。而问题在于，如果阐释者将他们的立法野心局限在自己的共同体内，那么，他们如何为自己的共同体划定边界，以确定他们立法活动的范围？因此，在后现代性的策略中，对于自身活动领域的合法性的论证，成为一个内在的困境，阐释者的立法活动也因此变得艰难。

在对知识与权力关系的分析中，鲍曼不仅探寻了知识分子实践模式产生和衰落的可能性条件，而且对具体权力技术的变

① ［英］鲍曼：《立法者与阐释者——论现代性、后现代性与知识分子》，洪涛译，上海人民出版社2000年版，第7页。

化进行了分析。受福柯关于微观权力技术论述的影响，鲍曼探寻了从前现代、现代到后现代权力技术的变化。鲍曼认为，追求社会秩序，对社会进行有效的控制贯穿于前现代、现代与后现代一切社会中，它们的区别仅仅在于控制技术和手段的变化。鲍曼将前现代的权力技术称为散点监视。[①] 在前现代社会，人们为了克服对不确定性的恐惧，保护自己的安全而学会运用的唯一武器就是“高密度的社会交往”。建立在高密度社会交往基础上的那种稳定性所运用的有效手段，就是使“他者”成为熟人。通过改造他者，使他者具有完全固定的身份，让他者在这个彼此熟识的社会中，占有一个固定位置。在这样的社会中，每个人的生活都是公开的，“透明性”是这种生活自然而然的产物。鲍曼指出，这是一种散点式的监视。共同体的所有成员同时也是监视者，并且永远都是监视者。这样的一种监视建立在人类学家所谓的“没有分化的相互性”的基础上。[②] 在这种状况下，在同一个场合，或者在不同的场合，相互之间都具有相互控制的权利，从而使这种相互控制的行为成为合法的[③]。

福柯曾使用边沁的“全景监狱”一词比喻现代权力技术。他认为，作为知识与权力结合的现代统治技术是全景监视（panopticon）的统治技术，[④] 即从传统权力的公开仪式展示转向对微观的行动与精神的控制，并由此挑战现代性的自由承诺。

---

① ［英］鲍曼：《立法者与阐释者——论现代性、后现代性与知识分子》，洪涛译，上海人民出版社 2000 年版，第 60 页。

② ［英］鲍曼：《立法者与阐释者——论现代性、后现代性与知识分子》，洪涛译，上海人民出版社 2000 年版，第 61～62 页。

③ 以上见杨善华、谢立中主编：《西方社会学理论》（下卷），北京大学出版社 2006 年版，第 335～338 页。

④ ［英］鲍曼：《立法者与阐释者——论现代性、后现代性与知识分子》，洪涛译，上海人民出版社 2000 年版，第 61 页。

在全景监狱中，隐藏在中心塔内的监管人员对被关在星状大楼翼部内的犯人有操纵大权，犯人被限定在厚重严密的高墙内并禁止随意走动，"被固定在某个地方"，这使犯人在时间和空间上被严格地控制。在十七八世纪以全景监狱为模版的全景敞视建筑覆盖越来越大的社会表面，遍布整个社会有机体，全景敞视建筑得以应用于学校、工厂、军队、医院等机构中，一个规训社会形成了。

鲍曼讲，虽然全景监狱是现代社会的有力权力控制工具，但它并非完美无缺，也不是现代社会唯一的监控手段。鲍曼指出全景监狱模式有双重障碍：一方面，全景监狱是权力关系双方交战和对抗的模式，监控者使监控对象的行为在时空两方面惯例化以便于控制，但这种惯例化也限制了监控者的活动范围。"惯例化的主体并不具有真正的、完全的行动自由：'在外地主'（absentee landlords）的这种选择实际上是不可能的。"[1] 另一方面，全景监狱的空间征服和控制策略虽然使被监控者固居一隅，但它同样产生许多代价沉重、繁杂累赘的行政任务。

鲍曼指出，在后全景监狱（post-panoticon）权力关系中，权力并不总是依赖于固定空间而是可以以电子信号的速度运行并享有"治外法权"（extraterritorial）。移动电话可以被看作权力空间依附性的反例，命令的颁布者无论远在天边、近在眼前，还是置身荒野、身处文明之地，发号施令的空间上的差别几乎没有意义。"现代权力的首要的技巧，是逃避、是溜走、是取消、是避开，是有效地拒绝任何地域的限制，是拒绝建立秩序、维持秩序所必然带来的不堪重负的结果，是拒绝像去承担它们

---

① ［英］鲍曼：《流动的现代性》，欧阳景根译，生活·读书·新知三联书店2002年版，第15页。

必须承担的代价一样，去对所有后果承担它们必须承担的责任。"[①] 因此，在后全景监狱模式中，权力关系双方——如监控者和被监控者、资方和劳方、领导和随从之间的相互抗争走向终结。

鲍曼强调指出，在现代性的固态时期，人们如果没有"固定地址"或"没有国家"，将被视为违法乱纪，并被受法律保护的共同体排除在外。在现代性的流动时期，占多数的定居人口为游牧的和疆域以外的精英所统治。当今的全球性精英按照"在外地主"的模式实行统治，但又不用承担可恶的行政性和管理性任务。对于这种后全景监狱鲍曼借用马塞森（Thomas Mathiesen）的术语"对观监狱"（synopticon）概括之。全景监狱是地方性的，而对观监狱在本质上是全球的。与全景监狱少数人观看多数人不同，现在是多数人观看少数人，多数人在电影院、电视、报纸杂志上注视少数的名流，这种注视通过诱惑而非强制加以实现。[②]

鲍曼指出，全景监狱终结了监视的相互性，产生了完全的连续性的单向监视。这种监视实践的目的在于，通过将每个人置于被监视状态下，以形成一种相同的、普遍的人类行为程式。单向监视倾向于消除其对象的个体间的差异，倾向于用能够在数目字上进行管理的千篇一律性取代质的多样性。这有利于对人进行"客观化"的科学管理。同时，这种不均衡的单向监视将专家置于监视者的位置上，进而产生了一种新的社会结构。鲍曼认为，这种"全景监视"的统治技术是知识与权力结合的

① ［英］鲍曼：《流动的现代性》，欧阳景根译，生活·读书·新知三联书店2002年版，第16～17页。

② 刘少杰主编：《当代国外社会学理论》，中国人民大学出版社2009年版，第394～395页。

典型。

对于鲍曼来说，在后现代，单景监视[①]（对观监视）的统治技术占据核心地位。"全景监视"的控制技术作为现代性的核心控制技术，因为在后现代社会中，日益地成为"单景监视"（鲍曼从托马斯·马提埃森那里借用的一个概念）的补充。鲍曼指出，在后现代社会，尽管全景监视依然发挥有效的监视作用，但对于更广大的普通民众来说，一个更为有效而非强制的约束技术出现了，那就是单景监视。不像少数人监视多数人的全景监视，在单景监视中，多数人在电视、电影院、杂志、报纸上注视着少数人。名人的生活为数以百万计的欣赏者提供了一个生存的模式。他们的行动好像天堂的广播。被声誉催眠的听众接受了有权有势的少数人在全球行为中表现出来的价值观和世界观。鲍曼认为，单景监视是一个有效的社会控制体系，它依靠的是一个特权阶层，这一阶层"只引导而不统治"。也就是说，在后现代社会中，最主要的控制技术是通过诱惑来实现的，只有那些无法接受诱惑的人才被实行"全景监视"的控制。

总之，在知识与权力的问题上，鲍曼通过将哈贝马斯意义上的合法化问题与福柯的微观权力技术结合起来，通过将后结构主义与批判理论结合起来而创造性地进行了自身的理论建构。

（3）时空的重组——现代性之社会结构的转型。

鲍曼不仅从一种体验、一种思维方式、感知方式和认知框架的维度对现代性进行了反思，而且他也从社会结构的层面剖析了当代西方社会所经历的结构转型。这集中体现在鲍曼晚年的重要代表作《流动的现代性》（2000）一书中。他之所以选取"流动性"（liquid）一词，不仅是因为液体所具有的渗出、涌流

---

① Zygmunt Bauman, *Globalization: The Human Consequence*, Polity Press, 1998, p. 52.

等易变与快速移动的特性更直观形象地反映了当今的社会现实，而且还因为它暗示了时空关系的重大转变。鲍曼认为，对于当代西方的社会现实来说，空间已丧失了它的重要意义，相反，与时间维度相关的速度日益显示其优势地位。这种快速移动的能力不仅将全球的居民区分为全球精英与地方大众，或者说全球性的富人与地区性的穷人，而且导致了全景权力关系模式的终结。因此，可以说，时空关系的变化推动了现代性从沉重的固态（solid）的现代性到轻快的、液态的现代性的转变。鲍曼将这一转变过程称为，是一次比资本主义和现代性来临更为激进、更具深远影响的新的起点①。他指认，这种结构的转型主要体现在以下三个方面：

首先，空间丧失了它存在的优势地位。鲍曼指出，在沉重的现代性中，空间具有非常重大的意义。“福特主义工厂”作为最理想的管理模式所追求的大型工厂建筑、重型机械和大规模的劳动力体现了早期现代性的沉重、庞大、静止、固态的特征。征服空间是它的最高目标。② 但随着软件资本主义的到来和轻快的现代性的出现，这一切都发生了改变。空间不再对行动和行动的绩效产生约束，空间已没有多大意义，或者根本没有意义。在轻快的现代性中，谁运动和行动得更快，谁在运动和行动上更为接近瞬时，谁就可以统治别人。③

其次，资本与劳动力的分离。鲍曼指出，在沉重的现代性时期，“福特主义工厂”是最让人渴望和迫切追求的理性管理模

---

① ［英］鲍曼：《流动的现代性》，欧阳景根译，上海三联书店 2002 年版，第 198 页。

② ［英］鲍曼：《流动的现代性》，欧阳景根译，上海三联书店 2002 年版，第 178 页。

③ ［英］鲍曼：《流动的现代性》，欧阳景根译，上海三联书店 2002 年版，第 188 页。

式。资本和劳动力紧密地接结合在一起，劳资双方相互依赖。工人依赖于雇佣来维持生计，资本则依赖于雇佣工人以求发展，而工厂是他们共同的家园。因此，在沉重的现代性中，购买劳动力者和出卖劳动力者各自的命运紧密地不可分割地长期交织。[①]

再次，权力与政治的分离。鲍曼指出，资本和劳动力的分离所带来的直接后果是以资本形式呈现的权力从政治活动中解放出来。真正的权力是超越地域的全球性权力。它居无定所，而政治还和过去一样局限在民族国家的框架中，仍然像以前那样附着在原地。由于权力具有全球性和超地域性，而政治依然是地域性和局部性的，因此，权力与政治分离开来。

鲍曼强调，这种权力与政治的分离，标志着全景权力关系模式的终结，预示着权力关系双方相互抗争时代的终结。因为拥有权力者可以拒绝任何地域的限制，拒绝承担建立秩序、维持秩序所必然带来的不堪重负的结果，像拒绝承担他们必须承担的代价一样，拒绝对所有后果承担他们必须承担的责任。这意味着国家政治的自由已经被武装有可怕的治外法权、流动速度和躲避逃跑能力的新的全球力量——跨国公司和全球流动资本无情地削弱和损害了。[②] 正是那些拥有资本自由流动的"全球人"在统治着这个世界。这种统治不是沉重现代性时期对领土的侵夺，而是通过全球化市场进行利益的侵夺。而且对于拒绝加入"全球金融市场"和"全球自由贸易"的地区的惩罚是迅速和冷酷无情的。因此，民族国家丧失了其原有的对经济、政

① 杨善华、谢立中主编：《西方社会学理论》（下卷），北京大学出版社 2006 年版，第 338～339 页。

② ［英］鲍曼：《流动的现代性》，欧阳景根译，上海三联书店 2002 年版，第 289 页。

治、军事所拥有的统治权，而沦为充当全球资本的地方警察的角色。这就是鲍曼所称之为“局部有序，全球混乱”[①] 的全球化后果。

鲍曼从时空这对范畴入手，通过隐喻的方式展示了自古典的现代性向流动的现代性的结构转型。尽管他用一对新的概念——“固态的现代性与流动的现代性”取代早期使用的“现代性与后现代性”，但他的理论关怀与追求依然是早期思想的延续。也就是说，鲍曼一方面坚持了现代性的持久性，另一方面又强调了两种不同的现代性之间所呈现的断裂关系。现代性的持久性表现在它对自身进行批判与质疑的现代精神上。[②] 鲍曼讲：被批判理论者作出诊断并推上审判台的那种社会只是丰富多彩、变换多端的现代社会中的一种形态。它的衰弱并不预示着现代性的终结，也不预示着人类苦难的终结。进入21世纪的社会与进入20世纪的社会是同等现代的，只是他们是不同方式的现代[③]。“现代性的计划不仅是未完成的，而且是无法完成（unfinishability）的，正是这种无法完成性是现代时代（modern era）的本质特征。因此，流动的现代性（后现代性）的时代是这样的一个时代：批判的工作没有限制，也不能达到终点”。[④]

由上述鲍曼对现代性的分析，赛德曼指出，可以看到，一方面，鲍曼对现代性的分析建基于后现代性的分析视角之上，

---

① ［英］鲍曼：《个体化社会》，范祥涛译，上海三联书店2003年版，第23页。

② 杨善华、谢中立主编：《西方社会学理论》（下卷），北京大学出版社2011年版，第340～341页。

③ ［英］鲍曼：《流动的现代性》，欧阳景根译，上海三联书店2002年版，第42页。

④ Zygmunt Bauman and Tester Keith, *Coversation with Zygmunt* Bauman, Polity Press, 2001, P. 75.

另一方面，鲍曼又始终将"现代性与后现代性"这一分析策略贯穿于对知识与权力的关系、大屠杀事件及现代社会结构转型等问题的分析中。也正是在此意义上，赛德曼（Sediman）认为鲍曼有构建"宏大叙事"的理论倾向。①

在鲍曼那里，如果说固态的现代性时期是资本与劳动结合的时代，那么液态现代性时期则是资本与劳动相分离的时代。鲍曼用"福特主义"来表示只有固态的现代性或沉重的资本主义才有的意图和实践的普遍模式。福特模式，为他那个时代的走向设定了标准和准则：它是那一时代所有的或绝大多数企业家在努力奋斗的理想。这一理想是要把资本和劳动捆在一起，捆绑成"夫妻"，不允许任何人力来拆散他们，也没有任何人敢于将它们拆散。鲍曼略带戏谑地说，无论是谁，作为一个年轻的学徒，只要福特公司的工作是他的第一份工作，我们就能非常确定，他将在这同一个地方完成他的工作生涯。

鲍曼指出，固态现代性和沉重资本主义时代资本与劳动的结合，因双方的相互依赖而加强。为了谋生，工人依赖于被雇佣；为了再生产和经济增长，资本需要去雇佣。二者有着固定的相遇之所而不能轻易地流向他处，大型工厂的围墙将他们与世隔绝。为了存在下去，任何一方都需要保持适合于交易的状态，资本的所有者必须能够连续地购买劳动力，而劳动力的所有者必须健康、强壮、敏捷而有吸引力。资本与工人同生共死、命运相连。对资本和劳动及其再生产的操控甚至成为国家的首要的职能和关注焦点。

鲍曼继而指出，相比之下，液态的、流动的现代性预示着轻快的资本主义的出现，其标志是资本和劳动的"婚约"的解

① ［美］赛德曼：《有争议的知识》，刘北成等译，中国人民大学出版社 2002 年版，第 223 页。

除，以及将二者连接在一起的纽带的松弛。“资本已经通过过去做梦都想不到的新的流动自由，而从对劳动的依附中解放出来……资本的再生产和增长，还有股东的利润、红利和满意都已经很大程度地变得独立起来，不再依靠与劳动的任何特殊的、褊狭的契约关系的持续存在”。[①] 在这种情况下，地方政治可能仍然会对资本的流动加以限制，但资本已经变得轻快灵活、自由自在，在多数情况下，它能够胁迫地域性政治机构屈从于它的要求。因此，政治在今天已经变成一场在资本流动速度和地方权力“降低其速度”的能力之间进行的激烈战斗。[②]

鲍曼进一步指出，在轻快的现代性中，资本却单方地离开了劳动力，而自由流动起来。资本的自由流动使人想起昔日的“在外地主”。借昔日的在外地主还要受到地方政府的限制，如今流动的资本的独立性尽管不是完全的、绝对的，但在大多数情况下，资本完全能够胁迫地域性的机构屈从于它的要求。“为自由贸易创造更好的条件”意味着让政治游戏去适应自由贸易的规则，即使用所有由政府来支配与管理的权力，来撤销对它的管制。[③] 因此，地方政府想尽一切办法使资本拥有者相信他们有移动资本的自由，可通过降低税率和灵活多变的劳动力市场来吸引资本的到来。但这里存在的悖论是，一旦资本失去了地方政府对它的限制，它就会依资本拥有者自身的利益不负责任地自由移动，而不考虑给无法自由移动的地方民众带来的伤害。鲍曼将这一时代称为伟大的分离（great disengagement）时代，

① ［英］鲍曼：《流动的现代性》，欧阳景根译，生活·读书·新知三联书店2002年版，第233页。

② 刘少杰主编：《当代国外社会学理论》，中国人民大学出版社2009年版，第396～397页。

③ ［英］鲍曼：《流动的现代性》，欧阳景根译，上海三联书店2002年版，第234页。

或解除管制（deregulation）[①] 时代。

对于鲍曼来说，后现代性除了代表一种体验、一种认知视角外，它还代表着一个成熟的社会系统，一个崭新的社会形态以及全新的生活策略。作为一个崭新的社会形态，鲍曼将其称为以"消费"为核心的消费者的社会。他认为，消费社会展示了新的历史时代的最重要特征，这就是消费者的来临，以及消费者的统治。鲍曼指出，消费者的行为和消费已经稳步地进入到认知和道德生活的中心。最重要的是，个体首先作为消费者而不是生产者而存在。工作逐渐离开它所占据的中心地位，而被消费自由所占据。在这种情况下，快乐的追求必然是透过服务和商品的消费，而非克制或延续报偿。因此，在系统的再生产和整合的过程中，提供复杂而微妙的诱因显得愈来愈重要。在一个消费社会中，合法化的武器已经让位于两种互补的武器：诱惑与压制。其中诱惑是系统控制和社会整合最重要的工具，而压制则是对那些诱惑无法触及的区域的必要补充。也就是说，在市场依赖性无法起支配作用，即由"有缺陷的消费者"（flawed consumer）组成的社会中，压制依然是使这个社会相当大的边缘部分沦为附庸的重要的工具。因此，"市场依赖性"（对于被诱惑者或消费者）和"规范调节"（对于非消费者或说新穷人）成为社会的整合与再生的手段。[②]

鲍曼关注到，在从生产者社会向堆积感觉的消费者社会转变的过程中，消费者实践着一种全新的生活策略。鲍曼以隐喻的方式将之称为"漫步者"（stroller）、"流浪者"（vagabond）、

---

① Zygmunt Bauman, *Community: Seeking Safety in an Insecure World*, Polity, 2001, p. 41.

② Zygmunt Bauman, *Intimation of Postmodernity*, Routledge, 1992, pp. 49—51.

“观光者”（tourist）、和“比赛者”（player）。鲍曼指出，现代性中以“满足的延迟”为目标的“朝圣者”（pilgrim）的生活策略在后现代消费社会中无法挽回地丧失了其核心地位，而漫步者、流浪者、观光者和比赛者这些新的生活策略曾经是边缘的人在边缘的时间和地点采取的行为方式，现如今他们已成为大多数人在其生活的主要时间和生活世界的中心地带的行为方式，成为完全的和真正的生活方式。①

鲍曼以隐喻和象征的修辞手法对后现代消费社会以及人民生活策略的描述形象地再现了当代西方社会的现实，从而进一步证实了一个与古典现代社会完全不同的新的、成熟的后现代社会已然确立。

在鲍曼对后现代性的含义进行多重诠释的过程中，不可忽略的事实是，鲍曼在晚年以“流动的现代性”取代了“后现代性”一词。“固态的现代性与流动的现代性”这对概念是鲍曼晚年著作中的一对核心概念。因此，有必要阐述流动的现代性与后现代性之间的关系。在凯茨·泰斯特（Keith Tester）与鲍曼的谈话录中，当鲍曼被问及“流动的现代性是代替了后现代性还是与后现代性平行”② 这一问题时，鲍曼指出：“当我求助于用后现代性来指涉当今社会现实一切新奇东西的时候，我试图与被广泛使用的‘后现代主义’的概念保持距离。”③ 在鲍曼看来，后现代性指涉一种特殊的社会类型的特征，它发生在我们的身上，而不是我们祖辈们的身上。鲍曼坦陈，早期他试图将

① ［英］鲍曼：《生活在碎片中——论后现代道德》，郁建兴、周俊、周莹译，学林出版社 2002 年版，第 98 页。

② Zygmunt Bauman, and Tester Keith, *Coversation with Zygnunt Bauman*, Polity Press, 2001, p. 96.

③ Zygmunt Bauman, and Tester Keith, *Coversation with Zygnunt Bauman*, Polity Press, 2001, p. 96.

"后现代社会学"（postmodern sociology）与"后现代性社会学"（sociology of postmodernity）区分开来，但后来发现这种希望很难被认可。在许多场合下，后现代性与后现代主义被无望地混淆在一起，而且谈论后现代性被作为加入后现代主义者阵营的一种标记。[①] 由此，鲍曼从"后现代性"这个概念中撤出来，而使用"流动的现代性"。在鲍曼看来，吉登斯的"晚期现代性"、贝克的"第二现代性"不能准确、精当地反映当今社会所发生的重大变化，相反，他认为"流动的现代性"的概念有助于我们理解世界的变化和它的连续性。应该说，这种概念的转换，一方面表明了鲍曼理论关注重点的转移，他更趋于对当今西方社会现实的描述，重视社会结构所发生的重大变迁；另一方面也表明了他确认了对自身进行批判与质疑的现代性精神的持久性。鲍曼意识到了后现代性也许面临着比现代性更多、更难以解决的问题。正如鲍曼所指出的，后现代性移走了现代性在实现公正、自由和平等社会道路上的障碍。然而，这并不能保证这些价值观将得到实现，在某些方面，它变得更加困难。由此开启了鲍曼对后现代性自身的反思与批判。

鲍曼关于后现代性的研究绝不仅仅限于对后现代状况的描述，或仅仅通过模拟的方式将其复制出来。当鲍曼宣称后现代性作为一个成熟的社会系统确立之时，鲍曼并没有表示出乐观地与之拥抱的态度。鲍曼始终抱着审视与批判的态度来面对后现代社会所发生的一切。鲍曼认为，当后现代性作为一个主导的力量（历史与逻辑）登上历史舞台时，对它进行批判与反思的时刻也就来临了。正是在此意义上，鲍曼通过阐述后现代性社会学、后现代性伦理学及全球化的后果而展开了他在认知、

---

① Zygmunt Bauman, and Tester Keith, *Coversation with Zygnunt Bauman*, Polity Press, 2001, pp. 96—97.

伦理与制度层面上对后现代性的全面反思。[①]

鲍曼强调，在流动的现代性时期，时空关系是不定的和动态的，而不再是预先注定和静态的，后者是固定现代性时期时空关系的特征。在固态现代性时期时间是惯例化了的时间，把力量和高高的砖墙结合在一起并防止里面的人随意离开。福特主义工厂是人们渴求的理性管理模式，是一个人们面对面相见的场所，也是一个劳资双方有着“执子之手，与子偕老”的婚姻誓言的地方。而液态的现代性液化了时间的永恒持续性并让它失去价值。现在，谁运动和行动得更快，谁在运动和行动上最为接近瞬时，谁就可以统治别人。相反，那些不能同样迅速地运动的人在被别人统治着。

鲍曼常举比尔·盖茨（Bill Gates）作为例子，说明在时间的意义上盖茨式的能力是一种缩短持久性时间跨度的能力，是一种对“长期”加以淡忘和并不在意的能力，是一种集中关注对短暂性而非持久性加以控制的能力。相反，长期地无法摆脱某些事物，超出“有效期限”长期地使用某一东西，而当已出现了“新的和改进了的”替代品时，还长期地使用旧东西，这些正是贫困、损失的征候。因此，一旦时间的无穷性失去了它的诱惑力量，永恒持久性也就失去了它的吸引力，并由财富转变为人们的负债。[②] 鲍曼引用塞纳特（Richard Sennett）的话说，比尔·盖茨看来不会对某些东西深深地着迷，他的产品以迅雷不及掩耳之势推出，然后同样迅速消失，然而洛克菲勒却想着要长期地拥有油井、建筑物、机械或铁路。

---

① 杨善华、谢立中主编：《西方社会学理论》（下卷），北京大学出版社 2006 年版，第 339～340、342～343 页。

② 参见［英］鲍曼：《流动的现代性》，欧阳景根译，生活·读书·新知三联书店 2002 年版，第 197～198 页。

鲍曼认为，时间与空间紧密相连，时间的凝固或流动往往意味着空间的僵化或移动。鲍曼指出，沉重现代性时代，是一个比以往任何时期的机器都更为笨重的重型机器的时代，一个用比以往任何时期都有更长围墙围住工厂场地并容纳比以往任何时期都有更多工作人员的时代。沉重的现代性是领土征服的时代，"征服空间是它的最高目标——去尽可能地、最大限度地抓住它，并坚守住它，并且在这个空间上四处插满占有的标志和'外人禁止入内'的标牌"①。在此，权力逻辑和控制逻辑建立在"里面"和"外面"的严格的分离和对二者之间边界的严密守卫之上。

在鲍曼看来，如果说沉重的资本主义时期的管理艺术重在对人的控制以使其固定不动并按时工作，那么轻快的资本主义时期，管理艺术则关注人的力量的释放并使其运转下去。巨大的车间和工厂已经不再时兴，适宜移动的纤弱的躯体、轻便的衣服和运动鞋，移动电话，便携式、一次性使用的东西成为注重瞬时性的时代文明的主要标志。在流动的现代性中，那些自由行动而不被注意的人在统治着，这与前文所述的权力控制方式从"全景监狱"到"对观监狱"的变化是一致的。

虽然鲍曼对这两种现代性或现代性的两种形态作出精辟的阐述和颇具文采的分析，但他并没有对二者给予价值上成败优劣的判断：没有怀念或鄙视固态现代性的存在，也没有否定或颂扬流动现代性的到来。或许，"忧虑"始终是鲍曼的真实态度和情感。在流动的、轻灵的现代性时期，个体化是一件必然发生的事情，个体化带给人们自由的尝试，也带给他们处理他们后果的责任。在自主权和控制社会环境的能力之间裂开的鸿沟，

① 参见［英］鲍曼：《流动的现代性》，欧阳景根译，生活·读书·新知三联书店2002年版，第178页。

看起来像是流动的现代性的主要矛盾，是我们都必须学会一起处理和对付的主要矛盾。或许，对鲍曼来说，对现代性与后现代性秉持一种警醒和永无止境的质疑态度比给出明确的价值判断和问题的答案更为重要。①

鲍曼同当代其他一些社会理论家一样，著书立说时，孔德、迪尔凯姆、韦伯、托克维尔等先贤是其理论叙述中的“常客”，鲍曼总是在对前人的分析与质疑中提出自己的立场和观点。例如，鲍曼在对大屠杀研究后指出传统社会学的不足：一是对文明社会中的灾难源于文明社会本身这一事实熟视无睹或浅尝辄止；二是传统社会学执著于对现代理性原则、科学理性的模仿而将道德问题掩盖或忽视。而且，鲍曼不满足于吉登斯所谓的“社会学是关于现代性的科学”的说法，而是通过现代性与后现代性的比较分析洞察社会、反思现代性、思考后现代性，并省思社会学的发展。

关于上述，有学者指出，鲍曼超出从实体角度对“现代性”与“后现代性”进行描述性分析和反思性考察，从认知的角度，通过把这对范畴当作分析工具来阐发他的理论观点。具体来说，鲍曼并不对现代性与后现代性的内涵给出精确的界定，亦不显示出对二者的取舍好恶，他更多的是从后现代性的角度审视现代性，并对其矛盾、困境予以解释和批判。人们认为，这种在现代性之外反观现代性的做法与那种将对现代性的讨论局限在只讨论现代性为何、现代性的未竟或终结等论题范围的阐述方式相比，更具有比较的参照点，从而使对现代性问题的讨论更具有针对性。

2. 在鲍曼看来，社会学往往被认为是关于现代性的科学，

---

① 刘少杰主编：《当代国外社会学概论》，中国人民大学出版社2009年版，第297～298页。

因为社会学的诞生及发展与现代性的发育和扩展息息相关。英国当代著名社会学家吉登斯认为，社会学不是有关人类社会整体研究的一门通用的学科，而只是社会科学的一个分支，只关注"发达的"或"现代"社会。吉登斯指出："现代性指社会生活或组织模式，大约 17 世纪出现在欧洲，并且在后来的岁月里，不同程度地在世界范围内产生着影响。"[①] 他进而从资本主义、工业主义、监控体系和对暴力工具的控制上界定了现代性的四个维度。

在鲍曼那里，现代性并未被赋予一个精确的界定。可以从两个重要方面看出他对现代性的理解：

其一，鲍曼认为，"知识/权力"共生是现代性最显著的特征。鲍曼指出："正是在启蒙时代，作为现代性之最显著特征的'知识/权利'之共生现象被确立。"[②] 这一观点始于鲍曼对知识分子问题的研究。在鲍曼看来，这种"知识/权利"共生现象是现代初期两种趋势共同作用的产物：一是新型的国家权力根据某种秩序模式构建和管理整个社会系统；二是自治性与自组织性的讨论活动的确立。由于国家权力追求并实践对整体性社会的设计、规划与控制的秩序模式，这种讨论活动发挥了促进这种模式产生的作用。

鲍曼首先追溯了"知识/权利"共生现象的社会起源。他指出，在前现代生活的人类通过"高密度的社会交往"，克服危险、保护自身的安全，在"高密度社会交往"中，人们对彼此的身份与位置一清二楚，每个人的生活都公开透明。但这种建

① ［英］安东尼·吉登斯：《现代性的后果》，田禾译，译林出版社 2000 年版，第 1 页。

② ［英］鲍曼：《立法者与阐释者——论现代性、后现代性与知识分子》，洪涛译，上海人民出版社 2000 年版，第 2 页。

立在“高密度社会交往”上的稳定性无法移植到一个扩大了的或流动的社会中。随着社会发展和人口的迅速增长，饥荒、瘟疫、贫穷不断增加，流浪者人数也不断增多，这颠覆了作为社会秩序基本单位的共同体，动摇了建立在“高密度社会交往”之上的稳定性和安全感，恐惧与失序逐渐弥漫在社会之中。

鲍曼论述了稳定性的破坏与恐惧的增加，促使国家强化自身，在维持社会中的作用，以及所引发的一系列立法实践。法律制定者努力使大量的流浪者置于法律的监视之下，由此导致的重要结果是强制性监禁的发明，监狱、贫民院、劳改场所、精神病院等是这一发明的重要产品，而边沁的“全景监狱”是强制性监禁的典型代表。这种强制性监禁导致权力体制的创新，即有权力的少数人对作为权力对象的大多数人的不均衡监视，不均衡监视的重要后果是将专家置于监视者的位置上。

鲍曼指出，专家角色的凸显是因为不均衡监视要对人类行为模式进行整体性改造，把千篇一律的规则强加在繁杂多样的现实活动之上，这需要具有专业知识和实践技能的人参与其中，专家这一角色适应了这种社会控制的需要。“为了掌握所有的技巧，他们必须运用其他人没有的特定知识。权力需要知识，知识赋予权力以合法性和有效性。拥有知识就拥有权力。”①

其二，鲍曼认为，建立秩序是现代性的不懈追求。他指出，现代性表达了社会管理者将秩序施于自然与社会之上并由此克服不确定性的努力。鲍曼将现代性的展开比作从“荒野文化”（wild culture）向“园艺文化”（garden culture）转变的过程。荒野文化中的人无须有意识的计划、管理、监督，过着代际复制的生活；而在园艺文化中，“园中的野草，一种不请自到的、

---

① ［英］鲍曼：《立法者与阐释者——论现代性、后现代性与知识分子》，洪涛译，上海人民出版社 2000 年版，第 64 页。

漫无计划的、自生自灭的植物，增强了强加于自然的人为秩序的脆弱性，它们让园丁们想到需要对田园进行不间断的管理和监视"[①]。在前现代社会，统治阶级是一个看守人集团，而通往现代性的过程是园丁角色取代看守人集团的过程。

鲍曼指出，秩序就是非混乱，"在现代性为自己设定的并且使得现代性成为现代性的诸多不可能完成的任务中，建立秩序的任务——作为不可能之最，作为必然之最，确切地说，作为其他一切任务的原型——凸显出来"[②]。人们通过分类活动赋予世界以结构，而分类包容和排斥行动，只要存在分为秩序和混乱并包含了对二者的抉择，存在便具有了现代性。混乱是秩序的他者，他者意味着不确定性和恐惧的来源，是现代性加以否定的对象。对秩序的追求本质上是一种合理化活动，与现代科学原则——如效率性、精确性、可控制性等是相一致的。我们将看到，极端的铲除杂草的"园艺文化"与秩序追求成为骇人听闻的纳粹大屠杀的重要根源。[③]

鲍曼认为，后现代社会凭借引诱方式控制社会，知识分子扮演着阐释者的角色。作为阐释者的后现代知识分子具有如下特征：①阐释者对与某一共同体传统相关的观念进行翻译，以便他们能够被其他共同体的观念理解；②阐释者并不是以选择最佳观念为取向，他们的目标仅仅是促进各个自治共同体之间的沟通；③阐释者试图防止沟通过程中发生的意义曲解；等等。换句话说，阐释者的主要任务就是理解各种观念，用易于接受

① ［英］鲍曼：《立法者与阐述者——论现代性、后现代性与知识分子》，洪涛译，上海人民出版社 2000 年版，第 67 页。

② ［英］鲍曼：《现代性与矛盾性》，邵迎生译，商务印书馆 2003 年版，第 7 页。

③ 刘少杰主编：《当代国外社会科理论》，中国人民大学出版社 2009 年版，第 379～380 页。

的方式表述，使各种观念相互理解。

正因为这样，鲍曼十分重视对于阐释及作为阐释者的知识分子作出论述。他指出，知识是对客观事物的科学认识，是普遍原理。知识分子是知识的生产者，为政府官僚体系的运转提供信息和各种专门知识，为政府的合法性创造知识体系。现代政府消除地方传统、发动战争等行为都是通过知识分子的论证合法化。知识分子是普遍性知识的创造者、规则和权威的知识基础和合法性的来源。后现代知识分子与现代知识分子相比，后现代知识分子只是作出阐释而已。

鲍曼指认，坚持后现代性学说见解的人，往往主张没有普遍的、精确的知识，人类知识总是情境性的、多元的、相对的。基于多元性、差异性，个人利益、价值和信仰千差万别，不可以简单化为同一性。鉴于知识观念和社会控制方式的变化，知识分子不再是标准和法则的制定者，而是注重阐释不同于传统的知识，促进相互交流。[①]

如前所说，对于“现代性”与“后现代性”（modernity and postmodernity），在鲍曼那里，并非是对于不同的思想阶段所使用的理论概念。后现代性概念的使用表达了鲍曼对现代性问题的回溯式反思，即通过跳出现代性来对其加以质疑和批判；后现代性不是对现代性的取代，而是对现代性的问题与局限予以面对和揭示，并使现代性所隐含的内容得以呈现；同时，后现代性并不宣告现代性的终结和对它的遗弃，它昭示了一种与现代性有所不同的状况。具体来说，鲍曼所使用的后现代性概念有三种内涵，或者说他在三个层面上使用这一概念。

第一，作为知识分子新奇体验的后现代性。在《立法者与

① 侯钧生主编：《西方社会学理论教程》，南开大学出版社 2010 年版，第 479～480 页。

阐释者——论现代性、后现代性与知识分子》一书中，鲍曼以特别重视的态度，论证解释者。鲍曼用"现代性"与"后现代性"表达知识分子角色所处的截然不同的两种境遇，以及相应的截然不同的两种策略①，并指出现代型世界观以及现代性知识分子策略部分地被后现代型世界观及其策略所取代。鲍曼指出，典型的现代世界观认为，世界是一种有序的总体，表现为一种可能性的非均衡分布的模式，这就导致了对事件的解释，解释如果正确，便会成为预见和控制事件的手段。控制几乎总是与命令性行为相关联，这种命令性行为被理解为一种对于可能性的操纵。"立法者"角色这一隐喻，是对典型的现代型知识分子策略的最佳描述。这一角色由对权威性话语的建构活动构成，这种权威话语对争执不下的意见纠纷作出仲裁与抉择，并最终决定哪些意见是正确的和应该被遵守的。于是，社会中的知识分子团体比非知识分子拥有更多的机会和权利来获得更高层次的（客观）知识，他们被赋予了从事仲裁的合法权威。与此相对，典型的后现代世界观认为，世界在本质上由无限种类的秩序模型构成，每种均产生于一套相对自主的实践。秩序并不先于实践，因而不能作为实践之有效性的外在尺度。每一种秩序模式唯有从其生效的实践角度看才是有意义的。有效性所引入的评判标准是从某一特殊传统中发展起来的并由"意义之共同体"中的习俗和信仰来维护。在鲍曼的阐述中，"阐释者"角色是对典型的后现代型知识分子策略的最佳描述。"阐释者"角色由形成解释性话语的活动构成，这些解释性话语为某种共同体传统中的知识系统所理解。这一策略并不是为了选择最佳的社会秩序，而是为了促进自主性的共同参与者之间的交往。它所

① 参见［英］鲍曼：《立法者与阐释者——论现代性、后现代性与知识分子》，洪涛译，上海人民出版社 2000 年版，第 4～7 页。

关注的问题是防止交往活动中发生意义的曲解。

第二，作为认知维度的后现代性。这一意义上的后现代性注重从后现代的视角审视现代性、反思现代性。在鲍曼看来，后现代性是现代性的成果：现代性在一段距离之外而非从内部反观自身，开出详细的得失清单，对自己做深层的心理分析，发现以前从未清楚地说出过的意向。后现代性是现代性与其不可能性的妥协，是一种自身监控的现代性——是清醒地抛弃了曾经不知不觉所做的一切的现代性。[①]

第三，作为社会状况的后现代性。在鲍曼那里，“对后现代状况的最普遍的描述/解释，就是对‘消费社会’的描述/解释，它指出了新的历史时代的最重要的特征，这就是消费者的来临，以及消费者的（至少是数量上的）统治”[②]。在后现代社会中，消费者实践一种全新的生活策略。鲍曼将现代人比作朝圣者，对朝圣者来说，“他能够/应该/不得不在其生命的极早期就信心十足地选择他的终极目标，并确信前方的生活之路没有曲折，不是绝境和迂回之道。满意的延迟极似它引起的短暂的失望，在它与时间的直线性和累计性相伴的范围内，是激励人的因素和建立身份的热忱的力量之源”[③]。后现代生活策略的中心不是建立身份，而是逃避身份。生活游戏是快速有趣而又消耗精力的，不给人时间暂停、思考和做精心设计。

鲍曼提出构建后现代性社会学的构想。他首先对“后现代社会学”与“后现代性社会学”（postmodern sociology and soci-

---

① 参见［英］鲍曼：《现代性与矛盾性》，邵迎生译，商务印书馆 2003 年版，第 410 页。

② ［英］鲍曼：《立法者与阐释者——论现代性、后现代性与知识分子》，洪涛译，上海人民出版社 2000 年版，第 257 页。

③ ［英］鲍曼：《生活在碎片之中——论后现代道德》，郁建兴译，学林出版社 2002 年版，第 93～94 页。

ology of postmodernity）加以区分，在对大屠杀的研究中鲍曼就曾指出，社会学从诞生之日起就是现代性的附属物，而后现代社会学依然停留在与研究对象之间所具有的模仿关系上，后现代社会学所采用的只是模仿与描述的策略；而后现代性社会学关注的是后现代条件下社会学应该是怎样，伴随着现代性自身受到质疑和后现代情境的来临，社会学应该运用新的概念和分析工具来应对新的社会情境并重新确立其存在的合法性。

在《后现代性的通告》中，鲍曼确立了后现代性社会学的多个信条[①]：①后现代生活环境是一个复杂、不可预知的系统。②后现代生活环境之所以复杂是因为它缺乏一个集中规划目标的组织，以及它包含了一大批规模不等、目标单一的行为主体。没有任何一个行为主体大到能够包容或控制其他的行为主体，而且每个行为主体都拒绝集中化的控制。虽然他们部分地相互依赖，但行为主体具有很大的自由去追求各自的制度化目标。③行为主体的内部可能井然有序，但在一个更大的环境中运行之时，他们面对的将是一个充满了混沌和剧烈的不确定性的区域。这一区域蕴藏多元的意义和主张并因此而永远充满矛盾，这一区域所可能呈现的所有状态都显得具有同等的偶然性。如果每一个行为主体都以不同的方式行动，他们参与其中的区域就可能呈现为不同的状态，也就是说，行为主体会影响他们在其中运作的环境。④行为主体的存在情景是流动多变的。行为者的认同需要不断的自我建构，这种自我构建的过程在很大程度上建立在实验和错误的基础之上。认同永远都在变化，但并非朝着任何明确的方向发展。在任何确定时间内，认同的建构都包含了一些现存元素的插接和新元素的装配。⑤所有这些中

① See Z. Bauman, *Intimation of Postmodernity*, New York, Routledge, 1992, pp. 192—196.

唯一不变的是身体，但是，即使如此，行为者也不断地将注意力投放到身体的培育和养护上。人们从事一系列自我控制和自我提高的活动（如慢跑、节食）。因此，这些活动未被感觉到是外部强加的、麻烦的和应该抱怨的，而是被感觉为行动者自由的表现。在更一般的意义上，可以说行为者不再是被强制的，而是被诱惑的，如购物。⑥行为者需要一系列方向性的指示塔来指导贯穿他们一生的运动，那些指示塔是由其他（真实的或想象的）行为主体所提供的。行为者可以自由地接近或抛弃那些行为主体。对某一特殊行为主体的忠诚是通过“象征性标志”的选择来完成的，这些标志表明他属于或认同于那个行为主体。行为者可以自由地选择或不选择那些有效的和可接近的象征性标志。⑦各种象征性标志必须对行为者自我建构发挥效用，由于后现代世界缺乏确定性，各种象征性标志对大多数人来说具有重要的意义。各种标志能否被专家担保决定了它们能否使人拥有信心。因此，行为者选择的自由和对外部行为的依赖是相互促进的。⑧拥有更多知识的行为者能够在更广泛的装配样式中进行选择，接近资源的能力在行为者之间随着他们个人资产尤其是知识财富的变化而变化。在后现代社会中，资源选择自由上的差别是社会地位和社会不平等的主要基础。在任何一种以资源重新分配为目的的冲突中，知识也是一个重要因素，对知识的强调趋向于进一步增强专家的地位。如果说信息成了一种主要的资源，专家则成为所有自我装配的主要经纪人。[①] 由这些论述可见，他对现代和后现代，是基于行为、行为主体来论说的。

在鲍曼看来，当现代性到了自我批判、自我毁誉和自我拆

① 刘少杰主编：《当代国外社会学理论》，中国人民大学出版社 2009 年版，第385～387 页。

除阶段时，很多以前的伦理学原理所循序的路径开始看上去像一条盲目的小径，同时，对道德现象进行激进、新颖理解的可能性之门——伦理学的后现代方法——被开启了。这一方法的新颖之处并不在于放弃现代的道德关怀，而在于拒绝从事道德问题研究的传统的现代方法，这种方法用政治实践中的强制性的、标准的规则和在理论上进行绝对性、普遍性、根本性的哲学追问作为对道德挑战的反应。对现代野心的后现代批判构成鲍曼后现代伦理学的研究主题。这里强调的是，后现代伦理学实际是以后现代视角对现代伦理的困境加以审视和怀疑。

鲍曼由此进而认为，现代伦理思潮与现代立法实践相结合，试图制定并强加一种全面的、整体性的道德规范，即一种能够强迫人们普遍遵守的行为规范。在立法者的实践中，普遍性代表他们主权所及的领土范围内一套毫不例外的法律规则。哲学家把"普遍性"定义为伦理命令的一种性质，它强迫每一个人认识到"普遍性"是一种权利，因此要把它接受为一种责任。[①]就像法律先于一切秩序一样，伦理必须先于道德。道德是伦理的产物，伦理规范是生产方式，伦理哲学是工业技术，伦理说教是道德工业的实证主义；善是它所计划获得的收益，罪恶是他生产中的废品或副产品。[②] 在鲍曼看来，这种相信无矛盾的、非先验的伦理学法典存在的可能性正是现代性所秉持的一种信念。

在鲍曼那里，如果说秩序和创造是现代性的战斗口号，那么解除管制和再利用就成为后现代的标语。出于对秉持普遍主

① 参见［英］鲍曼：《后现代伦理学》，张成岗译，江苏人民出版社 2003 年版，第 10 页。

② 参见［英］鲍曼：《后现代伦理学》，张成岗译，江苏人民出版社 2003 年版，第 31 页。

义原则的现代伦理的怀疑，鲍曼以后现代视角进行思索，就道德问题指出了这样几个方面[①]：①人在道德上善恶并存。没有一种逻辑上自洽的伦理学法典能够“适合”道德在本质上善恶并存的状况。因此，断言“人在本质上是善的，因此我们不得不去帮助他们，使他们能够根据他们的本性去行动”和“人在本质上是恶的，必须避免使他们依据他们本能的冲动去行动”都是错误的。②道德现象在本质上是“非理性”的。道德现象优先于目的考虑和利益得失计算，它们不是有规则的、可重复的、单一的、可预测的，因而不能为任何“伦理学法典”所穷尽。③道德具有先验性，道德自我在模糊的环境中运行、感知和实践，充满了不确定性。④道德不能被普遍化，普遍化的道德把道德引向一个社会设定的目标，这可能并且确实包括非道德的目标。⑤从“理性秩序”的角度看，道德是并且注定是非理性的，对道德的社会管理是一个复杂的、精致的运作，它导致的矛盾比它想尽力消除的更多。⑥考虑到有关伦理立法上社会努力的不明确影响，我们必须假设，道德责任即在能与他者相处之前首先为他者考虑，是社会之起点而非社会之产品。⑦对道德现象的后现代透视并没有揭示出道德相对主义，亦不赞成“怎么都行”的无政府主义。

鲍曼指出，现代性是伦理的时代，但伦理的危机并不必然预示道德的危机，伦理时代的终结也不意味着道德的终结，相反，伦理时代的终结将迎来道德时代——后现代可以被视为这样一个时代。鲍曼指出，我们仅仅能在这样一种意义上称后现代是一个“道德的时代”：“由于‘解除禁锢’——紧紧地包裹并模糊了道德自身和道德责任的现实的伦理的乌云的消散——

① 参见［英］鲍曼：《后现代伦理学》，张成岗译，江苏人民出版社2003年版，第12～18页。

现在，当道德问题从人类生活经历中出现时，当它们在一切不可挽救并且无法更改的矛盾情绪中面对道德本身时，我们有可能而且必然在它们裸露的真相中直接面对道德问题。"[①] 仅仅到现在，行为对道德自身来说是一种负责任的选择，最终是一种道德觉醒和责任。

鲍曼强调，但是，在后现代时期，由于没有一个主导的伦理模式，人们只有转向它们自身的个体道德，并且注定要承受充满困境的道德生活。因此，矛盾的状况是，后现代状况为行动者恢复了道德选择和责任的丰富性，同时又从他们那里剥夺了现代的自信曾经允诺的被普遍性原则所指引的安逸。我们的时代是一个强烈地感受到道德模糊性的时代，这个时代给我们提供了以前从未享受到的选择自由。同时也把我们抛入一种以前从未如此令人烦恼的不确定状态。我们可以信赖的权威都被提出了质疑，似乎没有一种权威大到能够为我们提供我们所追求的信任。最后，我们不信任任何权威，至少我们不依赖任何权威，我们对任何宣布为绝对可靠的东西都充满疑虑。

鲍曼认为，如果说后现代伦理是从认知的角度审视现代伦理的矛盾与困境，那么后现代道德则是立足于后现代社会状况对道德问题加以审视。鲍曼指出，社会情境的破碎化和生活追求的插曲化是后现代道德问题的根源。鲍曼指出，后现代社会是消费者的社会，是感觉采集者而非商品收集者的社会。在消费者社会中，现代性"满足的延迟"和追求身份的朝圣者的生活策略被后现代的漫步者、流浪者、观光者、比赛者四种生活策略所取代，这四种策略"都倾向于将人际关系变成破碎的和不连续的；他们联合起来反对'拧成一股绳'和持久关系的影

① ［英］鲍曼：《生活在碎片之中——论后现代道德》，郁建兴、周俊、周莹译，学林出版社 2002 年版，第 41 页。

响，坚决反对建立相互责任和义务的持久网络。他们都赞成和提倡人与人之间的距离……将人际互相影响的广大领域，甚至他们之间最亲密的领域，排除在道德判断之外”。[①] “为他者负责”的道德受到巨大冲击和挑战。现代性是一个陷阱，后现代性是一个雷区。这是鲍曼对现代性和后现代性描述与分析时对多数人生存境况的概括。在1997年出版的《后现代性及其缺憾》一书中，鲍曼延续弗洛伊德《文明及其缺憾》的“文明源于压抑，人们在获得日益增多的安全的同时，却失去了自由”的思路，指出后现代性的缺憾源于自由，即人们在得到日益增多的自由的同时，却失去了安全感。鲍曼用富有诗意的语言写道：“当自由在安全的神坛上牺牲时，自由的光彩最为光泽。当安全在个体自由的神殿下被牺牲时，它便偷走了自由这一牺牲品的光彩。当单调无聊的白日纠缠着安全的寻求者时，失眠的夜晚就是对自由者的诅咒。”[②]

有学者评论说，在《流动的现代性》这部备受关注的著作中，鲍曼没有像研究大屠杀那样富有批判的色彩，而是创造性地描述和分析了现代性的两种形态，即沉重的、稳固的、硬件取向的现代性与轻灵的、流动的、软件取向的现代性，并认为“流动的”现代性的到来改变了人类的生存状况。他指出：“从沉重的资本主义过渡到轻灵的资本主义，从固态的现代性转变到液态的现代性，结果可能是一次比资本主义和现代性本身的来临更为激进、更具深远影响的新的起点。”[③] 在这部著作中，

① ［英］鲍曼：《生活在碎片之中——论后现代道德》，郁建兴、周俊、周莹译，学林出版社2002年版，第110页。

② ［英］鲍曼：《后现代性及其缺憾》，学林出版社2002年版，引言第4页。

③ ［英］鲍曼：《流动的现代性》，欧阳景根译，生活·读书·新知三联书店2002年版，第198页。

鲍曼几乎放弃使用现代性与后现代性这对范畴，而从权力控制方式、权威类型、资本与劳动的关系、时空特征等方面对现代性的两种形态加以比较分析，其中的很多问题可以看成是鲍曼对现代性、后现代性和全球化等问题的丰富和展开。[①]

由以上，有社会学家强调，可见，鲍曼在对已经逝去的世界进行反思的过程中，遵循了一种从现代性之外来反思现代性的理论策略。鲍曼指出，尼采、弗洛伊德、齐美尔对现代性的分析，如果从家族相似的特征进行概括的话，他们的共同特征是：首先，他们都相信现代性的"优越性"。尽管他们对现代社会生活的形态持有一种热忱的、苛刻的或直言不讳地批判的态度，但他们几乎从不会质疑现代性之优越性。其次，他们都把现代性看作一个过程性的语词，一个从本质上尚未实现（unfinished）但有待实现的规划。再次，他们都从"内部"看现代性，因此，只是一些途中的报道。[②] 与此相反，鲍曼提倡一种从现代性之外的理论视角来审视现代性。鲍曼指出，被理论化的对现代性"内部"体验的方式，提供了一个理解非现代诸生活形态的参考架构。然而，如果没有一种来自外部的观察视角，就无法提供理解现代性自身的参考构架。现代性是一种具有丰富的历史背景的现象，然而由于缺少使现代性这一现象自身相对化或对象化的东西，在它之外我们看不到任何东西，也无法把它看作一个意义已经确定和完成了的事件。[③] 因此，对现代性的审视意味着我们一定是站在现代性之外的。正是站在现代性之外，

---

① 刘少杰主编：《当代国外社会学理论》，中国人民大学出版社2009年版，第388～389、399页。

② ［英］鲍曼：《立法者与阐释者——论现代性、后现代性与知识分子》，洪涛译，上海人民出版社2000年版，第154～156页。

③ ［英］鲍曼：《现代性与矛盾性》，邵迎生译，商务印书馆2003年版，第408～409页。

我们才能将现代性当作一项工程（一项有其意向、目的和手段的设计）来提及。也正是站在现代性之外，我们才发现在现代性的“尾迹”中，我们对现代性这艘轮船在设计中的严重缺陷有所察觉。我们意识到，这艘轮船不可能将我们带往更愉快的去处。面对这一事实，人类乐意以新的、批判的眼光重新查看以前的导航原则。[①]

总之，在鲍曼看来，沉重的现代性时代是以一个模仿建筑和园艺的方式来塑造现实、按照严格的程序建构现实、希望用立法手段让理性进入现实的时代。这是一个立法者、程序设计者和监督者的世界，是一个以别人确定的方式和目标来行动的世界，也是一个领袖权威和导师权威的世界。而轻灵的现代性时代“并没有彻底破坏立法者的权威，也没有使它们显得多余。它只是导致并容许太多的权威同时存在，以致对任何一个权威来说，都不能长久地掌权，更不用说是成为唯一的权威”[②]。在流动的现代性时期，再也没有伟大的领袖会告诉你去做什么、如何去做，有的只是“不要告诉我，做给我看”的榜样。鲍曼举了健身的例子并以教练的口吻讲到，看看我的躯体，它是苗条的、有弹性的，有形有款、有模有样，而且永远年轻、充满活力。你也一定可以有我这样的躯体。我的身体是我自己的杰作，如果你像我那样去做，你也可以拥有它。流动现代性的生活状况，促使人们去寻找榜样而不是去遵照领袖。但是“寻求榜样、建议和指导的行为，是一种‘上瘾’行为：你寻求得越多，你就越需要这样做，并且当你没有‘毒品’提供时，你就

① 杨善华、谢立中主编：《西方社会学理论》（下卷），北京大学出版社 2006 年版，第 333～334 页。

② ［英］鲍曼：《流动的现代性》，欧阳景根译，生活·读书·新知三联书店 2002 年版，第 98 页。

会感到更不舒服、不自在"[①]。因此，寻求榜样的"上瘾"行为并没有解决个人问题。鲍曼以购物为例说明这种"上瘾"行为。在消费社会中，每个成员都在参加一场又一场的赛跑竞技，它的原型是购物行为，购物行为的本质不是具有明确特征的需要，而是比需要短暂多变、难以捉摸、变幻莫测的欲望，这种欲望如同赛跑的终点线，它的移动速度使最快的短跑者也望尘莫及。对新的改进生活的榜样和诀窍的永无止境的追求也是一种购物行为——或者寻找快乐或者追求舒适之感，但也在试图逃避不稳定性的痛苦。用鲍曼的话说，"上瘾"的购物行为"是一个在白天举行的、对这些一直在晚上徘徊的、可怕的不确定和不稳定性幽灵加以驱除的仪式"。[②]

3. 人们注意到，20 世纪后期以来，"全球化"作为一个时髦的词汇在商界、学术界和大众传媒等领域兴起，"潮流""趋势""势不可挡"等词汇往往与"全球化"放在一起而对之加以修饰，随着新自由主义的抬头并甚嚣尘上，对"全球化"的热情赞颂之词几乎淹没了对它的怀疑与反对之声。清醒的社会理论家以质询的姿态分析"全球化"的实质。法国社会学家布迪厄在《遏制野火》中揭示，"全球化"是西方新自由主义者人为的宣传口号，它没有一个自然生成的过程，而是以新自由主义为意识形态的跨国公司和跨国金融资本有组织有预谋的宣传策略，其目的无非是在经济上控制全球甚至摧毁他族的经济与政治主权。

学界注意到，鲍曼是对全球化持有警惕性的社会理论家之

① ［英］鲍曼：《流动的现代性》，欧阳景根译，生活·读书·新知三联书店 2002 年版，第 110 页。

② ［英］鲍曼：《流动的现代性》，欧阳景根译，生活·读书·新知三联书店 2002 年版，第 124 页。

一，他虽然没有像布迪厄那样从新自由主义与全球化的共谋上对二者加以质询，但他们有一点是相同的，即揭示出全球化并非一种全球一致性，而是夹杂着复杂的问题。鲍曼从两个主要方面对表面上的全球化加以分析和批判，即全球化不是“世界化”，与全球化相伴随的是空间的排斥与区隔的存在。

（1）对于全球化不等于世界化，鲍曼指出，全球化概念所传达的最深刻的意义就在于世界事务的不确定、难驾驭和自力推进性，在于中心的“缺失”、控制台的缺失、董事会的缺失和管理机关的缺失。因此，全球化其实是“新的世界无序”的别称并与另一个概念“世界化”区分开来。“世界化”曾经构成了全球事务的现代话语，是指一种普遍的秩序，即世界性的真正全球规模的秩序建构。世界化“这一概念是现代强权足智多谋和现代知识界勃勃雄心的汹涌浪潮中创造出来的”①。这一概念宣示了改造世界和改善世界以及把这一改造与改善推向全球、推向全物种的坚强意志。

与“世界化”这一术语不同，“全球化”概念主要是非蓄意和非预期的全球性效应，而不是全球性倡议和行动，“我们既没有办法，也不太知道怎么想方设法作全球规划和实施全球行动。‘全球化’并不是关于我们所有人的或至少我们中最富有才干、最有作为的人所希望从事的东西，而是发生在我们大家身上的东西”②。“全球化”是一种“来源不明之力”，超越了任何人的计划和行动的能力所及。可以说，鲍曼是从另一个维度延续对现代性问题的反思，或者说是从全球化的角度确认现代性对秩序的追求乃是一种无法完成的任务，对全球秩序的追求往往制造出它的对立面——失序、无序或分化、地方化。总之，“全球

① ［英］鲍曼：《全球化》，革和等译，商务印书馆2001年版，第57页。
② ［英］鲍曼：《全球化》，革和等译，商务印书馆2001年版，第57～58页。

秩序"是一场没有终点的赛跑。

全球化种种过程的一大不可或缺的部分，是循序渐进的空间隔离、分离和排斥。全球化也意味着两极分化，它以"能否自由流动"为中心对贫穷与富有、游民与定居者、正常与反常作出区分。在众多的区分标准中，"流动性登上了令人垂涎的价值之列：流动的自由（它永远是一个稀罕而分配不均的商品）迅速成了我们这个晚现代或后现代时期划分社会阶层的主要因素"①。有些人成了名副其实的"全球人"，而有些人却只能固守本土，在一个全球化的世界中，处于本土往往被看成是被社会剥夺和贬黜的标志。②

鲍曼关注全球化实际上是关注经济（资本）全球化所带来的一系列问题或后果。这些问题体现在从民族国家到个人的不同层面上。鲍曼对这些问题与困境的思考实际上是从制度维度对后现代性所面临的困境的思考。鲍曼首先要凸显这些困境，然后尝试性地提出超越这些困境的办法。在对全球化问题关注的过程中，鲍曼淡化了早期一直使用的"后现代性"一词，而用"流动的现代性"取而代之。这说明了他已经从宣告一种崭新的社会形态的来临转到对这种社会形态进行深层的社会结构的探讨，进而对其进行批判性的诠释。在批判性的诠释中，鲍曼日益关注当代西方社会人类的生存状况，尤其是关注处在边缘地位的"新穷人"的命运。

鲍曼指出，"全球化"（globalization）不同于"世界化"（universalization）。"世界化"这一概念传达了建立秩序的意图和决心（它是面向全球的倡议和行动）。不仅如此，它还指一种普

① ［英］鲍曼：《全球化》，革和等译，商务印书馆2001年版，第2页。

② 刘少杰主编：《当代国外社会学理论》，中国人民大学出版社2009年版，第396、390～391页。

遍的秩序，即世界性的真正全球规模上的秩序建构。[①] 与此不同，“全球化”主要指的是完全非蓄意和非预期的全球性效应（后果），而不是全球性倡议和行动。也就是说，我们的行动可能经常具有全球化的后果，但我们不具有也不可能获得全球性的规划和实施行动的办法。全球化并不是关于我们所有的人或至少我们中最富有才干、最有作为的人所希望从事的东西，而是发生在我们大家身上的东西，它超越了任何人的计划和行动能力之所及。鲍曼就是在此意义上展开了对全球化后果的分析。[②]

首先，鲍曼认为，资本的全球化使民族国家面临着前所未有的困境。一方面，由于资本和金融的自由流动，“经济”已逐渐摆脱了政治的控制，从而使民族国家日益成为全球跨国公司的保安。在全球资本认可下的超地区机构对所有成员国或独立国家一次次地施加压力，促使他们摧毁可能阻碍或延缓资本自由流通和限制市场自由的一切东西。结果是，弱小的准国家很容易降级为地方警察分管区的角色。[③] 另一方面，与资本的全球化合拍的是，在全球范围内，更弱、资源较不丰富、“政治上独立”的“新领土实体”创建起来。[④] 这反映了当今世界民族主义势力的抬头。在鲍曼看来，由于民族国家放弃了提供确定性和安全性的使命，从面使得孤独的个体们又重新聚集在民族的羽

① Zygmunt Bauman, *Globalization*: *The Human Consequence*, Polity Press, 1998, P. 59.

② Zygmunt Bauman, *Globalization*: *The Human Consequence*, Polity Press, 1998, P. 60.

③ Zygmunt Bauman, *Globalization*: *The Human Consequence*, Polity Press, 1998, P. 66.

④ Zygmunt Bauman, *Globalization*: *The Human Consequence*, Polity Press, 1998, P. 67.

翼下。这带来了当今世界不同文化类型、不同种族、不同民族之间的孤立与隔绝，甚至严重的冲突。

面对民族国家的困境，鲍曼显示出了一种矛盾的心态。一方面他认为民族国家主权的削弱是不可避免的，因为这无力为个体提供认同与安全。另一方面，鲍曼认为，没有什么能取代民族国家在经济、政治和文化上的重要作用，当前各种民族主义运动的空前活跃及在全世界引发的暴乱最好地证明了各种"想象的共同体"（imagined community）（种族或民族共同体）无力承担起联结孤独个体的任务。在鲍曼那里，民族国家的出路依然是未知的。不仅如此，鲍曼对各种国际机构和各种非政府组织所发挥的作用不抱信心，对于哈贝马斯提出建立世界国家的构想也不感兴趣。

其次，鲍曼认为，资本的全球化所带来的直接后果是，在世界范围内产生了更为严重的两极分化现象。鲍曼指出，由于"参考群体"的崩溃和相对剥夺观念的个体化，穷人与富人、更穷的人与更富的人之间的差距，无论是在社会阶层之内，还是在社会阶层之间，都在全球范围内、在每一个国家内扩大。[①] 与其他一切社会一样，后现代消费社会是个阶层化的社会。"上层"与"下层"根据消费者的"流动程度"，即选择何处去的自由度来划分。"上层"与"下层"之间有一条无形的界限，边界两边根本没有交流。鲍曼指出，在后现代这个阶层化的社会中，第一次没有给穷人分配角色。鲍曼将后现代消费社会的穷人称为"新穷人"。鲍曼指出，"新穷人"是资本从劳动中解放出来的一个成果。当资本从劳动力中解放出来之后，穷人只有真正被认为是"消费的储备大军"时，他们才能扮演一个类似于

① ［英］鲍曼：《共同体》，欧阳景根译，江苏人民出版社 2003 年版，第 106 页。

“系统内部”的角色。但“新穷人”不是消费社会中的一员，他们被排斥在“消费大餐”之外，因此，新穷人也就永久地被排斥在社会结构之外。如同法国著名的社会学家图雷恩（A. Touraine）所说：过去的法国是一个金字塔式的等级结构，人们的地位是高低不同的，但同时又是在同一个结构中；而今天的法国就像一场马拉松赛一样，每跑一段都会有人掉队，既被甩到了社会结构之外。他认为，现在的法国还在继续跑下去的只有四五百万人，就是那些被吸纳进国际经济秩序中的就业者，其余的人都是掉队的。①

对于鲍曼来说，全球化的社会就这样被分化为“被诱惑者”与“被压迫者”、“全球性的精英”与“地区性穷人”这种截然对立的两极。由此，这个世界呈现为两个完全不同的画面。一个画面是那些被诱惑参与到消费中去，并体验到刺激的兴奋与快乐的全球人；另一个画面是那些拒绝消费诱惑，并只能被固定在原地的地区性的穷人。这两个世界中的人有着不同的生存体验，体现了两种不同的生存状况。对于当代西方社会来说，并不是中产阶级在逐渐扩大，而是中产阶级日益无产阶级化。②可是比“新穷人”的贫困更令人忧虑的是，穷人将他们的不幸看作是应该独自承受和解决的问题，由此他们没有形成一个寻求建立通过集体力量来解决个人不幸的利益共同体。结果是，个人在“系统化矛盾”的面前找不到有效的解决办法。正如贝克在《风险社会》一书中指出的，对于大多数人来说，分化的过程实际上是专家们把矛盾和冲突堆放在个体的脚下，善意地邀请他或她任其以自己的观念为基础对这一切作出批评性的判

① 孙立平：《断篇——关注当下中国发展中的社会断裂》，《社会学家茶座》2003年第2期。

② Rorty Richard, *Achieving Our Country*, pp. 83—84.

断。结果，我们大多数人被迫去寻求"对系统性矛盾的传记式的解决方法"[①]。寻求对系统化矛盾传记式的解决方法意味着没有任何他人为个体自身的苦难负责，个体必须从自身中寻找失败的原因。因此，个体在每天的生活中都将陷入自责与自卑之中。然而贝克指出，对系统化的矛盾绝没有传记式的解决方法，尽管我们被迫使或被引诱去发现或创造的正是这种解决方法。只要对人类状况日趋严重的不确定性所做出的反应仍将局限于个人的行为，那么这种反应就不可能是理性的。[②]与贝克一样，鲍曼也认为，对于系统化矛盾的后果，个体只能试图缓和它们对个体幸福的影响，而不能弱化它们对生活状况的控制，更不要说解决这些矛盾。对个体化而言，自由遗留下来的无法触及的核心是协商，甚至改变系统性框架的机会。后现代社会通过缩减制度的支持使个体单独面对他们的责任，但这并没有使个体变得勇敢和坚决，更不会使他们对共享生活社会化的形成状况保持警觉[③]。系统化的矛盾不可能通过个人的方式来解决，就好比当前社会的结构性失业不是通过个人的努力所能解决的一样。因此，结构性的问题只能通过制度化的、集体的力量予以解决。在这个解决的过程中，重要的一个方面是促使公共领域的复苏和个体公民权的恢复。

再就是，与哈贝马斯批判工具理性导致"生活世界的殖民化"不同，鲍曼指出，在后现代社会中，"个人使得公共空间殖

① Beck Ulrich, *Risk Society: Towards a New Modernity*, Sage, 1992, p. 137.

② ［英］鲍曼：《个体化社会》，范祥涛译，上海三联书店2003年版，第189页。

③ Zygmunt Bauman, *Ethics of Individuals*, Canadian Journal of Sociology, 2000, Volume25, No. 1, p. 88.

民化”[①]。在哈贝马斯那里，生活世界的殖民化是指原本属于私人领域和公共空间的非市场和非商品化的活动，被市场机制和科层化的权力侵蚀了。也就是说，以市场经济和工具理性为主要成分的科层架构的社会组织或行政系统导致了现代社会的人际疏离，以及人类自由和生命意义的失落。与哈贝马斯关注人际间的亲密和谐关系不同，鲍曼关注的是过于个体化的社会使得个体只关注个人的私人问题，而丧失了其作为公民的身份，丧失了对社会问题的关注。

鲍曼指认，在今天，公共空间成为一个公开承认个人秘密和个人隐私的地方。公共空间日益缺乏的是公共问题。它无法扮演过去那种作为私人问题和公共问题聚会与对话的地点的角色。“公共空间”被“私人”占领着；“公共关注”被贬低为对公众人物私生活的好奇心；公共生活的艺术也被局限于私人事务以及公众对私人感情承认的公开展示。个体成为一个公民的保护性盔甲在逐渐地被剥除掉，与此同时，个体所具有的公民能力和利益也被剥夺一空。[②] 对于鲍曼来说，公共空间的丧失，意味着法律意义上的个体与实际意义上的个体之间的鸿沟日益加深，也意味着一个真正自治的社会不可能到来。

鲍曼赞同托克维尔的“个体是公民最坏的敌人”的观点。鲍曼指出，个体化所带来的后果是当代个体趋向于从集体的协定中退却，从社会和政治的责任中退却。查尔斯·泰勒（G. Taylor）认为这是现代性的一个隐忧。泰勒指出，一旦个体的参与行为衰减了，一旦曾作为媒介的横向联合团体萎缩了，个

① ［英］鲍曼：《个体化社会》，范祥涛译，上海三联书店 2003 年版，第 130 页。

② ［英］鲍曼：《流动的现代性》，欧阳景根译，上海三联书店 2002 年版，第 61 页。

体公民就会独自面对巨大的官僚国家。他们就会感到无能为力。这使得公民变得更加消极，并形成"温和的专制主义"（托尔维克）的恶性循环。[①] 这也如鲍曼所言，现在的公民将他们的政治权利拱手相让，退回到他们的私人家庭生活中去。但他们忘记了，家庭生活与公共生活、私人与公共之间有着复杂而密切的关系。因此，要使人们分担责任，还得花很大精力来帮助公民恢复他们失去的或不再努力使别人听到的声音。声音与退出的区别，是参加与缺席、责任与冷漠、政治作为与漠不关心的区别。鲍曼认为，权力应该属于成熟公民深思熟虑的事务，公民一旦丧失发言权，就不能将任何选择加诸在他们身上。[②] 因此，公民权的恢复也许是法律意义上的个体成为实际意义上的个体的首要前提，也是共和主义得以确立的首要前提。[③]

对于鲍曼来说，全球化就是跨国化和地方化。用罗伯特森（R. Roberson）的话说，全球化就是"全球地方化"（glocalization）[④]。因此，尽管鲍曼赞同吉登斯所提出的关于远距离的事件会产生全球性的影响的论点，但他认为谈论全球社会或全球文化是非常草率的，更不用说全球政治与全球法律。鲍曼指出，全球化是权力与政治的分道扬镳。就像不断地现代化不是一个通向现代性的过程而是现代性的本质特征一样，不断地永远地未完成的全球化是人类状况新的全球性的特质。鲍曼指出，全

① ［加］查尔斯·泰勒：《现代性之隐忧》，程炼译，中央编译出版社 2001 年版，第 12 页。

② ［英］鲍曼：《定位政治》，李培元译，台北韦伯文化事业出版社 2002 年版，第 200 页。

③ 杨善华、谢立中主编：《西方社会学理论》（下卷），北京大学出版社 2006 年版，第 351～354 页。

④ ［英］鲍曼：《定位政治》，李培元译，台北韦伯文化事业出版社 2002 年版，第 142 页。

球性并不意味着政治和文化上的全球性。相反，全球型构（global figuration）的不完整性、单一维度性，以及缺乏重叠、补充、整合政治经济网络的特性是最显著，也许是最重要的"全球性"特征。不均衡或协调的匮乏是全球性潜在的永恒特征。①

在鲍曼看来，后现代社会是个消费者社会。相比较而言，为现代社会奠基的工业阶段是一个生产者社会，它的成员主要是生产者和士兵，这个社会按照这两个角色去塑造它的成员；而在后现代阶段，现代社会几乎不再需要大批的工业劳动力和应征军人，而需要它的成员有能力去做消费者。这一社会向其成员提出的标准是有能力并愿意去扮演消费者的角色。消费者首先是各种感觉的采集者，其次才是物质收集者，理想的消费者是欲望至上，他们不断贪求新诱惑，又很快腻烦已有的诱惑。在消费者的人生中，充满希冀地游历比到达目的地更令人心旷神怡。消费者是一个奔波不息的人，且注定如此。

鲍曼认为，在后现代消费社会中，所有的人都要生活在选择中，可并不是人人都有办法成为选择者。后现代消费社会是一个阶层化的社会，消费者"流动程度"即选择到何处去的自由度是划分消费社会"上层"与"下层"的标准。"上层"与"下层"的重要差别是前者可以把后者甩在后面，有能力纷纷逃离肮脏污浊之地，而没有能力移居者则固守污秽之处。上层的人随心所欲选择游历之地享受人生，下层的人却一次次地被赶出他们的定居之所，即使踏上迁徙之途，其目的地也多半是别人替他们选的且无乐趣可言。一如我们被抛进浩瀚的大海，没有航行图，也没有航标。对装备精良的快艇而言可能是情趣盎

① Zygmunt Bauman, *The Great War of Recognition*, Theory, Culture and Society, 2001, Volume 18, No. 2—3. P. 138.

然的历险，而对一条破旧的小划艇而言则可能变成危险的陷阱和死亡之旅。

鲍曼认为，在以流动性为区分标准的这一等级体系中，上层和下层是有着天壤之别的两个世界，而且他们变得越来越无法相互接触。① 对前一个世界，即全球流动人的世界而言，空间已丧失了其束缚性，而且，无论是"真实"还是"虚拟"空间，都很容易穿越；对后一个世界，即"被束缚于一地"、被禁止迁徙者的世界而言，真实空间正在快速封闭之中。而且，由于媒体肆意地展露空间征服和播出在非虚拟现实中遥不可及的距离的"虚拟可及性"，这种剥夺就变得更为令人痛苦。

鲍曼认为，空间的萎缩取消了时间的流动。前一世界的居民永远生活在现在之中，他们经历了一系列与他们的过去和未来绝缘的人生插曲，这些人一生忙忙碌碌，总是"时间不够用"。相反，被囚困在对立世界上的人们被富裕、冗余和无用的时间所牵累，被压得喘不过气来。在他们的时间中，"什么也没发生"。他们并不"控制"时间，可是他们不同于按照工厂时间节律上下班的先辈们，也不受时间的控制。他们只能消磨时光，正如他们慢慢地被时光消磨掉。

鲍曼认为，对两个世界中的人来说，空间具有不同的意义。前一世界的人生活在时间中，空间对他们并不重要，因为横跨每一距离都是瞬间的；生活在后一世界中的人生活在沉重的空间中，这一空间钳制了时间，使居住者无法控制时间，他们的时间是空的。在他们的时间中"一切都没发生"，只有虚拟的电视时间才有结构，才有"时间表"，其余时间都在单调的滴嗒声中溜走了，时间是无形、轻量、短暂的，它空空的，没有意义，

① ［英］鲍曼：《全球化》，革和等译，商务印书馆2001年版，第85～86页。

没有重力，根本无法驾驭后一世界的居民被禁锢于其中的那个非常真实的空间。

鲍曼认为，对第一个世界，即日益超越民族和疆界的居民而言，国界已被夷平，正如为了世界商品、资本和金融的流动而将它们取消一样。对第二个世界的居民而言，移民控制、居住法、“清溪街道”和“零宽容”政策所构筑的城墙越筑越高，把他们与欲望和梦寐以求的迷途知返隔开的护城河越挖越深，而起初为了跨越它们而造的桥梁，原来都只是吊桥而已。前者随意地畅游四方，其乐无穷，他们总是被人哄诱去旅行，所到之处总是受到笑脸相迎、热情拥抱；后者偷偷摸摸地出行，经常是非法偷渡，却要比那些坐豪华邮轮的人掏更多的腰包，而且到处遭人白眼，更有甚者，如果触了霉头，到达目的时，会被抓起来，立即驱逐出境。

鲍曼区分了全球流动中的两种旅行者：旅游者（观光者）和流浪者。[①] 旅游者总是随心所欲地居停或前行，当新的未曾尝试的机会在他处向他们招手时，他们就弃旧地而去；流浪者知道不管他们心中多么强烈地向往，他们都不会在某一地久留，因为他们所停之处，都不可能受到人们的欢迎。旅行者游走四方是因为他们发现他们可达的全球世界充满诱惑，难以抗拒；而流浪者到处漂泊，是因为他们发现他们可到达的（本土）世界是忍无可忍的冷漠荒凉。旅游者踏上游览之路那是因为他们内心的向往；流浪者四海为家是因为他们无奈的选择。因此，今天所称谓的“全球化”，是迎合旅游者的梦想和欲望的。它的无可避免的副效应是把许多其他人变成了流浪者。流浪者其实是被剥夺了成为旅游者权利的人，他们既不被允许定居一处，

① ［英］鲍曼：《全球化》，革和等译，商务印书馆2001年版，第90～91页。

又不被允许寻找一个更好的地方停留。旅游者一路绿灯放行，流浪者一路红灯止步。鲍曼指出，被广泛关注，日益令人忧虑的世界及其人口的两极分化并不是全球化过程的一个外部的、异己的、令人恐慌的"刹车式"干预，这是其效应。因此，全球化现象远非表面所见而已，而是喜忧交杂、福祸并存。

鲍曼指认，现代性的故事或者任何有关现代性的故事，可以用不止一种方式表述，他对"人类废品"问题的探讨便是对现代性和全球化议题思考的延伸。在鲍曼看来，对"人类废品"的制造是以经济进步和秩序追求为特征的现代性进程的必然副效应，对移民、难民和其他被逐者这些"人类废品"的制造是现代化不可避免的后果，也是现代性不可分离的伴侣。那些未被现代化影响到的地区被进行现代化的国家视为吸纳发达国家过剩人口的地点；当现代化已经在地球上最遥远的角落扩展时，世界各地都在制造"多余人口"，各地区不得不承担现代性的全球化后果。

鲍曼指认，现代性表现为对秩序的无止境的追求，这是鲍曼关于现代性始终坚持的观点。正如对秩序的追求总要与它的对立面——无序或混乱并存一样，对秩序的设计总要与废弃物同在。"设计的根本策略和肯定结局就是将世界上的东西分成'举足轻重'和'无足轻重'的，'有用的'和'无用的'。因为设计的规划不但是不间断的，也是不断扩大的，设计就是预示废弃物的永恒堆砌和问题的不断出现，或是废弃物处理的问题不断出现"①。秩序是通过禁止和排斥他者体现和实现的，如果有些人不适合设计的模式便不能被安置于其中。

鲍曼指认，移民、难民、寻求庇护的人是全球化所产生的

① ［英］鲍曼：《废弃的生命》，谷蕾、胡欣译，江苏人民出版社2006年版，第19页。

废弃物。由于不确定性及其所带来的痛苦是全球化的重要产物，而国家权力几乎无力对此加以解决，因此它们最常做的是将焦点重新放在触手可得的目标上，将其从自己无能为力的事物转移到那些它们至少还能应对和控制的目标上，移民、难民、寻求庇护的人成了最适合的对象。因为“在面对‘外来者’涌入的时候，在面对不仅仅是现代性在整个星球上取得的胜利所带来的废弃物，同时也有正在形成中的新的全球无序所产生的废弃物的时候，‘内局群体’（诺贝尔·埃利亚斯的术语）有充分的理由感受到威胁”[①]。

在鲍曼看来，现代生活方式在全球的传播已触及世界最遥远的边界，像秩序建构和经济进步这样的典型现代化进程发生在世界的每个角落，因而世界的每个角落都在以不断增加的数量产生和倾倒“人类废弃物”。但是，这个星球已经满载，没有供“人类废弃物”储存和循环的“自然”垃圾倾倒处，一如一条把自己的尾巴当成食物的蛇，当尾巴和胃之间的距离变得过短，蛇就无法继续生存。“全球满载”的一个后果是排出和清洗多余废弃物的排泄渠道的堵塞，再也没有“空地”能够被用作废弃物处理站，外部排泄渠道被堵塞的重要影响是，各个社会越来越将排外实践针对自身人民。

鲍曼讲，现代性这个温室曾经释放出大量“剩余人口”并导致数以百万的移民移步向前，这对现代性家庭的新成员是个巨大的挑战。对那些“新成员”来说，部落战争和大屠杀在相互屠杀的过程中吸收和消除“人口过剩”，这是一种“邻里殖民主义”或“穷人的帝国主义”，这两种方式是被迫实行的几种

① ［英］鲍曼：《废弃的生命》，谷蕾、胡欣译，江苏人民出版社2006年版，第64页。

"全球问题的地区性解决方式"[①] 之一。数十万人因此流离失所，惨遭屠戮，或者是被迫在故土之外讨生活。这些后来者的土地上，大规模地制造难民是唯一兴旺发达的产业。因此，在"全球满载"，废弃物无处倾卸的时代，"现代性的后来者"或"发展中国家"的自由选择空间不是扩大而是不断缩小。这是现代性在全球胜利的后果。[②]

（三）德波的景观社会理论和鲍德里亚的"消费社会""符号社会"理论。

1. 就本书论述所关心的命题来讲，我们应当十分关心当代法国哲学家德波（Guy Erenest Dobord）提出的一个特有概念，即"spectacle"。现在我国大部分学者将其译为"景观"，在德波那里它特别关涉他所讲的"景观社会"。德波在其著作中对这个概念并未直接写出定义，而是通过研究性的讨论来背景性地指认其中概括的内容。

由德波的理论指向和整体论述来体会，并联系当代西方学者关于"大众文化"及"文化工业"的理论探讨，可以认为，德波是利用这个在其体系中占有重要地位的概念，将他所提出的"景观社会"与马克思论述的"商品社会"相比较，表明他重视了当代西方一种社会情况。显然这"景观"不仅涉及经济，更涉及文化。特别是，德波论证了发展出"景观社会"的历史根据，同时也指出了这给社会发展带来的问题，而且专门由此展开了他所提出的社会批判理论中的"意识形态"的批判。当然这里主要是就资本主义社会而言。

① ［英］鲍曼：《废弃的生命》，谷蕾、胡欣译，江苏人民出版社 2006 年版，第 72 页。

② 刘少杰主编：《当代国外社会学理论》，中国人民大学出版社 2009 年版，第 391～394 页。

现在我国翻译德波著作中的译为“景观”（spectacle）的这个词，出自拉丁文“spectae”和“specere”。我国学者张一兵曾解释说，其意思本身是“去看”和“被看”。[①] 台湾有的学者将其译为“奇观”。德波第一次使用这个词时，是在他发表于《情境主义国际》1959年第3期的关于《广岛之恋》的影评文章中。据胡塞的考证，这个词大体在“景观”意义上使用，应该是源出于尼采的《悲剧的诞生》一书。

在德波看来，“景观”是新的“社会批判”理论的关键词，这是指一种被展现出来的可视的景象，也意指一种主体性的、有意识的表演和做秀。德波是要借其概括自己所看到的当代资本主义社会新特质。这被他认为是当代社会存在的主导性本质，即其主要体现为一种被展现的“景观性”。

虽然德波本人没有专门直接界定他所重视的“景观”这个概念，而后来的弗尔茨和贝斯特在其笔下对于“景观”有过由许多方面形成的定义：其一，景观指“少数人演出而多数人默默观赏的某种表演”。所谓的少数人，是指作为幕后操控者的资本家，他们制造了充斥当今全部生活的景观性“演出”；而多数人，则指的是那些被支配的观众，即普通的芸芸众生，他们在“一种痴迷和惊诧的全神贯注状态”中沉醉地观赏着“少数人”制造和操控的“景观性演出”，这“意味着控制和默从，分离和孤独”。所以，鲍德里亚用“沉默的大多数”来形容“痴迷的观众们”。[②] 其二，“景观”的这种作用并不是一种外在的强制手段，它既不是暴力性的，不是政治意识形态控制，也不是商业

---

① 参见张一兵：《代译序：德波和他的〈景观社会〉》，载《景观社会》，王昭凤译，南京大学出版社2006年版，第10页。

② 参见［美］道格拉斯·凯尔纳：《德波里亚：一个批判性的读本》，陈维振、陈明达、王峰译，江苏人民出版社2008年版，第194页。

过程中看得见的强买强卖。然而，正是在这种不干预中实现了隐性控制，这形成了最深刻的"奴役"。其三，在景观所造成的广泛"娱乐"迷惑之下，"大多数"会偏离自己本真的批判性和创造性，沦为"景观控制"的奴隶。[①] 对这种实质，贝斯特还有另外的概括："景观的现实是：（1）一种真正的社会阶级统治的机构设施；（2）一种意识形态，源于现实的社会状况，'已经变得十分实际，并在物质上得以解释'；以及（3）这种意识形态拥有一种真正的'催眠行为'和'刺激力量'。"[②] 可见，这里本身就体现出他们对这种"景观"的批判性质。

为什么资本主义社会会出现以上所说的"景观"呢？德波讲，这是因为资本主义社会出现了新情况所以引申马克思理论才提出了这一概念。德波强调，他的论述，是从马克思那里引申而来的，是对马克思话语的特意改写。在德波看来，马克思在揭示关于劳动一般的抽象与商品社会发展的内在逻辑时，认为商品社会在深层上是"抽象统治一切"。因为马克思曾经这样论述："商品形式的奥秘不过在于：商品形式在人们面前把人们本身劳动的社会性质反映成劳动产品本身的物的性质，反映成这些物的天然的社会属性，从而把生产者同总劳动的社会关系反映成存在于生产者之外的物与物之间的社会关系。由于这种转换，劳动产品成了商品，成了可感觉而又超感觉的物或社会的物。"[③] 正是在这个意义上，马克思指出："个人现在受抽象统

① ［美］贝斯特：《情境主义国际》，载《新马克思主义传记辞典》，重庆出版社1990年版，第767页。

② ［美］贝斯特：《现实化的商品和商品化的现实：鲍德里亚、德波和后现代理论》，载凯尔纳：《鲍德里亚：一个批判性的读本》，江苏人民出版社2008年版，第76页。

③ 马克思：《资本论》（第1卷），《马克思恩格斯文集》（第5卷），人民出版社2009年版，第88～89页。

治，而他们以前是互相依赖的。但是，抽象或观念，无非是那些统治个人的物质关系的理论表现。……关系当然只能表现在观念中，因此哲学家们认为新时代的特征就是新时代受观念统治，从而把推翻这种观念统治同创造自由个性看成一回事。”①德波强调，从生产出发来考察商品社会，这是马克思政治经济学的理论基点。商品普遍交换的前提在于价值统治一切，而价值的基础是劳动一般，这是对劳动的抽象。德波解释说，也正是在劳动抽象的基础上，才可能形成普遍的交换体系，这种交换体系才可能造就人对物的依赖关系，因此物的统治关系对应于有关社会生活本身的抽象；更为重要的是，在商品社会里，人与人之间的关系虽然以物为直接基础，但这种基础在日常生活中恰恰是隐而不现的，因而马克思认为物的依赖关系本身也变成了一种抽象存在。

德波为论证他所强调的“景观”，提出“意象统治一切”。据他自己讲，这是因为面对当今世界新情况要提出新理论。从20世纪四五十年代开始，随着电子传媒在西方世界的兴起，特别是电视的普及，使西方社会进入到被学者们所称的“文化消费”时代。电视等大众传媒的发展，特别是时尚与广告的弥漫，使得人们的消费主要被广告所引导。广告中所宣传的产品意象成为人们消费的依据。因此，消费不再只是商品使用价值的消费，而首先变成了是否合乎时尚以在文化时尚中表现由其引导的“身份”需要的消费；凡是不能经过广告符号与意象加工的物品，也就不具有消费的优先权。当站在大众文化基础上来看待这种社会情况时，德波认为，在这个社会中，“意象”是“统治一切”的。国外有学者指出，德波的论述是立足于与马克思

① 马克思：《1857—1858年经济学手稿》，《马克思恩格斯全集》（第46卷·上），人民出版社1979年版，第111页。

不同的社会层面。在马克思时代，甚至在卢卡奇时期，主要还是大工业生产隆隆进行之时，消费并没有真正进入到体现资本主义社会控制的视野，更谈不上电子媒介在消费中突出起中介作用的问题。所以贝斯特在评论德波时指出：德波理论的基础，是站在现代传媒社会的基础上的。① 我国学者杨海峰又由此特别指出，只有在这个基础上才可能理解德波，也就是说，当"意象统治一切"时，社会的生产就变成了意象的生产。因为，进入大众传媒世界之后，物的消费过程，首先必须转变为符号的生产与传播过程。例如。通过广告的影响，在人们心中形成了一定的消费意象之后，人们才会去购买物品。对于这种购物经验，人们在日常生活中随处可见。人们买东西，很大程度上是依据广告，对于一种全新的产品，如果在广告中没有出现过，往往是少有问津。德波把他所理解的马克思受"抽象统治"的看法，发展为受"意象统治"。正是在这个意义上，当物的消费以意象为中介时，物往往是"意象"地将自己表现出来，这种表现不只是直接表现自己的"使用价值"，而是表现自己的"意象价值"，意象的生产也就变成了"表现的垄断过程"，如果说商品社会是"抽象统治一切"的话，那么在这时的社会则是"意象统治一切"，以致资本本身成了意象。德波讲，这种情况下的社会就是他要论述的作为"意象统治一切"的社会，也就是"意象社会"，即"景观社会"。

德波基于把他所理解的马克思关于人"受抽象统治"的看法发展为关于受"意象与幻觉"的统治，给出了他所解释的"商品社会"与"景观社会"的比较。他强调，如果说商品社会

① Steven Best，The Commodification of Reality and the Reality of Commodification：Baudrillard，Debord，and Postmodern Theory，In Baudrillard：A Critical Reader，ed. Douglas Kellner，Cambridge，1944. p47.

的产生体现了“从存在到拥有”（being into having）的转变，那么这时社会的产生则体现了“由拥有向展示”的转化（having into appearing）。马克思在《资本论》的开卷就写道：“资本主义生产方式占统治地位的社会财富，表现为‘庞大的商品堆积’。”[①] 而德波在其著作《景观社会》一开头则写道：“在现代生产条件无所不在的社会，生活本身展现为景观（spectacles）的庞大堆聚。”[②] 德波的这一描述，表达了其由现代社会所要分析的时代，即当时许多学者所称的“情景主义”（Situationist International）时代。基于这种“情景主义”，德波强调：“景观社会”已经取代了“商品社会”。当然，这并不是说景观社会与商品社会之间存在着绝然的断裂。在情景主义者看来，“景观是商品实现了对社会生活全面统治的时刻”[③]。在这个意义上，也可以说景观社会是商品社会的完成阶段。但是，在德波的分析中，景观社会与马克思所分析的商品社会，存在着重要的差异。德波强调这种差异在于：商品社会中，物作为直接的统治者物化着个人的生存方式和人们之间的相互联系，虽然商品生产的目的是为了交换价值，但人们在市场上交换时，获得商品的使用价值依然是非常重要的目的。而在景观社会中，交换价值通过对使用价值的全面支配，又创造了一种自我运作的条件。用德波自己的话说：“使用价值走向了没落。”如果说在商品社会，物或现实被分解为使用价值与交换价值的话，那么在景观社会中，则分解为现实（reality）与意象（image）。在德波看来，景

① 马克思：《资本论》（第1卷），《马克思恩格斯文集》（第5卷），人民出版社2009年版，第47页。

② Debord, Society of the Spectacle, Black and Red, 1983, #1.［法］德波：《景观社会》，王昭凤译，南京大学出版社2006年版，第3页。

③ 转引自仰海峰：《走向后马克思：从生产之境到符号之境》，中央编译出版社2004年版，第65页。

观社会就是一种意象的社会，这是一个"意象统治一切"的社会。也就是说，"景观社会不是意象的收集，而是指人们之间的社会关系被意象所中介"①。所以德波才讲道，如果说马克思在他那个时代，重视了"资本主义生产方式占统治地位的社会的财富，表现为'庞大的商品堆积'"②，那么"在现代生产条件无所不在的社会，生活本身展现为景观（spectacles）的庞大堆聚。直接存在的一切全都转化为一个表象"③。

为了贯彻对资本主义社会的"意识形态批判"，德波特别论证了"景观社会中"的"真—伪"二重性。

德波在揭示"景观社会"的特征时，强调其中经历着"伪存在的二次方"。这里的意思是：德波由对马克思的话特加以引申，"物化"变成"表象化"，于是有这样的系列：物化→表象化→符号化（德波称这就是"伪存在的二次方"）。这就形成了"情景主义"的"意象"，所以才有"意象价值"；这样，从"商品拜物教"形成由商品延伸的新的拜物教，形成"意象拜物教"，而实际是"意象拜符号教"。

大家知道，马克思的《资本论》，从作为资本主义社会经济细胞的商品出发，一步一步引领人们探索各种迥异的物与物关系背后所真实存在的货币、资本关系，揭示了资本家获得剩余价值的秘密。而德波一上来就提出了他的断言：由于今天这个"现代生产条件无所不在的社会"，生活本身展现为景观（spectacles）的庞大堆聚，原先那个"物性"的商品经济世界已经转

① 参见仰海峰：《走向后马克思：从生产之境到符号之境》，中央编译出版社2004年版，第65页。

② 马克思：《资本论》（第1卷），《马克思恩格斯文集》（第5卷），人民出版社2009年版，第47页。

③ ［法］德波：《景观社会》，王昭凤译，南京大学出版社2006年版，第3页。

化成“景观”的总体存在，转变的实质在于“直接存在的一切全都转化为一个表象”。人们注意到，德波是在本体论的意义上来使用“表象化”一词的，意指“物化存在”沦为呈现出来的“表象”，而后来走向“符号化”，这形成一种新的伪存在，所以才加关于伪存在的“二次方”。德波讲，他是沿袭着马克思分析商品生产的思路，来解释其中根源的：在马克思看来，资本主义社会抽象统治一切的根源在于生产过程中发生的“分离”，即工人与生产条件或生产资料所有的分裂，这是真实的社会生活的内在矛盾，马克思认为这种分裂主要发生于生产关系层面。卢卡奇在马克思的基础上，则指出根本性原因是生产过程中的分裂。正是这种分裂，使得以物的依赖关系为基础的社会存在总体性体现为柯德西克所说的“伪总体性”①。德波类似的分析方式是：景观社会中意象统治一切、幻觉支配一切是商品生产的必然结果，是商品生产的完成形式。他说：“景观的社会功能就是异化的具体生产”；“为了自己的缘由通过经济发展而产生的‘增长’；只能是那些本源就是如此的一种真正异化的增长”；“从他们的产品中分离出来的人们，以日益强大的力量制造他们世界的每个细部，同时他们也发现，他们与这个世界越来越分离。他们的生活越是他们自己的产物，他们就越是被排除于这一生活之外”。于是，“资本变成为一个影像，当积累达到如此程度时，景观也就是资本”②。在此基础上，德波又作了进一步的分析：虽然生产中的分离与异化构成了景观的基础，但与商品社会相比，景观社会中更为突出的是消费中的“分离”与“异化”。在早期的商品社会中，人们消费是为了消费有用性，

---

① Karel Dosik, Dialectics of the Comcrete, Holland, 1976.

② ［法］德波：《景观社会》，王昭凤译，南京大学出版社 2006 年版，第 10 页。

而且消费本身是受到抑制的，这成为韦伯将新教伦理当作资本主义精神的重要原因；为了与景观社会中的消费区别开来，不妨称这种消费还是一种真实的消费，是一种基本需要的满足。而在景观社会中，由于商品的丰裕，由于意象消费的作用，消费消费品本身不再是基本需要的满足，而是被意象激发的需要的满足，德波称之为"伪需要的满足"，这就使得真实的消费变成了幻觉的消费。这便形成"伪存在的二次方"。其中的深层根据在于，"主体"自身的内在分裂，在德波这里就成为需要自身的内在分裂。在这种分裂中，人既不能认识他人，也不能认识自己，而是被消费的意识形态所中介。而且在德波看来，这种分裂，正是资本主义生产体系分裂性特征的最高表现。这种内在分裂也是讨论精神分析学说所谓的精神分裂的现实社会基础。①

德波为了揭示"景观"的异化本质，对此在一种历史发展序列中，作出了进一步的论证。他讲："经济统治社会生活的第一阶段，使人们实现了从存在向占有的明显堕落——人类实现的不再是等同于他们的之所是，而是他们之所占有。目前这个阶段则是经济积累的结果完全占据了社会生活，并进而导向了从占有向显现的普遍转向，由此，一切实际的'占有'现在都必须来自其直接名望和表象的最终功能。同时，一切个体现实都已变成为社会现实，在这一意义上，个体现实直接依赖于社会力量并受社会力量完全塑型（completely shaped）。只有在个人现实不再事实上是真实的，个体才被允许显现自身。"② 他还说："在真实的世界变成纯粹影像之时，纯粹影响就变成真实的

① 仰海峰：《走向后马克思：从生产之镜到符号之镜》，中央编译出版社 2004 年版，第 69 页。

② ［法］德波：《景观社会》，王昭凤译，南京大学出版社 2006 年版，第 6 页。

存在……为了向我们展示人不再能直接把握这一世界，景观的工作就是利用各种各样专门化的媒介，因此，看的视觉（sense of sight）就自然被提高到以前曾是触觉享有的特别卓越的地位；最抽象、最易于骗人的视觉，也最毫不费力地适应于今天社会的普遍抽象。但是景观不仅仅是一个影像的问题，甚至也不仅仅是影像加声音的问题，景观是对人类活动的逃避，是对人类实践的重新考虑和修正的躲避。”“哪里有独立的表象，景观就会在哪里重构自己的法则。”① 这里，很重要的是，放眼今日周遭的世界，所有的事情，倘不出现在报纸和电视上，似乎就不存在。可见，当这种“从占有向显现”的普遍转向，“真实世界沦为影像，影像却升格成看似真实的存在”；“社会存在的表象化”已凸显为“主导性范式”；恍如魔术师手中高明的戏法，各种“专门化的媒体”一夜之间成了主角。

这样，“现实显现于景观，景观就是现实。这种彼此的异化乃是现存社会的支撑与本质”②。于是，德波综合了“景观社会”的五个主要特征：“不间断的科学技术的更新；国家和经济的一体化；普遍化的秘密；无可置辩的谎言；永恒在场。”③ 由于，“综合的景观显示自己的集中和弥散是同时并存的，自那时到现在，富有成效的二者的结合学会了最大规模地使用二者的这些特性。他们以前的适用模式已相当大程度地改变了。……而在弥散的景观方面，景观也不再将其标志置于在社会中产生的行为和对象的几乎全部领域这样的程度。因为综合景观的最后的意义是——它将自己整合进现实到如此程度，以致其实它正是

① ［法］德波：《景观社会》，王昭凤译，南京大学出版社 2006 年版，第 6 页。

② ［法］德波：《景观社会》，王昭凤译，南京大学出版社 2006 年版，第 4 页。

③ ［法］德波：《景观社会》，王昭凤译，南京大学出版社 2006 年版，第 112 页。

在记录这一现实，而且它对它的重建实际上也正是在记录它。结果，这一现实就不再对抗，好像有点异化的综合景观了。当景观集中的时候，周围社会环境的越来越大的部分就从它逃离；当景观弥散的时候，周围社会环境的较少的部分就从它逃离；今天，周围社会环境已没有任何一个部分可以从它逃离。综合景观已将自己伸展到这样的程度——它现在已渗透进全部实在。"① 后来的波斯特也是遵循这个逻辑提出了"信息生产方式的替代方案"②。所以，德波解释说："从整体上理解景观，它不仅是占统治地位的生产方式的结果，也是其目标。景观不是附加于现实世界的无关紧要的装饰或补充，它是现实社会非现实的核心。在其全部特有的形式——新闻、宣传、广告、娱乐表演中，景观成为主导性的生活模式。景观是对生活在生产领域或由生产所决定的消费领域中已作出的选择的普遍肯定。在内容和形式方面，景观总是现存体制条件和目标的总的正当性的理由，景观也是这种正当性理由的永久在场（permanent presence），因为它垄断了耗费在生产过程之外的大部分时间。"③ 这样，德波又特别讲到，"景观不是影像的聚积，而是以影像为中介的人们之间的社会关系"④。

其实，在德波提出以上见解的时候，大众媒介尚处于刚刚"在场"的初始状态，对社会生活的影响远不如现今霸权式的全球媒介网来得深刻和广泛。也是在这个意义上，后来的凯尔纳

① ［法］德波：《景观社会》，王昭凤译，南京大学出版社 2006 年版，第 110～111 页。

② 见［美］马克·波斯特：《第二媒介时代》，范静哗译，南京大学出版社 2000 年版；《信息方式》，张金鹏、陈硕译，商务印书馆 2002 年版。

③ ［法］德波：《景观社会》，王昭凤译，南京大学出版社 2006 年版，第 3～4 页。

④ ［法］德波：《景观社会》，王昭凤译，南京大学出版社 2006 年版，第 3 页。

将德波的“景观”发展为“今天横行全球的”“媒介景观”。依凯尔纳的定义，这种新的媒介景观是指“能体现当代社会基本价值观、引导个人适应现代生活方式，并将当代社会中的冲突和解决方式戏剧化的媒体文化现象，它包括媒体制造的各种豪华场面、体育比赛、政治事件”①。这里要注意到德波特别讲到的一个概念，即“视觉”。这是“景观”意义上的所谓的“视觉（sense of sight)”，是“经济”造成的“文化”意义上的“看”和“被看”，这是一种“迷人性的‘看’”。德波的意思是，过去，我们还是通过操作具体的物质实在来改变世界，或者说当时我们的触觉尚能稳居“卓越的地位”，而现今起决定性作用的已经是视觉了——必须“让人看到”！正是在这个思路上，后来甚至有人指认这种社会已经是“视觉成为社会现实主导形式”的“影像社会（society of the image)”，理论上称之为“视觉或者图像的转向”②。还有人，如马丁·杰将其称为“视觉中心主义（ocularcentrism)”，这一点似乎已成了他们理论中的共识。由此“看”被赋予一种所谓“本体之看”的意义。而这种“本体之看”导引出的是“存在本身的表象化”。后来，鲍德里亚则指认这是“赋予内容的表现以优先权”③。而这种表象化，表现的正是资本主义新的存活方式。德波十分强调，“从生活的每个方面分离出来的影像群（images）汇成一条共同的河流，这样，生活的统一便不再可能被重建。重新将他们自己编组为新的整体的、关于现实的片断的景色，只能展现为一个纯粹静观的、

① 参见［美］凯尔纳：《媒体奇观》，史安斌译，清华大学出版社 2004 年版，第 2 页。

② ［斯洛文尼亚］艾尔雅维茨：《图像时代》，胡菊兰、张云鹏译，吉林人民出版社 2003 年版，第 5～6 页。

③ ［法］鲍德里亚：《生产之镜》，仰海峰译，中央编译出版社 2005 年版，第 116 页。

隔离的伪世界（pseudo—world）。这一世界之影像的专门化，发展成一个自主自足的影像世界"。[1] 对此，德波讲：因为"景观继承了西方哲学研究的全部缺点，亦即试图依据'看'的范畴（categories of vision）来理解活动，并将自身建立在精确的技术理性的无止境发展的基础之上，而这种哲学传统正来源于这一思想形式。"[2]

更重要的是，德波进一步指出，"景观"形成了一种更深层的无形控制，它消解了主体的"反抗"和"批判否定性"。由于"景观"的"迷人性"，人只能单向度地默认。如是方为景观意识形态的本质。德波强调，在这里，"骗人者也被欺骗和蒙蔽"[3]。德波论述道："综合的景观显示自己的集中和弥散是同时并存的……至于控制中心的集中景观现在已变得很神秘，并不再被知名的领导者或明确的意识形态所占有。"[4] 这里，"快速和普遍展示的东西是很容易预言的：那就是，虚假的全球化也就是全球的虚假化"[5]。

这样，德波由其对资本主义意识形态批判，实现了对"景观社会"的批判。也就是说，在德波看来，"在景观社会中"，景观创造了一种"伪真实"，这就是通过文化设施和大众传播媒介构筑起的一个弥漫于人的日常生活中的"伪世界"，人们必须从中解放出来。在德波看来，正是由于在景观社会中，原先那种以政治强制和经济手段为主的统治方式已经为文化意识形态

① ［法］德波：《景观社会》，王昭凤译，南京大学出版社 2006 年版，第 3 页。

② ［法］德波：《景观社会》，王昭凤译，南京大学出版社 2006 年版，第 6 页。

③ ［法］德波：《景观社会》，王昭凤译，南京大学出版社 2006 年版，第 3 页。

④ ［法］德波：《景观社会》，王昭凤译，南京大学出版社 2006 年版，第 110 页。

⑤ ［法］德波：《景观社会》，王昭凤译，南京大学出版社 2006 年版，第 111 页。

的控制所取代，景观创造了一种伪真实，通过文化设施和大众传播媒介构筑起一个弥漫于人的日常生活中的伪世界。于是，“革命的目的”就是要，在日常生活中摧毁景观，揭露景观的异化本质，使人的生活成为真实生存的瞬间（列斐弗尔的口号：“使日常生活成为艺术”）：通过揭示“景观布展”的“虚假欲望”，解放人本己的真实欲望，建构全新的生活情境，以实现“日常生活的革命”。这里要有“革命策略”，主要是“漂移”“异轨”和“构境”等。漂移（derive）是指对物化城市生活特别是建筑空间布展的凝固性的否定；异轨（detournement）则是要“通过揭露暗藏的操纵或抑制的逻辑对资产阶级社会的影像进行解构”，具体说是“利用意识形态本身的物相颠倒地自我反叛（比如使用广告、建筑和漫画的反打）”；而构境（constructedsituation）则是指“主体根据自己真实的愿望重新设计、创造和实验人的生命存在过程”。用德波自己的话来说，构境就是“由一个统一的环境和事件的游戏的集体性组织所具体地精心建构地生活瞬间”①，这是构建革命性的否定景观的情境，这是“景观的破裂”，是某种“非景观的断层”。② 在革命性的情境中，“人们能够表达在日常生活中受到压抑的欲望和得到解放的希望”③。

德波强调，面对“景观社会”的内在分离，他的理论意图就在于超越意象与幻觉的统治，这就要有一种带有“革命性”和“总体策略”。此种所谓的“革命性”“总体策略”，与卢卡奇

① ［法］德波：《定义》，《情境主义国际》，1958年创刊号。参见德波：《景观社会》，王昭风译，南京大学出版社2006年版，第36～37页。

② 参见［法］德波：《景观社会》，王昭风译，南京大学出版社2006年版，第36、37页。

③ 弗尔茨、贝斯特：《情境主义国际》，载《新马克思主义传记辞典》，重庆出版社1990年版，第796页。

关于"总体性革命"的理论相一致。德波认为，必须超越景观社会，这种超越就在于以一种总体性的革命理论，尤其是革命实践实现对景观社会的总体性否定，而革命的力量则在于工人的阶级斗争。但德波所谓的工人阶级的斗争主要指的是工会自治基础上的阶级斗争，在这个意义上，德波持一种工团主义的想法，这种想法，也与早期卢卡奇的革命主体论相一致。卢卡奇的革命主体论曾成为20世纪60年代前东欧社会主义国家中提出工人自治要求的主要理论内容。①

2. 介绍了德波的理论，我们进而要说到鲍德里亚关于"消费社会"和"符号社会"的理论。

(1) 鲍德里亚（Jean Baudrillard，1927—2007，在有的中文文献中还译为鲍德里亚、博德里亚尔、波西亚、布希亚等），其见解与德波有着密切的联系，在鲍德里亚的思想中，人们经常会看到德波的影响。有学者指出："在马克思刻画出物质性退化为数量化商品和德波描绘的商品世界被吸收进意象的景观帝国的地方，鲍德里亚描绘了抽象的更高级阶段，在那里，物体全部被吸收进意象之中，并且在符号交换的封闭循环中去物质化了。"② 经过德波的"景观社会"理论，鲍德里亚进入到对"消费社会""符号社会"的批判。

让·鲍德里亚1929年出生于法国东北部阿登斯省（Ardennes）兰斯（Reims）地区总教堂所在镇的一个农民家庭。鲍德里亚说，在他的家乡，农民不拼命工作，只是维持着劳作与

① 参见［南］马尔科维奇、彼德洛维奇编：《南斯拉夫"实践派"的历史和理论》，郑一明、曲跃厚译，重庆出版社1994年版。

② Steven Best, 'The Commodification of Reality and the Reality of Commodification: Baudrillard, Debord, and Postmodern Theory', In Baudrillard: A Critical Reader, ed. Douglas Kellner, Cambridge, 1994, p51.

自然之间的平衡，农民们付出的，正是由土地和神祇们带来的东西，他们不需多生产些什么。他自嘲说，这是一种懒惰的策略，自己感染了这种懒惰，因此对市民社会中的那种唯利是图的主动精神和竞争风格表现出明显的反感，而把懒惰看作是一种自然的力量。但鲍德里亚并没有选择这种乡村生活，而是成为家庭中唯一一位从事学术研究的人。

鲍德里亚于1956年开始攻读德国社会理论和文学，到1966年以前，他一直在一所中学教授德语。1966年3月他师从著名学者亨利·列斐伏尔（Henri Lefebvre）从事社会学研究，1966年9月在巴黎南戴尔大学获得社会科学的教席。鲍德里亚的德语教学经历使他大为受益，他深受德国文化的影响。鲍德里亚阅读了尼采、荷尔德林以及海德格尔的著作，并将一些重要的德文著作译为法文。除此之外，由于受萨特的影响，鲍德里亚在萨特举办的《现代》杂志上发表了一些评论性的文章。

在20世纪60年代，鲍德里亚结识了罗兰·巴特（Rolan Barthes），并受到其符号学思想的影响，他的第一部理论著作《物体系》就有对罗兰·巴特的《流行体系》的分析方法借鉴的痕迹。索绪尔（Ferdinand De Saussure）和罗兰·巴特关于符号的思想对鲍德里亚影响甚大。索绪尔认为，符号是能指和所指相连接所产生的整体，能指是指音响形象，所指是指概念或意义。在鲍德里亚看来，每种消费品都是一种符号和语言，例如，购买雷克萨斯（Lexus）汽车是财富的象征，而起亚（Kia）汽车则暗示普普通通的经济情况。罗兰·巴特是把符号学引入消费文化的先驱，他对食品、时装、摄影等日常文化进行了符号学分析，尤其是他的《流行体系》一书熟练地对服装进行了符号学阐释，鲍德里亚关于符号消费的很多观点就深受罗兰·巴特的影响和启发。20世纪60年代的鲍德里亚还参与创办了激进的《乌托邦》杂志。此时的鲍德里亚反对阿尔及利亚战争，处于学生运动的核心，对未来社会充满着乌托邦的革命幻想，这种理想在鲍德里亚早期的著作中经常表现出来。与此同时，受媒介文化（主要是麦克卢汉的媒介理论）和结构主义的影响，鲍德里亚对技术和文化理论开始发表自己的看法。这体现在1968年出版的《物体系》以及随后的几部著作中，而对于后期的鲍德里亚而言，从媒介而来的思考直接影响到其理论的核心。

20世纪70年代末期，在承担了一段时间的编辑工作之后，鲍德里亚的生活曾一度陷入了危机，危机过后，鲍德里亚的工作和写作才稳定下来。1986年，他辞去了大学教职，开始专心从事写作和摄影创作。20世纪90年代末期，他因摄影而赢得赞誉，并在法国、英国、意大利举办了摄影展，从而呈现出与一般的社会理论家有所不同的生活方式和生活态度。2007年3月6日，鲍德里亚在久病之后于巴黎家中逝世，享年77岁。得知鲍德里亚去世的消息后，法国教育部部长吉勒·德罗宾（Gilles deRobien）说："我们失去了一位伟大的创造者。"

鲍德里亚发表了一系列富有理论创造性的著作。主要的著作有《物体系》(1968)、《消费社会》(1970)、《符号政治经济学批判》(1972)、《生产之镜》(1973)、《象征交换与死亡》(1976)、《拟像与模拟》(1981)、《冷静的回忆》(1987)、《恶的透明性》(1990)、《末日的幻觉》(1992)、《完美的罪行》(1995)，等等。

鲍德里亚的思想历程大体可以分为三个阶段：第一阶段从《物体系》到《消费社会》和《符号政治经济学批判》，鲍德里亚处在西方马克思主义批判理论的影响之下，主要以一个社会批判理论家的面目出现；第二阶段则从西方马克思主义转向后马克思主义，对马克思的历史唯物主义展开批评，这一时期的著作主要有《象征交换与死亡》和《生产之镜》；第三阶段是1976年以后，鲍德里亚的思想发生了明显的变化，几乎他的所有著作都带有虚构的、创造性的色彩，一些作品还采取了格言、警句的形式，这些著作开始大量讨论诱惑、拟像、模拟、超现实等问题，并因而被人们看作是后现代社会理论著作的典型。

（2）鲍德里亚认为传统的马克思主义对于政治经济学的批判需要有关符号和符号学理论的补充。他认为，从早期的市场竞争资本主义阶段向后来的垄断资本主义阶段的过渡要求人们更加注意对需求的管理，更加注意增加并引导消费。在这个阶段，即大约从20世纪20年代到60年代，强化消费的需要增强了对降低生产成本和增加产量的关注。经济的集中、新的生产技术和诸如此类的东西促进了大批量生产能力的发展，消费资本主义将越来越多的注意力放在了操纵消费、创造对新的知名商品的需求上，符号价值领域也因此应运而生。

这种情况导致的结果就是人们后来所熟悉的消费社会种种情况的出现，这曾成为鲍德里亚早期研究工作的主要关注点。在这样的社会中，广告、包装、展示、时尚、大众传播和文化以及商品的增长都使符号的作用越来越凸显，并导致了“符号价值”的增长。在鲍德里亚看来，当代社会中的“商品”并非如马克思主义关于商品的理论所言，仅仅具有使用价值和交换价值的特点，而且还有符号价值的表现和标识，这一符号价值成为商品和消费的一个日益重要的组成部分。也就是说，在商品的购买和展示中，符号价值被认为和交换价值起着几乎同样重要的作用，并且符号价值已经成为消费社会中商品和消费的最重要的成分，甚至成为人们顶礼膜拜的对象。

鲍德里亚早期对于符号体系和消费社会的批判性探讨对当代社会理论有着重要贡献。他的符号学视角使得人们可以洞悉“物”如何构成一个关于“物”的体系，而这个“物”的体系反过来又产生了将个体整合为消费社会的一个需求体系。鲍德里亚将关于符号学和文化问题的研究成果引入当代社会学理论探讨中，关注社会中符号的生命，以及被他称为符号价值的东西如何产生了一个以广告、时尚和消费等现象为表征的新世界。此外，鲍德里亚晚期关于模拟社会的描绘、分析和批判也引起人们的极大关注并产生广泛的影响，这种影响从1996年起被称为"鲍德里亚效应"。这是有深刻历史原因的。

由鲍德里亚等人的理论来讲，从20世纪中期开始，西方社会发生了巨大的变化，主要表现为从过去的生产社会转向以符号为中介的消费社会。这个转变被美国社会学家大卫·里斯曼称为"资本主义社会中的第二次革命"："第一次革命在过去的400年里荡涤了统治人类大部分历史的以家庭或家族为核心的传统生活方式。这次革命包括文艺复兴、宗教改革、反宗教改革、工业革命以及17、18、19世纪的政治革命。这次革命当然仍在进行中，但在最发达国家，尤其是美国，这次革命正让位于另一种形式的革命，即随着由生产时代向消费时代过渡而发生的全社会范围的变革。"[①] 在这个全新的社会中，"物"的存在方式也相应地发生了诸多变化。

在《物体系》中，鲍德里亚分析了"物"在当代日常生活中的组织结构与功能变迁。他指出："在都市文明里，一代一代的产品、机器或新奇无用的玩意，层层袭来，前仆后继，相互取代的节奏不断加快，人反而变成一种特别稳定的种属……日常生活中的物品不断地繁衍，各种需求也一直在增加。"[②] 所有社会成员都是通过"物"的生产、安排、使用和消费活动来组织其日常生活的。可以说，鲍德里亚看似写物，其实是写人和

① ［美］里斯曼等：《孤独的人群》，王芭、朱虹译，南京大学出版社2002年版，第6页。

② ［法］布希亚（即鲍德里亚）：《物体系》，林志明译，上海人民出版社2001年版，第6页。

社会关系。

鲍德里亚主要从三个方面对消费社会中“物”的存在方式的变化加以理论分析：其一是物体系的功能变迁，即对物体系的客观性描述；其二是对与物体系功能结构相对应的主观维度的描述，即对物体系时代动机的分析；其三是对物体系的实践意识形态的批判，即揭示“物”在消费社会中如何“叙述”自己并实现消费社会意识形态的企图。前两个方面主要是对物体系直接意涵的描述，后一个方面则是对物体系隐含意义的揭示。

鲍德里亚从家具摆设入手分析物体系功能的变迁。家具摆设不是简单的几件物品的集中，而是一个时代家庭和社会结构的反映与折射。古典时期的布尔乔亚家具摆设建立在传统及权威的父权制关系基础上，其核心是联系家庭成员间的复杂情感关系。在家具摆设中，“物”和家具的功能首先不在于其客观的功用，而在于其象征意义，即这种摆设体现的是具有道德取向的人与人之间的关系。人与“物”的关系紧密相连，家具摆设的紧密性、封闭性与家庭生活的内在性和以父权为中心的情感性相对应，使房子与家具具有深度感，这就使家具本身具有象征作用，在空间中体现了家庭中的情感关系。家具的这种摆置方式，体现了古典时期的意识形态与文化观念，这个时期的“物”明显具有相应的风格与象征意义。

鲍德里亚分析指出，随着个人与社会及家庭关系的转变，家具的风格与结构都发生了变化。家具的庄严宏伟感消失了，占据着大量空间的宏伟家具让位于房间角落的小型家具，家具本身不再总占据着空间，而是变得可以消隐、伸缩，更具有可变换性。风格与结构的变化，使家具的意指功能发生了变化。当“物”具有象征意义时，“物”即使是在功能不调的情况下，也能体现家庭情感；而当“物”以功能凸显时，功能不调的物也就没必要留于家中。在这种情况下，对“物”也不能投注过分的家庭感情和个人感情，家具不再作为道德感的载体而存在，而是突显了自身的功能，这就使"物"的功能从过去的道德束缚中解放出来。与这种解放相对应的就是人不再经由这些"物"的中介紧紧地与家庭联系在一起。"物"变成了一种功能性的中性存在，一种零度化存在。

鲍德里亚进而分析指出，与"物"的结构同时发生变化的，是"物"的气氛的变化，它们共同构成物体系的两个向度。如果说技术结构的变迁反映了功能演化，那么气氛的变化则反映的是色彩、材质和空间的演化。鲍德里亚以色彩为例指出，色彩本身反映着特定的心理、道德与文化倾向。在不同时期，人们对色彩的态度不尽相同。在传统时期，色彩自身的存在遭受着道德与文化上的拒绝与否定，色彩与"物"的摆设一样，从属于布尔乔亚的家庭道德观念与价值取向。如果色彩本身过于光彩照人，那么就会引起喧宾夺主的效果，使人沉湎于色彩的自身存在中，在这个意义上，色彩是受到抑制的，并不具有自足的存在价值。当色彩从这一受束缚的状态中解放出来后，色彩本身就被当作一种功能解放出来，正如"物"的功能从传统道德中解放出来一样。

在鲍德里亚看来，"物"的功能构成了一个物体关系世界，这个世界不再以拟人性的道德来规定自己的本质，而是构成一个功能化的场域，这个场域构成了个人实现自己的舞台。按照鲍德里亚的分析，虽然表面上看来人在舞台上演出，而实际上人只是按照物体系的要求实现这种功能化的出场。与"物"的功能世界相对应的层面就是人的功能化以及在这个功能化中产生的人的主体性幻觉，这是人融入"物"的世界的心理基础。这便是对与物体系功能相对应的主观维度的阐释。

鲍德里亚以"古物"和"收藏"为例展开分析。对古物而言，当它指涉过去时，就不再有使用价值，这看起来是反对功能化世界的，这时古物完全作为符号而存在。在功能化体系中，当真实的需要与自然存在消失时，“物”是在其功能性互指中存在的，在这种存在中“真”本身已不再重要，重要的是“物”本身能够作为功能化的符号在这个体系中构成一个排列组合的元素。这时古物的存在就具有了神话学的价值，它构成了功能化时代的心理需求，这种心理就是一种逃避的心理。“物”就其直接作用而言，是我们作用于外界的工具，具有功用性，但在收藏中，这种功用性消失了，“物”作为主体心理的投射场域发生作用，是主体与自身的关联，“物”只是这种关联的中介符号，这是一种日常生活的热情，也是功能化世界的心理补充。

鲍德里亚指出，“物”固然是人们日常生活中必不可少的组成要素，但“物”本身只是一个被动的、无意义的存在，它同时必须同其他东西，比如职业经历、教育程度、居住环境、社会地位、人际关系网络等联系在一起才有意义。在此，鲍德里亚的分析就从日常的“物”进入到了“人的行为及人际关系系统”。他对“物”的谈论，实际上是在谈论人和人的行为关系。如此一来，“物”就成为一种“符号系统”，那么对“物”的消费便可能成为社会结构和社会秩序及其内在区分的主要基础。这样看来，鲍德里亚是选择了物品作为他研究消费社会的突破口，但并不是从社会物质生产的层面，而是从消费的“意义”层面上对作为“符号”的物品进行考察。

鲍德里亚指出，有关“物体系”的话语必须同社会关系和社会实践相关联才能更好地得以体现。在物质性功能之外，被消费的物品往往构成了一种认同体系，但它连接或附属于一些其他的体系，诸如手势、仪式、语言、道德价值符码等。所以消费的对象不仅是劳动产品，而且可以是一切东西。“支持劳动的消费以及为其服务”这一范式已经消失，商品作为一种符号漂浮在社会关系之中。或者说，在消费社会中，商品已经不再是社会劳动的结晶，而是作为符号存在着。

鲍德里亚指出，然而，对于这种符号的消费，消费者已不再是消费的主体，他们在符号的组合和计算中被取代，他们所剩的只是吸收符号和被符号秩序吸收的过程。符号秩序是大型技术统治集团和大众传播媒介合谋的结果。按照一种社会逻辑或欲望逻辑，大型技术统治集团以一种生产和消费的颠倒形式深入了人们的日常生活，进入了伦理和日常意识形态中。实际上，消费者已经沦丧，只剩下空洞的消费欲望。大众传媒宣传的图片、新闻和信息使人们"在空洞地大量地了解符号的基础上否定真相"①。

鲍德里亚对"消费"有特定的理解。物品并不就是我们的"消费"对象，它们充其量只是需求的对象和满足这些需求的对象。我们一直在购买、占有、享用和花费，但我们并没有真正在"消费"。原始社会中的节庆、封建主的挥霍、19世纪资产阶级的奢华，所有这些行为都不能称之为"消费"行为。而当代西方资本主义社会之所以被称作"消费社会"，并非因为他们比以往变得更富裕，占有更多的意象和资讯，也不是因为我们掌握了更多的器械、设备和科技手段。"物"的数量和需求的满足仅仅是"消费"的前提条件，不足以用来界定"消费"概念本身。

这样，在鲍德里亚看来，消费既不是一种物质实践，也不是一种"富裕"现象学，"事实上，可以将消费设想为一个我们的工业文明特有的作用模式——条件是要在一般接受的意义中，把作为一种满足需要的程序，释放出来。消费并不是这种和主动生产相对的被动的吸收和占有，好像这样我们就可以依据一

---

① ［法］鲍德里亚：《消费社会》，刘成富、全志钢译，南京大学出版社2001年版，第13页。

种天真的行为（及异化）图式来权衡其得失。我们在一开始便必须明白地提出，消费是一种（建立）关系的主动模式，而且这不只是（人）和物品间的关系，也是（人）和集体、和世界间的关系。它是一种系统性活动的模式，也是一种全面性的回应，在它之上，建立了我们文化体系的整体”[①]。这正是鲍德里亚研究物体系后得出的重要结论。

鲍德里亚强调，在这里，符号系统具有重要的社会文化意义。“要想成为消费的对象，物品必须成为符号，也就是外在于一个它只作为意义指涉（signifier）的关系——因此它和这个具体关系之间，存在的是一种任意偶然的（arbitraire）和不一致的关系，而它的合理一致性，就是它的意义，来自于它和所有其他的符号——物质间，抽象而系统的关系。这时，它便进行‘个性化’，或是进入系列之中：它被消费——但（被消费的）不是它的物质性，而是它的差异。”[②] 这样，鲍德里亚明确表明现代社会的物质系统是一个符号系统，面对这一系统，人们不仅被它吸引，而且被它控制，因为这一符号系统反过来规定着人们的现代生活。

在鲍德里亚看来，在消费社会中，“物”和“商品”已经成为一种“符号体系”，对“物”和“商品”的消费可以成为社会结构和社会秩序及其内在区分的主要基础。消费品事实上已经成为一种分类体系，对人的行为和群体认同进行着符号化和规约化。在消费社会中，产品的生产超过了“需要”，为了获取更多的市场，产品上附加了一般生活必需品要素以外的性质，从

① ［法］布希亚（即鲍德里亚）：《物体系》，林志明译，上海人民出版社 2001 年版，第 222 页。

② ［法］布希亚（即鲍德里亚）：《物体系》，林志明译，上海人民出版社 2001 年版，第 223 页。

而实现"差别化"。在消费社会的"极大丰盛"中，物品经常以表明差别的形式来被消费，消费因而成为划分阶级的重要标准。因此，消费社会并不是"富裕"的社会，而是一个生产"差异"的社会。

鲍德里亚将消费物品系统和以广告为基础的沟通系统看作是一种正在形成的"意义符码"，这种意义符码将自己的控制施加于社会中的物品和个体二者之上。在其最一般的含义上，"符码"（code）是一种将各种稳定不变的术语集结合成信息的规则系统，一种符号控制系统。物品是这种符号系统的一部分。我们能够解释这些符号是因为我们都了解符号的符码并被符码所控制。符码基本上是允许我们了解符号而且更重要的是了解符号如何彼此相关的一组规则系统。因为我们都了解符码，所以我们对符号隐含的意义都能产生相似的了解，并且了解这些意义彼此间的关系。事实上，消费是基于其他人对我们消费的意义的了解，一如我们自己所了解的那样。因此，我们购买宝马轿车的主要原因是基于假设别人会了解和认同这个符号的意义。所以，我们可以依据一套"物品话语"来进行思考，每个人都可以"阅读"和理解这样一种沟通。

鲍德里亚指出，符号主宰着消费，不仅在人际关系之间，而且在微观的个人身体层面。"身体的地位是一种文化事实。现在，无论在何种文化中，身体关系的组织模式都反映了事物关系的组织模式及社会关系的组织模式。"[①]"假如说以往是'灵魂包裹着身体'，今天则是皮囊包裹着它，但皮囊并非那作为裸体（因而欲望）之泛滥的皮肤：皮囊就像是魅力的服装和别墅，就

① ［法］鲍德里亚：《消费社会》，刘成富、全志钢译，南京大学出版社2001年版，第140页。

像是符号，像是对模式的参照。”[①] 身体之所以被重新占有，依据的并不是主体的自主目标，而是一种娱乐及享乐主义效益的原则、一种直接与一个生产及指导性消费的社会编码规则及标准相联系的工具性约束。换句话说，人们管理自己的身体，把它当作社会地位的能指符号来操纵。

鲍德里亚不同意传统政治经济学认为的物品（商品）只具有使用价值和交换价值，而指出并强调物品的符号价值。他指出，从使用价值和交换价值的角度看，一个物品所包含的劳动价值可能少，但是如果他被作为符号消费，那么，其价值可能就远远超过其使用价值和交换价值。这样，无论是一部手机、一辆汽车，还是一瓶香水、一款大衣，除了具有使用价值和交换价值外，还具有这种彰显社会地位的符号价值。“我”消费什么，怎么消费，实际上体现了“我”对自己的看法、定位和评价以及对自己的社会角色和地位的认知。这样，鲍德里亚把整个社会看作是围绕消费和商品的展示而建立起来的，每个个体通过消费和商品展示获得声望和地位。符号价值的提出与美国经济学家凡勃伦在20世纪提出的“炫耀性消费”有很大的相似之处。在《有闲阶级论》中，凡勃伦分析了有闲阶级的“浪费式”消费，并指出：“任何现代社会中的大部分人所以要在消费上超过物质享受所需要的程度，其近因与其说是有意在外表的消费上争雄斗富，不如说是处于一种愿望——想在所消费的财富的数量与等级方面达到习惯的礼仪标准。”[②] 然而，凡勃伦是从习惯与礼俗的角度解释“炫耀式消费”现象的，消费者在所

① ［法］鲍德里亚：《消费社会》，刘成富、全志钢译，南京大学出版社2001年版，第141页。

② ［美］凡勃伦：《有闲阶级论》，蔡受百译，商务印书馆2002年版，第76页。

消费的物品的品种、数量、等级方面，在时间与精力的使用方面，要能与公认的礼仪准则相适应。

在鲍德里亚看来，"炫耀性消费""导致我们回到消费的基本理论，消费与个人的享乐是无关的，消费却是一个限制性的制度"[①]。有闲阶级利用这种方式为自己博取名望和地位，这种为了某种社会地位、名望而进行的消费，用鲍德里亚的话来说就是符号消费者。而消费品所具有的这种彰显社会等级和进行区分的功能就是通过指谓其拥有者或者消费者社会等级和社会地位来获得它的不同名望。当人们消费物品时，人们就是在消费符号，同时在这个过程中界定自己。在对某种物品进行消费时，人们就是在表明其与那些消费着同样的物品的人是类似的，而与那些消费其他物品的人是不同的。正是这种符码控制着我们消费什么，不消费什么以及如何消费。符号价值在艺术品拍卖中表现得最为明显。拍卖不再是一种单纯的买卖，而是一种财富的炫耀性的攀比与挥霍，是一种"符号战争"。如一件古董，一枚邮票，它们所包含的劳动价值可能微乎其微，但其作为一件消费品，一旦进入消费领域，就可能具有巨大的符号价值。在艺术品拍卖的过程中，人们把自己作为贵族的一员来看待，艺术品也因此成为贵族身份的一种标志性符号，具有符号价值，拍卖本身也不仅仅是一种商品交换行为，而是变成一种仪式性活动。人们对符号价值的追求，与其说是传统商品拜物教式的，不如说是体现社会关系差异原则的符号拜物教式的。

鲍德里亚面对着这样的社会事实：概言之，在一个已经符号化的消费社会里，人们通过消费各种作为符号的物品而获得各自的身份认同。通常人们所说的"高档""中档""低档"，表

---

① Baudrillard, For a Crilique of the Economy of the Sign, Telos Press, 1981, p31.

面上似乎在指物的分类，而实际上是指人的地位以及人的关系。“布西亚（即鲍德里亚——引者注）与传统马克思主义的不同之处在于，他对符号学理论的运用使人们能以一种新的方式理解消费主义的特征。”① 鲍德里亚提出符号价值，表明了资本主义的一种新的控制形式，一种比剥削更为精巧的控制形式的出现和增长。鲍德里亚认为，如果不再是物体拜物教原则在起作用，马克思关于传统商品拜物教的分析也就不再起作用了，资本主义社会合法性的基础由过去对生产方式的占有，转变为对符号意义和符号价值的占有。

批判性是鲍德里亚理论的显著特征。鲍德里亚在人们对“物”的消费行为中看到的不仅仅是“物”或商品对人的支配，更看到了在“物”的消费中实际蕴藏的是深层的“符号消费”，由此，他把人们从“物”的领域带入了符号领域，使第二次世界大战之后的有关消费的理论研究进入了一个崭新的境界。而鲍德里亚对当代消费社会的理解和把握总是打破人们头脑中对“丰裕社会”的固有印象，从而揭示了消费社会的重要特征。

首先，鲍德里亚指认，消费社会创造出一个“丰盛”的假象，实质上却是结构性匮乏的表现。鲍德里亚形象地描述道：“堆积、丰盛显然是给人印象最深刻的描写特征。大商店里琳琅满目的罐头食品、服装、食品和烹饪材料，可视为丰盛的基本风景和几何区。在所有的街道上，堆积这商品的橱窗光芒四射（最常见的材料就是灯光，如果没有它，商店就不可能是现在这个样子），还有肉点的货架以及举办整个食品与服装的节日，无

① ［美］波斯特：《第二媒介时代》，范静哗译，南京大学出版社 2000 年版，第 143 页。

不令人垂涎欲滴。"[1] 然而，事实上"物质丰盛的社会"和"物质匮乏的社会"并不存在，也从来没有出现过。因为不管哪种社会，不管它生产的财富与可支配的财富里是多少，都既确立在结构过剩的基础之上，也确立在结构匮乏的基础之上。鲍德里亚讲到，这是因为，丰盛不是建立在财富之中，而是建立在人与人之间的具体交流之中，建立在人与人的社会关系中。在原始交流中，每个关系都使得社会更加富有；而在我们这个"区分性"社会中，每个社会关系都增添着个体的不足，因为任何拥有的东西都在与他人比较的时候被相对化了。鲍德里亚引用人类学家萨林斯（Marshall Sahlins）的观点："贫困不在于财富的量少，也不在于简单地理解为目的与手段之间的关系：归根结底，它是一种人与人之间的关系。确立原始社会的人的信心的，以及促使他们在饥饿之中体验丰盛的，最终是社会的透明度和互补性。"[2] 因此，在当代工业体系中，生产得越多，如果区分和差异的逻辑依然如故，那么人们实际离人类丰盛的目标就会越遥远。况且，人们基本处于社会"需求"的增长没有限制而财富的增长却有限的情况之下。所以，那种认为在我们的社会里所有物质的以及文化的需求会很容易得到满足的想法必被抛弃。

其次，鲍德里亚指出，消费不等于数量和物质需要的满足，而是一种系统的符号操作行为或总体性观念实践。通常来看，所谓消费就是对"物"的占有、使用、消耗，"物"之所以能被消费，是因为其具有使用价值。而鲍德里亚认为，一件物品不

① ［法］鲍德里亚：《消费社会》，刘成富、全志刚译，南京大学出版社 2001 年版，第 13 页。

② ［法］鲍德里亚：《消费社会》，刘成富、全志钢译，南京大学出版社 2001 年版，第 56 页。

仅是从物质上生产出来满足人们的某种需要，它同时也铭刻了某种文化意义和文化价值；它不仅具有经济意义，同时也具有社会文化意义。鲍德里亚尤其强调后者。他的理论重在指出，物质需要和数量的满足只能构成消费的前提，还不足以构成消费概念本身，消费并不仅是为满足个体的经济需要，而且具有标志名望和等级区分的社会功能。“物”被消费，但被消费的不只是它的物质性，更在于它的差异。“人们从来不消费物的本身（使用价值）——人们总是把物（从广义的角度）用来当作能突出你的符号，或让你加入视为理想的团体，或参加一个更高的团体来摆脱本团体。”[①] 如果消费只是一种使用、吸收、消耗，那么人们应该能以满足收场，然而，人们的消费欲望却不断地增长，这说明它和物质需要的满足以及现实原则要重新加以解释。因为十分显然的是，用某种需求和满足理论无法解释消费“无限”的特点，要把消费看作是一种系统化的符号操控行为或总体性观念性实践，才能走出传统经济学只以那种单纯意义上的“经济人”概念为基石的需求消费理论。只有当人们放弃个人需要满足的逻辑，并注重社会区分逻辑时才能够弄清楚消费现象的本质。鲍德里亚坚持，消费系统并非总是建立在某种对需求和享受的迫切要求之上。他是建立在某种符号和区分的符码之上，他把消费既看作一个具有明确意义的交流过程，同时也看作一个社会分类和区分过程。他说：“这样我们便能更好地领会当代社会政治中消费系统重要的意识形态功能。这种意识形态功能是从消费作为区分价值的普遍编码机制的规定性及我

---

① ［法］鲍德里亚：《消费社会》，刘成富、全志钢译，南京大学出版社 2001 年版，第 48 页。

们刚刚确立的交换和沟通系统功能演绎而来的。"①

再次，鲍德里亚认为，消费社会的增长并不意味着社会平等和同质化。他讲，增长本身并不意味着平等；在消费社会中，不平等并未减少，而是转移了。如在知识上的消费有教育程度的差异，在职业上有工作类型的差异，在权力上有参与政策程度的差异，在艺术上有欣赏和占有的差异，对其他方面如时间、环境和身体等等的消费也因人而异。总之，消费社会中增长所带来的是经济利润和社会分化，消费者在差异秩序中占有一个相对的位置。"在作为使用价值的物品面前人人平等，但是作为符号和差异的那些深刻等级化了的物品面前没有丝毫平等可言。"② 无论财富的绝对量多少，都含有一种系统的不平等。在消费社会的文化系统中，由物品——符号化的商品和商品的化符号构成的差异秩序或等级结构取代了自然和生物的秩序，取代了满足和享受的一般状况。这一系统也是一个意义结构，而其中的意义取决于不同符号间的差异。如此说来，消费不过是对标志着社会地位的符号的操纵，它所遵循的是差异或区分的逻辑。人们通过消费的方式，通过风格，使自身与众不同，独树一帜。从炫耀到审慎，从量的炫耀到高雅出众，从金钱到文化，他们绝对维系着特权。因此，"消费并没有使整个社会更加趋于一致，就像学校并没有使大家获得一致的教育机会一样。它甚至加剧了其分化"③。

最后，鲍德里亚强调，"消费可以先行于生产"而非仅仅是

① [法] 鲍德里亚：《消费社会》，刘成富、全志钢译，南京大学出版社 2001 年版，第 89 页。

② [法] 鲍德里亚：《消费社会》，刘成富、全志钢译，南京大学出版社 2001 年版，第 85 页。

③ [法] 鲍德里亚：《消费社会》，刘成富、全志钢译，南京大学出版社 2001 年版，第 45 页。

“生产决定消费”。在传统农业社会和工业社会前期以及人们的传统观念里，人们总是依赖于在自己辛勤工作之后的一定积累程度之上，才去消费，才能得到自己所需的物品，也就是说这些物品是“已完成的工作的化身”。这就是“生产先于消费”的逻辑。购买家具配件和汽车，在不久以前还是一个长期节约的成果。人们一面工作，一面梦想着有一天能得到心目中的物品，生命的模式是清教徒式的，由努力和报偿构成。然而在今天，当我们还没有赚到他们以前，物品就已经存在，它们超前于它们所代表的努力和工作。人们虽然还没有赚到购买物品的足够的金钱，但依赖消费贷款，却可以拥有自己理想的物品，这就是“消费可以先于生产”的逻辑。例如，我们今天的贷款买房、贷款购物就是如此。

在鲍德里亚看来，在过去，是人在物品身上强加于他的节奏，今天，则是物品在人身上强加了它们不连续的节奏。鲍德里亚认为，现代消费者自发地吸收以及负担了这个无止境的强制性要求：购买可以使社会继续生产，如此你才能继续工作；社会给你信用贷款，而以此形式自由为代价，以便可以为你所购买的物品付钱。鲍德里亚强调，实际上是你在发出贷款，因为你正在异化你的未来，购物者异化了付款人，而他们其实是同一个人，但是对物体系利用的时间上的距离，使他无法在意识上觉察到这一点。[①]

由此可见，在鲍德里亚的理论中，当代西方社会的“消费”，已不是原来意义上的“消费”；这样，鲍德里亚对“消费”的界定与人们习惯认为的消费有着很大不同。在以往通常的政治经济学中认为，消费在“生产—交换—分配—消费”的链条

① 刘少杰主编：《当代国外社会学理论》，中国人民大学出版社2009年版，第113～123页。

中，可以说是最终环节。这是指利用社会产品来满足人们各种需要的过程。消费又分为生产消费和生活消费。前者指在物质资料生产过程中对生产资料和活劳动的使用和耗费；后者是指人们把生产出来的物质资料和精神产品用于满足个人生活需要的行为和过程，在生产过程以外执行生活职能。简单说，消费作为社会再生产单向链条中的最终环节，它从属于生产活动，是一个被动吸收的过程，是人们对物质产品和精神产品需要的满足。而鲍德里亚则认为，在充分发达的西方社会生活中，"财富的数量和需要的满足，皆不足以定义消费的概念：他们只是一种事先的必要条件"[①]。鲍德里亚明确提出，消费社会，已经把消费从满足需要的程序中解放出来。在一种主动的关系中，形成了一种系统性的活动模式，形成了对"物体系"的全面性的回应：消费不是与生产相对的被动吸收和占有，而是一种建立人与物之间、人与集体和世界之间关系的主动模式，这种模式是系统性活动的全面性回应，并且在此模式之上，建立了整个社会文化体系，以至整个社会体系。

这样，在鲍德里亚那里，如果说，在传统的政治经济学框架中，消费从属于生产的过程，消费体现着对生活中直接物品的需要与满足；那么，在社会发展中，消费这一概念的内涵发生着很大转变。现在，消费的对象不再是传统消费中所谓的物质性的单个物品或产品，人们不只是在消费食物、衣服等。

美国《时代》杂志 1999 年第 12 期刊登的一篇封面文章描画了新世纪初的社会形态。文中指出，未来社会在发展变化中将会出现新的情况。随着"休闲"成为人类生活的重要部分，此时"休闲"也会进入经济产业，而且会成为重要的经济产业。

---

① ［法］鲍德里亚：《物体系》，林志明译，上海人民出版社 2001 年版，第 222～223 页。

此时一些发达国家将进入“休闲时代”。据美国权威人士预测，休闲、娱乐活动、旅游业将成为下一个经济大潮，并席卷世界各地；甚至讲到，专门提供休闲的产业在2015年后会主导劳务市场，在美国的国民生产总值中将占有一半的份额，一些趋势可以让人把生命中的50%的时间用于休闲。美国宾夕法尼亚州立大学著名的休闲研究教授杰弗瑞·戈比预测，在稍后的若干年，休闲的中心地位会有非常大的加强，人们的休闲概念将会发生重大变化，在经济产业结构中休闲产业的从业人员将占整个社会劳动力的80%～85%，休闲服务将从标准化和集中化转向个性化服务，人们对休闲与健康之间的关系倍加重视，应运而生的休闲教育将占教育事业的极大份额，这为休闲产业及经济和文化的发展开辟了更加广阔的空间。[①]

与前面说到的整个消费的发展趋势相应，鲍德里亚在20世纪60年代就感受到，在世界社会发展中，在社会生活中成为“消费物”的不仅仅是“实物”。因此，鲍德里亚强调了“物体系”这一概念。他指出，成为消费对象的，是处于“物体系”之中的，而物体系就像语言结构一样，规定着个别物体的意义与功能；也就是说，物品必定具有一个外在于它并作为意义指涉的关系结构，物品本身被组织为表达这个意义体系的要素；因而物品的消费不再是因为它首先具有物质的特征，而是因为它更显示出是一种“符号一物”，是一种“个性化”的、处于符号差异体系中的意义对象。被消费的不再只是物品，更是人与物品之间的关系结构本身。在此模式之上建立的整个社会文化体系中，这种关系已延伸到历史及传播与文化关联的所有层面，以致最后所有与此关联的东西都成为消费品。这样，在“消费

① 马惠娣：《21世纪与休闲经济、休闲产业、休闲文化》，《自然辩证法研究》2001年第1期。

之光"的照耀中，一切都成了消费品，正是在这个意义上，社会进入到"消费社会"。

由鲍德里亚在论述消费社会时所强调的，这时"物"已经进入到"物体系"中，成为"符号—物"；在此故且可暂时将其纳入他所讲的"意向消费"中关于文化生产商品化的看法来理解；而特别要强调的是，鲍德里亚认为，这时人们消费的已不只是物的"使用价值"，而重在其"符号价值"，即人们从对"物"的消费转入对"符号"的消费。也就是说，在消费社会中，物要能成为商品，必须被赋予符号价值，使其固定在符号结构的逻辑中，即处于"符号一物"的结构之中。"符号形式的一般化与复杂化扩展到从文化到环境的所有方面，导致符号价值的霸权商品被生产、分布，且仅仅是为他们显著的社会意义消费。客体变成纯粹的使用符号，由此成了抽象的、与生理需要相脱离的东西。鲍德里亚宣布，生产、分配、消费的整个周期被转化到一个抽象能指的符号系统之中，与客体世界似乎没有关系"。[①] 当主、客体都被纳入符号体系中，便产生了"新的"社会"组织原则"。

鲍德里亚进一步论述说，在这种情况下，物品的消费首先不在于其具有物质性的特征，而是因为它变成一种意指的"符号—物"，是一种处于差异体系中的意义对象。如果说，在马克思那里，由揭露"商品拜物教"，对以资本为中心的社会，进行了批判；而在鲍德里亚那里，则是由揭示"符号拜物教"，对以符号为中介的社会，进行了批判。鲍德里亚指出，由此形成"一个虚拟的全体，其中所有的物品和信息，由这时开始，构成了一个或多或少逻辑一致的论述。如果消费这个字眼要有意义，

① ［美］凯尔纳：《后现代转向》，陈刚等译，中文译本南京大学出版社 2002 年版，第 125 页。

它便是一种符号的系统化操控活动”。[①] L. P. 梅耶认为，鲍德里亚关于消费的定义，“从一开始就明确指出，消费是一种积极的关系方式（不仅与物，而且与集体和世界），是一种系统的行为和总体反应的方式。社会的整个文化体系就是建立在这个基础之上的”。[②]

鲍德里亚在其一系列著作如《物体系》《消费社会》《符号政治经济学批判》中从不同角度论述了，20 世纪 60 年代以来出现了一种新的社会秩序，这里很重要的，那就是消费社会的形成；而他又非常明确地指出，现代社会已经从以生产为主导的社会，转型到以消费为主导的社会，而消费社会的根本特征就在于符号系统的形成。这就是鲍德里亚所谓的“符号社会”。所以，鲍德里亚的“消费社会”理论，在总体上讲被称之为“符号社会”理论。

鲍德里亚理论中的“消费社会”和“符号社会”这两个概念，总体说来，他是从不同角度进行界定的，但实质上两个概念就其所论证的内容来讲是指同一对象。如果加以区别的话，可以认为：鲍德里亚提出“消费社会”，主要是针对马克思的“生产社会”而言的。因为马克思的政治经济学着重论述了生产、交换、分配和消费的关系，并且把生产放在了有决定性的首位。而鲍德里亚认为现代的发达社会已经进入到了“消费”为主导的社会，尽管起初鲍德里亚也是在生产的领域内谈论消费，而后来他远离了生产理论，认为消费是现代社会的主导性逻辑。由此，鲍德里亚才把他的“社会理论”称作是“消费社

---

① ［法］鲍德里亚：《物体系》，林志明译，上海人民出版社 2001 年版，第 223 页。

② 参见［法］鲍德里亚：《消费社会》，刘成富、全志钢译，南京大学出版社 2001 年版，第 1 页。

会"理论。

鲍德里亚提出"符号社会"，主要是针对或相较于马克思的"商品社会"理论、德波的"景观社会"理论而言的。马克思对"商品社会"的分析构成了他关于政治经济学理论批判的基础。在商品社会中，生产的目的主要不是为了获取使用价值，而是为了在价值交换中获得最大化的利润，商品交换成为社会生活的基本形式，并且这里的商品主要是实物商品。德波为了凸显商品社会中文化"景观"的意义，以"景观社会"代替"商品社会"。德波提出的"景观社会"被理解为"意象统治一切"的社会，景观社会同商品社会既有区别又有联系。而鲍德里亚将德波所谓的"景观社会"理论，引申为"以符号为中介"的"消费社会"理论，对此进行了新的发展。这正是鲍德里亚用"符号社会"理论来称谓他的新理论的根据。

根据鲍德里亚的文本，可以发现，鲍德里亚并没有对"消费社会""符号社会"这两个概念给出明确而集中的定义，对它们的理解其实散见于其著作的不同地方，而且常常是两个概念混同使用。应当认为，这并非是鲍德里亚有失严谨之处，他提出两种不同的称谓，是他根据其理论观点而从不同角度提出的理论称谓。

(3) 鲍德里亚基于"消费社会""符号社会"理论提出"符号政治经济学批判"。

①如前所说，在鲍德里亚之前，德波曾由马克思关于商品社会的分析，引入关于"景观社会"的分析。人们认为，德波在讲"景观社会"时，虽然从生产出发构成了其分析"景观社会"的基础，而这里的分析，德波已经意识到，"物"在"景观社会"中已经不再以单纯的实用形态表现出来，而是以符号形

态的方式表现出来。[①] 巴特在关于“大众文化”的分析中就表明，在这种社会中，“符号—物”会成为人们消费的主要对象。正是在这个意义上，勒斐伏尔提出了“风格”在日常生活中消解的问题，强调语言学以及符号学的分析在消费社会中的意义。由这些人的影响，鲍德里亚在《物体系》中揭示到，现代社会，物体的实用维度已经让位于通过符号标识的“符号—物”的维度：“消费并不是一种物质性的实践，也不是‘丰产’的现象学，它的定义，不在于我们所消化的食物，不在于我们身上穿的衣服，不在于我们使用的汽车，也不在于实物和信息的口腔或视觉实质，而是在于把所有以上这些（元素）组织为有表达意义功能的实质；它是一个虚拟的全体，其中所有的物品和信息，由这时开始，构成了一个多少逻辑一致的论述。如果消费这个字眼要有意义，那么它便是一种符号的系统化操控活动。”因此，“要成为消费的对象，物品必须成为符号，也就是外在于一个它只是作为意义指涉的关系——因此它和这个具体关系之间，存有的是一种任意的偶然的和不一致的关系，而它的合理一致性，也就是它的意义，来自于它和所有其他的‘符号—物’之间，抽象而具有系统性的关系”[②]。这里意在表明，如果说“物”在消费社会中成为“符号—物”，那么消费社会中人们所需要的结构，作为一种主动的结构就在于似乎是一种符号的结构，对消费社会的分析就要借用符号学理论才能真正揭示其内在的逻辑。对此从符号学的观念来看，消费作为一种主动的结构，是一个以符号编码组织起来的结构，而这是以往时代无法理解的，因为那时的消费局限于物品的实用性功能层面。这个实用功能层面虽然是无法替代的，而当物品过渡到“符号—物”

① See，Guy Debord，Society of the Spectacle，Black and，1983.

② Jean Baudrillard. The System of objects，2001. P233.

时，物品可以相互替代了。当意义与符号的外在环境结合起来时，就完成了从"意义"向"意识形态"的转变过程，这才构成了"大众文化"的内涵。在意义的这种产生过程中，符号以一种形式的方式发生作用。其作为一种符号就起到了吸收大众的功能。因此消费社会中的消费就是消费者被符号的意指体系所吸收的过程，而这一过程却是以被大众生动地吸收为基础的。因此，讲消费社会是一个主动的结构，这是在双重意义上说的：一是指大众文化被主动地吸收；二是指消费变成了人对物体系的主动行为。这是消费社会中符号意义逻辑的运转过程。由此便可认为，消费被符号所操控，这构成了消费社会的深层逻辑。符号操控消费，英国学者迈克·费瑟通（Mike Featherstone）讲，这在于社会区分，即通过对"符号—物"的占有和消费，个体将通过主动地进入到消费社会中，通过身份的差异无意识地认同了消费体系以及相应的物体系。[①] 鲍德里亚由此强调，正是在这意义上，才谈得上由于大众传媒的作用交换价值本身被传媒产生"意象"所吸收，因此消费变成了意象消费的过程。

②人们注意到，这里有一个关键问题是怎样看待其所讲的"意象"。在德波那里，"意象"是一种"伪意识"，是一种"被蒙蔽的意识"，也就是说德波的理论基础还是卢卡奇式的。当德波停留于这一理论框架时，按照鲍德里亚所指出的，德波仍然停留在消费社会的大门口，因为德波没有看到"从形式商品到形式符号的转变，从处于一般等价规律支配下物质产品的抽象交换向处于符码规律支配之下交换运行的转变。通过这种转变走向了符号政治经济学，……这样一个阶段，在这里所有的价

① 参见［英］麦克·费瑟斯通：《消费社会与后现代化》，刘精明译，译林出版社2000年版。

值都变成了符号交换价值，处于符码的同质性之下”。[①] 鲍德里亚由符号学的立场指出，实际上并不是一种意识性的“意象”成为统治的基础，这种意象只是大众传媒创造出来的内容。如果从大众传媒的角度来说，德波的分析还是关于传统媒介的分析，停留于大众传媒的内容层面。而鲍德里亚从麦克卢汉的媒介理论出发，对德波进行了符号学的批判性阅读。麦克卢汉（1911—1980）系加拿大传播理论家，其作为20世纪60年代最走红也最有争议的思想家之一，在20世纪90年代他被认为是“IT时代的先知”。按他的观点，“媒介即讯息”[②]，不是媒介传达的内容影响着人们，媒介本身就直接构成了人们的存在方式。现代媒介的基础，就是符号的运作，凡是不能变成符号特别是“电子符号”的东西就不能存在，同样，广告创造出来的意象，其基础就是符号。鲍德里亚基于这些见解认为，进入消费社会之后，人们面临的不是以意象方式呈现出来的景观社会，在其深层，应明确说，是符号社会。

在这种符号社会中，德波的“意象意指”体系变成了鲍德里亚的“符号意指”体系。由于使用价值在现代被交换价值所中介，并且，在符号学中，与“意指”过程相关的“所指”也不再构成符号学不言自明的根据，于是消费的过程变成了“符号能指”在体系内部的“自我指涉”过程；这个过程不再是由主体决定的，而是由符号自身决定了的。在符号体系的作用下，物变成了“符号—物”，并由于符号内部的差异原则，形成了一种特有的“物体系”。因此，消费就不再是针对一件具体的物，

① Jean Baudrillard, The Mirror of Production, tr. Mark Poster, Telos Press, 1975, p. 121－122.

② ［加］麦克卢汉：《理解媒介》，何道宽译，商务印书馆2000年版，第33页。

今天的消费变成了对特定"物体系"的消费，而在对这种"物体系"的消费中，物的使用价值消解了，人们消费的是以物表现出来的社会身份与文化差异，同样，消费的主体成为由符号组织起来的主体；主体的存在、主体的任何一个部分，都可以变成一个符号，变成消费品；这就是他所讲的现代社会中头发、皮肤甚至性都变成了消费对象的原因，而且由这些部分，可以体现出由符号决定的社会身份与社会地位差异。在此，"符号"构成鲍德里亚分析现代社会理论或说其社会批判理论的基础。

我国学者仰海峰基于以上情况评论说："在前面的分析中已经指出，德波景观社会理论虽然看到了大众传媒兴起之后，物品不仅要变成商品，更要变成意象商品，才能进入到市场体系之中。意象总还是原件的意象，尽管原件已经在意象中消隐了，但原件还是构成了评判一切的依据……而在鲍德里亚看来，在符码控制中，一切原件都不再存在，存在的……特别是电子媒介的符号产品，这种产品的价值已不再能按照原件来判断，而是来自于符号本身。"[①]

③鲍德里亚由其关于"意象"的论述，提出了他的理论主旨，这在于从历史序列的角度，为文化的"模拟演进"设定了一个坐标系。这就形成了鲍德里亚关于"拟象"（simulacra）的理论。在鲍德里亚所著的《符号交换与死亡》[②] 一书中，其对于"拟象"演进的社会发展阶段作了论述[③]。鲍德里亚提出了"拟象的三阶序列"（The Three Orders of Simulacra）。他认为，关

① 仰海峰：《走向后马克思：从生产之镜到符号之镜——早期鲍德里亚思想的文本学解读》，中央编译出版社 2004 年版，第 74 页。

② Jean Baudrillard, *Symbolic Exchange and Death*, Tr. Lain Hamilton Grant, London, 1993.

③ See Rex Butler, Jean Baudrillard: The Defence of Real, London, 1999.

于“拟象”，自文艺复兴时代以来依次递进：仿造（counterfeit）是从文艺复兴到工业革命的“古典”时期的主导模式；生产（production）是工业时代的主导模式；仿真（simulation）是被代码所主宰的当前时代的主导模式。①

鲍德里亚论证了以上“拟象”演进的三阶段序列与“价值规律”的演化相匹配。在此演进中，第一阶段的“拟象”遵循“自然价值规律”。比如，在工业革命之前，艺术品的仿制只能通过手工制造的方式来完成，从一幅画临摹成另一幅画，这是并不破坏自然规律的模仿，这种“仿造”只能在原作之外增加“赝品”。那个时代的形象复制只能如此。第二阶段的“拟象”遵循“市场价值规律”。工业革命之后，由于机械化大生产方式的出现，艺术形象的复制就可以采用机械制造的方式，比如古典主义的名画可以通过印刷术来翻制，这也就是本雅明所说“机械复制时代”的艺术生产方式，② 市场规律这只“无形的手”在其中起调控作用。第三阶段的“拟象”遵循的则是“结构价值规律”。到现时代，以“互联网”为标志的知识经济时代已经来临，任何艺术形象都可以被转化成影像在网上传播，这些被无限复制的“拟象”，已成为可以被简约为计算机逻辑的 1 和 2 两个数字的符码。这种“仿真式”的“拟象”开始在历史中脱胎而出并占据主宰。

按鲍德里亚的理论，如果说在以上的第一阶段中还凸显“原件”的话；随着工业社会的发展，“原件”的地位开始被“系列产品”所取代；而到了后工业社会，便出现了一个“原件

① Jean Baudrillard, Symbolic Exchange and Death, London: Sage Pubications, 1993. p 50.

② 参见［德］本雅明：《机械复制时代的艺术作品》，王才勇译，中国城市出版社 2002 年版。

死亡”的社会，存在的只是“拟象”。这指向进入第二阶段。有学者解释说，这里讲到的所谓“拟象”，并不是说存在着一个原件，然后对原件进行模仿，而是说在原件“缺席”的情况下，自身对自身的摹像与拟态。看看电脑上的设计，就可以理解符号化时代的“拟象”。在电脑设计中，所谓的“原件”并不重要，重要的是通过符码的重新组合，产生出一个即时的最佳结果；设计过程中要解决的问题，不再是如何达到复制原件最高水准的问题，而主要在于如何在自身的拟象中经过不断反复的没有终点的修改过程，通过电脑上操作，使拟象的结果比原价还要有“令人满意”的“真实”。“真实的物”即原来意义上的“物”凸现为“拟象”“景观”。一些学者在其著作中就此举了这样的例子作为解释，以让人们来体会这里的意思。例如，在现代电脑使用中出现的网络三围虚拟偶像选美大赛，评选出若干位网络偶像美女。从事人体美学的专家在评论时指出，这些美女云集了世界各地美女的最美部位于一身。可以说，这是比任何真实的美女都要完美的美女。在这里我们可以想起，这种情况在“时装模特”业的一系列发展中，显然也是体现着的。人们关注发展一种创意产业，当其贯穿于种种产品、广告及一系列创造中，这也内在地体现着此种情况。这里重要的是，如何通过符码组合形成所需要的意象与结果。因此，在符号支配世界的时代，成为“符号—物”支配一切的时代。可见，在鲍德里亚的视野里，第三阶段的“拟象”，主要用以描述当代社会出现的一种提供给大众的“形象文化”，如无所不在的电视影像对“大众文化”的“环绕和包围”就是如此。鲍德里亚在其《模拟与仿真》的著作中总结道：这种形象虽然首先能“反映基本现实”，但进而会“掩饰和歪曲基本现实”，进一步又会“掩盖基本现实的缺场”，最后进入到“纯粹是自身的拟象”领域，不再与任何真实发生关联。①

这里强调的是，所谓“拟象”（simulacra）就是游移和疏离于原本，或者说没有原本的摹本。正因为如此，有人将“simulacra”翻译成“类像”。类像的“类”强调形象群，而拟象的“拟”指的是形象自身的虚拟性，以及形象与形象之间的摹拟性，甚至不具有现实的真实性。“拟象”创造出的正是一种作为形象群的人造现实。当大众沉溺其中看到的不是现实本身，而只是“拟象世界”。

就此，当代许多学者联系“大众文化”意义上的“生活”讲到，当代欧美都市大众就生活在这样的世界里：在大众的日常生活的衣、食、住、行、用当中，“形象文化”无孔不入——外套和内衣，高脚杯和盛酒瓶，桌椅和床具，电视机和音像设备，手机和计算机，自行车和汽车，霓虹灯和广告牌——无不充斥着商业文化的形象，这种形象是被大规模生产出来的，是“毫无现实真实的形象泛滥”。这是因为，通过“文化产业”的巨大过滤器，一切的商业形象都经过“机械复制”的链条，成了游离于摹本而趋于无限复制的“拟象”。就此，英国学者克里斯托夫·霍洛克斯还这样举例说，安迪·沃霍尔的著名波普艺术《25个有色的玛丽莲·梦露像》（1962）可以与“拟象理论”互为印证。画面中是丝网印刷各横竖排的若干个玛丽莲·梦露照片，她们都被套印以头发的黄色、双唇的红色和诱人的肤色，除了印刷造成的阴影差异之外，这为数众多的梦露像几乎都是一样的。这就暗示出，“文化产业”一方面在不断生产这种“拟象”并使其增殖和蔓延，另一方面，大众面对这种拟象所感受到的却只是“千人一面”。还有《黑客帝国》系列电影，它几乎

① Jean Baudrillard, *Simulacra and Simulation*, *Ann Arber*: *University of Michigan press*, 1994.

成为诠释"拟象理论"的电影版本，那种技术化社会对大众的"完美的控制"被演绎得淋漓尽致。[①]

列举以上事例后，霍洛克斯就此指出，在鲍德里亚看来，"拟象"是由"文化工业"所生产的，"文化工业"在生产消费品的同时，也在生产着消费者。在电视工业的驱动下使直播现场成了"明星制造秀场"，普通的参赛者被"包装"而赋予了"形象化"的灵光圈，并通过电视向千家万户的复制传播而成为"拟象"。与此同时，千千万万的电视观众也通过手机互动而"同谋式"地参与进了这场铺张的"秀场"之中，并且为电视工业所塑造。

鲍德里亚强调，在其视野内，这种文化的特质在于：拟象与真实之间的界限得以"内爆"，今天的文化现实成为"超现实"的[②]，不仅真实本身在超现实中陷落，而且，真实与想象之间的矛盾亦被消解了。如互联网上的网络游戏，游戏者们都栖居在一种虚拟现实的世界内，网络终端之外的真实被侵蚀了。同时，"拟象"与大众之间的距离也被销蚀了，"拟象"已内化为观众自我经验的一部分，幻觉与现实混淆起来。生活在这种拟象所环绕包围的世界内，"我们的世界起码从文化上来说是没有任何现实感的，因为我们无法确定现实从哪里开始或结束"[③]。在文化被高度"拟象化"的境遇中，大众在当下的直接经验里，体验时间的断裂感和无深度感，实现日常生活的虚拟化。正因

---

① ［英］克里斯托夫·霍洛克斯：《鲍德里亚与千禧年》，王文华译，北京大学出版社2005年版，第5～9页。

② Jean Baudrillard，Symbolic Exchange and Death，pp. 70－76.

③ ［美］杰姆逊：《后现代主义与文化理论》，唐小兵译，陕西师范大学出版社1987年版，第200页。

为这样，鲍德里亚在《海湾战争并没有发生》[①] 一文中指出，关于 1991 年的海湾战争，其实大众看到的，只是没有发生的虚拟的“媒介之战”。人们所看到的电视影像，只是由带某种倾向性甚至政治倾向的摄影师捕捉、剪接和变形的结果，是被具有实时转播功能的媒体所“虚拟化”的纪实叙事作品。对于歪在沙发里、吃着零食、瞥眼看电视的大众而言，这场战争倒似乎更像一场影像游戏。[②]

正如鲍德里亚在其早期著作《物体系》[③] 的结论篇里明确指出的，“要成为消费的对象，物品必须成为符号”，这种身份的转换，也使得人与人之间的关系“变成了消费关系”[④]。而后来他又在《消费社会》[⑤] 一书中，以物的分析为起点，进而提出了“消费社会的逻辑”，并将该社会类型界定为“进行消费培训、进行面向消费的社会驯化的社会”；这对于他所提出的“消费”是“（通过对消费个体进行分化作用）实现社会控制的一种有利因素”，作出了进一步的强化论证[⑥]。再后来，鲍德里亚提出了一整套的商品符号学原理和消费社会逻辑，形成了在其所谓反思“批判之维”的《符号的政治经济学批判》[⑦]，书中指出：“商

① La Cuerre du Golfe n’ a pas eu lieu，1991；The Gulf War Did Not Tare Place，1995.

② 参见［英］克里斯托夫·霍洛克：《鲍德里亚与千禧年》，王文华译，北京大学出版社 2005 年版，第 9～11 页。

③ Le Systeme des objects，1968；The System of Objects，1996.

④ ［法］布希亚（即鲍德里亚），《物体系》，林志明译，上海人民出版社 2001 年版，第 223 页。

⑤ La Societe de Consommatiln，1970.

⑥ ［法］鲍德里亚：《消费社会》，刘成富等译，南京大学出版社 2001 年版，第 73、77 页。

⑦ Pour une critique de I’ eonomie du signe，1972；For a Critique of the Political Economy of the Sign，1981.

品完全被当作符号，被当作符号价值，符号则被当成商品。"[①]可见，正是立于"拟象理论"的理论基础，鲍德里亚建构了关于"符号社会""消费社会"的理论，并形成了关于"符号社会""消费社会"的"政治经济学批判"。

3.（1）在欧美学界，鲍德里亚被认为是一位"剑走偏锋"式的人物。不能说鲍德里亚对现代社会和文化的描述和深究完全准确，并且由于他的论述方式灰涩、断续，所以使人们理解起来较为困难。不过，要承认的是，他面对当代社会提出的"消费社会""符号社会"理论，并由之而形成的社会批判理论，对于人们认识当今世界的"文化产业"，特别是认识当代西方社会中"文化产业"的二重性质，是很有启示意义的。

（2）人们特别关注鲍德里亚社会批判理论的以下几个方面：

第一，消费社会中由"符号消费"形成了一种符号操控。

许多西方学者将"消费社会"列为与后工业社会、媒体社会或跨国资本主义社会同一系列的概念，认为它代表着"一种新型的社会生活和新的经济秩序的出现"。他们指认商品消费有其自身意识形态及放任、多元的表征，并把这认作消费社会的典型特征。这表现在，在资本主义消费社会中，"商品拜物教"借助于一切东西都转化为文化商品形式的时机，表现为关于"符号消费"的"商品拜物教"。

鲍德里亚基于这种情况，明确作出这样一个判断："我们处在'消费'控制着整个生活的境地。"[②]他认为，在这种消费社会里，一种由不断增长的物、服务和文化商品所形成的惊人的

---

① Jean Baudrillard, For a Critique of the political Economy of the sign, st Louis: Telos press, 1981, P. 218.

② ［法］鲍德里亚：《消费社会》，刘成富等译，南京大学出版社2001年版，第6页。

消费现象，其堆积、丰盛，造就了消费社会的特殊景观。所有的消费之神或恶魔都汇集于其中。消费崇拜成为消费社会的伦理和意识形态，深入人们的思想意识。这形成一种“物的意识形态”。它表现为对生活享受、文化需求及娱乐的追求。这会产生出消费者的个人主义。

鲍德里亚对消费系统从意识形态的角度来考虑，把消费系统的意识形态功能归结为来自消费作为区分价值的“编码机制”规定性以及交换和沟通的系统功能。这里的“编码”指的是有关符号的编码。如前所说，在他有关消费社会的看法中，“符号”具有举足轻重的作用，这种作用甚至被鲍德里亚视为某种“消费逻辑”，它表现为一种“符号操作”，其结果是否定了“真相”。也就是说，消费社会的特点在于，“在空洞地、大量地消费符号的基础上，否定真相”[①]。这内在着“符号价值”，这种符号价值的作用伴随着广告、包装、展示和大众传媒的增长而不断增强。人们进入了一种“符号消费”的游戏，受到其中的符号秩序的规约，不同的消费方式成了人们社会地位的符号标志。它支配着整个文化、人际关系、性欲，直至身体的幻象和冲动。一切都被展现、挑动，被编排为形象、符号和可消费的类型。

符号之所以能在消费社会中起着这样的操控作用，在鲍德里亚看来，是由于符号的信息功能发生改变。在以往的符号学理论中，符号被看作“能指”（语词、画面等符号本身）和“所指”（符号所指涉的对象）的连接。这里，以符号“所指”为中心，“能指”的意义被看作是由“所指”决定的。而鲍德里亚强调，“符号社会”中，“能指”通过广告、传媒以及在游戏中进行编码、解码，产生出自己的类象、景观等等，由此便构成一

① ［法］鲍德里亚：《消费社会》，刘成富等译，南京大学出版社 2001 年版，第 13 页。

个"拟象的世界"，而且其起着决定作用。

鲍德里亚宣称"电视就是世界"。用莱昂的形象比喻来说，广告和传媒使"城市成为一个'巨型屏幕'"[①]。在这种作为"消费社会"的"符号社会"中，广告、传媒的作用越来越强大。鲍德里亚还以诸如迪士尼乐园这样的"拟象世界"为例，说明这表现出一种典型的"拟象文化"特殊功能，其造就的是一种符号的世界。这样的拟像世界并不反映什么现实，并不一定具有真实性，但却会对人们的观念与行为产生某种"操控"，乃至成为某种理想的"模型"。在鲍德里亚看来，这里"创造出非真非伪的劝导性陈述"，通过制造出一种商品神话，激发消费欲望，形成"对需要与消费的操控"[②]。鲍德里亚指出，商标的"隐喻"，广告话语不断播放、反复出现，特别又使人融入娱乐的情景，由咒语一样的反复叙事和魔幻般的快乐行为的引导，实现了拟就商品"神话"和"神圣化"的行为操控。

第二，"拟象"世界形成了对意义的解构。

鲍德里亚由符号论走向"拟象"论，把现时代看作一个"模拟的时代"，其突出标志是"所有指涉物的消失"以及它们在"符号体系中被人为地复活"[③]。这里讲到的从"消失"到"复活"的过程，是他对当代西方社会文化发展过程的判断，也就是说，在他看来，西方社会文化已经由追求对现实加以反映、表现，进入到当今的完全陷入拟象的阶段。这又基于鲍德里亚的"图像发展过程四阶段"论。在鲍德里亚这一理论中：①图

---

① [加]大卫·莱昂：《后现代性》，郭为桂译，吉林人民出版社2004年版，第99页。

② [法]鲍德里亚：《生产之镜》，仰海峰译，中央编译出版社2005年版，第217页。

③ [加]大卫·莱昂：《后现代性》，郭为桂译，吉林人民出版社2004年版，第135页。

像作为某种现实的反映；②它遮蔽和颠倒着基本现实；③它遮蔽着基本现实的缺失；④它不再与任何现实发生关联，是它自身的影像。在第四阶段，符号不再代表或表现任何东西，不再与任何现实相交换，而只是与其自身相交换，从而消除了“意义”的存在，这意味着进入一个模拟和“超真实”（hyperreality）的时代。在这个时代，由于图像完全摆脱了指涉物，在模拟的背后不再有什么“现实”或“真理”。模拟不需要“原型物体”，而是通过“模型”来生产“真实”，这里生产出的是一种“超真实”。所谓“超真实”指的是一种按照模型产生出来的真实，这种真实不再是一些现成之物，而是人为地从某种“铸型、存储体和控制模型”中生产出来的“真实”①。超真实是一种在“幻境式的自我相似”中精心雕琢出的“真实”，是用“真实的符号来替代真实本身”。随着“超真实”的降临，“类象”开始构造现实自身，人们也由此生活在一个巨大的、不再与现实相交换的模拟物中。

鲍德里亚把美国作为当代模拟世界的一个典型来加以说明，其中以迪士尼乐园为代表，因为“迪士尼乐园是所有令人困惑的模拟程序中最好的模型”，它构成了美国社会的缩影，成了体现一个真实的美国的“意象”。这一乐园开始于错觉和幻觉的游戏：海盗、边疆、未来世界等。迪士尼的成功之处正在于它是作为一个模拟世界的“意象场所”，当人们在其中游乐，感受着美国的生活方式，体会到美国的价值观念，并由此进行对矛盾现实的“理想化的换位”②；把它当成了真实的美国，而环绕着

① 参见［加］大卫·莱昂：《后现代性》，郭为桂译，吉林人民出版社2004年版，第186页。

② 参见［加］大卫·莱昂：《后现代性》，郭为桂译，吉林人民出版社2004年版，第194页。

迪士尼的洛杉矶以及美国，反倒是不真实的。

由模拟世界的论说，鲍德里亚要演绎出的结论是：人们处于一种"模拟的逻辑"之中，这种逻辑与"事实逻辑"和"理性秩序"无关。模拟逻辑的运作在于，模拟具有"模型先行"的特征。所有的模型将现实的世界包围起来，它们的运行轨迹构造出了事件的领域。"事实"正是产生于模型之中，不论这样的事实是多么微小，并且任何事实都不再具有它们自身的任何轨道，它们只是纯粹的被构造物。既然事实只是来源于"模型"，它们就已不再是什么事实。而没有了事实，也就不存在什么"真相"和"假相"的区分、"真实"和"拟象"的区分，同样也就无所谓有什么"意义"了。

由对于"意义"的这种见解，鲍德里亚进入到对西方宗教与道德文化的批判。他认为，所有的西方信仰都建立在"表象论"的基础上，符号能够指涉深层的意义，符号能够与意义互换，并且有某种诸如上帝之类的东西确保这种互换；但如果上帝本身也能够被模拟，也能够还原为一个符号，只是某个拟象而已，那么整个西方的这套认识体系就变得无足轻重了：一切只是符号与符号的自身互换，根本就无所谓立足于现实的互换。如此把符号系统看作一个本身自足的东西，就可以既封闭在自身之内，又能够制造出超现实的模型，从而制造出事实来。

鲍德里亚认为，符号功能的这种转变，标志着一个关键性的转折点。按照鲍德里亚的看法，在图像发展的四个阶段中，当符号起着"掩饰某物"的作用时，便开始有一种新的"意味着真理和巫术的神学"。以至于，西方以往以追求真理为指向的哲学认识论，以及类似的政治、宗教观念，都被归入这种"否定意义上的范畴"，归于"与现实没有任何关系"的符号。在这个"类象和模拟的时代"里，不论是"上帝"还是"真理"，这一切都已死去。世界成为一个模拟的世界、图像的世界，这就是后现代的世界。这样，在模拟的时代，没有真理，没有现实，也没有意义；留下的只是一些“碎片”，所有能做的事不过是去游戏这些碎片。[①] 因此，“游戏碎片——这就是后现代”[②]。

第三，“以符号为中介”的“消费社会”产生着一种“完美的罪行”。

基于对“以符号为中介”的“消费社会”加以分析而进行的所谓“意识形态批判”，鲍德里亚后来写了他的重要著作《完美的罪行》[③]。

“完美的罪行”是鲍德里亚后期哲学思想的一个重要概念，这个词原本是一个法律上的用语，其意思是说，犯罪时一点不露马脚，可谓“完美无缺”。鲍德里亚在其书中写道：“完美的罪行，既无罪犯、无受害者，也无动机的罪行。其实情会永远地隐退，且由于无痕迹，其秘密也永远不会被发现。”“然而，恰恰此罪从来不是完美的。因为万物由其表象露出马脚，这些表象是其不存在的痕迹，也是虚无延续的痕迹。因为虚无本身、虚无的延续都留下痕迹。因此，万物暴露了自己的秘密，尽管它躲在表象之后，还是让人看出其真面目。”“艺术家也同样，总是距这种无意义的完美的罪行很近。”“此罪完美是基于它总是已经完成了这样的事实——完美无缺（拉丁文“perfectum”）。从其出现之前起，这个世界就在改变，所以它永远不会被发现，没有‘最后的审判’惩罚它或宽恕它。由于事情都是已经发生的，因此它也不再有终结。既无撤销，也无宽恕，但其后果的

① 以上参见陈嘉明：《现代性与后现代性十五讲》，北京大学出版社2006年版，第334、340页。

② 转引自［美］瑞泽尔：《后现代社会理论》，谢立中译，华夏出版社2003年版，第136页。

③ Jean Baudrillard，Le Crime Parfait，Paris，1995.

影响却是不可避免的。原罪的发动或许具有各种诈术的酝酿中人们看到的那可笑的形式。再就是，世界的前途也在于此罪的完成、其无法改变的进程、恶的继续、虚无的延续。世界永远不会经历那原始的场景，它时刻都在经历对其进行的检举和赎罪。此事没有终结，其后果是难以估计的。"①

在《完美的罪行》的最后一章"镜中人的报复"中，鲍德里亚从当代技术的特征，从仿真和虚像出发来谈论现代技术对人类的报复，这也就是他所谓的"镜中人的报复"。他通过两个世界，即博尔赫斯《镜中野兽》中镜子世界和人类社会的现实世界，来阐明文化的产业制作在当今不可忽视的巨大副作用。鲍德里亚认为，完美的罪行就是对"实在的谋杀"。所以在《完美的罪行》前言中，鲍德里亚开宗明义，说："本书写的是一桩罪行——谋杀实在罪的始末。也是消除一种幻觉——根本的幻觉，对世界的根本性的幻觉的经过，实在不会在幻觉中消失，而是幻觉消失在全部的实在中。"② 鲍德里亚在书中解释说："影像的虚拟，还有时间的虚拟（实时），音乐的虚拟（高保真），性的虚拟（淫画），思维的虚拟（人工智能），语言的虚拟（数字语言），身体的虚拟（遗传基因码和染色体组）。到处，高清晰度都标志着越过所有正常决定通向一种实用的——确切地说是'决定性'的公式，通向一个参照元素的实体越来越少的世界。"③ "事物本身并不真在。这些事物有其形而无其实，一切都在自己的表象后面退隐，因此，从来不与自身一致，这就是世

① ［法］博德里亚尔（即鲍德里亚）：《完美的罪行》，王为民译，商务印书馆2000年版，第6～7页。

② ［法］博德里亚尔（即鲍德里亚）：《完美的罪行》，王为民译，商务印书馆2000年版，第21页。

③ ［法］博德里亚尔（即鲍德里亚）：《完美的罪行》，王为民译，商务印书馆2000年版，第32页。

界上具体的幻觉。而此幻觉实际上仍是一大谜，它使我们陷于恐惧之中，而我们则以对实情表象产生的幻觉来避免自己恐惧。”①

因此，按照鲍德里亚的说法，“谋杀实在”的罪名，就能罩于“完美”之中了。这样，对完美的理解就与传统形而上学的“实在”问题联系在一起：由于这里的“完美”已经到了如此的程度，使得原来的实在世界被完美掩盖了，被遮蔽了，使我们看不见实在，不知道实在为何物了。鲍德里亚又说：“完美的罪行是通过使所有数据现实化，通过改变我们所有的行为，所有纯住处信息的事件，无条件实现这个世界的罪行。”②

所以，鲍德里亚又讲：“我们生活在一个信息愈多，而意义则愈加匮乏的世界中。”“信息吞噬了自身的内容，它阻断了交流，淹没了社会。”“信息把意义和社会消解为一种雾状的、难以辨认的状态。由此导致了不是更多的创新，相反是全部的熵。因此大众媒体不是社会的生产者，而是恰恰相反，是大众社会的内爆。这只是符号微观层次上的意义内爆的在宏观上的扩大。”③ 这里说到的“熵”，用当代物理学耗散结构理论来讲，是关于“无序”的标示。鲍德里亚意在指出，“完美的罪行”造成极其的“无序”；这样，完美的罪行，被鲍德里亚说成是谋杀实在的罪行，它与仿真和拟像所导致的符号的无限增多密切相关。由于仿真和拟像造成我们所生活的世界的“失真”而被人们称作“超真实”，甚至达到所谓极其“完美”的状态，所以原本

---

① ［法］博德里亚尔（即鲍德里亚）：《完美的罪行》，王为民译，商务印书馆2000年版，第7页。

② ［法］博德里亚尔（即鲍德里亚）：《完美的罪行》，王为民译，商务印书馆2000年版，第28页。

③ Jean Baudrillard, *Simulation and Simulacra*, *The University of Michigan* press, 1994. P. 79－81.

"实在"的世界就遭到了"谋杀"。这一结果，是与外在的因素，与科技和文化发展产生的作用直接相关。由于科技和文化的发展，特别是电子媒体和网络世界以及依此而充分兴起的"文化工业"或"文化产业"所形成的"虚拟"世界，它必定构成对"实在"世界的挑战。用哲学语言讲就是，传统形而上的"真理"（truth）问题和近代哲学所发展而来的"实在"（reality）问题，都遭遇到了现代社会所形成的完美的"超真实"的世界，也就是"虚拟"世界的挑战。用鲍德里亚的话来说，现代社会中这样的"完美"已经到了如此程度，原来我们基于经验所形成的对世界的看法和观点，成了对"世界根本性的幻觉"；使得我们再也看不见"实在"，不知道什么是"实在"了。

(3) 社会学思想史研究者往往认为，鲍德里亚的学说在社会唯实论中是有代表性的。因为在鲍德里亚看来，当代社会客体是由一系列符号体系构成的，主体不过是没有主体性的"沉默的大多数"。另外，第二次世界大战后出现的一些宏观社会学理论如冲突理论、新马克思主义中也有社会唯实论的成分。社会唯实论与社会学中的有机论、整体论、集体主义、宏观理论大体上是一致的。

社会唯实论（social realism）是社会学中一种重要理论观点的称谓，因与中世纪经院哲学中的正统派理论唯实论有相通之处而得名，与社会唯名论相对立。从唯实论的观点来看，除个别的东西外，还存在着一般的东西。较为严格的唯实论认为，一般先于个别，个别是由一般分化而来的；较为温和的唯实论则认为，一般存在于思维之中，是对事物共性（相似性、普遍性）的抽象。社会唯实论是唯实论观点在社会理论中的贯彻或表现，认为社会是一个由各种制度或规范构成的有机整体，外在于个人，对个人有强制性。

较早的社会唯实论起于17世纪英国哲学家T. 霍布斯的理

性主义的国家主义，经18世纪英国哲学家和经济学家J. 边沁的激进主义功利主义以及19世纪法国社会哲学家A. 孔德的社会物理学和英国哲学家H. 斯宾塞的社会有机体理论的发展，后来在法国社会学家É. 涂尔干的社会学中得到典型的表述。涂尔干把社会区分为“机械团结”的社会和“有机团结”的社会。前者指古代社会，在这里不同的个人因为是“同质的”而可以互相替代；后者指工业社会，在这里劳动分工导致了不同个人之间的差异。无论在何种社会，起决定作用的是“集体良知”或“共同意识”，个人因为具有这种意识而服从于社会。在机械团结的社会里，集体良知符号化为“刑事法”，统一社会成员的行为；在有机团结的社会里，集体意识符号化为“合作法”，使社会成员协调一致。根据涂尔干的理论，人的行动是由人的社会性决定的，社会实际上是一个信仰体系、一个精神的或道德的实体。涂尔干的理论直接影响了英国人类学中的功能主义和法国人类学中的结构主义，并进而通过美国社会学家T. 帕森斯的学说，尤其是其后期的结构—功能主义理论影响到当代的社会学理论。结构—功能主义在很大程度上是一种社会唯实论。它认为，社会是由一些相互依存、相互作用的部分（子系统）构成的系统。在系统中，各个子系统都执行各自的功能，使社会系统（广义的，包括人格系统、社会系统和文化系统）得以存在和发展。

与社会唯实论相对的社会唯名论（social nominalism）是社会学中的另外一类理论。因其与中世纪经院哲学的非正统派理论唯名论有相通之处而得名。在唯名论看来，只有个别的东西（特殊、殊相）才是实际的，一般（概念、共相）不过是人们用来表示个别东西的名称；个别才是科学的对象，一般则是逻辑的对象。相应地，社会唯名论认为，个人是实际存在的，社会则是各个个人行动的产物或互动的形式，对社会的认识是以对个人的认识为基础的，认识社会最终也是为了认识个人。

在现代社会学理论及古典社会学理论中，社会唯名论主要有两种：一是以英国哲学家 H. J. 洛克和古典经济学家们为代表的个人主义的功利主义。其理论的基本假定是：个人是自私而理性的行动者，社会是个人自由转让权力的结果（即契约）。基于这一假定，这种理论侧重分析个人为获取利益而采取的合理行动，对社会仅从个人方面予以说明。此理论后来受到哲学家和经济学家 J. 边沁的激进主义的批判。二是以 M. 韦伯为代表的理解的或解释的社会学理论。韦伯认为，社会现象说到底是从不同个人之间的互动中产生的，人的社会行动是社会学分析的最基本单位。确切地说，社会学是关于人的社会行动的主观意义（动机、意愿）的科学。韦伯的理论被认为是在德国的唯心主义传统中形成的，被奉为与实证主义社会学相对立的理解社会学的原型。如果说个人主义的功利主义强调人的行动的客观方面，那么理解社会学则强调人的行动的主观主面；两者都认为个人及其行动相对社会来说是先在的，应从个人行动出发说明社会。与韦伯同时代的德国哲学家 F. 尼采的意志主义理论和 S. 弗洛伊德的精神分析学理论等，也有明显的社会唯名论色彩。在两次世界大战之间，T. 帕森斯早期的理论即他所称的"意志主义"的社会行动理论也有社会唯名论的成分。

当代法国思想家 M. 福柯的学说在社会唯名论中具有代表性。他把（现代）社会中的各种制度视为"权力/知识"的建构。另外，诸多社会学史研究者认为，社会唯名论还以较为复杂而精致的形式表现在一些微观社会学理论中，如社会交换论、符号互动论、常人方法论等；社会唯名论与社会学中的机械论、原子论、个人主义、微观理论大体上也是一致的。

（四）斯科特·拉什的《后现代主义社会学》。

《后现代主义社会学》（Sociology of Postmodernism），系英

国著名后现代社会学家斯科特·拉什（Scott Lash）所著，英国劳特利奇出版社1990年出版。此书从社会学角度系统地考察了当日盛行的后现代主义，这在当时还是首创之举。拉什系英国兰卡斯特大学社会系主任，文化研究所所长。他抓住了后现代这一受人关注的焦点，从自己擅长的社会学研究出发，分析了现代主义和后现代主义的不同之处，描述了二者出现的历史和社会背景，对后现代主义的重要性给予了清晰明了的解释。

拉什认为，后现代主义作为一种文化范式值得认真研究。他强调，马克思和韦伯对社会所作的经典探索是社会与文化的联系。他自己的这本书涉及这些问题，所不同的是着重对后现代主义进行社会学分析，并研究了关于文化的社会学调查和后现代社会的社会分层基础。

《后现代主义社会学》全书共分九章。

第一章“后现代主义：一种社会学论述”，相当于全书的引言，这里提出了书中将要表达的三个相互关联的主题：

其一，文化变革的主题。也就是说，现代化是一个文化分化的过程，而后现代化是一种文化非分化的过程。

其二，文化类型的主题。即现代主义是一种“推论的”文化形式，而后现代主义是一种“比喻的”文化形式。

其三，社会分层的主题。即现代主义文化和后现代主义文化的生产者和接受者来自某些衰落的或新兴的社会阶级或阶层。

在这第一章里，作者介绍了“推论的”（现代主义的）与“比喻的”（后现代主义的）之间的差异，认真追溯了现代主义分化和自治化的文化历程和后现代非分化的文化历程，考察了“现代主义/后现代主义”是如何与不同社会阶级整体特征的构建和解构相关联的，勾勒出现代化和后现代化在城市生活中的作用，并从生产、消费和商品化等方面考察了后现代社会的政治经济。

第二章到第五章通过分析社会理论论述了后现代主义。第二、三、四章对比喻的或后现代文化的本质进行了探索。其中，第二章"系谱学和肉体：福柯/德勒兹/尼采"以尼采、福柯和德勒兹的著作为例，将现代主义的抽象与后现代主义的意义作了比较。第三章和第四章题目分别为"后现代性和欲望"和"传递的理性和欲望"，这两章仍是对抽象的现代主义的语言和结构与后结构主义和后现代主义的充满争议的"欲望"问题进行了分析和比较，此处主要探讨的是福柯、利奥塔和哈贝马斯等理论家的观点。如果说现代化是一个长期的文化分化的历史过程，是年代跨度从文艺复兴时期到启蒙时期，那么全面的分化和自治化只是在19世纪初伴随着美学现代主义的兴起才出现的。第五章"现代性抑或现代主义？——韦伯和当代社会理论"通过分析韦伯的著作提出，社会学本身的产生是全面自治化这一过程的重要组成部分。

第六章和第七章仍然继续以分化和非分化的模式来阐述文化社会学。其中，第六章"批判理论和后现代文化：光芒的消退"通过阐述文化对社会的冲击作用，审视了后现代的非分化现象，认为现代主义的光芒正在变得暗淡。第七章"话语抑或比喻：作为'意义王国'的后现代主义"将后现代比喻为一个"王国"，认为它具有比喻的意义，而不是（现代主义的）推论的意义。"能指"瓦解为"所指"和"指称"。这两章通过对电影、戏剧、绘画和建筑所表现出来的特征加以揭示，详细阐述了后现代文化的非分化现象。

第八章和第九章花费了作者不少笔墨。通过社会阶层这一中介，拉什系统描述了现代主义和后现代主义的文化特征以及在经济和社会方面的演变。第八章"现代主义和资产阶级特征"比较分析了巴黎、维也纳和柏林在20世纪初出现的各种不同的文化现代主义，认为现代主义导致了资产阶级特征的瓦解。各种现代主义可以借助资产阶级不同的特征来理解，这是分析上述三个城市中主要利益集团的关键所在。第九章“布迪厄著作中现代化和后现代化”通过分析皮埃尔·布迪厄的著作，全面论述了现代化和后现代化。对于布迪厄来说，现代化是一个各种社会结构分化和自治化的过程，每一结构（包括政治的、法律的、没学的、知识的）都会出现不同集团的相互斗争。其中某些社会集团在斗争中仍保持了特定结构的现代主义自治化，而另外一些阶级和阶层则在理想和物质上对结构非分化产生了兴趣。[①]

五、不断进行新的理论综合与深化延伸

（一）从人的行为与系统、结构、功能的关系进行综合。

1. 鲁曼的社会系统理论：指向社会行为。

试图由系统理论来对社会学加以综合发展，鲁曼作出了许多努力和贡献。鲁曼的社会系统理论，表现了德国社会学理论和哲学理论的传统特征。他将生物科学、物理科学和化学自然科学领域中的现代系统论研究成果综合运用到社会和人类历史发展的研究中，集中围绕“系统”和“沟通”综合成为新的关于社会系统的理论。

（1）尼克拉斯·鲁曼（Niklas Luhmann，1927—1998），也有人译为卢曼，1927 年出生于位于汉堡东南部 50 多公里的小城，德国西北部古色古香的吕讷堡（Luneburg）。他上中学时因提前受征入伍而中断，战后补完学业。鲁曼并非毕业于大学的社会学专业。1946 年二战结束后，他远赴德南靠近法、瑞边境的弗莱堡大学就读法律。1949 年，他在大学毕业并通过国家考

① 王治河主编：《后现代主义辞典》，中央编译出版社 2004 年版，第 283～284 页。

试后，便回其家乡下萨克森，先在该州首府汉诺威某私人律师事务所执业律师，不久便任职该州教育部，从事法务及教育行政工作，前后达10年之久。鲁曼在从事行政工作期间，对于相关资料进行搜集、分类，加以研究，建起便于他日后进行深入研究的私人"档案库"，这为他后来建构社会体系理论提供了基础。1960年，鲁曼获该州奖学金赴美国哈佛大学攻读行政学及社会学，师从帕森斯。对帕森斯结构功能论的领悟与思考，奠定了鲁曼日后发展社会学系统理论的基础。留美的这一段经历，成了鲁曼一生事业的转折点。他在研究和总结帕森斯结构功能论时，跳出了传统的系统论观点和社会结构理论的框架，将宏观和微观的分析方法结合起来，揭示了社会系统中各种不同的具体功能运作所隐含的微观过程。鲁曼在总结帕森斯结构功能论时，逐一地分析了帕森斯的失误之处，就其基本概念进行了重构，对"意义""沟通""演化"等关系到结构功能论根本问题的关键范畴，给予了重新探讨。1962年，鲁曼返德，开始其新的学术生涯。他先任职于施佩耶尔（Speyer）行政专科大学，该校坐落于波恩附近，是德国联邦政府设以训练高层政府官员之处，且是德国行政科学的教学与研究重镇。1966年，鲁曼又转任多特蒙特大学社会研究中心某部门主管。其间，他以带职之身，在德北敏斯特大学社会学研究所师从谢尔斯基教授攻读博士学位。谢尔斯基教授出身哲学，是德国战后一位颇负盛誉的社会学家。

鲁曼的学术生涯受惠于谢尔斯基（Helmut Schelsky）。谢尔斯基20世纪六七十年代在明斯特大学社会学系主持工作。在他的精心管理下，明斯特大学社会学系生机勃勃，吸收了大量年轻有为的教授和研究人员。在谢尔斯基的帮助下，鲁曼有机会到威斯特伐利亚地区多特蒙德市的社会研究机构工作，这是一所非常古老的、具有丰富宗教人文传统的大学。1966年，鲁曼由谢尔斯基及社会学家兼人类学家格列森（Dieter Claessens）的指导，获得了博士学位，并且取得了德国大学教授资格，在明斯特大学担任社会学教授。谢尔斯基在20世纪70年代初被北莱茵—威斯特法伦州政府任命为文化部长兼高等学校发展规划顾问委员会主席，创建比勒菲尔德大学，并在那里设立比勒菲尔德大学跨学科研究中心。在这种情况下，鲁曼于1968年成为教授，后又应聘转任至比勒菲尔德大学。比勒菲尔德大学是一所新创设的年轻大学，鲁曼在这里得到不受任何约束的良好研究环境，获得了前所未有的自由创作的机会。鲁曼来到比勒菲尔德大学社会学系之后，首先考虑到的就是他多年来的设想，即试图与传统社会学保持一定的距离，创造自己的理论。抱着这种信念，鲁曼对社会系统进行持之以恒的研究。①

鲁曼获聘比勒菲尔德大学时，该校乃在草创阶段，但已被规划为未来强调科际整合的社会与人文科学重镇。相较其他著名社会学家而言，鲁曼在学术界的起步较晚，而竟能以一非正科出身者，在短短的几年内侧身高层社会科学家之林，着实也算是德国人文社会学术界的一个异数。1989年，鲁曼获得了黑格尔奖，那是德国哲学界颁给杰出人文社会科学家的一项最高殊荣。获此荣誉后，鲁曼的学术声望达到了顶峰，但他依旧奋笔疾书，潜心论述，在1990、1991年还是有专著问世。1992年，鲁曼行将退休，其之后之学术发展仍有值得学界予以注意之处。②

（2）鲁曼一生中最重要的学术成就，是在综合帕森斯的功

---

① 刘少杰主编：《当代国外社会科学》，中国人民大学出版社2009年版，第292页。

② 苏国勋主编：《当代西方著名哲学家评传》，卢正春撰：《鲁曼》，山东人民出版社1996年版，第488页。

能主义社会学系统观和"普通系统论"（也有人译为"一般系统论"）的基础上提出了自己的社会系统理论。1984年后，鲁曼称其为"一般社会系统理论"（General theory of social systems），意思是该理论适用于各式各类社会系统的分析与解释。在文献上，鲁曼的系统理论亦被称为功能结构论（Functional —structuralism）、功能结构系统论（Functional—strctural Systems Theory），或功能系统论（Functional Systems Theory）。这些名称与其早期的理论重点有关。而自早期，鲁曼的社会系统理论就着重于行为与系统功能的探讨，并以具环境取向的功能行为诠释结构。在中期，鲁曼较注重"意义""交互偶变""复杂性"与"沟通"的阐明。在后期，鲁曼则着重于"自我指涉""自我更生""系统悖论性"及"套套逻辑"的讨论。对这些概念，鲁曼有独特的解释。

"系统"，是鲁曼学说中的基本概念。而鲁曼把社会系统定义为各种社会行为的制度化模式，这是在整体社会中具体的特定行为模式。可见，鲁曼的社会系统理论，是明确指向社会中人的行为的。鲁曼提出，社会系统产生于人们之间的行为关系，社会系统形成的基本机制是借助于符号规则所进行的沟通。他说："社会系统是基于意义性沟通的自我指涉系统。"① 这类系统是由事件即行为构成的，事件本身又是可以再生产的。

鲁曼之前，法国思想家埃德加·莫林（Edgar Morin，1921—）在其1977年出版的《论方法》（La méthode）第1卷中，曾基于"不确定性概念"，把整个世界当成一个不确定的混沌系统。由这种极不确定的混沌系统所产生的世界复杂性，要

① N. Luhmann，The World Society as a Social Sustems，In D. McQuarie (ed.)，*Readings in Contemporary Sociological Theory：From Modernity to Post—Modernity*，Englewood Cliffs，N. J，Prentice Hoall，1995. p. 29.

求人们建构一种具有选择性的“组织”概念。在第2卷《论方法》中，莫林进一步综合了极端复亲的生命活动与极端复杂的周围世界之间的整合、选择、适应、自我组织以及互动的关系，强调了当代生命科学革命对于人文社会科学的重要影响。鲁曼对于莫林研究成果十分重视。而在鲁曼的理论中，明显地对其不足做了深化延伸。这突出表现于，鲁曼围绕人类社会的“生命系统”，与自然、社会、“我们的行为”一起，既视为一个整体系统，又自成系统，进行了论述。

在鲁曼看来，人类社会的生命是与其系统性分不开的；社会始终是作为社会系统而存在的（gesellschaft als soziales system）。不但可以将社会、自然和我们的行为看作是一个个的系统；而且，我们的生命本身也是一个系统。如果说生命本身就是系统的话，那么，反过来，任何系统作为一个独立的统一体，也同样具有其自身的生命，因为任何系统作为一个自成体系的独立单位，都有其自身存在的原因、理由和基础，也就是靠其自身内在诸因素的相互关系而维持其存在的根基。我们不但身处于系统的环抱之中，而且还生活于系统之中。系统之中有系统，系统之外也有系统。同时，每个系统既是系统本身，又是一个独立于其自身之外而运作的其他系统；因为对于自身而言，每个系统固然就是系统本身。但对其创始系统而言，又是与之无关的独立的统一生命体。对于所有的系统而言，作为一种统一体，每个系统各内在因素之间的相互关系，使各个系统构成独具特色的生命体。鲁曼所要强调的，是每个系统的高度自律性、独立性及其不可化约性。每个系统，在鲁曼看来，都是由体系或系统的自律性所决定的。在这里，鲁曼创造性地应用和发展了当代生化科学、资讯科学、控制论等最先进的科学技术成果。

鲁曼对“系统”概念的理解和论述，随着其认识和思想的发展，在其不同的著作中有不同的定义。在1969年出版的《通过程序的正当化》中，他认为：一个系统的最重要标志是它同世界的复杂性的一种关系。所谓复杂性，就是把它理解成可能性的总体性；这种可能性的总体性是实际的历程——不管它是在世界之中（世界复杂性），还是在一个系统之中（系统复杂性）——呈现出来的。每一个系统的建构总是包含世界的一部分，只能让各种可能性中的一个有限数量得到实现。系统是在就同一种复杂性作区分的意义上，建构起其内和外的区别，也就是建构起秩序。系统的环境始终是过度复杂，无法加以概括和无法加以控制的。系统自身的秩序，相对而言，是具有相当高的价值的。属于系统自身的秩序，还具有一种对于环境的选择性的设想，这也就是系统的"主观的"一种"世界观"。系统对于世界这种主观世界观，只是系统根据较少的相关事实、事件和期望，根据其在世界中摘取出来的可能性而获得的。而且这样一来，它才是具有意义的。就是通过这样的化约和简化，系统才有可能使行动获得一种充满意义的取向。[①]

1970年和1975年，鲁曼在其《社会学启蒙》（两卷本）中批判了韦伯的目的性和支配性行为理论的封闭型，而提出了一种对其所在环境开放的"系统"概念。鲁曼之所以强调系统的开放性，是因为：第一，任何系统在实际上都不可能是自我封闭和自我孤立的，它永远都是在环境中生存和发展。第二，任何系统所处的环境都不会是清一色的或单一性的，而是极其复杂的，具有不可预测和不可能一目了然的高度复杂性。第三，环境和系统的关系也不可能是单一的、单向的和固定的。第四，鲁曼强调系统的开放性正是为了突出现实系统本身的高度复杂

① N. Luhmann, *legitimation durch Verfahren*, Frankfurt am Main, Suhrkamp 1989, p. 41.

性及其高度自主和自决的走向。第五，鲁曼所强调的系统开放性，并不是以行为者主体为中心的行为网络的开放性，更不是以具有“完满人格”的主体为中心的“目的模式”和“支配模式”的结构。在鲁曼看来，系统的开放性和复杂性的一个重要表现，正是系统中行为者主体的不固定性和不稳定性，也表现在主体的人格非完满性。因此，行为者本身人格的非完满性，是理解其行为在系统中的不确定性的基础和出发点。

鲁曼于1984年出版的《系统理论：一个一般性理论的纲要》是他社会系统理论的一部代表作。在这里，他首先强调了对于系统的界定不可能脱离对于环境的界定。系统同环境密切相关，因为系统不是孤立和自我封闭的传统系统，而是同环境有密切交往和沟通的开放系统。

鲁曼强调人类行为的结构化组成系统。他指出，当几个人的行动相关时，社会系统便存在了。而且鲁曼在论述其系统论时，从一开始就强调了系统同周围环境的复杂关系。鲁曼在强调系统周围环境的复杂性时，使用了“过度复杂性”“无法概括性”和“无法控制性”这样一些提法，意在指出，环境的复杂性影响了系统的复杂性，而且从某种意义上说，周围世界的这些复杂性使得系统本身处于不确定和各种可能性之中。反过来，这种复杂性又积极地促进了系统的自律性和区分性。为了维持自身的功能和结构的完整性，系统尽可能地对环境采取简化或化约的处理，促使系统不得不为维持其自身的同一性而在过度复杂的环境中寻找自我指涉点，寻找降低复杂性所选用的方式及手段。这种选择产生了系统及其环境之间的边界，因此保持了相关行为的模式。

鲁曼的理论表达了生活的各种系统的“极端复杂性”和“过度复杂性”（überkomplexitat），而学术界许多人评论说，鲁曼社会系统理论，虽然采取非常抽象的复杂理论形态，但它对于极其复杂和多变的当代社会文化总体来说，仍然难以避免"简单化"；也就是说，这是以理论概括形式将当代社会文化的复杂结构简单化的结果。鲁曼自己说过，一切以往的经典社会理论，对我们的重要意义就在于化约复杂性（reduces complexity）。这为人类文化重建开辟了许多新思路。鲁曼社会系统理论和同时代的布迪厄反思性社会类学理论（Bourdieu，s Reflexive Social Anthropology）、哈贝马斯交往行为理论（Habermas' Theory of Communicative Action）、埃里亚斯文化过程理论（Elias' Culture Process Theory）、吉登斯结构化社会学理论（Giddens，Structuration Theory）以及其他各种新型多元化社会文化理论一起，成为20世纪与21世纪交接时期重构整个人类社会理论文化反思的重要研究。

近年来，衍生于自然科学学科的"复杂系统范式（comllex systems paradigm）"，在社会科学领域中的应用不断扩张。目前国内外学者对于"复杂系统范式"并未形成统一的定义。简单地说，它是指主流复杂系统理论家在对各类复杂系统的研究过程中所形成的一套基本的认知模式和方法论规范，其核心目标是建立一个复杂系统框架。[①] 近年来国外一些学者逐渐认识到机械论范式主导下的社会科学研究的内在缺陷，并倡导用复杂系统范式及其思维和方法来发现并解决社会科学所面临的问题。常规科学的研究方法受线性思维的主导，难以处理研究主题所蕴含的真实复杂性，致使社会科学陷入一种困境。对复杂性的新思考有助于社会科学摆脱传统局限性思维，形成新的社会科

① 参见 Cliff Hooker，"Introduction to Philosophy of Complex Systems：A，" in Cliff Hooker，ed，Philosophy of Complex Systems，Oxford：Elsevier，2011，p3.

学研究形式，推动社会科学的革新。[①] 有学者指出，现在复杂系统方法论在各个具体的社会科学研究领域中已经得到广泛应用，主流复杂系统理论家在社会层面上的研究可分为五大类主题领域：设计社会系统、社会世界的结构、沟通、认知和认识论。[②] 国内学者对复杂系统与社会科学的关联性作了一些讨论。涉及复杂性与社会科学创新、与特定社会科学学科的关联以及对具体社会问题的分析等方面。[③] 尽管关于复杂系统的思维、术语和方法等在各类社会科学文献中陆续出现，但一些学者也表现出了对其适用性的质疑。此外，很多学者采取中立立场，既肯定了复杂性科学所带来的思维方式的转移和再定位，也考虑到这些研究复杂现象的新兴工具尚不成熟，很难为大多数研究者所理解和利用。因此，目前来看，“把复杂性视角的经验应用于组织行为研究可能是不成熟的”[④]。沃勒斯坦（I. Wallerstein）指出，分别代表当代自然科学和人文科学发展方向的复杂性科学和文化研究的出现，为社会科学的重建提供了契机。[⑤] 学者们强调，社会系统的复杂性是内在的、固有的，我们必须基于新的

① 参见 Ton Jerg, *New Thinking in Complexity for the Social Sciences and Humanities: A Generative, Transdisciplinary Approach*, Berlin: Springer, 2011, pp. 1—2.

② 参见 K. C. Bausch, *The Emerging Consensus in Social SystemsTheory*, Dordrecht: Kluwer Academic Publishers, 2001, pp. 305—390.

③ 参见欧阳康：《复杂性与人文社会科学创新》，《哲学研究》2003 年第 7 期；文建东：《经济学研究的复杂性科学思路》，《经济学动态》2005 年第 6 期；李虎群：《试论“认识主体”复杂性》，《自然辩证法研究》2005 年第 9 期；等等。

④ 参见 K. M. Mathews, M. C. White and R. G.. Long, “Why Study the Complexity Sciences in the Social Sciences?” Human Relations, vol. 52, *no.* 4, 1999, *p.* 442.

⑤ 参见［美］伊曼纽尔·沃勒斯坦：《知识的不确定性》，王昺等译，山东大学出版社 2006 年版，第 9～10、99 页。

研究视角，使用新的方法论工具，把潜在的、隐藏的复杂性明晰地体现出来。①

在鲁曼看来，系统要面对开放的环境，为了在一个复杂的环境中存在，便要自我分化。鲁曼指出，系统的分化就是系统同环境在系统范围内的分化，而系统的任何分化都不可能脱离同其环境的关系。因此，总系统总是把环境当作是自身的局部系统；同时，也在其局部系统层面上，通过各系统同其环境的各种过渡性交往而建构其系统本身自我分化的基础。系统的自我分化，不只是包含着系统的部分和整体的关系变化，而且包含着系统和环境的分化问题。把系统分化，从系统自身内部的局部和整体关系的层面，提升到系统同环境的关系层面，实际上就是凸显了系统的高度复杂性结构。

所以，在鲁曼的分析中，社会系统基本功能的必要条件是"对减少与某相关行为系统有关的环境复杂性的需求"。社会过程要根据它们对减少某个相关环境的复杂性功能来解释。因此，对任何系统来说，不但必须考虑环境的存在及其复杂性，而且必须尽力减少系统内复杂因素对于系统自我生产和自我参照活动的干扰，使系统自身实现高度的同一性，使系统内诸因素间的沟通尽可能快速有效地实现，使系统与环境之间的界限尽可能明显，系统本身才有可能作为一个系统而存在和运作。正是在这个意义上，鲁曼说："系统理论是从系统同环境的区别的同一性出发的，环境是这个区分的构成因素，因而也是对于系统同环境的区分以及对于系统自身都是同样重要的。"② 这就是说，

① 殷杰、王亚男：《社会科学中复杂系统范式的适用性问题》，《中国社会科学》2016 年第 3 期。

② N. Luhmann. *Soziuale Systeme Grundriss einer all gemeinen Theorie*, Frankfurtam Main Suhrkamp . 1984. p. 289.

环境不仅是系统区分开来的重要因素，也是不同系统之间相互区分的重要因素，又是系统自身进行自我分化的自我生产的重要因素，所以，鲁曼说，每个系统都是在自身世界中同其他系统相区分。

鲁曼指出，环绕着系统的环境是非常复杂而又是活生生的关系网络。环境中的这种关系网络，对社会来说，包括三个基本纬度：一是时间纬度；二是物质纬度；三是符号纬度。这些纬度，既是可观察到的、有形的和有序的，又是不可感知的、无形的和模糊不定的。

鲁曼很重视把时间当作社会整体的一个纬度。由于时间跨越过去、现在和未来的广阔范围，时间的存在及其多面的结构和多元的性质，使时间有可能随时随地成为各种破坏环境与系统界限的主要因素。因此，一个社会系统必须发展出减少时间复杂性的机制，它必须通过发展过程使行动定位于过去、现在和未来，进而找到使这一纬度有序的方法。

鲁曼也关心物质纬度，即关注潜在无限的物理空间里行为之间的一切可能关系。鲁曼讲，任何环境的物质纬度，使得系统内所发生的各种行为有可能同潜在的物理空间发生关联。为了更深入地研究系统内的行为关系，同样也必须注意到物理空间内各种事物的纬度及其变动性，深入研究它们的结构和各种发展的可能性。为了使世界的事物纬度减少其复杂性，减少其对于系统的结构和运作的影响，可以将物质纬度化约成世界参照体系的“事物图式”。

鲁曼把社会系统的第三个纬度称为“符号纬度”。鲁曼认为，社会系统不同于其他系统的地方，就在于其中符号系统的建构及其沟通性运作。没有行为者之间的相互沟通，就不存在社会系统。人类行为者之间的沟通是借用符号的反思性的沟通，这导致人类沟通的自我论题化。

鲁曼的理论认为，社会系统中的各种事件，主要是在时间纬度、物质纬度和符号纬度复杂交错中发生的。因此，社会系统中减少复杂性并维护系统和环境之间边界的机制，是沿着三个纬度（即时间、物质和符号）发生作用的。社会系统的性质、规模、形式和分化，在很大程度上都依赖于系统本身在这三个纬度上减少复杂性的机制。

总之，在社会系统与环境的互动中，环境复杂性是根据系统的标准加以记录和处理的；社会系统在存在与发展中需要利用并降低环境的复杂性。因此，在环境的高度复杂性与降低系统复杂性之间所维持的这种差异，便成为系统与环境关系的主要特征。

鲁曼强调，只要个体行为"有意义地相关及联系"，并利用功能机制的选择将其与时间、物质和符号环境区分开来，社会系统就存在了。鲁曼 提出，与社会系统并列的是机械系统、有机系统和精神系统。而社会系统又分为互动系统、组织系统和社会整体系统。[①]

关于互动系统，鲁曼指出：互动系统是最简单的社会系统，它产生于成员们共同存在并且互相感知之时，感知行为本身就是一个在极为复杂的环境中进行排序的选择机制，它产生边界、把人们与环境区分开来进而组成一个系统。这种系统由于在面对面的沟通中使用了语言而被精心地阐述出来，从而进一步减少了时间、物质和符号三个纬度的复杂性。由于互动性是简单的，容易受到冲突和紧张的破坏，而且花费大量的时间，为使社会系统更大更复杂，除了同在和持续交谈外，还要加上组成原则。

① N. Luhmann, *Social Systems*, CA, Stanford University Press 1995, p. 2.

关于组织系统，鲁曼指出：组织系统的主要作用是协调个体的动机和偏好与集体目标之间的关系，或者说根据具体条件协调个体之间的行为。组织系统一般都具有进出规则，它解决了协调个体的动机、意向和执行某些任务的需求等基本问题。鲁曼认为，组织系统对于复杂的社会秩序来说是非常重要的，因为在下述三方面组织系统将人们组织起来，从而降低环境的复杂性：①从时间纬度上说，它形成了组织的吐故纳新的规则，并且对现在和未来的活动进行安排；②从空间纬度上说，它形成了由权威协调的劳动分工；③从符号纬度来说，它明确了指导行动的各种规则，通过指出什么是恰当的，采用什么规则以及什么媒介来引导行为。在描述关于组织系统时，鲁曼强调复杂的社会秩序不需要同那些要维护的价值、信仰或规范保持一致；即使没有对行为动机的承诺，组织系统也能够极其有效地运作。事实上，组织系统的这种力量，即对变化的环境条件的灵活性和适应性，依赖于行为者有限的、根据形式而变的义务以及交换的中性媒介。

关于社会整体系统，鲁曼指出：社会整体系统是在互动系统和组织系统的基础上形成的，它是一个"所有相互可接近的沟通行动的综合性系统"①。鲁曼指出，由社会整体所构成的系统是社会系统的一个特例，因为它是一个无所不包的系统，它包括了一切形式的沟通，而且构成了进一步沟通的意义性基准。社会使其他系统之间的沟通成为可能，但社会本身不是沟通的，社会系统利用高度普遍化的沟通符号规则去降低环境复杂性。社会系统为行为怎样和在哪里相互联系并构成互动和组织，设置了宽泛的界限。这些系统还组织起感知时间和使行动定位过

---

① N. Luhmann *The differentiation of Society*, New York, Columbia University Press, 1982. p. 73.

去、现在和未来的方式。

鲁曼认为，这三类系统既分化又整合。首先，鲁曼提出，随着社会的进化和复杂化，社会系统之间不断分化。这种分化表现在三个方面：①功能领域的分化（如政治、经济、法律、科学、教育等不同专门领域）；②进出规则的分化；③对不司沟通媒介（如货币、权利、爱等）依赖性的分化。三个系统形成社会的分化和整合，甚至冲突。鲁曼又指出，社会整合与社会分化是相互消长的。在社会系统分化的同时，不同层次的系统，通过"筑巢"或"渗透"，也加强社会整合的过程。这一方面可为行为的选择提供时间、物质和社会的保证，另一方面也可构成子系统周遭环境的秩序或结构。

有研究者说，鲁曼试图以一种高度"抽象"的方式重新定义在社会分化和社会整合中形成的社会共识，从而有可能分析现代社会所特有的对越轨行为和冲突行为的高度宽容性。鲁曼认为，社会整合有可能建立在从总体上接受对善与恶不太严格的区分基础之上。因此，同一社会的成员不一定非要就道德上的"善"达成共识不可，他们只需接受一个较为"抽象"的二分法系列，如："善/恶""对/错""合法/非法""正义/非正义"等。①

鲁曼强调，社会系统的三个层次之间的分化整合构成了社会文化。分化是功能主义理论中的重要问题之一，与其他持进化论的理论家一样，鲁曼认为，当代社会不同于以往社会的地方，主要是它在功能方面的高度分化，鲁曼将进化视为系统在与其环境的联系中不断分化的过程。这种不断分化系统与其环境发展发生很有弹性的关系，结果就是增加系统的适应程度。

① ［美］S. 霍姆斯、C. 拉莫尔：《鲁曼的社会分化理论述略》，《国外社会科学》1991年第3期。

然而，系统在分化的同时，出现了各子系统的整合，接着，各种新机制出现，以维持系统整体的整合。但是，与大多数理论家不同，鲁曼在其系统论的基础上，对社会分化及社会进化问题作了独到论述。

鲁曼认为，随着复杂性的增加，结构性的否定因素也在增长，社会发展的推动包括改变已有失误的可能性，而且也依赖于正确对待冲突行为。具体而言，有以下几种方式：①社会系统和互动系统须有更宽泛的分离，从而限制冲突的扩散程度，增强对冲突的容忍能力。②组织的规则区分为内外的冲突，这使其成员服从于管理和解决冲突的等级方式。作为处于角色丛的个人属于不同的组织；而作为一个社会成员的角色，不属于单一组织，就此而言，谈不上组织意义上的激烈冲突。③各系统互相“筑巢”，彼此“渗透”。在整合方面，更大的系统对其所包容的子系统起到促进作用：社会系统为子系统提供时间、物质及结构前提，在此基础上会出现一个自我选择过程，社会系统同时把秩序加于作为子系统的切近环境。

鲁曼认为，社会系统的进化机制不仅与生物进化的机制是功能等价的，而且这些机制形成了社会系统结构的变异。社会系统选择那些促进系统适应性的变异，以及稳定这些具有适应性的结构。由此可见，社会进化理论是一个自我指向的理论，是关于进化的进化，它更多地从变异机制、进化机制、选择机制和稳定机制等方面解释进化。

鲁曼认为，“变异机制”存在于编码和媒介所具有的“蕴涵对立物”的特性之中，隐藏在沟通过程和代码与媒介的形成过程中。所有符号都暗含它的反面，因此，总会有按照新的方式行动的机会。沟通的本质允许替代，有时人们根据这些替代方式行为，因此产生新的变异。我们发出的信息并不总能成为他人未来行为的前提，因而，变异可由选择的可能性而出现。从鲁曼的"沟通成功"的术语中可以发现"选择机制"。其背后大致的思想是，某些新形式的沟通通过减少环境的复杂性来促进系统对环境更灵活的反映。从而增加对环境的协调。例如，作为媒介的货币的诞生，极大地促进了系统和子系统对环境的适应；同理，系统中协调行动的中央集权的发展，也促进了系统和子系统对环境的适应，因为它们促进了生存和适应，所以在社会有机体的结构中被保留下来。

鲁曼认为，"稳定机制"存在于系统形成的过程中，由新的沟通代码和媒介来提供，同时，系统建构也在调节媒介的使用。因而，新的沟通代码和媒介被用来使子系统之间的社会行为有序，而且还创造了诸如政治体制和经济秩序这些有一定时间内调节新的沟通媒介的使用结构。例如，当货币使用时，就会创造一个围绕着市场和交换的经济秩序，而这个制度同时又反馈回来，并激励作为沟通媒介的货币的延展。这些交互作用带来了经济系统某种程度的连续性和稳定性。

通过对社会分化的分析，鲁曼得出了两点结论：第一，功能分化的世界系统似乎逐渐削弱了其功能必要性；第二，计划不能取代进化，相反，它使我们更加依赖于非计划性的发展。

社会分化是鲁曼理论中的重要概念，他用分化来界定社会进化的过程。他把社会分化看成是一种类属性概念，主要是系统的分化——系统内部及系统间的分化，既涵括了标准的结构分化，也涵括了环节分割和分层。他将这三种分化进行了如下的界定：第一，如果某一系统被划分成多个地位相等、形态类似的子系统，便可谓其发生了环节分化（segmentary differentiation）。环节分化的主要例子有古代社会和采集食物型社会。第二，如果某一系统被划分成多个地位高低不等的子系统，便可谓发生了层级分化（stratificatocy differentiatio）。其一般性准则是地位等级的排列。在封建社会里，既有环节分化，也有层级分化。第三，如果各个子系统虽然彼此并不相类，（或者说彼此各异）但却没有什么地位高下之分，便可谓其发生了功能分化。在现代社会里，分化的基础主要来自功能，尽管它依然体现出环节分化（比如家庭）和层级分化（如阶级）。

鲁曼说明道，这些分化形式并不是互相排斥的，后续发生的分化形势必然涵盖了以前所有的形势。而且，鲁曼尤其重视对功能分化的分析，例如，现代社会已经分化出政治系统及其环境、经济系统及其环境、科学系统及其环境、教育系统及其环境等。每个系统都为自己的沟通过程形成了特有的功能，而其他系统则构成了其环境。

鲁曼说，在这种功能分化的基础上，现代社会已经形成了一个新型的系统，具有前所未有的复杂性。而且现代社会已经形成了一种全球系统，或者说，所有社会都已经成为世界性社会。鲁曼认为，社会分化特别是现代国家与社会的分离，使得传统上的关于社会的概念在描述上已不再适用。

鲁曼参照生物进化论，论述了社会的进化。他提出进化是系统在与其环境的联系中不断分化的过程。具体说，社会的进化有七方面的含义①：

第一，社会进化是互动系统、组织系统和整体社会系统之间的不断分化。三个系统日益相互分离，互动系统越来越异于组织系统，而组织系统也与社会系统明显地分离。尽管这些系统层次互相嵌套，但各自有其独自的特征，各自有其独特的运动机制。例如，失业救助金保证了家庭生活和经济之间的分化，它阻止了经济系统的波动给工作以外的日常互动带来的毁灭性影响。

---

① 参见［美］乔纳森·特纳：《社会学理论的结构》（上册），邱泽奇译，华夏出版社2001年版，第71页。

第二，社会进化涉及三种系统的内部分化。互动系统本身会不断扩大且互不相同，组织系统在数目上增加并且将不同的活动专业化，社会系统与其组织系统和互动系统相分化。不仅如此，鲁曼还宣称，会出现一个向全球化社会发展的趋势。

第三，进化包括整体社会系统不断分化出各类功能领域，如经济、政治、法律、宗教、家庭、科学和教育。这些领域的子系统组织被专业化以应付有限环境内的偶然事件，因为被专业化后，可以更好地应付这些偶然事件。对社会系统而言，全部结果就是在此环境中增加了适应性和反射性。

第四，功能分化伴随着对不同沟通媒介应用的增加。例如，组织系统在经济领域中使用货币，在政治领域或政府中采用权力，在科学领域依靠真理，在家庭领域依靠爱情。

第五，个人、角色、程序和价值在进化过程中，有一种明显的分化。鲁曼认为，日常生活由相互期待而被结构化。个体是同他们所参与的角色和组织相分离的实体。一个人担任许多角色，每个角色只包含其人格和自我意识的一段和一部分。许多角色只需很少或无需投入扮演。另外，大多数角色不管是否有人扮演，都长期存在，因而强化了它们与个人的分离。这种角色被不断组合进一个典型地存在于不同功能领域和不同组织系统之中，这被鲁曼称为处于程序的持续增长的多样化之中。最后，社会价值不断变得抽象和一般化，结果它不属于某个功能领域、程序、角色或个人。社会价值作为非常一般的标准存在，可以有选择地被用来将角色组成程序，或者发动个体扮演角色。而将其应用到角色和程序必须经过另外的机制，如意识形态、法律、技术和规范等才有可能。因为社会价值对个人而言过于抽象和一般化，以至于靠其自身无法在具体情况下使用它们。的确，高度分化系统的一个最明显特征是把抽象价值连接到具体角色和程序的机制进化。

第六，进化包括三种不同形式的分化：部门化、分层化和功能分化。鲁曼认为，上述五个方面的过程从历史上看只是产生了三种不同的分化方式。一是，当最简单的社会开始分化时，它们部分地分化，出现的是同孕育它们的系统一样的子系统。例如在一个传统社会开始分化时，会产生以前的宗族和村庄的复制品。当部门化限制了社会的复杂性，也就限制了它适应环境的能力。于是，在社会的进化中便会选择新的分化方式。二是，进一步的分化产生分层系统。在这一过程中，子系统在权力、财产及其他资源方面发生变化。这些子系统按照等级排列，这种新的结构形式使系统与环境的关系更为复杂。而这也给系统的复杂性程度施加了限制。如果等级次序想要维持，每个子系统就必须在其等级地位中凸显各自的功能。三是，由此形成第三种分化的方式，即功能分化。这样的系统强化了不平等，因为一些功能对系统而言更优先。但是，这种不平等和等级次序或分层系统的不平等有着原则上的不同。在功能分化的社会，其他子系统是某一给定子系统环境的一部分。例如，当政治、法律、宗教、科学和家庭领域的组织成为经济环境的一部分；并且，尽管在社会中经济可能在功能方面比较优先，却要平等地对待和回应其环境中的其他子系统。这样，功能分化社会中的不平等，其结果是每个子系统获得了更多的自主权，而这些反过来又给子系统以更多的灵活性来对付其各自的环境。这种子系统自主权的整体结果是增加了社会系统调整的灵活性。

第七，进化性分化增加了系统及其环境关系的复杂性。如鲁曼所言，因为，伴随复杂性所增加的是系统选择集合的扩展。相应地，也有如下可能：增加了作出错误决定的风险。例如，经济领域中的任一组织必须对其行为作出决策，但未知事物也在增加，并由此导致风险扩大。在鲁曼眼中，随进化性分化而来的是不断增加的风险，于是，进化总是牵扯到减少风险的机制增加。这种机制会减少系统环境的复杂性，因为它们作出某些选择而不是其他的选择。

有学者指出，鲁曼的进化思想的要素从时间维度、物质维度和符号维度改变了社会及其组成的子系统同环境的关系。鲁曼认为，在时间维度，社会进化导致了历史编年的公制方法和衡量时间的标准化方式；在物质维度，社会分化关系到①互动、组织和社会系统的持续分割，②组织系统分化为功能领域，③个人、角色、程序及计价值的不断分离，④从分割、分层向功能分化发展；在符号维度，沟通代码日益复杂，并被特定功能领域的不同的媒介所组织。

虽然鲁曼对社会进化力求作出充分论述，但他对自己阐述的进化理论的局限性也有清醒的认识："进化理论可能永远不能解释历史过程中后来状态如何成为早期状态的结果……在这种情况下，系统分化只能被理解为进化因素之一，它稳定了进化的结果并给出了下一步进化的条件。"①

鲁曼讲社会系统，特别强调系统与外部环境的关系，强调降低系统复杂性的机制。由于行为者显示不同的行为方式，因而所有的社会系统都建立在行为者之间沟通的基础上。这引出了鲁曼的沟通理论。鲁曼的沟通理论是在他的社会系统理论的范围内，依据其社会系统理论的基本原则和方法所作的特殊的论述和说明。

鲁曼认为，社会系统的进化机制与生物进化的机制既有同样的功能，又形成了社会系统构成的变异。社会系统选择那些促进系统适应性的变异，以稳定这些具有适应性的结构。在鲁曼看来，社会进化理论更多地要从变异机制、选择机制、稳定

① N·Luhmann. *The differentiation of Society*, New York, Columbia University Press 1982. p. 245.

机制等方面加以解释。

鲁曼认为，“变异机制”存在于编码和媒介所具有的“蕴含对立物”的特征之中，隐藏于沟通过程和代码与媒介的形成过程之中。所有符号都暗含它的反面，因此，总会有按照新的方式行为的机会。沟通联带着代替，有时人们根据这些替代方式行动，因此产生新的变异。人们发出的信息并不总能成为他人未来行为的前提，因而，变异可由选择的可能性而出现。从鲁曼的“沟通成功”术语中可以发现“选择机制”。背后大致的思想是，某些新形式的沟通通过减少环境的复杂性来促进系统对环境更灵活的反应，从而增加对环境的协调。例如，作为媒介的货币的诞生，极大地促进了系统和子系统对环境的适应。同理，凡是能促进社会生存和适应的东西，都会在社会有机体的结构中被保留下来。鲁曼认为，“稳定机制”存在于系统形成的过程中，这由新的沟通代码和媒介给出，同时，系统构建也在调节媒介的使用。因而，新的沟通代码和媒介被用来使子系统之间的社会行为有序，而且还创造了诸多政治体制和经济秩序这些在一定时间内调节新的沟通媒介的应用结构。例如，当货币使用时，就会创造一个围绕着市场和交换的经济秩序，而这同时又反馈回来，激励作为媒介的货币的延展。这些交互作用带来了系统某种程度的连续性和稳定性。

基于此，鲁曼特别论述了社会系统进化，论述了在变异机制、选择机制、稳定机制中，沟通占有特别的意义。

鲁曼强调，社会系统是靠人们所选择的各种符号之间的沟通建构起来的。在鲁曼看来，构成一个社会系统的基本因素和基本关系就是沟通。社会系统只有在沟通中才能生存和运作，因为只有通过沟通（communicatio）社会系统才能以简单化的原则，正确处理它与其环境间的复杂关系。社会是以沟通作为其自我再生性复制（autopoietic reproduction）的方式。

鲁曼指出，沟通在社会系统中的意义表现在社会的自我生产与再生产，作为社会本身存在和运作的基础条件，要通过沟通才能实现。社会的生产与再生产的整个过程，在某种意义上说，都是进行沟通的过程，社会系统的自我生产和自我参照，都必须以系统内的沟通过程相关联。从这个意义上说，社会系统本身就是各种各样的沟通系统，在这里，沟通并非传统意义上的沟通，而是同社会自律性生产与再生产紧密相关的操作过程。

在鲁曼看来，沟通单位并非单纯是行动或活动，他强调沟通包含信息、行动及理解三大因素。作为社会生产与再生产的操作过程，沟通就是一种复杂的社会自我选择活动，这种自我选择的主要程序，必须通过社会系统内的沟通才能实现。所以，沟通不是一种现成的和预定的信息的传递，不是消极地由沟通发信者及收信者双方之间所决定的封闭交流体系，而是与充满生命力的社会系统整体所决定的复杂选择过程相关联，其中包括复杂的告知（cutterance，也有文献译为"传达"）、信息（in-formation）、理解（understanding）三重因素的相互联系过程。[①]

鲁曼认为，信息、告知（传达）与理解的沟通合成，仅当其作为一个运行中的社会系统的一个基本单元时才有可能存在。三者作为一个运作单元是不能分解的。由此可提出"异我指涉行为"（hetero referentiality）与自我指涉行为（self—referentiality）两个概念。作为当前此刻自身不能分解的单元，基本上，其能指涉先前沟通的内涵，要求进一步有相关信息的信息；或其能质疑沟通的 how 与 why，而将焦点置于信息传达之上。在第一种情况下，人们会探求"异我指涉行为"，在第二种情况下

① 刘少杰主编：《当代国外社会学理论》，中国人民大学出版社 2009 年版，第 297～307 页。

盯住的则是“自我指涉行为”。鲁曼在其著作中反复指出，社会系统是带反见性、带自我指涉性的。可见，沟通具有一种形成自我再生系统之演化潜能，这种系统能在开放的前提下，保持其封闭性；在封闭的前提下，维护其开放性。这些系统始终面对着选择意义而且可以直接说面对的是符号。这里的结果便是我们的社会。

鲁曼显然面对着诠释社会学及符号互动论者所关注的个体与个体之间总是共有一些符号，这些符号使人们能借以相互交换观点，互补期望及相互理解。同样地亦假定，文化以共有符号来解释、说明。鲁曼认为，社会秩序并非只是基于人与人、系统与系统之间的相互了解及可预测性，基于概念化的文化价值，或关于偏差的抑制，也并非由排除误解、冲突、偏差或失望所支撑，而是取决于在沟通系统中如何去处理偏差、冲突及误解。基于共有符号体系及彼此交心的相互了解。社会秩序，只有当各方接受彼此的选择去制约进一步的选择行为而相互调适于对方的选择形式（selection pattern）时，才有可能。[①]

鲁曼主张，沟通同社会系统之间的紧密关系，使沟通成为随系统功能运作而不断变化的操作程序，成为社会系统同其环境相关联，特别是使社会系统同环境进行“简单化”操作的必要条件。这样一来，沟通参与到了社会系统与其环境的复杂关系的调整游戏之中。由此可见，沟通已经远远超出沟通双方之间的简单互通关系的范围。鲁曼的社会系统理论所说的“沟通”的内容、意义、过程及其内外相互关系各因素，都同传统沟通观念有极大的不同。

---

① 苏国勋编：《当代西方著名哲学家评传》（第10卷），卢正春撰：《鲁曼》，山东人民出版社1996年版，第501页。

鲁曼所讲的"沟通"概念具有如下特征：①

第一，沟通是社会系统得以进行其自我生产和再生产的重要条件。在这种情况下，沟通是社会系统进行自我生产和再生产过程的一个不可分割的组成部分。

第二，沟通作为社会系统自我生产的组成部分，它本身就是不断自我生产的。也就是说，沟通是一种不断产生沟通的过程，沟通也是一种自我生产，而沟通的自我生产性乃是社会系统自我生产的一个重要表现。正如鲁曼所说，沟通只有在它作为生产系统时才是可能的。沟通的自我生产使沟通成为具有自律性的独立生命体，而且它的独立生命体是同社会系统的生命体互为条件的。

第三，沟通的操作和运作是紧密地同社会系统的操作和运作相关联的，这就使它以高度自律的独立创造活动参与到社会系统与其环境的复杂关系中，因而沟通也就成为社会与其环境的关系加以简单化的一个基本手段。

第四，沟通本身是一种极其复杂的系统，它包含告知、信息和理解三大组成部分，其间始终都是在紧密的相互关联中构成一个自律的生命运动体系。

第五，沟通是社会系统与其环境的遭遇中不得不选择的一个过程。沟通在社会系统与其环境的复杂运作中扮演极其重要的甚至是决定性的角色，因为没有沟通社会系统就无法进行自我参照和自我生产，最主要的是社会系统无法将其与环境的复杂关系加以简单化。

第六，沟通在社会系统与其环境的复杂关系中所扮演的上述重要角色，使沟通过程本身也成为一种复杂的选择过程：它

① 参见高宣扬：《鲁曼社会系统理论与现代性》，中国人民大学出版社 2005 年版，第 140 页。

既是自我选择的过程，也是被选择的过程。也就是说，沟通又是由沟通以外的复杂关系所决定，即首先受系统与其环境的复杂关系、受这种关系的简单化过程和程序所决定。

第七，沟通既然作为选择过程和作为运用语言等符号的生产过程，它必然包含意识的活动。在沟通中意识不可避免地参与其中。

可见在鲁曼看来，社会系统是靠人们所选择的各种符号之间的沟通建构起来的。构成一个社会系统的基本因素和基本关系就是沟通。对此，鲁曼论述了沟通的意义和特征。为了论证这点，鲁曼进而指出，社会系统的沟通，就是为了解决其内部及其环境的复杂关系中所出现的双重偶然性。因此，双重偶然性也是社会系统中社会互动的基本特征。沟通对于社会系统的简单化和复杂化，发生了双重的作用。①

鲁曼指出，在社会系统中，由于其是通过不同行为者所实行的行为脉络而组成的，所以，不同行为者在系统中构成的关系，也就是这些不同行为者在其不同行动脉络中的种种“相遇”。也就是说，当不同行为者所构成的行为脉络之间发生“相遇”的时候，就出现了鲁曼所说的“双重偶然性”。

在鲁曼看来，不论是解决系统内部各因素的相互关系，还是处理社会系统与其环境的复杂关系，都面临如何对待双重偶然性的问题。双重偶然性使社会系统内部各因素之间的协调及再生产，时时处处产生危机，并有可能面临各种风险。同时，社会系统与其环境的复杂关系也时时面临各种可能的变化。社会系统的沟通，成为解决其内部及其环境的复杂关系中所出现的双重偶然性。因此，“双重偶然性”也是社会系统中社会互动

① 刘少杰主编：《当代国外社会学理论》，中国人民大学出版社 2009 年版，第 308、314 页。

的基本特征。为了分析和了解双重偶然性，可以以最简单的两个行为者为例：两个行为者在一个社会系统中相遇，对于这两个行为者来说，当他们相遇的时候，世界就变成复杂的和偶然的。世界之所以变成偶然的，是因为在其中包含了无限的事件，同时也包含许许多多复杂的关系；所有这些事件和复杂关系，对于行为者来说都是可能发生的。在这样的世界中，任何个人行为的成功，一方面要取决于那些可能发生的特殊事件的出现，另一方面也会受到这些特殊事件的偶然性的影响。

也就是说，在社会系统中任何个人的行为，其实现程度不只是依赖于这个人的所作所为，还依赖于这种所作所为与周围世界的关系，而且同时也依赖于同一个社会系统中另一个个人的行为的实现程度。所有这些都是不可预测的，而这种在社会系统中相遇的两个行为者所产生的相互期待和相互反映的不可预测性，以及环绕着这两个行为者的周围环境的变化的不可预测性，造成了社会系统中的行为脉络的复杂性和双重偶然性。

面对这样充满复杂性和双重偶然性的社会系统，鲁曼认为，行为者需要有整套的能够促使其行为顺利进行的环境，即他所说的社会系统。在鲁曼看来，社会系统是一种尽可能适用于行为实现目标的多种多样的行为世界，它包括心理系统、符号系统、社会制度等各种类型。两个行为者相遇所形成的系统，尽管不一定是一个制度化的系统，但一定是一种社会系统。总之，鲁曼认为系统就是记录、重构和简化世界的复杂性，通过这种简化过程，行为者使世界变成更加适应人类需要的一种最低限度的秩序，以便使人类能够在这个世界中按照其特定的计划方式引导其行为的进行。

人类行为既然处于充满着双重偶然性的社会之中，人类行为如何实现其相互之间的协调性和可预测性？鲁曼认为，人类行为在充满着双重偶然性的社会中有序地发生问题，不能简单地从经验的观点和角度去回答，因为它们涉及一个更加深刻的社会系统和人类行为的根本性质问题，需要以更抽象的方式去解决。

鲁曼从关于噪音的混浊理论得到启示。根据噪音的混浊理论，在充满着高度复杂和偶然性的世界中，在许多可能的行动和行动间的关系中，秩序在很大的程度上是在高度复杂和充满偶然性的世界中，通过某种偶然的、不可预测的机遇的途径而呈现出来的。这种状况始终使得社会系统中的行动始终伴随着各种可能的中断和干扰。行为者始终处于高度警惕的紧张状态，处于不断进行选择的冒险心态之中，才能保证其行动的连贯性和持续性。

鲁曼用双重偶然性说明秩序是如何从混沌的噪音中产生的。双重偶然性就是噪音和秩序之间、混沌和有组织之间的一座桥梁，因为双重偶然性既是噪音的一部分，又是秩序的一部分，是秩序的最低限度的类型。双重偶然性是任何行为者可以始终一贯地期待的某种事物，是有规律存在的某种事物，因而也是现实世界的一种有秩序的面向。所以，任何两个相遇的行为者必定汇合在双重偶然性的经验状态之中。双重偶然性成为唯一可以被期待的和唯一可以被预测的基本事实，两个行为者的行为取向所造成的上述在双重偶然性的汇合，是可以被预知的，因而也是有秩序的，是现实世界的一部分。这是进一步分析社会秩序形成和再生产的基础，换句话说，任何一个社会秩序的产生和再生产，必须建构在两个双重偶然性相互关联的期待的基础上。就此而言，任何一个社会系统，都是从两个行为者相遇时所产生的双重偶然性心理期待的经验中呈现出来的。双重偶然性的出现，一方面是社会系统中的社会行为所产生的一个必然结果，另一方面它又成为社会行为完全实现的一个主要障碍。双重偶然性对人类行为的这种双重意义和双重作用，要求行动者之间尽可能建立和贯通各种沟通网络，并通过这些多种多样的沟通将双重偶然性的发生机制和避免途径尽可能的简单化。

鲁曼讲，两个行为者相遇所带来的个人意识与社会系统之间的相互渗透，一方面在社会系统与个人行为之间带来了新的互动局面，有利于二者的进一步互动和渗透，另一方面也带来了个人意识和社会系统两个层面中各自独立的新成分，为二者的互动造成了新的可能性和复杂性。造成这种既简单又复杂化的矛盾状况的根本原因，是社会系统中不断进行的沟通过程，因此，沟通对于社会系统的简单化和复杂化都发生了双重的作用。

鲁曼认为，任何系统都是由不同种类的因素及其相互关系所构成的，为了区分每一个系统，必须知道其相互关系网。确定每个社会系统的组成因素及其相互关系网，最主要的是靠各个行为者的行为过程所进行的相互沟通。① 鲁曼说："当我们说到任何一种'社会系统'的时候，如果是指由几个人的行动以其不同意义而相互关联起来，那么，这种相互关联性就使社会系统从一个环境中区分出来。一旦在各人之间发生无论什么样的一种沟通，社会系统就呈现出来。"②

同时，鲁曼还指出，社会是所有一切相互之间有可能沟通的细微所组成的综合的系统，它是一种更高的秩序和另一种类型的系统，社会的边界是一切可能有意义的沟通的边界。由此可见，在鲁曼看来，沟通是使任何行为者所造成的社会互动发

① See N. Luhmann, *Soziale Systeme Grundriss einer allgemeinen Theorie*. Frankfurt am Main Suhrkamp, 1984, pp. 66—67, 191—241.

② N. Luhmann, *The differentiation of Society*, New York, Columbia University Press, 1982, p. 70.

展成为社会系统的最重要的条件，这就是说，只有当互动同沟通联结在一起，并使沟通成为普遍的可能时，社会才形成并且巩固下来。但是，由沟通所形成的社会系统，是在行为者之间的互动过程中进行的。沟通的发展和深入的过程，就是社会互动展开和实现的过程。沟通和社会互动并行和互相渗透的过程，实际上从不同行为者相遇才形成，是由双重偶然性开始的。当两个行为者相遇形成社会互动的状态时，自我对于他者就具有不可忽视的意义。这种意义体现在为他者在一系列选择中提供一种参考，从而产生不同的行为效果，而这个意义又取决于为他者如何在沟通的基础上把握自我行为的意义，并适当地将其调整到他者个人的行为规划中。总之，沟通过程就是在自我和他者、现实和可能的多种意义之间进行区分的过程，在这个过程中，意义本身也随着沟通的发展而不断建构和重逢。因此，意义也是在沟通过程中不断形成的各种选择的结果，意义始终都是在可能性之间，并参考这些不同可能性而作出的某种选择。没有完全不变的意义系统，意义系统要在沟通和各种可能性的选择中，随着行为的展开和互动行为的发展而不断形成、重建和完善。

鲁曼所讲的社会系统不同于其他系统的最显著特征，就是社会系统是以意义作为基础而实现对于环境简化程序的。在鲁曼看来，意义的产生和分化，同每个行为者的心理系统和社会系统的相互渗透过程联系在一起。意义，在某种程度上说，是行为者的个人心理系统和社会系统同时发展的产物。

鲁曼说："心理系统和社会系统是在共同演化的道路上成长的，其中一个系统的存在方式一定是另一个系统的存在方式的环境。这两个系统的存在方式成为这两个系统可能发展的必然条件。个人的人格不可能在没有社会系统的条件下形成和成长；反之，社会系统也不可能在没有人格发展的条件下形成。两者的共同演化朝向一个共同的成果，而这个成果对于两个系统来说都是有利的。两种系统的存在方式成为它们复杂性和它们自我参照性不可避免的形式。我们就把这种演化的共同成果称为'意义'。"① 由此可见，鲁曼强调意义记录和积累着个人心理和社会系统共同演化的结果。意义是某行为者面临着社会系统和周围环境的复杂性时，为了不断地减少系统和环境的复杂性所作出的一种合理选择的结果。正如鲁曼所说，意义的形成过程是直接同复杂性的问题相关联的。

在鲁曼看来，行为者围绕着社会系统而创建意义的作用体现在两个方面：一方面，这是不断将周围环境和系统的复杂性同个人行为加以协调的过程；另一方面，意义的建构又是个人行为者所隐含的多种选择可能性的间接反映。所以，意义系统既然表现了社会系统及其环境的复杂化的简化过程，又反映了个人行为者在选择过程中的反思结果，同时也表现了个人行为者反思过程中自我参照的程序。由此可见，意义系统是在个人行为者之间的沟通过程中不断形成和发展，同时也影响到个人行为者和社会系统的分化过程。

鲁曼说："意义对于人类经验和行动都是最基本的，意义是由时间和历史所构成的。就此而言，意义使我们有可能经验到社会生活一切领域中所必然出现的各种选择性。换句话说，由意义起着最重要作用的各种事件，都是在其他各种可能性的维度内发生的。"② 正是由于意义同人类行为和社会系统的密切联系，在社会系统的不同行为者之间的沟通，才在很大程度上取

① N. luhmann，*soziale Systeme Grundriss einer allgemeinen Theorie*，Frankfurt am Main，Suhrkamp，1984，p. 92.

② N. Luhmann，*The differentiation of Society*，New York，Colubbia University Press，1982，p. 293.

决于行为者使用媒介符号运载意义的能力，同时也取决于行为者根据历史经验理解意义的能力，以及行为者判断各种可能性的能力。

在鲁曼看来，正因为如此，意义在沟通过程中的形成和发展，连接着个人心理系统和社会系统共同演化的言语系统及其他符号系统。只有通过语言和符号系统，行为者才有可能对系统复杂化进行简化。除此之外，符号体系的选择，还围绕着行为者所要达到的目的及其利益，围绕着行为者达此目的所采用的各种策略而选择相应的符号，这将有利于简化社会系统的复杂性，有利于行为者在复杂的环境影响和干扰下，更坚定不移地实现其主要行为目标。由此可见，行为者所使用的语言和各种符号系统，其基本功能就是使系统对于环境所做出的反应进一步稳定化和固定化，并且进而达到组织化、制度化。另外，各种符号的选择和使用，也有利于行为者个人和社会的演化和完善化。这样，符号的使用和变化就表现出两种相反的功能：一方面使符号使用者的个人行为者及其所在的社会系统稳定化和制度化；另一方面又使符号本身的运用和变化具有灵活性，这表现出符号本身的多样性和不确定性，以便应付行为者和社会系统发展过程中面临的各种可能性。在这个意义上说，语言和符号的使用，有利于在沟通中实现“意义”的建构、重建和发展。

鲁曼的社会系统理论强调社会系统的自我更新与发展，认为随着社会逐渐在功能上分化为具有不同的符号规则、结构、过程和沟通媒介的子系统，社会系统记录和处理环境复杂性的程度也不断提高。可见，鲁曼综合自然科学和人文社会科学的不同，对传统社会学及其功能主义理论概念重新作了诠释，创立了一套新的社会学范式；由此，鲁曼被称为继韦伯之后的最有创建的德国社会学家之一。[①]

（3）20 世纪 70 年代，鲁曼同哈贝马斯一起研究科学技术、沟通和社会系统的问题；1971 年，鲁曼出版了《社会理论或者社会技术：系统研究出了什么》；后来，鲁曼为深入探索社会理论的各个部分，在他所熟悉的法律社会学领域，与哈贝马斯合著《法律社会学》，与迈因茨合著《法系统与法学理论》，这些研究为通过法律社会学揭开社会系统的复杂性奠定了基础。

鲁曼在《法律社会学》第二版序言中特别强调，20 世纪 60 年代系统理论研究的最重要成果是"自我参照的系统"概念的提出。他说，"自我参照的系统"概念的提出，使系统理论发生了重要的转换，即用自我参照概念取代环境开放性概念，因而使社会学家有可能更全面地考虑一个系统的开放性和封闭性。正是这个成果，使鲁曼在分析法律系统时，将它同时看作是一个在规范上封闭和在认知上开放的系统，由此可见，《法律社会学》是鲁曼在系统理论发展史上的重要里程碑。

接着鲁曼研究了宗教的功能，同迈因茨合著《宗教的功能》。鲁曼在这本书中论述了他的系统理论的特殊性，强调他的系统理论包含着限定个人自由和赋予个人自由灵活行动的可能性。鲁曼这种对系统概念的新的论述，表明他重视了，社会系统一方面具有行为参照系统的含义，也就是对行为有某种限定的作用；另一方面它又具有自我调整和自我更新的能力，具有独立发挥功能的性质。关于系统的这种概念论说，成为鲁曼后期社会系统理论的重要支柱。

在鲁曼的社会系统分析中，宗教系统占据非常重要的地位。这同他的个人经历及其研究生涯相关。鲁曼出生于充满宗教气

---

① 刘少杰主编：《当代国外社会学理论》，中国人民大学出版社 2009 年版，第 309～313 页。

氛的吕纳堡。当他在斯拜尔从事担任行政管理工作时，他同样深深感受到宗教对于社会及其历史发展所产生的重要影响。后来，他跟随谢尔斯基等人先后在敏斯特大学从事教学和研究，也被谢尔斯基等人及他们所在学校的宗教气息所感染。而且，他在后来的社会系统理论研究中，特别意识到宗教及其教义对于社会功能分化所起的重要作用。在他的《宗教的功能》和《基于自我参照的社会：意义及宗教》等重要著作中，鲁曼一再强调宗教生活作为社会生活基本内容的重要意义。他和韦伯和涂尔干一样，认为人类社会在本质上是宗教性的。不仅社会的形成和发展，而且，社会其他各种重要功能，诸如沟通、意义的形成和变化、自我生产和自我参照等等，都与宗教的发展及其功能变化紧密相关。人类社会从简单的社会系统到复杂的社会系统的演变，主要取决于宗教系统的变化。他说："对于宗教以及宗教教义的功能分析，不但把作为参照点的社会系统进一步确定化和具体化，而且，它还将使一切与此系统相关的问题也获得澄清。"不但如此，就连社会系统内的一切沟通及其所交流的各种意义，在很大程度上也取决于宗教功能的演化。鲁曼指出："由个别沟通媒介所提供的关于世界的诠释，以及它们之间的联系和相互支持，即使是处于高级独立阶段，也仍然靠宗教作为其媒介。"他接着进一步把宗教在社会生活中的基本功能加以具体化。他说："宗教是通过它对于现有分化了的媒介密码，诸如真理、爱、政治权力等宗教性复制，使它们朝向一个统一的世界观方向进行再诠释。"① 鲁曼强调，即使到了高度分化的现代社会，当出现风险的可能性急剧增多时，宗教不但仍

---

① Luhman: *Religious Dogmatic and the Evolution of Societies*. Trans. By Peter Beyer, New York /Toronto: The Edwin Mellen Press. PP. 39, PP. 29.

然、而且更加显示它对于整个社会系统功能运作的重要意义。[①]

与此同时，鲁曼也很重视教育系统、知识社会学和文化社会学的问题。在20世纪70年代后期到80年代初，他出版了一些集中论述法律、教育、知识和语义系统以及社会福利社会学著作，其中包括：《教育系统中的反思问题》《社会结构与语义学：行动知识社会学研究》《福利国家的政治理论》《福利的区分化：福利社会学和法律理论论文集》《社会学启蒙（第3卷）：社会系统和社会组织》《社会的区分化》《作为热情的爱：论亲昵性的密码化》《系统理论的典范转换：在日本的讲演论文集》。此前，他对社会系统理论的研究，在1984年的《社会系统：一个一般性理论纲要》一书中进行了阶段性的总结。由此，鲁曼的社会系统理论以1984年为分水岭可以划分为两个阶段。在此前的第一阶段，鲁曼致力于研究法律、知识、语义领域以及社会福利问题，从他所属的领域和相关专业开始，探讨了社会系统中的某些部门和专业领域的功能特征，并在此基础上准备一个有关一般的特殊功能运作原则。在第二阶段中，鲁曼更深入地研究了区分化问题，研究经济和知识社会学以及道德问题，同时，也研究有关语言、思想、宗教和艺术等问题。在这一阶段，鲁曼出版了《对于法律的社会学观察》《生态学的沟通：行动社会是否可以在生态危害的基础上建构?》《启蒙社会学（第4卷）：关于社会概念区分化论文集》《论社会的经济》《作为建构的认知》《社会结构与语义学：近代社会的知识社会学研究》《言语与沉默》《典范丧失：关于道德问题的伦理学思考》《关于社会的科学》《社会的法律》《社会的艺术》以及《社会的社会》等，其中《社会的社会》成为较成体系的当代社会理论著作。

---

① 高宣扬：《鲁曼社会系统理论与现代性》，五南图书馆出版公司2002年版，第110～111页。

鲁曼认为，作为总体概念的系统理论，在经历了相当长的演化和发展过程之后，实际上是包含三个不同层面的总体科学。鲁曼将作为总体系统理论的三个层面的结构图示如下：

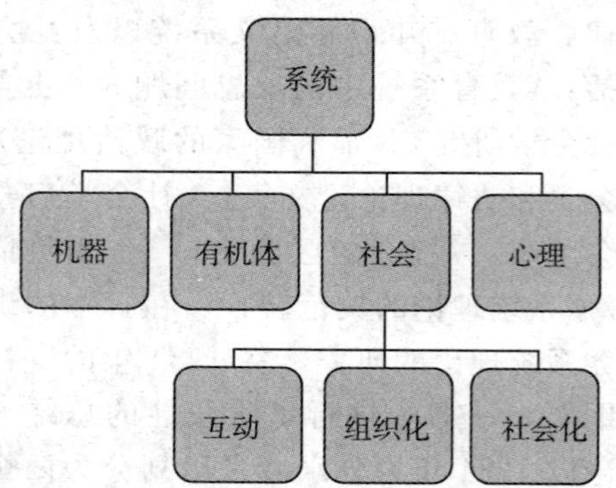

在总结当代系统理论发展过程及其成果的过程中，鲁曼越来越意识到社会学采用社会系统理论加以综合的必要性和重要性。他特别认为，社会学必须超出传统的狭隘领域，进一步扩大成为多科的理论综合。[①]

有关学者这样总结道：鲁曼的理论实际上是对于现代社会进行分析的产物。鲁曼认为，当代社会不同于以往社会的地方，主要是它在功能方面的高度分化。如果说，传统社会的分化是体现在社会阶层分化上的话，那么，当代社会的分化主要是表现在功能方面的高度分化、专业化和自律化。正如鲁曼自己所说："在最近几年，我围绕两个相互穿插和相互促进的理论计划而工作。一方面我探讨一种一般社会系统理论（a general theory of social system），这个理论以帕森斯的双重偶然性（double contingency）概念为起点，而且从一般系统理论（General Sys-

① 刘少杰主编：《当代国外社会学理论》，中国人民大学出版社 2009 年版，第 293～294 页。

tems Theory)、自我参照关系理论（Theory of Self-referential Relations）以及沟通理论（Communications Theory）中得到启发。在这里，'复杂性'（complexity）和'意义'（meaning）概念是进行功能分析的关键。另一方面，我集中研究一种关于当代社会的理论（a theory of modern society)。对于当代社会，我们再也不能把它描述成'市民社会''资本主义社会'或某种'科技贵族专制系统'（a scientific-technocratic system)。我们必须改之以一种指涉社会分化的社会定义。不同于一切早先社会的当代社会，它是一种功能上不断分化的系统（a funcyionally differentiated system)。因此，对于它的分析，要求对于它的每一个单一功能次系统进行详尽的研究。再也不能从一种单一的主观观点去把握社会。反之，要详细理解它的运作动力，必须充分地理解到这样一个事实：即它的政治、经济、科学、法律、教育、宗教、家庭等各个功能系统，已经更加相对地自律化了；而且现在这些功能系统也各自相互成为其中任何一个系统的环境。"[①] 学界认为，鲁曼的社会系统理论，可以不折不扣地称为一种现代性理论。人们分析道："鲁曼对于社会系统的独特分析，主要是为了揭示当代社会不断区分化的机制及其各种可能趋势，指出当代社会分化的特征及其所引起的一切复杂后果。因此，在这个意义上说，鲁曼社会系统理论所集中分析的问题，就是现代性的社会系统的特征。"[②]

2. 吉登斯等人的结构化社会学理论：由研究社会结构与人类行为的二重性逐步延伸深化。

(1) 安东尼·吉登斯（A. Giddens，1938—)，1938 年 1 月

---

① Luhmann，*La marginalite sociale*. xii. Paris. Seuil 1982.

② 高宣扬：《鲁曼社会系统理论与现代性》，五南图书出版公司 2002 年版，第 1～2 页。

生于伦敦北部的埃德蒙顿。在上中学时他的成绩并不是很好，考入赫尔（Hull）大学后，原本想主攻英语，被拒绝后又试图进入哲学专业，而该校唯一的那位哲学讲师在吉登斯入学的那一年还休假，学校课程表上又没多少有意思的哲学课程，遂后他又改学社会与心理学，1959 年吉登斯以优异成绩毕业。之后他到伦敦政治经济学院（LSE）攻读硕士学位，论文题目是《现代英国的体育与社会》。这期间，吉登斯得益于当时正在该校任教的埃利亚斯（Norbert Elias）。埃利亚斯对日常经验的重视及其结合微观研究成果进行宏大社会过程研究的趋向，对吉登斯以后的学术走向产生了很大影响。吉登斯多次旁听埃利亚斯的课程，对埃利亚斯的研究推崇备至。从吉登斯对人类学的重视，以及在人类学的基础上重新理解社会学的学术研究中，可以看到埃利亚斯对吉登斯的影响之深。所以，论说吉登斯，不能不说到埃利亚斯。

（2）诺贝特·埃利亚斯（Norbert Elias，1897—1990）是西方社会学界十分有影响的思想家之一，被称为 20 世纪百科全书式的人物。他以研究西方文明的发展进程而著称于世，成为历史社会学的代表性人物。诺贝特·埃利亚斯 1897 年出生于波兰布雷斯劳的一个犹太富商家庭。1918 年在当地上大学，可刚注册，就报名参军，来到一线战场。战场归来，遵从父命，学习医学和心理学，兼修哲学。1922 年，他通过了哲学、心理学、艺术史等学科的考试，1924 年以论文《理念与个人——对历史概念的批判》获哲学博士学位。

20 世纪 20 年代西方经济大萧条，埃利亚斯应聘进入一家中型企业做营销部主任，常出差到北欧各国，开展营销活动，看到经济危机中工人的贫困，以及发生在工厂主之间错综复杂的关系。

对于埃利亚斯，教学科研才是他的最爱。拿到博士学位之后，他来到海德堡大学社会学系。海德堡大学社会学系是韦伯兄弟的天下，马克斯·韦伯是著名的社会学家，其弟阿尔弗雷德·韦伯既是经济学家，也是社会学家，但他的名气不如他的哥哥马克斯·韦伯。埃利亚斯就是在阿尔弗雷德的门下写作攻读教授论文的。

知识社会学的创始人卡尔·曼海姆（Karl Mannheim，1893—1947）也在海德堡大学。1929 年，卡尔·曼海姆应聘赴法兰克福大学担任社会学教授的职位，他邀约埃利亚斯做他的助教，并许诺三年之后便可通过其教授论文，而这在阿尔弗雷德·韦伯那里要等 10 年的时光。法兰克福大学是群英荟萃之地，马克斯·霍克海默、阿多尔诺、马尔库塞、本雅明等人成为声名赫赫的法兰克福学派的重人物。这里的学术空气比海德堡还要浓，埃利亚斯在这里如鱼得水，完成其教授资格论文《宫廷社会——封建王国与宫廷贵族社会学研究》，通过了曼海姆的鉴定。然而在此时希特勒上台，形成对大学的破坏，整肃知识分子，迫害犹太人。埃利亚斯无法进行试讲，要成为私人讲师之事未能实现。

1933 年埃利亚斯到法国，开始了他 30 年的流亡生涯。1935 年，他到英国，获得犹太人流亡组织的一份奖学金，有机会经常出入大英博物馆，为他构思已久的《文明的进程》收集资料。此书于 1937 年由一家私人出版社出版。迫于纳粹的压力，英国当局将所有流亡者一律关进拘留营，在拘留营中，他办起了"大学"。他善于协调各方面的关系，成了事实上的"校长"。1941 年春天，他走出拘留营，然而在大学里找不到职位，他退一步在低于大学水准的成人教育机构中找到一份工作。1954 年，57 岁的埃利亚斯被莱斯特大学社会系应聘为讲师。在短短的几年时间里，埃利亚斯和诺伊斯塔特便把莱斯特大学社会学系建设成为非常有影响的社会学系之一。著名的社会学家吉登斯的第一次教席就是埃利亚斯和诺伊斯塔特任命的。

使社会学界重视的是，埃利亚斯以一本《文明的进程》而誉满全球。他在《文明的进程》中提出了文明化理论，并且在后来的许多论述中进一步阐述了这一理论。这一理论与斯梅尔瑟的《工业革命的社会变迁》、沃勒斯坦（Immanuel Wallerstein）的《现代世界体系》、福柯的《疯癫与文明》、吉登斯的《历史唯物主义当代批判》、斯考切波（T. Skocpol）的《历史社会学的视野与方法》以及迈克尔·曼（Michael Mann）的《社会权力的来源》等理论著作所阐述的思想和理论统称为历史社会学。

埃利亚斯的独特之处在于，他从社会形态出发，在一个流动的过程中去分析个体行为、社会结构以及两者之间的关系。在人与人之间变动的关系“过程”中理解、解释个体社会行为、心理结构和社会文明的历史变迁。他认为，历史并没有什么东西能表明文明的过程是“理性化”的结果，它的发生在很大程度上是无计划性的，它是由人类联系网络的自发动力和人们生活在一起的方式的特定变化推动的。人们相互依赖以及人类冲动的相互关联，这种社会秩序决定了历史变迁的过程，它构成文明进程的基础。

埃利亚斯强调，社会形态的基本规则，既不是个人理性“意识”的规律，也不是所谓“自然”的法则，而是人类联系的整体性重组导致了人们行为方式、人格结构的“文明化”。

埃利亚斯在《文明的进程》一书中，从剖析西欧11—18世纪的社会结构变迁及其对人的行为方式、心理结构的影响入手，通过追溯中世纪晚期以来西欧的礼仪、习俗、人格、文学与社会生活等各方面的表现，通过历史的展开和历史文献的佐证，集中讨论行为、权力和习性之间相互关联的长期变化的问题，说明行为方式和权力中的变化是如何在人格结构或习性中反映的，以此来分析这种过程与国家形成、国家内部权力的垄断化之间的关系，探讨文明的发生和发展历程，从而建构起"人"与"社会"之间相互关系的理论。他重视的是"追溯自中世纪以来欧洲社会人们的日常生活中所体现出来的行为标准与心理特征的演变过程，及其与国家形成与内部安定过程的彼此关系"①。

埃利亚斯的基本观点是：社会长期结构演变是与人的社会行为及其习性（habits）相联系的。这里所说的"习性"，被认为与通常所说的"第二天性"的含义差不多，它指的是人们性格构成中那些非天生固有但一出生就从社会经验中不断学习从而积习很深的东西，它们习惯成自然，仿佛就是与生俱来的一样。人们的个人习性似乎主宰着人们的行为，但习性是在社会环境中养成和继续形成的，会打上特定的权力差别的烙印，而社会环境则又根植于更大的社会结构。这就是说，文明化的过程并不是自行完成的，它是社会结构变迁的结果。这些变迁集中于国家的形成过程，随着国家的形成而逐渐变得正式化，它会日益通过强制与示范，具体指明个人行为的规范。

由此，埃利亚斯得出结论：心理功能的结构，特别是既定时期中行为控制的标准，与社会功能的结构以及人际间联系的变化是相关联的。人类行为的"文明化"并非仅仅是"理性化"过程的结果，人的内驱力和意识状态同样起着重要的作用。"人类自我驱力变化的推动力来自于人类行为相互作用产生的压力，来自于按特定方向推进并导致联系形式和整个社会网络发生变革的社会结构变迁。社会结构变迁改变了人与人之间的关系形态，从而对人的行为方式、情感以至人格结构提出了改变的要

---

① 杨善华主编：《当代西方社会学理论》，北京大学出版社 1999 年版，第 319 页。

求，并推动着其改变。正是不断增强和扩展的相互依赖导致了人类的‘文明化’。”[①] 总之，埃利亚斯试图结合社会结构变迁和个体层次的行为方式及心理过程，提出一种有别于传统关于个体与社会的观点。

总之，埃利亚斯围绕社会的“文明”过程作了系统研究，从现代西方文明是如何演进的过程这一视角透视西方社会理性化的影响因素和结果，并以此为基础建构成“人”与“社会”之间相互关系的理论体系。埃利亚斯的基本观点是：社会的长期结构演变是与人的社会行为及其习性相联系的。在关于个人与社会的关系的讨论中，埃利亚斯强调了“过程”这个视角，他认为，不能忽略那些影响个人行为与社会关系的非结构性因素和纯粹历史的东西，个人行为结构与社会结构是在不可分割的相互联系中形成的，个人行为结构的变化是社会结构的变化的一个特殊部分。

埃利亚斯辨析了“文明”和“文化”两个概念。他指出，文明是一个过程，个体的文明化进程经历了这样几个阶段：第一，文明标准的制定——宫廷礼仪阶段；第二，文明的扩展——礼貌阶段；第三，自我强制机制的形成——文明化阶段。埃利亚斯认为，文明逐渐演变为一种持续存在的自我控制的机制，人们不断地在这一机制的作用下调适着自己的行为。同时，这种机制按照社会的建构也持续不断地调解、改造和压抑人们的情绪，人们越来越压抑自己的本能，以使自己更好地适应整个社会的规范。他指出，西方文明社会发生经历了由宫廷社会到封建化机制的发展。国家的社会发生，国家的形成，是以社会财产为基础的。产生和推动向新阶段发展的机制很多，埃利

① 谢立中主编：《西方社会学名著提要》，江西人民出版社 1998 年版，第 646 页。

亚斯主要分析了三种主要机制：第一，垄断机制；第二，国王机制；第三，"私"垄断向"公"垄断的转变。他指出，文明和文化产生于各自国家或民族的共同经验，是在共同经历的基础上形成的，是同使用它们的群体一起成长、一起演变的，这些群体的状况和历史就反映在这些概念之中。因此，只有深入到不同文化整体中，置于它们各自的社会历史中，才可以对之能够理解和把握。

（3）埃利亚斯的思想理论对吉登斯的影响很深。

从 1961 年起，吉登斯开始了自己在英国莱斯特大学的社会学讲师的生涯，起初他给三年级的学生讲授社会心理学。1966 年，吉登斯离开他任教的莱斯特大学社会学系，1966 年至 1967 年到加拿大温哥华附近的西蒙弗雷泽（Simon Fraser）大学任教，后来又到美国加利福尼亚大学洛杉矶分校讲课一年。1969 年吉登斯从美国回欧，正式离开莱斯特大学，来到尚未建立社会学系的剑桥大学，担任大学的高级讲师（reader），同时攻读博士学位，并成为该校国王学员的高级研究学者（Fellowship）。这期间他曾不断到北美、欧洲和澳大利亚等地讲学。吉登斯于 1974 年在剑桥获得博士学位，1983 年被选为英国社会学会执行委员会委员。1984 年，吉登斯发表《社会的构成——结构化理论大纲》，这是他最常被引用的著作。1985 年剑桥大学任命他为国王学院社会与政治科学系的社会学教授，他以《社会学家何为?》为题发表就职演说。

自 20 世纪 60 年代后期，吉登斯在美国讲学期间就开始着手考虑一项浩大的研究计划，其中包括对欧洲思想传统中各种成分的批判性重组、对当代社会生活的各种变数的详尽阐发，以及人类学的研究项目。这一计划后来导致他的结构化理论的产生。

在对欧洲思想传统的批判性重组方面，1971 年，吉登斯出版了他分析马克思、涂尔干（也有文献译为“迪尔凯姆”）和韦伯著作的《资本主义与现代社会理论》，这是他正式探究社会理论和清理欧洲思想传统的工作的初步成果。这本书被认为是了解社会学三大古典传统的不可或缺的系统性的入门书，自出版以来几乎每年都被重印。除了这本书外，他还写过《马克斯韦伯思想中的政治学与社会学》（1972），《迪尔凯姆》（1978）。1976 年《社会学方法新规》问世，吉登斯的结构化理论在此书中正式提出。继后，他又发表了《社会理论的中心难题》（1979），继续阐述他的结构化理论，其中第一次将“时间—空间”作为社会科学的中心概念。这两本书被吉登斯自己称为“非功能主义宣言”。1984 年，《社会之建构》一书出版，该书的副标题是：“结构化理论大纲。”《社会之建构》被公认为是吉登斯迄今对自己的结构化理论较为详尽而成熟的表述，是他 15 年来理论研究的集大成作品。

在关于当代社会生活研究的领域里，1973 年，吉登斯发表了《发达社会的阶级结构》。这是他第一部以当代社会生活为考察内容的专著，“结构化”概念就是在该书中首次出现的。之后，他又在业已形成并日益系统化的结构化理论框架内写了《权力、财产与国家》（1981）、《民族—国家与暴力》（1985）。这两本书被他当作一系列运用结构化理论分析现代资本主义社会的著作的一部分，计划中的后续著作还包括有关社会主义、意识形态和宗教的专著。1990 年以后，吉登斯相继发表了《现代性之后果》（1990）、《现代性与自我认同》（1991），以及《私人关系的转变》（1992）。这些都是他试图用结构化理论进一步分析现代性以及与现代性相关的自我、忍痛、个人及两性关系的系列著作。

除此之外，吉登斯比较有影响的著作还包括三本论文集：《社会与政治理论研究》（1977）、《社会理论之现状与批评》

(1982)、《社会理论与现代社会学》(1987)。吉登斯还编辑过《自杀社会学》(1971)、《迪尔凯姆著作选》(吉登斯译，1972)、《实证主义与社会学》(1974)、《阶级与劳动分工》(与人合编，1982)、《阶级，权力与冲突》(合编，1982)、《迪尔凯姆论政治与国家》(1986)、《当今社会理论》(合编，1987)。他还写过一本名为《社会学：简要而批判性的导论》(1982)的小册子，并于1989和1990年分别发表了供英美两国学生使用的长达800多页的《社会学》和与此相配合的《社会学原著选读》。①

吉登斯著作中提出的社会学，有鲜明特色的是其关于行为的结构化理论。他的突出贡献就是，努力揭示结构具有制约人类行为和促成人类行为的双重能力。他强调，社会学考察的焦点就是结构化：这里，结构通过行为而行为又结构性地构成过程。在吉登斯看来，结构二重性概念从根本上说在于结构，作为规则与资源，结构既是人的能动作用的先决条件，也是其非预期的后果。吉登斯的名字和结构化理论紧紧连在一起。

①结构化与二重性。

吉登斯讲道："结构化(Structuration)理论的主要内容可以被简单地表述如下：除了一些具体的事例及对这些事例的同等记忆轨迹以外，作为周期性地组织在一起的规则与资源，结构是外在于时间和空间的，并且，它是以其'无主体性'为特征的。相反，结构不断卷入其中的社会系统则是由人类主体的种种特定活动构成的，其在时间与空间的条件下被不断地再生产出来。分析社会系统的结构化过程，意味着研究系统在其中得以通过互动而被生产和再生产出来的方式，而这些系统是建立在特定的行为主体的具有理解力的活动基础之上的，行为主

① 苏国勋编：《当代著名哲学家评传》(第10卷)，黄平撰：《吉登斯》，山东人民出版社1996年版，第512～513页。

体在其颇富多样性的行为条件下创造出各种规则和资源。结构化理论的关键是结构二重性原理……主体与结构的建构并不是一种二元论的关于两种全然独立的既定现象的组合，而是一种二重化的过程。根据结构二重性的原理，社会系统的结构性特征，既是其不断组织的实践的条件，又是这些实践的结果。结构并不是外在于个人的……它不应被简单等同于对主体的外在制约，恰恰相反，它既有制约性又同时赋予行动者以主动性。”①

按吉登斯自己的说法，他提出的社会学理论，要解决的是如何看待社会学中存在的诸多“二元对立”，诸如主体与客体、个人与社会、行为与结构，等等。他要用“结构二重性（duality of structure）”取代那些“二元论（dualism）”。所谓结构二重性，吉登斯指的是，社会结构既是由人类的行为建构起来的，同时又是社会行为得以建构起来的条件和中介。也就是说，社会的结构既是自身反复不断地组织起来的行为的中介，又是这种行为的结果；社会系统的结构性特征并不外在于行为，而是反复不断地卷入行为的生产和再生产。吉登斯一直强调，不能认为行为和结构是可以分开的，它们如同一个硬币的两面。作为规则和资源的结构，总是既能够限制又能促成事物发生。所有的社会行为都内含了结构，而所有的结构也都内含了社会行为。他认为，社会理论所要解决的，不是像决定论所认为的那样，社会结构如何决定了人们的行为；也不是像解释社会学或现象学所宣称的那样，人们的各种有目的的行为本身如何构成了社会；而是行为怎样在日常的环境条件下被结构化，与此同时，行为的这种结构化特征又是怎样由于行为本身的作用而被再生产出来的。结构是循环反复地卷入社会系统的生产和再生

① ［英］吉登斯：《社会的构成——结构化理论大纲》，李康、李猛译，生活·读书·新知三联书店 1998 年版，第 25 页。译文有所调整。

产的因素，包括各种规则和资源。或者说，结构就是行为者在跨越"空间"和"时间"的互动情景中利用规则和资源。人们注意到，在吉登斯看来，结构具体体现在行为的实践中。三是由于结构的存在，时间和空间得以在社会系统中结合在一起。可以认为，系统是被规则和资源"结构起来了的"模式化社会关系。人们还注意到，吉登斯这一论述无疑与涂尔干对社会事实的判断不同，这也正是吉登斯试图超越静态社会理论的努力所在。

"二重性"是吉登斯经常使用的概念。"吉登斯的结构二重性概念从根本上说在于：结构，作为规则与资源，既是人的能动作用的先决条件，也是其非预期的后果"[①]。吉登斯强调，二重性是指单个现象的两个方面，而与之相对，二元论则是指彼此不存在因果关系的两个不相关的现象。早期的经典研究都采取一种自然趋向的认识方式。涂尔干强调社会整体的优先位置，即结构的自主存在问题，他认为社会事实并非个人意愿能左右，社会对个人具有制约性。他关于社会结构观念有三个基本假设：社会是一个实体，是不可化约的；社会的各个部分可以满足社会实体的基本需求；功能需求就是被需求。[②] 其基本含义是，制度是外在于人的，是规范制约，这在他的名著《社会分工论》中有诸多论述。[③] 将结构功能发挥到极致的是帕森斯，在帕森斯的结构功能主义那里，行为者的概念是虚致的。其行为论的两个假设是：其一，行为的环境是事前建好或界定的，并且行为

① ［英］帕特里克·贝尔特：《二十世纪的社会理论》，瞿铁鹏译，上海译文出版社 2005 年版，第 111 页。

② E. Durkheim. *Thee Rules of Sociological Method*, New York: Free Press, 1964. 转引自吕炳强：《凝视与社会行动》，《社会学研究》2000 年第 3 期。

③ 参见［法］涂尔干：《社会分工论》，渠东译，生活·读书·新知三联书店 2000 年版，第 48～59 页。

者的行为也改变不了它；其二，诸行为者同一地辨认处境，应用同一的规范，作出共同的行为。[①] 加芬克尔（Garfinkel）谑称这样的行为者被“下了文化麻醉药”（culture dope），[②] 也就是说，这种行为论设定了行为者是丧失自省能力的行为者。面对帕森斯的庞大的理论体系，常人方法学和吉登斯的结构二重性理论对此作出了正面的反驳。

针对帕森斯的被动的行为者概念，加芬克尔行为论的核心概念是行动的“自省的可交代性”。其构成环节为：其一，行为即有组织的日常事务；其二，日常事务的场地是需要生产和管理才会有的；其三，场地的生产和管理是随着有关成员的活动而出现的；其四，场地是需要交代清楚的；其五，交代是一个由有关成员实行的程序；其六，有关成员的活动就是这个对人对己都能够交代清楚的程序；其七，在性质上，交代的实行和交代本身就是自省的。[③] 在这里，行为的特征是自省的，参与者发现自己出生在一个世界里——被牵入生产和再生产这个世界特征过程中，而且是可视的和可描述的被牵入。也正是透过同样的特征，行为者的行为带有意义。[④]

吉登斯指出，正是在其意义与情境的界定上，加芬克尔 与帕森斯背道而驰。帕森斯的核心问题是维持秩序和规范固化，而在加芬克尔那里，核心问题是日常生活中的社会行动的可能

① 参见 J. Heridage，*Gar finkel and Ethnomethokology*，Cambridge；Polity Press，1984，p. 108，转引自吕炳强：《凝视与社会行动》，《社会学研究》2000 年第 3 期。

② 参见吕炳强：《凝视与社会行动》，《社会学研究》2000 年第 3 期。

③ See J. Heritage，*Garfinkel and Ethnomethokology*，Cambrdge，Polity Press，1984，p. 109.

④ See J. Heritage，*Garfinkel and Ethnomethokology*，Cambrdge，Polity Press，1984，p. 180.

性，正如他自己所说："日常生活中最平凡的活动，我给予它们的注意，而通常社会学家只给予不寻常的事件。"① 对日常生活的倾心，对偶然情境的关注，成为常人方法学的与众不同之处。但同时也正因为太过张扬，后来备受批评，被认为是意义不重大的琐碎小事，本来不值一提，却被常人方法学添枝加叶。在有关社会规范的运作上，加芬克尔与帕森斯并没有走多远，加芬克尔如此说："恰如自明之理，社会学探讨接受个人'理性地'行动的能力以及该能力依靠艺人能够把社会秩序的长长一系列的特征视为当然，并加以依赖。"②"这些被依赖的、被视为当然的背景特征，即'理性地'得以容身在其中的处境的例行面貌，在通常论述中被指为风土和人情。"③

对于上述理论，吉登斯批评他们都过于贬低行为者实际拥有的认识能力。④ 区别于古典社会学家的自然科学范式与常人方法学取向，吉登斯提出了"结构二重性"理论。"二重性"（duality）是相对"二元主义"（dualism）而言的，因为在吉登斯看来，以往的社会理论都带有明显的二元主义倾向，如客体主义（objectivism）和主体主义（subjectvism）的区分。"从这一角度来说，社会理论中的客体主义（objectivism）和主体主义（subjectvism）这一牢固确立的二元区分，就具有极其重要的意涵。"吉登斯的努力在于打破二元主义，他指出："我们必须从概念上

---

① H. Garfinkel, *studies in Ethnomethodlogy*, Englewood Cliff, New Jersey, Prentici Hall, 1967. p. 1.

② J. Heritage, *Garfinkel and Ethnomethokology*, Cambridge, Polity Press, 1984, p. 173.

③ J. Heritage, *Garfinkel and Ethnomethokology*, Cambridge, Polity Press, 1984, p. 173.

④ ［英］安东尼·吉登斯：《社会的构成——结构化理论大纲》，李康、李猛译，生活·读书·新知三联书店1998年版，第53页。

把这种二元主义（dualism）重新构建某种二重性（duality），即结构的二重性，这一假设正是结构化理论的基础。”①

②社会行为。

在吉登斯看来，他提出这样一些论述，是基于以往有这样一些倾向：在客体主义整体论的社会学看来，个人只不过是社会关系的载体或“文化的沉淀物”；与此相反，主体主义例如解释的或主观的社会学则认为，社会生活是由自觉主体的有目的的活动构成的。

一方面，在吉登斯眼里，整体论者在注重社会结构、制度、整体对个人及其行为的限制或制约的时候，轻看了行动与行动主体的意义和作用。他们宣称，社会整体的自生性特征，不仅不同于其个体成员的种种特点，而且社会还因为这些整体特征而限定了个人的行为。这一点可以明显地从涂尔干早期所著的《社会学方法规则》中找到例证。涂尔干一再强调，社会整体的特征有别于个别行为者的个性，而社会也因此是外在于它的个别成员的：每个人都是被投放到业已建构起来了的社会中去的，他或她仅仅是包含着无数他人的社会整体中的一分子。吉登斯指出，这里有两个错误：一是将社会性制约理解为物理性制约，二是把制约性本身视为社会或制度的标准尺度。尽管涂尔干后期意识到并且强调了社会事实的伦理性本质因而对其制约概念有所修正，但无论是早期还是后期，涂尔干在其著作中没能对社会的客观或外在与个人的特征给予令人信服的论证，而仅仅是将所谓的外在性与对个人的限制联系在一起。在帕森斯关于行为的框架中，舞台是预设好的，行为者并不是具有理解力和

① ［英］安东尼·吉登斯：《社会的构成——结构化理论大纲》，李康、李猛译，生活·读书·新知三联书店 1998 年版，第 39～40 页。某些概念译文，本书引者有所改动。

技能的主体，相反他们不过是像演员一样按照事先为他们写好的剧本表演而已。帕森斯的早期著作《社会行为的结构》曾特意想在方法上把某种"自愿"原则或框架结合进自己的理论中去，这一原则在他那时看来是内在于韦伯的方法的。但在其代表作《社会系统》及以后的著述中，帕森斯却将自愿原则等同于人格社会化过程中的价值内化，等同于心理动机。主体的行为自由被还原为人格的"需要倾向"。在行为者的范围内，实际上已经没有主体的创造力可言，帕森斯的社会系统论最终还是一种决定论。

另一方面，吉登斯批评主观社会学在强调主体及其行为的目的和动机的时候，又往往忽略了对之作制度性或结构性的分析。宽泛地说，专注于研究行为的种种社会学哲学理论很少（甚至几乎不能够）注意对社会的变迁作出结构性的或因果性的说明与解释，这里没能将行为理论同制度型转变这一难题联系起来。这一点十分明显地体现在维特根施坦学派的关于行为的哲学之中。尽管维特根施坦的后期哲学在语言与社会的关系方面有了极大的转变，也就是说，维特根施坦从其早期对自然的考虑转变为其后期对社会的关注，从而使语言与社会习俗不可分割地联系了起来，但是制度仍然仅仅是作为行为得以完成和意义得到体现的交互背景而被认识的。维特根施坦哲学并未能引起对社会变迁与社会冲突以及权力关系的关注和理解。如果更严格地限制在所谓标准的社会学范围以内，则可以发现，把社会生活看成是有目的性有理解力的行为主题的积极作为，首推符号互动论。米德在论述意识的社会起源时，将"社会"限制在自我与他人范围以内，却没有阐明一种关于分化了的社会的观念，也没有对社会转变作出说明。推而广之，现象学、本土方法论和后维特根施坦哲学都只是试图说明作为意义而非作为实践的行为，没能对制度转变这一难题提出什么见地来。

吉登斯指出，试图仅仅简单地将上述对立着的两极凑在一起是无济于事的。为了解决这问题，应该有一种新的建立在实践（Praxis）基础上的行为理论。

吉登斯把行为（Action，Agency）看作是在现实世界不断发生的事件过程中躯体存在所作的一系列包含一定原因的干预或"介入"。换句话说，行为指的是一连串的行为过程。需要说明的是，首先，行为作为主体的活动，其所包含的对潜在的具有可塑性的客观世界的介入，是直接同实践概念联系在一起的；其次，行为所具有的一大特征，是行为者在任何时候都"本来是可以以另外的方式行为的"，即或者是以积极主动的方式或者是被动忍耐的方式介入到不断发生的各种事件过程中去；最后，由不断发生的事件所构成的世界因此并不具有一个确定的未来。

吉登斯认为，行为并不是互不联系的单个行为（Acts）的总和，也不能离开躯体存在去讨论它。他提出了一种主体分层模型，其基本内容包括三个层面：第一，对行为的反射性调节，这是日常行为的一个基本特征，它意味着，行为者不但总是不断试图认识自己的种种活动（Activities），并期望知道别人对自己的这些活动是如何反映的，而且，他们也总是惯常性地力求了解自己得以在其中活动的社会与物质环境；第二，行为的合理化过程，指行为者惯常性地或不间断地保持对自己活动的各种环境条件的理论性领悟，这是测定行为者日常行为能力的主要标准，亦即是说，在一般情况下，如果需要，行为者是能够对自己或对别人解释他们所从事的绝大多数活动的；第三，行为的动力，即促使行为得以发生的动因，与对行为的反射性调节或行为的合理化过程不同，行为的动力并不直接与行为的连续性相连，它是潜在于行为的，或者，用舒茨的话说，它是对行为的"规划"。

吉登斯反复强调，人作为有理解能力的行为主体，一方面，对自己及在其中行为的世界，是知之甚多的；另一方面，在行为者多少能够有条理地说出自己行为的意图和原因时，却并不一定能说出自己行为的动机来。人类行为有"无意识动机"，但对于结构化理论而言，"实践意识"是更为根本的，人对自己在其中行为的世界的了解，主要是在实践意识层面上，即他们尽管知道却并不能清晰而系统地表述出来。①

由吉登斯的论述可见，他对行为的概念，总是将之与能动、使动概念一起使用。在《社会的构成——结构化理论大纲》一书中，吉登斯用了大量篇幅来论述行为者的认知能力。行为者具有"反思性监控"（reflexie monitoring of action）的内在特性，即对自己行为的意图以及他人对此的反映具有清晰的认识，并根据情境对自己的行为做出适应性改变。吉登斯说："作为能动者或行为者——我交替使用这两个术语——的人在行事时有能力理解他们的所为之事，这是他们……的内在特征。社会活动的具体情境有一个特点，就是人类行为者的反思能够始终贯穿于日常行为流中。"②

在这个意义上，吉登斯提出了日常社会生活"例行化"（routinization）的概念，指谓纷繁复杂的整个社会生活活动的习惯性、不言而喻性。正是由于例行化，某种信任或本体性安全（ontological security）的感觉得以维持。而同时，"例行化"又是与对行为的"反思性监控"交织在一起的。

与功能主义与结构主义对结构的理解相区别，吉登斯对结构的理解广泛借鉴了现象学和解释学以及符号互动论研究的成

① 苏国勋编：《当代西方著名哲学家评传》（第10卷），黄平撰：《吉登斯》，山东人民出版社1996年版，第517～520页。

② ［英］安东尼·吉登斯：《社会的构成——结构化理论大纲》，李康、李猛译，生活·读书·新知三联书店1998年版，第42页。（译文略有改动）。

果，从结构与行为的关系来定义结构。作为一系列中介性的规则和资源，结构并非某种具体的实在性，它不具有时空存在的形式，而是一种“主体不在场”的“虚拟秩序”和表现在社会系统中的“结构性特征”（structural property）[①]。只有在实践中，结构才能得到显现，它是实践的中介，也是实践的后果。

在对“行为/行为者”以及结构的理解上，吉登斯雄心勃勃地企图对行为与结构进行糅合，他的结论就是“结构二重性”（duality of structure）。如前所说，他所谓的“结构二重性”，强调结构同时作为自身反复组织起来的行动的中介与结果：社会系统的结构性特征，是反复不断地卷入行为的生产与再生产。“相对个人而言，结构并不是什么‘外在之物’：从某种特定的意义上来说，结构作为记忆痕迹，具体体现在各种社会实践中，‘内在于’人的活动，而不像迪尔凯姆（即涂尔干——引者注）所说的是‘外在’的。”[②] 吉登斯经常使用的概念是“例行化”“情境”“在场”“在场可得性”“区域化”“定位”“时空延伸”“结构性”等，试图在微观世界和宏观世界之间架构桥梁。

与涂尔干、帕森斯不同，吉登斯更多的是在使动性和制约性双重意义上使用结构概念。他说，“我想再次明确地提出这条原理：社会系统的所有结构性特征，都兼具制约性与使动性”[③]。有人批评吉登斯过于强调使动性而未能充分考虑制约性的一面。卡尔斯坦说：“吉登斯的范式有一个显著的缺陷，就是过于强调结构的使动性的一面，而未能充分考虑制约性的一面……可以

---

① 肖瑛：《回到“社会的”社会学》，《社会》2006 年第 5 期。

② ［英］安东尼·吉登斯：《社会的构成——结构化理论大纲》，李康、李猛译，生活·读书·新知三联书店 1998 年版，第 89 页。

③ ［英］安东尼·吉登斯：《社会的构成——结构化理论大纲》，李康、李猛译，生活·读书·新知三联书店 1998 年版，第 281 页。

肯定的是，结构必然同时也为着对社会系统（社会环境系统）的编译及权宜性施加限制。"[①] 又有人讲，虽然吉登斯在将结构二元论转化为结构二重性的过程中，试图从时空关系的角度调和使动与制约的矛盾，但他把所有的分析全建立在单位行为的结构上。实际上，结构化理论的建构，最终还是回到了能动者能动作用的单个端点上，依然无法达到"沟通"，这里缺少的似乎是一个必备的中间环节。[②]

人们评论说，吉登斯和布迪厄的问题意识惊人的相似，都试图突破社会学理论中一系列二元对立的概念，吉登斯所使用的方式即如他自己所言的要用"二重性的观念"取代"二元论的观念"。吉登斯曾如此解释他的"二重性的观念"："结构二重性原理是结构化理念的关键，前者的逻辑在上文论点中已有所体现。行动和结构二者的构成过程并不是彼此独立的两个既定现象系列，即某种二元论，而是体现着一种二重性。在结构二重性观点看来社会系统的结构性特征对于它们反复组织起来的实践活动来说，既是后者的中介，又是它的结果。相对个人而言，结构并不是什么'外在之物'：从某种特定的意义上来说，结构作为记忆痕迹，具体体现在各种社会实践中，'内在于'人的活动，而不像迪尔凯姆（即涂尔干——引着）所说的是'外在'的。不应将结构等同于制约。相反，结构总是同时具有制约性与使动性。"[③]"结构化理论从二重性的概念出发，重新理解

① ［英］安东尼·吉登斯：《社会的构成——结构化理论大纲》，李康、李猛译，生活·读书·新知三联书店 1998 年版，第 271～272 页。

② 参见渠敬东：《缺席与断裂》，上海人民出版社 1999 年版，第 265 页。

③ ［英］安东尼·吉登斯：《社会的构成——结构化理论大纲》，李康、李猛译，生活·读书·新知三联书店 1998 年版，第 89～90 页。同时可参见吉登斯：《社会学方法的新规则》，田佑、刘江涛译，社会科文献出版社 2003 年版，第 271～280 页。

了一系列对于其他社会思想流派而言至为根本的二元论或二元对立，尤其是'个体'与'社会'。这一堆二元理念，被重新构建为能动作用与结构的二重性观念。"①

吉登斯对结构二重性所下的定义是：社会结构既由人能动地构成，同时也正是这一构成的媒介。② 吉登斯所侧重的是对社会结构和能动性之间的相互构成过程的分析，结构二重性中结构作为构成的媒介，对于能动性而言也是如此；亦即是说，结构二重性其实可以和能动性二重性同时存在，甚至是同义语。

吉登斯分析的起点，是行为与行为者，是在微观层面上行为者之间构成的互动。他说："在结构化理论看来，社会科学研究的主要领域既不是个体行为者的经验，也不是任何形式的社会总体的存在，而是在时空向度上得到有序安排的各种社会实践。"③ 关于这种互动，吉登斯试图在人类学的意义上对之进行分析，并进而过渡到宏观社会结构的分析。但这里的行为、行为者都具有十分明确能动作用的意涵，强调社会行为者在日常行为中表现出技能和资格能力（即有能力表现出作为社会成员理应具备的机能），以及对行为过程的反思性监控。④ 有人评论说，在吉登斯那里，社会活动是循环往复的，是持续不断的，不能单独地谈论人的理性、动机、意图（这导致对行为过程的一种割裂），而是要结合行为的背景框架凸显出行为的"流"。

---

① ［英］安东尼·吉登斯：《社会的构成——结构化理论大纲》，李康、李猛译，生活·读书·新知三联书店1998年版，第263页。

② See Giddens, Anthony, New Rules of Sociological Method, Cambridge, Polity Press, 1993, pp. 128—129.

③ ［英］安东尼·吉登斯：《社会的构成——结构化理论大纲》，李康、李猛译，生活·读书·新知三联书店1998年版，第61页。

④ 参见杨善华：《当代西方社会学理论》，北京大学出版社1999年版，第222～223页。

这样一种分析方法，无疑受到埃利亚斯过程论分析的影响。

所谓对行为的反思性监控，吉登斯指的是在行为者的活动流中所体现出来的人的行为的目的性或意图性。这种目的性或意图性，更多的是在一种实践意识的层面来理解的，而无须诉诸话语意识。并且，这里所指的行为的目的性和意图性，并不等于说它由一系列单个分离的意图、动机或理由所组成。反思性的基础，恰恰在于人们对这种行为流始终保持着监控，也期待别人会始终保持着同样的监控。换言之，即具有资格能力的行为者在行为的过程中始终保持着"通晓"行为根据的能力，当被问及时，能够不太困难地提供自身活动的理由。①

正是在此基础上，吉登斯进一步指出，人的有意图的行为完全有可能产生预期之外的意外后果（unintended consequence）。吉登斯努力向人们表明，人的有意图的行为始终受到预期之外的后果和未被认识到的行为条件的制约。②

③社会行为与无意识、实践意识、话语意识。

吉登斯重视指出，社会行为并非总是在可以意识和必须言说理由的层次上进行的。就此，吉登斯区分了三个意识层面：无意识（unconsciouness）、实践意识（practical consciousness）和话语意识（discursive consciousness）。他认为，绝大多数的反思性监控发生在实践意义的层面上，而反思性监控向话语意识"上升"的"瞬间"基本上是出自对外界挑战的回应，此称为紧要关头或紧要情境（critical moment/situation）。这又涉及本体性安全（ontological security）、信任（trust）、惯例（rou-

① 参见杨善华：《当代西方学社会学理论》，北京大学出版社1999年版，第233页。

② 参见杨善华：《当代西方学社会学理论》，北京大学出版社1999年版，第224页。

tine）或例行化（routinization）等观念。[①] 因为多数社会行为是在实践意识的层次上进行的，把握好这一层次才能够很好地理解吉登斯对“结构”一词的界定。在吉登斯那里，结构是作为记忆痕迹而产生作用的，这记忆痕迹主要指实践意识。[②] “吉登斯把人们头脑中结构观念称为‘记忆痕迹’，其用意在于强调支配人们社会行为的结构观念，不是传统认识论所称的逻辑思维，不是用语言表达出来的概念、判断，而是在日常生活实践中日积月累而形成的闭关性的实践意识。”有学者指出，当代社会理论对行为的理解，始终是从韦伯的行为含义上发出的，并且越来越强调行为所具有的“意向性”以及“身体特性”。这趋向于一种“常人技巧”意义上的分析。

吉登斯认为，以一个个普普通通的工作日为代表的现代生活，是一种典型的例行化生活，鲜明地体现出周而复始的特性。在例行化的日常行动中，人们是无须动机的，或者更准确地说，是无须明确地以话语的形式来思考乃至表述自己的动机的。吉登斯认为，这种例行化的状态符合人类的某种原始的再生产、对社会生活的制度化形式的构成至关重要，而且对行动者构成并维持健全的人格机制、维护自我认同起着显著作用。

在吉登斯的结构化理论中，社会互动包括意义、规范和权力三个要素，行为相应地同时具有沟通、规范和转化三种特性。吉登斯建立了一个关于社会系统的图式：

① 参见杨善华：《当代西方学社会学理论》，北京大学出版社 1999 年版，第 224～225 页。

② 刘少杰主编：《当代国外社会学理论》，中国人民大学出版社 2009 年版，第 408 页。

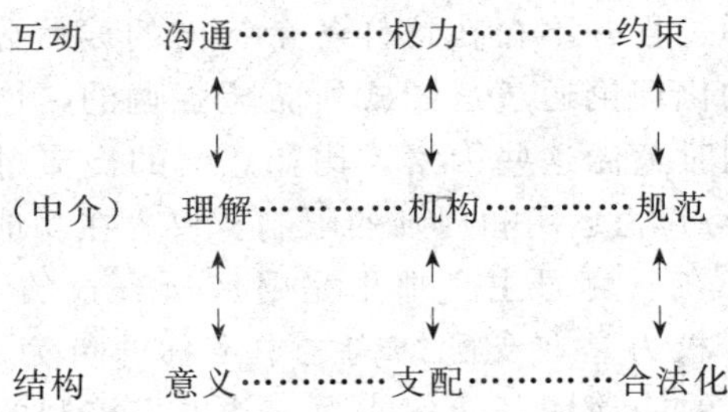

吉登斯意在说明：首先，在互动过程中，行为者彼此交流，意义的沟通是至为关键的，互动离不开符号层面的意义框架，而所谓行事的"资格能力"，也更多的是在意义的框架中被界定的。行为者彼此交流着意义，各自通过利用在相当程度上可以相互理解的意义框架，实现沟通的目的，在结构的层面上体现为符号秩序。其次，行为者的日常互动无不体现出权力的作用，并以各种机构为中介来保证获得某种特定的后果，在结构层面上体现为支配机制。这里的权力，是一个非常宽泛的概念，它主要是指行为者的一种变通能力，一种对互动进程的把握和转化能力。"我们说有能力'换一种方式行事'，就是说能够介入、干预这个世界，或是能够摆脱这种干预，同时产生影响事件的特定过程或事态的效果……个体有能力'改变'既定事态或事件过程，这种能力正是行动的基础"①。最后，以规范为媒介，行动者在互动中彼此施加一定的约束，而这些规范在结构的层面上体现为具有道德意涵的强制性规则，从而通过合法化的过程成为合法性的象征。②

当然，在吉登斯那里，这样的图式只是一种分析手段。社

① ［英］安东尼·吉登斯：《社会的构成——结构化理论大纲》，李康、李猛译，生活·读书·新知三联书店 1998 年版，第 77 页。

② 刘少杰主编：《当代国外社会学理论》，中国人民大学出版社 2009 年版，第 225～229 页。

会实践的实际过程并不存在这样各个维度的截然分开。在吉登斯看来，结构化理论通过这图式所希望强调的，恰恰是所有的社会实践都同时蕴涵这些因素，比如意义的交流过程即包含有（有意无意的）权力运用和规则的限制。权力在功能主义那里是系统的产物，在马克思主义那里是财产所有权的结果与原因，而吉登斯认为权力是在支配结构之中声称的行为的普遍性质。他坚持突出人的能动性和转化能力，并提出控制的“辩证关系(dialectic of control)”，意思是说，在社会系统中的权力的强势方无论多么强大，只要仍然停留在权力关系之中，就会在某个方面受制于权力的强势方。通过这些关系，社会行为者利用并再生产出支配的结构特征。图式中的结构化的中介，是主体在互动的过程之中创造活提炼出来的结构性的产物，同时又成为互动系统的结构性要素再生产的条件与中介。而这里的结构性产物不是别的，就是一系列的规则（rule）和资源（resource）。日常互动的进行、权力关系的构成都体现出对资源和规则的利用。

人们评论说，吉登斯在界说规则的时候，避免从抽象的语言学角度界定，而是强调要结合社会历史发展的具体背景，在实践中理解规则的内涵和作用。规则与实践相互依存，共同参与构成社会过程。它时常在实践过程中体现为暗含的、不言而喻的影响因素。吉登斯认为，规则不仅仅只是规定人们应该如何去适当地行事，它们更是时间的生产与再生产的条件与中介。也可以说，规则并不只是冷冰冰的否定性禁令或限制，而是可资利用的建构性因素。至于资源，结构化理论区分出配置性资源和权威性资源。配置性资源（allocative resources）指的是权力实施过程中所使用的物质资源，包括自然环境以及各种人工制成品，其源泉是人类对自然界的支配；而权威性资源（authoritative resources）则是指在权力实施的中的非物质性资源，其源泉是一些人相对于另一些人的支配地位。结构化理论中的资源更为强调的是作为一种能力的特性。

吉登斯专门强调了作为社会实践显著特征的谈话和意义的协商背后所具有的规则，在此过程中，他没仅仅停留在对"意图"的分析上，而是引出"共同知识"，并揭示了在运用意义框架的过程中所蕴涵的权力因素。不仅如此，他在分析共同知识的交流和在新情境中的适应时，还引入了时间与空间方面的关联（作为记忆的技术手段），这就大大扩展了日常互动的分析范围。同时，在权力的映照下，对资源的利用能力和方式自然而然地进入了分析视野。这里值得一提的是，行为中含有规则的设定，与结构化理论对以往理论中所设定的共识状态的拒弃立场是可以协调在一起的。忽视实践之中规则的再生产，就无法确定特存的结构性特征是如何生成和维持的。反过来，无视结构性特征，也就无法确定行动者再生产这类规则所要求的条件。

吉登斯区分了系统（system）和结构（structure）。社会系统是由通过时空再生产出来的行动者或集合体之间的各种关系构成的。与以往有机体比拟的系统观不同的是，结构化理论中的系统虽然表现为一些模式化的关系，但始终是由一些具有具体的情境定位的实践活动所构成的，而且各个社会系统之间"系统性"的程度差异甚远，不具有物质系统或生物系统的那种高度的内在统一性。至于结构，指的是循环反复地卷入社会系统的生产和再生产，包括各种规则与资源。吉登斯强调指出，结构化理论中的结构既不是外在于行为或行动者的实存的东西，也不只是互动的模式或系统，它作为记忆痕迹、作为人类认知能的生物基础而存在，具体体现在行为实践之中。正是由于结构的存在，时间与空间得以在社会系统中结合在一起，各种具有相当相似性的社会实践也有可能跨越不同的时间和空间而出现，并表现为系统的形式。换句话说，我们可以认为系统是被规则和资源"结构起来了的"（structured）模式化社会关系形式。系统本身并不是结构，它只是具有结构。

在结构域系统之外，吉登斯对另一个相当常见的"宏观"社会学概念——"制度"（institution）也进行了重新界定。制度是社会中跨越实践的互动系统。在吉登斯那里，结构化理论里所谓的制度，指的是深入而持久地嵌入时间与空间，并通过规则与资源建构社会系统的持续性的实践活动。他根据上述对互动与结构的图式，对制度也进行了类似的分类。

吉登斯对制度的分类

结构	理论	制度
意义—支配—合法化	符号理论	符号秩序/话语形态
权威性支配—意义—合法化	权威资源论	政治制度
配置性支配—意义—合法化	配置资源论	经济制度
合法化—支配—意义	强制规则论	法律制度/约制模式

从《社会学方法新规》以来，吉登斯在解说结构的时候，一直使用语言类比，当然，他逐渐使自己避免纯粹的语言类比，不简单地提出社会就像语言，但始终认为结构与行为的关系就像语言（language）与言说（speech）的关系。言语的发生有着特定的时间和空间背景，是发言的人在与别人共同在场的前提下对他人的一种具体行为。而语言则是超出具体时空限定的。与此类似，结构的存在是"似有其事"（uirtual）的转瞬即逝，似有还无，只是一种在实质上发挥作用的存在。

吉登斯把结构落实到一系列的规则和资源来分析。这里所说的"系列"，指的是社会系统的一些特性被不断地再生产出来，形成一些比较模式化的转化关系和中介关系。我们在考察各种社会总体的时候，可以在转化关系和中介关系的大量具体表现当中，提取出一些结构性原则（structural principles），或者说是基本的组织原则，即某个或某类社会中制度的总体安排所蕴含的因素。而结构性特征（structural properties），指的则是社会系统中跨域时空延展开来的结构起来的特征，尤其是制度化了的特征。

作为吉登斯结构化理论标志性概念的结构二重性，本身就鲜明地体现出社会实践循环反复的特征。对于构成社会系统的实践活动来说，结构既是它的媒介，又是它不断生成的产物。而结构化（structuration）便是社会关系凭借结构二重性，跨越时空而不断形成结构的过程。社会互动每时每刻都同时体现出循环和创生的特征。具有认知能力的社会行为者在互动中权宜性（contingent）地展现出自己的技能和成就，而社会系统又通过时间和空间不断地被再生产出来，结构二重性就是把这两种过程联系在一起。因此吉登斯提出，研究社会系统的结构化，就是研究它维续、变迁或解体的各种条件状况。结构化理论强调社会再生产，并不是强调稳定不变，而是要注意二重性，注意到社会系统在时空中的构成过程，每一个时刻都蕴含着变迁。

吉登斯从其早期著作就强调结构二重性，把它作为理解社会行为与结构的核心概念，后来又引出系统的结构性特征和结构性原则，以及作为社会互动连接方式的社会系统。在对社会系统的分析时，吉登斯经常由时空观念，通过分析控制与权力的关系来揭示政治组织形式的构成，从而突破了在分析控制与权力的关系时限于具体交往中的反映的路数。①

（4）①吉登斯特别提出对于"社会系统时空构成"加以研究的重要性。这开了"时空社会学"的先河。

① 杨善华、谢立中主编：《西方社会学理论》（下卷），北京大学出版社 2006 年版，第 98～99 页。

在吉登斯看来，如果说社会行为理论离不开对人类社会互动的阐释，那么，从人类的互动出发，推演社会理论，就是一个合乎逻辑的过程。在《历史唯物主义的当代评论》一书中，吉登斯写道："一切社会互动都是由各种社会实践组成的，存在于'时间—空间'，并由人的力量以一种熟练和有见识的方式来组织。"[①] 因而，吉登斯呼吁将时间性与空间性注入于社会理论的核心，将结构化理论结合并包括于"时间—空间"的各种关系之中。正如吉登斯所说的，初始的互动是在具体的情境中展开的，存在着交往的时间与空间，时间与空间同时也构成互动情境因素，随之也就成为互动的一个不可分开的部分。转瞬即逝的时间与看似不变的空间在互动中可以得到转化，也就是说，时间与空间被行为者利用来达成行为的效果与目的。并且，在时间与空间中，负载着两者的是行为者的行为本身，因此，时间与空间就具有了活动的能力与变通的趋势。

进而吉登斯又强调，所有的行为都是身体的运动，而所有的初始互动也都是有身体参与的行为，从具体的互动出发的研究，首先面对的问题是身体与空间的交错关系。"身体是行动中自我的中心，并且在时空中有它具体定位。对身体的这种关注，是贯穿我们分析和探讨的所有材料的关键主题。"[②] 典型的身体参与的互动是共同在场的互动，"共同在场的社会特征以身体的空间性为基础，同时面向他人及经验中的自我"[③]。在吉登斯之前，对共同在场进行深入研究的是戈夫曼，尤其是对"脸面"

---

① ［美］爱德华·W. 苏贾：《后现代地理学》，商务印书馆2004年版，第216页。

② ［英］吉登斯：《社会的构成——结构化理论大纲》，李康、李猛译，生活·读书·新知三联书店1998年版，第109页。

③ ［英］吉登斯：《社会的构成——结构化理论大纲》，李康、李猛译，生活·读书·新知三联书店1998年版，第138页。

的研究，十分精彩。但吉登斯认为，最有说服力的研究要算得上梅洛一庞蒂。梅洛一庞蒂指出，身体并不像物质客体那样占据着时空，这是因为，身体是行动者在行动中的核心，也是自觉意识的核心；同时，以身体为核心的这种在场时空关联，并非只是简单的"位置空间性"，而是一种"情境空间性"。这里，意思是指，身体的具体存在不是单纯的位置所在，而是积极地面向具体目的与任务的存在。① 戈夫曼对共同在场的理解是这样的：共同在场是以身体的感知和沟通方面各种模态为基础的。这其中有着两个相关性的主题，一是如何对身体进行控制，二是"脸面"的普遍影响。吉登斯指出，在戈夫曼的分析中缺乏的是对行为的动机的详细分析，从而不能觉察到行为的能动性的一面。显然，要确认的是，有身体参与的也就是共同在场的互动。在此基础上，要说到跨越时空的互动形式与机制。

吉登斯理论分析的出发点是日常生活的例行化倾向。例行化是生活的常态，在日常生活的循环往复中，结构存在于其中，并发挥作用。结构是在互动中形成的，反过来又制约着行为。而生活是具有空间性的，可以这样来概括例行化生活的空间性："存在着明白易懂的生活世界，始终是并且处处是由社会创造的充满节点的各个区域的一种多层面体系组成的，即一种既有区别又有层次的有组织的各种场所的结构。"② 这里表明，例行化的生活是在具体的空间中进行的活动，也是身体参与其中的互动。所有复杂的组织形式，都离不开对反复的例行化生活的考察。

---

① 参见［英］吉登斯：《社会的构成——结构化理论大纲》，李康、李猛译，生活·读书·新知三联书店1998年版，第139页。

② ［美］爱德华·W. 苏贾：《后现代地理学》，王文斌译，商务印书馆2004年版，第226页。

吉登斯讲，在行为之中，任何行动都经历了“定位过程”，都有着各自的时空路径，定位过程不是私人性的，而是社会性的。其中就包括在各种位置上的社会定位等。在各自运动的时空路径中，面对各不相同的空间形态，行为者的定位对于行为的继续是至关重要的。吉登斯认为，定位过程并不与“角色”概念相雷同。关键在于，“角色”概念是一个有着一定制约意义的概念，缺乏相应的主动性，也就不能发现行为者面对各种位置时的定位过程。因为，在日常的时空路径中，时间与空间同时构成了行为的情境，适应各种情境，是行为得以进行下去的前提。

吉登斯又讲，面对面的互动是在具体的场所中进行的，所谓场所，不能等同于位置概念，它所指称的是利用空间来为互动提供各种场景，反过来，互动的场景又是限定互动的情境性的重要因素。[①] 在吉登斯的结构化理论中，“场所”与“在场可得性”是两个十分重要的概念。场所可以用物质的一些特征来加以描述，但又不能仅仅止于此，因为物质的描述还构不成场所所具有的情境性特征，这些情境性特征是由行动着的人来加以定义的，也是物质的描述所不能涵盖的内容。在场可得性是一个由场所引申出来的概念，指的是身体不在场时与身体在场时互动的同样的效果，这主要是由于现代媒介的发达所导致的一个后果。行为与行为者的一个显著特征，或者说能动性，是指区别于物质环境的客观性，在互动的空间语境中，也就是在特定的互动的场所中，场所被区域化了。区域化是吉登斯在关注互动的情境时的一个至关重要的概念，也是使得场所区别于位置的一个重要因素。区域化是指在互动的场所中，对空间进

① ［英］安东尼·吉登斯：《社会的构成——结构化理论大纲》，李康、李猛译，生活·读书·新知三联书店 1998 年版，第 205 页。

行的分区与细化。具体到个体行为者而言，典型的区域化方式有家居设计、前台与后台的区分、工作时间与空间的划分、暴露与自我的分别等。在当代社会中，最具有普遍意义的区域化可能就是城市化的进程了，城市化的方方面面与个人的区域化行为有着千丝万缕的联系，同属于对空间的利用与筹划、对空间的改造与变动。

在吉登斯看来，结构化理论是以日常生活的例行化特征为基础而建构出来的理论形态，日常生活的例行化才是生活的本真面目。但是，生活的循环往复的例行化，并不意味着安全的受制约与被动状态。这里一方面是因为在日常生活的例行化中蕴含着结构性的原则；另一方面，吉登斯认为，也正是基于这些结构性的原则，在具体的有限的时空范围中的互动可以得到延伸。不管社会组织何等复杂，也不管互动的规模与程度有多么大，作为社会行为理论出发点的还应该是共同在场的互动，也就是在具体的时空中进行的互动形式。只有这样，才能过渡到对跨越时空的组织形式与互动的考察。其原因在于，共同在场的互动中包含着复杂的结构性原则与系统整合的可能性。"在结构化理论看来，社会科学研究的主要领域既不是个体行动者的经验，也不是任何形式的社会总体的存在，而是在时空向度上得到有序安排的各种社会实践。"① 吉登斯极力强调，研究共同在场互动的原因还可以有以下这些：首先，在特定的时间—空间中，场所构成了互动的情境因素，因而也就成为互动的不可分离的一部分，这样的互动才是人类真正形成的互动，因为它包含着理解的因子，也包含着客观的因子。其次，空间在这里扮演了一个重要的角色，空间被行动者加以充分利用，这一

① ［英］安东尼·吉登斯：《社会的构成——结构化理论大纲》，李康、李猛译，生活·读书·新知三联书店 1998 年版，第 61 页。

方面指称行动者的使动性，同时也积极地改变了空间在研究者头脑中固有的形象，使得空间成为互动的一部分，并且是不可或缺的部分，构成互动本身。吉登斯强调，当然，最重要的，在对空间的分析中，要将时间与空间表述为社会理论的核心，就需要将时间与空间真正运用于社会理论，成为社会理论的核心。在这里，如何从具体场所的互动过渡到跨越时空的互动成了社会理论的任务。

吉登斯针对初始互动，即就共同在场的互动形式，作出论述，同时又指出，这并不是社会科学任务所在。按照吉登斯的理解，真正的任务是，揭示分布在时间与空间中的互动如何可能跨越具体的时间与空间限制而形成互动，也就是形成社会系统。就实质来说，《社会的构成——结构化理论大纲》一书论述的正是这点。吉登斯说道："在这里，秩序问题应被看成是时间—空间延伸（time—space distanciation）的问题，即在什么条件下时间和空间被组织起来，并连接在场和缺场。"①

对于吉登斯的理论见解来说，问题在于，或者说社会理论的核心问题在于，揭示出时空延伸的可能性与具体的路径，换句话，这也就是，一个社会系统如何得以形成的问题。这个问题具有历史性，吉登斯首先从历时的角度对这个问题作出阐释。拿现代社会来说，民族国家有着明确的边界，所有的社会都被一些纽带联系，交织在一起，这些纽带联系贯穿于国家的社会政治体系和民族"文化"秩序之中。然而，没有一个前现代社会像现代社会这样，有如此明确的边界。② 这里需要说明的问题

---

① ［英］安东尼·吉登斯：《现代性的后果》，田禾译，译林出版社2000年版，第12页。

② ［英］安东尼·吉登斯：《现代性的后果》，田禾译，译林出版社2000年版，第12页。

是，现代社会的时空延伸是如何实现的？前现代社会如何向现代社会进行过渡？

吉登斯认为，在历史的视野中，存在着有明显区别的三种社会类型：部落社会、阶级分化的社会与阶级社会。区分这三种社会类型的依据主要是以空间的延伸程度来衡量的。吉登斯为分析这三种社会类型，提出这样几个概念，即社会整合、系统整合与结构性原则。社会整合是指行为者在共同在场的情况下所进行的实践活动的交互性，可以理解为日常接触的各种连续与断裂[①]；社会整合是一种共同在场情境下的系统性，与面对面的互动相关联。系统整合是指跨越广泛时空、外在于共同在场条件的不同行为者和集合体之间的交互性。如果从整合的角度来看待社会类型问题，那么也可以说时空延伸的问题也就是有关于社会整合与系统整合交替的问题。

问题是，社会整合与系统整合是怎样关联在一起的。这里就涉及吉登斯所提出的"结构性原则"这一概念了。吉登斯强调，结构性特征并不是如同结构社会学家所说的那样，仅仅理解为是无情的因果形式，或者是被动的制约结果。在吉登斯的结构化理论中，结构性原则体现出来的是一种"辩证的制约性"，也就是说在对行为者产生制约性效果的同时，行为者的能动性也在发挥作用。并且，所谓的结构化理论，大意就是指行为者在互动中形成了结构性，而这种结构性也会返回到互动之中，产生制约效应。因而，在这里，吉登斯理解的结构性原则可以这样来表达：它是某种组织过程的原则，该过程以社会方

① 参见［英］安东尼·吉登斯：《社会的构成——结构化理论大纲》，李康、李猛译，生活·读书·新知三联书店1998年版，第525页。

面一定的整合机制为基础，产生相当持久的时空延伸形式。[①] 有研究者提示人们对此应这样理解：这里，在共同在场的互动中，就蕴含着结构性原则本身，而这种结构性原则本身会产生时空延伸的可能性与必然性，从而使社会整合过渡到跨越时空的系统性的整合阶段。[②]

吉登斯的概括，在结构化理论的基础上，涉及了整个人类社会历史变迁过程中的各种社会制度维度，并以民族国家的兴起为中轴，集中探讨了西欧现代性的形成。而他分析的总体途径，就是结合权力的生成，考察社会系统之中的时空关联（articulation）。

吉登斯指出，在对社会系统的结构化进行分析时，时间性（temporality）是个很重要的方面。结构化理论中的时间性有三个维度，或者说，结构化理论中的每一个时点，都是三重时间的综合体现，各自反映了社会互动的或然性（权宜性）特征的不同方面：一是社会行为者（带有权宜性）完成的互动的即时环节，这方面借鉴了柏格森和舒茨的思路；二是作为有生命的人类有机体的存在，这是一种注定通向死亡的带有反思性的存在，即所谓“向死而生”的此在，这是取自海德格尔的理念；三是受法国年鉴史学派思想启发提出的世代之间的“制度长时段生产”，这是系统组织过程当中结构性原则的“转化—中介”关系的或然性的反映。

吉登斯在分析中对时空视角的开辟十分重视。他借鉴了时间地理学的成果，尤其是黑格斯特兰德（T. Hagerstrand）、普

① 参见［英］安东尼·吉登斯：《社会的构成——结构化理论大纲》，李康、李猛译，生活·读书·新知三联书店 1998 年版，第 285 页。

② 刘少杰主编：《当代国外社会学理论》，中国人民大学出版社 2009 年版，第 230～233 页。

莱德（A. Pred）、卡尔斯坦（T. Carlstein）等人的成果，并有所丰富。在他看来，单纯地谈时间或空间，在结构化理论中是没有意义的。他引入了区域化、场所、定位过程（取代角色）、面对面互动与共同在场、在场可得性等观念，将时间、空间、人日常接触及其蕴含的结构性特征融汇在一起。

吉登斯区分了地点（place）与场所（locale），认为地点的含义只限于纯粹的物质环境空间，而场所是一种特定的物质区域，是互动背景的组成部分，具有明确边界；通过某种方式，可以使互动"集中"起来；滤除一些环境因素，可以让互动的参与各方相对明确。就具体的某次参与互动和某位参与者而言，哪些因素"算"这次互动，哪些又"不算"，可以不予考虑；究竟具体的边界如何，与互动本身及各参与者的联系方式又怎样，则都是相对可变的。基于此，吉登斯讲，这样，冷冰冰的物质环境就凸显出了个中丰富的意义。由此可以看到，人类主体的活动是如何融入并利用环境空间的，环境空间又是怎样为互动提供具体情境的。

吉登斯强调，由于日常生活的例行化特征，所以日常生活中的空间场所也存在区域化的现象。所谓区域化（regionalization），指的是场所之内或场所之间存在一些区域，它们在时间或（和）空间上产生相对固定的分化，"指引"人们在一种比较熟悉的氛围之中进行自己的日常生活，而无须随时考虑处在具体场所和互动过程中时，到底应该采取怎样的行动。也就是说，因为区域化的相对固定和日常生活的例行化特征，人们一般是不假思索地在各个区域之间，日复一日，年复一年，践行着自己的生活轨迹。也正因为这一点，当人们发生日常接触（encounter）时[1]，经常会自然而然地把所处的场所、所遭遇的行动者归类，划入一定的“区域”，以“决定”自己的行为方式；这里的“决定”之所以要加引号，是因为通常并不遇到诸如此类的理性反思过程。

吉登斯指出，在每一个具体发生互动过程的场所中，在场（presence）与不在场（absent）是对立共存的时空关系。最原初也是最常见的互动状态是面对面（face-to-face）的互动。吉登斯在讨论面对面互动的具体场景时，着重分析了身体、物质环境等方面的约束与能使作用。只要日常接触的再生产还在相当大的程度上局限于行为者身体的直接呈现，互动的范围及由此体现出的系统就不可能很大。而这随着传媒沟通手段的变化，互动的范围及由此体现出的系统就不可能很大。随着传媒沟通手段的变化，互动中共同在场（co-presence）的范围和具体表现形式也发生质的变化（可以设想一下电话的发明的重大意义）。为了更好地说明这一问题，吉登斯引入了在场可得性概念。所谓在场可得性（presence-availability）指的是，在具体的社会情景之中彼此发生互动的行为者，他们在怎样的可能程度上，以怎样的具体形式，实现共同在场，从而实现完成意义沟通的互动。显然，之所以提出要考察在场可得性，恰恰是因为越来越多的互动（以及面对面互动中越来越多的因素）之所以能够成功地进行，并不仅仅在于行为者在时空上的邻近，而是因为他们在一定的时空区域内定位在能够相互监控和安排各自行为的场景之中。

有学者对此评论说，可以看出，吉登斯由这样的思路，把具有约束作用的因素与在场可得性的具体场合联系在一起，可

① 参见戈夫曼：《日常接触》，徐江敏等译，浙江人民出版社 1988 年版。

以避免结构突生的观念，从而将以往社会学分析的"宏观"机制与"微观"互动联系在一起；结构化理论在这方面的研究最终落到了时空延伸（time-space distanciation）这个概念上。什么是时空延伸？在吉登斯的理论中，就是社会系统以社会整合为基础而在时空向度上延展开来的过程。[①]

人们注意到，一直以来，西方社会理论界对于时空的关注很少，更谈不上以时空为题材的社会学著作了。在相关的少量论述中，空间只是被视为是静止的、僵化的物理位置与场所，所起的作用仅仅是作为客观的制约因素而存在的。这里，很重要的还在于，社会理论即使内含时间因素，也是体现于以历史为线索来书写。20 世纪 80 年代以来吉登斯在构建结构化理论中，明确地提出要将时间与空间结合在一起，从而形成一个多层次的整体系统；在此过程中，分析社会整合与系统整合是怎样通过结构性原则达致社会的系统性的。[②]

在吉登斯看来，现代社会的空间重组过程是在资本主义、工业主义、行政监控和军事暴力等现代性制度的推动下进行的。空间重组最为关键的方面在于：其一，时空分离（separation of time and space）。"跨越广阔的时间与空间领域的社会关系的联合，并一直到包括全球体系的状况"。其二，抽离化机制（dis-embedding merchanism）。"由象征标志和专家系统（它们合起来等于抽象系统）所组成。抽离化机制使互动脱离了场所的特

① 杨善华、谢中立主编：《西方学理论》（下卷），北京大学出版社 2006 年版，第 100～101 页。

② 参见 Anthony，Giddens，*Central Problems in Social Theoy*（London：Macmillan，Berkeley University of California，1979）；Anthony，Giddens，A Contemporary Critique of Historical Materialism Vol，I（London：Macmillan/Berkeley：University of California Press，1981）．中文本可参见［英］安东尼·吉登斯：《社会的构成——结构化理论大纲》，李康、李猛译，生活·读书·新知三联书店 1998 年版。

殊性”。其三，制度反思性（institutional reflexivity）。“应用于社会生活的情景，并把这作为制度组织和转型中的一种建构要素”①。

吉登斯认为，不同时代存在过三种社会类型：部落社会（tribal society）、阶级分化社会（class-divided society）、阶级社会（class sosiety）。需要注意的是，吉登斯讲，他对上述三种社会类型的理解，是基于时空延伸角度的理解。

在吉登斯看来，部落社会包括从事狩猎与采集经济活动的人类群体，以及定居下来的人类社区（一般以农业为主）。这类社会的特点是以口述文化、亲族关系为主，社会整合与系统整合尚未明确分离，社会的政治、经济制度融合在一起。各类城邦国家、古代帝国和封建社会属于阶级分化社会，居于支配地位的结构性原则由传统和亲族关系变为城乡对立，社会整合与系统整合已渐趋分化，其前提条件是城乡的分化。吉登斯形象地讲到，以城墙为标志，凸显了城市作为权力的“储存器”，逐步积聚起政治与军事权力，政治与经济制度已经开始产生分化，成文的法律制度和惩戒条款也已出现。但这些变化都只是初步的，城乡之间还有相当的共生关系，传统和亲族关系的作用仍然根深蒂固，国家的权力还不能深入人们的日常生活。到了以现代资本主义社会为典型表现形式的阶级社会，日益扩展的“人工环境”（created environment）逐步取代了旧式的城乡对立格局，成为新的主导结构。政治与经济制度已经明确地分离（这和两者的互渗并不矛盾），时空延伸大大地扩展，现代民族国家便是这诸多因素综合的产物。吉登斯区分了阶级分化社会和阶级社会。他认为不能一概用阶级分析作为根本结构原则基

① 参见［英］安东尼·吉登斯：《现代性与自我认同》，赵旭东、方文译，生活·读书·新知三联书店 1998 年版，第 22 页。

础，来判定社会组织过程；所谓"经济""政治""文化"的不同制度领域，不过是在历史发展中演变出来的区分。[①]

有学者强调，从三个社会类型的演变中可以发现：只有信息被广大范围的人所知晓，跨越社会系统的互动才可能真正形成。在今天，社会交往不仅仅在一个社会内部得到展开，更为众多的交往形式与交往实践在跨系统之间进行，全球性的空间日益形成，由此导致的社会后果是巨大的。之所以会出现这样的局面，原因就在于各种信息和知识可以快捷有效地传递，被人所知，各种交流的媒介日益发达，互动不在面对面的情景中也可以达成，这就超越了原始部落社会面对面互动的局限。

吉登斯指出，由信息和知识的利用与贮存形式，可以看到，社会的"时空延伸"是信息可被广泛利用与贮存的一个直接的后果，而城市的发展与变迁是文化形式变化所促成的。另一方面，也应该注意到，在利用信息上，普通的民众也是有一定权力的，这对于自身的发展，对于展开"反思性监控"也是必不可少的一环。但在与国家的博弈过程中，普通民众处于的地位，形成了一种复杂的权力格局，监控与反监控、控制与反控制、利用与反利用，成为现代生活及政治的一个有机组成部分。

吉登斯的理论设问，现代社会是一种什么样的社会？或者说，现代社会的动力机制是什么？这一直是社会理论中争论的焦点问题，对此，理论家们有着诸多的论述，分殊各异。吉登斯认为，可以通过对时间—空间的理解来说明现代社会的主要特征，以及它内在的动力机制。现代社会较之以前的社会类型，是在时空延伸程度上达到前所未有地步的一种社会形态，形成了民族国家这样一个庞大的社会系统，并且民族国家之间也在

① 杨善华、谢立中主编：《西方社会学理论》（下卷），北京大学出版社 2006 年版，第 104 页。

实现着跨越时空的延伸与联系。这些在以往都是无法想象的，也是不可能得以实现的。因此，社会学家的任务就应该是将对“社会”概念的过度依赖转变为关注分析时空延伸这一难题：社会生活是怎样跨越时间和空间的？[①] 吉登斯强调，时空延伸的概念框架能把人们的注意力引向这样一种复杂的关系：现场卷入（共同在场的环境）与逾越距离的互动（在场和缺场的连接）之间的关联。在现代，时空延伸的水平比任何一个前现代时期都要高得多，发生在此地和异地的社会形式和事件之间的关系都相应地“延伸开来”。不同的社会情境或不同的地域之间的连接方式，成了跨越作为整体的地表的全球性网络，就此而论，全球化本质上是指这个延伸过程。[②] 在这一过程的研究中，吉登斯认为，现代性的动力机制派生于时间和空间的分离以及它们在形式上重新组合，这种组合导致社会生活出现了精确的时间—空间的“分区制”，导致社会体系的脱域（disembedding）。[③]

吉登斯特别指出，在前现代社会中，有计算时间的方法，而且日常生活的时间，总是和具体的地点联系在一起，“什么时候”一般总是与“什么地方”相联系，或者是由有规律的自然现象来加以区别。出现于18世界后半期的机械钟的发明预告了“虚化时间”的到来，它使得时间直接从地点中分离出来，可以单独进行度量与测算，对于日常生活而言，通过机械钟的运用，得到了精确的分区与细化。“时间虚化”是“空间虚化”的前

① ［英］安东尼·吉登斯：《现代性后果》，田禾译，译林出版社2000年版，第56页。

② ［英］安东尼·吉登斯：《现代性后果》，田禾译，译林出版社2000年版，第56页。

③ ［英］安东尼·吉登斯：《现代性后果》，田禾译，译林出版社2000年版，第14页。

提，因为统一时间是控制空间的基础。[①]"空间虚化"最直接的表现就是空间与地点有了区分，地点就是一般意义上的场所，场所指的是社会活动的物质环境在地理上的分布。在前现代社会，空间与地点总是一致的，互动都是在共同成长的条件下进行的，"在场"使得地点与空间没有分别。而在现代社会中，"缺场"成为日常生活的一个环节，现代化的各种因素也使得缺场下的互动成为可能，这样就日益把空间从地点中分离出来了。尤其是地图的发明，使空间独立于任何特定的地点与地区。

为什么时空分离对于现代社会如此重要呢？吉登斯从三个方面分析了时空分离的重要性以及分离的现代后果。第一，时空分离是脱域过程的初始条件，"虚化的时间"与"虚化的空间"提供了使社会关系从地域性中脱离出来的前提，这主要是通过一些制度性的机制得以实现的。第二，时空分离为现代社会生活独有特征，从而为保证其合理化组织，提供了运行的机制。社会组织是现代社会得以正常运转的关键性要素，但社会组织面临着一个地域化的特征问题。时空分离一方面为社会组织从地域性中脱离开来准备了条件，另一方面也使得社会组织的运作范围跨越了有限的时间与空间范畴，使之能在全球性的社会中运作起来。第三，与现代性相连的鲜明的历史性特征，依赖于"嵌入"时间和空间的各种模式；这里所谓的各种模式，是指现代性的跨越时空的制度性关联，这些制度在以往的时代中是不可能出现的。

社会系统的"脱域"，是吉登斯倾力论述的一个重要概念，是指社会关系从彼此互动的地域性关联中，从通过对不确定的

---

① ［英］安东尼·吉登斯：《现代性后果》，田禾译，译林出版社2000年版，第16页。

时间的无限穿越而被重构的关联中“脱离出来”[①]。针对三种社会类型的变迁过程与结果，许多人给出的解释大多集中于“分化”或者“功能专门化”这样的概念来进行说明。吉登斯认为这是不够的，因为它们无法说明这样的现象，即社会系统是如何将时间与空间脱离出来的。因此，在这里吉登斯使用了“脱域”这一概念。在社会理论的建构中，吉登斯认为重要的是提出一些概念进行说明。他强调，可将脱域理解为是一种时空跨越的形式，此是指这样一种结果：社会系统的现象从限定的时空连接中脱离出来，从而跨越既定的时空组织，延伸于广阔时空中。

吉登斯又注意到，在现代社会，存在着两种脱域机制的类型，分别是象征标志（symbolic tokens）的产生与专家系统（expert system）的建立，它们都内在地包含于现代社会制度的发展中。象征标志，指的是相互交流的媒介，它能将信息传递开来，用不着考虑任何特定场景下处理这些信息的个人或团体的特殊品质。这是现代社会的一个基本特征，因为对于现代社会来说，交流与流通等一系列时空的往来形式，都离不开对象征标志的确认与认同；没有对于象征标志的依赖，就只能局限于狭小的时空之中，通过传统等因素来达到交流的结果，从而也就引发不了跨越时空的组织形式与社会系统跨越时空范围的建立。

人们通常认为，最为典型的象征标志是货币符号，经济学有对货币的清晰论述，但吉登斯对货币的理解是从另外的角度切入的，格外令人注目。他认为，货币是指脱出时间，因此也就是将交易从具体的交换环境中抽脱出来的手段。更准确地说，

① ［英］安东尼·吉登斯：《现代性后果》，田禾译，译林出版社 2000 年版，第 18 页。

货币是时空延伸的工具，它使得在时间和空间中分离开来的商人之间的交易成为现实。与象征标志一样，专家系统把社会关系从具体情境中直接分离出来。这两种脱域机制都假定，时间从空间中的脱域是时空延伸的条件，而且它们也促成了这种脱域。[①]

有学者就此强调，现代社会的抽象性是伴随着陌生人社会而产生的一个后果，抽象性主要是指现代社会的程序性、反思性与非人格化。[②] 韦伯笔下的现代社会的理性化特征，就是一种典型的抽象性。诸多经典社会理论多秉持着一种"传统/现代"的二分法，而这种划分无疑都与面对面在场和抽象性的划分相对应。与之相伴而生的一个问题是现代社会的信任问题：在现代社会中，我为什么、凭什么要信任某人或某事？我们又为什么会信任某人或某事？

吉登斯讲，在日常的行为流中，在城市的人行道上，两个人相遇，又擦肩而过，还能有什么比这更平常和更乏味的呢？在一个城市的某一街区内，这样的事一天就会发生上百万次。戈夫曼称此为"世俗的不经意"（civil inattention）。但在这里，所发生的是身体管理的细微方面同现代性的某些最普遍特性的明显联系。"不经意"所展示的不是冷漠（indifference），更确切地说，它展示的是对可被称之为礼貌疏远（polite estrangement）的刻意控制。当两个人彼此走近时，每个人都急速地扫视一下对方的面孔，但当他们擦肩而过时又都转移目光。霍夫

① ［英］安东尼·吉登斯：《现代性后果》，田禾译，译林出版社2000年版，第25页。

② 参见李猛：《论抽象社会》，《社会学研究》1999年第1期。

曼把这称为相互“朦胧”。[①]

吉登斯认为，这“短短的一视”是现代社会的日常场景，也深刻地体现着现代社会的信任关系。吉登斯认为，这“短短的一视”表示承认对方不仅是一个主体行动者，而且也可能会彼此相识，捕捉他人的目光只是短暂的瞬间，擦肩而过时却举目遥看前方，与之伴随的是一种不带敌意的含蓄态度。“世俗的不经意”是一种承诺的最基本类型，它在发出“你们可以相信我没有敌意”的信息。在大街上、在公共场所、在火车或汽车上，或者在正式的集会、晚会以及其他聚会上，我们会通过灵活运用我们的身体语言（身体姿势、体态等）来发出值得“信任”或者“有行动能力”的信号。[②]

吉登斯认为，信任，在高度现代性的社会里更多地体现为一种持续状态，是在面对象征符号和专家系统时，对自己无所知晓的运作规则有充分的信心，确信这些抽象规则本身是正确的，可以依赖的，所需确定的只是运作过程是否合乎规则。[③] 与建立在“欠充分的归纳性知识”上的信心不同，象征标志和专家系统体现的是信任，它体现在具有风险的环境中，凭此人们能够获得不同程度的安全。所有的现代机制都蕴含着一种信任态度，也都依赖于信任（trust）。因此，信任在本质上与现代性制度相联。[④]

---

① ［英］安东尼·吉登斯：《现代性后果》，田禾译，译林出版社 2000 年版，第 71 页。

② ［英］安东尼·吉登斯：《现代性后果》，田禾译，译林出版社 2000 年版，第 71～72 页。

③ 参见杨善华：《当代西方社会学理论》，北京大学出版社 1999 年版，第 242 页。

④ ［英］安东尼·吉登斯：《现代性后果》，田禾译，译林出版社 2000 年版，第 28 页。

吉登斯认为，时空延伸的扩展基于抽象机制，具体而言，更基于一种现代性的相互之间的机遇抽象机制的信任与承诺。因此，信任关系是与现代性相关联的，这扩展了时空延伸的基础；对体系的信任具有非当面的承诺的形式，非专业人士对在其中维系信赖存在的知识之运作几乎是无知的；对个人的信任与当面承诺相关，在其中可以找到衡量他人之诚实程度的指标。在现代性的条件下，信任存在于以下情境中：其一，对人类活动乃是社会性的创造的一般意识，而非由实物之自然本性或神明之影响所形成的；其二，由现代社会制度之动力机制及其特征所导致的急剧扩大的人类活动的变革范围。[①] 在本体性的意义上，信任体现在具有风险的环境中，凭此人们能够获得不同程度的安全。寻求信任源于完整信息的缺乏。什么是本体性安全？它是指大多数人对其自我认同之连续性以及对他们行动的社会与物质环境之恒常性所具有的信心。我们可以在日常生活的例行化行为中找到本体性安全的维系要素。吉登斯曾分析到，婴儿在其早期的生活中接受了一种情感疫苗，用以对抗所有人都有可能感染的本体性焦虑。如果在婴儿与护养之间建立不起一种基本信任，幼儿就有可能犯精神疾病。在婴儿还很小的时候，信任就已经意味着经验的交互性。婴儿逐渐习得的，是对抚育人既依赖又关心的心理状态。与此同时，婴儿学会了必须以抚育人认为满意的方式来提出自己的要求，而且还要知道照料者们也期望着孩子在自身行为中有可依赖性与可信任性。所以，能否预料到日常生活中那些（看起来是）微不足道和周而复始的东西，与心理上的安全感的关联十分密切。如果这种惯常性的东西没有了——不管是因为什么原因——焦虑就会扑面而来，

① ［英］安东尼·吉登斯：《现代性后果》，田禾译，译林出版社 2000 年版，第 30 页。

即使已经牢固地建立起来的个性，也有可能丧失或改变。[①]

吉登斯指出，在社会变迁过程中，前现代情境中的地域性既是本体性安全的焦点，也有助于本体性安全的构成，但是在现代性条件下，这种地域性的本体性安全实际上已经被消解掉了。在现代，地点的首要意义在很大程度上被脱域机制与时空延伸给消解掉了。地点变得令人琢磨不定，因为使地点得以构建起来的结构本身再也不是地域意义上组织起来的了。换言之，地域性已无可避免地与全球性彼此关联起来。[②]

概而言之，吉登斯关于在现代性情境下的信任有如下观点：[③] 第一，信任关系式与现代性相关，扩展了时空延伸的基础。第二，对体系的信任具有非当面承诺的形式，非专业人士对其中维系信任存在的知识之运作几乎是无知的。第三，对个人的信任与当面承诺相关，在其中（一定的活动范围以内）可以找出衡量他人之诚实程度的指标。第四，再嵌入指的是这样的过程：通过它，非当面承诺被当面承诺维系或转变。第五，世俗的不经意，是现代性的大规模复杂环境中的信任关系的一个根本方面。它是在相遇的促成消解的过程中令人心安的“背景音乐”，这些彼此相遇也有自身特定的信任机制，这就是当面承诺。第六，交汇点是专业性个人或团体与抽象体系的代理人之间的连接点。它们是抽象体系的薄弱环节，是信任得以维系或建立的交叉点。对信任关系的关注是吉登斯对现代社会抽象性进行详尽分析的一个切入口，也是其现代性分析的一个必不

---

① ［英］安东尼·吉登斯：《现代性后果》，田禾译，译林出版社 2000 年版，第 80～88 页。

② ［英］安东尼·吉登斯：《现代性后果》，田禾译，译林出版社 2000 年版，第 90 页。

③ ［英］安东尼·吉登斯：《现代性后果》，田禾译，译林出版社 2000 年版，第 76～77 页。

可免的环节。后来，吉登斯对风险社会的阐发，也多来自其对"抽象信任"下的社会危机的理解。换言之，在社会关系脱域的情形之下，信任关系为其提供了某种安全阀性质的支撑要素。①

吉登斯在《社会的构成——结构化理论大纲》等著作中强烈批评西方理论对时空问题的忽视。他认为，大多数社会分析学者仅将时间和空间看作行动的环境，而这种观念只不过是近代西方文化特有的产物。在他看来。社会系统的时空构成恰恰是社会理论的核心。社会科学家只有围绕社会系统在时空延伸方面的构成方式才能建构合理的社会思想，才能理解和把握社会学从一开始就致力研究的社会"秩序问题"。

②后来的当代社会理论家伊曼纽尔・沃勒斯坦在分析和批评 19 世纪社会科学范式的局限性时又以嘲讽的口吻说，在社会科学中占有主导地位的方法论最了不起的成就之一就是在分析过程中删除了时空概念。他认为，在以往的社会理念中，时空被看作一种自然的常态、一种外生变量，而并非连续性的社会创造。然而，事实上，"时空"不仅是纯内生变量，而且是我们理解社会结构和历史变迁的关键所在。

社会科学研究中之所以存在这种严重的理论和方法论缺失，有理论本身和社会现实两方面的原因。从理论的角度看，这可以说是牛顿经典时空观和康德虚空的时空范畴在社会思想中的后遗症，但是，与此同时，也是社会科学中普遍主义理论模式和实证主义方法论固有的弊端。古典社会学尽管有着近代社会的产生和发育作为现实的基础，并从生物学等新的自然科学理论中引入了"进化""节奏""规律"和"发展"等概念，但是，由于物理学主义和理性主义（笛卡尔主义）的影响，总是把社

---

① 刘少杰主编：《当代国外社会学理论》，中国人民大学出版社 2009 年版，第 238～243 页。

会看作一个超历史的、统一的过程，醉心于揭示“社会实体”中类似自然界的“规律”，恰恰忘记了社会区别于自然的时空的复杂性。

从社会现实的角度看，现代社会的动力学机制及其内在规定性的形成和展现本身就是一个复杂的历史过程。按照吉登斯的观点，现代社会生活独特的动力学机制表现为三个主要的社会因素或过程：一是时间与空间的分离；二是社会制度的脱域化；三是现代制度或现代性的反思性。所谓时空分离，意味着现代社会活动和社会关系超越具体“地点”和“场所”的局限而实现更广泛的联合。时空的分离并不意味着从此以后它们成为人类社会组织中互不相关的方面，恰恰相反，时空的分离为现代社会关系和社会秩序的重组和控制提供了坚实的基础。从某种意义上说，现代社会因素、社会关系、社会组织跨越时间和空间距离的联合就是时空重组的过程。时空的分离对于现代社会制度的脱域化和反思性机制来讲至关重要，同时，制度的脱域化和反思性又使在更大的时空尺度内筹划和管理现代社会广泛的生产与再生过程成为必要和可能。

有史学家追述道，或许就是出于理论和现实的反思与批判，当代社会理论和社会学在时空问题上形成了越来越明显和强烈的兴趣。在社会空间问题上，如列斐伏尔的《空间的生产》、曼纽尔·卡斯特和大卫·哈维的都市研究，都有很重要的理论意义，福柯甚至预言社会理论的空间时代的到来；在社会时间问题上，早在1937年，著名社会学家皮蒂里姆·索罗金和罗伯特·默顿就在《美国社会学杂志》上合作发表论文《社会时间：一种方法论的和功能的分析》，强调在社会动力学研究中时间变量的意义，以及社会时间范畴的重要方法论意义。法国社会学家乔治斯·古尔维奇早在19世纪60年代就出版专著《社会时间的频谱》，分析了时间与社会结构和社会关系的“辩证关系”。

即使深受帕森斯功能主义影响的美国社会学家爱德华·希尔斯在论述传统的社会学意义时，也曾指出模糊和忽视社会的时间历史向度对社会科学的不利影响。当代社会学与社会理论家吉登斯和鲍曼等，更进一步建立起时间和空间范畴在社会场域中的内在联系，强调社会时空的变化和重组是现代性的特性和重要推动力量。①

许多学者指出，社会空间问题，正在成为当今学术研究的一个新的热点，成为研究社会的一种新的理论视角。福柯认为20世纪预示着一个空间时代的到来，"后现代思想的兴起，极大地推动了思想家们重新思考空间在社会理论和构建日常生活中所起的作用，空间意义重大已成为普遍共识"②。在社会学研究领域，社会空间转向，实际上是表达了对传统社会学知识范式的某种修正和理论拓展，社会空间涵括了丰盈的话语场域。最后提出社会空间的命题，提供一种针对社会空间概念与方法论操作方面的科学活动的演练，重新去解读社会空间理论论述的意义和社会性根源，重新阐述社会空间如何成为认识生活世界的一种新视角。

人们在对空间社会学理论框架所体现的若干方面加以概况时，往往讲到以下几点："空间作为主体性存在的策略与场所"；"空间作为社会权力关系"；"空间作为一种情感体验"。另外他特别指出，在社会学视域，"空间作为一种符号体系"，是被诠释为一种叙事性分类、差异性建构的场所的，是一个生产实践的分类架构体系，是一个包含关系与排斥关系的过程，是一个表达社会意义的象征符号的载体和承担者，产生了那些可以用

① 景天魁、朱红文主编：《时空社会学译丛·总序》，北京师范大学出版社2010年版，第1～2页。

② Machael，Dear，The Postmodern Condition，Blackwell. 2000.4.

来分类的、客观地分化了的实践与表征，具有区分自身、接受分类、形成分类性判断的功效和社会类别化的效果。重要的在于，空间作为一种符号，体现了一种社会学的修辞，空间的社会学修辞为空间提供了一种增强说服力的手段，空间衍生出既有表达力又有修辞力量的最终符号，成为一种合法化、煽动情感、诱导行为、权力强化或修饰的工具，修辞让我们回到了一种更加贴近生活的社会人的图景。大卫·哈维在《后现代性的条件》中说，“那些有力量指挥和创立空间的人，拥有必不可少的手段去再创造和增加他自己的力量。他们创造有形的空间、空间的表象和表象的空间”。而布迪厄关注社会空间中的位置、行为者在空间中的实践策略、行为者的习性或性情在空间中所具有的社会分类的架构和类别化生成的实践特征，关注空间在社会生活中具有差异性符号的功能。布迪厄认为，社会空间的建构方式乃是位居此空间的行为者、群体或制度的接近，是占有相似或邻近位置的行为者产生的相似实践，这里包括行为者习性对这个位置的适应以及“地方感”的存在。行为者对空间的看法乃是根植于他在空间中的位置，行为者的这一空间位置建构了他对世界的看法，而且这种建构是在结构性限制下进行的，行为者的性情或习性以及他们借以理解社会世界的心智结构，正是内化了那个世界结构的结果。然而在任何地方都有空间区隔的倾向，社会距离铭刻在身体、语言、以及与时间的关系上，习性与社会空间位置是一个生产实践的分类架构体系，产生了那些可以用来分类的、客观地分化了的实践与表征，这种习性和社会位置作为分类架构体系，具有区分自身、接受分类、形成分类性判断的功效，具有社会类别化的效果。这样，通过个体或集体在空间实践中的表征性活动，空间便在生活现实中具有符号的功能，即具有差异性符号和差异性标记的功能，使得社会世界客观地呈现为一个根据差别的逻辑、分化距离的逻辑组织起来的象征空间体系。福柯在《不同空间的上文与下文》一书中引入了"差异地点"的概念，用以描述与阅读各种差异空间，这种描述被福柯称为"差异地学"。在这种差异地点的叙述中，文化参与建构了差异地点，差异地点以不同的方式动作，差异地点预设了一个开关系统，这个开关系统存在着空间隔离与排他性实践的存在，"也正是在这种差异地点之间，可能有某种混合的、交汇的经验，可作为一面镜子"①。布迪厄的场域同样也是一个具有差异性的社会空间。他认为，场域中存在各种不同特殊力量之间的距离、鸿沟和不对称关系，存在各种变化和再变化的差异性群体，各种群体不断借助场域中的某种力量，区分和维护差异性，完成这种差异性的不断再生产，并会进一步强化这种差异的存在，通过这种差异性，通过某种身份的合法性来确定场域中的各种资源配置关系。这里空间的核心概念在于差异性、社会分类、异质性、群体符号边界、社会类别化、象征符号等，这种维度的问题意识在于，我们在理解一个群体时，可以思考其群体符号边界、叙事性分类、话语系统中的差异性建构等，解释流动在其社会网络中和空间位置系统的封闭性和差异性特点等。②

在社会学的历史回顾中，可以发现，以往并没有形成明确的、专门阐述的社会时间和社会空间的概念。英国社会学家J.厄里认为，"从某些方面来看，20世纪社会理论的历史也就是时间和空间观念奇怪的缺失的历史"③。

---

① ［法］米歇尔·福柯：《不同空间的正文与上下文》，包明亚主编：《后现代性与地理学政治》，上海教育出版社2001年版，第18～28、403页。

② 潘泽泉：《当代社会学理论的社会空间转向》，《江苏社会科学》2009第1期。

③ ［英］厄里：《关于时间与空间的社会学》，特纳主编：《社会学理论指南》，李庚译，上海人民出版社2003年版，第505页、第510页。

社会学中关于空间的研究，最早可以推论到西美尔的《都市与精神生活》一文所讨论的都市空间对都市人格塑造的重要作用，即都市密度刺激和高频率的互动造成都市特有的不良的心理和精神气质的生成。芝加哥学派的城市生态学也体现了空间向度与城市生态的文化生成，体现在城市空间生态过程的城市扩张分化的动力机制、城市空间向度的同心圆模式、城市空间的隔离问题以及空间隔离所形成的不同社区面貌和生活样态。

学界有人认为，真正将社会空间概念带入社会理论或以社会空间思维重新审视社会的，缘起于涂尔干、马克斯·韦伯、卡尔·马克思等社会学家的贡献。这表现在涂尔干的图腾崇拜和宗教仪式的空间安排所折射出的主导性的社会组织模式，也表现在韦伯在论述科层制时对工作人员的办公地点和生活场所的论述，以及马克思在《资本论》及其手稿中，对时间和空间问题所作的专门的论述。在早期的人类学或社会学研究中，出现了大量的关于空间的研究，摩尔根（L. H. Morgan）就曾经讨论过美国印第安人的空间与亲属关系，这对于后来功能论的研究，奠定了民族志的基础，但他强调的“家屋空间”，尚未赋予空间研究在理论上的意义，空间仍然只是一个辅助性的研究参数或理解社会的一个维度，社会空间概念仍在探索和形成过程。[①] 事实上，把空间当成一个理论问题来阐述可以说源于涂尔干。涂尔干认为，“与原始社会组织相似，空间、时间和其他思维类型，在本质上是社会性的”[②]。涂尔干直接把空间作为社会最基本的抽象概念或分类概念，他认为，时空数字等在每个社会都是最基本的抽象概念或分类概念，我们对社会现象从事概

① 景天魁：《中国社会发展的时空结构》，《社会研究所》1999 年第 6 期。

② ［美］科瑟：《社会学思想名家》，石人译，中国社会科学出版社 1990 年版，第 158 页。

念上的分类往往来自社会分类本身，一个社会的整个知识系统，就是由这些基本的分类概念发展推演出来的。对于空间社会学，最重要的、最具有洞察力的经典社会学家无疑是齐美尔，他开启了对空间进行社会学研究之先河，认为空间只是两个要素之间的关系，在一个要素和另一个要素之间发生的运动或变化要借助于进入空间位置而发生，因此相互作用就是空间的填充。空间不仅为人类活动提供了可能，而且人类之间的互动也被体验为对空间的填充，个体之间相互并存，意味着他们分享空间，通过检视社会关系所采取的空间形式，可以管窥社会交往如何在空间上变为现实。齐美尔从五个方面来揭示空间的社会属性，即独占、分隔、固定、距离和运动。①

尽管经典的社会学理论关于空间的论述不乏具有洞察力的论述片断，但缺乏清晰而系统的理论阐述，其论述是片断式的、零散的；关于空间与社会之关系的表述显得过于抽象和含糊，探讨的方式也很不明晰，很不充分，空间被视为无关紧要的、不引人注目的。② 在当代社会学理论的发展中，社会空间开始进入社会理论的论域。当代社会学家在反思、继承和发展以往理论的基础上洞察到在社会学理论中社会空间的缺失限制了理论的解释力，他们从不同层面顺应社会学理论的空间转向这一演进趋势。吉登斯在解读结构及其结构和行为之间的关系时，实现了对时间与空间的社会学融入，并把时间和空间放在社会结构的终极性要素的位置上。他认为："大多数社会分析学者仅仅将时间和空间看作是行动的环境……社会科学家也一直未能围

① 成伯清：《格奥尔格·齐美尔：现代性的诊断》，杭州大学出版社 1999 年版。

② ［英］厄里：《关于时间与空间的社会学》，特纳主编：《社会学理论指南》，李康译，上海人民出版社 2003 年版，第 505 页，第 510 页。

绕社会系统在时空延伸方面的构成来建构他们的社会思想……对这个问题的探讨是结构化理论构想的秩序问题迫使我们面对的一项主要的任务”；“各种形式的社会行为不断经由时空两个向度再生产出来，我们只有在这个意义上，才说社会系统存在结构性特征，我们可以考察社会活动如何在时空的广袤范围内‘伸展’开来，从这一角度出发来理解制度的结构化”[①]；“在结构化理论看来，社会科学研究的主要领域既不是行动着的经验，也不是任何形式的社会总体的存在，而是在时空向度上得到有序安排的各种社会实践”。吉登斯在建构他的结构化理论时，把时空看作是社会现实的建构性因素，他强调：“社会系统的时空构成恰恰是社会理论的核心。”吉登斯通过建立一系列有关空间的概念系统来阐述其结构化理论的，如“在场”“在场可得性”“不在场”“共同在场”“区域化”“场景”“中心与边缘区域”以及“情境”等，“关注共同在场情境下的互动系统如何在大规模的时空范围内伸展开来，来考察所谓微观和宏观之间的关系问题”，也关注“在跨越空间和时间的日常接触中，行动者经常不断地运用场景的性质来构成的这些日常接触”。[②] 布迪厄认为，以往的空间研究本身，强调空间现象有它的结构和逻辑，但这种意义事实上是由人去建构的，所以必须透过人的理解，才有它真正的意义。布迪厄以“场域”和“社会空间”来替代“社会”这一具有空泛本质的概念，把社会题解为“各个相对自主的‘游戏’领域的聚合，这种聚合不可能被压制在一种普遍的社会总体逻辑下”，这是一个社会建构的、在实践中动作的、具

① ［英］安东尼·吉登斯：《社会的构成——结构化理论大纲》，李康、李猛译，生活·读书·新知三联书店1998年版，第63页，第8页。

② ［英］安东尼·吉登斯：《社会的构成——结构化理论大纲》，李康、李猛译，生活·读书·新知三联书店1998年版，第63页、第8页。

有差异性的、游戏和竞争的空间，"在这样的空间里，行动者根据他们在空间里占据的位置进行争夺，以求改变或力图维持其空间的范围或形式"[①]。布迪厄在叙述北非社会卡比尔人住宅的空间结构时，对住宅空间和空间象征意义提出了自己的观点，他认为"空间中事物或场所的客观化意义只有通过按一定图式予以结构化的实践活动才能完整地显示出来，而实践活动的结构化所依循的图式又是根据这些事物或场所来组织的"[②]。曼纽·卡斯特认为："空间是一个物质产物，相关于其他物质产物——包括人类——而牵涉于'历史地'决定的社会之中，而这些社会关系赋予空间形式、功能和社会意义。"曼纽·卡斯特把人类创造的空间形式——城市看作是"社会的表现"，把空间看作是"结晶化的时间"。社会生活的时空历程，界定了社会行为与关系是如何被物质地建构与具体化的。[③] 我们可以从西方社会理论中关于社会空间的缘起和演绎路径发现，社会空间作为一种理解社会的新的维度开启了社会知识史的另一种语境，获得了一种认识社会、理解社会的一种新的视角、路径、问题意识和理论转向，也为我们研究空间提供了一种解释的视角。

20 世纪 90 年代后期，都市研究的勃兴与跨学科的空间性转向是并行的，以列斐伏尔、爱德华·索雅、曼纽尔·卡斯特、大卫·哈维、詹姆逊等为代表的西方学者在空间研究中的学术努力直接促成了近两个世纪以来有关空间的第一次重大的学术

① ［法］皮埃尔·布迪厄：《实践与反思——反思社会学导论》，李猛、李康译，中央编译出版社 1998 年版，第 17 页。

② ［法］皮埃尔·布迪厄：《实践感》，蒋梓骅译，译林出版社 2003 年版，第 427 页。

③ ［德］曼纽·卡斯特尔：《网络社会的崛起》，夏铸九、王志弘译，科学文献出版社 2001 年版，第 504 页。

转向，也为社会空间视角的城市研究提供了理论支持。[①] 在重视人类生活的历史性和社会性意义的同时，一种结合空间性的批判性视角开始为历史和社会研究注入思考和诠释的新模式。人们在经验研究中开始关注社会性、历史性和空间维度的同质性和相互关联性，关注城市空间对人的意义以创造容纳社会生活的场所的行为，大量学者开始对城市空间的地理性历史进行新描述，而且城市空间研究的开端性预想为不断加剧的城市问题的经验研究的迷妄和痼疾注入了一副解毒剂。作为一种结构化的存在，城市空间既是物质空间，同时也是行动空间和社会空间，既是人类行为实现的场所和人类行为保持的路径，又是对现有社会结构和社会关系进行维持、强化或重构的社会实践的区域。在这里，城市空间作为一个可重构的结构体，是社会建构的实践场所，是作为工业文明的标志和象征，也是作为集体意识与消费行为的表达场所。空间维度为理解城市恐惧、公共空间权力的差异、差异性空间的社会建构、不平等的异质性对待、社会的叙事性分类提供了新的思想和诠释的新模式，同时，以社会空间为演绎逻辑的空间实践，促成了一种以“发现事实”为主要特征的经验研究。

③20 世纪末，学界开启的“空间转向”，依赖于嵌入空间的各种模式，空间被演绎为看待和理解城市的新方式，而此一转向被认为是当时知识和政治发展中举足轻重的事件之一，也是社会空间经验研究的不断扩展的时期。学者们注重演绎日常生活实践中的“空间性”，把以前给予时间和历史，给予社会关系和社会的知识反应，转移到空间上来；关注城市空间是如何隔绝人们的自由实践的，又如何促使人们找到自我空间的分布；

① 包亚明：《游荡者的全力》，《都市与文化丛刊序言》，中国人民大学出版社 2004 年版，第 230～242 页。

关注在空间中的定位、移动和渠道化，以及共生关系和符号化问题。在进一步的研究中，关于空间思考的成果导致建筑、城市设计、地理学以及文化研究诸学科的相互交叉渗透趋势；关于在现代都市空间从稳定一统向多样流动的变迁中，城市作为一种"人工"的物质构造，它透过地理环境、交通安排、居民分布、社区构成、建筑样式等诸多方面以"空间布局"深刻影响和制约着"人"的活动；关于"空间面向"的问题在城市文化中发挥着特别重要的作用；如此等等，都促使人们由空间切入，提供一种看待与理解城市的新方式，将原来属于不同领域的现象，以空间的线索串联起来。

在西方学术界的视野里，本雅明和他的拱廊街研究计划曾经成为当代城市研究的灵感源泉。德雷克·葛利高里在《地理学的想象》一书中，除了论述本雅明城市研究的典范意义，还特别指出，当代理论的许多洞见和具体的城市研究密切相关，譬如大卫·哈维早年从作为第二帝国的巴黎出发探讨"都市经验"和晚近更为杰出的以"城市规划"和"人文地理学"的视野观照"后现代性的状况"；爱德华·索亚通过对洛杉矶的研究，把空间问题重新放置在社会理论的脉络中，提出了"后现代地理学"的构想；阿伦·波雷德则通过对斯德哥尔摩城市生活的考察，检讨了都市日常生活与现代性的内在关联……这一系列研究不仅深化了人们对现代都市状况的理解，而且丰富了当代社会学理论的诸多方面，重新绘制了"资本""商品""空间""文化"和"现代性"等问题领域，在"城市"中形成汇集、冲突和融合的复杂图景。列斐伏尔的城市过程观念、空间的组织依据、社会与城市化的空间结构之间的联系，以及社会化空间的理性内涵，都强调了将城市组织视为一种社会空间的产物。列斐伏尔在《空间的生产》一书中特别讲到"空间实践"在沟通城市与人的关系过程中的意义，"这涵括了生产与再生产，以及每个社会形构特有的特殊区位和空间组合，空间实践确保了连续性和某种程度的凝聚。就社会空间及一既定社会之成员与那个空间的关系（competence）水准和一定的'运作'（performance）水准……一个社会的空间实践隐匿了那个社会的空间；以一种辩证的方式，它提出且预设了那个社会的空间，当它掌控与占有社会空间时，便缓慢且确定地生产了社会空间。从分析的观点看，一个社会的空间实践，是透过对其空间的释明而揭露展现"①。依据他的理论思考，人们不难发现，在城市社会生活空间之中，社会过程透过空间而运作，人们所关切的社会阶层、社会阶级和其他群体界线，以及其间的社会权力关系，都镶嵌在一定的空间里，并透露出社会界线与抗衡的界限所在，从而使人们有可能从"空间向度"来把握都市阶层的划分和相关主体的形成。

这方面的学者强调，"空间"以特有的方式贯通于人们的日常生活，影响实践主体行为的流动向度，同时也通过主体性的实践和行动策略来培育、滋养和维持社会。这些学者进而指出，通过聚焦"主体性"层面和日常实践，人们可以借由其所寄寓的空间来考量行为主体的社会行为、行动意义以及行为主体的生存方式。人们可以通过身体在空间展演的姿势，倚仗主体性行为，通过日常生活的叙事、分类系统以及隐喻来赋予这类空间以意义，营造一种空间想象，改变原有的空间安排或建立新的空间来表达他们的生活需求，或者通过主体性行为来完成空间的培育、生产和维护，完善一个日常性世界，建立一种新的生活方式。爱德华·W. 索亚认为，"城市建设具有社会权力的工具性'在场有效性'，城市是控制中心，是堡垒，其设计是用

① 包亚明：《游荡者的全力》，《都市与文化丛刊序言》，中国人民大学出版社2004年版，第242页。

来保护和统治，其途径是通过'居住地的小手法'，通过范围、界限、监督、分隔、社会戒律和空间区分的一种精巧的地理学来达成的"[①]。这提醒人们注意到，隔离性的社会关系是如何通过空间关系、特别是通过把隔离性置于某个地点或时空来体现和体验的，又是如何把有关空间的法规、计划、地图和表征置于社会隔离的识别之中的。这种社会空间维度为人们理解社会提供了一种空间视角，提供了一种新的问题意识。

在深化研究中，诸多学者认为，今天，时空社会学在社会的喧闹中刷新了空间的定义，空间的边缘化在权力与资本的双重压迫下灵活地寻找着自己的形式。城乡接合部被看作是高尚城区的不祥之物，流浪者在天桥下的栖身之所被美丽的绿化带蚕食，车道使主流空间的扩张无边界，空间成为资本，城市规划也被看作是对空间权力的垄断和对空间的分割策略。[②]

（5）吉登斯影响了许多后人的学说，如贝克等人。

乌尔里希·贝克（Ulrich Beck，1944—），德国慕尼黑路德维格—马克西米利安大学社会学教授，德国当代著名的社会学家，风险社会理论的主要创始人之一，全球化理论的专家。贝克长期从事社会发展与全球化问题研究，在风险社会与全球化问题上的研究领域卓有建树，提出许多富有创见的概念与理论，如"风险社会""世界风险社会""第二现代性或现代化""全球主义""世界社会"等，在国际学术界产生广泛影响。尤其是他和吉登斯、拉什（Lash）一起提出的"第二现代性或现代化"

---

① ［美］爱德华·W. 索亚：《重描城市空间的地理性历史——〈后大都市〉第一部分导论》，包亚明主编《后大都市与文化研究》，上海教育出版社2005年版，第234页。

② 潘泽泉：《当代社会学理论的社会空间转向》，《江苏社会科学》2009年第1期。

理论在国际社会科学界获得了广泛关注，因为这一理论力图在现代性与后现代性之间开辟出“第三条道路”。贝克因此被誉为“全球化时代的领航员”“第一个从学理的高度把风险概念阐述清楚的西方学者”。贝克曾在卡迪夫的威尔士大学担任研究教授，后任英国伦敦政治经济学院的社会学客座教授。

贝克被认为是20世纪末最有创见与影响力的杰出的社会学家之一。他自20世纪80年代以来发表与出版了大量的有关风险社会理论方面的著述。1986年，他出版了《风险社会——迈向一种新的现代性》（1986/1992），此书5年内售出6万册，1992年被马克·里特尔（Mark Ritter）译成英文出版，重印4次，贝克著作的出版及推广，使风险社会概念和理论在西方世界受到越来越多的学者与公众的关注。

贝克指出，作为对未来的威胁和诊断，风险拥有与预防性行为的实践联系。风险意识的核心不在于现在，而在于未来。在风险社会中，过去失去了它决定现在的权力。它作为当下的体验和未来行为之原因的位置被将来所占据，即被那些并不存在的、被建构的和虚构的东西所占据[①]。可以认为，贝克的理论是重在于研究风险对行为影响的理论。

贝克与吉登斯一样，试图超越传统社会学（理论）所持的僵硬的“二元对立”认识论基本预设与分析模式，走出一条“融化”“二元对立”达到“二元统一”的“第三条道路”。贝克正是从这一新的认识论基本预设与分析模式以及在此基础上建构的新的“第二现代性或现代化”理论出发，对于从工业社会到风险社会转型的过程、动力、特征，风险社会与工业社会的关系以及风险与风险社会的概念与特征等展开了研究。

---

① Beck, *World Risk Society*. Cambridge: Polity Press, 1999, p. 73.

贝克与吉登斯一样，十分强调社会科学对处于历史转型的这个社会的理解。贝克强调，因为在18—19世纪形成的认识论基本预设、分析模式与范畴已经无法帮助我们来理解处于历史转型的当今这个社会，即世界风险社会，或称"后冷战世界"。

贝克认为，尽管我们生活在一个建构论时代，但要在原有的认识论基本预设与分析模式内区分现代社会与世界风险社会，在它们之间划出一条明显的界限是不可能的。同时，贝克进一步认为，超越原有的认识论基本预设、分析模式以及范畴，或从它们之中解放出来，并不意味着同意或采用后现代的哲学与理论（包括社会学理论）。

贝克又说："我认为，现实主义（即实在论——引者注）和建构主义既不是一种二者择一的选择，也不是纯粹的信念问题。我们不必非要宣誓效忠于某种特定的观点或理论。对我来说，无论选择现实主义还是建构主义的观点，都是相当'实用的'，是为了达到一种目的而采用的方法。如果说只有成为现实主义者，才能使社会科学对全球风险时代新的、相反的经验开放，那么我对采用（'反思的'）'现实主义者'的态度和语言并不感到内疚；而如果建构主义能够使我们提出现实主义所不能回答的重要问题，那么我就满足于（至少在那个时刻）做一名建构主义者。所以，我认为，尤其在风险社会学领域，我并没有把我的分析限定为一种观点或概念上的教条：我既是现实主义者又是建构主义者。我利用现实主义，也利用建构主义，甚至那些相关的叙述。"①

在贝克看来，20世纪80年代之前的当代西方社会理论的研究大多受制于"建构论—实在论"这一"二元对立"的认识论

① 薛晓源、周战超主编：《全球化与风险社会》，上海科学技术文献出版社2005年版，第136页。

基本预设，因而大多坚守“不是……就是……”的分析模式，并以第一现代性或现代化理论为基础分析、研究与解释当代西方社会、当代整个世界所发生的重大变迁，却没有产生积极的理论成果与现实影响。究其原因在于，当代西方社会以及整个世界与孔德时代截然不同，它不是一种简单现代性或现代化的社会与世界，而是一种激进现代性或现代化的社会与世界，由这种激进的现代性或现代化所造就的是充满风险的社会与世界，甚至随着全球化的不断深入，全球风险成为当代社会与世界的中心与基本特征。为此，贝克认为由于当代西方社会与整个世界的性质已发生了根本的变化，对于它们的认识与研究首先应该突破传统的解释框架，建构新的解释框架。于是，贝克建构了新的解释框架，即基于“二元统一”的“建构论的实在论”认识论基本预设、“既是……又是……”的分析模式以及“第二现代性或现代化理论”，来分析、研究与解释正在形成的世界风险社会。学界认为，在贝克那里，无疑，面对世界风险社会这一新的社会现实所建构的新的解释框架是对传统的“二元对立”的解释框架的一种超越或“融合”。

贝克的《风险社会：走向一种新的现代性》的标题，在向人们昭示这样一种观点，即我们并没有进入所谓的“后现代世界”，我们仍然生活在现代世界中，因为现代性并没有像有些后现代主义者所认为的那样被后现代性所取代或已经终结，它在当今已经具有了一种新的形式。他说：“正如现代化消解了19世纪封建社会的结构并产生了工业社会一样，今天的现代化正在消解工业社会，而另一种现代性则正在形成之中……本书的论点是：我们正在见证的不是现代性的终结，而是现代性的开端——这是一种超越了古典工业设计的现代性。"①

在贝克看来，现代性具有两种形式：一是古典工业社会时期的现代性，即"第一现代性或现代化"；二是当今的新的现代性，即"第二现代性或现代化"。贝克说，古典工业时期的第一现代性与工业社会相联系，而新的现代性即第二现代性与新的社会形式即风险社会相联系。贝克强调，这两种现代性与两种社会形式具有根本不同的特点，而当今正处于从第一现代性向第二现代性、工业社会向风险社会的转型时期。贝克在《风险社会——迈向一种新的现代性》《自反性现代化》中专门阐述了两种现代性以及与此相联系的两种现代化的理论，尤其是有关新的现代性或现代化理论，即第二现代性或现代化理论。

贝克讲："我用'第一现代性'来描述以民族—国家社会为基础的现代性，其中社会关系、网络和社区主要是从地域意义上去理解的。集体的生活方式、进步和控制能力、充分就业和对自然的开发这些典型的第一现代性的东西，如今已经被全球化、个体化、性别革命、不充分就业和全球风险（如生态危机和全球金融市场崩溃）等五个相互关联的过程暗中破坏了。如果我们更仔细地思考这五个过程，就能清楚地看到它们存在的共性：即它们都是第一现代性的、简单的、线性的、基于民族国家的工业现代化的成就的无法预测的结果。……这正是我在论及'反思现代化'时所指的意思。激进的现代化常常以一种既非人们愿意，亦非人们预期的方式，暗中削弱着第一现代性的根基，并改变着它的参照标准。或者，用系统论的术语说，功能差异的不可预见的后果再也不能被进一步的功能差异所控制。实际上，在第一现代性中最基本的关于可控制性、确定性

① ［德］乌尔里希·贝克：《风险社会——迈向一种新的现代性》，何博闻译，译林出版社2004年版，第3页。

或者安全性的想法土崩瓦解了。一种与社会发展的早期阶段有所区别的新的资本主义、新的经济、新的全球秩序、新的社会和新的个人生活正在形成。因此，从社会学和政治意义上说，我们需要一个词汇变化表，一个新的参照标准。这不是‘后现代性’，而是一种第二现代性。”① 因此，在贝克看来，第一现代性或现代化，是“简单的、线性的”现代性或现代化，而第二现代性或现代化，是“反身的”（reflexive）、“激进的”（radical）现代性或现代化，简称“反身现代性”或“反身现代化”。

许多学者就此评论说，目前国内学术界一般将“reflexive”理解为“反思的”或“自反的”，因而将贝克主张的第二现代性或现代化称为“反思的”或“自反的”现代性或现代化。只有个别学者将“reflexive”理解为“反身的”。作者比较倾向于这一理解。因为从贝克风险社会理论的认识论基本预设、分析模式以及整个理论倾向来看，“反身的”包容了“reflexive”的“反思的”与“自反的”这两种基本含义，即“反身的”既指现代性对于自身的反对——“自反的”，又指人类对于现代性及其后果的反思与应用——“反思的”。很显然，“反身的”所包容的“自反的”与“反思的”，其主体不同，即“自反的”主体是现代性本身，而“反思的”主体则是人类。总体而言，贝克侧重于现代性结构本身的自反性，而吉登斯则更加关注个体与社会（制度）的反思性。因此，贝克、吉登斯、拉什合著的 *Reflexive Modernization* 译成《反身现代化》比较合适。

贝克在《自由与资本主义》中对于第一现代性或现代化与第二现代性或现代化之间的区别作了概括性的总结。第一现代性或现代化的标志或特征是民族国家社会、大型组织社会或者

① ［德］乌尔里希·贝克：《世界风险社会》，吴英姿、孙淑敏译，南京大学出版社 2004 年版，第2～3 页。

说集体性社会、社会与自然的区分以及致力于充分就业的资本主义劳动社会等；而第二现代性或现代化的标志或特征是经济、政治、社会、文化的全球化、某种制度化的个人主义、自然与社会的对立变得成问题以及致力于充分就业的资本主义劳动社会概念受到了虚构的数字资本主义的内在的侵蚀等。[①] 并且，第一现代性或现代化与第二现代性或现代化之间是一种辩证的关系，即第二现代性或现代化由第一现代性或现代化发展而来，但根本不同于第一现代性或现代化，并从暗中破坏着第一现代性或现代化的根基。

在此基础上，贝克阐释了第二现代性或现代化理论。贝克在《自反性现代化》中指出："'自反性现代化'指创造性地（自我）毁灭整整一个时代——工业社会时代——的可能性。这种创造性毁灭的'对象'不是西方现代化的革命，也不是西方现代化的危机，而是西方现代化的胜利成果。如果说简单（或正统）现代化归根到底意味着由工业社会形态对传统社会形态首先进行抽离、接着进行重新嵌合，那么'自反性现代化'意味着由另一种现代性对工业社会形态首先进行抽离、接着进行重新嵌合。因此，现代社会凭借其内在活力暗中削弱着阶级、阶层、职业、性别角色、核心家庭、工厂和商业部门在社会中的形成，当然也削弱着自然的技术经济进步的先决条件和连续形态。在这个新阶段中进步可能会转化为自我毁灭，一种现代化削弱并改变另一种现代化，这便是我所说的自反性现代化阶段。"具体而言，第二现代化或"反身现代化""应该指这样的情形：工业社会变化悄无声息地在未经计划的情况下紧随着正常的、自主的现代化过程而来，社会秩序和经济秩序完好无损，

① 参见［德］乌尔里希·贝克等：《自由与资本主义》，路国林译，浙江人民出版社2001年版，第19～21页。

这种社会变化意味着现代性的激进化（a radicalization of modernity），这种激进化打破了工业社会的前提并开辟了通向另一种现代性的道路”[①]。并且，这种第二现代性并不是专属于西方社会的，也属于非西方社会。因为，在世界风险社会中，非西方社会与西方社会不仅共享相同的空间和时间，同时也共同分享第二现代性的基本挑战（在不同的地方和以不同的文化认识）。坚定地把非西方世界定位于第二现代性而不是定位于传统的范畴，将实现现代性的多元化，因为它为世界不同地区的现代性的多维（divergent trajectories）概念化打开了空间。“跨国间的相互依存进程的速度、强度和意义与日俱增，以及经济、文化、政治和社会的‘全球化’话语的发展，不仅意味着任何关于第二现代性挑战的分析都应当包括非西方社会，而且意味着需要对全球性的折射和反映在这些正在出现的全球化社会的不同方位进行检验”[②]。

贝克在《自由与资本主义》中对第二现代化或“反身现代化”作出了这样的论断：“民族国家‘集装箱’会自行解体，获得另一种性质，使得我们形成有关跨国性的流通、生活方式、交流关系的新观念，使得在各民族国家、各地区、各组织内部，即在社会的所有层面上，在经济领域、劳动领域、社会网络、政治组织内产生出各种机制。在这一意义上，全球化被设想为内部化的全球化。”[③]

贝克认为他的第二现代化或反身现代化理论是在扬弃吉登

① ［德］乌尔里希·贝克等：《自反性现代化——现代社会秩序中政治、传统与美学》，赵文书译，商务印书馆 2001 年版，第 5～6 页。

② ［德］乌尔里希·贝克：《世界风险社会》，吴英姿、孙淑敏译，南京大学出版社 2004 年版，第 3 页。

③ ［德］乌里希·贝克等：《自由与资本主义》，路国林译，浙江人民出版社 2001 年版，第 30、19～20 页。

斯、拉什的有关理论以及克服或超越现代主义者和后现代主义者之间的争议之后所形成的，是一种"第三条道路"的理论，它可以简约地表达为："现代社会的现代化进程越是深入，工业社会的基础便越是受到消解、消费、改变和威胁。这一过程可以超越知识和意识，在没有反思的情况下发生。"①

贝克阐述道，第二现代化或"反身现代化"理论包括这样几个方面的内容：第一，反身现代化的首要主体不是个人能动者与集体能动者，也不是科学家与普通人，而是结构。因为结构起着关键的作用，结构改变了结构，由此使行动成为可能。第二，反身现代化的媒介不是各种形态的知识，如科学知识、专家知识、日常知识等，而是非知识，是内在的动力，是见不着、想不到之物，即副作用。因此，我们正生活在副作用时代（age of side effects），而这正是我们在日常生活中和政治中需要从方法上和理论中进行解码和型塑的东西。第三，反身现代化的后果不是"抽离"和"再嵌入"，也不是美学化和社群的形成，而是个性化等。当然也涉及从神秘主义、宗教运动、新社会运动或新民族主义直至东西方冲突后政治的发展。第四，"反身现代化"的原动力不是一种新的现代化，而是在西方（资本主义的、民主的）工业社会模式中已知的那种现代化，这种现代化正在全球化，或者说具有了反身性。②

在贝克的论述中阐述了自反性现代化的后果。这涉及个体化、亚政治（sub-politics）、性别、家庭和就业体系等等。

① ［德］乌尔里希·贝克等：《自反性现代化——现代社会秩序中政治、传统与美学》，赵文书译，商务印书馆2001年版，第224页。

② 参见［德］乌尔里希·贝克等：《自反性现代化——现代社会秩序中政治、传统与美学》，赵文书译，商务印书馆2001年版，第221～222、223～224页。以上资料和论述，主要来自刘少杰主编：《当代国外社会学理论》，中国人民大学出版社2009年版，第246～247、266、249～252页。

在贝克看来，在现代性早期，风险和对风险的感知是现代性中占统治地位的“控制逻辑”（logic of control）的“无法预期的后果”（unintended consequences）。从政治学和社会学的角度看，现代性是由民族国家在技术上控制的一项社会规划。帕森斯将现代社会作为一个建构秩序和控制的企业。以这种方式，各种后果——风险，被制造出来，它们对民族国家的控制主张产生了疑问。这不仅是因为风险的全球性（气候灾难和臭氧空洞），而且也因为风险诊断的不确定性和内在的模糊性。由此，那些在现代性第一阶段中驾驭（社会）思想和（政治）行为的关于安全与控制的解释在全球风险社会中正在失去其真实性。在风险范畴的帮助下，我们试图对未来开拓得越多，它就越脱离我们的控制。在世界风险社会中不再可能使风险外化。①

贝克提醒人们注意，在现代性的第一阶段，风险基本代表了一种计算不可预知的后果的方式，即为了使不可预知的事物成为可预知的，由此，风险微积分学发展了相应的形式和方法来加强对风险的计算。但在自然变得工业化和传统变得可自由选择的程度上，出现了新类型的不确定性，即“人为的不确定性”。在此情况下，许多限制和控制风险的尝试转化成了对不确定性和危险的扩大。因此，风险社会对以秩序为基础的控制逻辑提出了挑战，它将关注的重点转移到了对我们自己制造的风险的有限控制的能力上。换言之，风险社会的主要问题是：在人为的不确定的状况下如何作出决定。这种人为的不确定状况不只是知识基础不完全的结果，而且是更多的知识往往意味着更多的不确定性。

在贝克那里，与风险社会和人为的不确定性相联系的风险

① Beck, *World Risk Society*. Cambridge: Polity Press, 1999, p. 73.

概念，指的是一种独特的"知识和无知的合成"（synthesis of knowledge and unawareness）。

杨善华、谢立中主编的《西方社会学理论》对此解释说，关于知识（knowledge）与无知（unawareness）的问题，贝克在《世界风险社会》第六章"知识与无知？关于自反性现代化的两个视角"中进行了专门的论述。贝克对无知的强调实际上是与他对现代化过程中的"无意识的后果"的重视紧密相连的。对"无意识后果"的谈论代表了一种知识的冲突，一种理性的冲突，即不同专家团体的主张相互冲突、碰撞。[①] 确切地说，它具有两层含义：一层是在经验知识基础上的风险评估（例如交通事故）；另一层是在风险不确定的情况下作出决策或行动。在此意义上，人为的不确定性概念具有双重指涉。首先，更多和更完善的知识正在成为新风险的来源。其次，风险源自或由无知（不知）所构成[②]。在现代性的第一阶段，无知通常被理解为"尚未知道"（not-yet）的知识或"可能永远都不会知道"（no-longer）的知识，即理解为潜在的知识。无知的问题从其对立面——知识（存在于生活世界的未被言说的确定性）中得到理解。而在现代性的第二阶段，认识的无能（inability to know）变得更重要了。这种认识的无能不是选择的对错与否或瞬间的疏忽问题，而是不同的专家团体的主张相互冲突的问题，这是高度发达的专家理性的产物。在这种"不知"不断增长以及无知随着现代化知识接踵而来的背景下，"在不确定的情况下作决定"这一问题凸现出来。但问题是：认识的无能是对行动的许可还是减缓行动、延缓偿付或可能根本就不行动？行动或不被

① 杨善华、谢中立主编：《西方社会学理论》（下卷），北京大学出版社 2006 年版，第 145 页。

② Beck, *World Risk Society*. Cambridge: Polity Press, 1999, pp. 140—141.

允许行动的依据怎样才能由认识的无能证明是正确的？因此，关键的问题是怎样应对我们的无知（或认识的无能）？怎样在人为的不确定性中及其之间作出决定？

新的风险类型同时是地区性的和全球性的，或“全球地区性的”。在风险社会的世界中，控制逻辑从内部崩溃了。贝克说：“风险问题的特征是没有确定的解决方法，更确切地说，它们的特点是一种根本性的矛盾，这种矛盾通过可能性计算加以领会，但却不能通过这种方法消除。风险问题的根本性矛盾使其有别于从定义上说倾向于明确性和可决定性的秩序问题，在明确性的缺乏不断加剧的情况下（且这是一个不断强化的发展过程）对社会的技术可行性失去信心几乎是必然的。”[①] 因此，风险社会理论并不是主张或鼓励在风险和人为的不确定时代里恢复控制的逻辑。这是现代性第一阶段的简单措施。在世界风险社会中，控制逻辑从根本上受到质疑。这就是为什么风险社会可以变成自我批判的社会的一个原因。

贝克关注现实主义与建构主义的争论以及知识与影响（impact）[②] 之间的区分。在他那里这种区分对于理解世界风险社会所面对的“不确定的全球风险”是非常重要的，因为影响的含义并不必然地和起因的含义相联系[③]。同时，危险的传递与运动经常是潜在的、内在的。这种社会无形性，意味着与其他的诸多政治问题不同。风险只有被清楚地意识到，才可以说它们构成了实在的威胁，而且这包括文化价值和符号以及科学论证。所以，是社会感知和结构使风险成为“现实”，它们的实在性是

① 参见［德］乌尔里希·贝克等：《自反性现代化》，赵文书译，商务印书馆2001年版，第13页。

② Beck, *World Risk Society*. Cambridge: Polity Press, 1999, p. 143.

③ Beck, *World Risk Society*. Cambridge: Polity Press, 1999, p. 143.

通过根植于前进中的工业和科学生产与研究程序的"冲突"而喷发出来的。风险知识与一个社会的文化和社会的知识结构紧密相连。

通常认为，依现实主义者的观点，发达工业生产的后果和危险现在"是"全球的。而依社会建构主义者的观点，"世界风险社会"不是以一种（科学诊断的）问题的全球性为基础的，而是以跨国的"话语联盟"（discourse coalitions）为基础，即在公共空间中声明全球环境问题的议事日程。换言之，现实主义者把重点放在世界风险社会上，而建构主义者则强调世界风险社会[①]。对贝克而言，现实主义和建构主义在对世界风险社会的处理方法和解释方式上并不是截然对立的。现实主义和建构主义既不是一种二者择其一的选择，也不仅仅是一个信念的问题。究竟采用何种方法，这是一个非常实际的选择，即一个为想要实现的目标而选择适当的手段的问题。贝克提倡一种自反性的现实主义（reflexive realism）的观点。这种自反性的现实主义第一次找到了理解"现实性建构了一种现实"的源泉，它揭示了自明性是如何被生产出来的，问题是怎样被削减的，可选择的解释是如何被藏进黑箱的，等等[②]。

贝克认为，世界风险社会的概念与一个自然与文化间明确差异的缺失的世界相关。贝克指出，我们生活在一个超出二分框架思想的混合世界中。"混合"世界的概念对于理解新事物是必要的但非充分的。与其说"混合"是一个正概念，还不如说它是一个负概念。它以某种方式表达了它不是什么——不是自然，不是社会等，但是它确实没有表达它是什么。贝克建议克

① Beck, *World Risk Society*. Cambridge: Polity Press, 1999, p. 25.

② Beck, *World Risk Society*. Cambridge: Polity Press, 1999, p. 26.

服支配我们思想的“不”“超越”和“后”[①]。

贝克论述了风险社会的治理机制。贝克指出，由于现代风险的高度复杂性（超出了任何单一专家系统可以解释和控制的范围）、广泛影响性（波及每一个社会成员）和危害的全球性（已远远逾越了现代工业所内含的民族国家的发展及其疆域边界的逻辑），因此，风险治理的主体不能再像过去那样仅由个别的民族政府来承担。在新的风险社会中，应该建立起双向沟通的“双向合作风险治理模式”，在政府、企业、社区、非营利组织之间构筑起共同治理风险的网络联系和信任关系，建立起资源、信息交流与互补的民族内部平台，在各民族政府之间突破国界构筑起共同的治理风险的国际网络（如预警灾害通报）和国际信任关系。过去传统的、以民族国家为单位的风险治理机制已不能适应“世界风险社会”对风险治理的要求，因为全球化在增大对国家提供的保障和管理风险方面的需求的同时，也降低了国家有效地发挥这一作用的能力。与此同时，由于人类大量的经济活动和社会活动的力量得不到跨国性机制的有效约束，当出现了超越民族国家的地区性和全球性风险时，缺少有效的世界性的机构来弥补这个“权力真空”。因此，建立风险治理的国际合作机制是一项刻不容缓的任务。只有这样，才可能充分动员一切社会力量和国际力量，共同应对未来可能发生的风险。

总之，贝克关于风险社会理论模型的建构体现了当代西方思想家对社会现实的一种回应策略，即确立一种分析当代西方社会现实的新的理论框架。他认为，要理解世界风险社会，必须突破原有的解释框架，即“建构论—实在论”认识论基本预

① Beck, *World Risk Society*. Cambridge: Polity Press, 1999, pp. 145－146.

设与"不是……就是……"的分析模式以及第一现代性或现代化理论，创建新的解释框架，即"建构的实在论"认识论基本预设与"既是……又是……"的分析模式以及第二现代性或现代化理论。在这里，"简单的""线性的"第一现代性或现代化与"反身的""激进的"第二现代性或现代化之间的关系，后者由前者发展而来，但根本不同于前者，并从暗中破坏着前考的根基。风险（社会）是现代性的产物，具有现代性的本质。简单现代性导致了工业社会的风险，也产生了新的风险，这些风险的累积构成了反身现代性的特征，并且与反身现代性导致的风险一起构成了新的风险，造就了新的社会类型，即风险社会的出现。（世界）风险（社会）具有"混合性"的特征，即风险是一种"虚拟的现实"，未来风险影响当前行为；风险陈述既是对事实也是对评价的陈述；风险处于控制与缺乏控制之间；风险是知识与不知的混合物；风险是"全球本土的"；风险是"人为的混合物"等。与工业社会的风险具有地域性、直接感知性、可计算性及明确的责任主体不同，风险社会的风险具有全球性、不可直接感知性、不可计算性及无明确的责任主体。风险社会与工业社会在社会理想、发展动力、团结类型、社会主题、分配逻辑、地位及冲突方面呈现出不同的特征。[①]

贝克强调，我们不可能在古典现代化的规范性范畴中思考，却在风险社会的模糊领域与纷杂喧嚣中生活和行动[②]。风险社会作为现代性的一个新阶段，将工业社会中隐性的、居于次要和从属地位的威胁以显性的、居于主导地位的形式凸现出来，即

① 刘少杰主编：《当代国外社会学理论》，中国人民大学出版 2009 年版，第 268 页。

② 参见［德］乌尔里希·贝克：《自由与资本主义》，路国林译，浙江人民出版社 2000 年版，第 25 页。

工业化社会道路上所产生的威胁（副作用）开始占主导地位。正是这些副作用成为风险社会发展的推动力。在古典现代化时期，许多经典社会学家认为，现代化进程中的副作用可以通过更优良的科技、进一步的功能分化、增进系统的合理化而得以吸收。这种方式赋予现代化进程的动力以自主性，认为现代化进程总是可以吸纳它自身产生的问题。然而通过风险社会的理论模式我们看到，这些潜在的威胁不仅难以察觉、超出了我们的想象力，而且也不是科学所能决定的，更无法依据工业社会体系自身的制度化标准来处理和消化。相反，它暴露了工业社会本身深刻的制度性危机，即尽管种种副作用是在现代化的过程中产生的，但它无法在现代化自身的制度框架中解决。换言之，并不是我们对风险的恐惧不足，而是我们意识到了风险的大量存在，但在利益原则的驱动下，我们很难放弃对既得利益的追求，而且在一定程度上，这一原则获得了制度上的支持。因此，风险社会理论实际上向我们展示了这样一个悖论：当今社会所存在的问题是日益清楚地意识到前方的危险，但阻止这些危险或缓解其危害性的能力却在逐渐减弱。这就是拉什所说的“自反性的极限”的观点，即在反思的主观能力与世界对反思可能采用的实践手段的免疫性之间缺少认同感甚至协作①。因此，风险社会理论实际上对自工业化社会以来一直运行的制度基础提出了挑战，或者说不断增加的风险不仅增强了我们的理性反思能力，而且促使我们对理性能力本身进行反思，这种自反性的增强，促使我们寻求一种制度上的突破。②

---

① 参见［英］鲍曼：《后现代的伦理学》，张成岗译，江苏人民出版社 2003 年版，第 237 页。

② 此处后半部分资料和论述主要来自杨善华、谢立中主编：《西方社会学理论》（下卷），北京大学出版社 2006 年版，第 125～128 页。

3. 亚历山大的新功能主义社会学:社会行为与社会结构的重新解释。

(1) 社会学理论在帕森斯(1902—1979)的综合之后,面临许多困难,诸多学者从不同角度为解决这些困难作出努力。而重要的难题仍在于,社会学理论在综合过程中的那些问题,如行为与结构、个人与社会、微观与宏观等问题,如何在理论体系的架构中得到恰当说明。于是新功能主义应运而生。

新功能主义成为当代西方社会学中的一股重要思潮,影响遍及欧美许多国家。美国社会学家亚历山大(1947—)1985 年明确倡导新功能主义。这一思潮经过几十年发展,其影响力远远超过了之前的功能主义社会学。这之前的传统功能主义社会学理论作为一种理论范式,人们往往认为,生长于孔德、斯宾塞(Herbert Spencer)的著作,经过人类学家布朗(A. R. Radcliff-Brown)、马林诺夫斯基(Bronislaw Mainowski)和社会学家涂尔干等人的阐发,由帕森斯等人集大成,终于发展成为一个被一些学者所称的“巨型理论”体系。对于这个理论体系,由于其重于解析社会的结构功能,故被称为“结构功能主义”的社会学理论体系。20 世纪 40 年代至 60 年代中期,以帕森斯为主要代表的结构功能主义在西方社会学界曾一度被公认为是社会学理论的主导范式,成为一种占统治地位的理论流派。也就是说,在这一时期,西方社会似乎在结构功能主义基础上取得了一时的理论统一,甚至有人公开宣称:“功能主义方法根本上就是一切社会科学所使用的方法,无论他是否成为功能主义者。”①

自 20 世纪 60 年代中后期起,功能主义开始受到众多学者

① [英]艾伦·斯温杰伍德:《社会学思想简史》,陈炜、冯克利译,社会科学文献出版社 1988 年版,第 236 页。

的批评，促使社会学理论家重新思索社会学的方向。各种新理论纷纷兴起，向帕森斯的“巨型理论”发起冲击，其中的微观社会学理论猛烈抨击帕森斯理论中侧重对社会结构分析的方面，强调要特别重视对个体行为（行动）进行分析，要求恢复个体的创造性和自由。这些激烈的批评迅速导致结构功能主义理论主宰地位的衰退。一些反对功能主义的社会学理论相继兴起，形成了新的主流社会学范式，并逐渐取代了帕森斯理论而居主导地位。

20 世纪 60 年代到 80 年代，西方社会学理论一直处于多元并存的局面之中。诸家各执一端，在一定时期内这些理论又形成“微观宏观大分裂”，围绕一系列理论问题展开激烈争论，争论中也充分暴露了这些理论自身的致命弱点，即偏执一端而缺乏综合性。

20 世纪 80 年代中期以来，西方社会学家们逐渐意识到这种局面的消极后果，意识到尽快打破现存的理论疆界而对各派理论进行恰当综合的重要性。帕森斯理论中强烈的综合意识又重新引起社会学界的兴趣，各种理论内部开始出现试图进行新的综合的种种尝试。各派社会学家纷纷行动，“以极大的兴趣向其他的理论传统伸展”，以弥补因各派别纷争而在不同理论维度上造成的鸿沟，“努力发展出一种新的更为综合性的理论”[①]。西方社会学理论由此进入一个新的阶段，即在一个新的基础上对过去分离的理论传统重新进行大综合。“新功能主义”就是在这个“新的综合”阶段上产生和兴盛起来的一个具有重要影响的新理论思潮或理论倾向。

对于“新功能主义”，欧美国家中的许多社会学家都被这一

① G. Ritzer，(ed.)，*Frontiers of Social theory：the New Syntheses*，Columbia University Press，1990，p. 1.

标签的提出者亚历山大和柯罗米认定为"新功能主义者"。以下是依据亚历山大、柯罗米编纂的《新功能主义》《新功能主义社会学》等著作中的资料开列的一个"新功能主义者"名单：亚历山大（J. Alexander）、柯罗米（P. Colomy）、芒奇（R. Munch）、艾森斯塔德（S. Elsenstadt）、斯梅尔瑟（N. Smelser）、罗西（A. Lossi）、巴伯（B. Barber）、莱希尼尔（F. Lechner）、古尔德（M. Gould）、苏里（D. Sciulli）、普拉格（J. Prager）、鲁曼（N. Luhmann）、贝拉（R. Bellah）、莱尔阿肯（E. Tiryakian）、格尔兹（C. Geertz）、罗伯特森（R. Robertson）、鲍姆（R. Boum）、莱文（N. Levine）、格斯坦（D. Gerstein）、利兹（V. Lidz）、泽丽泽（V. Zelizer）、普拉特（G. Platt）、罗德斯（G. Rhoadse）、施卢赫特（W. schluchter）、钱帕基（D. Champagne）、博里库德（F. Bourricaud）、阿切尔（M. Archer）……其中最主要的代表人物是亚历山大、柯罗米、芒奇、艾森斯塔德、斯梅尔瑟、阿切尔等人。新功能主义者的主要代表作有，亚历山大的个人著作《社会学的理论逻辑》（1982—1983）、《结构和意义》（1989）、《行动和它的环境》（1988）、《文化和社会》（1990）；亚历山大编辑的文集《新功能主义》（1985），亚历山大与柯罗米合编的文集《分化理论与社会变迁》（1990），柯罗米编辑的文集《新功能主义社会学》（1990），亚历山大等编辑的文集《微观—宏观之环》（1987），艾森斯塔德的专著《帝国的政治体系》（1963），艾森斯塔德与库雷诺合著的《社会学的形式：范式与危机》（1976），芒奇的著作《帕森斯与行动理论》（1980），阿切尔的专著《文化与主体性》（1988），鲁曼的专著《社会分化》（1984）。

在亚历山大看来，"新功能主义"这个词明确地表达了它与传统功能主义（主要是结构功能主义）既有联系，又有区别。作为一种新的"功能主义"，它与传统的功能主义尤其是帕森斯的结构功能主义有明确的继承关系。按照它最积极的提倡者亚历山大的说法，之所以采用“新功能主义”这个提法，是为了表明，只有“帕森斯的分析模式为（社会学理论的）一种新综合提供了唯一可行的基础”①。另一方面，“新功能主义”作为一种“新”功能主义，意味着它并不仅仅是要简单地复活“老”的功能主义。亚历山大对帕森斯的理论进行了重新解释。他认为帕森斯的著作实际上体现了一种对古典社会学理论传统的综合。学者们认为，帕森斯理论的内容是异常丰富的，而在许多处又是模糊且自相矛盾的。亚历山大认为，在新的知识背景与历史条件下有必要也有可能对功能主义理论作出新的解释和发展。有人指出：“作为当代社会学的一种理论观点，顾名思义，新功能主义是从扬弃和发展功能主义而来的。确切地说，它是在后实证主义立场上试图重构帕森斯理论的功能主义思想，使之能融汇社会学各种传统和当代各种理论观点成为具包容性的整体而提出的一个多维性的框架。”② 所以，应该说新功能主义是扬弃和发展了的功能主义。

人们认为，迄今为止，新功能主义者们已经在理论与经验层面上做了大量研究工作。可以说，这些工作已经使得以帕森斯结构功能主义为代表的传统的“功能主义”理论逐渐呈现出一种新的面貌。

（2）杰弗里 · C. 亚历山大（Jeffrey C. Alexander，1947—），美国人，本科毕业于哈佛大学，在加州大学伯克利分校读研究生。现任加州大学洛杉矶分校社会学教授，创立了名

① J. Alexander，and P. Colomy，“*New functionalism Today*：Reconstructing a Theoretocal Tradition”，in G. Ritzer（ed.），*Froniters of Social theory*：*the New Syntheses*，Columbia University Press，1990，p. 36.

② 苏国勋：《社会理论与当代现实》，北京大学出版社 2003 年版，第 33 页。

为新功能主义的社会学思想学派。社会学界这样评价他：为学界所称誉，当代社会学理论界屈指可数的领军人物之一。

20 世纪 80 年代初，亚历山大用两年的时间将他的四卷本巨著《社会学的理论逻辑》付梓问世，向美国乃至整个西方社会学中历来占主导地位的实证主义、科学主义观点发起了挑战。针对当代西方社会学忽视理论思维的问题，亚历山大强调理论对于社会学认识的重要性，指出对于社会学发展而言理论逻辑和经验逻辑具有同等重要的意义。有学者指出，亚历山大对理论逻辑的强调，并不意味着亚历山大的社会学思想是反实证主义的，而是表达了一种有原则的中间立场：既反对社会学的唯实证主义，也反对将理论逻辑化约为价值观或者意识形态的主观主义做法。

在《社会学的理论逻辑》出版的第二年即 1985 年，亚历山大把他收集的同行的论文结集出版并冠以《新功能主义》的书名。在这本书卷首的导言中他首次旗帜鲜明地倡导新功能主义观点，并且详细阐释了这一术语的含义。他指出，新功能主义的出现，虽然不是帕森斯的功能主义的翻版，但二者的确有某种亲缘关系。他说"功能主义"这一术语"所指出的并非是一套概念、一种方法、一种模式或一种意识形态。毋宁说，它指的是一种传统"[①]。在以后的几部著作，例如《第二次世界大战以来的社会理论 20 讲》(1987)、《行动及其环境：走向新的综合》(1988)、《结构和意义》(1989)、《文化和社会》(1990)、《新功能主义及其后》(1998) 和一系列论文中，亚历山大对新功能主义的观点加以丰富和完善，力求使新的功能主义成为一种对各种理论传

① J. C. Alexander *Neo-functionealim*, Beverly Hills, Sage 1985, p. 9.

统重构和对当代不同理论流派综合的研究纲领。

1985 年，亚历山大在为《新功能主义》一书所撰写的序言中，描述了他自己对功能主义传统的重新解释。按照他的解释，功能主义传统有以下六个特征：第一，功能主义在描述性而非说明性的意义上提供了一种社会各部分之间相互关系的一般图景，认为社会是由彼此联系互相作用的各要素所组成的、多元的与开放的系统。第二，功能主义不仅关注结构而且关注行为，不仅关注行为的实践性与手段性而且也关注它的表意性与目的性。第三，功能主义关注社会整合及社会控制的变异及过程。第四，功能主义假定人格、文化与社会之间的区别为社会结构所必需，这之间的相互渗透所产生的张力是变迁与控制的持续根源。第五，功能主义认为分化是社会变迁的主要形式。第六，功能主义强调概念化与理论化的独立性。亚历山大认为，虽然功能主义上述六个特征的每一方面都与社会科学中的其他线索相关，但是没有哪一种其他的理论传统可以认同于功能主义的上述所有特征。就此而言，功能主义传统实际上比其他的社会学理论传统具有更大的包容性，它具有成为一种成功的社会学理论所需要的基本素质。① 因而成为对社会学理论进行新综合的合适基础，甚至被一些人认为是唯一可行的基础。② 亚历山大以他的说法，明确表达了新功能主义者对功能主义要对社会学加以综合的坚定信念。

在对经典理论分析的基础上，亚历山大又特别指出新功能主义具有以下基本特征：第一，集中关注系统，将其视为相互

① ［美］亚历山大：《论新功能主义》，《国外社会科学》1991 年第 3 期。

② J. Alexander, and P. Colomy, "*New functionalism Today*: Reconsitructing a Theorltocal Tradition", in G. Ritzer (ed.), *Frontiers of social theory*: *te New Syntheses*, Columbia University Press, 1990, P. 40.

关联的各个部分所组成的整体，各个部分的行动相互影响。第二，关注行动和结构，既关注条件状况与手段，也关注表现状况与目标。第三，把整合解释为只是在面对越轨和控制系统时发生的一种可能性，整合确实蕴含着一种均衡观念，但这种均衡观念只是一个观察者范畴，而不是一个行为者范畴。第四，把文化视为一块自治的领域，社会化是一个关键的过程。第五，认为分化是社会变迁的主要过程。第六，集中关注理论阐述过程，视其为一种独立于经验研究和观察的活动。① 由此可以看出，在亚历山大看来，新功能主义的新并不意味着对传统功能主义的简单复活。其意指新功能主义作为一种发展的理论，既包括对传统功能主义理论的某些基本原理的批判，也包括把一些性质上完全对立的理论传统包容进来。用亚历山大的话说就是，引进新功能主义这个词是为了强调继承性和内部批判这双重要素。② 新功能主义一方面要对传统功能主义进行内部批判，这种批判主要表现在指出其理论中的一些缺陷，如思想上的矛盾，前后不完全一致等，认为后期帕森斯的思想逐步向系统、整合、文化、均衡等维度倾斜，偏离了他早期的综合精神。另一方面也在充分吸收20世纪60到80年代产生的许多新理论成果的基础上重建功能主义。这种重建，要使功能主义把它们的基本思想整合进功能主义的框架中去，建立一个有多维性质的综合性一般理论。

亚历山大讲："社会学的工作可以被理解为从非常抽象、一般化和隐喻的一般向具体、应验和实际的另一段持续地前进和

① 参见马尔科姆. 沃特斯：《现代社会学理论》，第171页。

② Alexander (ed.). *Neo-functionalism* Today: Reconstructing a Theoreticai Traditon, In G. Rizer (ed.), Frontiers of Socialtheory, The Nwe Syntheses, New York, Columbia University Press, 1988. P. 40.

扩展。”[①] 有研究者指出，亚历山大这些话实质上是在表明，要基于帕森斯的结构功能主义理论传统而加以重构。他提出科学思维运行在经验环境与形而上学环境之间的“科学连续体”上，社会科学行动的其他要素，都落在这两点之间。这种表述如下图所示：

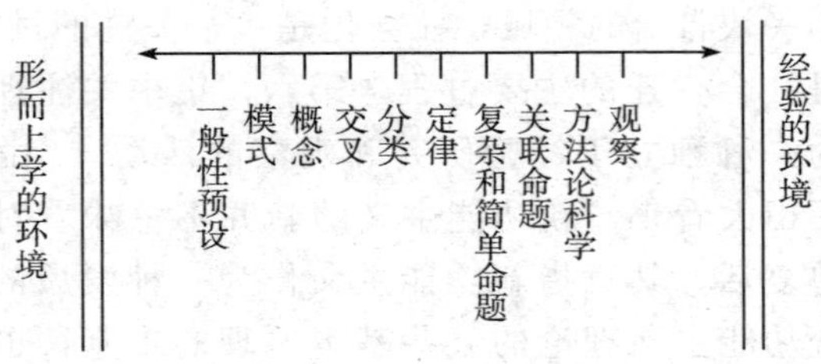

科学思想连续体

亚历山大把这种科学观称为“科学思想连续体”。他指出，位于靠近连续体右侧的那些科学陈述之所以被说成是“经验性的”，是因为其形式更多地受到精确性描述的观察的影响，从而具有应验描述的“特定性”；而位于靠近左侧的陈述之所以被认为是“理论性的”，则是因为其形式较少关注为这些陈述提供信息的观察的直接性。他说：“社会学理论逻辑的任务就是要解释这些科学规则的作用及其内部相互关系。而且唯有对科学加以这样的区分理解，才能解释唯心主义者同实证主义者或唯物主义者之间的分歧，才能真正理解科学本身。因为这样能够清楚地看到任何科学的结论都是经验环境与形而上学环境两个层次之间交互作用的产物。”[②]

① Jeffrey. C. Alexander，*Postivism*，*Presupositions*，*and Current Controversies*，Berkeley，University of California Press，1982.

② ［美］亚历山大：《〈社会学的理论逻辑〉第 2 卷序言》，《国外社会学》1998 年第 6 期。

一些研究者指出，这种观点强调科学思维中的理论与经验之分的相对性，"科学思想连续体"上的各层次之间有相互依赖性。实际上，每一科学分析都隐含着对科学思维其他分析层面的指涉和参照，至少要受到其他诸层面的影响。所以亚历山大指出，"科学思想连续体"中每一层次之间在研究规则上既具有相对独立性，同时，彼此之间还具有高度密切的联系。社会学理论的不同传统，实际上就是因为它们把"科学思想连续体"中的某一层次的要素视为比其他层次更有决定意义。在亚历山大看来，"科学思想连续体"中的每一层次的要素都是重要的，有时甚至是有决定意义的。

社会学界后来特别重视亚历山大对功能主义的重构，认为这种重构体现在一般性话语和研究纲领两个方面，而且把一般性话语当作发展新功能主义的中心工作，因为它涉及对基本假设、社会学争论的意识形态的和形而上学的用意以及更广的历史背景的定位。

亚历山大认为，社会学的不同形式都有自己的传统和思想流派渊源，社会学研究可以在不同的概括水平上进行，而且可以提出不同的话语方式。显然在亚历山大那里，他更重视一般性话语的构建，而且他强调了一般性话语是从传统的、经典的理论中演化出来。亚历山大提出："话语，而不仅仅是解释，成为社会科学领域中的主要特征。"[①] 因为话语是通过争论而不是预测去提出假设，它的说服力是基于逻辑一致性、范围的广泛性、解释性的领悟、价值相关性、修辞作用、优美和争论的脉络结构等因素。

亚历山大强调，这种社会科学观念意味着，任何传统都是

---

① J. C. Alexander, The centrality of the classics, *In A. Giddens and J. Turner. Social Theory Today Cambridge*, Polity Press, 1987. pp. 11－57.

"科学思想连续体"上的一个环节。为此，亚历山大才将传统科学的社会观念分为两类：一般性话语和研究项目。一般性话语是指科学连续体中左边所列问题的讨论，即一般性预设、用来描述和解释社会过程和系统的一般模型，以及明确意识形态取向或者有关特定陈述的意识形态暗示；研究项目就是在科学连续体右边所列的各种问题，这些议题被假定为是没有疑问的，因为这种社会学研究模式旨在解释具体的经验结构和过程。

亚历山大指出，尽管一般性话语和研究项目都是围绕解决问题的行为，但两者之间却有很大的不同。研究项目主要围绕具体问题，并且具有明确的经验指向。而一般性话语则更加关注相对抽象的问题，这些抽象问题的经验指向并不总是很明显。在阐述一般问题并试图解决它们的过程中，一般性话语建立了一个恰当与合理的环境，它告诉我们，如何接近能够看到的事物和有可能被问及的关于看到了什么之类的问题。根据一般性话语给出的参考框架，研究项目确定并试图解决具体的经验问题。因此，一般性话语更倾向于形而上学的问题，这样的研究更接近哲学。从后实证主义观点来看，一般性话语在社会学中扮演了重要角色。

亚历山大又指出，一般性话语和研究项目所关注的问题是不同的，在一般性话语层次，研究内容涵盖了传统经典理论的类别、分析范围和经验范围，对古典社会学著作进行精确的解释，表明意识形态立场关于某个时代的主流意识、问题和社会运动的共鸣、逻辑一致性，以及其在经验研究中的应用性；研究项目的层次，其研究主要在试图解释一定时间范围内本学科提出的经验结构和过程。

社会学家往往这样评论亚历山大的新功能主义，其所强调的"科学连续体"中包含着这样的思想：一般性话语和研究项目，二者都是解决问题的行为，但一般性话语更加关注相对

"抽象、一般化"的问题，而研究项目主要围绕"具体经验和实际的"问题，并且具有明确的经验指向。一般性话语和研究项目所关注的问题是不同的。亚历山大更强调一般性话语在社会学研究中的重要性。他所说的一般性话语的核心观点是多维度性，这个多维度性思维使得众多的议题成为亚历山大所关注的焦点，这里特别包括对行动与秩序的分析。

亚历山大认为科学研究最重要的是要找到普遍预设。普遍预设有两个标准，其一是它们不能被还原为科学连续体中更趋近经验层面，或者说这些预设有能力发展出一套框架，使其他的科学相关物作为它们的具体化而在其中得到理解；其二是它们是真正的"决定性的"，对其他层面的理论分析有重要的意义。在亚历山大看来行为和秩序要符合以上这两条标准，而且行为和秩序的普遍性问题是社会学理论中两个最重要的一般预设，因而，也应该是一般性感悟和社会学研究的核心主题。人们认为，亚历山大对社会学思想史的整理，总是基于此而围绕行为和秩序来进行的。

亚历山大认为，在社会学中，作为知识的特定形式，行动与秩序预设性的立场是在个体与集体这两个分析层面上被体现的，亚历山大称此为"调制"（modulations）。在个体层面上，必须预设行为，特别是预设行为者与手段之间的关系。而在集体的层面上，必须预设秩序，即行为者相互关联的方式。所以，这里讲的，作为行为的行动关照的是个体，研究者重于微观领域；这里讲的秩序关照的是社会，研究者重于宏观领域。将行动与秩序关联起来的说法就是，处于微观的个人行动怎样影响宏观的社会结构及社会秩序。

亚历山大对社会行为和社会结构进行了重新解释，他在批判吸收社会学各种微观理论观点的基础上，提出了一个他认为的新的分析模型：

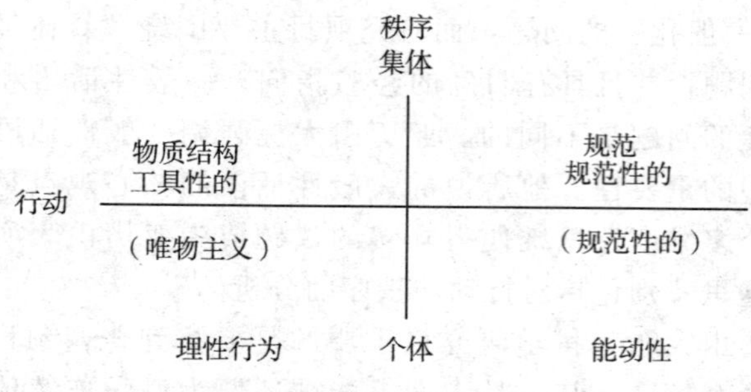

社会行为与社会结构的分析模型

亚历山大根据他提出的这个解释模型指明，个体的行为是应变行动（contingent action），它具有解释性（interpretation）和策略性（strategization）两个基本特征。解释性和策略性是任何行动过程在任何时间点上都包含着的两个不可分割的方面，它们只能在理论上作为两个分析的要素而被区分开来。因此，决不能把它们设想成为两类不同的行动或同一行动过程中的两个不同阶段。对此，亚历山大作了进一步说明："行动沿两个基本维向发展：解释性和策略性。行动是可理解的，但它同时又是实践性和功利性的。行动的这两个方面应该被看作是经验意识流中的分析要素。它们既不代表不同种类的行动也不代表单一行动中不同时点的不同侧重方面。任何行动都是解释性和策略性的，每一过程在任何一个时间都是连续发生的。"[①] 亚历山大所说的行动的解释性由两个不同的过程，即类型化（typification）和发明（invention）构成。他强调，前者是指从现象学的观点看，所有行为者都把对世界的理解当作真实的，这是人们日常生活中解释事物的基本方式，这构成了社会行为的意义性的一个方面。但类型化并不是人们理

① J. C. Alexander，*Action and Its Environments*，New York，Columbia University Press，1988，p. 312.

解现实的唯一模式，人们还会遇到一些用现有的分类系统无法涵盖的新现象、新性质，这时就需要创造一些新的范畴或类型来标识它们，这个过程就是发明。

亚历山大讲，与解释性并列，策略性构成了行为过程的另一个发现。在亚历山大看来，行为中的解释性与策略性是相互交错、相互影响的。策略性以解释性为基础，策略性计划也影响我们对世界的解释和理解过程。亚历山大认为他描述了行为所具有的偶然性与创造性本质。按照这一模式，行为不再是一种木偶式的规范性行为，而是一种积极的、能动的理性行为。它不再是简单地遵循文化与社会环境的压力，而是积极地去寻找改变它所遭遇的环境。亚历山大在将行为偶然性与创造性思想引入功能主义的同时，也重申了功能主义关于环境对行为具有强制性的思想。就这样，既坚持环境对行为的强制性效果，又强调行为的偶然性和创造性，强调行为对环境的变革作用，这就是亚历山大对行为提供的一种新的分析模式。

但亚历山大同时又提出，应变行为并不等同于经验观念上的个体行为。他说，行为总是发生在一定的集体性结构环境之中。而构成行为环境的要素或系统有三种：人格、文化和社会；前两者属于行为的内部环境，而社会系统是行为的外部环境。他认为，行为可以看作是在心理、文化和社会环境之间的流动。这样，行为过程便与结构（或秩序）要素联成一体。正是在这一点上，亚历山大指出："由于应变行动是意义性的，所以对意义的性质和要素的更复杂的理解成为任何微观与宏观结合的中心问题。"① 意义与文化系统密切关联，所以亚历山大考察的重点问题是文化以及社会的分化。

① J. C. Alexander, *Action and Its Environments*. New York, Columbia University Press, 1988, P. 7.

对于秩序，亚历山大希望给它一个优先的位置，这与行为同属于社会理论的问题。因此，亚历山大对秩序作了如下陈述："秩序问题在于，个体单位是如何被安排在非随机的社会模式中，而不论这些单位处于何种动机。"①

关于秩序的预设，有人把秩序当作一个剩余范畴，认为秩序可以化约个体的行为；有人认为秩序的形式是整体的，而非协商性的，在这种立场中，目标被化约为维持或推翻权力结构方面的物质利益。而与之相对的另一种立场——社会学观念论则将秩序内化到主观意识之中，在这种立场下，秩序是个体认同集体规范的产物，而不是被强加的此类规范。

亚历山大发现，以上这些立场都不充分，他认为："如果支配理论的是一种物质论取向，那么内在秩序将表现得似乎根本没有什么秩序，并且被构建的秩序将完全消除唯意愿论。而如果支配理论是一种物化的个体现，那么原则上将不可能调和唯意愿论与秩序论……真正的理论关注完全在于集体秩序中规范的、内在的面向。而社会生活内在纬度与外在纬度之间的冲突则在实质上被排除了。"② 由此，亚历山大赋予唯意愿论和集体以优先地位。

除此之外，亚历山大认为，以往一些社会学理论之所以失败，起因便在于选择了预设的一极，而拒绝或者说化约了另一极。这种传统的行为和秩序分析的单向概念不可避免地引起无意义的争论，为了走出双方的争论，亚历山大作了一个多维度的综合：①"强综合"。他认为，在假设的层次上，行为应当被视为理性和非理性要素的产物。就本质而言，多维度方法坚持

① J. C. Alexander. *Theoretical Logic in Sociology*, *In Positivism*, *Presuppositions*, *and Current Controversies*, London. Routledge, Vol. 1, p. 92.

② J. C. Alexander, *Theoretical Logic in Sociology*, In Positivism, Presuppositions, and Current Controversies, London, Routledge, Vol. 1, p. 110.

认为，行为是由外部环境的理性适应和内部的主观理解共同塑造的。②"弱综合"。他尽管在秩序问题上基本站在集体主义立场，但也明确承认，在个体行为者在"再生产并改变社会模式与结构"的问题上，个体主义的理论提供了有用的经验洞察。这种"多维度"的思路，涵括了亚历山大所讲的关于秩序的"物质论"和"观念论"预设。

总之，亚历山大讲的社会行为和社会结构已超越了帕森斯的观点；亚历山大的理论强调两个突出的思想：一是社会行为的应变性，二是多维的社会结构观。这一研究为认识社会行为与社会结构的关系提供了新的视角，为功能主义理论的发展注入了新的活力。[①]

（3）以上可见，亚历山大倡导的新功能主义，既充分肯定帕森斯功能主义中重视社会行为结构功能的见解，又对帕森斯及其之前的功能主义作出改进。他与柯罗米、罗西、芒奇、艾森斯塔德、斯梅尔瑟、罗德斯等人一起，基于新功能主义更重视社会行为理论，在社会结构、社会过程、社会变迁诸方面成系统地展开，实现了这一时期社会学理论的综合。这体现于新功能主义与社会行为理论、新功能主义与社会结构理论、新功能主义与社会过程理论的关系之中：

①关于新功能主义与社会行为理论。

有人在对此加以概括时讲，帕森斯以前的功能主义都没有包含明确系统的行为理论。把"行为"及关于行为的研究正式引入社会学领域（主要是"理解社会学"的开山祖师韦伯的功绩。而在韦伯学说的基础上，把"行为"及关于行为的研究引入实证功能主义理论当中，则是帕森斯的功绩。他们强调，帕森斯试图通过这一做法，将"理解社会学"对微观个人行为的

① 参见刘少杰主编：《当代国外社会学理论》，中国人民大学出版社 2009 年版，第 433～434、437～441 页。

强调与实证的功能主义社会学对宏观社会结构的强调结合起来，以克服传统功能主义只重宏观不重微观、只重社会不重个人的缺陷。就行为理论本身而言，帕森斯也试图通过多方面的综合来建立起一个更一般的行为理论框架，提出行为是一个包括手段、目的、规范、条件与主观努力等多重要素在内的具有多方面属性的动作过程[①]，单纯把其中的某一类要素或属性抽出来对行为进行描述是不合适的。然而，尽管帕森斯试图以微观行为的理论来作为他整个社会学理论的基础，尽管他的行为理论框架本身具有很大的包容性，但在其总的理论偏好与发展趋向上，他却倾向于强调行为受规范制约的一面，偏好于用“规范性行为”或“志愿性行为”作为描述人类社会行为的基础模式。由于这种偏好，行为者为实现目标所做的各种主观努力这个对行为过程具有重要意义的方面被有意无意地忽略了，行为者成了一个其内部主观状态不明的“黑箱”[②]。在帕森斯中期结构功能主义色彩浓厚的著作中，这种内部努力状态不明的“规范性行为”过程，逻辑地被演绎成为个体通过社会化的社会规范与社会期望指引下的简单的角色执行过程。这种“过度社会化”的关于人及人的行为形象，正是帕森斯理论受到强烈批评的一个方面。符号互动论、本土方法论、社会现象学、社会交换论等“微观社会学”理论正是针对帕森斯理论的这个基本缺陷而兴盛发达起来的。对行为者内部努力过程（理解意义、确立规则、计算得失）的探究正是各种微观社会学理论的基本目标。[③] 为了

---

① J. C. Alexander, *Action and Its Environments*, Columbia University Press, 1988, p. 308.

② J. C. Alexander, *Action and Its Environments*, Columbia University Press, 1988, p. 109.

③ J, C. Alexander, *Action and Its Environments*, Columbia University Press, 1988, p. 309－311.

消除帕森斯理论的上述重要缺陷，许多新功能主义者做出了积极的努力。亚历山大则是其中的代表人物之一。

亚历山大在力求吸收一系列社会学理论合理思想的基础上，提出了一个更具综合性的微观行为理论模式。亚历山大提出行为总是沿着两个基本的纬度进行。这两个基本纬度就是解释（或理解，interpretation）与谋划（strategization）。行为不能像帕森斯想象的那样理解为高度规范化或者机械化的过程。行为，正如"符号互动论/社会现象学者"所指出的那样，首先是理解性的；但行为并非只是理解性的，它同时也如交换论者所指出的那样，是实践的与功利性的。解释与谋划，是任何行为过程在任何时间点上都包含着的两个不可分割的方面。它们只能在理论上作为两个分析的要素而被区分开来。决不能把它们设想为两类不同的行动或同一行为过程的两个不同的阶段。"解释"又包括两种不同的过程：类型化（typiication）与发明（invention）。对于类型化过程，舒茨的社会现象学与加芬克尔的"本土方法论"都作了详细的研究。这些研究表明，"类型化"是我们日常生活中解释事物的基本方式。而人们之所以常常采用类型化方式来解释世界，是"因为他们充分期望每个新的印象都将是他们已经发展起来的对世界所作出理解的一个类型。这种类型化方式不仅仅是在传统的总体水平上起作用。即使当我们遭遇某些新的和令人激动的事物时，我们也期望这种新的特征和令人激动的特征是可以被理解的，它将被我们在我们已拥有的参考词汇范围之内所认识。我们无法将自己从我们的分类系统中剥离出来"①。就以"类型化"作为认知的一种基本方式而言，最现代的心智与最古老的心智之间并无重大区别。所谓的

① J. C. Alexander, *Action and Its Environments*, Columbia University Press, 1988, p. 312.

“社会化”就是学习掌握各种类型：“每个集体的成员都必须学会给每一种可能的情景作出解释，去除名称，找出它们的类型词汇。”① 然而“类型化”并不是人们理解现实的唯一模式。尽管我们总是力图将遇到的每一事物都概括到我们已有的分类框架中去，但真实的事物总是每每不同，我们总会遇到一些用现有的分类系统无法涵盖的新现象、新性质，这时我们就需要创造一些新的范畴或类型来表示它们。这个过程就叫“发明”。归类与发明构成了解释过程的两个基本方面。我们就是通过这两种方式来达成对现实的理解。与解释过程并列，“谋划”则构成行为过程的另一个方面。“行为不仅仅是理解世界，它也改变和作用于这个世界。行为者寻求通过马克思所说的实践（praxis）来贯彻他们的意图，由此他们必须协同他人或他物，一道行为，或者通过行为来抵制他人或其他事物。这种实践行为肯定只能发生于确定的理解范围之内，但在对事物清楚理解的基础上它引入了策略性的考虑：使成本最小化和使报酬最大化。”② 因为人实现意图需要时间和能量，而时间与能量是有限的，因此它们要根据最小费用原则来加以配制。“谋划”或“策略计划”由此便成为行为过程中一个必不可少的部分。

亚历山大认为，行为中的这两大方面是相互交错又相互影响的。“谋划”须以“解释”作为基础，而我们的策略计划过程影响了我们对世界的解释或理解过程。我们并不试图去“理解”进入我们意识中的每一种现象。我们对时间、能量、可能获得的知识、目标实现难易程度的考虑，显然会影响我们的认知过程。我们多半会选

① J. C. Alexander, *Action and Its Environments*, Columbia University Press, 1988, p. 313.

② J, C, Alexander, *Action and Its Environments*, Columbia University Press, 1988, p. 314.

择在未来的偶然环境中给最可能、最容易达成的目标来作为我们的优先认知对象。通过这种集符号互动论、"解释学/现象学"以及交换论于一体的对行为理论的"解释学的重建"，亚历山大认为他揭示了在帕森斯那里处于"黑箱"状态的行为的内部过程，描述了行为所具有的偶然性与创造性的本质。按照这种模式，行为不再是一种木偶式的"规范性行为"，而是一种积极的、能动的理性行为；行为不再是简单地遵循文化与社会环境的压力，而是积极地去寻求改变它所遭遇的环境。同时，有评论者又指出，当然，作为一个功能主义者，亚历山大没有忘记划清他的观点与"主观社会学"的界限，他在将行为偶然性与创造性的思想引入功能主义的同时，也重申了功能主义关于环境对行为具有强制性的思想，指出偶然行为的思想也就蕴含了"它所发生于其中的环境的非偶然性"；"理解偶然性就是理解它必须趋向于强制，理解偶然性的维度就是理解它在这样一种强制性环境中的变化"；"如果我正确地概括了行为，那些环境将被视为它的产物；如果我正确地概括了环境，行为将被视为它们的结果"；① 有评论者强调，既坚持环境对行为的强制性效果，又强调行为的偶然性与创造性，强调行为对环境的改变作用，这就是亚历山大为功能主义提供的一种新的"行为"模式。

除亚历山大外，还有一些新功能主义理论家，如芒奇等也对帕森斯的行为理论作了一些新的论述②，认为帕森斯理论的基本特征与亚历山大类似，也是试图改变帕森斯理论中"规范性行为"模式的被动形象，将行动偶然性、创造性特征引入到功

① J. C. Alexander, *Action and Its Environments*, Columbia University Press, 1988, p. 316.

② J. C. Alexander, B. Giesen, R. Munch . N. Smelser, (eds.) *The, Micro-Macro Link*, University of California. Press, 1987; Colomy. p (ed.), *Neo-functionalist. Socilogy*, Elgay, publishing, 1990.

能主义的行为模式中去。

②关于新功能主义与社会结构理论。

北京大学出版社出版的杨善华、谢立中主编的《西方社会学理论》论述到，把社会看成是一个由内部各部分、各层次之间相互联系、相互制约而构成的一个对立于个人的有机整体，是传统功能主义关于社会结构的基础观点。不过，在帕森斯以前，功能主义传统的社会学家们大都把社会结构当作一种完全独立的和超越于个人行为之外的客观实在来加以研究，无视社会行为与社会结构之间的相互作用。与此不同，帕森斯则企图将韦伯关于社会结构不过是个人社会行为之集合的思想与传统功能主义关于社会结构是一个具有相对独立特性有机体的思想结合起来，以使传统功能主义的社会结构理论更为完善。帕森斯首先将“行为”与“体系”相联结，提出了“行为体系”的概念，然后又进一步提出了著名的 AGIL 四功能模式作为分析行为体系之结构的基本工具。按照这个模式，人类是生活在由许多“单位行为”联结而成的行为体系当中，行为体系则是一种多层次的结构系统，每一层次都具有四种基本的功能要求，即适应、目标达成、整合和模式维持；为了满足这四种基本的功能要求，行为体系就必须分化为四个相应的子系统，以分别执行四种系统功能；行为体系首先分化为行为有机体系统、人格系统、社会系统和文化系统四个子系统，每个子系统又进一步分化为四个子系统（如社会系统又分化为经济、政治、社会文化和社区四个子系统），如此一级级分化下去；行为体系各层次的四个功能子系统之间不仅有一种相互区别、相互联系的关系，而且还是一种控制等级关系。根据这种描述，社会系统既是一个由内部各部分之间的相互联系、相互制约而构成的一个具有相对独立特性的有机体系，同时又只不过是整个行为体系的一部分；它由人类的“单位行为”所构成，又与行为体系的其他部分（有机体、人格与文化系统）相互区别、相互联结，共同型塑了人类行为本身。帕森斯的"行为体系"概念，以及他用来分析行为体系的四功能分析模式，既表达了社会结构的行为性质，又表达了行为的"结构—功能"性质。不过，在帕森斯的著作中，他更为强调的实际上是行为的结构性质（强调行为受其结构制约的一面）和行为结构的功能特性（行为体系是一个功能协调的合意系统）。帕森斯著作中的这方面论述，后来受到了来自微观社会学（互动论、交换论等）与冲突社会学两方面的攻击。微观社会学批评帕森斯过于强调了行为对结构的受动性。忽视了行为之间的冲突和行为体系的强制性。对帕森斯行为体系理论的这两个缺陷进行修正，成为新功能主义社会学理论的一个基本生长点。作为"功能主义"者，新功能主义社会学家多数沿袭了帕森斯关于行为体系的概念以及他的四功能分析模式；但作为"新"功能主义者，他们中的一些人如埃·罗西、亚历山大、芒奇、艾森斯塔德等则吸收了微观社会学与冲突社会学的一些合理思想，对帕森斯的行为结构理论及其分析模式作了一系列的修正和改进。

亚历山大区分了行为与行为的环境两个方面，提出 AGIL 四功能分析模式，不能用于分析行为自身，而只能用来分析行为的环境。与帕森斯不同，他认为具体的行为是不能被分析性地割裂为不同的系统要素的。人格系统、社会系统、文化系统等并非是作为行为本身的要素，是作为行为的环境因素进入行为过程当中的。环境要素既是具体行为赖以展开的前提条件，同时又是具体行为的产物。这些系统是作为具体行为的一种外部环境来对行为产生影响的。作为具体行为的外部环境，它为行为提供真实的行为目标、手段、社区支持、规则、意义框架和心理条件等。行为者在它提供的限制范围内展开行为，同时又不断地突破这种限制，创造新的行为环境。行为并非只是简单地受人格系统、社会系统、文化系统这些环境因素的规制，行为与环境之间是相互制约、相互构造的。①

埃·罗西强调了子系统互动的观点。他讲道："在我看来，行为的四个子系统或更精确地说是四功能范式的组成部分处于辩证地构成的互动之中"，"四个子系统通过它的既相互区别又相互补充的差异而相互建构。一方面，每个子系统都必须保持其分析特征从而使其在组织焦点上与其他子系统相区别，但同时任何子系统的存在又是以其他子系统的相互对立为条件的。就此而言，子系统又是相互建构的"②。例如，"社会系统和人格系统的相互渗透是指，除非参与一个社会系统，否则人格系统无法存在。……反过来，社会系统无不产生于社会成员的人格所由构成的行为系统诸部分的集合"；同样，尽管只有参与文化系统之中，人格系统才能存在，但文化系统也只有当它可以内化于人格系统时才能存在。罗西的理论进而强调，因此，行为体系的四功能部分之间不是一种机械的控制等级关系，而是一种相互建构关系。这种相互建构关系，在四功能部分之间（尤其是行为体系的集体组成部分社会系统和文化系统与个体组成部分有机体系统和人格系统两大部分之间）造成了一种持续不断的张力。这种张力的存在使得行为体系的结构既带有部分决定论的性质，又在一定程度上可以为行为者所改变。

芒奇特别通过将"符号的复杂性"与"行为的偶然性"两个因素引入 AGIL，从而对 AGIL 模式作出了重大的推进，使得帕森斯的 AGIL 四功能模式与微观社会学对行为者主观意义及

---

① J. C. Alexander, *Action and Its Environments*, Columbia University Press, 1988, pp. 316—326.

② 埃·罗西：《对四个功能范式的辩证再解释》，《国外社会学》1991 年第 3 期，第 11 页。

行为偶然性的强调，能够结合起来。他提出，行为总是发生于一个可由"符号的复杂性"与"行为的偶然性"这两个维度来加以刻画的空间之中。首先，人类行为是一种符号控制下的有意义的行为，指导人类行为的这些符号其数目与相互依赖性（也即其复杂性）在不同的行为过程中是各个不同、变化不定的。其次，人类行为是一种符号控制下的有意义的行为，这个特征本身就蕴涵了人类行为的偶然性。人类行为潜在的可能性空间是随控制它的符号系统的不同而不同的。越是开放的符号系统，其涵盖的可能性空间就越大，它控制之下的人类行为的偶然性也就越大，反之亦然。将这两个基本维度相交叉，可以将人类的全部行为空间划分为四个在"符号复杂性"与"行为偶然性"方面互不相同的行为领域。这四个行为领域与帕森斯的 AGIL 四功能领域，正好是对应的。在执行系统适应功能的行为领域内，行为具备高度符号复杂性和高度偶然性；在执行目标达成功能的行为领域内，行为具备高度的符号复杂性和低度的偶然性；在执行整合功能的行为领域内，行为同时具备低的符号复杂性和低的偶然性；在执行模式维持功能的行为领域内，行为则具备低的符号复杂性和高的偶然性。① 诸学者评论道：由于"符号复杂性"和"行动偶然性"这两个行动维度的引入，帕森斯 AGIL 四功能分析模式的决定论色彩大大降低了，行动在结构中的自由度大为拓展，在功能主义范围内来对行动主体的能动性进行考察便具有了可能。

有研究者这样评述：如果说上述几位学者主要是通过吸收微观社会学的一些有关思想来对帕森斯的社会结构理论进行修正，那么艾森斯塔德则在通过吸收冲突社会学的一些有关思想

---

① J. C. Alexander, B. Giesen, R. Munch . N. Smelser, *The, Micro-Macro Link*, University of California. Press, 1987, pp. 320—322.

对帕森斯的社会结构理论则进行了重要的补充。艾森斯塔德对功能主义社会结构理论的重要贡献之一，是把冲突社会学中的利益群体、利益群体结构以及群体冲突的概念引入了功能主义理论。艾森斯塔德将社会系统的不同功能需求与具体社会群体的利益联结起来，指出社会系统的不同功能部分同时也是有着不同利益和目标的社会群体，其在履行功能的同时，也在追求自身的利益，为控制更多的权力与资源而努力。社会结构不仅仅是一种功能关系结构，而且是一种利益关系结构；社会的结构—功能分化过程同时也是社会的阶级或阶层分化过程。[①] 由于社会的各个群体在利益与目标上存在着差别，因此社会也不可能是一个简单的合意系统，社会的结合必然带有不同程度的强制性。努力在这种带有一定程度强制性质的社会结合中占据更好的甚至主导的或统治的地位，是各个利益群体的行为目标之一。通过把功能关系结构的概念与利益关系结构的概念相结合，艾森斯塔德将结构功能主义对社会结构—功能关系的强调与冲突社会学对社会利益—强制关系的强调做了协调，弥补了传统结构功能主义理论忽视社会强制性质的缺陷。[②]

③关于新功能主义与社会过程理论。

在杨善华、谢中立主编的《西方社会学理论》一书中，又说道：包括帕森斯在内，所有的传统功能主义社会学家们都侧重于把社会运行过程当作一个合意的、协调的、均衡的过程来加以考察。帕森斯在这方面所进行的分析是十分精致的。按照这种分析，整个社会过程在理想状态下可以描述为构成社会系统的全体成员

① J. C. Alexander，*Action and Its Environments*，Columbia University Press，1988，pp 197—198.

② 杨善华、谢立中主编：《西方社会学理论》（下卷），北京大学出版社 2006 年版，第 38～40 页。

在某种共同认可的社会意识、社会规范以及社会整合机制的作用下，相互协调、相互配合，共同致力于满足各种社会功能需要的过程。这种描述所涉及的一个关键问题是：无数孤立的个体行为是如何构造出这种合意的、协调的、均衡的总体过程的。帕森斯归纳出基本的社会机制来回答这个问题。他从个人的"社会化"讲起。他指出，在"社会化"过程中，社会努力将它对个人在能力、规范、价值等方面的期待与要求灌输到个人的人格结构中去，个人则将社会对他的种种要求努力内化到自己的人格结构中来。正是通过"社会化"过程，个人才转变成为一个与社会期待相符合的"社会角色"。社会化了的集体成员，将共同按照社会的需要来进行分工合作、创设规章制度、协调各自的行为，使社会合作得以顺利进行。但"社会化"过程并不是完全的、充分的。个人的需求、意志、能力不可能充分地与社会的期待相吻合，任何时候总有部分"差异行为"出现，因此必须有另一方面的机制来处理这类行为，以确保社会合作的成功。这就是社会控制机制。通过社会控制机制，差异行为或是得到部分的预防，或是在出现后得到部分地减弱和各式各样的矫正，差异行为者的"正常"行为功能得到恢复，社会合作的正常秩序便得以维持。传统功能主义对社会过程的这种描述，凸显了社会过程的整体性质、合意性质和规范性质，忽视或掩饰了社会过程中个体行为的能动性质、利益性质以及社会过程的冲突性。这种社会过程观受到了符号互动论、冲突论、交换论等其他社会学理论流派的批评。为了弥补帕森斯主义社会过程观的缺陷，新功能主义者们吸取了符号互动论、交换论与冲突论者的批评意见，对帕森斯的社会过程观进行了新的阐释。

例如，亚历山大在分析行为与行为环境的基础上，指出社会运行不单纯是行为者（社会成员）被动地服从社会安排，机械地履行社会角色的过程。社会系统、文化系统、人格系统只是作为行为的外部环境进入到个体行为过程当中去，行为者外部环境不仅对个体行为形成约束，而且为个体行为划定一个可能的行为空间。行为者作为行为的主体，随时随地都在对其所处的社会文化环境进行解释和谋划，制定出自己的行为策略，作出自己的行为选择。因此，在社会的结构性约束与行为者的主观能动性之间并不存在着不可调和的矛盾。社会环境只是为行为者的行为限制了一个变化和选择的范围，而行为者所作出的行为选择反过来也会影响整个社会环境的变化。因此，社会过程是行为者与其所处的社会环境之间不断相互作用、相互构造的过程。不过，就亚历山大而言，在行为者与社会环境的相互作用中，他更强调的是社会环境对行为的约束作用，认为这种约束是微观的个体行为秩序形成的基础，宏观社会环境正是通过其对个体行为所施加的一定的约束，确保了整个宏观社会过程的有序运行。①

芒奇也从行为与结构相互作用的角度，对社会过程作了新的阐释。与亚历山大相比，其分析显得更为精细。以他对行为领域的四种基本类型的分类模型为基础，芒奇提出了微观互动的四种基本类型：市场交换、政治决策、社区互动和理性讨论。这四种微观的互动过程构成整个社会过程的基础。芒奇指出，这些微观互动过程具有两方面的性质：一方面这必须以一定的前提作为出发点，而这些前提无论从时间上和空间上看都是处于互动情景之外的，是在之间和之外的人们互动的产物，“就这些前提与结果超越了互动情境而言，它们具有给定的和宏观结

① J. C. Alexander，*Action and Its Environments*，Columbia University Press，1988，pp. 316－326.

构的特征"①。从这个意义上讲，微观的行为和互动必以宏观的社会结构作为自己的前提，在一定程度上受到约束。另一方面，每一次微观互动的结果也对未来进一步的互动过程产生或多或少的影响。对未来将要进行的互动过程而言，现在正在进行的互动过程的结果也是外在的、既定的，因而也是它们借以发生和受其约束的宏观结构前提的一部分。从这个意义上，又可以说微观的行为与互动也影响着或改变着它们借以发生和受其约束的宏观结构前提。微观互动与作为其前提的宏观结构之间显然是相互作用、相互影响的。"对正在进行互动的行为实体来说宏观结构是给定的、在互动情境中不可改变的，因为它们是在这个互动情境之外的时间中空间中创造出来的。与此同时，由于互动对宏观结构所施加的影响，它们又是可以被正在进行互动的行为实体所改变的：但这种变化仅仅只是对未来的互动而不是对当前考虑之中的互动情境有效"②。芒奇还对上述各种互动类型与其宏观结构性前提之间的相互作用进行了具体说明。他指出，每种互动类型都有一些与它们各自本身的特征相联系的前提与结果；同时也都有一些与其他互动类型的特征相联系的前提与结果。例如，在市场交换中，自我和他人从一个既定的货币收入、商品和劳务方面的分配格局出发，这个分配格局是先前许多其他交换者交换活动的结果。与此同时，这一次交换的结果又会影响到货币收入、商品和劳务在未来的分配格局。此外，交换也要以结构性的规范，作为自己的一种前提；这种结构性规范不是由参与这次交换的交换者创造，而是由一大批

① J. C. Alexander, B. Giesen, R. Munch, N. Smelser. (eds.), *The Micro-Macro Link*, University of California Press, 1987, p. 324.

② J. C. Alexander, B. Giesen, R. Munch, N. Smelser. (eds.), *The Micro-Macro Link*, University of California Press, 1987, p. 324.

在时间和空间上处于这次交换情境之外的交换参与者组成的交换者共同体所创造的。与此同时，就结构性规范会被交换者根据他们在交换中获得的实际经验而加以改变而言，交换也影响着结构性规范的变化。成文的契约法是交换的政治性前提，它也会根据交换者的经历被加以改变。普遍的价值观则是交换的文化前提，它们为契约形成的合法化设立了一个框架，而交换也对普遍价值观不断产生动态的影响，因为它不断地使这些价值观面临一些新的必须“文化地”加以回答的问题。同样，政治决策也是一方面要以先前政治决策活动中所形成的一些成文法，以在时空上处于这次政治决策情境之外的许多行为者组成的社区创造的规范性规则，以普遍性的价值观，作为自己的前提；另一方面又对这些成文法、规范性规则和普遍价值观产生深远的影响。社区互动和理性讨论也都是如此。芒奇非常强调，在现实生活中，各种微观互动与宏观结构之间是相互渗透、相互交错的，因而它们之间的相互作用是异常复杂的，远不只是如同上面所说的那么简单。通过这些分析，芒奇表明了社会过程并不单纯只是行为者被动地履行宏观结构性安排的过程，而是行为者的微观互动与宏观结构之间相互影响、相互创造的过程。

与对帕森斯结构理论的这种修正相适应，艾森斯塔德也把冲突论的有关思想引进功能主义的社会过程观，用冲突论的有关思想来对帕森斯的社会过程观进行修正。与帕森斯对社会过程的描述不同，艾森斯塔德把社会过程描述成为一个充满利益冲突的过程。在早期的两篇文章《制度化与社会变迁》和《社会变迁、分化和进化》中，艾森斯塔德认为，在一定的背景条件下（如人口增长、资源稀缺等），社会必会产生冲突与失序。社会通过发展出一些更为特殊的结构来回应这些冲突，由此产生了社会分化，整个社会系统也由此分化为一些相互联系的子系统。然而社会对冲突与失序的这种回应并没有也不可能终结社会冲突与失序。因为结构分化既是功能性的，又是利益性的，社会的不同功能部分同时也是不同的利益群体，他们在承担社会功能的同时也在追逐着自身的利益，在资源稀缺等背景条件未变的情况下，这种不同群体对各自利益的追逐会持续不断地产生群体间的冲突。艾森斯塔德进一步解释道：社会分化最先总是被一些在主要制度领域内占据"策略性角色"位置的人所倡导。这些人带有试图扩大自己的影响范围和发展他们各自领域的潜在可能性。"新的分化结构仅仅是通过按照自己的利益来行动的那样一些群体确立起来的，这一事实解释了为什么通过社会变迁而产生的制度反过来又会产生它自己的新问题"①。为了维持他们已确立的社会结构，那些倡导者集团将作出持续的努力从不同的群体与个体那里调动各种资源，来维护系统的各种价值、符号和规范的合法性。这些努力将对社会中不同群体的地位产生明显的影响，引起他们之间权力平衡和他们对既定制度体系及其价值观的态度取向上的持续变化。由于分化是由特殊的群体来实施的，以及由于新的分化的制度的维持依赖于只能从其他群体那里获取的各种资源，社会的分化过程必定内在地引起群体冲突。"任何社会或集体中的大多数群体，在他们对任何此类制度的态度方面都倾向于显示出一定的自主性，并且，在他们向新的系统所需资源的意愿的程度和能力方面有着很大的差异或变化。"② 其中，最不愿意或最无能力满足系统资源需求的那个群体，将发展出对新的统治群体的要求以及更具

① J. C. Alexander, and P. Colomy, "Toward *Neo-functionalism*", in P. Colomy (ed.), *Neofunctionalist Sociology*, Elgar publishing, 1990, p, 9.

② Eisenstadt, "Institutionalization and social Change", *American sociogical Review*, Vol, 29, p. 249.

对抗性的组织与意识形态，他们与统治群体间的冲突也将最为激烈。

在后来与他人合著的《社会学的形式》一书中，艾森斯塔德提出社会冲突与失序是内在地植根于先天本性之中的。他认为，人类的基因符码（genetic code）是开放的，其必须通过符号形式和技术性组织来被“强制性地加以结构化”（be arbitrarily structured）。然而在这种结构化的行为本身又产生了一种对于变迁和失序的开放性。因为符号形式与工具性技术进步的细节是无法完全确定的，它们只能在具体的互动中逐渐显露；这种开放性反过来又产生了有关人类目标与活动的自由性与可变性、有关人格冲突的控制、有关贵重资源稀缺性以及人类生命本身持续性等方面的焦虑。这些焦虑一方面通过人类的宗教、哲学、科学和艺术等各种文化形式表现出来，另一方面引起了有组织的努力和冲突，破坏了社会成员之间的信任感。为了寻求和发展人类之间的信任感，社会发展出一些组织性的框架和机制来规范劳动分工，以一些象征性符码来使社会情景结构化。但是，在社会发展出来的意义性合约、符码和用来规范劳动分工的组织框架、机制之间并不存在着完美的适应。这些为促进信任而发展出来的结构之间的紧张反过来又会危机信任的维持。这种紧张产生了新的象征性符码。这些新的象征性符码将人们对劳动分工的不适应感转换成强调失序和组织性专权的批判性意识形态。由于这些批判性符码必须在各个场合具体地加以定义，不同传播群体之间的差别便迅速地发展起来。这些差别反过来又加剧了上述紧张。在这种令人不满的情景下，各行为者群体便纷纷抢占关键性资源和位置的通道，颁布支持他们自己的立场与利益的规则。对每一个群体之外的社会成员来说，这些规则常常显得是专横的、强制的和不公正的，群体冲突由此接踵而来。作为对这类冲突的反应，在几乎所有的社会中都产生了详细的、不仅用于控制符号互动也用于控制接近贵重资源机会的各种基础性规则。那些基础性规则构成了社会的"深层结构"，他们是通过不同类型的"事业家"或发明者之间有意或无意的联盟建立和维持起来的，那些联盟试图控制对社会结构的确定具有关键意义的符号和资源的流动。然而，艾森斯塔德指出，尽管这些基础性规则是用来处理社会秩序问题的，但"它并没有解决它们；它仅仅将它们转换到一个新的水平上"①。因此，社会冲突将仍存在。

总而言之，在埃森斯塔德看来，社会运行并不是一个合意的、协调的、均衡的过程。在社会运行过程中，社会冲突是无时不在、无处不在的。在这个意义上说，社会运行不是行为者单纯被动地服从"社会安排"的过程，而是行为者在既定的结构框架内自主地追逐自身利益与目标的过程。社会冲突与失序，正是来源于行为者之间对自身利益与目标的这种自主追求。艾森斯塔德通过将冲突论思想引入到功能主义框架中来，对功能主义社会过程观作出了重要贡献。②

④关于新功能主义与社会变迁理论。

帕森斯早期的著作很少涉及社会变迁问题，这使人们往往批评他的理论不能描述和解释社会变迁过程。作为对这些批评的一种反应，帕森斯晚期与其支持者们逐渐把注意力转向了对社会变迁过程的研究，提出了一个被称为"分化理论"的功能主义社会变迁理论。这个理论的基本点是：第一，社会变迁的基本形式是社会分化，社会变迁的基本趋势是不断地从功能重

① S. Eisenstadt, and M. Curelaru. *The Forms of Sociology: Paradigms and Crises*, Wiley, 1976, p. 369.

② 杨善华、谢立中主编：《西方社会学理论》（下卷），北京大学出版社 2006 年版，第 41～44 页。

叠的简单结构向功能特化的复杂结构演进；第二，提出推动社会分化的基本动力是社会的功能需求以及由此导致的结构性压力，每个社会都有一定的功能需求，当这些功能需求未得到充分有效的满足时，就会对社会结构产生一种压力，迫使社会创造出一种更为有效、更为分化的结构安排；第三，社会分化的结果是不断提高社会系统的效率和效力；第四，社会分化过程包括分化、适应性增长、包容和价值概括化几个基本环节。①

然而，这个最初的分化理论又引起了人们对它的新的批评。人们指责它：第一，关于社会分化是社会变迁基本形式的说法过于空洞抽象，缺乏对变迁过程的历史与经验的专门分析；第二，对社会变迁动力的解释过于简单，未能对卷入社会变迁的具体社会群体的作用进行考察，也忽视了权力与冲突对变迁的影响；第三，认定分化会导致系统效率与效力的提高，这点值得质疑；第四，对现代社会状况过于乐观，与整个结构功能主义理论一样内在地具有保守倾向。在一定程度上，当代的新功能主义者们承认了上述批评的合理性，并作出积极的努力，试图在坚持分化理论基本框架的基础上进一步推进分化理论发展。按照科罗米的归纳，他们的努力主要指向四个方面：

一是扩展原初分化理论模型的经验范围。虽然几乎所有的新功能主义者依然坚持分化是社会变迁的基本趋势，但他们中的许多人通过自己的研究明确地提出，在经验世界中有许多社会变迁过程与分化的“大趋势”并不一致甚至完全背离。例如，

---

① P. Colomy, “Recent Development in the Functionalist Approach to Change”, in P. Colomy (ed.), *Neo functionalist Sociology*, Elgar publishing, 1990. pp. 290—292; Revisions and Progress in Differentiation Theory”, in J. Alexander and P. Colomy (eds.). *Differentiation Theory and Sociai Change: Comparative and Historical Perspectires*. Columbia University Press, 1990, pp. 468—469.

鲍姆和莱切尼尔等人强调指出，除了分化以外，在社会变迁过程中还存在着"逆分化"（dedifferentiation）现象，即拒斥社会的复杂性而促使社会组织朝着较低水平分化的方向变迁，如"原教旨主义"运动等。在现代社会，"逆分化"现象多数是作为一种对现代化不满的结果而出现的。① 钱帕基（D. Champagne）等人则提出了"不平等的分化"（unequal differentiation）的概念，用来表示不同的功能领域在分化的速度与程度上存在着较大差异这种现象。钱帕基以他对 Tlingit 社会的经济研究来说明这个概念。他指出在 Tlingit 社会中，由于西方入侵的影响，经济与政治领域同传统的亲属结构之间产生了较高程度的分离，而团结与文化系统却仍然与传统主义混淆在一起②。与此相应，柯罗米等人又提出了"不平衡的分化"（unevenfifferentiation）这个概念来与钱帕基的概念相补充。"不平等的分化"指的是不同领域或制度之间在分化速度与程度上的差异，"不平衡的分化"则指的是某一制度部门或角色结构在不同地域之间分化速度与程度上存在的差异③。柯罗米研究了大众政党制度初

---

① R. Baum, and F. Leehner "National Socialism: Towards an Action-theoretical Interpretation", Socilogical Inquiry Vol. 51. pp. 281—308; F. Lechner "Fundamentalism and Sociocultural Revitalization: On the Logic of Defifferentiation", in J. Alexander and P. Colomy (eds.), *Differentiation Theory and Social Change: Comparative and Historical Perspectives*. Columbia University Press, 1990, pp. 88—118.

② D. Champagne, "Culture, Differentiation, and Environment: Social Change in Tlingit Society", in J. Alexander and P. Colomy (eds.) *Differentiation Theory and Social Change: Comparative and Historical Perspectives*. Columbia University Press, 1990, pp. 52—87.

③ P. Colomy, "Uneven Differentiation and Incomplete Institution alization: Political Change and Continuity in the Early American Nation", in J. Alexander and P. Colomy (eds.), *Differentiation Theory and Social Change: Comparative and Historical Perspectives*. Columbia University Press, 1990, pp. 119—163.

起时在美国不同地区之间发展速度与程度上的差异，亚历山大、罗德斯等人则分别研究了更为分化的新闻媒介制度、高等教育制度在不同国家之间发展速度和程度上的差异，等等[①]。此外，斯梅尔瑟则提出了“受挫的分化”（blunted dicerentiation）这一概念，用来揭示某种分化过程中受到阻碍这样的现象。他举例说，在英国，允许工人子女进正规的初级学校这一制度当初就曾因资本家和工人家长从维持“家庭经济”角度出发极力反对而受到严重挫折，等等[②]。上述所有这些研究都对传统分化理论对分化的描述作出了重要补充。

二是超越对分化的纯系统论或进化论的解释。许多新功能主义者指出，分化不能被理解为对结构性压力的“自然的”“不可避免的”一种反应，也不能被理解为系统内在固有的趋于更高效率的一种冲动，单纯的结构性压力本身并不会自动地、千篇一律地产生出高水平的社会分化[③]。社会变迁过程是由具体的社会群体来完成的，因此它在很大程度上受到具体群体的动员、群体关系格局以及群体内外冲突等因素的影响。艾森斯塔德在

① J. Alexander, “The Mass New Media in Systemic, Historical, and Comparative Perspective”, in J. Alexander and P. Colomy (eds.), *Differentiation Theory and Social Change: Comparative and Historical Perspectives*. Columbia University Press, 1990, pp. 323－366; G. Rhoades “Political Competition and Differentiation in Higher Education”, in J. Alexander and P. Colomy (eds.), *Differentiation Theory and Social Change : Comparative and Historical Perspectives*. Columbia University Press, 1990, pp. 187－221.

② N. Smelser, “The Contest Between Family and Schooling in Nineteenth-Century Britain” in J. Alexander and P. Colomy (eds.): *Differentiation Theory and Social Change: Comparative and Historical Perspectives*. Columbia University Press, 1990, pp. 165－186.

③ p. Colomy, “Revisions and Progress in Differentiation Theory”, in J. Alexander and P. Colomy (eds.):, *Differentiation Theory and Social Change: Comparative and Historical Perspectives*. Columbia University Press, 1990, pp. 467－482.

《帝国的政治体系》等著作中，对具体社会群体的成员、群体联盟的形式、群体对相关资源的控制以及群体冲突给予了相当的注意，将它们视为影响制度变迁过程的重要因素。艾森斯塔德还提出了"制度提倡者"（insititutional entrepreneurs）的概念[①]，认为结构变迁的发生及其形式的特殊方向在很大程度上也被制度提倡者的活动所型塑。他进一步指出，这些制度提倡者并非"系统适应性"的无私的代理人。相反，他们对新结构的倡导部分地是他们自己的利益所驱使。然而他们也不能简单地将自己的意愿施加于较大社区之上。他们的特殊利益尤其为他们同盟者的利益、为他们所求以使其制度性要求合法化的文化形式、为作为其活动条件的周围社会环境、为他们对手的冲突性的利益所限制。对制度分化作出一种充分解释必须考察这些因素。在较晚近的一篇文章中，艾森斯塔德又提出要重视精英群体对结构变迁的影响[②]。他认为，精英活动是制度化的一个相对自主的方面，精英的活动与眼光以及精英之间的冲突对结构分化的形式与方向等有直接的影响。艾森斯塔德提出的这些概念与思想，被斯梅尔瑟、柯罗米、罗德斯等人进一步加以拓展。他们不仅以许多不同的案例研究验证了上述思想，而且还提出了一些相关的新概念、新思想来加以补充。如柯罗米在"制度倡导者"概念中的基础上，又进一步提出了"制度追随者""制度保守者""制度迁就者"等概念，认为结构分化直接受到这些

---

① S. Eihsenstade, "Social change, differentiation and Evolution", *American Sociological Review*29.

② S. Eisenstade. "Modes of Structural Differentiation, Elite Structure, and Cultural Visions", in J. Alexander and P. Colomy (eds.). *Differentiation Theory and Social Change: Comparatire and Historical Perspectires*. Colunbia University Press. 1990, pp. 19—51.

群体之间相对力量及冲突形式与过程的影响，等等[1]。新功能主义者们试图以这种突出利益在结构变迁过程中之作用的“利益模式”（interest model）来补充过去那种单纯强调结构压力和导致变迁的“压力—分化”（strain-produces-differerfiation）模式，或“问题—解决”模式（problem-solving model）[2]，把个人与群体的能动作用、利益与冲突等因素导入分化理论，使分化理论更具现实解释力。

三是增加社会分化结果的可能性范围。效率的增长与整合能力的提高是传统分化理论认定的两个主要社会进化结果。新功能主义者们普遍认为，效率的增长与整合程度的提高只是理论上与经验上的可能性而非分化过程的必然产物，他们拒斥分化会自动增加系统效率与整合程度的观点，指出社会分化的结果可能是多种多样的[3]。压力山大提出功能性的分化和相对自主的亚系统及精英的出现会促使现代社会冲突数量的增加，但同时也会缩小冲突的范围[4]。斯梅尔瑟等人指出分化出来的制度为

---

① P. Colomy, “Strategic Groups and Political Differentiation in the Antebellum United States”, in J. Alexander and P. Colomy (eds.) *Differentiation Theory and Social Change: Comparatire and Historical Perspectires*. Colunbia University Press. 1990, pp. 222－263.

② P. Colomy, “Revisions and Progress in Differentiation Theory”, in J. Alexander and P. Colomy (eds.). *Differentiation Theory and Change: Comparatire and Historical Perspectires*. Columbia University Press. 1990, P. 481.

③ P. Colomy, “Revisions and Progress in Differentiation Theory”, in J. Alexander and P. Colomy (eds.). *Differentiation Theory and Change: Comparatire and Historical Perspectires*. Colunbia University Press. 1990, P. 483.

④ J. Alexander, *Theoretical Logic in Sociology*, Vol. 4, University of California Press, 1983.

各群体提供了重新组合的新的利益基础[①]。罗德斯则指出分化结构中那些保守团体对既得利益的维护将一种僵化的、固定不变的因素导入了社会系统，从而削弱了系统对变化了的环境的适应性[②]。苏里（D. Sciulli）认为高度分化的现代社会存在着趋向专制权力和官僚权威主义的危险，但也存在着以程序规范为前提的"社会结构"来有效控制这种趋势的可能性。[③] 芒奇则对"整合"的概念进行了补充，指出各个分化的亚系统之间除了以帕森斯曾经提出的"相互渗透"的形式发生相互关系之外，还存在着其他不同的关系形式，如相互调节、相互孤单、单方面的控制等等。[④] 所有这些对分化之后果的重新探讨都对传统的分化理论形成了这样或那样的补充或修正，提高了分化理论在预见分化结果方面的灵活性。

四是一些学者认为，许多新动能主义者针对反对者关于功能主义及其分化理论内在地具有保守性的这种诘难，试图刷新功能主义及分化理论的意识形态形象。例如，亚历山大认为社会科学中每一种理论视角都包含着一个意识形态的部分，它自

---

① N. Smelser, "Evaluating the model of structural differentiation in relation to educational change in the nineteenth century", in J. Alexander (ed.), *Neo functionalism*, Sage, 1985, pp. 113—129.

② G. Rhoades, "Political Competition and Differentiation in Higher Education", in J. Alexander and P. Colomy (eds.), *Differentiation Theory and Social Change: Comparatire and Historical Perspectives*. Columbia University Press. 1990, pp. 187—221.

③ D. Sciulli, "Differentiation and P. Colomy (eds.), *Differentiation Theory and Change: Comparatire and Historical Perspectires*. Columbia University Press. 1990, pp. 367—406.

④ R. Munch, "Talcott Parson and the Action theory Ⅱ: The continuity of development", *American Journal of Sociology*, Val. 87, pp. 771—826.

动地来源于该理论视角的预设、理论模式和经验命题[①]；他和博里库德（F. Boairicand）等人认为功能主义的意识形态承诺的不是社会稳定和系统均衡，而是个体自主性，任何威胁到个体自由的制度安排都应该受到批判或攻击[②]。苏里和古尔德（M. Could）对现代社会采取了更为激进的批判态度。苏里认为现代社会一方面受到政治与经济寡头的威胁，另一方面也受到被绥靖的消极公民的威胁，提出要用自制性的社区或社团来重构现代社会[③]；古尔德则强调现代社会产生的压力只有通过财产关系的转变才可能被缓解，等等[④]。这些用新的批判性眼光重新审视社会进化的现代阶段的种种努力，在一定程度上都"促使功能主义向左转"[⑤]，使功能主义的现代阶段呈现出一种新的意识形态色彩。

通过上述几个方面的努力，新功能主义者们的确使功能主义的社会变迁理论发生了很大的变化，使之对社会变迁的形式、过程、动力、结果作出新的描述和解释。

根据以上描述，诸多学者承认，功能主义理论的确朝着一个新的、更具"多维性质"的综合性理论方向有所推进；就此而言，新功能主义者确实取得了一定的成就；从亚历山大等人对行为理论的重新阐述中，从罗西、芒奇和艾森斯塔德等人对

---

① J，Alexander，*Theoretical Logic in Sociology*，Vol. 1，University of California Press，1982.

② F. Bourricaud，*The Sociology of Talcott Parsons*，University of Chicago. Press，1981.

③ D. Sciulli，"Voluntaristic Action as a Distinct Concept：Theotetical Foundations of Societal Constitutionalism"，in P. Colomy（ed.）*Neo functionalist Sociology*，Elgar Publishing，1990，pp. 119－137.

④ M. Gould，"Parsons versus Maex：'An earnest warning…'"，in P. Colomy（ed.），*Neo functionalist Sociology*，Elgar publishing，1990，pp. 61－77.

⑤ ［美］亚历山大：《新功能主义》，《国外社会学》1991 年第 3 期。

结构理论的补充与修正中，从芒奇和艾森斯塔德等人对社会过程的重新刻画中，以及从柯罗米、斯梅尔瑟等人对分化理论所做的种种推进中，都可以体会到新功能主义的"新"意所在。可以看到，由于新功能主义者们的努力，功能主义社会学的理论空间确实被大大地拓展了。关于行为过程是一个以理解为基础的意义构建过程以及行为过程是一个策略性的理性选择过程的思想，关于社会结构的意义构建过程以及行为过程是一个策略性的理性选择过程思想，关于社会结构不是一种完全外在于个体行为的既定存在而是一种不断被人们的行为所构建的未定存在以及社会结构是一种"利益—冲突"结构的思想，关于社会过程是人们能动地创造自己的生活世界以及社会过程是一个充满了群体冲突过程的思想，关于社会变迁并不一定导源于结构性的功能而是也导源于群体冲突以及社会变迁的结构，关于这不一定是系统适应力与整合度的提高的思想等等，这些要素都包含于他们自己的理论框架当中。这使功能主义社会学有了一种新面目。[①]

4. 格兰诺维特的社会网络理论：行为者与社会结构，通过社会关系网络互动。

(1) 马克·格兰诺维特（Mark Granovetter，1943—）1943年出生于美国新泽西州泽西市，1965 年毕业于普林斯顿大学美国与欧洲现代史专业，曾在哈佛大学 哈里森·怀特教授指导下进修社会学，并于 1970 年获得社会学博士学位，之后曾在美国多所著名大学工作过，后为斯坦福大学社会系主任，主要从事经济社会学、社会分层和社会学理论等方面的研究。以格兰诺斯特为代表，关于强关系、弱关系（红带）

① 杨善华、谢立中主编：《西方社会学理论》（下卷），北京大学出版社 2006 年版，第 45～48 页。

在个人求职中的作用的探索研究，具有重要影响。格兰诺维特的理论贡献，很重要的是为人们把握社会学理论中结构与行为之间的关系这个问题提供了重要的启迪：他强调经济行为对于社会关系网络的弱嵌入性，以及因此受到的非工具理性因素的影响，从而补充、完善甚至创新了以完全竞争假设、有限理性囚徒困境博弈模型或机会主义假设为基础的种种经济学理论对经济现象的理解，对经济学产生了重要的影响。同时，他的理论也突破了帕森斯为代表的传统经济社会学对于经济行为和经济现象的社会系统均衡价值观决定论，直接促进了新经济社会学的复兴。

（2）社会网络分析在20世纪被认为是新兴起的一套分析社会结构的理论和方法，其基本观点是将个人或组织之间由社会联系所构成的系统视为一个“网络”，并认为整个社会就是由这些网络所构成的大系统。社会网络分析是从社会网络关系及人际关系的网络结构出发来解释社会现象；这里包括一整套分析方法，主要包括网络分析的指标和测量方法。

在格兰诺维特等人的网络分析理论中，基本概念主要包括这样一些：①点和结点。点和结点是对网络分析单位的概括，这些单位可以是人、位置、法人或者集体行为者，或者任何一个能与另一个实体发生联系的实体。从静态的角度看，网络分析要找出这些点和结点的排列模式。为了形象，这些排列模式通常以图形的方式表现出来，点和结点在图形中往往用字母或数字来标示。从动态角度看，网络分析要找出结点之间联系的不同模式的驱动力，特别解释由这些驱动力导致的模式的变化。②关联、纽带和关系。找到点或结点只是网络分析的第一步，接着就需要分析这些点和结点是如何联结的，通常称之为关联、纽带或者关系。而这些关联、纽带或者关系的性质是研究者关注的一个焦点。例如，就纽带的种类而言可以是多样的：信息、金钱、商品、服务质量、感情、尊重、特权，以及各种能将行为者结合在一起的力量和资源流动。③纽带的模式与结构。从网络的角度，社会结构可定义为位置或结点之间的联系形式，也就是结点之间资源流动形成的模式。面对一个社会网络，研究者关心纽带的数量和方向，纽带的互惠性质，纽带的传递，纽带的密度、强度、桥梁、中介、中心性和同等性等。纽带的数量（包括真实数量和潜在数量）可以用来计算网络结构中的其他维度。社会网络中的各种纽带的方向说明了资源或者信息流动的方向和顺序，可以帮助更好地理解网络中的关系纽带是如何建构和维持的。纽带有些是单向的，有些是双向的。后者称之为纽带的互惠性。纽带中互惠的范围和性质是社会网络表现出来的一个重要特征。网络的一个关键是各组位置间的传递水平；传递是指位置的子集之间关系的"转换程度"。纽带密度是指结点展示的可能联系的最大数量。网络中位置间流动的资源的容量和层次就是纽带的强度。次级密度，有时被称为"派系"（clique），显示了整个网络中一些特殊的次级位置之间牢固的、互惠的以及传递的联系。使那些次级密度联系起来的纽带就是桥梁，其在维持网络的整体联系上至关重要。有时一个特殊的点外在于次级位置，而对于这些位置的资源流动至关重要。这些位置往往处于一种中介的地位，因为它的行动决定了流入与流出次级位置的资源的性质和层次。网络中极为重要的是带中心性，即网络中的一些点可通过它们与其他点联系的模式来调节资源的流动。当一些点与另一个点有相同的关系时，这些点被认为是同等的。社会网络分析理论的提出者认为，以上概念实质上涵盖了社会网络的三个层次：社会单元（可以是人、群体或者位置）、社会单元之间的互动、社会单元互动形成的模式。社会网络分析正是在这三个层次上展开分析的。

社会网络分析形成了一系列不同的分析研究方法。例如，整体网络的研究方法。于此，整体网络的研究这主要沿用在社会计量基础上发展起来的一套整理和分析资料的技术。在资料整理方面，主使用社会矩阵法、社会图示法。资料分析技术以矩阵解析、社会图分和指数分析为主。再例如，个体中心网络的研究方法。荷兰社会学家马特·G. M. 范德普尔认为个体中心网络的研究方法主要涉及四个方向：互动、角色关系、情感和交换。个体中心网络的研究主要运用大型社会统计软件包如SPSS、SAS中的线性相关分析、偏相关分析、因素方差分析、多元线性回归分析、T检验等来确定影响个人社会网特征的因素。[①]

社会网络分析的提出和应用，早期可追溯到19世纪末，德国社会学家西美尔（1858—1918）等人的形式社会学。形式社会学主张，应撇开社会关系的具体内容，而集中研究社会关系的一般的抽象形式，如统治、顺从、竞争、交换、模仿、冲突、协作、分工、隔离、联合、接触、反抗，以及派别的形成、社团的持续、社会分化与整合等，这些都可以看成是社会关系的一般抽象形式。

西美尔往往被人们说是社会网路理论的鼻祖。他紧紧抓住个人和群体的两重性，强调，当一个人加入一个群体的时候，受到群体的约束，建立起个人和全体的基本关系，这就是所谓的社会网络关系。因此，按西美尔的见解，一是研究个人时不能从单个孤立的人出发，二是要从该人所处的社会网络角度出发；同时，当个人进入网络时，该人不仅是这个网络中的一个点，而且将其他网络关系带入当下的网络。此后的学者尽管切入问题的角度不同，但都是在西美尔的这种思路下进行研究的。

① 侯钧生：《西方社会学理论教程》，南开大学出版社2010年版，第500～501页。

20世纪30年代，莫雷诺（J. Moreno）提出社会测量（socimetry）法，用来研究群体内，特别是小群体内的成员之间的互动所形成的非正式的组织，对于群体内聚、效率等状况的影响。第二次世界大战结束时，巴维拉斯（Alex Bavelas）在美国麻省理工学院建立了群体实验室，社会网络分析从此开始，或者用数学术语对社会网络进行形式化的研究，或者对经验材料进行系统分析，揭示了研究松散的群体网络的重要性。

20世纪70年代，在计算机技术的发展中，图论（graph theory）有了长足的进步；相应地，社会网络分析也获得了快速发展，并在组织行为、组织间关系、信息传播、社会支持研究等方面也得到了广泛应用。按社会网络分析理论观点的主张，是社会关系而不是个体行动者的特点影响了社会结构；规则不是事先被决定了的，而是与关系网络中的位置相关；二人之间的关系深受整个社会关系结构的影响；世界是由网络而不是群体构成的；等等。①

格兰诺维特认为，作为一种分析技术的社会网络分析发展，为研究社会和经济行动提供了重要的方法支持。他本人积极运用网络分析理论研究了硅谷的员工的流行网络。同时，他反对社会网络分析本身的形式化，反对把社会网络分析等同于一种纯粹的分析技术；② 他认为应根据不同的社会关系所涉及的具体内容，对社会关系进行分类研究。他曾经把社会关系分为水平关系和垂直关系，认为前者对应着合作、信任、互惠等规范，

---

① 刘少杰主编：《当代国外社会学理论》，中国人民大学出版社2009年版，第320～321页。

② See M . Granovetter, The Theory Gap in Social Network Analysis. Ir P. Holland and S. leinhardt (eds.), *Perspectives on Social Network Research*, New York, Academic Press, 1979. pp. 501－518.

而后者对应着权威与顺从等规范，并由此影响了关系双方的行动模式和决策选择模式。他主张社会网络分析不应与主流社会研究相分离，而应与制度分析，与经济学、历史学、人类学和以往社会学中已经存在的社会网络思想结合起来。①

关于当时主张社会网络分析的若干代表性理论，尽管切入问题的角度不同，但都是在西美尔的思想影响下进行研究的。

先从怀特所论的网络市场观说起。这涉及关于社会网络思想理论是否有解释力的问题。哈里森·怀特（Harrison C. White）被认为是当代社会网络理论的代表人物之一。他于20世纪70年代中期首先尝试用社会学观点解释市场，而不是像经济学原有的市场理论——纯粹从市场交换出发、没有生产领域——那样分析。他从纯粹生产者角度构建市场竞争模型，即由企业家通过生产者群体之间的相互监控来合理定位，寻求利益最大化。怀特指出："市场不是由消费者来定义的，生产者并不是根据对消费者的欲望判断的推测采取行动的，市场是一种在特定的公司群体与其他行动者之中进行自我生产的社会结构。其他行动者是从观察彼此的行动中产生出来的。"简而言之，怀特把生产者之间的关系看作是一种客观存在的社会结构，正是在这种结构中的他们之间的互动关系产生了市场。当然，怀特并没有在社会网络分析的理论层次上有进一步提升，但这已使人们看到社会网络分析对社会现象的潜在的强大解释力。

还要讲到，布迪厄、科尔曼和林南等人对社会网络功能的分析：社会资本理论。法国社会学家布迪厄、美国社会学家科尔曼和林南等，从不同的理论视角出发，对研究社会资本概念

① See M . Granovetter, The Myth of Social Network Analysis as a Separate Method in the Social Sciences . *Connections*, 1990, 13 (1-2), pp. 13-16 Spring-Summer.

的形成都作出了自己的贡献。概括起来，这些研究都将社会资本理解为一种个人通过自己拥有的社会网络关系而获得资源。之所以称之为"资本"，是因为对这些网络关系的投资可以给人们带来预期的收益。在个人从事一些目的明确的活动时，他们不仅能从社会网络关系中获得各种有价值的信息，还可以从网络中获得一些实质性的帮助，从而达到自己的目的。从这个意义上说，这些早期研究者所关注的乃是一种"个人"或"微观"层面的社会资本。这种理论取向是对社会网络的工具性功能进行分析。

再要说到，对于帕森斯社会系统理论的反叛。在20世纪30年代，帕森斯曾对韦伯的理解社会学、涂尔干的实证社会学等进行综合，并在此基础上提出单位行为理论，强调客观社会结构因素与主观意愿因素对行为的共同影响，试图克服实证地解释社会学在结构与行为之间关系问题上存在的结构决定论与能动构建论的对立。后来，特别是20世纪50年代后，帕森斯的社会系统理论主张，现代化过程是一种以整个社会系统的均衡为前提的结构功能分化过程。这涉及整个社会系统均衡，以及通过社会化即融入社会而内化种种行为者角色的规范，制约或支持着现代行动者的行为。帕森斯认为，结构与功能在分化条件下的社会系统均衡，对于不同领域的行为者来说，都是一种客观的和外在的社会文化价值规范。这是宏观社会结构的重要因素。这表现出帕森斯后期更为强调宏观社会结构因素对于行为的影响和要求。

20世纪60年代，反帕森斯主义的种种理论流派兴起。这些理论流派尽管各自的理论假设和立场不尽相同，但都有一个共同的特点，即批判帕森斯主义过度强调系统均衡对行动者的影响，认为这是一种社会结构决定论；批判帕森斯理论忽视个体微观互动在维持地方社会秩序发展中的作用；批判帕森斯理论忽视了常人、非正式制度以及传统因素在现在社会生活中的作用。①

重要的是，当社会网络的工具性功能能够得到承认，学者们要进一步解决的问题就是何种性质的社会网络具有更强的功能，这涉及不同网络的效率问题。这其中有对社会网络纽带性质进行深入研究，特别涉及强关系、弱关系理论以及结构洞理论。20世纪70年代初，格兰诺维特在对个人求职行为及其结果进行考察时提出了一个非常有意思的论点，即对于求职者而言，弱的关系网络可能比强的关系网络显得更有“力量”。对此，格兰诺维特解释说，信息通过强关系网络传递时，它们被重复的可能性就会增加。而且，信息通过弱关系传播时经常会涉及很多人，并且经过较长的社会距离。特别是当这种弱关系成为桥梁性弱关系时，这种信息的获得几乎是垄断的。因此，弱关系对求职者来说意义更大。在此基础上，林南等指出，真正有意义的不是弱关系本身，而是弱关系所连接的社会资源。由于强关系连接的往往是那些拥有相同或类似资源的人，他在相同阶层中的意义并不重要；相反，弱关系却大多是联系不同阶层间的纽带，因而它在不同阶层间交换资源的作用不可小觑。并且，弱关系实际上也成了人们获得社会资源的途径，弱关系越丰富，个人所拥有的社会资源就越多。当然有的学者比如边燕杰等人以调查为基础的研究提出了与弱关系命题截然不同的结论。②

要突出说明的是，格兰诺维特的社会网络理论，特别包括他先后提出的“弱关系”假设、集体行动的“阈值模型”“弱嵌

① 参见刘少杰主编：《当代国外社会学理论》，中国人民大学出版社2009年版，第316页。

② 侯钧生主编：《西方社会学理论教程》，南开大学出版社2010年版，第501～503页。

入型"概念，以及经济组织（制度）的"社会构建"思想等。他强调，"弱关系"是联系结构与行为、宏观与微观的中介，从而为理解社会学理论中结构与行为之间关系问题提供了重要启迪；他强调经济行为对于社会关系网络的弱嵌入性以及因此受到的非工具理性因素的影响，从而补充、完善甚至创新了以"完全竞争假设""有限性囚徒困境博弈模型"或机会主义假设为基础的种种经济学理论对经济现象的理解。这对经济学产生了重要的影响。同时，他的理论也突破了帕森斯为代表的传统经济社会学关于经济行为和经济现象的社会系统均衡价值观及决定论，直接促进了新经济社会学的兴起。

格兰诺维特的社会网络理论，是在一种前已说到的反帕森斯理论的大背景下产生的。尽管格兰特维特也称自己的社会网络理论为一种结构社会学，但他对结构与行为之间的一般关系的思考，不再直接强调外生的文化价值规范结构对行为的影响，而是强调个体行为者的社会互动所形成的社会网络，强调其中存在的非正式规范对行为的影响。

格兰诺维特认为，行为者的行为与客体结构，通过社会关系网络，形成主体之间的互动，形成主客体的相互影响，而行为者在互动时，所遵循的规范或制度的合法性，不是直接来自于宏观的变化，而是产生于重复的互动本身。格兰诺维特关于结构与行为之间的关系的见解，并不排除一般的文化规范、外在的正式制度对于个体社会行为的影响，但是更加突出非正式规范因素的影响。他认为，这种非正式规范是以持续互动的社会关系网络为基础的。可见格兰诺维特在结构与行为之间的关系上，采取了一条不同于帕森斯主义的路线，他特别强调"互动—关系网络—规范”之间的相互作用。[①]

格兰诺维特在普林斯顿上大学期间曾选修宏观经济学课程，阅读了萨缪尔森（Paul A Samuelson）的《经济学》。他认为，萨缪尔森没有从个人之间关系的角度去分析经济现象，缺少对宏观与微观经济现象之间关系的思考；没有把社会网络与经济现象结合起来分析，因此不能理解宏观的经济现实。

在进入哈佛大学师从怀特进修社会学后，格兰诺维特开始研究劳动力市场中的分层与不平等问题。格兰诺维特认为，要想弄清楚劳动力市场，就必须弄清通过朋友或熟人而找到工作这一现象的确切含意，必须弄清这一整个过程是如何运行的。[②]因此，他在《求职》（1974）一书中，研究了关于工作职位的信息从雇主传递到求职者的过程，考察了在这个过程中相互熟悉的人通过关系网络获取工作信息的方式，描述了工作职位信息在熟人之间进行传递的真实情形，探讨了一个人在信息网络中位置对于他获取工作职位信息的影响，以及熟人关系的性质等问题，并在考虑不平等与分层对于求职影响的同时，系统地阐述了社会网络状况对于求职的重要性。[③]

后来，格兰诺维特对经济现象的社会网络分析研究进一步深入，在《经济行为与社会结构：嵌入性问题》（1985）一文中，他就新制度经济学家威廉姆森等人的市场与企业理论展开了讨论，对其有限理性行为和机会主义假设提出了批评，进一步提出了他关于经济行为对于社会关系网络的“弱嵌入性”理

① 刘少杰主编：《当代国外社会学理论》，中国人民大学出版社 2009 年版，第 315～317 页。

② 参见［瑞典］斯威德伯格：《经济学与社会学》，安佳译，商务印书馆 2003 年版，第 135 页。

③ 参见［瑞典］斯威德伯格：《经济学与社会学》，安佳译，商务印书馆 2003 年版，第 134 页。

论，提出经济行为的动机具有多重性和合成性，经济行为者受到社会网络信任等规范的影响而可能突破囚徒困境，从而对制度经济学的基本假设和主要理论提出了批评。许多研究者指出，格兰诺维特始终是把经济学作为研究的一种参考框架，就经济学研究的主要问题提出了更为综合的社会学看法。

格兰诺维特的社会网络理论，源于对传统社会网络思想的综合。在此过程中，他受到了历史学、人类学等学科中所蕴含的社会网络理论思想的影响。格兰诺维特在读大学期间阅读法国历史学家乔治·列斐弗尔的《1789 年大恐怖》一书时，就充分注意到了列斐弗尔对法国贵族社会的所作所为的流言通过社会网络而传播的这一过程所进行的描述。格兰诺维特认为，实际上这种流言传播网络深刻影响了法国大革命的过程。这戎为解释法国大革命的重要组成部分，由此可以更能解释法国大革命是如何发生的。自此，格兰诺维特开始对网络现象或者对他所说的"长链条"更加感兴趣。

格兰诺维特认为，社会学中包括丰富的关于社会关系网络的思想，如马克思认为社会"是人们交互活动的产物"[①]。格兰诺维特认为，涂尔干关于自杀的研究，恰恰也是根据自杀者被整合进社会网络的方式来解释其自杀行为的；涂尔干指认，社会分工只有以复杂的网络为补充才有可能维持社会秩序。格兰诺维特认为，人类学的研究更是充满了社会网络思想，如英国人类学家马林诺夫斯基的《西太平洋的航海者》一书，记述了盛行于东新几内亚岛屿土著人中的库拉交易圈，这是一种自然形成的联结东新几内亚与邻近列岛民族的贸易体系，一种制度化的仪式性的交换体系。显然除此以外，布朗关于原始种族社

① 马克思：《致帕·瓦·安年科夫（1845 年 12 月 28 日）》，《马克思恩格斯选集》（第 4 卷），人民出版社 1995 年版，第 532 页。

群的考察、卡尔·波兰尼的实体经济概念的嵌入性思想、中国学者费孝通的差序格局理论，都包含了丰富的社会网络思想。

格兰诺维特的社会网络理论强调个体行为者的社会互动所形成的社会关系网络及其中存在的非正式规范对行动的影响。他认为，客观结构与行为者的行为，是通过主体之间在互动时所遵守的规范或制度的合法性，不是直接来自于宏观的文化，而是产生于重复的互动本身之中。

格兰诺维特注意到，社会学家和人类学家尽管进行了无数次的信息扩散研究，但很多研究没有运用社会测量方法，而有的尽管运用了社会测量方法，却又不太关注弱关系，因此弱关系在信息传递或扩散中的作用一直没有得到很好的研究。

格兰诺维特之所以在美国社会学界声名鹊起，很大程度上在于他指出了弱关系在信息扩散中所具有的重要作用。格兰诺维特在《弱关系的力量》一文中，对弱关系概念进行了详细的界定：第一，从性质上说，弱关系主要是一种社会关系而不是一种经济关系，是各种领域中的行为者在社会互动中形成的关系。朋友关系、熟人关系或亲属关系是社会关系，但不是弱关系，要看互动的频率。第二，弱关系是一种交往互动频次较低的社会关系。如果两个行为者在社会领域经常互动则是一种强关系。第三，弱关系是一种存续时间较短的社会关系，相反则是强关系。第四，两个行为者之间的情感是否深厚。不深则是一种弱关系，很深则是一种强关系。第五，弱关系是互惠程度较低的两个个体行动者之间的关系，相反则是强关系。总之，持续时间越长、涉及感情程度越深、彼此亲近程度越高，以及互惠程度越高，越指向强关系，反之就是弱关系。格拉诺威特还认为，两个个体行为者各自的关系网络如果重叠程度越高，则他们之间的关系越强，反之则越弱。其实在某些地方，格兰诺维特所说的弱关系，不是指两个从来不相识的人偶遇时的关系状态，也不是指两个人认识了以后就从来没有联系的那样一种关系状态，而是一种"熟人关系"，即以前认识，认识后彼此之间存在交往但并不频繁的这样一种关系状态。具有弱关系的两个行为者，其活动领域往往不同，往往处于不同群体之中。

格兰诺维特认为，实际上，在二元关系即在两人或两个群体之间关系中，最重要的信息来源是弱关系而不是强关系。因为人们通过强关系尽管能够获得很多信息，但这些信息往往多是自己知道的因而也是重复的信息，具有强关系的两个行为者，往往活动于同一领域、部门或地方，因此一个行为者所知道的，也是另一个行为者已知道的。相反，通过弱关系可以获得更多的非重复的或非多余的信息，弱关系在提供非重复或非多余信息方面具有重要的力量，因为具有弱关系的两个行为者更有可能活动于不同的领域、部门或地方，他们会接触不同的信息。在多元关系网络构成的大规模网络结构中，弱关系会起到超越地方性的信息桥的作用。也就是说，一个多元关系网络中的某一个关键成员，与另一个多元关系网络中的关键成员之间存在的弱关系，会成为这两个关系网络之间信息交流的关键通道。因此，他指出，对于信息扩散来说，消除一种弱关系比消除一种强关系的后果更为严重。通过弱关系，信息的影响可以扩散到更远的地方和更多的人。

格兰诺维特举出了如下例子来说明弱关系在信息扩散方面的重要作用。一个例子是谣言的传播。在强关系中，如果一个人向他的所有朋友说一个谣言，然后其朋友也都这样做，则会有很多人第二次或第三次听到这个谣言，因此强关系传递的信息会有更多的重复。如果是弱关系，谣言则会传播得更广更远。另一个例子是创新信息的扩散。他指出，之所以创新者最初往往是网络的边缘性人物，很大程度上是因为，边缘个体所承受的规范制约比处于中心的群体要弱；这一方面会有更大的风险，又便利于采用新技术。这主要在于边缘个体拥有弱关系。

而最有影响的一个例子，是格兰诺维特关于弱关系在求职中的重要作用的研究。他指出，在劳动力市场中，求职者往往是通过弱关系获得有用的工作信息，从而获得工作。从前人们往往认为强关系更可能为求职者提供非多余的信息，但实际上，由于与求职者联系较弱的人，往往是在不同的圈子中流动，可以接触与求职者获得的不同信息。他把关系划分为如下三种情况：经常（一周接触两次），偶然（一周少于两次而一年多于一次），很少（一年一次或更少）。他调查研究发现，通过社会关系网络找到工作的人，16.7％经常与关系人见面，55.6％偶然见面，27.8％很少见面。显然，弱关系在求职中发挥的作用更大。因此，格兰诺维特总结认为，弱关系在求职中具有重要的作用。①

学界认为，格兰诺维特的这种弱关系假设是否合适于多数背景，特别是在不同的民族国家中是否都适用，还存有争论。例如边燕杰提出，在中国，强关系对于提供有用的信息似乎更有力量。② 不过，从弱关系提供的信息是非重复的信息（但不一定就是非多余的信息）角度看，格兰诺维特确实揭示了被人们通常忽视的一个常识。

格兰诺维特就弱关系对社群组织在面临某种挑战或危机时，能否成功动员所具有的重要影响，进行了专门研究，以进一步来确证弱关系的力量。社群，是一个比个体大的非正式社会组织。其在面临外部威胁时，有些社群能动员起来进行成功抵制，

① See M. Granovetter, The Strength of Weak Ties, *In American Journal of Sociology*, 1973, (May): pp. 1360－1380.

② 参见边燕杰：《找回强关系：中国的间接关系、网络桥梁和求职》，《国外社会学》1998年第2期。

有些社群则不能。之所以如此，格兰诺维特认为，这往往与这些社群中是否存在弱关系有关。他以甘斯（Gans）曾经分析过的波士顿西区"都市中的村庄"不能组织起来抵制贫民窟改造计划为例，来证实这一点。甘斯认为，由于历史、政治、文化等方面的原因，波士顿西区中意大利人构成的社群不能动员起来抵制改造计划。例如，在20世纪50年代，城市贫民窟改造计划是一个新生事物，人们并不知道这是怎么一回事，也不知道这会带来什么后果；西区人所支持的政治家在当选并进入高层后就抛弃了他们；还有，西区的文化也不支持示威等集体活动，只有中产阶层的文化能够为其社会群体形成共同目标提供一种信任，而西区工人阶层的文化却不能提供这种信任基础，因此不能抵制这一改造的复兴计划。格兰诺维特认为，甘斯的分析忽视了弱关系问题：西区的工人阶层往往抱小团团(clique)，在小团团的成员之间有着强关系，而不同小团团之间则缺少弱关系，从而使整个社群处于片断化状态中；西区整体上是一个封闭社群，与外群体人员没有弱关系；从宏观的网络结构来看，西区封闭的片断化的网络结构缺少弱关系，成员与领导之间没有中间性的联系人，大大降低了对潜在领导人的信任水平，因此不能组织起来抵制改造计划。相反，具有弱关系的查理斯镇，则有效地抵制了这种改造运动。

甘斯本人后来承认他在研究时确实没有注意弱关系，但认为格兰诺维特过高估计了弱关系及其网络的作用。甘斯认为，在西区实际上弱关系也是存在的，西区片断化的原因不是格兰诺维特所说的缺少弱关系，而是由于这个区并非一个统一整合的社群，内部存在不同的亚群体，如居民并非都是工人阶层，工资和住房状况差别也很大，因此不是弱关系的缺少才使得该区不能抵制改造计划，仅仅从网络角度去解释还是不够的。

格兰诺维特通过与甘斯进一步讨论，在坚持自己意见的同时，认为文化的解释与网络的解释应结合起来。弱关系虽然不能解释整个集体动员，但也可以解释很多问题。西区人不能动员起来，弱关系的缺失的网络结构状况是一个重要的原因。因为政治与文化因素影响了网络结构，网络结构及其特征也同时影响了政治与文化等因素，从而共同导致集体动员的失败。

格兰诺维特还认为，弱关系是联结社会微观与宏观结构的中介。以往社会学理论的一个重大缺陷，就是没有以一种令人信服的方式把宏观层次与微观层次的互动模式联结起来。大规模的社会调查统计和量化研究，对宏观社会现象如社会流动、社群组织和政治结构进行了很好的解释，而在微观层次上，很多学者也对小群体内部的各种关系网络进行了诸多解释，但是，人们对于小群体内的互动如何聚合成大规模的宏观现象还是比较困惑。

鉴于此，格兰诺维特把社会网络分析视为一种联结宏观、微观社会学理论的分析工具，认为通过对个体间小规模互动网络中的个体间关系力量的分析，可以为理解宏观结构与微观结构之间的关系提供很好的桥梁，并揭示信息扩散、社会流动、政治组织和社会内聚等各种宏观现象。

他指出，社会网络的二元关系分析表明，小规模的互动具有宏观的意义。比如，两个个体其各自的朋友关系网络的重叠程度，会随着这两个个体之间关系的力量强弱而变化，并进而影响信息的扩散、流动的机会和社群的组织状况。很多网络模型只研究了强关系群体，即小规模的、边界既定的群体，而弱关系理论则主要研究群体之间的关系和那些根据初级群体理论难以界定的社会结构片断。如果存在个体 A 和 B，以及集合 S（C，D，E……），集合中所有个体都与 A 或 B 或者二者同时具有关系，则 A 和 B 之间二元关系就与更大的宏观结构之间存在了联系。A 和 B 之间的关系强度，同 S 中的个体与 A 和 B 之间强关系或弱关系的比例呈正比。A 和 B 之间关系缺失时，他们各自朋友圈之中的关系之间的重叠性最少；而两者之间的关系越强，重叠性就越多；两者之间是弱关系时，重叠性就会适中。

从更宏观的角度看，弱关系影响社会内聚，当一个人变换工作时，他不仅仅是从一个网络跳到另一个网络，同时也在这两个网络之间建立了联系，因此在微观和宏观网络之间弱关系具有重要的联结作用。强关系联系的往往是一个网络内的成员，而弱关系往往联系的是两个网络之间的成员；强关系产生地方性内聚，导致片断化，而弱关系则常常使不同的网络联系为一个更大的网络，形成宏观的结构。因此，弱关系不仅仅意味着社会中的分化，也具有更为广泛的社会整合作用。

总之，格兰诺维特强调了弱关系在信息传递、社会动员以及联系宏观和微观社会结构方面具有的重要作用。实际上，格兰诺维特关于不平等与劳动力过程的研究，[①] 腐败的社会建构的研究等，以及弱嵌入性理论、集体行为的阈值模型等，也都体现了他对弱关系的一贯强调。格兰诺维特几乎所有的研究[②]都与弱关系相关，因此，人们一提到他，总是马上想到"弱关系"。

格兰诺维特的另一个理论见解是强调经济行为是嵌入社会关系网络之中的，从而对正统的经济学和新制度经济学提出了挑战，并奠定了自己在新经济社会学中的地位。"嵌入性"（embeddedness）是来自经济人类学家卡尔·波兰尼（Karl polanyi）的一个概念，波兰尼曾区分三种经济交换形式或经济形态，即

① See M. Granovetter, *Labor Mobility, Internal Markets and Job-Matching: Comparison of the Economic and Sociological Approaches*, Research in Social Stratification and Mobility, 1986, pp. 3—39.

② See M. Granovetter, The Social Construction of Corruption, Forthcoming in Richard Swedberd and Victor Nee, The Norms, Beliefs and Insitutions of Capitalism, 2006.

互惠交换、市场交换和再分配，并指出在传统或部落社会中，人们之间的交换是在社会关系中展开的，各种社会制度、规范、习惯等都对交换行为产生重要的影响和调节作用，这种情况就是经济行动对于社会关系的“嵌入”。格兰诺维特在《经济行为与社会结构：嵌入性问题》一文中，借用这个概念来分析经济行为及经济现象，认为它们都受到社会关系网络的重要影响。

格兰诺维特认为，当这种影响只是在一定程度上存在，这便是一种“弱嵌入性”。帕森斯等人对于经济性以及经济现象的解释，过度强调了社会系统文化价值规范的影响，使经济行为者成为文化价值规范的木偶，因此形成一种过度社会化及“过度嵌入性”的看法；如果依此而论，那么，经济学对于经济行为及经济现象的看法，则是一种社会化不足和“零嵌入性”的看法，因为其认为经济行动者为的只是个人的工具理性目标，进行的只是“原子化”的完全理性或有限理性的决策。

人类学家和社会学家认为，在前市场社会，经济行动具有“强嵌入性”，而进入市场社会，经济行动是“零嵌入性”的。对于经济行动与社会的关系而言，格兰诺维特既反对“过度嵌入”也反对“零嵌入”，而是主张“弱嵌入性”，即认为现实中经济行动的嵌入性没有波兰尼所说的前国家社会中的那么强，也没有市场经济理论所说的那么弱，社会规范等对于经济行为的影响，主要是通过关系网络而间接地对经济行为发生影响的。

格兰诺维特强调经济行为受网络规范、文化、政治和宗教等因素的影响，强调经济行为目的本身的社会性或非纯粹的经济性，强调社会性地位、权力和赞同等也是经济行为者的动机。因此，他所说的经济行为的“弱嵌入性”，包括经济与非经济目的的相互渗透性，表明经济行为在内容、目标和过程上对非经济性行动或制度的依赖程度。①

格兰诺维特认为，由于经济行为对社会关系网络的嵌入性，社会网络结构对经济现象产生了重要影响。② 经济学特别是新制度经济学已经认识到，网络规范有助于克服机会主义或搭便车行为，从而降低交易成本和监督成本。他还进一步具体分析了经济行动嵌入性对于产品定价、生产力和经济绩效、经济制度等具有重要的影响。③

首先，格兰诺维特指出，产品的定价深受是否嵌入产品交易双方社会关系网络的影响。以往的经济学认为，产品的市场价格往往是由其价值决定的，并受市场供求状况的影响，是竞争者之间的一种博弈均衡。因此，经济学市场研究没有考虑到关于社会关系的嵌入性，而只是在竞争层次上提出定价问题，认为卖者对于买者具有信息上的非对称性优势，买者在寻找和测量商品的质量方面存在的困难比卖者测量消费者的信任状况要大。双边信息非对称优势的均衡，对于定价具有决定性的影响。在评估买者的信任状况更难的地方，卖者会降低他们的定价，以获得更大的确定性。但是，格兰诺维特指出，市场价格会因交易嵌入双方关系网络而背离竞争性均衡价格。在金融业中，与银行家存在个人关系的公司，支付的贷款利息会更低。大规模的共谋也会影响价格，而共谋的成功或失败也取决于个

① See M. Granovetter, The Nature of Economic Relations. In S. Ortiz and S. Lees (eds.), *Understanding Economic Process*: *Monographs in Ecnomic Anthropology*, Lanham, MD, University Press of America, 1992, NO. 10, PP. 21—37.

② See M. Granovetterr, The impact of Social Structure on Economic Outomes. *Journal of Economic Perspectives*, 2005, 19, pp, 33—50.

③ See M. Granovetter, Economic Action and Social Structure: The Problem of Embeddedness. *American Journal of Sociology*, 1985, 91 (November), pp. 481—510.

人关系。在大的交易群体中，价格比在小交易群体中更容易发生变动，因为在大群体中，小圈子增多，导致价格不稳定。在市场中人们只与自己相识的人进行交易，则可能会分割市场，从而抑制单一均衡价格的形成。

其次，格兰诺维特指出，经济行动的弱嵌入性对生产力和经济绩效会产生重要的影响。社会关系与生产力之间存在密切的关系，经济学模型把生产力归结为个体的特征，但个人在社会网络中的地位也会对其生产力产生重要的影响。因为很多任务没有与他人合作则不可能完成，很多任务相对于工作手册而言都更为复杂和微妙，于需要有隐含的知识和实践规范，而这种知识和规范只有在与他人的互动中才能获得并发挥作用。要想增进工作的绩效，与他人的良好关系是很关键的，因此，人们发现，通过关系进入公司的员工往往会有一个好的开始，表现出更好的绩效。有些控制系统对工人进行直接的监视，以改进个人的经济绩效，但是，通过社会关系来塑造工人的忠诚，可以改进个人的经济绩效。此外，如果经济行动嵌入社会关系网络，受到相应的社会规范的影响，可以节约交易成本和监督成本，进而对经济绩效产生重要影响。①

再是，格兰诺维特指出，经济组织或制度的产生形成过程，也是嵌入了社会网络结构之中的。格兰诺维特与其学生帕特里克·麦圭尔（Patrick McGuire）研究了1880—1930年间美国的电力产业为什么会采取现在的结构形式，而没有采取另外的在

① See M. Granovetter，The Impact of Social Structure on Economic Outcomes，*Journal of Economic Perspectives*，2005，19（1）Winter：pp. 33－50.

当时看来是更为有效形式的原因。[①] 对此，功能主义的解释是，现存的形式即是最有效的，因为其能够满足某种重要的功能要求。格兰诺维特及其学生则认为，在该时期这一产业中的关键人物的社会关系、朋友关系、家庭关系以及公司董事之间的互锁（inter-lock）等持续的社会网络建构，对于这一产业的形成、发展、基本结构形式、边界等都具有重要影响，从而锁定了该产业的发展道路，并使该产业进入一种经济上无效率的路径依赖。

因此格兰诺威特强调，现在的这种产业形式，从技术和经济的角度看并不是最有效的。特别是，当出现如此的情况：这个产业中的几个重要成员获得了某种技术并用之来实现自己的利益，以一种使自己利益尽可能最大化的方式影响了电力产业，而这种技术则受到他们之间社会关系和共同理解等等的影响；这些成员成功后又会利用个人和组织的资源来促进各地区之间产业的统一化，排除替代性的技术和组织形式。结果可能是：关键成员通过社会网络而实现资源动员，建构这些产业；关键成员通过朋友关系网络中的一系列活动，在整个产业中起支配作用；……就会对于一个产业的发展和边界确定发生重要的作用。而且，关键成员个体之间的关系，会在正式组织中的组织同盟、标准的制度习惯和产业规范中制度化，形成某种范式；这种范式被嵌入产业中成为规范；……面对这种情况，才会重新界定和重构一种新的以各种旧的元素为基础的新产业，一种

---

① See M. Granovetter, Thomas Edison and the Social Construction of the Early Electricity Industry in America. In R. Swedberg, editor, *Explortions in Explorations in Economic Sociology*, New York, Russell Sage Foundation 1993, pp. 2[illegible]3—246. The Making of an industry : Electricity in the United States. With Patrick McGuire. In Michel Callon, editor, *The Laws of The Markets*, Oxford, Blackwell, 1998, pp. 147—173.

新公司关键成员的社会关系网络才会出现。总之，既存的经济制度（组织）并非是技术上最有效的，而是由于受到社会关系网络与之相关的诸因素的影响，因此经济制度（组织）是一种社会建构。[①]

从制度规范角度对集体行为进行的解释，往往假定在集体行为结果和参与集体行为者的个体动机之间存在一种非工具理性的关系。帕森斯的系统理论一定程度上忽视了对集体行为的研究，最多不过是从制度化的规范和价值角度对集体行动进行了一些解释，认为当社会支配性的规范和信仰无效时，就会出现这种集体行动。例如，对于大多数群体成员作出同样的行为决策，如都参与一场骚乱这种情况，其解释可能推断，在这种情况下大多数成员对这种情形具有共同的信念，而不论这些成员是在骚乱开始时就共同参与进去还是随着骚乱的进展才逐渐参与进去的。尽管这种解释相对于群体心理学是一种进步，但格兰诺维特认为，仅仅从影响个体的社会规范、信仰因素角度，不可能对集体行为进行充分的解释。

经济学特别是博弈理论，则认为集体行为是由具有理论偏好的个体追求个人利益最大化行为的一种宏观聚合。但是，格兰诺维特认为，集体行为结果往往与个体参与者的意图并不一致。投票、居住的种族隔离、创新扩散、教育获得、罢工、移民和市场，以及更一般的集体行为过程和社会运动过程都存在这种情况。[②] 因此，仅仅研究偏好并不能解释集体行动现象。还

---

① See M. Granovetter, The *Social Construction of Economic Institutions*. In Amitai Etzioni and Paul Lawrence (ed.): SocioEconomics: Toward a New Synthesis, Armonk and London, M. . E. Sharpe, 1991, pp. 75－81.

② See M. Granovetter, Threshold Models of Diversity: Chinese Restaurants, Residential Segregation and the Spiral of Silence. In Clifford Clogg (eds.), *Sociological Methodology*, 1988, pp. 69－104.

需要理解个体在集体行为中是如何相互作用并最终聚合为具体行动的模式的。格兰诺维特的集体阈值漫射模型，研究了规范和偏好对于集体行为结果的影响，以及个体参与者之间的社会关系状况对于集体行为结果的影响。个体参与者之间的极小差异，也会在集体行为的结果上引起很大的不同。

格兰诺威特又强调，他所讲的集体行为阈值模型可以充分说明这一点。集体行为的阈值模型假定：一个行为者有着两个相互替代的行为选择，即有决定参与还是不参与集体行为这两种选择；一个人在决策预期成本和预期收益时，都要部分地取决于其他人如何决策；一个人是否参与集体行为，也会对他人是否参加集体行为产生影响；而这些行为者之间的相互影响状况，与他们之间的社会关系网络状况之间存在密切关系，并会最终影响集体行为的状况。以骚乱为例，个体参与骚乱的成本会随着骚乱规模的扩大而减少，因为成员越多，被捕的可能性也就越小。不同个体对于安全有着不同的要求，从骚乱中获取收益的预期也会不同。"阈值"概念描述的就是个体的这些变化。在某一骚乱中，一个人往往只有在群体中参与骚乱的成员的比例达到数值时，他才会参与骚乱。而这一数值就是参与骚乱阈值。一个激进者参与骚乱的阈值很低，因为他参与的收益高，甚至在阈值为0时，即在没有其他人参与的情况下，他也会参与骚乱，因此，他实际上是骚乱的发起者；而一个保守者则有较高的阈值，因为他参与的收益较小。阈值为80%～90%者，其预期收益可能很一般；阈值为100%者，则在任何情况下都不会参与暴乱，因为收益为0。这样根据成本与收益之间的比较可以确定一个人参与集体行动的可能性。因此，不管一个人政治身份如何，在预期收益超过预期成本的时候，只要阈值一样都会参与骚乱。[①]

格兰诺维特认为，这种模型还适用于创新扩散、谣言传播、罢工等集体行动现象。如韩国乡村的妇女对于是否采取节育措施态度各不相同；一般要等到足够多的人采取了节育措施之后，自己才采取这种措施。不同妇女在这方面的阈值，受到其教育、年龄、丈夫意见和个人口味等等的影响。一个人在听到某种谣言并相信之和传播以前，有一个阈值问题。一个工人是否参加罢工，要取决于有多少人已参加罢工，数量少则参加成本会更高。一个人是否投某个候选人的票，也要取决于多少人已经决定向这个人投票。一个人是否上大学、读博士，也取决于其所处群体上大学、读博士的比例。当一个人不耐烦于某种社会场合的会议时，会因为没有足够多的人离开而自己也不离开，如果离开的人越来越多，则他也更有可能离开。

格兰诺维特还强调，由阈值模型可以预测集体行动结果。从最初的阈值分布到在各种决策中选择何种决策的最终的数量和比例，会产生一种均衡结果。这是一个在时间过程中寻找一种均衡的数学问题。假设有 100 人在一个广场上游荡，这就是一种潜在的骚乱情形，这些人参与骚乱的阈值分布如下：第一个为 0，第二个为 1，第三个为 2，最后一个为 99。这是一种连续的阈值分布，其结果可能就是一种游行花车效应和多米诺效应。具有 0 阈值的人为骚乱发起者，如他可能会砸烂一扇窗子，这有激起了阈值为 1 的人，二者又会激起阈值为 2 的人，最终所有的人都会因为他的行为而参与，从而引起骚乱。均衡结果为 100 人都会参加骚乱。如果改变这种骚乱的阈值分布，取出阈值为 1 者，而用一个阈值为 2 的人代替之，则这个群体的均

① See M. Granovetter, Threshold Models of Interpersonal Effecis in Consumer Demand, In *Journal of Economic Behavior and Organization*, 1986, 7: 83—99.

衡结果就会完全不同，由于没有一个阈值为 1 的人，所以阈值为 0 者的行为不会激起反应。这时如果他砸烂一扇窗子，他就成了一个孤独的暴徒。可见从聚合结果中推断个体的偏好是危险的。这两个假设群体除了一个人不同之外，其他人都一样，但结果却完全不同。结果的不同来自于第二情况下阈值频次分布的间断。而行为者之间的社会关系结构和空间分布对于阈值分布具有重要的影响。格兰诺维特指出，个体行为者对于朋友的行动比对陌生人的行为的反映阈值会更低。例如在一个 100 人的群体中，某个体参与的阈值为 50%，而在 48 人已经参与骚乱，52 个人没有参与骚乱时，如果缺少一种社会关系结构，则该个体不会参与。但如果在他知道的 20 个人中有 15 个人已经参与了骚乱，则会大大降低他参与的阈值，从而也使他参与骚乱，大多关于集体行为的研究，都认为集体行为者都是陌生人，而阈值模型把社会关系引入进来，认为互动群体中的社会结构对于集体行为结果具有重要而复杂的影响。

正是在这一点上，格兰诺维特把社会关系网络引入其模型分析，从而使这个模型在很大程度上与经济学的博弈理论的集体行动模型产生了区别。在格兰维特那里，不可否认，阈值模型与经济学的博弈理论模型都假定个体行为者是理性的行为者，在目标与对情形的理解既定的情况下，会使他们的利益和功利最大化，拥有完全的信息。他反对把非理性作为解释集体行为的关键概念。他认为，阈值模型比起经济学的博弈论模型具有显著的优点。

格兰诺维特由经济学的博弈理论模型，大多把集体行为还原为一种二人"囚徒困境博弈"，认为具有理性偏好的个体行为会聚合出理性行为者未曾预料到的结果。经济学的二人"囚徒困境博弈"模型假设所有的行为者都具有同质的偏好，这种假设并不适合于集体行为，因为集体行为中的行为者具有不同的目的；经济学的多人博弈理论模型则更难以解释参与者众多的集体行动结果；经济学的博弈理论假设所有行为者的决策都是即时作出的，但一个人的决策对于另一个人的决策并不完全是外生的和偶然的。相反，阈值漫射模型假设行为者偏好各不相同，决策会相互影响，当个体因为达到阈值而进行行为时，他是在行为过程中使利益最大化的，而集体行为结果并不会最大化所有参与者的利益，均衡可能是大多数行为者的次优选择，规范对于集体行为中的个体行为的影响，并非总是决定性的。

格兰诺维特进而详细论述了阈值的特点和影响因素。他强调，阈值不同于规范，只是在一定程度上要受到规范的影响，没有规范的限制，一个行为者参与集体行为的阈值会更低。阈值也受阶层、教育、职业、社会地位等这些影响个体行为的其他变量的影响。它们通过影响个体对一个情景及其结果的评价，通过影响个体对于什么将要发生的看法，进而影响阈值。[①] 而这些影响因素又受行为者的社会关系网络状况的影响，因此集体行动的阈值漫射模型同样强调了社会关系网络特别是弱关系的作用。这样，阈值模型解释了为何集体行为的结果会与每一个体的追求往往不一致，解释了集体行为的聚合过程，突出了社会关系特别是弱关系在集体行为中的重要性，促进了宏观与微观社会学之间的理论结合。

格兰诺维特的社会网络结构理论，把影响行为的制度规范等结构性因素置于互动关系网络的基础上，即认为影响人们行为的制度、规范等结构因素也是在人们的微观互动过程中产生的。这种看法在理论立场上超越了帕森斯的文化价值规范结构决定论，对社会学的基本理论问题作出了有益的探索。

---

① See M. Granovetter, Threshold Models of Collective Behavior, *In American Journal of Sociology*, 1978, 83 (May): pp. 1420—1443.

格兰诺维特通过对经济行为的嵌入性的强调，也对经济学产生了影响。这主要体现在三个方面：

第一，对古典、新古典经济学思想产生了重要的影响。古典经济学在完全理性和自由竞争市场假设基础上提出了其劳动力市场理论、价格理论和个体决策理论、企业理论等。格兰诺维特通过对弱关系在信息获得方面的强调，指出了古典、新古典经济学在这些方面存在错误的看法。例如，他认为，古典新古典经济学由于忽视了社会关系网络及其规范的影响，因而其所讲的市场经济中的决策者是一种"原子化"的决策者，其经济行动概念是一种过度"脱嵌"和社会化不足的概念，没有看到经济行动者目的的多重混合性，从而使其理论难以与实践相符。

第二，对非主流的新制度经济学，特别是对演化博弈理论提出了挑战。演化博弈理论的一个基本的假设就是囚徒困境问题，认为理性的经济行为者处于自己利益的考虑，在进行博弈时总会采取机会主义行为，而彼此信息的不对称往往使博弈者陷入一种两难选择中。但是，格兰诺维特认为，行为者之间进行互动，会形成水平或垂直的社会关系，并进而产生信任、合作、权威与顺从等规范，从而改变行为者的机会主义性质，并最终可以突破囚徒困境问题。

第三，对以科斯、威廉姆森等人为代表的主流新制度经济学的市场与企业理论产生了重要的影响。主流的新制度经济学主要以交易成本理论为基础，提出了市场与企业之间的相互替代理论；主流的新制度经济学往往把市场与企业视为两种对立的协调经济行为的形式，即使一些学者看到了在市场与企业之间可能存在一种中间性的协调形式，但往往认为这种协调形式是不稳定的，最终会走向市场或大企业。但是，现实中企业集群的日益发展和壮大表明，中间性的经济协调形式并非只是一种暂时的、边缘的经济协调形式，而是一种代表未来发展方向的经济协调形式。在企业集群中，经济行为往往是嵌入了社会关系网络之中的，为经济行为者提供了相对稳定的市场环境，提供了充分的信息、技术等资源。因此，面对福特制度大企业的日益衰微，新制度经济学家科斯等人开始承认，必须扩大新制度经济学的研究范围，必须进一步深入研究有限理性、正式的产权制度、非正式规范以及与关系网络之间的复杂关系，这是新制度经济学的最前沿的研究课题。在格兰诺维特社会网络理论的影响下，新制度经济学对于交易成本、企业组织的看法更加注重关系网络的作用。

诸多著作对于格兰诺维特的社会网络理论总的这样评论道：第一，尽管格兰诺维特反对社会关系网络单纯形式化分析，但他关于弱关系能够实现社会宏观与微观层面联结的论证却过于形式化。因此他的解释能否完全解释宏观与微观结构之间的连接还是有问题的。第二，格兰诺维特的行为假设强调行为受到网络规范的影响，以及行为目标的混合性，但有时他的分析则仍然是以理性行为概念为基础的，因此其理论假设中还存在自相矛盾或不一致之处。第三，一些学者特别是泽利泽尔等，认为格兰诺维特过于忽视了社会文化因素对于经济行为的影响。格兰诺维特的理论取向与种种反帕森斯理论是一致的，强调了通过日常生活世界的微观互动形成的实践性规范制度的重要性。但是，由于格兰诺维特对帕森斯的文化规范决定论反感，以致忽视了文化规范因素对行为的影响，并因此受到批评。第四，还有一些经济社会学者站在哈里森·怀特的立场上，强调经济关系网络本身以及经济互动中所产生的内在性规范对经济行为的影响，而视格兰诺维特的“弱嵌入”要领仍然具有一种结构主义的倾向，并最终会走向结构决定论。

鉴于这些批评，格兰诺维特在后来的研究中试图把文化、正式制度、社会关系网络、经济关系网络、非正式规范、理性与非理性目标等因素结合起来，形成一种解释经济行动的综合性理论框架。他特别提到了人们在互动并形成网络的过程中，也会受到文化规范的影响，但他又把这些文化规范视为一种深层的影响行动的历史性因素，指出从互动网络中产生的信任等规范与来自于文化规范是不同的。[①] 但是这种综合性努力似乎还有待取得实质性进展。[②]

（3）格兰诺维特社会网络理论的重要影响，在于直接促进了新经济社会学的活跃。格兰诺维特通过对帕森斯关于经济学与社会学的学科分工、过渡社会化的经济行动理论的批判，以及将嵌入性概念引入经济社会学之中，对经济学所研究的中心问题包括经济行动、市场价格、经济组织等进行研究，改变了传统经济社会学只是研究经济领域中的非经济现象等状况，从而与哈里森·怀特一起推动了新经济社会学的发展。

①在当代社会科学领域中，新经济社会学的学科地位越来越凸显。新经济社会学的重要特征之一在于它反对仅仅从工具理性、科学知识、理性选择、现代资本主义等角度来看待经济现象，而主张把经济现象视为一种社会现象，进而把文化、历史、制度、习俗、性别、情感、感性等因素纳入进来，借用社会互动、社会关系网络、社会规范、权威、社会结构、社会控制与社会治理等概念或理论，对生产、交换、消费等经济行为，对交易关系、市场价格、经济结构、企业及其集群、产权等经

---

① See, M. Ganovetter, A Theoretical Agenda for Economic Sociology. In M. Guillen, R. Collins, P. England and M. Meyer (eds.) *The New Economic Sociology: Gevelopments in an Emerging Field*. New York, Russell Sage Foundation, 2002, pp. 35－59.

② 此部分参见刘少杰主编：《当代国外社会学理论》，姚伟编：第十二章，中国人民大学出版社 2009 年版，第 315～333 页。

济现象进行分析，并得出自己的看法。新经济社会学对古典、新古典经济学理论起到了纠正、补充甚至替代的作用。同时，与仅仅研究经济领域中的非经济现象、经济现象与非经济现象之间的关系等自我边缘化的传统经济社会学不同，新经济社会学把自己的研究对象确定为经济学的核心研究对象；更为重要的是，新经济社会学与帕森斯等人的以结构功能主义与系统均衡理论为基础的结构决定论的经济社会学不同，它显然更为综合。

自从涂尔干在19世纪末把经济社会学作为一门学科提出以来，经济社会学被认为经历了三个大的发展阶段。从19世纪末至20世纪初，是经济社会学的产生和形成阶段。在这一时期，韦伯、涂尔干、西美尔等学者，面对西方社会正在发生的深刻转型，从权力与支配、分工与整合、意识形态与文化等不同角度，对生产、分配与消费等经济活动，对经济组织、市场价格、货币等经济现象进行社会分析，强调这些经济活动与经济现象是受到历史、制度、文化等因素影响的，强调经济生活是整个社会生活的一部分。因此，古典的经济社会学从一开始就不同于古典经济学，对经济的行为活动与经济现象采取的是一种综合的视角。但是，这被认为还只是初步的。

从20世纪40年代到20世纪60年代是经济社会学的传统阶段。这一阶段最重要的代表人物是帕森斯和斯梅尔瑟（Neil Smelser），他们合著了《经济与社会》一书，该书以一般的社会行为理论为基础，把经济子系统与社会子系统并列，认为经济学研究的是经济系统的运行方式，而经济社会学研究的是支撑经济行为的价值导向，强调经济活动与经济现象取决于社会系统均衡价值观的要求。传统的经济社会学尽管也强调制度文化因素对于经济行为的影响，但又认为这种影响是外在的或外生性的，陷入了一种结构功能主义和系统价值规范决定论。当然，传统的经济社会学也重视对经济组织的研究，对经济组织的人际关系、组织设计与内部劳动力市场进行分析，研究组织对于个体行为的影响，以及组织对于环境的反应等问题，在经济学与社会学中都产生了重要的影响。不过这种组织研究往往是就具体的组织展开的微观研究，为经济社会学积累了重要的经验材料，但对于经济社会学的一般理论问题思考得较少。

进入20世纪七八十年代，随着哈里森·怀特把网络分析引入生产市场研究，格兰诺维特把"嵌入"概念引入对经济行为的分析，以及罗纳德·布特结构洞理论的提出，经济社会学进入了一个新的发展阶段，即新经济社会学阶段。就理论方法而言，新经济社会学是兼收并蓄和多元化的，韦伯、帕森斯与卡尔·波兰尼的理论影响在新经济社会学中有许多体现。新经济社会学存在不同的分析层次，主要存在组织研究、文化研究和网络研究这三种研究路向。组织研究以弗里格斯坦（Neil Fligstein）、尤西姆（M. Useem）等人为代表，由社会学的视角，运用社会学的方法分析了美国公司的形成、公司之间的权力与控制等问题。文化研究以迪马乔、泽利泽尔（Neil Zelizer）、萨克斯尼安（Saxenian）等人为代表，强调"经济现象的文化嵌入"，认为文化、道德、性别、非理性因素等在经济活动和经济现象中具有重要的作用。迪马乔认为，一个组织创立者最初所具有的"组织蓝图"，会对组织后来的发展产生重要的影响；萨克斯尼安认为，硅谷高新企业之所以成功，在于这个地区存在一种文化优势，等等。

网络研究在新经济社会学中占据了重要地位，其又可以分为两个小的分支。诸多研究者指出，一个分支是格兰诺维特的网络社会学。其强调经济行为嵌入社会网络和被社会限定；其断定仅由个人动机不足以解释纷繁复杂的经济生活；其批评传统的经济社会学家把经济行为者看成是能自觉地和无条件地遵从社会规范和社会准则的过度社会化的个体；其反对经济学家将经济行为的主体看成完全不受他人影响的“原子化”个体；其认为个人的决策和行为与具体社会情境无法割裂。格兰诺维特强调经济行为是嵌入行为者所处的社会关系网络之中的，而这种嵌入是一种“弱嵌入”。他认为，社会关系网络对经济行为所具有的重要影响具体表现于：经济行为者以水平关系为基础的信任、合作与互惠规范，以垂直关系为基础的权威与顺从规范，在经济行为中发挥着越来越关键的作用；而这种影响又不是决定性的，经济行为者既是理性的，又少有机会主义与囚徒困境博弈的性质；这使经济行为交易与监督的成本更少。有研究者评论说，格兰诺维特在传统的帕森斯经济社会学与新制度主义经济学之间找到了一种看待经济活动与经济现象的新视角。新经济社会学的创新之一就体现在，这一分支强调社会文化、制度、规范不是直接影响经济行为，而是通过经济行为者的社会关系网络来影响经济行为的，从而避免了传统经济社会学的“结构直接决定论”与正统经济学的“（有限）理性—行为者理论”。

新经济社会学网络分析的另一分支主要是以怀特等人为代表的理论，其中比较有影响的是怀特的生产市场理论、布特关于关系缺失所形成的结构洞及其社会资本的研究。学界认为，这一分支中的学者与格兰诺维特相比具有更大的抱负，他们运用社会学的理论与方法对经济网络本身进行研究，并针对市场与企业等经济现象提出了与经济学家十分不同的替代性看法。正因为如此，加之一些社会学者对数学分析比较陌生或反感，尽管怀特本人是新经济社会学最早的开创者，但其所代表的新经济社会网络分析，与文化分析一样一度处于新经济社会学中的边缘，而以格兰诺维特为代表的社会网络分析则占据新经济社会学的主流地位。[①] 不过随着人们对市场网络分析的认识日益深入，以怀特为代表的新经济社会学路向正日益受到人们的重视。

②哈里森·怀特1930年出生于美国华盛顿特区，在15岁时就进入麻省理工学院，1955年获得麻省理工学院物理学博士学位，1960年获得普林斯顿大学社会学博士学位。他先后在多所大学和研究所工作过，1992年起在哥伦比亚大学工作，并担任拉扎斯菲尔德社会科学研究中心主任。[②] 怀特的著作主要包括《市场来自何处》《来自网络的市场：生产的社会经济模型》等，这些著作把经济学、社会学、物理学、生物学的思想结合在一起，建立了一个关于经济现象的数学模型，提出了具有重要影响的生产市场理论。

经济学对市场的看法总是处于变化之中的。以李嘉图和穆勒为代表的古典微观经济学，在一定意义上是将市场等同于集市，视市场是一种有形的地理区域概念，强调市场供求关系状况导致产品市场价格与自然价格（价值）的分离，认为市场中的交换者追求的是一种相对狭隘的自我经济利益，而其他利益只是一种外生变量影响个体的偏好，因此把社会因素排除在思考范围之内。古典微观经济学还认为市场主要是最终产品之间的交换，把中间性产品也视为一种最终产品，忽视了生产中间性产品的经济行为者或者说厂商之间的长期联系。更进一步说，他们把市场假定为一种"原子化"的完全竞争市场，忽略了市场交换者之间存在的复杂的社会互动与关系结构，根本上缺少

① 参见［美］莫洛·纪廉等编：《新经济社会学》，姚伟译，社会科学文献出版社2006年版，第148页。

② 参见［瑞典］斯威德伯格：《经济学与社会学》，安佳译，商务印书馆2003年版，第106～131页。

一种生产市场理论。

19世纪的边际主义对市场概念的理解，则从一种有形的交换市场转换为一种抽象的价格确定与资源配置机制，这进一步导致整个市场理论变成一种交换理论，甚至整个经济学也日益变成一种交换市场理论。在边际主义理论看来，市场是一种完全竞争与完全信息化的市场，整个经济世界是由各种具体市场构成的一般性市场，而且所有这些市场之间都是相互联系的，一种不确定性可能会引起整个市场的动荡。在这种边际主义理论中，生产同样高度抽象，微不足道。还有，新奥地利学派认为，市场在本质上是分散的和没有中心的，是一种过程性结果而非设计性结果，决策者的信息主要是通过价格来传输的。哈耶克强调，市场不是一种设计的制度，而是由相互交错的经济系统所组成的网络。①

第二次世界大战以后，经济学的市场理论获得了很大的进展。其中一般均衡市场理论指出均衡存在着局部均衡。经济学博弈理论则探讨了经济行为者之间的主体间性问题，认为经济行为者的决策之间存在相互影响，一个行为者在进行决策时会考虑其他相关决策者的决策。20世纪50年代，爱华德·梅森提出了市场结构理论，指出存在一种卖方市场结构，认为一旦知道这种结构，就可以知道价格是如何决定的，这是一种“结构—行为—表现”的结构主义市场观。霍特哈克（Hendrik Houthakker）指出，在市场中的活动者之间存在相互观察，并因此对产品质量产生重要影响，消费需求与产品质量和产量之间存在函数关系。

20世纪70年代以来，阿克尔洛夫、肯尼思·阿罗、弗兰

① See Richard Swedberg, *Principles of Economic Sociology*, Princeton University Press, 2003, pp. 105—130.

克·耐特和斯彭斯等人为代表的信息经济学，研究了在非对称信息情况下当事人之间如何签订合同和契约，以及当事人的行为规范等问题。非对称信息指某些参与人拥有但另一些参与人没有的信息，按内容可以分为双方知识的不对称和在签订合同后一方对另一方的行为无法管理、约束的情况。他们认为，合约前的信息非对称会引起逆向选择，合约后的信息非对称会引起道德风险，为此必须建立激励机制和信号传递机制，让拥有私人信息的一方想办法将信息传递给没有信息的一方。特别是斯彭斯 1974 年提出的信号理论指出，市场中的参与者之间相互发出信号进行沟通，可以解决信息不充分问题和实现市场结构的自组织，并探讨了市场的自组织机制。

20 世纪 70 年代以来的新制度经济学市场理论总体上认为，市场如果结构化，以及如果非正式制度的作用过大，效率就会降低，不利于整个经济的发展，因此它主张开放市场和统一市场，并重视外生性正式制度规范对于解决经济磨擦的重要性。新制度经济学整体上认为，市场与企业之间存在明确的界限，而中间性的企业网络协调形式是暂时的和不稳定的。

可见，市场一直是经济学的重要研究课题，主流经济学对于市场是有形的还是无形的，市场中产品价格是纯粹的自然价格还是要受到其他因素的影响，市场是一个整体的开放网络还是由较小的网络构成的网络结构，市场中的某一动荡与变动是对整个市场发生影响还是只会影响某一较小领域，市场中的行为者是"原子化"的还是非"原子化"的，行为者是理性的还是非理性的等问题的看法，尽管存在分歧，但总体上是一种"原子化"的、非历史性的与非结构化的市场观，同时在一定程度上忽视对中间性产品市场以及中间性产品交换者之间关系的分析。

怀特的生产市场理论是对以往市场理论的批判继承。实际上，在哈里森·怀特之前，很多学者已经对上述主流经济学的市场理论提出了不同看法。比如，韦伯强调制度因素如法律、规则、风俗对市场行为的重要影响；晚期马歇尔（Alfred Marshall）强调正式规则与非正式规则、买卖双方之间的亲密度对市场行为具有重要影响；凯恩斯（John Maynard Keynes）对市场以及整个经济的看法，则强调供给创造需求，强调非理性因素对于市场行为的重要影响；张伯伦（E. H. Chamberlin）的产业组织理论更强调一种垄断竞争市场，认为由于声望、交换双方之间的个人关系等原因，会产生垄断，而完全竞争市场很少存在，市场之间相互联系会形成一种市场网络结构，等等。而怀特的生产市场理论首先是针对古典、新古典经济学，以及新制度经济学的市场理论而言的，但上述不同阶段、不同立场的市场思想、概念，显然都对怀特产生了重要影响。怀特认为，生产市场是由不同的网络构成的，生产与市场是紧密联系的同一个过程，市场并不是一个无边界的整体，具体市场之间存在一种相对固定的边界，正是边界的存在使一个市场中发生的动荡不会影响到其他市场，从而保持了相对的稳定，等等。

怀特的生产市场理论与社会网络分析存在密切的关系。社会网络分析认为，结构化的社会关系而非社会成员个人属性，是社会学解释更为有力的因素；来源于社会关系结构位置中的规范，而非宏观和抽象的历史文化环境，对于行为者具有重要的直接影响。关于网络世界，有研究者指出，个体间的社会关系结构，决定了他们之间的关系运作，二人间关系是构成更大的结构化关系的要素，世界是由网络组成的结构，而不是由群体组成的结构。怀特的生产市场理论，在方法论上和理论立场上都受到了上述社会网络分析论的深刻影响，特别是用网络结构方法论替代了传统的社会结构整体主义方法论和个体主义方法论。[①]

怀特的生产市场理论还深受常人方法学的影响。常人方法学的谈话分析，分析了日常生活中的谈话秩序或对称性等现象，但是忽略了谈话者之间存在的长期网络及其各种模式。实际上在谈话过程中，谈话双方彼此的反应，会影响彼此对仪式性主题的理解，因此谈话是一种社会互动，并会建立持续的社会关系并构成社会网络。这种谈话会挑战已经存在的关系网络和社会制度。日常生活世界中的谈话，只是建构社会网络的一个维度，在特定具体的场域中，谈话与责任、资源等是结合在一起的。情景和谈话都来自于网络，反过来又维持或挑战现有网络，建立新网络，进而建构和重构特定的社会场域。现代性产生了各种专门的谈话场域，每个场域都需要一种特定群体的习俗，以发挥信号作用。关系网络与场域共同构成了社会制度的基础，在此意义上社会制度是一种自我再生产的结构，可通过转换各种关系而自我维持。随着对话参与人的转换，网络也会发生转换；某些关系被中止，某些关系被激活，并提供新的机会和限制。这样的转换促进了支配性的社会和语言模式的再生产。[②] 怀特甚至认为，布迪厄的场域和惯习理论，如果加入关于网络的思想，则完全可以进行数学化的处理。[③] 怀特的这些思想，在其生产市场理论中多有体现。

此外，怀特的生产市场模型还深受自然科学的影响，其中

① See Harrison White，Search Parameters for the Small Word Problem，*Social Forces*，1970，49（2），pp. 259－264.

② See Ann Mische，Harrison White，Between Conversation and Stuation：Public Switching Dynamics across Network Domains，In *Social Research*，1998，3（65），pp. 695－725.

③ See Harrison C White，The Rules of Art：Genesis and Structure of the Literary Field，In *Contemporary Sociology*，1997，5（26），p. 638.

一个重要的表现就是对生物学思想特别是其生态位（niche）概念的借鉴。生物学认为，自然界的所有生物会形成一种食物链，这是一种复杂的网状结构，各个物种在该网络中都占有自己特有的位置，简单的无机物、有机物及能量从生态关系网络的食物链低层流向上层，并转化为复杂的有机物和生物能量，然后又回归到无机物，如此等等。在这个过程中，不是一种生物种类打败另一种生物种类，而是要各自寻找到适合的生存空间，从而保持生态的平衡，这是关键。怀特的生产理论借鉴了这种生态学思想。

怀特强调，在工业社会中，生产市场而不是交换市场起着更为重要的作用，因此市场理论的关注重点应该转向生产市场。传统经济学关注的中心是交换而不是生产，其市场是一种最终商品市场，只有纯粹的交换市场理论而没有生产市场理论。之所以如此，有两个原因：一个是传统的经济学理论把中间产品视为一种最终的产品；二是在传统经济学所处的时代，企业之间合作生产的现象并不是支配性的模式，产品的生产链条也不长。但在工业社会中，生产的分工更加微细，生产链条加长，在一种产品最终进入消费市场之前，半成品之间会存在大量的交换。围绕某种产品的生产在各个生产环节上出现了各个层次的核心的生产商，以及供应商与销售商。它们之间的交换关系形成生产市场。传统经济学因为只有交换市场理论而无生产市场理论，显然与当代社会发展的实际不相适应。在现代社会中，生产市场日益重要，相应地需要形成一种生产市场理论，因此生产市场应是新经济社会学的重要研究课题之一。

在生产市场中，并非仅有传统的生产商与消费者（购买者）两种角色，而是包括了供应商、生产商、销售商、消费者四种角色。供应商主要是向生产商提供原材料以及某些服务，而生产商则包括同一种产品的不同生产环节上的多个生产性企业，销售商则是负责销售半成品与最终产品的厂商。在怀特的生产市场理论中，生产商不是主要根据市场价格而被动地进行决策，相反，彼此之间的相互影响、互动等对于其决策起着重要作用。当然，在生产市场中还存在最终的消费者，但作为一种最终产品的接受者，处于一种被动接受的地位，消费者的要求只是一面镜子，生产商可从其反应中进行决策。因此，在生产市场中，最终是消费者的地位下降，而厂商的地位上升。产品市场价格更多地受到厂商之间的相互观察与实施策略的影响，消费者对于产品的质量与数量的评价，只是间接地影响产品的市场价格。

怀特认为，生产市场中的不同角色之间会形成相对持久的经济关系。在传统经济学的纯粹交换市场理论中，参与者是匿名的，彼此之间形成的是暂时的、功利的、非重复性的经济关系，在交换过程中甚至不会发生如一次握手那样的"社会收益"。传统经济学之所以有这样的看法，一方面在于确实存在这样的匿名交换情况，另一方面在于它并没有看到人们在交换过程中有努力形成相对稳定的交换关系的追求或倾向，匿名交换常常发生在自然人个体进入市场的初期阶段，但随着其参与市场变换的次数增多，逐渐会选择相对固定的交换对象。而在生产市场中，经济行为者一般都是法人行为者，彼此之间更可能形成相对固定的交换关系。法人行为者之间的市场交换关系往往不是匿名的，而代表法人的关键行为者个体之间的关系也在很大程度上不是匿名的。这种非匿名性对生产市场中的经济行为者之间的关系产生了深刻影响，即不再是一种"原子化"的竞争关系，而是一种竞合关系。这种竞合关系，主要是就市场网络结构地位等同体之间的关系而言的，例如处于同一企业集群中的两个为专门的生产性企业提供广告服务的企业之间，形成的是竞争与合作关系，而不仅仅是竞争关系。

怀特认为，每一个具体的生产市场都是一个相对稳定的关系网络。在一个生产市场中，供应商、生产商与购买商这三种厂商各自有一定的数量，生产商与供应商、生产商与购买商之间会形成相对固定的关系网络。怀特特别强调作为网络结构地位等同体（即市场地位相同者）的厂商在同一生产市场中的关系问题。他的生产市场理论主要是研究这种网络结构地位等同体之间的关系，并以此来突出与传统的交换市场理论中的竞争者之间关系的区别。怀特的生产市场 W（y）模型，实质上主要研究的也是同一生产市场中处于网络结构等同地位的同类生产商之间的市场关系。在传统的市场理论中，所有结构等同体之间只存在竞争关系，彼此之间存在一种囚徒困境博弈。相反，在生产市场理论中，结构等同体之间除了竞争之外，还会彼此观察，会根据消费者对于自己产品的质量与数量的评价，以及自己关于产品产量、质量与投入与预期收益之间的权衡，来确定自己适当的市场位置。由于关系网络的存在，生产商之间可以进行相互的观察。他人的生产决策会为自己提供决策的信息，而自己的这种信息同样又会反过来影响他人的决策。经过这样一种相互的调整和适应，生产商会在生产链条中找到一个适合自己的“生态位”。生产同一种产品的竞争者，因为产品质量不同而具有不同的地位，并会形成一种秩序安排，也就是说，在一个生产市场中，不同的厂商根据其销售量与销售收入，会形成一种有规律的分布。这表明在生产市场中，不同的厂商之间是有区别的。生产商不是“原子化”的行为者，彼此之间会出现互动。每个生产商通过观察其他生产商的行为，并以此作为自己的行为决策的一种参考。正是这种互动关系，改变了以前交换市场的特征，生产商之间形成了一种稳定的关系网络。①

总而言之，怀特十分强调，整个生产市场是一种关系网络结构。传统经济学认为微观行为最后聚合成一种宏观市场现象，在交换市场中，交换者是"原子化"的行为者，彼此之间没有区别，整个市场内部也没有结构化，而是同质的、原子化的个体的加总。怀特对这种市场观进行了批评，指出整个市场是一种网络结构，围绕着某一种产品会形成一种具体的生产市场，而不同数量的生产市场会形成一个大的市场，因此这个大的市场是由不同的网络构成的一个更大网络。每一个具体的生产市场是一个网络单元，而整个市场就是由这些网络共同构成的网络结构。市场不是一种开放的关系网络，而是一种网络结构，是一种结构化的关系网络。网络单元与网络单元之间存在边界，正是这种边界的存在，使得某一市场中的价格等的变动，对于另一市场不会产生太大的影响。在怀特看来，在这种相对稳定的结构中，生产商之间不再是纯粹"原子化"的机会主义者，而要受其角色规范限制。生产市场中交换者之间持续存在的交换关系，使生产市场中的行为者不再是"原子化"的行为者。所谓"原子化"的经济行为者，除了指行为者之间不存在持续的关系外，还意味着行为者关于产品生产策略、交换对象的选择等方面的决策等，都是只根据产品价格信息或自己的完全工具理性逻辑作出的。因此，他不从与之存在关系的个体那里寻求决策的信息，也不受社会关系与相关规范的限制。也就是说，经济学的"原子化"的经济行为者概念，认为经济行为者之间并不存在社会性的互动，与经济行为者所处的社会关系网络是相互脱离的。传统经济社会学的经济行为者概念，没有强调关

① See C. White, Harrison Where Do Markets Come From?, In *The America Journal of Sociology*, 1981, 87 (3), pp. 517－547.

系网络，而强调经济行为者的社会规范限制，以至于经济行为者成为文化规范的木偶。在这样的过度嵌入的经济行为者概念中，经济行为者之间也没有互动，其决策是完全根据文化规范要求而作出的，因此也是一种“原子化”的行为者。但是，在生产市场中，由于行为者之间存在相对稳定的长期关系，行为者的决策会受到长期存在的关系的影响，以及以这些关系网络中的位置相联系的规范的影响。生产市场中的行为者由于这样一种关系网络规范的影响与制约，而较少有机会主义行为。怀特生产市场理论强调了生产商的“社会性”，但是，与其他主张不同的是，怀特所强调的限制生产商从事机会主义的因素，不是来自于市场外部，而是来自于市场内部结构本身。因此，怀特不是非结构主义者，但也不是传统意义上的特别是帕森斯意义上的结构主义者。由于其所说的生产市场是一种自我再生产的结构，因此怀特是一个内生的结构主义者。怀特在总体上反对传统的经济学的无结构主义的经济行为理论，从而提出了一种内生的结构主义经济行为观。其实，怀特的经济社会学思想不限于生产市场理论，他试图从生产市场理论出发推而广之，对整个传统经济学理论提出一种替代性的看法。此外，怀特的生产市场理论除了对作为网络结构地位等同体之间的经济交换关系网络进行分析外，还对处于生产链条上不同环节的生产企业之间的关系进行了分析。也就是说，他还探讨了生产市场的上游与下游的定向问题。他指出，在某种情况下，同一生产链上的企业可能把自己的收益来源定位于生产链上的上一家企业或下一家企业。比如，获得政府签约的一系列企业，往往是希望从政府那里获得更多的报酬，因此在这种生产链上的企业都会具有下游定向。这说明生产市场中的收益并非单纯地受市场因素的影响，可能还会受到其他的多种因素的影响。

主流经济学对于怀特的生产市场理论持有一种相对排斥的

态度。其原因之一是他的替代性立场或否定性立场，使主流经济学不可能对他的理论表示欢迎；而另一个原因则是怀特的生产市场模型的应用性还不够，还需要进一步经验的实证和检验。尽管如此，诸多学者肯定，怀特的生产市场理论对于内生结构因素和交易秩序本身的强调，不失为一种看待经济行为的新视角。这种视角与格兰诺维特关于经济行为的社会结构视角不同；格兰诺维特强调经济行为对于社会关系网络的嵌入性，而这种社会关系网络相对于经济行为而言，是外生性的。因此一些学者认为格兰诺维持的经济社会学的思想仍然是一种弱的结构决定论，而格兰诺维特则反对怀特对于社会文化因素的过度排斥，主张新经济社会学对于经济学具有重要的完善和修补作用，但不能完全替代经济学的理论和思想。

③罗纳德·博特 1971 年毕业于霍普金斯大学，1973 年在纽约大学获得社会学硕士学位，1977 年在芝加哥大学获得社会学博士学位。博特是新经济社会学的重要代表人物，其《行为的结构理论》一书是新经济社会学的三篇奠基性研究成果之一。其 1992 年发表的《结构洞》提出了结构洞概念，从网络结构的角度分析了不同的个体和组织行为者由于其网络结构状况的不同而拥有不同的信息等社会资本优势，并对其经济绩效产生重要的影响。同时，博特还分析了结构洞的形成、桥接过程，以及由此而生成的均衡与非均衡相统一的经济秩序，对经济现象的动态过程提供了一种新的解释。

博特在《结构洞》这一文献中指出，关系强弱与社会资源、社会资本的多寡没有必然的联系。无论主体是个人还是组织，其社会网络均表现为两种关系。一是网络中的任何主体与其他每一主体都发生联系，不存在关系间断现象，从整个网络来看就是"无洞"结构。这种形式只有在小群体中才会存在。二是社会网络中的某个或某些个体与有些个体发生直接联系，但与其他个体不发生直接联系。无直接联系或关系间断的现象，从网络整体来看好像网络结构中出现了洞穴，因而称作“结构洞”。只有结构洞多的竞争者，其关系优势才大，获得较大利益回报的机会才高。任何个人或组织，要想在竞争中获得、保持和发展优势，就必须与相互无关联的个人和团体建立广泛的联系，以获取信息和控制优势。博特的结构洞理论是从联系的传递性和间断性方面对社会网络作出分析。以上这些理论视角应该说是从社会学角度出发对社会现象进行的分析。就理论建构而言，此后的理论并没有对这些研究有根本的超越，要么对理论有一定的补充，要么是在经验研究中的广泛应用。

在博特那里，所谓结构洞，是指两个行为者之间关系缺失所形成的一种网络状态。这包括两种情况：其一是在由一定数量的行为者所构成的网络中，某两个行为者之间不存在联系或者关系而形成的关系空缺状态；其二是指两个网络之间的关系空缺状态。二元关系不存在结构洞问题，而三元关系就可能存在结构洞。例如，有行为者 A、B、C，在 A 与 B 之间、B 与 C 之间存在联系，而 A 与 C 之间不存在联系，则 A 与 C 之间的这种关系缺失状态就是一种结构洞。又例如，在博特看来，整个经济领域可能是由不同的较小的网络单元所构成的一个大的网络结构，而某些网络单元之间可能不存在联系，例如群体 B 与群体 A 没有联系，这两个群体之间的关系就是缺失的。由于博特把关系网络视为一种结构，因此这种网络中关系的缺失所形成的空洞就被他称为结构洞。可见结构洞概念实际上指的是一种关系缺失状态。两个个体或群体行为者之间的关系，不外乎三种情况，一种是强关系，一种是弱关系，另外一种是无关系。结构洞往往就是这种无关系的情况。不过，博特认为，原先没有关系的行为者之间可能逐渐发生关系，形成一种弱关系，甚至强关系。而随着这种关系的建立与强化，这种结构洞就会消失。

博特认为，可以把社会视为一种市场，人们在其中交换各种商品和思想，追求自己的利益。在交换中，某些个体或群体会以更低的成本和付出而获得更高的回报，因此其地位会日益凸显，人们之间也就会逐渐产生不平等和分化。物质资本理论认为，这种分化是由于人们对物质性资源的占有不同引起的；而人力资本理论认为，这种分化是由于个体之间的能力、知识、智慧、口才和技能等的不同引起的。博特认为，这些解释都是基本正确的，但还算不上完全正确。从社会资本角度来看，某些个体或群体之所以表现得更好，还在于他们有着更好的关系状况。他们与其他个体或群体相互联系，得到后者的信任与支持，使后者依赖于与他们进行的交换。他们在这种交换结构中占据了某种位置，拥有与这种位置相联系的作为一种权力的资产，即社会资本。因此，社会资本实际上是一种和关系网络位置相联系的优势。

博特认为，从理论上分析，交易者昨天形成的关系不会影响今天的市场行为，因为每一次交易都是根据收益最大化进行的，因此网络的出现与持续性只是寻求收益最大化的交易双方的副产品。但是实际的情况则是，要想实现最佳的交易，就必须具有商品、销售者、购买者和价格的相关信息。而要获得这些信息，关系网络机制就必不可少。在一个市场中，交易者之间的关系网络结构会影响信息获得，甚至可以取代信息发挥重要作用；也就是说，处于相似网络位置上的行为者在收集信息成本过大时，根本不直接去收集相关的信息，而只是模仿位置相似者的行动而取得成功。在这种情况下，关系网络就是一种社会资本。关系网络促进了信念及其实践在特定的人群之间与组织间的扩散和传递。在这种关系网络中拥有重要地位者，具有信息和声望优势。总之，博特认为，关系网络这种社会结构可以起着一种传递甚至取代信息的作用。

在较传统的观点看来，封闭性网络会更容易产生社会资本。在封闭性的网络中，每个人都相互联系，没有人能逃离网络中他人的注意和视线。这种密集、封闭的关系网络状况，当然会影响成员的信息获得与交流。同时，封闭性网络会通过成员之间频繁的互动，形成规范性制度。这种规范性制度通过群体成员的社会排斥机制，对机会主义等行为进行制约，从而促进了规范约束的效力，降低了市场中信任对方的风险。也就是在封闭的网络中，由于成员相对较少，每一个成员的行为信息很快会为其他成员所知；如果某个成员不遵守群体的规范，采取损害其他某一个或某些成员利益的机会主义行为，那么其他所有的成员很快会知道这个成员及其机会主义行为，从而避免再与其进行交换，机会主义者会因此丧失交换的机会进而遭受损失。面对这种情况，机会主义者会退出这个群体重新进入一个新的群体，但这种退出与进入是需要成本的；如果成本过大，机会主义者就只好继续保持在原来的群体中，采取补救的措施以获得其他成员的谅解，这样久而久之，群体中的每一个成员都会遵守群体规范。因此，一般说来，封闭网络存在比较好的社会资本，而且这种社会资本具有较强的约束力，能够降低成员之间的合作风险，使成员获得更高的收益。不过，一些学者认为，这样一种封闭性关系网络，实际上是由成员之间的强关系构成的，通过强关系获得的信息往往都是重复的信息，因此，在带封闭性的关系网络中的社会资本的作用，主要不在于其获得信息的优势，而在于其群体治理的优势。

而一些非传统的学者则认为，并非封闭性关系网络才会产生社会资本，如格兰诺维特所提出的“弱关系的力量”概念，约翰·弗里曼提出的中间性集权概念等。这些概念表明，行为者之间的弱关系也会带来信息上的优势。更重要的是，行为者对这种关系网络的独占、垄断及管理也会产生某种优势。

博特指出，既然个体或群体之间关系的缺失会形成结构洞，那么，若某一个体把原本没有关系的两个个体或群体联系起来，也就是说对这个结构洞进行桥接，就可能获得种种竞争优势。

首先，通过桥接结构洞会获得信息上的优势。人们从封闭性的内聚网络与网络等同体那里获得的信息，往往是多余的信息，而通过桥接结构洞会获得非多余、非重复的信息。因为处于弱关系状态或者没有关系的两个个体，往往是在不同的地方、在不同的领域中活动，因此各自具有不同的信息。桥接者由于拥有这种非多余的信息，比起其他行为者来就会更早地知道他人的行动，更容易形成、传播新的思想或意见，对于他人也就具有更大的吸引力。

其次，桥接结构洞会获得控制优势。由于较早获得了相关的信息，桥接者就知道什么时候把特定的、没有联系的节点联系在一起将是有价值的，因此他在何时应满足谁的利益这些问题上，具有更大的话语权。博特指出，甚至存在一种专门桥接结构洞的网络企业家，他们通过经营他人之间的关系来增加自己的价值。他认为，把分离的片段结合在一起是企业家的特质之一。

熊彼特（Joseph Schumpeter）所说的企业家就是把原先没有结合在一起的要素结合在一起，从而产生创新。柯兹纳（Kirzner）所说的企业家，则主要是不断地发现不同地方的同类产品的价格差异，并把价格低的地方的产品放到价格高的地方去销售，从而获取价格差，逐渐实现市场的价格均衡，企业家的一个特质就是能够不断发现价格差，从而通过价格的均衡与非均衡促进资源的流动与市场的发展。网络企业家则主要通过发现和控制结构洞两边的人之间的信息来创造价值。那些其网络具有丰富结构洞的个人，能够知道、参与、控制回报丰厚的机会。

归结起来，结构洞理论认为，发现和桥接网络结构洞者，在寻求新思想、使新思想得以实现和获得其想要的结果、以较低成本获得更高回报等方面会具有一种优势，能够在决策时具有信息优势，在实施决策时获得更多支持，能够及时适应环境新变化而采取适当的实施与调整措施等。同时，我们也可以看出，其网络及其社会资本理论，主要是强调基于信息控制的优势，而不是基于群体规范的制裁或支持的优势。

博特认为，这种优势可能为个体拥有，也可能为群体所有；会给个体带来回报，会给个体所在的组织带来好处。在一个组织中的个体的关系状况、雇员的社会资本，会影响到群体组织的绩效，而组织的社会资本也能促进雇员的绩效。例如，某两个企业之间原本没有关系，而如果这两个企业的领导者之间建立起新的关系，就会给整个企业带来收益。两个企业之间原本没有关系，而这两个企业中的一般成员之间存在弱关系，如果一个企业领导者充分利用这种关系，就会同样知道另一个企业的决策等情况，从而使企业减少成本。在市场环境极不确定的情况下，这种模仿性决策特别重要，某些个体成员也会因此获得更高的回报。博特根据这种结构洞思想对管理模式进行了思考，认为一个管理者本身应桥接结构洞，同时也应留下一些空间让被管理者发挥主动性，从而充分利用他们的结构洞，实现个体的创造性。

博特指出，当网络企业家首先发现一个结构洞，然后去桥接这个结构洞，并因此获得网络结构中的某种位置优势，最终导致一种非均衡或分化的时候，其他人也会模仿他的行为，在结构洞之间建立桥关系，以获得某种收益。这样，随着建立的桥关系越来越多，桥接结构洞的收益会逐渐下降或衰减。这种收益的衰减率是非线性的，最初几次桥接的收益衰减率要比以后桥接的衰减率下降得快一些。当然桥接结构洞的成本同时也会相应地下降，而成本的下降，又会使更多的人有可能去桥接结构洞。当每个人都跨越了结构洞之后，桥接的价值就彻底消失了。而当桥接结构洞的边际收益下降到比边际成本稍高这一点时，人们就会停止桥接活动。这样，网络企业家会通过消除市场中有利可图的结构洞，把市场推向均衡。这是一种从非均衡走向均衡的过程。

因此，结构洞的社会资本似乎是一种通向均衡过程的短期优势，当一个市场达到均衡时，这种优势就消失了。但是，博特指出，当一个市场快要达到均衡点时，会有更多社会资本的经营管理者，努力去发现新的结构洞，甚至通过促进技术变革，充分利用一些偶然的事件，来创造新的结构洞，打破原来的均衡而向一种新的均衡发展。拥有更多社会资本的管理者，往往会充分利用这种优势来促进产业的不断变革，加速信息的过时，从而保持持续的竞争优势，使结构洞的社会资本所具有的短期优势转变为长期的运行优势。一些既得利益者甚至会竭力抵制、阻碍其他行为者桥接各种结构洞，对他人进入的机会进行封闭，使得新的进入者不得不去寻找桥接这些结构洞的替代方式。归结起来可见，拥有结构洞的网络企业家会努力使这种短期的优势转化为一种长期的优势，其办法常常有两种：一种是在结构洞将完全被封闭时去寻找新的结构洞，从而保持自己的优势；另一种情况就是构筑障碍，使某些人不能够桥接结构洞，从而保持自己的优势。这样就形成了一个长期的动态均衡过程。

在理论立场上，结构洞理论与格兰诺维特等人的经济社会学有所不同，博特强调的是关系本身的结构状况对于资源获得的影响，而不是通过网络这个中间性概念来强调社会规范的作用，其社会资本也不具有社会信任、合作与规范等含义，而主要是因网络结构地位的不同而获得的信息等优势。因此，博特的理论与怀特的理论更为接近，但总体上更少考虑规范因素与文化因素对经济行为的影响。

就应用性而言，由于在博特的结构洞理论中，交换的概念不是狭义的市场交换，而是所有领域中的交换现象，因此结构洞理论可以运用于市场交换领域，可以运用于生产领域，可以运用于组织行政管理等领域，可以运用于个体层次的分析，还可以运用于组织层次的分析。但是，博特的结构洞理论还存在一些问题需要进一步的解释。

一是其行为者假设仍然是一种理性行为者假设，因此不能解释那些明显存在的，人们虽然也认识到有结构洞，却因习俗、规范与文化观念的限制而不去桥接结构洞的现象，也就是说结构洞理论忽视了人们为什么不进行选择这种现象。二是博特的结构洞理论认为，是先占有某个结构位置者，逐渐认识到这种优势，并努力追求和实现这种优势，其结构处于逻辑在先的地位。但是有的学者则强调认知在先，即某个人先认识到结构洞的优势，然后再去发现和实现结构洞的优势。因此，博特的结构洞理论是从结构出发分析行为，而后一种相反的观点则是以行为为起点。如何协调这两种立场仍是结构洞理论面临的问题。

不管怎么说，无可否认的是，博特的结构洞理论指出了网络关系状况对于经济行为的重要性，对新经济社会学产生了重要影响。

④韦恩·贝克（Wayne Baker）是以怀特为代表的新经济社会学路向中的重要代表人物，其主要著作包括《作为网络的市场》《全国证券市场的社会建构》等，从网络分析的角度对市场进行了很多颇具影响的经验研究。从总体上看，贝克反对传统经济学的理性行为者、开放市场等概念，指出市场并不是由“原子化”的经济行为者形成的一种开放的网络，相反是一种由相对较小规模的市场网络单元所形成的网络结构。他还认为，

市场中的行为者、宏观与微观网络及其对价格的影响，本身都是一种社会建构，因而强调了社会因素对于经济现象的影响。

传统的古典、新古典经济学的理性行为者假设认为，经济行为者都是工具理性的行为着，追求自己利益的最大化，具有收集和处理信息的能力，并会尽量避免机会主义行为。贝克认为，传统的经济学以这种理性行为模型为基础，视整个市场都是由同质的经济行为者构成的，每一个经济行为者都是"原子化"的行为者，彼此之间形成的关系并无持续性。这种状况对于价格的影响就是使价格趋向于平均价格，市场规模越大，竞争越激烈，价格就越倾向于均衡。

新制度主义经济学则支持有限理性的行为者假设，认为行为者关于市场的知识，收集、处理信息的时间与能力都是有限的，而且收集信息还需要成本。在这种情况下，人们可能存在机会主义的行为，因此需要引入制度结构与文化因素，来规范人们的经济行为。但是新制度经济学又认为，现代经济不同于传统经济，现代社会的市场已经不是一种地方性市场，而是一种全国性甚至全球性市场。习俗、规范等非正式的制度文化因素，在地方市场中发挥着重要作用，但在以非地方性市场为主体的现代社会中，其作用范围是有限的；而要解决经济活动中的超地方性的磨擦、冲突，就需要第三方来治理，需要国家、政府来制定正式的产权制度，等等。因此，新制度经济学从总体上看仍然坚持开放的现代市场观，认为市场是一种整体的、开放的和非结构化的网络。

贝克否定古典、新古典经济学的完全理性与开放市场假设，而接受了新制度经济学的有限理性行为者与机会主义假设。但是值得注意的是，尽管贝克承认他与新制度经济学共享这种假设，却具有不同的关注点和理论推论。在传统的理想市场模型中，行为者是超理性的，并且不会进行机会主义行为。在这种假设情况下，微观的行为者网络会无限地扩展，导致整个宏观市场网络的非分化性与同质性，这种网络状况会降低价格的不稳定性。但是经验研究表明，行为者是有限理性的，会机会主义地行事。经济行为者的微观网络是具有严格范围的，整个市场是由这种小规模的微观网络产生的宏观网络。宏观网络的分化使行为者之间的信息交流出现障碍，并增加了价格的变动性。而在较小规模的限制性微观网络中，网络结构不太分化，这有利于信息的传播，并防止了价格的过度变动。

贝克为了确证自己的理论假设，首先对美国一所全国证券市场进行了经验的考察。证券交易所是一种独特的交易场所。其中的行为者是有限理性的行为者。在那种嘈杂的环境下，行为者的信息交流是很困难的。证券市场中的机会主义则具有不同的表现形式，如与一个朋友做交易本身就可能是一种机会主义行为，因为与朋友做交易，也就间接地排除了同该交易对象的朋友关系。在证券市场中也存在关系滥用的情况。贝克发现，在证券市场中，由于有限理性与机会主义的影响，交易者会限制自己的交易伙伴的数量，只与同自己相接近的人进行交易，形成一伙一伙的群体（crowd），一种微观的自我中心网络。贝克选择了一定数量的大小不等的该类群体进行研究，分析了每个群体中的网络模式，以及这种网络模式对证券价格的影响。贝克发现在一天的不同的时段中，进入证券交易市场进行交易的行为者的数量会有变化，但是某些群体的成员往往是相对固定的，他们在特定的时间内进行交易。也就是说，在一天的不同时段中，证券交易市场的参与者数量会不断地变化，在中午，进入证券市场进行交易的人相对少；但无论在哪一时刻，每一个交易者的交易对象数量都是相对固定的，不是某一单个交易者进入或退出市场，而是一个群体整体进入或退出市场。① 贝克和他的同事还对广告委托与代理双方之间的关系进行研究，发现每一个广告委托商的代理商是相对固定的，一个企业往往把自己的广告业务交由少数的、相对固定的三五个广告公司负责，而且委托与代理关系会存在很多年。

在这些经验研究的基础上，贝克总结认为，市场并非一个开放的网络，而是一种由无数小的网络所形成的网络结构。并非短期的、开放的市场交易就不存在风险、不确定性和机会主义。在现实经济生活中，经济行为总是存在风险和不确定性，也存在机会主义的行为。为了减少不确定性与风险，经济行为者总是想方设法减少交换对象的数量，形成相对固定的、小规模的交易关系网络。贝克认为，这种网络规模有一个阈值，如果在一个市场中企业数量过多，就会引起市场的分裂，因此现实中企业网络总是维持在一个恰当的规模上。② 此外，贝克还认为，交易关系网络的稳定性要受到交易双方所运用的制度和权力因素的影响。而与此相关的系列因素，包括价格，都会受到社会建构的影响。③

可见，以怀特等人为代表的新经济社会学，作为当代新经济社会学中的一个重要分支，其特点在于运用社会网络分析的基本概念、理论与方法来分析经济关系，特别是市场关系，从而对核心的经济现象提出了与以往、与别人不同的看法。他们

① See W. E. Baker, The Social Structure of a National Securities Maket, In *The American Journal of Sociology*, 1984, 89 (4), pp. 775—811.

② See W. E. Baker, Market Networks and Corporate Behavior, In *The American Journal of Sociology*, 1990, 96 (3), pp. 589—625.

③ See W. E. Baker, R. R. Faulkner, G. A. Fisher, Hazards of the Market: The Continuity and Dissolution of Inter-organization, In *American Sociological Review*, 1998, 63 (2), p. 147.

一般都认同有限理性与机会主义的假设，但却得出了与经济学特别是新制度经济学不同的结论，特别是提出了市场网络结构化的概念，并因此对市场的边界、市场的定价、市场的均衡与非均衡、微观与宏观经济现象及其之间的联结有了新的独特看法。由于这一新经济社会学分支主要关注的是经济关系网络本身，因此形成了相对可操作与量化研究的分析模型，克服了以往经济社会学非量化的缺陷。但是，也有学者认为，这一分支的新经济社会学相对忽视了经济行为的制度嵌入性，导致对经济关系网络分析的形式化，会以一种抽象的关系来代替复杂生动的经济行动。因此，在强调正式与非正式制度文化因素对经济行为影响的今天，如何把经济关系网络分析与制度分析结合起来，是这一分支的新经济社会学的重要任务。

怀特强调，在工业社会中，生产市场起着更重要的作用，因此市场理论的关注重点应该转向生产市场。在生产市场中，并非仅有传统的生产商与消费者（购买者）两种角色，而是包括了供应商、生产商、购买商、消费者四种角色。生产市场中的不同角色之间，会形成相对持久的经济关系。每一个具体的生产市场都是一个相对稳定的关系网络。整个生产市场是一种关系网络结构。在这种相对稳定的结构中，生产商之间不再是纯粹“原子化”的机会主义者，而要受其角色规范限制。生产市场中交换者之间持续存在的交换关系，使生产市场中的行为者不再是“原子化”的行为者。

博特认为，整个经济领域可能是由不同的较小的网络单元所构成的一个大的网络结构。这种网络中关系的缺失所形成的空洞即结构洞。关系网络促进了信念及其实践在特定的人群之间与组织间的扩散和传递。在这种关系网络中拥有重要地位者，具有信息和声望优势。因此，关系网络就是一种社会资本，这实际上是一种关系网络位置相联系的优势。博特认为，关系网络这种社会结构可以起到一种传递甚至取代信息的作用。这样，博特指出，如果对结构洞进行桥接，就可能获得种种竞争优势。但是这种结构洞的社会资本是一种通向均衡过程的短期优势，当一个市场达到均衡时，这种优势就消失了。

贝克指出，市场并不是由"原子化"的经济行为者形成的一种开放的网络；在现实经济生活中，经济行为总是存在风险和不确定性，也存在机会主义的行为，为了减少不确定性与风险，经济行为者总是想方设法减少交换对象的数量，形成相对固定的、小规模的交易关系网络。这种网络规模有一个阈值，如果在一个市场中企业数量过多，就会引起市场的分裂，因此现实中企业网络总是维持在一个恰当规模上。他还认为，市场中的行为者、宏观与微观网络及其对价格的影响，本身都是一种社会建构，因而强调了社会因素对于经济现象的影响。[①]

（二）在社会冲突、社会交换等方面的理论综合。

1. 关于社会冲突理论。

（1）社会冲突理论曾经是社会学早期的理论取向之一。后来，功能主义社会学理论盛极一时，冲突理论处于古典社会学理论的边缘。20 世纪 60 年代，随着结构功能主义开始走下坡路，此时一些社会学者如米尔斯、科塞、达伦多夫等人，在对马克思、韦伯和西美尔等人思想加以发展的基础上，形成了现代社会学理论的一个重要流派：社会冲突论。该理论指出，社会的冲突与社会的变迁一样是社会的常态，不应将之视为社会的病态，而且，社会冲突对于社会的巩固和发展起着积极的作用。

在西方社会学史上，社会冲突理论的特别重要性在于，它

① 资料和论述原文利用刘少杰主编：《当代国外社会学理论》，中国人民大学出版社 2009 年版，第十四章。

率先打破了结构功能主义一统天下的局面，从而推动社会学理论形成多流派在不同传统下的、共存竞争的格局。而在事实上，社会冲突论虽然率先打破了结构功能主义一统天下的局面，而在事实上它在相当长的时间里，并没有取代功能主义理论，它只是对功能主义的补充。诸如像科塞和达伦多夫等代表人物，由于没有完全摆脱功能主义的社会结构和功能论，所以他们的理论往往仅局限于部分社会冲突，尚谈不上是全面的社会理论。有研究者指出，社会冲突理论正式形成虽晚，但冲突思想源远流长，它是一系列理论中富有成果的一种传统。①

西方社会学者往往认为，16 世纪意大利的马基雅维利和 17 世纪英国的霍布斯，19 世纪德国的马克思和像西美尔、韦伯那样一些跨世纪人物，都曾对社会冲突理论的发展作出过重要贡献，特别是马克思和韦伯被认为是这一理论的直接先驱。

由冲突论者看来，马克思的理论主要包括这样三个基本假设，即经济组织决定所有其他社会组织；每个经济组织里都含有阶级冲突的成分；无产阶级因受压迫而逐渐产生共同的阶级意识，联合起来反对并推翻资产阶级的统治。马克思的社会冲突思想往往被人从社会学角度概括为以下几个方面：①人们在社会生活中建立在财产和生产资料占有上的经济关系是最基本的社会关系，这种经济关系中的地位不平等是社会冲突的根源之所在。②从私有制出现后，根据是否占有生产资料而剥削他人，社会出现了剥削阶级和被剥削阶级。这种阶级的区分贯穿了相当长历史的社会生活，涉及社会关系的各个方面。剥削阶级总是通过占有生产资料而占有被剥削阶级的劳动并压迫他们。在阶级消灭之前，阶级斗争是不可避免的。③阶级斗争在阶级

① 参见［美］R. 柯林斯：《冲突理论的基础》，《现代外国哲学社会学文摘》1984 年第 11 期。

社会的发展中起着巨大的推动作用。"自从原始公社解体以来，组成为每个社会的各阶级之间的斗争，总是历史发展的伟大动力。"[①] 在社会形态更替的过程中，只有通过先进阶级对反动阶级的革命斗争，才能使腐朽没落的社会制度被更高级的社会制度所代替。④在阶级社会中，阶级斗争存在于社会生活的各个领域，表现为经济斗争、政治斗争和思想斗争。政治斗争和思想斗争，是上层建筑领域中的斗争，它们是经济基础的反映，是由经济基础决定的。在多种形式的斗争中，居于首位的是政治斗争，是暴力革命，武装夺取政权。⑤在无产阶级反对资产阶级的斗争中，阶级斗争必然导致无产阶级专政。

西美尔（Georg Simmel，1858—1918）主张"形式社会学"。他致力于"基本社会过程形式"的研究。他强调，社会冲突是一种主要的社会过程形式。西美尔的社会冲突思想集中地体现在他的经典著作《冲突论》中，其内容可大致概括如下[②]：①社会是一个有机的整体。在社会中冲突是普遍存在和不可避免的。②社会的冲突不仅是利益的反映，而且是敌对本能的反映。人类具有先天的敌对冲动的本能。这种本能虽然受和谐关系和爱的本能所制约，而在利益冲突的刺激下的发展，成为社会冲突的重要原因之一。③社会冲突的作用并非一定是消极的，并非在所有的情况下都必然地引起社会有机系统的崩溃或社会的变迁。实际上社会冲突是促进社会有机体统一的过程，是保持社会整体或某些子系统完整的过程。④冲突的激烈程度与冲突群体各方的团结紧密程度、情感投入程度及对冲突的理解程

① 恩格斯：《国际社会主义和意大利社会主义》，《马克思恩格斯全集》第22卷，人民出版社1965年版，第560页。

② ［美］乔纳森·H. 特纳：《社会学理论的结构》，吴曲辉等译，浙江人民出版社1987年版，第162～168页。

度密切相关。冲突各方的成员团结越紧密，人们的情感投入程度越大，人们对冲突的理解超出个人目标、个人利益的程度越大，冲突就可能越激烈。⑤冲突越作为一种能达到明确目标的手段，冲突激烈的可能性就越小。在一定条件下，共同利益的意识能导致非暴力的冲突。现代的劳资冲突就是最好的例证。⑥群体间的冲突越激烈、越频繁，群体间的界限越明显、越牢固，各群体内部的团结也就越紧密。⑦群体之间的冲突越是缓和，冲突对群体的整合作用就越有可能发生。在一定的条件下，起初激烈的冲突会变得缓和，从而给社会整合带来积极的结果。学界往往这样评论，西美尔的社会冲突思想与马克思的社会冲突思想有很大区别。其区别不仅表现在对社会冲突原因的认识上，也表现在对冲突功能的认识上。而且，马克思注重阶级冲突和暴力革命；西美尔注重的则是各种类型的社会冲突，尤其是比较缓和的冲突。

韦伯（Max Weber 1864—1920）的社会冲突思想，是在他的阶级、冲突和社会变迁的研究分析中发展起来的。人们可以在他关于传统权威社会向法理权威社会过渡的论述中看出他的主张和观点。乔纳森·H. 特纳对之这样概括：[①] ①社会冲突起源于三个条件，即权力、财富和声望的高度相关性，报酬的分配和低水平的社会流动率。②由于权力、财富和声望的高度相关，财富精英同时也是政治精英和社会精英，那些没有财富的人往往没有权力和社会地位。因此，后者在愤怒中否认现存不平等系统的合法性时，易于选择冲突以改变现状。③当报酬分配被垄断，也就是说，当只有很少的人占有权力、财富和声望，而其余的人则无法享有时，就会产生紧张和愤恨。在这种愤恨

① ［美］乔纳森·H. 特纳：《社会学理论的结构》，吴曲辉等译，浙江人民出版社 1987 年版，第 171～174 页。

的驱使下，那些没有权力、财富和声望的人会与垄断这些社会资源的人发生冲突。④那些社会地位低的人没有机会或很少有机会向较高的社会地位流动时，仇恨就会在那些社会地位低下的人群中聚集起来，并难以控制，最终导致向社会权威挑战，爆发冲突。⑤领头人的感召力是引起社会冲突的关键力量。出现煽起下层人不满情绪的领头人物，会挑起冲突。这往往会引起社会的变迁。⑥在领袖带领追随者通过社会冲突，建立了新的社会等级系统后，当财富、权力和声望变得高度相关时，就会产生新的冲突。⑦当新的社会等级系统是建立在法律和条例的平等基础上，绩效和能力成为人们社会流动的基础时，冲突的可能性就会变小。就此，有论者指出，显然，韦伯是从多维度的社会不平等来说明社会冲突的起源，并且强调社会流动率、领导人物和组织是社会冲突的关键因素。这成为韦伯社会冲突理论的独特之处。①

社会学界大部分人认为，韦伯分析社会的出发点是，认定人都享有其自我利益。他并不否认社会共同利益的存在，但认为它只能建立在个人自我利益基础上。除此之外，韦伯还有这样一些鲜明区别于他人的地方。首先，他反对以经济基础作为决定社会结构和社会生活唯一条件的观点，他认为宗教、教育和政治党派与经济因素具有同样的作用。其次，韦伯对社会阶级作了更加细致、具体的分析。他的社会阶级分析包括阶级、地位团体和党派三个方面。其中，他讲阶级概念与马克思的定义有相似之处，这指具有相同经济地位的人群；他讲的所谓党派，指能够保障领导者权力、维护其成员的理想与物质利益的联合体；他讲的所谓地位团体，指靠继承而享有特殊社会地位

---

① 侯钧生主编：《西方社会学理论教程》，南开大学出版社 2010 年第 3 版，第 194～196 页。

的人。再就是，韦伯不承认未来的人类社会可以进化到一种完美、无冲突、和谐的境地，他认为那只是一种乌托邦式的幻想。

另外，诸如在帕累托，以及凡勃伦、帕克等社会学家的著述中，也有许多冲突论的思想，这是冲突论发展史研究不可忽视的。意大利社会学家帕累托的冲突论思想的主要特点在于，他相对于他前辈或后辈的多数冲突论者来说，并不具有冲突论者通常所具有的那种激进色彩。他的思想之所以被认为具有保守的性质，是由于他研究社会的角度与其他论者有所不同。首先，帕累托面对当时的社会矛盾，在达尔文主义和实证主义传统影响下，发展出一种归纳性的、自然主义的社会冲突理论。这种理论提出的主要目的是要识别和解释那些决定社会系统达到平衡的实际力量。在其看来，社会学的研究就是要对社会基本元素加以识别、归类和分配，并找出其规律性变化。其次，帕累托认为社会不是静止的，而是一个充满冲突和变迁的动态过程。这些过程背后的微观成分，即心理状态和在过程中起内在作用的社会基本原理，分别规定着社会行为和社会过程。另外，帕累托认为社会统治是统治精英与非统治精英的循环。社会基本元素通过阶级结构不均匀地分布于社会。当上层社会吸引了较为落后的元素，下层社会获得优良品质，社会就会出现革命，就会出现两类统治精英的交替。总之，帕累托认为，社会以特定思想和规范为基础，在特定阶级或精英的控制下，基本元素的相对分布引起并决定着冲突变迁和统治精英的不断循环。所以，社会就是规范力量和精英的平衡系统，这同马克思重视宏观因素、社会经济因素，形成对照；因此，他的冲突论通常被认为具有明显的自然主义的保守性质。

人们注意到，19 世纪末期的资本主义发展，以及 20 世纪前半期发生的两次世界大战，影响了人们对社会冲突理论的深入研究。不过，客观存在的社会矛盾也引起人们对马克思、韦伯和西美尔冲突论思想一定的重视。其中，美国社会学家帕克、凡勃伦等人对此有过专门的论述。

帕克（1864—1944）特别注意社会中个人与群体的空间分布。帕克的冲突论思想主要建立在这样的基础上，即他认为人类谋求生存的斗争必然会导致竞争、冲突和适应的过程。

帕克假设了社会变迁的特定次序，即首先有一个骚乱和不满阶段，它导致社会运动发生，最终导致制度的改变和亘建，导致文化的同化。其中，最具有冲突论特点的是，帕克认为在社会的生物秩序中，竞争导致了统治和继承的生态过程，这个过程是社会进化的基本力量，社会竞争、冲突等阶段的出现和存在都不过是对这种基本力量作出的反应。将社会变迁次序模式化，就形成了帕克的社会系统的生态学模式，即首先有一个作为基础的、以文明和社区为内容的生态秩序。这里，它包括个人和群体在争夺可用空间斗争中形成的空间分布；经济秩序涉及的是商品的生产、消费和服务；政治秩序的中心是通过制定和解释法律来解决冲突；最高层次是道德秩序，它以习俗和社会规范调整和约束整个社会。

凡勃伦（1857—1927）一生大部分时间是在19世纪度过的，但他的主要学术成果大多形成于20世纪初。凡勃伦在重视实证和经验的美国社会学家中独具特点，他擅长于从历史角度探讨社会。凡勃伦的分析首先开始于他所剖析的人性三个基本特征，即父母倾向、技艺本能和闲散好奇心。他认为这些特征代表了社会制度的基础。他曾有过这样的记述，社会进化过程始于人类价值观的改变，其中，闲散好奇心会带来科学技术变革，而后者又是社会进化与变迁的主要动力。这一过程具有选择性和平衡倾向，经过若干阶段之后产生了劳动分工和所有制。凡勃伦这种进化阶段性的认识与马克思主义对社会发展史的划分有接近之处，而在基础论证及预言结论上根本不同。他认为社会始于劳动分工不发达但高度团结的和平的蒙昧状态，由此出现所有制和劳动分工的低级野蛮阶段，以及具有高级所有制和有闲阶级的高级野蛮阶段，最后导致科层化的资本主义制度。社会充满了不同经济集团之间的对立与冲突，技术发达，拜物主义风行，高度替代性消费出现，人性被完全扭曲。总之，凡勃伦认为，人性的基本特征，特别是个人的闲散好奇心，引起了科学技术变革，从而导致竞争、冲突、剥削的经济结构和阶级结构。凡勃伦的冲突论思想体现在一些宏观层次上。他认为各个社会由于模仿及适应的能力不同，致使进化速度各异。其中的任何一点不协调都会在一定的范围内或多或少地引起冲突和混乱。

关于社会冲突论思想的论述，除帕克和凡勃伦的论述外，还散见于20世纪前半期的西方哲学、社会学和社会心理学的各种理论流派当中。

社会冲突理论在20世纪前半期经过发展的低潮时期，之后作为西方社会学理论崛起，这主要是在20世纪60年代。这成为此时期在美国乃至全球大动荡中各种错综复杂的社会矛盾激化的反映。20世纪40年代中期到50年代这一时期，美国科技发展、经济繁荣、社会稳定。这使美国人陶醉于所谓的结构合理、价值选择正确的理想社会中，他们眼前的一切都被说成是和谐、一致、和平和美好的，而忘记了社会上存在的大量矛盾和冲突，社会乐观主义笼罩着当时的整个美国。美国统治者把国内和国际关系中的这种变化归结为美国社会理想与秩序的成功和胜利，解释当时现行制度的合理性成为战后这一历史时期理论的主流。这可以说是美国社会学思潮战后发展的第一阶段。

20世纪60年代被认为是第二次世界大战后美国社会学理论研究各种思潮发展的第二阶段。进入20世纪60年代后，美国国内社会矛盾尖锐，社会冲突加剧，黑人运动、越战危机、民权运动、青年运动等此起彼伏；国际形势朝着不利于美国的方向发展：东西方军事力量对比发生重大变化，殖民地附属国及广大发展中国家争取独立解放的运动风起云涌。面对动荡的国际社会，不同的人对此做出了不同的反应。社会冲突理论，就是在这样的历史背景下产生的。

20 世纪 70 年代以后，美国社会学理论思潮进入战后又一发展阶段。经过十几年的社会动乱和调整，美国又开始了一个相对稳定的时期。新技术革命促进了社会生产力的发展，经济获得稳定增长。社会稳定和经济增长使社会保守思潮再度泛滥，尽管它们与战后的保守主义有很大的不同，但在相当程度上都承认社会冲突的存在。

社会冲突理论重要代表人物达伦多夫曾作过这样的分析：在马克思那里，社会冲突、特别是社会革命，一直是社会研究的中心课题之一。而帕森斯则借用一系列相互联系的范畴，说明社会体系的整合问题，而不注意分析社会冲突，这与他所处的特定社会历史背景有关。这是因为帕森斯面临的问题是要解释"什么把社会维持在一起"，而不是"什么驱使社会前进"①。

许多人对马克思和韦伯在影响冲突理论产生方面的贡献有突出评价。在西方社会学界甚至有人认为，冲突理论的主要根源来自马克思和韦伯。把韦伯的思想当作冲突论思想来源的人强调，韦伯有关思想与马克思有关思想具有同样的价值。也有著作这样指出，社会冲突论在 20 世纪前 50 年发展的基础上，出现了一个理论发展的高潮时期。在这一时期里，美国社会学界涌现出了米尔斯、科塞、里斯曼、兰斯基和科林斯等一批著名社会冲突论者；此外，法兰克福学派和原联邦德国社会学家

① ［德］R. 达伦多夫：《关于社会冲突理论》，《国外社会学》1987 年第 3 期。

达伦多夫也对社会冲突理论的发展作出了重要的贡献。其中，米尔斯是20世纪50年代和60年代美国社会学研究方向转变时期的主要代表人物；他和达伦多夫一样，同属于受马克思主义影响的所谓的“左派”冲突论者；科塞的冲突论则属于与结构功能主义有着某种联系的功能主义冲突论。[①]

（2）人们往往把社会冲突论分为两大传统：一是受到马克思等人的影响，认为社会学家具有批判社会的义务，社会终将进化到不再有冲突的境界。这种冲突论的重要代表人物、美国社会学家米尔斯，以及法兰克福学派及其他新马克思主义者属于这一传统。二是源于韦伯的冲突论者，承认冲突存在的必然性和长期性，但他们反对带有价值判断的社会分析，竭力倡导一种超价值判断的、客观的冲突分析。美国社会学家科塞、德国的达伦多夫以及柯林斯等人可以划为这一传统。[②]

（3）下面就米尔斯、科塞、达伦多夫如何由关注社会中的冲突行为来建立各自的社会学理论，作简要介绍。

①米尔斯。

查理斯·怀特·米尔斯（Wright. C. Mills，1916—1962）出生在美国德克萨斯州的韦科。他在家乡的德克萨斯大学获得学士学位和硕士学位，然后进入北方的威斯康星大学社会学系攻读博士学位。1941年，米尔斯学成毕业，获得博士学位，随后曾短期到马里兰大学任教。自1946年起，他执教于哥伦比亚大学，一直到1962年3月20日在纽约州奈亚克因心脏病猝死。

米尔斯所进行的学术研究，深受威斯康星大学社会学系的

① 贾春增主编：《外国社会学史》，中国人民大学出版社2008年第3版，第208～209、212页。

② 贾春增主编：《外国社会学史》，中国人民大学出版社2008年第3版，第210页。

影响。社会学思想史的研究者们往往认为，米尔斯早年所受的教育决定了他学术上的两个特点：首先，他通晓欧洲社会学史，熟悉起源于欧洲的各种社会学经典理论。早在威斯康星大学期间，他的教师中即有两位擅长社会学经典理论的教授：贝克尔和德籍社会学家葛斯，特别是后者，对米尔斯早期学术生涯影响重大，米尔斯因此潜心学习了德国社会学理论。毕业后，米尔斯还与葛斯一起编辑、翻译了韦伯的一些重要著作，并于1946年在纽约合作出版了《马克斯·韦伯社会学论文选》一书。

另外，米尔斯的激进倾向与他早年就学于威斯康星大学有关。研究者认为，米尔斯站在激进的批判立场上，关注社会矛盾与冲突，并以对美国资本主义社会的批判性分析开始他的学术生涯，这与他进入社会学界时特有的时代背景有关，但他也不否认威斯康星大学，特别是罗斯对他的影响。初到威斯康星大学时，罗斯尚未退休，他作为罗斯的博士生之一，深受这位前辈社会学家的批判与激进立场的影响。

米尔斯在从事社会学教学与研究工作的20年中可分为三个阶段：最初，他主要从事对马克思和韦伯的研究。米尔斯承认，自己的宏观社会学理论主要受马克思和韦伯的影响。1946年他与人合作出版的《马克斯·韦伯社会学论文选》、1948年他出版的《新的当权者：美国劳工领袖们》，是他最早的出版物，也是这一阶段的代表作。随后，米尔斯借在哥伦比亚大学应用社会科学处工作之便，大量收集材料，在拉扎斯菲尔德社会研究方法影响下，先后写成了《波多黎各人的历程：纽约最新的移居者》（1950，与西尼尔、戈德森合作）、《白领：美国的中产阶级》(1951)、《凡勃伦有闲阶级理论入门：制度的经济学研究》(1953)、《性格与社会结构：社会制度的心理学》（1953，与葛斯合作）、《权力精英》（1956）。在米尔斯这一阶段的著作中，越来越显示出他对宏观社会学的社会变迁问题的研究兴趣。这种兴趣在20世纪50年代中后期居于主导地位。此被认为是米尔斯学术研究的第二阶段。在这之后进入了其学术研究第三阶段。这一阶段除编辑《关于人的幻想：社会学思考的典型传统》（1960）一书外，有关当代世界体系的《第三次世界大战起因》（1958）、有关美国社会科学发展的《社会学的想象》（1959）、有关古巴革命的《听着，美国鬼子：古巴革命》（1960）和他的最后一部著作《马克思主义者们》（1962），都明确表现出他对社会结构与社会变迁问题的浓厚兴趣。

米尔斯被认为是第二次世界大战后美国社会学界少数几个最重要的代表人物之一。在美国，他被认为是学术界的“暴发户”（volcanic eminence）、“美国社会科学界最有争议的人物之一”。在他的全部著述中先后涉及了美国社会阶级关系的变化、性格与社会结构的关系、权力研究和对社会学发展的想象这样四个方面。其中，有关美国社会阶级关系变化的研究，即对美国20世纪后作为中产阶级的白领阶层的研究，以及权力研究即权力精英理论，是他对冲突理论的主要贡献。这是以冲突论为代表的激进批判社会思想的先声。①

米尔斯作为现代社会冲突论的先驱，而且是最早对帕森斯功能主义进行批判的人。他并不被美国那些主流的社会科学家所接纳。他播散的现代社会冲突论成为“催化剂”。

人们指出，米尔斯的社会学取向与功能主义是根本不同的。功能主义强调社会的整合与秩序，米尔斯则把个人需要放在优先地位。他从现存社会结构对人压抑和控制这一角度，对社会进行批判。正是在这一过程中，他提出和论述了自己的社会冲突理论。

---

① 贾春增主编：《外国社会学史》，中国人民大学出版社2008年第3版，第213～214页。

人们注意到，米尔斯的冲突论明显受到韦伯和马克思的影响。他与韦伯、马克思一样，关心的中心问题是社会结构中的阶级及其各种统治形式和社会动态情况。但米尔斯在阶级的分层上并没有采纳马克思的观点，而是借用韦伯的经济、权力和声望三位一体的模式，但又与韦伯不尽相同。米尔斯重视的是权力结构，而不是经济和声望。他认为，进行政治统治的人和进行经济统治的人有着范围广泛的共同利益，所以，他们广泛合作，共同维护他们的统治。进而，这些政治和经济的精英们能够轻而易举地谋取高声望，在米尔斯看来，经济、权力和高声望三者是重合的，没有必要像韦伯那样对其进行原则的区分。他的《白领：美国的中产阶级》（1951）和《权力精英》（1956）这两部冲突论的经典之作就是建立在这种观点基础上的。

人们认为，米尔斯对冲突理论的重要贡献之一，是他提出了"权力精英"（power elite）理论。他指出，美国社会中那些在经济、军事和政治机构中占据高位的财阀、军阀和政客组成了或多或少结合在一起的或统一起来的权力精英，他们的重要决策决定了美国社会的基本结构和趋向，左右着美国中下层人民的生活。权力精英们的决策反映了他们维护自己统治的利益，而不是普通公民的利益。米尔斯看到，一方面精英巨头集权力、财富和声望于一身，另一方面街头的普通大众被剥夺了对公共事务的影响力，被迫依附于他们所不能控制的各种力量。普通大众处在一个被各种大规模组织所控制的异化了的世界中，然而，他们没有能力认识自己在社会中的真正位置。米尔斯正是以这样的理论观点促进了社会冲突理论的诞生。①

米尔斯以"白领"为概括，对美国的社会阶级关系和阶层

---

①　侯钧生主编：《西方社会学理论教程》，南开大学出版社2010年第3版，第197～198页。

状况进行了研究。这主要见于他所著的《白领：美国的中产阶级》一书之中。从此书的题目就可以看出，米尔斯所说的白领是指在企业家和工人中间形成的、作为缓冲带的中产阶级。这个中产阶级已经成为美国，乃至整个资本主义社会人口的一个重要组成部分。他们是由经理、领薪水的雇员、专业职员、售货员以及各种办公室的办事员构成的。当然，现代西方社会学者划分白领的标准不一，如果按脑力劳动为标准，则把从事脑力劳动的教师、医生、律师、高级职员等称为白领；如果按职业为标准，则把专业和技术人员、经理、办事员、销售员等称为白领；如果按是直接生产还是非直接生产为标准，则把直接生产之外的非直接生产或间接生产人员，例如打字员、速记员、文书、技术员等称为白领。这往往是在阶层意义上展开的分析。米尔斯认为白领阶层的形成和出现，是20世纪以来工业化进程中最重要的变化。米尔斯指出："正是在这个白领世界里，我们才能找到20世纪生活的主要特征。""他们是一群新型的表演者，在供他们表演的舞台上，推出的都是20世纪的主要剧目。"① 由于白领阶层属于在20世纪的社会中承担着重要任务的行动者，所以，米尔斯由此开始了他对美国社会阶级关系变化的研究。

《白领：美国的中产阶级》一书共分四个部分。首先，书中分析了老式的中产阶级；其次，分析了20世纪之后形成的、充满现代资本主义社会的白领世界；再次，分析了白领阶层的生活方式；最后，分析了他们行使权力的方式。米尔斯在全书自始至终贯穿了他早年就开始信奉的德国两种经典社会理论，即马克思的异化理论和韦伯有关科层制的论述。他把马克思和韦

① ［美］C．W．米尔斯：《白领：美国的中产阶级》，杨小东等译，浙江人民出版社1987年版，第2页。

伯的思想巧妙地融合在一起，构成了全书一种特有的分析批判的立场。其中，他以马克思的异化思想为依托，着重分析了白领阶层的形成和他们的社会生活，又以韦伯的科层制为基本线索，分析了白领世界的社会地位和他们的职业特征。

米尔斯叙述道，马克思的异化理论认为，劳动把人从动物世界分离出来，人们通过作为一个农民、铁匠、医生或一个店员的劳动，表现出他们的人性。但资本主义所刺激起来的现代工业则使得以劳动表达人性日益困难，资本主义制度下的工业化正在创造越来越多的无意义的工作，从事这些工作的人被剥夺了以劳动表达某人性的基本方式。因此，他们正在从自身中、从他人那里、从自然之中疏离出来。米尔斯以这样的口吻说：大部分白领工人是正在失去个人权力的可怜虫，"作为一个群体，他们对任何人都没有威胁；作为个体，他们的生活方式很难说有什么独立性"，他们是以从工作和他们自身中疏离和异化出来为特征的。①

米尔斯利用异化概念分析了白领阶层的形成。他用异化概念分析了白领的社会生活，他把白领职业者称为殉葬式的英雄；他说："他们作为小人物，从事的往往是一些并非出于自己本意的活动，他们默默无闻地在某个什么人的办公室或商店里工作着，从来都不许大声说话、和人顶嘴或站着不干活。"② 他指出，长此以往，自我的异化与劳动异化接踵而来，在他们的生活中明显出现了两种异化的心理反应：一种是因异化造成的心理上的忧郁与迷乱代替了工作的辛苦。可能正是由于他根本就不清

① 参见［美］C. W. 米尔斯：《白领：美国的中产阶级》，杨小东等译，浙江人民出版社 1987 年版，导言部分。

② 参见［美］C. W. 米尔斯：《白领：美国的中产阶级》，杨小东等译，浙江人民出版社 1987 年版，第 5 页。

楚自己将向何处去，他的行为才表现得狂乱而匆忙；然而正是由于他不知道威胁着他的东西是什么，所以他对恐惧的反应才是麻木的。第二种心理反应是由于社会结构对性格的影响，使人们把工作上的异化疯狂地投向闲暇活动。“寻求人为的刺激。他们厌恶工作，无休止地贪图玩乐。这种骇人听闻的活动交替方式耗尽了他们的精力”①。

米尔斯由科层制分析了白领世界的社会地位和他们的职业特征。在韦伯看来，科层制在许多社会组织中是提高行政组织工作效率最合适的一种制度。米尔斯承认：作为一个表示政府的浪费和繁琐拖拉的办事程序特征的用语，科层制一词是资本主义英雄时代的遗留物。科层制的发展使世界成为一个人工的操作系统，白领阶层置身于庞大的科层体系中，并不参与直接的生产或制造，只是在管理与被管理过程中扮演一个中间角色，为整个大系统谋取不属于他个人的利益。在这个庞大的科层体系中，白领阶层的成员们，无论他们来自什么阶级或阶层，现在都不能不服从科层给他们规定的新地位。但是就像从前那样，与其说他们现在形成了一个水平的层面，倒不如说是在社会的整个旧金字塔内部形成了一个新的金字塔。为此，米尔斯提出了判定白领社会地位的方法和途径。另外，米尔斯沿着解析科层制的思路，在《白领：美国的中产阶级》一书中用了很大篇幅，分析了处于科层体系中白领阶层的各种职业特征。

米尔斯关于白领阶层的分析曾遭到来自各方面的批评。有人认为他的分析仅仅是指责，没有同情；有人认为他没有指明改进白领阶层存在方式的可能性。但后来的冲突论者坚持说，也许米尔斯是把白领低级职员的问题夸大了，也许他在分析白

---

① 参见［美］C. W. 米尔斯：《白领：美国的中产阶级》，杨小东等译，浙江人民出版社 1987 年版，第 10 页。

领阶层时有着一种怀旧情绪。但他确实注意到了中产阶级生活中缺少权力这一重要现象，特别是他指出了白领阶层不仅缺少控制自己生活的个人权力，也缺少参加国家事务的政治权力。这也就是说，当我们不是孤立地而是把米尔斯的白领理论放到冲突论的总背景下时，就会充分理解其应有的理论意义。

米尔斯在研究白领问题之后不久，到20世纪50年代，他又开始研究其他一些令人苦恼的时代问题。例如，与白领毫无权力的状况相反，社会上有着支配政治、经济、军事三大力量的权力精英。另外，他尤其关心对权力问题的研究。这使米尔斯对冲突论作出了有影响的贡献。在米尔斯看来，所谓权力是指在面临反对情况下能够实现自己意志的能力；所谓权力精英是指那些处于能作出重要决定位置上的人。

米尔斯关于权力或权力精英的研究主要见于他的《权力精英》一书。米尔斯认为，美国是一个由权力精英支配的社会。20世纪以来，社会的政治、经济、军事三大支配力量规模不断增长，权力日益扩大和集中。作出重要决定的国家权力主要集中在企业领导人、政治家和军事领袖手里。在这三个集中而庞大领域的每个顶端，形成了作出经济、政治和军事决定的权力精英的高级圈子。与此同时，社会中的所有其他制度，如国家、宗教、教育等却处于边缘地带，它们可能会对国家的政策制定做出某些反应，但却难以影响国家的政策制定。

米尔斯强调，支配美国社会经济、政治、军事权力的三方是互相牵制和互相联结的。在经济领域的顶端有资产雄厚的公司总裁；在政治秩序的顶端有政府部门的官员；在军事组织的最高层，军人政治家云集在参谋长联席会议和上层指挥系统。由于每一个领域与其他两个领域的利益相符，因此决策的结果是统一的。三方权力首脑，即公司巨头、政治管理者、军阀的紧密联合形成了美国的权力精英。[①] 至于他们的结合，米尔斯认为，社会中大量的事实都证明大企业与政府的互相联系，企业巨头可以支配政府。政府也日益插手经济生活的所有领域。总之，在他们之间一个人可以从三巨头政治的这一部分领导人摇身一变成为另一部分的领导人。米尔斯对此曾有过这样一种估计，即私有企业的军事资本主义存在于一个脆弱而形式化的民主体系之中，它包含了一种相当政治化的军事秩序。在早期美国历史中，即从革命时代到19世纪最初25年，在全国最高层次的决策中，政治制度起着主要作用；之后，权力开始由政府转到经济制度中，一直到所谓罗斯福新政，政府权力精英与经济权力精英联合。第二次世界大战之后，由于权力精英注意的问题由国内扩展到国际，军队权力上升，军事领导人在最高决策过程中有了更大的发言权，造成美国的军事结构成为政治结构中一个重要组成部分，导致军事资本主义的形成。这就是说，权力可以建立在财产之外的因素上，但权力精英却因其共同利益结合在一起，维持一种持久的、战争性的经济。[②]

米尔斯在《权力精英》一书中还剖析了把持美国社会权力精英们的社会来源或阶级背景。米尔斯的权力精英理论的一个重要内容，同时也是该理论最鲜明体现其冲突论立场之处，就是揭穿了流行于西方社会的一个神话，即所谓的“平衡理论”。这种理论讲，美国政府是一种自治的结构，由利益竞争所造成的平衡来调节。这种平衡反映在美国政府最高层，就是所谓的议会监督总统，最高法院对分立的三权做最后的平衡。米尔斯并没有直接讨论政府的三部分是否平衡，而是作了两点批驳。

---

① 参见［美］C. W. 米尔斯：《高级圈子》，《国外社会学》1987年第3期。

② 参见［美］C. W. 米尔斯：《权力精英》，牛津大学出版社1959年版，第274～276页。

首先，他抓住到底谁在国会中代表美国人民的问题。在米尔斯看来："他们代表的是在事业上获得成功的人，是那些年龄较大、在本地出生、信奉基督教的有着特权的人。他们受过高等教育，在收入和社会地位上至少属于中上等级。一般来说，他们不受雇佣，也没有干过薪水很低的工作。总之，他们是本地的新老上层阶级。"① 其次，米尔斯讲，我们的监督以及由此产生的平衡理论，至多只有在特殊历史阶段才适用。"那些仍然认为权力系统反映社会平衡的人，经常把当今时代与过去的时代相混淆，把当今时代系统中最低和最高层次与中间层次相混淆。当平衡理论被概括为一种关于权力系统的主要模式的时候，它缺少了一种历史确定性。实际上，平衡理论作为一种模式，它应是确定的，只能适用于美国发展的某个特定阶段，如著名的杰克逊时期，或处于完全不同环境的（罗斯福）新政的初期和早期。"②

②科塞。

美国社会学家列易斯·科塞（Lewis A. Coser）（1913— ）的社会冲突理论是继米尔斯的理论之后，流行于美国社会学界主要的冲突理论，被称为功能冲突理论。科塞1913年出生于柏林的一个犹太中产阶级家庭，希特勒上台后避难到法国，进入孛邦大学学习，第二次世界大战时移居美国。1954年他在哥伦比亚大学获博士学位。他最初执教于芝加哥大学；很快又到了布兰代斯大学任教。由讲师到教授，他在这里一直工作到60年代后期。1954年他获哥伦比亚大学博士学位。自1968年起，他

---

①　参见［美］C. W. 米尔斯：《权力精英》，牛津大学出版社1959年版，第248页。

②　参见［美］C. W. 米尔斯：《权力精英》，牛津大学出版社1959年版，第266页。

转至纽约大学州立石溪分校任教，一直到退休。1975—1976 年，科塞还曾出任过美国社会学协会主席。

科塞的理论有冲突论的立场，有结构功能论的背景，社会学史学家认为，科塞“与那些把结构功能论和冲突论作为两种互不相容观点的社会学家相反，他致力于探索把这两种理论方法结合起来的可能性。他承认有些社会结构的形成是结构功能论者所强调的认同和一致的结果，但他也指出社会群体得以建立和维护的另一过程是社会冲突”①。与他学术观点上的两重性相似，科塞的学术生涯有着两重背景：他一方面师从于著名结构功能论社会学家默顿，有着相当长一段时间信奉和宣扬结构功能论的经历；另一方面，他又亲身受到过德国的理论熏陶，特别是受到了德国著名社会学家西美尔思想的影响。科塞一生的学术兴趣主要集中在两个方面，一是社会学理论的研究，二是社会学思想史的研究。早在他开始研究美国早期社会学家的时候，他就注意到他们承认冲突的存在和作用，但那时的社会学界忽视了对于冲突的分析，而且把冲突看作是有害的或有破坏性的东西。科塞决心证明冲突对于社会结构的建立和维持能有潜在的和积极的作用。在这种情况下，他又投向了齐美尔对于冲突所作的一些经典论述，并且在齐美尔思想的基础上，开始了他对功能冲突论的创立工作。

正因为如此，有人曾断言科塞的理论是帕森斯的结构功能论和西美尔的形式社会学两者的综合。科塞的理论中有关冲突的看法，主要源出于西美尔的思想。科塞受益于西美尔的理论，显然有两方面的认识。第一，西美尔认为，建立一种全方位的、整体性的社会学理论还为时过早，因此，没有必要像马克思、

---

① ［美］M. 波洛玛：《当代社会学理论》，孙立平译，华夏出版社 1989 年版，第 65 页。

韦伯、涂尔干那样问津宏观的社会整体，社会学只需提炼和形成一种可以包括经验世界内容的"形式"或社会学概念就可以了。由科塞的理论看来，冲突就是西美尔讨论的一种社会学形式，它是社会互动的形式，发生的时间、地点和强度各不相同。科塞接受了西美尔的这一看法，他也认为没有必要建立一种囊括所有社会现象的综合性理论，而只需从社会内容当中抽取出一些能说明问题的形式就可以了。第二，科塞具体地发现并接受了西美尔关于冲突的观点。其中最使科塞感兴趣的是，在齐美尔理论传统中所包含的通过改革和创新解决冲突和阻止社会系统僵化的见解。据此，科塞提出了自己的基本假设，即冲突"增强而不是降低了特定社会关系或社会群体的适应或调整"①。

在解决理论追求和目的之后，从20世纪50年代后半期开始，科塞在其创作高峰的20年间先后出版了《社会冲突的功能》(1956)、《再论社会冲突研究》(1967)、《持各种观念的人：一位社会学家的看法》(1970)、《社会学思想大师》(1971)、《问题入门》(1972)、《结构与冲突》(1975)、《社会结构中的本我》(1975)和《实体研究中的两种方法》(1975)等著作。

学界认为，科塞长期关注功能主义研究，而他克服了功能主义关于冲突的偏见。他在《社会冲突的功能》一书的导言中说，美国早期的社会学家完全承认冲突的存在，把冲突视为人类互动的一种基本形式，既有积极性的作用也有消极的作用。然而当代社会学家，因受雇于人，屈从于雇主的意志，却放弃了社会学的这一传统。科塞决心探索把冲突论与功能主义结合起来的可能性。他在西美尔社会冲突思想的基础上，构建了他自己的冲突理论。他指出了社会冲突的根源，详细地分析了社

① ［美］L. 科塞：《社会冲突的功能》，孙立平译，华夏出版社1989年版，第7～8页。

会冲突的一些重要类型，并充分论证了社会冲突的功能。

科塞在结构功能理论的影响下，在重新论证冲突的性质和功能方面做了大量工作，确立并形成了冲突理论发展史上的功能冲突论形态。

第一，关于社会冲突的根源。

科塞从结构功能论立场出发，认为社会系统内的每一种成分、部门都是彼此相关联着的。当这个彼此相关联的社会系统运转时，由于各个部门对社会系统的整合与适应程度不一致，导致不同社会部门的操作、运行方式和过程的不协调。因而，社会系统运行不可避免地伴随出现紧张、失调和利益冲突现象。冲突现象在社会现实生活中的具体形态不一，但大致表现为暴行、偏离、变态等传统上被人们认为是对社会有百害而无一利的矛盾现象。科塞的贡献就在于，他非但不一般地认为社会冲突于社会是有害的，同时还认为可能是有益的。他的基本观点是，社会整体内容部门间的失调，必然导致各式各样的冲突，冲突引起社会重组，增强其适应性，可以促进或至少是有益于社会变迁。

科塞在《社会冲突的功能》一书中给冲突下定义说，冲突是价值观、信仰以及稀少的地位、权力和资源分配上的斗争，在这一斗争中，一方的目的是企图中和、伤害或消除另一方。从科塞对冲突的解释，可以看出他将冲突的原因分为物质性关系冲突和非物质性关系冲突。物质性关系冲突原因，是指权力、地位和资源分配方面的不均。非物质性关系冲突原因是指价值观和信仰的不一致。在他的详细叙述中，他十分重视非物质性的原因。

首先，他把自己的注意力集中在人们的心理、情感方面。科塞同意齐美尔有关人类身上有着侵略性或敌对性推动力的观点，认为在密切接近的人类关系中，爱和恨同时存在；密切接近本身就意味着存在有大量滋长憎恨的机会。据此，科塞认为冲突与不和是人际关系的组成部分，而不一定是不安定和分裂的征兆。

其次，科塞认为，冲突只要不直接涉及基本价值观或共同信念，其性质就不是破坏性的，而会对社会有好处。他举例说，天主教会内部有各种各样的冲突，但只要这些冲突不涉及天主教的基本教义，那么，这种冲突就不会危及天主教本身，而只会对教会有好处。比如信徒们对如何选择主教和教皇有异议，这些都是正常的、无害的。但如果涉及到底是谁创造了世界，就意味着动摇了所信奉的教义的基本立场。由此可见，科塞不仅看到了非物质性原因这一方面，而且把它摆到了一个很重要的位置，把它当成了最基本的分界线。那些不直接涉及价值观、信仰的冲突，有利于整个社会系统和群体原有结构的完善以及新规范的制定。

再是，科塞分别就社会冲突两种方式产生的原因，进行了深入研究。对于冲突的非物质性原因，科塞认为它源出于"社会合法性的撤销"。社会合法性的撤销，指人们对现有的制度怀疑并缺乏信心，不再接受现有制度为合理合法。对于冲突的物质性原因，科塞认为，"当过多的人要求得到充足的报酬机会"时，冲突便会产生。[①] 他认为，冲突起因乃是由于社会报酬的分配不均以及人们对不平均分配表现出的失望。报酬的分配不均是社会结构本身的问题，引起冲突的这类原因属于物质性原因。科塞又指认，物质性原因最后又会归并为非物质性原因，因为人们讲的对分配不均表现的失望，已属于心理方面的反应，等于又回到非物质性起因范围。科塞解释说，冲突的严重程度取

① 参见［美］L. 科塞：《社会冲突的功能》，孙立平译，华夏出版社 1989 年版，第 27 页。

决于社会结构与心理因素两者之间不同程度的相互作用。科塞理论不认为冲突只会给社会带来危害，而是认为冲突也可能导致决策过程中集中与民主的结合及社会控制的增强。

一些社会学史学家分析科塞有关冲突原因的见解时，认为他在《社会冲突的功能》一书中对社会冲突起因所作的社会结构性分析，与社会冲突作用及功能方面的社会结构性分析，是交织在一起的。科塞认为，弹性比较大、比较灵活的社会结构容易出现冲突，但对社会没有破坏性作用；僵硬的社会结构难以出现冲突，这是采取压制性手段的结果，由于压制，冲突一旦积累、爆发，其程度势必会非常严重，会对社会产生破坏作用。[①]

第二，关于社会冲突的类型分析。

科塞在他的冲突论中对社会冲突进行了归类研究，着重分析了如下几种冲突的类型：

一是现实性冲突与非现实性冲突。

这是科塞分析的第一种冲突类型。西美尔有关于“作为手段的冲突”和“作为目标的冲突”的论述。科塞从中受到启发，论述了现实性冲突和非现实性冲突。在科塞那里，所谓现实性冲突（realistic conflict）是指“那些由于在关系中的某种要求得不到满足以及由于对其他参与者所得所做的估价而发生的冲突，或目的在于追求没有得到的目标的冲突”[②]。通俗地说，现实性冲突就是为达到某种目标而作为手段的冲突。现实冲突指的是个人或群体只是运用冲突这一最有效的方法来达到自己确定的

---

① 贾春增主编：《外国社会学史》（第 3 版），中国人民大学出版社 2008 年版，第 214～221 页。

② ［美］L. 科塞：《社会冲突的功能》，孙立平等译，华夏出版社 1989 年版，第 35 页。

目的。科塞认为，绝大多数冲突都可以看作是现实性的，尤其是以组织形态出现的社会冲突基本上属于这一类。因为人们不过是想经过一场斗争，促进对话或谈判，引起当权者的注意，求得问题的解决。科塞举过这样两个例子来说明现实性冲突：一个是 1965 年 8 月发生在洛杉矶的一场被官方喻为"失去理智的疯狂的破坏"的暴动；另一个是发生在 19 世纪初的捣毁机器的英国鲁德运动。科塞讲，现实冲突产生于特定要求受到挫折。在科塞那里，所谓非现实性冲突（nonrealistic conflict）是指至少冲突中的一方为"释放紧张状态的需要"而发起的冲突。科塞讲，非现实的冲突源出于某种难以捕捉的外在因素，其对象不是冲突的根源，冲突的目的纯粹是为了宣泄敌对情绪。或者说，它是一种不求达到某种特殊效果即可自行结束，而只求以此消除心理紧张，或用来证实人们原有认同感的方式。这种冲突的特点在于，无论人们是否承认冲突的存在，冲突本身就是它的目的，它是用来发泄不满情绪的途径。科塞说，非现实冲突"不是由竞争性的目标引起的，而是由其中一方发泄紧张情绪的需要引起的"[①]。他举例说，在没有文化的社会中，巫术的复仇是非现实冲突的一种形式；在具有较高文化的社会，代人受过和做替罪羊往往是一种非现实的冲突。总之，在科塞看来，现实性冲突与非现实性冲突的区别在于，对于现实性冲突来说，冲突不是目的，而是达到目的的手段，因此冲突可以为其他同样能达到目的的手段所取代；对于非现实性冲突来说，冲突本身就是目的，除了冲突的对象可以变换外，冲突本身没有其他的互动形式可以替代，冲突高于一切。另外，现实性冲突常常产生某种结果，而非现实性冲突却没有任何结果可言。比如，

---

① ［美］L. 科塞：《社会冲突的功能》，孙立平等译，华夏出版社 1989 年版，第 49 页。

一个人为了增加工资，提高自己的地位或增加他在工会中的权力而参加罢工活动，这种冲突便是现实性冲突。相反，一个有着恋母情结而憎恨父亲的人，为泄愤而同老板发生的冲突，则是非现实性冲突。工人如果有其他的途径可以实现他的目标，如谈判、消极怠工，他们便可以放弃冲突。而憎恨父亲的人，其目的就是发泄，就是攻击，攻击的对象虽然可由父亲改为老板，但冲突不可能取消。

科塞认为，有区别地提出现实性冲突与非现实性冲突是十分重要的，因为这有助于社会控制。作为一个社会越轨者，其需要是有“现实取向的”，如果这些越轨者能够找到获得同样目标的合法手段的话，他就很可能不发生越轨行为。在这种情况下，越轨是带有工具性质的。在工业社会学研究中，如果把劳资冲突混同于非现实性冲突，就会剥夺工人要求现实利益的权利。另外，关于现实性冲突与非现实性冲突的区别，还可以应用到国际关系研究中去。在国际关系领域中，冲突基本上是有关权力、利益和价值的现实性冲突，这种斗争带有非现实性因素是偶然的，充其量不过起一种加强的作用。因此，对于国际政治的社会学研究虽然也可以关心由国内社会系统的各种受挫所引起的紧张，必须去分析造成联盟和对立模式的权力、利益等方面问题及因素。

科塞又指出，现实性冲突与非现实性冲突的区别不是纯粹的，两种性质的冲突往往交叉着、混合着。现实性冲突的情景可以伴随着从其原因中所反射出来的非现实性情绪。因为冲突就是由两种不同但又相互联系的因素，即现实性冲突情境和在其中投入的感情引起的。宣传家常常利用冲突中的情感因素来增加冲突的强度，以便达到实现目的的愿望。

二是紧密关系中的冲突与敌对情绪冲突。

这是科塞重点分析的第二类社会冲突类型。科塞注意到：

"关系越紧密，情绪越投入就越倾向于压抑敌对的情绪，而不是把这种敌对的情绪表达出来。在次级关系中，比如企业合伙人的关系，敌对情绪往往能相对自由地表达出来；相反，在初级关系中，参与者全部投入使得这种情绪的发泄对他们的关系形成威胁。在这种情况下，敌对情绪趋于积累起来，并得到进一步强化。"① 这就是说，在初级关系中，冲突不易爆发，但是不等于没有矛盾。如果不注意敌对情绪的释放，让敌对情绪积累起来，一旦冲突爆发，就可能非常激烈。如丈夫和妻子间的冲突就是这样。

同时，科塞也注意到紧密关系中，当不牵涉到参与者的整个个性，也就是说，参与者之间的紧密关系是一种片面的关系时，冲突不带有敌意和攻击性。如老同学关系、老同志关系、朋友关系便是如此。

三是内群体冲突与外群体冲突。

这是科塞重点分析的第三类社会冲突类型。直接说，内群体冲突是那些发生在群体内部的冲突，外群体冲突是那些发生在群体之间的冲突。可见，在科塞那里，外群体冲突，是指一种外部冲突，是一个社会系统与其外部的矛盾和对抗；而内群体冲突，则是指一个社会系统内群体之间的不和，故也称之为内部冲突。科塞分析了内群体冲突与外群体冲突的一些重要特征。

在分析内群体冲突时，科塞指出，内群体冲突的激烈程度与其成员的人格投入程度相关。"在只是涉及其成员人格表面部分的群体中，或用帕森斯的术语来说，在其关系是专门性的和非情感性的群体中，其冲突的程度要比在其关系是扩展性的、

① ［美］L. 科塞：《社会冲突的功能》，孙立平等译，华夏出版社 1989 年版，第 50 页。

情感性的，其成员用整个人格从事其活动的群体中的冲突程度低，也较少是最激烈的。”① 因为，前者成员之间关系的强度远低于后者。前者的成员以部分人格投入群体，那么情感性因素进入现实性冲突的可能性也就较小，所以冲突的程度便相对低些。

此外，在内群体中，那些积极热情参与群体生活的成员，对群体中的“叛徒”会采取更多的暴烈式反应。因为那些积极的成员是与群体的生存联系在一起的，而叛徒即便不是在实际上也是在象征意义上威胁到群体的生存。再加上叛徒离开群体后往往对原来群体的精神进行一系列的清算，这就更使得原来的群体把其视为危险的象征而激烈地反对。

再有，群体对于内部异端分子的反应有时要比对变革者更充满敌意，因为叛徒离开这个群体只是到敌人那里去，而异端分子虽然拥护群体的核心价值和目标，但是主张达到同一目标的手段不同，从而使群体分裂成不同的派别，严重威胁了群体内现存领导人的政治地位。

在分析外群体冲突时，科塞指出：“群体结构能够限制实际的、或预料的与外部冲突的激烈程度。”② 成员参与程度高的小战斗群体，一般使外部冲突更为激烈。这是因为规模小、关系紧密的斗争群体无法应付内部冲突，因而就以排斥的方法惩罚内部持不同意见者，而且为了加强内部团结，还要虚构内部敌人和外部敌人。只有不断地搜寻敌人，不断地与外部冲突，才

---

① ［美］L. 科塞：《社会冲突的功能》，孙立平等译，华夏出版社 1989 年版，第 35 页。

② ［美］L. 科塞：《社会冲突的功能》，孙立平等译，华夏出版社 1989 年版，第88～89 页。

能加强这种小群体内部的团结和生存。①

这里，科塞谈到应注意到两方面的情况：

第一个方面是，外群体冲突对群体内部状态的影响。科塞认为，总的说来，外群体冲突有利于群体内部的整合。因为与其他群体的冲突能动员起群体成员的活力，进而增强群体团结。但是缺乏内部团结的群体面临外部冲突时，也可能会瓦解。所以经常与外部发生冲突的群体不容忍内部的冲突。然而，在那些结构松散和开放的群体中情形却极不相同。在松散结构和开放社会中，很少要求成员以整个人格参与，更能显示出结构的灵活性。在这样的群体中，由于允许对抗的要求直接和立刻的表达，群体能够通过消除不满的原因重新调整其成员的关系，使自身得以稳定。此外，冲突在这样的群体中经常发生还有助于现存的规范获得新生，或者推动新规范的产生，通过创新和改进规范保证自己在新的条件下继续生存。

第二个方面是，外群体冲突对社会融合及扩展的影响。科塞指出，外群体冲突可以把"其他方面毫无联系或对立的个人或群体相互联系起来，并把他们带进一个公共的社会活动领域"。此外，这种结构助长了有各种不同目的的联合和联盟的相互交叉往来，因而阻止了同盟沿一条线分裂。通过这种方式，社会系统中不同的子系统找到了新的位置，并确定了他们之间新的权力关系，进而构造更广阔的社会环境。②

科塞强调，一般地说，外部冲突有助于明确群体之间的界限，这有利于加强自己一方的群体内部整合。科塞在论述时注

---

① 侯钧生主编：《西方社会学理论教程》（第3版），南开大学出版社2010年版，第210～212页。

② 侯钧生主编：《西方社会学理论教程》，南开大学出版社2010年版，第214页。

意到这样一些作用：首先，它是确立群体认同感的基础，是形成群体的必要因素。对于冲突为什么能在同一社会体系内使各个群体形成鲜明的界限，科塞解释说，冲突可以引起阶级的自我觉醒或自我觉悟。外在的冲突使各个群体强烈地意识到自己是独立的、分离的，并且由此在体系内部确立了群体的认同感，强化群体的共同意识。其次，外部冲突还能使群体发展、壮大、坚强。敌对群体的出现，外部冲突的发生，一方面是确立并证实这一群体的认同感，同时由于树立了一个强大的反面参考群体，促使群体成员意识到他们之间的同一性，这样便增加群体的整合，增强成员的参与感。外部冲突的这一作用也有限定条件，即如果冲突发生前该群体内聚力很弱，那么冲突只能加速该群体的解体。如第二次世界大战前的英国和法国，前者内聚力很强，外部冲突加强了它的整合和全民的参与程度；后者内聚力很弱，结果在战争中崩溃。

科塞有关内部冲突的见解，与涂尔干、米德的观点十分接近，认为内部矛盾、冲突或斗争有界定群体和增强群体认同的功能，能使群体成员认同于规范所定义的正确行为，使人们推崇社会所赞许的价值。因此，科塞认为内部冲突可对群体起到这样的作用，即它增强群体生存、整合及稳定，尤其是当冲突能提供给人们更一致的认同、能重新建立平衡或重新整合失序了的社会时，更是如此。社会群体可由此获得更高的生命力、内聚力和稳定性。除此之外，科塞还详细谈及内部冲突作用的具体方面：第一，群体内部冲突可重新导致团结和平衡。早在齐美尔的思想中就有这样的看法，即人类的任何关系中都存有敌对情绪，这种敌对情绪的发泄将有利于群体的统一。但科塞也指出，如果冲突在某种关系中涉及事物的根本基础时，就很难形成新的和谐，反而导致关系破裂。第二，内部冲突可以在

"压力状态下，通过排除反对者来避免群体的解体"[①]。因此，内部冲突同时是社会群体一种至关重要的安全阀机制。[②]

四是意识形态下的冲突。

科塞强调的又一冲突类型，即意识形态下的冲突，实际上这是指作为集体的代表参与的、以集体的目标为动机的那些冲突。

科塞同意西美尔的看法，认为以集体的目标为动机的冲突要比以个人目标为动机的冲突"更激进、更冷酷无情"[③]。原因有这几个方面：其一，为了集体的利益与冲突具有一种"高尚性"，会增强代表者在群体中的地位和威望；其二，群体的代表人物也会把自己看作是群体目标和权力的体现，将自己与群体等同起来，使他的能量因而大大地加强；其三，通过为了集体的事业而放弃个人的要求，他使自己充分地成为集体的组成部分，对群体的任何威胁也就是对他的威胁；其四，为群体事业而斗争，使其注意力集中于某一直接的目标。这样他就可以将全部力量集中在某一具体行为上。正因为如此，作为群体代表参与的冲突具有毫不妥协的性质。他说，马克思主义运动就是这样。他同时指出，在意识形态下的冲突中，知识分子起了重要的作用，是知识分子使这种社会运动客观化，将利益群体转化为意识形态，使冲突得到加深和强化。

科塞还认为，意识形态下对立的双方追求同一目标时，冲突的双方可能就有了统一的因素。例如，在科学争论中，"其间

---

① ［美］L. 科塞：《社会冲突的功能》，孙立平等译，华夏出版社 1989 年版，第 91 页。

② 贾春增主编：《外国社会学史》，中国人民大学出版社 2008 年版，第 222 页。

③ ［美］L. 科塞：《社会冲突的功能》，孙立平等译，华夏出版社 1989 年版，第 105 页。

题是要确立真理”。

第三，关于社会冲突的功能和作用。

科塞非常重视社会冲突的功能，他甚至批评达伦多夫对社会冲突的功能重视不够。不论是在《社会冲突的功能》一书中，还是在《社会冲突研究的连续性》一书中，他都用大量篇幅阐述了社会冲突的功能。

科塞区分了冲突的正功能和反功能两种情况。决定冲突的功能是正向的还是反向的，在科塞看来，重要的是看冲突的问题及其相关的社会结构。如果冲突问题的类型不涉及冲突双方关系的基础，冲突就具有积极的功能；反之，如果冲突涉及核心价值，冲突就会具有消极的功能。例如，一个人结婚是为了要做父母，而另一个则不想要孩子，这种由于是否要孩子而发生的冲突，就涉及他们双方关系的目标。“人们可以预见到，这种冲突将会比有关度假计划或家庭开支预算方面的冲突，更有力地冲击他们的关系”[1]。所以，科塞在这个问题上的基本观点是，当由于表面性的问题发生冲突时，这种冲突可以成为维护结构的工具；当冲突是围绕核心价值而发生时，他就有可能威胁社会群体。

科塞指出，发生冲突的社会结构，也可以作为区分冲突的正功能和反功能的尺度。科塞通过观察那些结构松散的开放社会，发现这类社会允许非实质性冲突而防止了危害群体核心价值的破坏性冲突的发生，因此得出结论说：“我们对于冲突类型的区别和社会结构的区别的讨论，使我们得到这样的结论：如果没有或只有不充分的对冲突的容忍和冲突的制度化，冲突将会具有反功能，那种造成分裂的威胁并冲击社会系统一致性基

① ［美］L. 科塞：《社会冲突的功能》，孙立平等译，华夏出版社1989年版，第73页。

础的冲突强度，与结构的僵化有关。就这一点而论，威胁这种结构均衡的东西，并不是冲突，而是自身结构的僵化。这种僵化使敌意积累起来，这种敌意一旦在冲突中爆发，就会沿着一条主要断裂带而形成有力的冲突。"① 科塞举例说，美国是松散结构的开放性社会的代表。在美国，从堕胎、核能到繁多的税务问题，到处都存在冲突，但这些问题并不涉及核心价值，因此冲突不会威胁到社会结构。相反，在这种冲突中，群体把不同的观点置于不同的问题之上，而不会把分歧都集中到一个断裂点或断裂带上，因而这种冲突很可能会对社会结构有好处，会促进社会结构的联结。

科塞研究社会冲突功能所做的进一步工作，是在他的论述中具体地涉及了一些冲突功能的具体内容。概括起来说，科塞论及的社会冲突功能的内容或方面主要有三项，即冲突的社会功能、冲突的社会心理功能和分裂性功能或反功能。如果把这些内容与他区别的正向功能、反向功能结合起来考察，应做这样的归类：冲突的正功能包括他所说的社会功能和社会心理功能；冲突的反功能就是指他所说的分裂性功能。

值得注意的是，尽管科塞的功能冲突论涉及了冲突功能的三个方面的内容，但作为功能冲突论的主要特点，或最值得记取的一般特征，仍然是他对社会冲突有用性的论述。美国当代一位社会学家特纳也发表过类似的见解，他认为："科塞建立了一个关于冲突对社会系统的功能（及在有限范围内的反功能）的相当广泛的命题体系。虽然有些命题论述了冲突导致社会系统分裂及瓦解的条件，但是我认为他分析的着重点，是阐述冲

① ［美］L. 科塞：《社会冲突的功能》，孙立平等译，华夏出版社 1989 年版，第 157 页。

突如何维持或重建系统的整合并如何适应环境的变化。”[①] 特别是科塞理论活动的最初出发点就是，既批评功能主义论忽视冲突，也批评冲突理论忽视冲突的正功能，以此来为自己理论建设活动的正确性作辩护。

科塞在分析西美尔有关冲突的命题时，涉及的一个比较集中的问题，就是社会冲突对于群体的建立和维持的功能。由西美尔的命题一，即冲突促进群体结合，科塞得出结论说，冲突有外部冲突和内部冲突之分；由西美尔的命题二，即冲突的维持功能及安全阀制度的意义，科塞谈到了社会安全阀制度问题。[②]

安全阀制度是一种社会安全机制，也是科塞用以证明冲突具有正功能的有力例证。科塞认为安全阀可以充当发泄不满的出口，及时排泄积累的敌对情绪，从而保持群体或社会的稳定。古代社会和现代社会都有这种现象，实际上这是一种社会安全的机制。科塞主张社会应将这种机制制度化，并成为安全阀制度。科塞认为安全阀制度对于任何社会都是必要的，对于僵化的社会尤为必要。但是科塞并不认为安全阀制度是一个理想的制度。因为它使产生紧张和敌意的根源没有得到改变，社会仍然埋藏着巨大的隐患。

可见在科塞看来，社会安全阀制度或体制是社会通过潜在的社会冲突来维持一个群体的一种机制。这就类似机械上的安全阀，可以使过量的蒸汽不断排出，而不破坏整个结构，冲突也能帮助一个动乱的群体“净化空气”。科塞注意到，这样一个

① ［美］J. H特纳：《社会学理论的结构》，吴曲辉等译，浙江人民出版社1987年版，第197～198页。

② 贾春增主编：《外国社会学史》，中国人民大学出版社2008年版，第224～225、221页。

安全阀"可以充当发泄敌意的出口"①，及时排泄积累的敌对情绪。西美尔认为，社会之中有冲突，不完全是坏事。科塞的高明之处，在于他发现并弥补了齐美尔观点中的缺点和不足。他看到冲突和敌对情绪有多种表现。科塞强调，社会结构越僵化，安全阀机制就越重要。一个结构松散的社会，由于存在连续不断的、交叉施加影响的冲突，所以冲突并不是发生在同一断裂带上；加上由于人们能参加各种组织并在组织中追求各自的利益，所以不可能把身心全部投入到瓦解社会的一种冲突中去，因此有这种结构的社会是稳定的。而僵化的社会不允许有冲突，如果再取消发泄敌对情绪的途径，造成敌对情绪的积累，一旦爆发就会造成对整个社会结构的威胁。科塞又讲，"通过这些安全阀可以阻止敌对情绪反对它最初形成时的目标。但是，要做到这一点社会体系和个人都要付出代价"②。也就是说，他注意到安全阀有两方面的作用，好的方面是发泄累积的敌对情绪，不好的方面是即使发泄了情绪，问题也不一定能得到真正解决，因为这样不能消除敌对的根源。科塞有一个重要观点，就是要强调安全阀体制必须在社会结构当中加以制度化，他认为安全阀体制在社会结构中制度化，可以使统治者得到社会信息、体察民情，各种群体的人可以发泄敌对情绪，避免灾难性冲突的最终出现。③

第四，关于社会冲突与社会变迁。

有学者认为，科塞之所以对现实性冲突和非现实性冲突作

---

① ［美］L. 科塞：《社会冲突的功能》，孙立平等译，华夏出版社 1989 年版，第 41 页。

② ［美］L. 科塞：《社会冲突的功能》，孙立平等译，华夏出版社 1989 年版，第 48 页。

③ 贾春增主编：《外国社会学史》，中国人民大学出版社 2008 年版，第 222～223 页。

了严格的区分，其目的是想说明现实性冲突是社会变迁的主要促进因素。因为现实性冲突指向特定的对象，是达到特定目的的手段，能消除冲突的原因，从根本上解决问题。现实性冲突所造成的社会变迁对社会系统是有益的，因为它能使社会系统更加关注个人的需求，增加社会系统的团结，使社会系统更有效地适应变化了的环境。如果社会系统允许现实性的冲突，并很好地加以解决，就会促进社会系统的活力和生命力，防止群体蜕化为反对变迁或对成员的个人需要不闻不问的僵化系统。

科塞甚至认为暴力冲突对社会变迁也有积极的功能。因为这可以提醒社会和上层决策人物注意人们的愤怒和苦难。

美国当代社会学家 D. 约翰逊说，科塞的上述观点已被 20 世纪 60 年代的美国民权运动所证实。回顾以往，看来在法律条款、教育、就业等方面黑人所取得的有限的胜利，大部分是由于大规模的抗议示威和对于变革的强烈要求，也包括暴力的威胁。[①]

综观科塞的社会冲突理论可见，他的冲突论主要是从西美尔关于冲突行为的思想出发并加以扩展而形成的。科塞说，关于社会冲突的研究，西美尔的讨论是“最富有成果的”[②]。

科塞接受了西美尔的社会有机体论，同西美尔一样，认为社会冲突是“一种社会化的形式”，是一种过程，在一定的条件下这具有维护社会有机体或社会子系统的重要功能。所以科塞虽然一再指责帕森斯的功能主义忽视冲突，但也不赞成达伦多夫忽视冲突具有维护社会系统积极作用的倾向。他沿着西美尔

① ［美］L. 科塞：《社会冲突研究中的连续性》，转引自［美］P. 约翰逊：《社会学理论》，南开大学社会学系译，国际文化出版社 1988 年版，第 624 页。

② ［美］L. 科塞：《社会冲突的功能》，孙立平等译，华夏出版社 1989 年版，第 15 页。

的思路，把分析的重点完全放在冲突如何维持和重建社会系统的整合与适应环境的变化上。科塞在他的《社会冲突的功能》一书的序言中明确地写道："我们所关心的是社会冲突的正功能，而不是它的反功能，也就是说，关心的是社会冲突增强特定社会关系或群体的适应和调适能力的结果，而不是降低这种能力的结果。社会冲突不仅仅是'起分裂作用'的消极因素；社会冲突可以在群体和其他人际关系中承担起一些决定性的功能。"①

科塞在许多方面对西美尔的社会冲突思想进行了发挥。例如，西美尔看到冲突群体在追求明确的目标时，有可能用折中与调和的手段来取代暴力的手段，使冲突的激烈程度变小。科塞没有停留在重述这一命题上，而是以此为基础，又提出了一个新的命题。科塞指出，如果群体是在非现实的问题上发生冲突，由冲突刺激起的感情与介入的程度就愈强，因此冲突就愈为激烈。

有研究者强调，值得指出的是，由于科塞对西美尔的社会冲突思想缺乏批判，甚至西美尔的理论欠缺也直接导致了科塞理论的欠缺。乔纳森、特纳在分析科塞的冲突论时就指出过这种情况。

科塞在大量吸收西美尔的社会冲突思想时，也认识到不能忽略其他社会学家的社会冲突思想，以更好地构建自己的社会冲突论。在科塞关于社会冲突起因的论述中，人们可以看到韦伯关于"合法性丧失"的观点；在冲突行为发生条件的阐述中，也可以辨别出马克思"相对剥夺"概念的启发作用。可是总起来说，科塞从马克思和韦伯的社会冲突论思想中拿来的只是个

① ［美］L. 科塞：《社会冲突的功能》，孙立平等译，华夏出版社1989年版，前言。

别的观点。[①]

③达伦多夫。

拉尔夫·达伦多夫（Ralf Dahrendorf）1929 年 5 月 1 日出生于德国汉堡。1944—1945 年被囚禁在纳粹集中营。1947—1952 年在汉堡大学学习哲学和古典语言学，1952—1954 年在伦敦经济学院学习社会学。1957—1969 年，先后在萨尔大学、汉堡大学、蒂宾根大学和康斯坦茨等大学教授社会学。曾任德国社会学学会主席（1967—1970）、伦敦经济学院院长（1974—1983）等职。主要著作有《马克思的观点》（1953）、《工业社会中的阶级和阶级冲突》（1957）、《社会冲突理论探讨》（1958）、《社会人》（1958）、《阶级后的冲突》（1967）、《新自由》（1974）等。

达伦多夫提出的理论往往被称作“辩证冲突论”。他是从“社会压制模式”出发建立起“辩证冲突论”的，重在于试图用社会结构来解释团体冲突现象。社会学理论中存在着两种相互对立的社会模式：社会均衡模式和社会压制模式。达伦多夫的“辩证冲突论”建立在后一模式基础上，其理论目标是找出团体冲突的结构性原因并全面解释团体冲突的产生及其形式、后果。

达伦多夫一开始就把结构功能主义作为其理论的对立面和批判对象。帕森斯的功能主义认为，每个社会都是一个相对均衡的社会系统，每个社会中各子系统之间或者说各要素之间都具有良好的整合性，社会的每一部分都对社会具有功能，每一社会都建立在其成员的共同意愿基础上。与此相反，达伦多夫认为，事实上的社会具有两副面孔，一方面是它的一致性，另一方面是它的冲突性。他说：“社会的这样两副面孔可能在审美

① 侯钧生主编：《西方社会学理论教程》，（第 3 版），南开大学出版社 2010 年版，第 215、208～209 页。

上不令人愉快，但是如果社会学要走出乌托邦的静态平衡，我们在这方面的努力就是极有价值的。"① 他特别指出："1. 每一社会都时刻服从变迁，社会变迁是普遍存在的；2. 每一社会都时刻经历着社会冲突，社会冲突是普遍存在的；3. 社会的每一要素都对社会变迁发生积极作用；4. 每一社会都建立在某些成员被另一些成员压制的基础上。"②

达伦多夫指出，存在着两种最基本的理论立场，一种认为，社会秩序的稳定建立在价值共享基础上；另一种认为，社会秩序建立在压制的基础上。由这两种立场分别形成了考察社会的两种不同的基本模式，即社会均衡模式和社会压制模式中。在此中，结构功能主义的主张是社会均衡模式的典型代表。

达伦多夫将"社会均衡模式"的实质性要素概括为：稳定、整合、功能协调和价值共享，具体地说，这些实质性要素可以由下述假定加以表达：第一，每个社会都是一个相对稳定不变的诸要素构造体；第二，每个社会都是一个整合良好的诸要素构造体；第三，社会的每一组成要素都具有维持社会系统的功能；第四，每个社会都以其成员共享价值为基础。达伦多夫认为，社会系统、社会均衡模式作为分析概念，本身并没有什么错误；但把它作为分析社会的唯一的和最终的参考构架则是错误的。

与"社会均衡模式"相对照，达伦多夫倾向于认可"社会压制模式"。达伦多夫将社会压制模式的基本要素概括为四个基本假定：第一，社会变迁是普遍存在的最基本的现象；第二，

① Ralf Dahrendorf. Out of Utopa：Toward a Reorientation of Sociology Analysisi，*in American Journal of Sociology* 64 (1958). p. 127.

② Ralf Dahrendorf. Class and Class Conflict in Industrial Society. Stanford，CA：University Press，1959. pp. 161—162.

凡有社会生活的地方就存在着冲突，冲突现象可以加以疏导和控制，可以暂时被压制，但无法彻底消除；第三，社会中的每一要素都可能促进社会变迁、破坏社会整合；第四，每个社会都以其内部一部分成员压制其他成员为基础。达伦多夫从社会压制模式出发，提出并认真分析了一系列理论概念。

达伦多夫认为，研究产生团体冲突的社会结构要素，必须从权威概念入手。他引用了韦伯关于权威的定义：权威系指“具有一定内容的命令被既定个人执行的可能性”。他由这个定义，对权威这一特定关系所具有的特征作了如下说明：第一，权威关系是一种上下级关系；第二，在权威关系中，发布命令的一方用命令或禁令的形式规定服从者一方在一定范围中的行动；第三，权威关系是一种合法关系，权威的基础不是个人人格或情境机遇，而是与社会地位相联系的一种期待；第四，权威的力量受到一定内容和特定个人的限制；第五，违反权威命令将受到惩罚，法律体系或风俗习惯体系护卫着权威的有效性。

达伦多夫认为，社会结构的基本分析单位是社会地位，而在多数社会结合形式中，都有两种不同的地位：一种被称为统治地位，其占有者在一定的关系网络中有发布命令的合法权力，即拥有权威；另一种则被称为服从地位，其占有者必须服从命令，即丧失权威。这两种地位的结合是最普遍的结构因素，是蕴含着社会冲突的结构性起因。达伦多夫把这种统治地位与服从地位的结合称为权威结构。[①]

达伦多夫对“权力”和“权威”的解释，基本上沿用了韦伯的定义，即权力是不顾反对而把某人的意志强加于他人的能力；于是，权威可被概括为是期待他人屈从的合法化的权力。

---

① 贾春增主编：《外国社会学史》，中国人民大学出版社 2008 年版，第 226～227 页。

达伦多夫认为，现代社会围绕"权力"和"权威"而形成了两个阶级：一方是占有很多权力和权威的阶级，另一方是被迫服从权力和权威的阶级。这两个阶级存在于社会的任何一个组织中。所以，社会组织不是一个产生于共同愿望的系统，而是一个强制协作的联合体（Imperatively Coordinated Association），是具有一定权威结构的群体。在强制协作的联合体中，作为资源的权力与权威，其分配不可能是平等的，于是就形成了支配与服从两种角色地位，因而也就形成了支配与服从两个阶级的不同成员：发号施令者是统治阶级的成员，服从命令者则是被统治阶级的成员。具体地说，身居高位只行使权威而不服从任何人的管理者，与占据中间地位、既对某些人行使权威又对另一些人服从的管理者，都属于统治阶级；地位低及不能对其他人行使权威的人，则都属于被统治阶级。在某一强制协作的联合体中，统治角色与服从角色有清晰的界限和分化层次，但整个社会存在多种统治与服从的社会结合形式。不管怎样，不同程度的压迫、强制是社会的普遍现象。有系统的社会对立和冲突正是由此产生的。达伦多夫认为一旦社会冲突形成了，企图压制和消灭冲突是徒劳无益的。在现代社会中，只能通过制度化来调节冲突。

达伦多夫强调，社会冲突的形成是有条件的。达伦多夫用"准群体"（quasi group）和"显群体"（manifest group）这两个概念阐述了社会冲突的条件。达伦多夫说："假如把群体冲突理解为关于权威关系合法性的冲突，那么，在经验上，群体冲突也许是非常容易进行分析的。在每一个团体中，统治群体的利益都表现为一种价值，正是这种价值构成了一种有关他的统治合法性的意识形态。相反，从属群体的利益则构成了对这种意识形态以及包含着这种意识形态的社会关系的威胁。”① 他指出，群体利益有“潜在”与“显在”之别。潜在的利益是由人们所承担的角色决定的客观利益，但是，它处于人的无意识状态。显在的利益则是为人们所意识到的，并被人们作为目标来追求的利益。当统治阶级群体和被统治阶级群体的利益尚处于对立性潜在利益状态时，这两个群体不过是“准群体”，是没有阶级意识的集合体，而不是组织起来的团体。然而群体的潜在利益总是要向显在利益转化的。当群体以显在利益为基础时，群体中的人们便产生了共同的阶级意识，觉知了共同的利益，并组织起来追求这种利益，这时准群体变成了显群体。显群体是组织起来的，具有明确利益要求和奋斗目标的群体，如党派、工会等。在显群体中，曾经是潜在的利益要求变成了被明确阐述出来的斗争纲领或意识形态。于是，冲突公开化了。达伦多夫认为，“准群体”转化为“显群体”，要具备三个条件：第一，具备基本的技术保证，包括领导者、物质设置、纲领和意识形态；第二，政治上必须有一定的政治自由，法律上必须允许结社联盟；第三，准群体内部之间有沟通的可能程序与正式程序。达伦多夫强调，一旦社会冲突形成了，想压制和消灭之，往往是徒劳的。在现代社会中，只能通过制度化来调节冲突。

达伦多夫又从冲突的“紧张程度”与“激烈程度”两个方面研究了社会冲突的程度。这里紧张程度是指冲突各方面的能量消耗以及卷入冲突的程度，人们是否完全投入到一定的冲突中，冲突是大还是小，等等；激烈程度涉及的是斗争双方用以追求他们利益的手段，其范围是很大的，从和平谈判到公开的暴力行为，等等。

① Ralf Dahrendorf. Class and Class Conflict in Industrial Society. Stanford, CA：University Press，1959. p. 176.

达伦多夫认为，影响冲突"紧张程度"的因素主要有三个：一是社团的重叠程度。社团的重叠是指人们在多种强制性联合体中具有相同的角色地位。社团的重叠程度越高，冲突的程度就越大。这是因为社团重叠时，冲突各方具有多种利益的对立，从而将不同场合中产生的能量汇合成一体，不顾一切的利益冲突将会发生。人们经常会在劳资关系、民族关系中看到这种情况。达伦多夫指出，在工业结构中，被统治群体的成员，如果在其他权威关系中也处于服从地位，最后会导致社会分裂为两个相互对立的阵营，使社会冲突的强度增大。二是权威关系与其他报酬分配的相关程度。如果统治阶级成员凭借手中的权力，谋取各种物质利益，就会在统治阶级与被统治阶级之间，在报酬和获取报酬的途径上扩大差距和不平等。这样，就会强化两大阶级的矛盾，增大冲突强度。反之，"权威地位同其他方面的社会经济地位相关程度越低，阶级斗争的激烈程度越低"[①]。三是社会流动性的程度。达伦多夫认为，社会和团体中，垂直流动的情况是很重要的。如果社会和团体不为人们的向上流动提供任何机会，统治与被统治群体的成员构成是刚性状态，冲突的激烈程度就会增加。如果情形相反，阶级冲突就不可能广泛和重要。因为，"如果流动增加，组织的团结就不断为人们之间的竞争所取代，人们投入到阶级冲突的能量就会减少"[②]。

达伦多夫认为，影响冲突"激烈程度"的因素主要有两个：[③] 第一，社会经济的剥夺情况。冲突的激烈程度取决于被统

---

① ［美］玛格丽特·波洛玛：《当代社会学理论》，孙立平译，华夏出版社1989年版，第218页。

② ［美］玛格丽特·波洛玛：《当代社会学理论》，孙立平译，华夏出版社1989年版，第222页。

③ ［美］玛格丽特·波洛玛：《当代社会学理论》，孙立平译，华夏出版社1989年版，第218、217～231页。

治阶级所受的社会经济剥夺是绝对的还是相对的。绝对的剥夺是指处于被统治地位的人们同时也处于社会经济地位的最底层的现象。相对的剥夺是指处于被统治地位的人们，其生活水平高于最低生活水平，但同高于他们的人相比时富裕程度和社会经济保障又较低的现象。按达伦多夫的界说，1949 年 10 月前中国的工人属于绝对的剥夺，现代西方工人属于相对的剥夺。如果被统治阶级的社会经济剥夺是相对的，暴力冲突就不可能发生，尽管冲突的强度可能会很高。相反，如果被统治阶级的社会经济剥夺是绝对的，那么阶级冲突就十分可能采用暴力的形式。第二，冲突的调节。冲突的调节就是冲突的控制方式，这是影响冲突激烈程度的最重要因素之一。冲突的调节与冲突性利益群体形成的政治条件有关。有时，占据统治地位的人往往阻止冲突性利益群体（对抗性的党派、工会等）出现对抗，并认为这种做法是合理的。然而不管压制冲突的这种努力怎样被证明是合理的，冲突和对抗是不可能排除的。这种做法只能使冲突隐藏到表层之下，在那里，冲突酝酿着、积累着，一旦爆发，就常常采用暴力形式。假如统治者能明确承认冲突利益的存在，并为被统治的人们提供表达和协商的机会和途径，暴力冲突就会减少。调节冲突需要具备三项条件：冲突双方均承认与对方虽然有相互对立的利益却又是有合法性的；利益群体有自己的组织，有处理争端的公共机构；冲突双方都同意遵守一些正式处理的冲突的规则，如怎样谈判，怎样达成协议，违规如何制裁及如何变更规则本身，等等，这些条件存在于开放的民主社会中。[①]

达伦多夫还对影响冲突形式的条件作了详细说明。

---

① 侯钧生主编：《西方社会学理论教程》，南开大学出版社 2010 年版，第 202～205 页。

第一，组织条件对冲突形式的影响，达伦多夫指出，组织条件（技术、政治及社会条件）越是得到满足，即冲突团体的组织程度越高，为冲突而消耗的能量以及卷入冲突的个人也就越少，从而降低了冲突紧张程度；同时，冲突手段的激烈程度也将降低。

第二，各个强制性协调组合的权威结构之间的多元关系对冲突形式的影响。这种多元关系是由同一组社会成员在其特定组合中的权威地位分布状况决定的。如果这些社会成员在各个组合中的权威地位归属并无关联，就叫作多元分散，相反的情况叫作多元重叠。例如，在一个组合中处于统治地位的人员在另一组合中并不一定处于统治地位，这就意味着这两个组合的权威地位分布处于多元分散关系；反之同一些人在两个组合中都处于统治地位（或服从地位）则是多元重叠关系。达伦多夫建立了一个多元"分散—重叠"量表来计量这种多元关系。多元"分散—重叠"度对团体冲突激烈程度的影响并不显著，但对紧张程度的影响是相当大的。如果一个社会的各个强制性协调组合的权威结构重叠度非常高的话，就有可能使社会成员在他们的各个角色地位上全面地卷入冲突，从而有可能形成足以导致社会分裂的两大敌对集团；相反，如果各个权威结构的分散度高，则团体冲突只涉及社会成员的部分角色，这会使冲突紧张程度有可能得到有效的缓解。

第三，权威结构同其他社会地位结构之间的多元关系对冲突形式的影响。达伦多夫指出，除了各个强制性协调组合权威结构之间的多元关系外，还应考察其他社会地位结构同权威结构之间的多元关系，其中最主要的有声望地位结构以及收入地位结构。对这种多元关系同样可以用"多元分散—重叠量表"进行计量。如果权威地位同其他社会地位之间相关性很强、重叠度很高的话，就会使服从者处于绝对剥夺的境地，即在各个方面增强了他们的剥夺感，从而导致冲突激烈程度的升级，即提高了冲突团体采取各种暴力手段的可能性，同时，绝对剥夺也会提高冲突紧张程度。相反，如果权威地位同其他社会地位关联度很低、分散性较高，则相对剥夺将代替绝对剥夺，也就是说，在权威地位同其他社会地位之间相互补偿的可能性增大了，这种情况能有效地降低冲突的紧张程度和激烈程度。

第四，社会流动对冲突形式的影响。达伦多夫指出，无阶级社会可以有两层不同的含义，其一是乌托邦式的含义，意味着一个没有权威结构、没有政府的社会；其二是现代社会学的含义，指的是这样一种社会：虽然存在着某种权威结构，但制度安排不允许个人或团体长期稳定地独占统治地位。尽管存在着权威地位上的差别，但处于不同权威地位上的人员由于经常流动而在观念和行为上没有显著差别。达伦多夫引用了熊彼特的一个比喻，即把高速流动社会中的阶级比作如同在“旅馆”或“公共汽车”之中。达伦多夫进而考察了社会流动对冲突形式的影响，社会流动一般分为代际流动和代内流动，由于代际流动中各代的地位具有一定的稳定性，因此对冲突形式的影响不如代内流动。代内流动中的那些在不同权威地位之间的垂直流动对社会冲突形式的影响最大。在这种情况下，冲突团体的归属对个人来说是偶然的和临时性的，因此，在具有代内高速垂直流动的强制性协调组合中，虽然仍存在着权威结构和准团体，但由于各个权威地位的占有者不断更换，使得准团体转化为利益团体的机制遭到破坏。达伦多夫认为，考察强制性协调组合的垂直流动量对于了解团体冲突紧张程度具有重大意义，垂直流动量是各个利益团体开放程度的指标，它同团体冲突的紧张程度之间存在着反向关系。垂直流动量越大，团体冲突就越被个人之间的竞争所取代。

第五，冲突调节机制对冲突形式的影响。达伦多夫指出，任何社会中冲突的原因都不可能被彻底消除，同时，冲突也不可能被长久压制而不爆发，因此，所能做到的至多是对冲突形式——特别是冲突的激烈程度——进行控制，这正是冲突调节的含义。冲突调节机制由下列因素决定：首先，为实现有效调节，发生冲突的团体必须具有一致的价值前提，即共同认可冲突是权威结构中不可避免的现象；其次，各个利益团体必须达到一定的组织程度，因此，前面提到的组织条件是建立冲突调节机制的前提；再次，各个冲突团体必须共同遵守一些正式的冲突规则。具备了上述要素，就有可能减少冲突的暴力形式，降低冲突的激烈程度。

关于社会结构变迁的命题，达伦多夫认为，利益团体之间的冲突，通过改变统治地位的占有者而导致社会结构的变迁，社会结构变迁的种类、速度和深度取决于被称为"结构变迁条件"的干预变数。他指出，社会结构变迁的内容反映在两个层次上：一个是观念层次，这一层次上的变迁体现为规范或价值取向的变化；另一个是实际层次，这一层次上的变迁体现为制度上的变化。关于社会结构变迁的形式，达伦多夫指出，可以根据处于统治地位上的人员变动情况区分为三种形式：第一，突发式或革命式，统治地位上的人员全部或绝大部分被更换；第二，改良式，统治地位上的人员一部分被更换；第三，革新式，不更换统治地位上的人员，但在立法、政策和制度等方面发生了变化。[①] 达伦多夫认为，社会冲突的结果引起社会结构的变迁，特别是权威结构的变迁。他概括了三种不同类型的变迁：所有统治人员的更换；部分统治人员的更换；把被统治阶级的

① 贾春增主编：《外国社会学史》（第 3 版），中国人民大学出版社 2008 年版，第 230～232 页。

利益结合到统治阶级的政策中。[①] 他又称第一种变迁是革命变迁；第二种变迁是改革变迁；第三种变迁是最低层次的变迁。第三种变迁可使统治阶级长久维持其权威的合法性。

达伦多夫还从度量的角度考察了社会变迁的程度。他提出了度量社会变迁的两个尺度：根本性与突发性。根本性涉及社会变迁的程度，涉及统治阶级的人员、政策或阶级间的全部根本关系的变化程度。突发性涉及社会变迁的速度。根本性的变迁可能是突发的，也可能是迟缓的；非根本性的变迁也是这样。阶级斗争的强度与社会结构变迁的根本性之间存在着明确的联系，阶级斗争的激烈程度则与社会结构变迁的突发性之间存在着明确的联系。

达伦多夫认为，“激进程度”和“突发程度”成为考察社会变迁的内容和形式的两个标准。这二者，一个用以测定变迁的价值取向和制度的变化幅度；一个用来测定变迁中的人员变动的激烈情况。这两个标准既相互独立又相互交融。人们注意到，达伦多夫在冲突形式与结构变迁之间发现了一种密切的联系，具体地说，他在冲突的“紧张程度—激烈程度”与变迁的“激进程度—突发程度”之间找到了某种对应关系。他认为，结构变迁的突发性随团体冲突的激烈程度而变化；结构变迁的激进性随团体冲突的紧张程度而变化。因此，从社会结构变迁的角度来看，影响冲突形式的冲突条件同时也是影响结构变迁的变迁条件。

有关书籍这样总结说，达伦多夫冲突论的基本观念是：社会充满冲突，冲突促进社会的变迁，冲突的调节维护着现存的社会结构。他认为，自马克思以来，在各种条件下发生的社会

① ［美］玛格丽特·波洛玛：《当代社会学理论》，孙立平译，华夏出版社 1989 年版，第 232～233 页。

变迁已经降低了阶级冲突的强度与烈度。由于各种调节冲突的制度化方式的建立，社会流动性的增加，以及工业、政治和其他形式冲突的制度性调节，都使西方社会权威关系的基本结构得到维护。达伦多夫赞成冲突的调节，而反对掩盖冲突。另外，达伦多夫将各种社会冲突的原因一律归结为权威关系，将社会变迁统统视为权威结构的变迁，在理论上是武断的、片面的、有欠严谨的。①

诸多学者认为，达伦多夫的"辩证冲突论"在许多方面明显地受到马克思、恩格斯所开创的理论传统的影响，这一传统用压迫、对立和冲突来解释社会现象。但与马克思阶级理论不同的是，达伦多夫用权威地位取代了马克思的所有制概念，把冲突仅仅视为一切社会结合体由于在权威地位上的分化而产生的固有现象，视为权威结构内部两股对立力量所产生的抗衡过程。在他看来，由于任何社会都不可避免地存在着权威关系，因此任何社会变迁都不可能取消冲突。革命、改良和革新只能以新的权威结构来取代旧的权威结构，而新的结构内部又会分化为上下两个等级，产生新的对立和冲突，社会就是在这种永不枯竭的力量推动下发展的。

学界认为，达伦多夫阐发的冲突论虽然包含许多正确因素，但仍存在着一些重大理论缺陷。例如，达伦多夫没有证明在解释冲突现象时权威概念具有理论上或经验上的特殊重要性，就独断地用权威地位来界定阶级和解释一切冲突现象，而忽略了决定社会冲突的其他一些或许更重要的因素，如所有制关系、收入、声望、价值观、生活方式等，从而极大地限制了他的理论的解释力。此外，他的理论将各种具体的权威结构之间性质

① 侯钧生主编：《西方社会学理论教程》，南开大学出版社 2010 年版，第 205～207 页。

上的区别舍弃了，仅仅用抽象的利益对立概念来概括一切团体冲突的结构原因，这也导致他在解释具体的社会冲突现象时常常失之于粗疏或偏颇。[①]

2. 关于社会交换理论。

社会交换理论（social exchange theory）兴起于20世纪50年代末期的美国，后来在全球广泛传播。

该理论指出，人际间为取得最佳行为往往将某种行为或所需行为当作一种有形或无形的商品或服务来交换。这些商品或服务既包括食品、住房等有形之物，也包括社会认同、同情、怜悯之类的无形之物。人们的选择往往是将其能够分享的物品进行交换。而人们又是在权衡了行为过程之利弊得失并选择最有吸引力的东西之后才有所行动的，也就是说人在交换这种互动过程之中是“理性”的。

（1）社会交换理论最初是针对结构功能主义提出的，在理论和方法上具有实证主义、自然主义和心理还原主义的倾向。此理论强调对人和人的心理动机的研究，批判那种只从宏观的社会制度和社会结构或抽象的社会角色上去研究社会的做法；认为研究个人是社会学的根本原则；强调人类的相互交往和社会联合是一种相互的交换过程。这个理论广泛吸收了其他学科的思想。人们认为，其中最主要的思想来源是古典政治经济学、行为心理学和人类学。这样，社会交换理论具有三个重要特征：第一，它直接借用了古典经济学理论的交换概念并将其扩展到更大范围的社会活动当中；第二，它是行为主义心理学和行为经济学的混合体；第三，它把人类社会交换作为各种社会关系的表达。

---

① 参见贾春增主编：《外国社会学史》，中国人民大学出版社2008年版，第233页。

①古典政治经济学中关于交换的思想。

以亚当·斯密等为代表的古典政治经济学家认为，人的欲望满足主要是通过交换过程实现的。在他们看来，交换是人类各历史阶段社会中普遍存在的现象；"互通有无，物之交换，互相交易"，期望从相互交换中得益。这是人类的一种"自发倾向"，是人类的本性。同时，人是富有理性的，人在行动时，总是精打细算，对市场信息做充分估价，对行动的成本和利润加以权衡，尽量选择付出较小成本就能获得较大利润的行动方案。古典经济学把交换看成是人为获取所缺资源本能地采取的行动，是人满足自我欲望的主要手段，是一种永恒的合理的社会现象。现代社会交换理论借用了古典经济学理论中的许多假设和概念，试图用个人心理倾向解释市场行为，当然，市场行为在这里不仅仅是指经济行为，同时还包括更大范围的社会行为。

社会交换理论在研究过程中，所关注并且加以修正的古典经济学的主要假设有：第一，各个人都是最大利益的追求着；第二，个人所拥有的某类资源越多，那么，个人对这种资源的需求便越小；第三，商品市场上的价格受供需关系影响；第四，垄断、独占下的商品价格，必高于自由竞争中的价格。可见，这个意义上的社会交换理论实际上是以经济学的方式来解释社会现象，把经济学中的利润看作是社会学中的报酬，把亏本看作是惩罚。[①]

②行为心理学中关于交换的思想。

行为主义心理学是研究动物和人类行为的自然科学，它将"刺激—反应"作为解释行为的原则。把人脑视为一个"黑箱"。这种观点认为，人的意识是无法直接观察到的，它不能作为心

① 贾春增主编：《外国社会学史》，中国人民大学出版社 2008 年版，第 238～239 页。

理学的研究对象；从而强调个人的行为由外部决定，并随环境变化而变化，相信通过对动物行为的观察可以推断和解释人类行为；这种思想，形成了社会行为主义，对社会交换理论产生了深刻的影响。

社会行为主义（social behavioralism）作为当代美国社会学中的一种激进的自然主义理论，又称行为主义社会学。它以美国功利主义经济学的个人主义和自由放任原则以及美国行为主义心理学为理论基础，主张社会学应该用经验方法测算具体环境对行为的刺激因素，以解释个人的外显行为，然后再将个人行为扩大到人际交换领域，使之成为能解释社会现象的理论。

显然，以斯金纳为代表的激进的行为主义为社会行为主义提供了心理学基础和认识论依据。行为主义心理学主张心理学的对象是人的外显行为，认为人的行为与动物行为并无本质差别。斯金纳把研究鸽子和老鼠时获得的实验资料用到对人的研究上，认为个人的外显行为并非对外部刺激的首要反应，而是在外部环境各种刺激因素作用下形成的一种反射的复杂总体。他认为，人类行为和动物行为都可视为旨在获得报偿和逃避惩罚；人们在互动过程中彼此提供积极或消极的外部因素，从而形成各自的外显行为。这一原理为社会学交换理论奠定了基石。

行为心理学有许多代表人物，重要的是斯金纳、霍斯曼。其中斯金纳被认为对交换理论的影响最大。霍曼斯承认自己“是一个拥护斯金纳的人”[①]。斯金纳的研究具有强烈的实证主义色彩，它所关心的是描述人的行为，而不是解释行为；他只研究能观察到的行为，并试图建立一种“刺激—反应”的函数关系。

---

① ［美］乔治·霍曼斯：《社会行为：它的基本形式》，纽约，1971年版，第296页。

研究心理学的人都知道"斯金纳箱"，由此特别强调与应答行为相对的操作行为，斯金纳认为行为科学最有效的研究途径就是研究操作行为的条件作用与消退。斯金纳的经典实验演示是通过斯金纳箱的按压门闩动作完成的。这种箱子去掉无关的刺激因素。详细说，其实验过程是：把一只饿了的老鼠放入箱内，并允许它自由探索，在通常的探索过程中，老鼠或快或慢地、偶然地按压了一下能掀动食物球的杠杆，于是一个食物小球就掉进盘内。在强化几次之后，条件作用就形成了，实验中唯一的变量就是反应速度。斯金纳箱上有一个累加记录器，可以记录下每个时刻按压门闩的速度。

斯金纳从这一实验中，得出了他所讲的习得律。根据这个定律，斯金纳指出："当一个操作为一个强化着的刺激的表象所伴随时，这一操作力量就会提高。虽然实地练习对于提高按压门闩的速度是重要的，但关键的变量还是强化。"[①] 在这之后，斯金纳及其追随者研究的问题包括：惩罚在习得反应中的作用；不同强化程度的影响；操作反应的消退；继续强化等。

对于强化研究，他分为定时强化和定比强化两种，用它来比较动物的反应速度。结果证明无论在动物界还是人类社会，定比强化，都具有较高的反应速度。如一个工人的工资依赖于他所生产了多少件产品，或者一个售货员的薪金取决于他售货多少都属于定比强化。当然，这种定额比例必须是通过努力才能实现的，否则定比强化方法就失去了效用。

重要的是，斯金纳在对行为加以研究时，强化了对于语言的研究。斯金纳在研究语言行为时，充分注意到人的语言是可以通过他人的行为加以强化的。如果某人用某个词会使他人微

① ［美］杜·舒尔茨：《现代心理学史》，杨立能等译，人民教育出版社 1981 年版，第 272 页。

笑起来，那么，这个人就有重复这句话的可能。同样，如果听话人的反应是皱眉头或不满，那么，说话人就有可能回避这个词再次出现。斯金纳的研究确定了语言也是一种行为，因为它服从强化的概率，而且是可以进行控制的。

在斯金纳那里行为主义的基本概念几乎成了社会交换理论的必要前提。交换理论在以下几个方面吸收和借鉴了行为主义的研究成果：第一，在任何一种情况下，有机体的行为总是趋向最大的报酬和最小的惩罚；第二，有机体所重复的那些行为方式，通常在过去是保证报酬的有效方式；第三，若目前的刺激与过去能得到奖励的刺激一样，有机体会重复过去的行为；第四，当前情景下的刺激，如果在过去是与报酬相联系，则它会唤起过去在相应的情境下所采取过的行为；第五，只要不断地得到报酬，行为的重复能不断地发生；第六，如果某种行为以前在相似情境下得到报酬，现在突然没有报酬了，有机体就会产生一种情绪波动；第七，有机体从特定的行为方式中获得的报酬越多，产生这种行为的有效性就越小（由于满足），并且，有机体有可能转向寻求其他报酬的行为方式。①

③人类学中关于交换的思想。

20 世纪上半叶，西方人类学对“初民社会”的研究取得了相当的进展。在一些人类学家的研究成果中，交换被作为一种社会整合的要素受到关注，其成果为社会学的交换理论提供了一些基本思想。人们发现，在“初民社会”中，不存在现代的市场竞争，商业贸易主要以一种实物交换方式进行。这种互惠的交换方式是“初民社会”整合的基础。持这种观点的代表人物主要有：弗雷泽、马林诺夫斯基、摩斯和列维－斯特劳斯。

① ［美］乔纳森·H. 特纳：《社会学理论的结构》（上），邱泽奇译，华夏出版社 2001 年版，第 267～268 页。

但是，具体来说，这些人类学家对交换理论的影响是各不相同的。

其一，弗雷泽的交换思想。詹姆斯·弗雷泽（1854—1941）是英国著名的人类学家和民俗学家。1919年，弗雷泽在《〈旧约全书〉中的民俗》一书中，开始第一次用交换思想研究社会制度问题，分析了初民社会中的亲属模式和婚姻关系。他用初民社会中个人的物质或经济动机解释各种不同的社会行为模式。弗雷泽认为，交换过程是人们追求自己最基本的经济需求的表现。弗雷泽用经济动机来解释澳大利亚土著居民中的姑表联姻模式。例如，土著居民由于没有娶亲的财力，只好用自己的女性亲属作为交换妻子的物品，因而妇女有较高的经济价值，拥有较多姐妹或女儿的男人就富有，并给他带来威望和权力。相反，没有什么姐妹或女儿的男子就贫穷，地位低下，甚至娶不到妻子。

其二，马林诺夫斯基的交换心理学说。马林诺夫斯基（与拉德克利夫－布朗）是功能学派的奠基人，他受弗雷泽的影响对人类学及文化史发生兴趣。早在《西太平洋的淘金者》一书中，马林诺夫斯基就阐述了部落间的交换关系：马林诺夫斯基在对特罗布里恩德群岛进行研究时发现，居民中通行一种"库拉圈"（Kula Ring）的交换制度，交换以臂环和颈饰为物品，但这种交换主要的不是源于获得的经济动机，而是一种建立并维持友谊的方式。换句话说，心理的，而不是经济的需求成为促进和保持交换的动力。他把此看成是解释社会行为的关键。马林诺夫斯基由此区分出物质交换的非物质交换。马林诺夫斯基的《西太平洋的淘金者》这本著作提供了有关太平洋美拉尼西亚岛上托比安岛人的居民生活、习俗、信仰各方面的详尽资料。这一情况在某种程度上都与原来部落间的交换体系联系在一起。在研究中，他发现被称为"库拉"的这种交换是各部落之间的一种特别的赠礼仪式。每隔一段时间，各岛的人会彼此探望，互赠手镯、项链等饰品。虽然这种赠礼并没有实际用途，但却代表了高度的荣誉和赞美。北美印第安人也有这种交换礼物的冬天“赠礼节”（Potlatch），这种交换维系了友谊，建立了相互的义务。在解释这种交换系统时，马林诺夫斯基还区分了物质的或经济的交换，及非物质的或象征交换形式，提出建立和维持交换关系的力量并非仅仅是经济需求，还有最基本的心理需求的思想。尽管马林诺夫斯基在研究过程中有许多理论难题没有解决，但是，他对人类早期行为中的交换现象的研究，促使交换思想摆脱功利主义的束缚，对现代交换理论的形成产生了巨大的影响。

其三，摩斯（1872—1950）交换理论中的结构主义。马歇尔·摩斯是法国人类学家（霍曼斯称他为第一个提出交换理论的人）。他在1925年写过一本题为《馈赠分析》的著作，在阐述物品交换中解释人类行为。摩斯在这部作品中，注重解释与早期交换形式有关的馈赠习惯的特点。他指出，这时的交换往往采取“馈赠”的形式；交换对象不单纯是物质性的东西，还包括非物质性的东西（仪式、节日）。他很重视马林诺夫斯基讲的“库拉交换”，强调这实际上是一种集体性交换。这种交换不仅具有经济学的意义，而且包括社会的、宗教的、巫术的、功利的、情感的、法和道德的意义在内，因此，摩斯称这种现象为“全面给予”。

摩斯既反对从个体的经济动机解释交换，也反对从个体的心理动机解释交换。在他看来，促使人们进行交换的力量不是来自个体，而是来自社会或群体。个体从事交换活动是根据群体规则进行的，又是任意的，它体现了群体的道德。而这种道德一旦出现并在交换中得到巩固，其作用就远远超出交换事物的活动范畴。摩斯的这一观点就把功利主义的交换与社会结构分析紧密地联系起来，对社会学的交换理论形成是有意义的。

摩斯的工作虽然只有一小部分引起了社会学的注意，但他的第一断定，即交换行为引起并强化社会规范结构，被认为是首先发展了现代交换理论中的结构主义观点（这就是后来布劳理论的出发点）。尽管如此，摩斯理论对交换理论的影响还是间接的，因为摩斯所坚持的法国集体主义传统是通过列维－斯特劳斯的结构主义，才正式对现代社会学、心理学中结构主义交换理论发生影响的。

其四，列维－斯特劳斯和结构主义交换论。列维－斯特劳斯是法国社会人类学家，受涂尔干的影响很大。他被认为是结构主义的主要人物。他的理论来源于结构语言学之父费迪南德·索绪尔的思想，力图把语言学中的形式主义方法移植到人类学中，形成了结构学派。列维－斯特劳斯认为人的头脑中具有某种深层结构；这种结构确定了人类所创造的文明形式；他认为用它可以解释氏族中的图腾崇拜现象。他认为氏族中图腾崇拜的功能在于防止乱伦。同时，列维－斯特劳斯还提出了交换的"对等性原则"。通常认为，列维－斯特劳斯对社会交换理论的影响不仅在于他重申了交换关系，反映了社会组织模式，还在于他明确提出了交换对等原则，即任何交换都必须是得到的与提供的相等，这种对等可以是两个人之间的直接行为，也可是通过许多人产生的间接行为。只有对等，交换关系才能继续存在下去。列维－斯特劳斯认为，在原始社会中，一方向另一方提供的礼品、义务、责任等都具有对等或互惠的性质，只有对等，双方才能继续发展这种交换关系。此外，列维－斯特劳斯还把交换分为限制性交换和普遍性交换两种，前者涉及两人的关系，后者是在三人或更大团体间进行的交换。限制性交换根据对等性原则，只是社会结构的一部分。普遍性交换是针对一个网络系统，或是一个结构系统，它需要成员间的相互信任。这一点在原始人的婚姻中表现得最为明显。如亲族婚姻是一种联盟关系，在这种交换中最珍贵的礼物就是妻子。所以，妻子是最有效的交换礼物，以便保证社会及联盟的整合。

综上所述，社会交换理论是在古典政治经济学、人类学和行为心理学的基础上，将人与人之间的互动行为看成是一种计算得失的理性行为，认为人类的一切行为互动都是为了追求最大利益的满足。[①] 也就是说，社会交换理论以古典政治经济学、人类学和行为心理学为基础，把人的行为看成是一种计算得失的理性行为，认为人的一切互动行为都是为了追求自身最大利益的满足而发生的交换。

（2）社会交换理论正是在以上学说基础上建立起来的；而很明显的是，社会交换理论与结构功能主义理论不同，其重点是研究人际关系中的交换行为。随着西方国家社会生活的日益复杂化、多样化，现代社会交换理论的许多命题、观点日益为社会科学家们所接受，尤其是在现代经济学、政治学和社会心理学等领域更受重视并得到应用。现代社会交换理论的奠基人是乔治·霍曼斯（C. George Homans，1910—1989），其他主要代表人物有彼得·布劳（M. Peter Blau，1918—2002）和理查德·爱默森（M. Richard Emerson，1925—1982）两位社会学家。其中霍曼斯的交换理论着眼于个人层次上对个人行为的解释，一般称之为行为主义交换论；布劳的理论侧重于探索从人际互动的交换过程到支配社区与社会复杂结构的交换过程，可称之为社会结构交换论；爱默森把网络分析技术应用于交换

① 贾春增主编：《外国社会学史》，中国人民大学出版社 2008 年版，第 241～242 页。

理论，一般称为社会交换网络分析。[1]

①霍曼斯的行为主义社会交换理论。

乔治·霍曼斯1910年出生在美国东部的波士顿。他早年在哈佛大学读书，学习英国文学，业余时间曾搞过诗歌创作；1932年毕业于哈佛大学，获文学学士学位，并留在哈佛大学任教；1939—1941年任大学讲师。第二次世界大战期间，他在美国海军服役；1945年又回到哈佛大学，正式调入社会学系，1953年升任教授；随后到英国剑桥大学文学院当研究生，1955年获该系硕士学位；1967—1970年任社会学系主任；1964年任美国社会学协会主席。二战之前，霍曼斯在哈佛大学曾参加有关"帕累托学说"的小组讨论会，并于1934年与人合著《帕累托理论介绍》一书，引起社会学界的注意和好评，从此步入了社会学界，并曾出任过哈佛大学社会学系主任和美国社会学协会1963—1964年度主席。霍曼斯的学术生涯一直都在哈佛大学。当时的海德森、帕森斯、默顿、斯金纳等人对他思想的形成影响很大。

霍曼斯的学术研究领域很广，他对历史学、人类学、心理学及科学哲学都有浓厚的兴趣。此外，由于早年主修文学，文章写得流畅、飘逸。霍曼斯早期科学研究受帕森斯的结构功能主义影响很大，这时期代表作是他在1950年出版的《人类群体》。该书的出版，在美国社会学界引起了强烈的反响。著名社会学家默顿称它为自齐美尔以来，对小群体理论研究最有贡献的一本书。在书中，他强调了小群体研究的重要意义，分析了其中的行为变量，如活动、相互交往、情感三者的关系。但他

① 侯钧生主编：《西方社会学理论教程》，南开大学出版社2010年版，第218～219、220页；贾春增主编：《外国社会学史》，中国人民大学出版社2008年版，第239～240页。

并没有停留在功能主义立场上，而是通过对功能主义的批判，转向创立交换理论。霍斯曼著有《社会行为：它的基本形式》(1961)、《返回到人》(1964)、《社会交换的性质》(1967)等等。

霍曼斯认为社会学家所研究的制度、组织，以及社会都可以被分解成人的行为，因此，它们的特质就必须由有关人的行为命题来解释。霍曼斯理论观点认为，社会学主要研究单位是人，对社会现象的合理解释必须以人性的内在心理结构为基础。这正是功能主义所忽视的问题。而人与人之间的互动根本上是一种交换过程。霍曼斯以逻辑演绎，建立了一整套理论命题，并以小群体的研究成果验证这些理论命题，再把它推广去解释社会制度，即功能主义所说的“社会结构”。

霍曼斯的交换理论借用了行为心理学的许多概念。如，他在早期《人类群体》一书中使用的活动、情感和相互交往等概念。除此之外，霍曼斯在创立交换论时又引入了一系列新的概念，拓宽了“活动”的概念的范围，并用它们构造社会交换理论。

霍曼斯理论中的概念主要包括：活动、报酬、情感、互动、规范、代价、资源、利润等。这里的活动，指群体成员所具有的行为表现，其特点是逃避惩罚，追求报酬；报酬（或奖赏），在霍曼斯那里指能满足有机体某种需求的强化物，报酬既有物质性的，如金钱，也有非物质性的，如感激；价值，指刺激提供报酬的程度；情感，指在群体中，个人之间所具有的内部兴致，如好感、反感、赞同、反对等，在交换中，情感也可以作为一种社会资源；互动，指人与人之间相互交往和影响，通过它人们可以把自己的活动变成以追求报酬或逃避惩罚为目的的行为；规范，指群体中公认的行为准则，人们以它为标准调整自己的行为，明确哪些行为方式是应该的，哪些是不应该的；

代价（费用），指人在进行活动时失去的报酬或受到的惩罚；资源，是指一个人所拥有的全部资源，包括社会地位、出身、知识、技能、专长、性别、种族等，在社会交换中资源被用作投资；利润，是指一项行为结果中，报酬减去成本所剩下的纯粹得益；公正性期待，指个人在过去行为中所付出的费用和所得到的报酬之间的比例关系所构成的主观期待。

在以上基本概念中，报酬是最核心的。人们的所有行为都是为了获得报酬，不管是内在的，还是外在的。比如，人们工作，不仅可以获得金钱（外在报酬），也可以获得友谊、满足，增加自我尊重，避免失业的耻辱（内在报酬）。报酬与成本、投资成正比，成本越高，人们期望获得的报酬越大；投资越多，人们期望的报酬越多。

为了更好地说明报酬对于行动者的意义，霍曼斯引入了数量和价值这两个重要的分析变量。数量是指某一具体行为在一定时间内所表现的频率，价值是指某一具体行为获得报酬或受到惩罚对于行为者所具有意义的程度。一般说来，某一报酬出现数量越频繁，其相对于行为者的价值就越小（经济学边际原理）；某一报酬出现数量越少，其相对于行为者的价值就越大。为了说明这一重要社会交换原则，霍曼斯又在其基本概念中加入了两个表示"时间"的心理学概念：剥夺，指某人得到某一特定奖励所经历的时间长度；满足，指一个人在刚刚过去的时间里所得到的报酬已足以使他们不再马上需要更多的报酬。

以上这些概念被认为是构成霍曼斯交换理论的"基石"，它们互相组合，组成了一系列命题。①

① 贾春增主编：《外国社会学史》，中国人民大学出版社2008年版，第242～243页；侯钧生主编：《西方社会学理论教程》，南开大学出版社2010年版，第224页。

可见，霍曼斯把行为心理学对人的行为的解释与功利主义经济学把人的行为解释为在成本和利润中选择最合算的行动路线的思想结合起来，目的在于把对人的行为的心理学解释和经济学解释纳入对社会交换的解释之中。在他看来，社会赞许的社会现象如货币一样可被视为一种报偿，而人所处的从属地位同样也可当作一种成本；而经济学的“报偿”和“成本”概念分别与心理学的“强化”和“惩罚”概念相对应。据此，霍曼斯把社会行为视为一种至少在两个人之间发生的、为获取报偿或付出成本的有形或无形的交换活动，并在此基础上建立起他的社会交换论。

人们评论说，霍曼斯的分析策略与社会学传统中的集体主义、功能主义的社会唯实论倾向不同，在他看来，解释行为需要理解人的动机和情感，而不是认识某种假定的需要或理解某种社会的要求。与社会学唯名论倾向对个人行动中的主观意义的理解不同，霍曼斯的心理学类型的解释在于强调人的自然本性和自然情感是相同的，尽管不同民族在文化历史上存在差异，但作为社会学理论在认识和解释普遍存在的社会制度和社会过程上应该是普遍适用的。他认为，涂尔干主张社会事实具有客观性、强制性和普遍性太抽象，而马克斯·韦伯倡导的理解人的主观意义又太主观。有论者指出，社会行为主义由其主张的个人主义和客观性出发，目的是要在社会学传统中关于“个人一社会”两种研究策略之间架起沟通的桥梁。

霍曼斯理论体系中经常使用的某些概念，大都是从行为心理学和经济学中借用来的。霍曼斯依此来解释社会交换现象，形成一系列关于社会个体行为的解释性命题。霍曼斯认为，能把以下这些命题运用得当，就可以解释一切社会行为现象。第一，成功命题。一个人的某种行为能得到相应的奖赏，他就会重复这一行为；某一行为获得奖赏愈多，重复活动的频率也随之增多；获得的奖赏愈快，重复活动的可能性就愈大。第二，刺激命题。相同的刺激可能会带来相同或相似性行为。如某人过去在某种情况下的活动得到了奖赏或惩罚，而在出现相同的情况时，他就会重复或不再重复此种活动。第三，价值命题。某种行为的后果对一个人越有价值，那么，他就越有可能去重复同样的行动。第四，剥夺与满足命题。某人（或团体）重复获得相同奖赏的次数越多，那么，这一奖赏对该人（或团体）的价值就愈小。第五，攻击与赞同命题。该命题包括两方面：一是当个人的行为没有得到期待的奖赏或者受到了未曾预料到的惩罚时，就可能产生愤怒的情绪，从而出现攻击性行为；二是当个人的行为得到预期的奖赏，甚至超过预期值，或者没有遭到预期的惩罚时，他就会高兴，就会赞同这种行为。霍曼斯将这些命题看成是一组"命题系列"，强调它们之间相互联系的重要性，并认为只要将这些命题综合起来，就能够解释一切社会行为。霍曼斯指出，利己主义、趋利避害是人类行为的基本原则，由于每个人都想在交换中获取最大利益，结果使交换行为本身变成一种相对的得与失。对个人来说，投资的大小与利益的多少基本上是公平分布的。另外，在霍曼斯那里，还提出一个重要命题，即理性命题。他说："人们在对两种行动进行取舍时，会根据他当时的认识，选择那种随着获利可能性增大，结果总价值也增大的行为。"[①] 有人指出，理性命题既是对成功命题、刺激命题、价值命题的概括，又是对它们的限定。理性命题力图指出：人是一个会合理盘算的功利主义者。在行为前除了要考虑行为结果的价值，还要考虑有没有可能得到。如果报酬的价值很高，但可能性很小，那么行为者采取这一行为的

① ［美］乔纳森·H. 特纳：《现代西方社会学理论》，范伟达主译，天津人民出版社 1988 年版，第 238 页。

可能性不会大。这一关系可以用公式来表明：行为＝价值（可能性）。比如，体育彩票2元一张，头奖3300万元，但中奖机会只有千万分之一，于是人们更有可能不买彩票，而拿这2元钱去买其他东西，如一张报纸或一杯可乐。在霍曼斯看来，上述命题是一组“命题系统”，它们是相互联系的。成功命题是其理论的最基本的公理，它指出人们的行为总是追求报酬、逃避惩罚；刺激命题指出行为受到经验和情景的制约；价值命题指出人在进行行为选择时是有价值判断参与的；剥夺—满足命题限定了价值的实效性；攻击—赞同命题揭示了人类行为的感情色彩，行为受自我公正感的支配；理性命题则在指出行为价值的基础上，进一步指出行为的可能性问题。他强调，在解释人类行为时，所有这些命题都必须加以考虑。

霍曼斯所论的命题都是关于个人之间的交换行为，他认为，这些命题能对社会制度进行解释。如政府以保证个人的幸福生活来换取自己的权力；教士花费时间去忠告教区的居民，访问病人，准备礼拜，以换取管理他的教区并获得一个谋生的职位；教育体系为保证教职员的职业，用它的服务来换取学生的学费。[①]

总之，霍曼斯的交换理论是以经济交易论和行为心理学为基础，探讨人类社会行为的一种社会学理论。他认为，利己主义、趋利避害是人类行为的基本原则。由于每个人都想在交换过程中获取最大利润，其结果使得投资的大小与利润的多少基本上是相对应的。霍曼斯理论的社会学意义突出体现在对下列问题的解释上。

对整合的解释。霍曼斯认为，在同一地理环境中生活的人，

① 参见侯钧生主编：《西方社会学理论教程》，南开大学出版社2010年版，第224、227页。

培养出共同的信仰、传统及友谊，使得人们彼此行为之间产生了一定程度的相互接受即赞同，导致社会肯定。所有生活于这个社会中的人，其行为都趋向于社会肯定方面，随着互动次数的增多就会形成共同遵守的行为规范，维持着社会的整合。

对权力的解释。霍曼斯用交换关系中"最小利益原则"解释权力的产生。他认为，社会交换必须遵守对等性原则，但由于人们所拥有的社会资源分布不平均，报偿能力各不相同，就有可能导致不对等交换关系的出现：一方具有较大的酬赏能力，但得不到相应的回报；另一方酬赏能力较小，处于无力回报的地位。在不对等的交换关系中，双方对交换关系的依赖程度及从中获得的利益是不同的，那些在交换关系中获得利益较小的一方于是获得了权力，而获益较大但又无力回报的一方只能以服从对方、改变自己原有的行动作为补偿性回报手段。总之，权力取决于提供报酬的能力。有评论者指出，霍曼斯对权力的说明只适用于初级群体，而不适用于正式的社会组织。后面要说到的布劳观点与霍曼斯不同，他认为在正式组织中权力来源于社会结构，而非提供报酬的能力。

对地位的解释。霍曼斯认为，社会交换的实质是平等、公正。要是一个人在社会互动中给予别人的多，他就要设法从别人那里多取一些报酬。所以，人们总是试图保持自己"账目"的收支平衡。地位的高低则取决于他们付出的多少；地位较高的人意味着他能提供比别人更充裕的报酬；年龄大的人之所以有较高的地位，是因为他积累了丰富的经验知识，并对其他人具有一定的实用价值。显然，即使地位的不平等也是在平等交换的基础上形成的。人们看到，霍曼斯由于坚持对等交换的思想，无力解释现实生活中存在的大量不平等现象。这一缺陷在布劳的理论中部分地得到了弥补。

学界认为，霍曼斯的交换理论最终没有跳出作为"生物体"

的“经济人”的圈子，他的理论主要适用于小群体的研究。尽管如此，霍曼斯微观社会学在西方社会学史上占有一席之地，他打破了当时功能主义一统天下的局面。在理论观点上有许多积极之处，如“公正性期待”等概念，把公平交换和互惠的概念带进了日常生活，这对于解释人们之间的互动行为无疑具有一定意义。[①]

②布劳的结构主义社会交换理论。

彼得·M. 布劳 1918 年 2 月出生于奥地利维也纳，21 岁时随父母移居美国。1942 年，布劳从伊利诺伊州的埃尔姆赫斯特学院社会学系毕业。1952 年在哥伦比亚大学取得博士学位。毕业后，先后任教于康奈尔大学、芝加哥大学和哥伦比亚大学。1973—1974 年任美国社会学学会主席（会长），并被选为美国科学院院士。布劳毕生致力于社会学理论的研究与教学，著作十分丰富，其中最有代表性的论著有：《科层制的动力》（1955）、《社会整合理论》（1960）、《社会生活中的交换与权力》（1964）、《互动：社会交换》（1968）、《社会交换中的公平性》（1971）、《不平等和异质性》（1977）。

人们常说，布劳理论的研究重点不在于人际关系，而在于社会结构，这与霍曼斯的理论有重大差异。布劳曾批评霍曼斯忽略了社会结构所具有的突生性质，所以它只适用于直接的人际互动关系的小群体，即只能解释非制度化的社会行为。他认为，从微观到宏观领域，交换过程虽然相同，但已变得更为复杂，即交换的主体由个人扩展到群体和社会组织，交换性质也由直接扩展到间接，交换由原先是创造社会制度和社会结构的主导过程变为受社会制度和社会结构制约的过程。为了弥补霍

① 贾春增主编：《外国社会学史》，中国人民大学出版社 2008 年版，第 246～247 页。

曼斯交换理论的不足，布劳希望以自己的新理论为分析非制度化的人际互动和制度化的结构关系提供一般性的理论框架，从而填补微观社会交换理论研究与宏观社会交换理论研究之间的鸿沟。

由于布劳的交换理论的重点不是个体之间的交换关系，而是社会结构的交换基础；不是研究影响人们之间交换行为的心理因素，而是探讨基本交换过程如何影响社会结构的形成与发展，并受制约于社会结构。因此，布劳的交换理论被称为结构交换理论。

与霍曼斯把一切人类行为都看作是交换不同，布劳认为，社会交换是人类行为的一部分。人类行为成为交换行为，必须具备两个条件："一是该行为的最终目标只有通过与他人互动才能达到；二是该行为必须采取有助于实现这些目的的手段。"[①]为此，他这样定义社会交换：社会交换是当别人做出报答性反应就发生、当别人不再做出报答性反应就停止的行为。[②] 由此可见，在布劳看来，社会交换关系仅仅指行为者与那些他们期待能给自己的行为以适当回报的他人之间的关系。或者说，只有当交往中的受惠一方承担了回报的义务并实际履行了这一义务时，交换关系才能维持存在。而那些不期待他人回报的交往则不属于交换关系。显然，布劳所讲的交换概念要比霍曼斯所讲的狭窄得多。

布劳在建构其社会学交换理论的过程中，大量借鉴了经济学研究成果。在他看来，就社会交换参与者的行为受到报酬期

---

① ［美］P. 布劳：《社会生活中的交换与权力》，孙非、张黎勤译，华夏出版社 1988 年版，第 5 页。

② ［美］P. 布劳：《社会生活中的交换与权力》，孙非、张黎勤译，华夏出版社 1988 年版，第 7 页。

待的影响而言，社会交换领域中也会呈现经济人理性选择的特点。同时，经济学中的“边际效益递减”规律也适用于社会交换领域，即人们得到特定的报酬越多，这一报酬的追加部分具有的价值就越低。

布劳主张，虽然社会交换与经济交换有许多共同点，但二者还是得作出严格的区分，其区别至少表现在三方面：首先，经济交换是根据明文规定的契约合同进行的，而社会交换不作任何具体的规定和明文的承诺；其次，经济交换不会引起个人的责任、感激和信任，而社会交换则会；第三，从经济交换中得到的利益是可以准确计算和预测的，而从社会交换中得到的利益则没有明确的价格，没有统一的衡量标准，报酬的价值具有模糊性。①

布劳进一步指出，社会交换过程中人们的选择更多地要受到社会规范的制约，而最基本的规范就是互惠规范和公平规范。互惠规范贯穿于整个交换过程的始终，制约着人们的行为和互动；而公平规范则直接制约着人们对报酬的期待程度。只有同时遵守这两个规范，交换关系才能维持平衡。但布劳随即指出，在现实的社会交换中要做到完全遵守互惠规范和公平规范几乎是不可能的，在一定意义上，不公平交换恰恰是社会分化、权力产生的原因。

布劳认为，社会的微观结构起源于个体由于期待社会报酬而发生的交换。个体间的交换开始于社会吸引，社会吸引是指与别人交往的倾向性。如果一个人期望与别人的交往会带来报酬，不论这些报酬是内在的还是外在的，那么他就会受到能提供报酬的人的吸引。而某人或某方使对方承认自己，愿意与之

① 宋林飞：《西方社会学理论》，南京大学出版社 1999 年版，第 194 页。

交往，就必须向对方证明自己也是一个有吸引力的人，力争给对方留下印象，表明如果与之交往，对方也能从中得到报酬。假如他成功了，对方接受了他，交往就随之发生。一旦双方都从这种交往中得到了期望的报酬，相互的利益就会加强相互的吸引，当不断地吸引使双方建立了能使他们的社会交往稳定化的共同纽带时，某个群体就形成了。

布劳力求让人们注意到，在群体构成的场合，交往不是唯一的。许多个体的交往导致了相互之间的竞争，每个人都希望自己能给别人带来印象，创造印象的策略在个体之间有很大差别。价值观和才能在这方面是至关重要的。价值观决定群体成员认为什么东西给他们印象最深，决定怎样给他人留下印象。在存在价值差异的群体中，共同的价值观能为彼此的看法提供社会支援，这种支援能使交往变得具有吸引力。在价值完全相同的群体中，要想成为一个特别有吸引力的人，则必须有不同的意见和看法。对于一个新形成的群体或群体新成员来讲，最初的竞争是时间，即别人愿意把时间花在与他的交往上，然后才转向争取肯定的评价，社会支援、尊敬和服从。

进而，布劳指出，从一开始，交换关系与竞争关系是同一的。一个能产生极大吸引力的人一定是因为他能提供给别人无法从其他地方得到的报酬。随着竞争的发展，人与人之间开始出现地位分化，一些人处在吸引他人、被人尊敬的低位，另一些人处在被人吸引、表示尊敬的地位。这时，交换关系和普通关系不再同一，那些处在被人尊敬的地位上的人继续为权力或领导地位竞争，而那些表示尊敬的人失去了竞争的机会，不得不以尊敬来换取别人提供的报酬。

西美尔曾认为，个人加入团体的动机是为了追求个人目标的实现，个人之间存在着一种互惠的交换模式。后来，这成为布劳的"互惠规范"的概念。布劳强调，互惠是交换固有的特性。当一个人能向对方提供某种必需的、其他地方又无法得到的报酬，同时还不依赖于对方的回报时，他就可能获得权力，因为对方在仅靠表示尊敬已不再能诱使对方提供报酬时，不得不向对方表示服从，最终导致一个权力分层的体系。

布劳把爱默森考察“权力一依赖”关系的框架作为分析群体内部权力不平衡的基础。他指出，一个人要保持自己的社会独立性，可以用如下方法实现自己的愿望：第一，他能够提供给别人一种迫切需要的服务，这种服务可以促使别人反过来再向他提供服务，尽管只有他才有要求这样做的资源，这将导致对等的交换。第二，他可以从别人那里获得他所需要的服务（假定存在其他的供应者），那将导致对等的交换，即建立另一种伙伴关系。第三，他能强迫别人给他服务（假定他有能力这样做）。假如发生了这种强制，那些能够确保得到服务的人将形成对服务提供者的控制。第四，他可以学会不用这种服务或寻求其他替代物。[①] 例如，某消费者一直都在其家附近的一个煤气站换煤气，这是一种对等性的交换：他从煤气公司得到煤气，并付给公司报酬。但是，由于煤气价格提高，使他对这种交换重新评价，他得出结论：这种交换是不公平的。于是他面临以下选择：假如他家附近还有另一家煤气公司，他将与新公司建立他认为对等的交换；假如没有新公司，或者两家公司都同时提价，他将面临一种被迫接受高价的不对等交换处境。这时，他摆脱这种处境的唯一方法就是不再使用煤气，以其他燃料或电能替代。假如那些愿意得到服务的人不能具备上述任何条件，他就丧失了选择权，这使得提供者处于一种有权力的地位，最终导致一个权力分层的出现。

---

① ［美］P. 布劳：《社会生活中的交换与权力》，孙非、张黎勤译，华夏出版社 1988 年版，第 39 页。

布劳讲到，虽然通过交换获得的权力能够强迫他人服从命令，但是，这样的权力是不稳定的。由于权力的使用往往招致反对，有时甚至招致顽强的反抗，因此，在一个社会中，要让下级心甘情愿地服从，这必须使权力转化为权威。权威的特征是：被下级集体所承认和实行的社会规范强制它的个体服从上一级的领导。也就是说，要求服从的强制力不是来自上级，而是来自下级群体自身的规范。当权者能否使权力转化为权威，取决于他能不能按公平性和互惠规范与下级实现交换。如果他能够并使下级获得的报酬大于他们的期望，下级就会把这种隶属看作是有利的，对当权者就会表示合法性赞同。共同的忠诚感和群体规范就会出现，这使服从成为一种下级应履行的义务，权威由此产生。随着权威的确立，人与人的关系逐步实现制度化。

以上可以看出，布劳描述的交换过程大致经历了"吸引—竞争—分化—整合"四个阶段。首先，在基本的交换关系中，人们是由相互的需要和满足权威相互吸引的。其次，这样的交换很容易发展成一种竞争关系，在这种关系中，每个人都要显示自己能提供的报酬，从而给对方造成印象，而自己又可从中获得更多的报酬。第三，这种竞争形成分层系统，在分层系统中，个人以他们所拥有的稀有资源为基础开始分化。第四，权力既可以是合法化的（权威），也可以是强制的，权威是以合法性价值为基础的，这种价值使具有整体效应的群体和组织能够不依赖于亲密的面对面接触而进行活动，人与人的关系逐步实现制度化。

布劳对他所讲的宏观社会结构的交换表现出极大的兴趣。他认为，宏观结构是由若干群体组成的结构，此中的分析单位不是个人，而是群体。群体之间的交往与个人之间的交往就其基本过程而言是一致的。首先，群体之间的交往也受追求报酬的欲望支配。其次，群体之间的交往也在经历“吸引一竞争一分化一整合”的过程中，即群体在向可能的交往者表现出吸引力方面所进行的竞争中，会出现平衡的或不平衡的交换关系，如果群体间的交换是平衡的，就会形成相互依赖的关系，如果是不平衡的，就会出现地位和权力的分化。当某一个群体取得权力地位并与其他群体建立依从关系而且能有效地控制从属群体时，一个更大的系统也就形成了。第三，人际交换中的公平性原则同样适用于群体间的交换。

布劳也看出，宏观结构中的交换与微观结构中的交换是有差别的。在微观结构中，人与人的交往是直接的；而在宏观结构中，人与人的交往大量是间接的，成本与报酬的联系往往是远距离的。所以，这里需要某种机制来传递人与人之间的关系。布劳认为，共同价值提供了这一机制，因为共同价值为宏观结构中复杂的间接交换提供了一套共有的标准，使参与的各方能以同样的情景定义进行交换。如果说个人提供的报酬是微观结构中产生吸引的基础，那么共同价值则在宏观结构之中起着基础的作用。没有它，超出面对面互动的交换就根本不可能发生。

布劳提出了四种媒介性社会价值：第一，个别性的价值可以充当社会联系和凝聚的媒介，它帮助创造一个共同体以代替个人的感情吸引。同时，这种个别性的价值也会促使在一个大集体中小群体的形成。第二，有关社会贡献和成就的普遍性标准产生分层系统。在这里，地位成为一个使间接的交易成为可能的报酬。第三，合法的价值充当运用权威的媒介，并充当大规模地追逐集体目标的组织的媒介。权力要加以合法化，必须被群体成员承认是合法的。它必须被认为是为获得群体目标所不可缺少的。第四，人们所持的反对意见成为重组和变迁的媒介。因为这些意见既鼓励了对于反对运动的支持，也使这种运动的领导合法化。[①]

布劳相信，由共同价值调节的复杂的社会生活模式会得到制度化。假如以下三个条件具有了，这样的制度就可以世世代代存在下去。这三个条件是：第一，组织原则成为正式化程序的组成部分，以使其存在不是只依赖于在某一时间内执行它的人；第二，那些赋予制度形式合法化的社会价值要通过社会化即融入社会的过程传到下一代；第三，社区中的统治集团必须与那些价值相一致，并用权力支持表现这些价值的制度。

布劳强调，制度反映了社会生活的历史范围。过去对现在的影响，构成了社会结构在任何时候都要适应的历史框架。布劳运用其关于社会价值分类的观点，对社会制度进行了分类：为了保持个别性价值长存，社会需要整合制度，这里包括亲属制度和宗教制度；为了保持普遍主义价值长存，社会需要生产和分配制度，这包括经济制度、教育制度、分层制度；为了使社会在追求社会目标时能实现动员资源和协调努力，社会需要政治制度。另外，一个社会的文化遗产也包括反制度的成分，这是由尚未实现的以及尚未在明确的制度形式中表现出来的因素构成的，并成为社会变迁的一个根源。[②]

通过补充共享价值观和制度化概念，布劳力求将微观领域同宏观领域沟通起来，将霍曼斯具有还原论色彩的微观交换论同帕森斯的宏观结构功能主义之间的分歧调和起来，从而部分地实现了用交换关系说明宏观结构的理论夙愿。

布劳在理论分析上并没有就此止步，他通过揭示价值观和

---

① ［美］P. 布劳：《社会生活中的交换与权力》，孙非、张黎勤译，华夏出版社 1988 年版，第 307～312 页。

② 侯钧生主编：《西方社会学理论教程》，南开大学出版社 2010 年版，第 230～236 页。

制度化这两个概念的内在矛盾，指出宏观层次上社会结构和过程的性质。布劳认为，宏观交换结构所赖以存在的价值观和制度化之间永远存在着矛盾，表现为价值观的内涵永远不可能全部通过明确的制度化形式加以表达，总有一些基础的价值或理想未能实现。因此，基础价值观中总是包含着反对现行制度的成分，反过来说，现行制度总会在某些方面不能满足价值观所确定的报酬期待，或者违背了其中的互惠和公平准则。这样，在制度确立的过程中就已经包含着制度毁灭的因素，价值观与现行制度的矛盾将导致社会冲突，由此推动着制度的变革。

在布劳的交换理论中力求系统地从微观到宏观追溯了社会交换的形成、发展过程及其形态和影响，试图说明社会交换是如何“从个人间日常相互作用及人际关系中到处存在的较为简单的过程演变为支配着社区与社会复杂结构的过程”[①]，从而补充、丰富和发展了霍曼斯的交换理论，把原来只适用于小群体范围的理论推广和应用于复杂的社会结构领域中。人们认为，这对于完善社会交换理论无疑具有重要意义。尽管如此，布劳本人对自己这一阶段的理论工作并不满意，尤其是对社会结构概念被解释为“制度的集合”或“组织化群体”感到不满。20世纪70年代，在重新定义社会结构概念时，布劳改变了自己的研究方向，发展了“宏观结构理论”。[②]

有研究者总结道，布劳的交换理论是从社会结构的原则出发考察人与人之间的社会交换行为及过程，其理论目标既想克服功能主义忽视研究人的理论缺陷，又想弥补霍曼斯理论只局限于微观层次方面所显示出来的不足。布劳的理论方法是从描

① ［美］布劳：《社会生活中的交换与权力》，纽约，1964年版，第2页。

② 贾春增主编：《外国社会学史》，中国人民大学出版社2008年版，第255页。

述交换过程及其在微观层次上的影响开始，再从群体层次上升到制度与社会的宏观层次。他认为，社会交换关系存在于关系密切的群体或社区中，是建立在相互信任的基础之上的。社会交换是一种有限的活动，它指个人为了获取回报而又能真正得到回报的自愿性活动。布劳区分了经济交换与社会交换、内在奖赏和外在奖赏的差别，引入了权力、权威、规范和不平等的概念，努力使交换理论在更大的范围内解释社会现象。布劳的社会交换理论从微观到宏观，系统地追溯了社会交换现象的各种发展过程及其影响，从而形成一种综合取向很强的社会结构理论。

继布劳之后，对交换理论作出重要贡献的还有爱默森等人。爱默森运用严密的数理模型和网络分析，阐述社会结构及其变化、社会交换的基本动因和制度化过程，在方法论上进一步充实了交换理论的理论体系。

③爱默森的社会交换网络分析。

理查德·爱默森1925年出生于美国犹他州的盐湖城，1955年在明尼苏达大学获社会学博士学位，其博士论文题目是《亲密群体的影响因素》。1955—1964年，爱默森在俄亥俄州的辛辛那提大学工作，主要开展对权力依赖关系的研究。从1965年开始，爱默森一直在华盛顿大学工作，期间主要致力于社会交换理论的研究和探索。1982年12月，爱默森因病突然去世。

爱默森注重把网络分析技术运用于社会交换分析，用严谨的理论结构和概念讨论社会交换过程的形态，从而开辟了一条新的研究路径。

"社会网络分析"是20世纪末作为对社会结构的一种新的概括方法而提出的。在爱默森看来，霍曼斯和布劳的交换理论说明了一些人类关系的极重要的动力，但却在理论结构上含混不清，并且过分强调个人角色的重要性，网络分析理论可以把行为者当作某一相互联系的系统中的点，因而能够描述行为者之间的事件流（flows of events）。爱默森把交换理论与网络分析结合起来，主张社会交换理论的研究单位应该是个人与个人之间的关系，而非交换者本身。交换理论所应注重的不是这些个体，而是他们之间的交换关系形态。交换的对象可以是个人，也可以是团体、社会，甚至于国家。

爱默森关于交换网络分析的主要概念有，行为者：指一个个人或集体单位能够接受环境所给予的强化，这主要就能够给行动者带来报酬的环境特征而言。行为：行为者对环境作出的行动或运动。交换：行为者自环境中提取强化的行为。报酬：某一特定强化形态上所附有的价值。选择性：行为者所处的环境中财富的数目，这一环境能够提供特定类型的强化物。代价：某一类报酬的大小和数目，这种报酬可望得到另一类报酬。交换关系：行为者与其他行为者间持续性的来往机会行为。依赖：行为者的强化依靠在他人行为时的状况。均衡：行为者双方所获得的报酬相等。权力：交换者的一方迫使他方多付代价的程度。资源：某一行为者在交换过程中用以给予的报酬。

爱默森讲，由上述概念可以看出，行为者、强化、交换、代价和资源等概念是相互定义的，它们都被置于交换关系之中来分析，且都是指向要解释社会结构，这样就避免了循环论证。由于强调的是交换关系的结构，因此，依赖、权力、均衡就成为相关的重要概念。爱默森的交换关系牵涉两个或两个以上的行为者，并经由下述三个步骤形成：一个行为者注意到交换机会的存在；主动交换；交换行为是相互有利的往来。因此，当一个行为者主动交换而得不到反应或强化，则交换关系就无法成立。爱默森特别由依赖、权力论证了均衡，他相信未来均衡终将达成。

爱默森提出交换网（exchange network）的概念来说明交换

关系的形态，并以图示的形式说明。他提出了一些定义，关键的有两个。其一，行为者：某一关系网络中的结点A、B、C……N。不同字母代表有交换资源的行为者。其二，交换关系：A—B、A—B—C、A1—A2，以及其他能把不同的行为者相互联系起来、构成一个关系网的模式。他重点讨论了以下几种网络形式：

一是单方垄断式交换关系。

在这种网络交换关系里，行为者A的报酬来源是多方面的，他可以从B1、B2、B3那里得到报酬。相反，行为者B1、B2、B3却只能从A那里得到报酬（如图）。这种交换关系是垄断的，是不均衡的。因此其结构趋于改变。这时，如果B1、B2、B3能找到另外一个A，则其交换网的结构就会改变。再如B1、B2、B3能沟通往来，则B1、B2、B3会联合起来，组成一个团体单位与A互动以获取交换均衡。

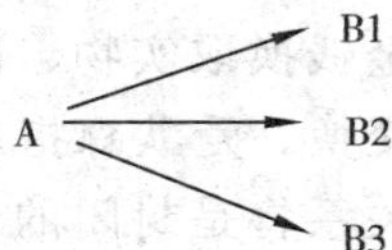

二是分工式交换关系。

分工式交换关系是作为单方垄断式交换关系中的一种方式而出现的。在单方垄断式交换关系中，B1、B2、B3所能给予A的报酬是一样或类似的。假如每一个B所提供给A的报酬各不相同，则A与B1的交换关系就不同于A与B2、A与B3的交换关系。在分工式交换关系里，每个人对A的价值与报酬是不同的，因此他们对A的交换形式不同，这就降低了A的权力优势并确立一种新的网络形式（如图）。

与单方垄断式交换关系相比较，这里表现出在分工式交换关系里，B1、B2、B3 分别变成三个新的行为者 C、D、E，如图：

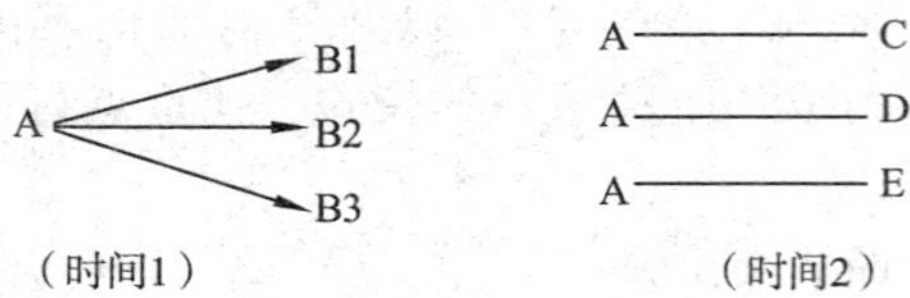

在两个不同的时间里，由于 B1、B2、B3 所提供给 A 的报酬不同，并各自形成新的行为者 C、D、E，交换关系也因此由单方垄断式交换关系演变为分工式交换关系。这种转变的单位可以是个人，也可以是集体行为者。

三是社会圈。

爱默森认为，交换的媒介可以是同类物，也可是异类物。例如，以金钱换取金钱、以实物换取实物、以感情换取感情等都是同类物交换，而以金钱换取实物、以意见换取声望、以香烟换取酒类则是异类物交换。爱默森指出，如果交换关系是同类物的交换，那么交换关系将是封闭的。封闭关系有两种：一种是围成封闭的方形或圈形（如图：左）；另一种有明显的网状（如图：右）。

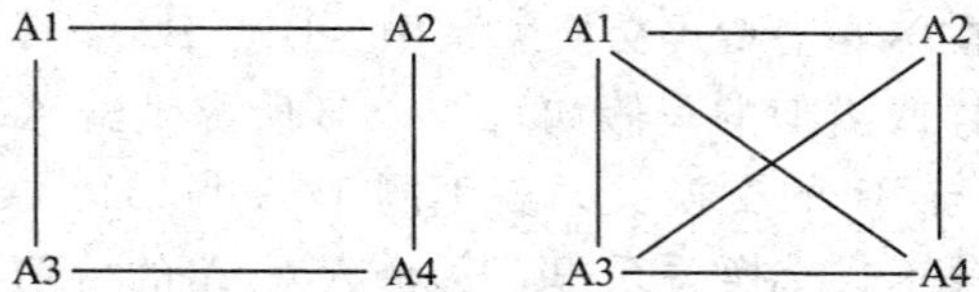

A1、A2、A3、A4 分别代表四位拥有同类资源的行动者。封闭网里的交换关系是均衡的，因为每一个行动者都与其他行动者有交换行为。爱默森以打网球为例来说明：如果两个球艺相当的人在一起打网球，就是同类物性质的交换，是均衡的；但是如果有新的第三者加入，则这种均衡关系就被破坏了（如图）。

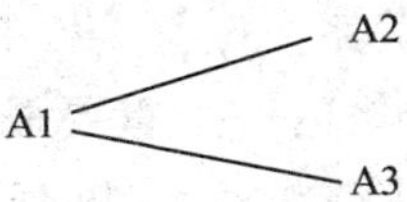

在这种情况下，关系是不均衡的，因为A2、A3都要和A1打球。但是如果能找到另外一个球员A4，那么新的均衡就能再出现，形成上图所示的封闭圈或均衡网络。任何新添的球员都将破坏这种封闭式的均衡。这一网络能应用于军事同盟或共同市场国家等其他集体单位。

四是分层网络式交换关系。

封闭式社会圈可构成均衡关系，但是假设A1、A2、A3、A4四位球员的球艺不同，A1和A2球艺比A3和A4高。起初，这四个人可能会在一起打球而毫无隔离，形成一个初始圈。然而时间一长，A1和A2就会觉得他们两人打比较有意思，而A3和A4也觉得总输给A1和A2没意思。由于A1和A3的关系是不均衡的。这样他们就会出现分化，从而产生了分层式关系（如图）。

上层组　　　　　　　　下层组

A1——A2　　　　　　　A3——A4

又假设A1与A2再找到新的同等球艺的球员A5与A6后，则新的封闭式网络关系又重新形成，同样情形也可能发生在A3与A4上。

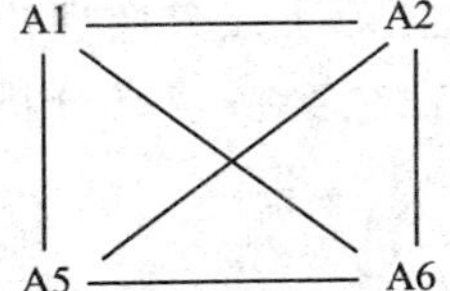

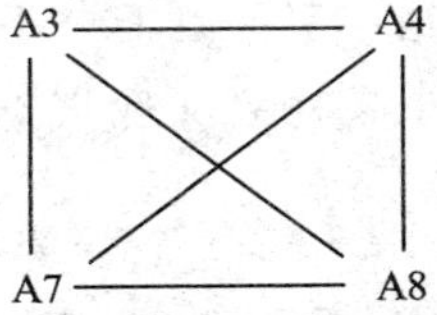

爱默森指出，这种分层网络式交换关系可以用来解释社会

阶级的形成及其结构。

五是中心网络交换关系。

“趋中性”是网络分析的一个重要概念。事实上，它被认为是一个网络最关键的性质之一。这里有各种情况，而总的情况是：在某种意义上，一个点（行为者）是中心，它连接很多点（行为者），其处于某些点之间，也可能接近某些点。如图所示，在此网络关系中，行为者 A1 处于 A2、A5 与 A2、A6，与 A2、A7 之间；而行为者 A2 是中心，它连接很多点。

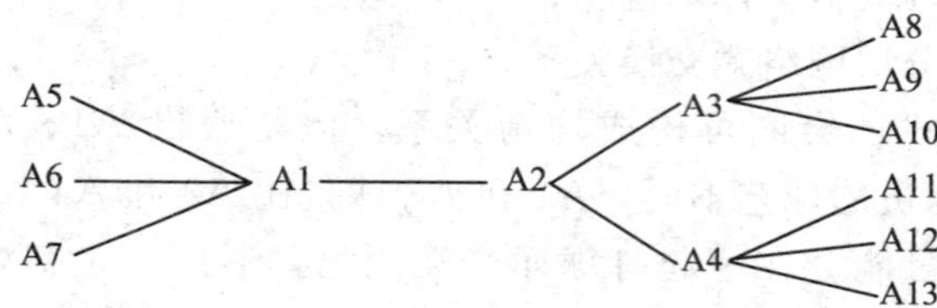

可见，爱默森社会交换网络分析的重点在于提供一个结构严谨的理论。这种理论不仅能应用于小型单位的分析上，而且也能解释大型复杂的社会结构，并且回避了微观和宏观的关系问题。特纳评价说：“爱默森以列举操作心理学的基本命题开始，然后，他从这些命题的推论中派生出一系列定理，以说明不同社会模式的运行。……在从基本操作命题进行推论，以及从这些命题和推论发展出定理时，爱默森从未玩弄逻辑游戏，可是比起霍曼斯，爱默森的学说更为有力。……社会学理论极少达到如此严格的程度。”①

总结一下：以上分霍曼斯的行为主义社会交换理论、布劳的结构主义社会交换理论、爱默森的社会交换网络分析，概述

① ［美］乔纳森·H. 特纳：《社会学理论的结构》，吴曲辉等译，浙江人民出版社 1987 年版，第 348 页。

了社会学史中的社会交换理论，由此可明显地看到，社会交换理论是针对功能理论而发展起来的，社会交换理论强调社会生活中交换关系的普遍性，认为社会生活的各个层面都体现这种交换关系。霍曼斯的社会交换理论的假定来自行为主义心理学和基础经济学。霍曼斯坚持主张，个人层次的命题对于解释社会行为是极为重要的。布劳的社会交换理论反映了一种从微观层次到宏观层次的努力。在微观层次上，布劳把交换过程大致描述为"吸引—竞争—分化—整合"四个阶段；在宏观层次上，布劳强调共同的价值和规范出现的重要性。而爱默森则将网络分析技术应用于社会交换理论，把分析的触角伸向社会交换关系的形式，而不是个体行为者本身，从而消除了概念的含混不清以及微观结构与宏观结构的间断性。①

前已论述，社会交换理论自 20 世纪 50 年代在美国兴起后，经过霍曼斯、布劳等人的努力，一度成为颇具影响的理论学派，吸引了一批社会学家在各个经验研究领域中引用、验证这一理论的结论。但进入 20 世纪 70 年代以后，社会交换理论开始走下坡路，霍曼斯的学术活动几近终止，布劳也脱离了社会交换理论阵营，使得社会交换理论学派群龙无首，呈现衰落局面。20 世纪 70 年代后期，美国新一代的社会学家爱默森接连发表了几篇关于社会交换理论的文章，主张用网络分析的方法研究社会交换关系，试图重振社会交换理论的昔日雄风。爱默森继承了西美尔的形式社会学传统，与之前的社会交换理论不同，他不注重社会交换关系中行为者参与交换的动因，不研究交换单位的性质（个人还是群体、组织），而是把既成的社会交换关系本身作为分析单位，用网络分析的方法研究社会交换关系的各

---

① 侯钧生主编：《西方社会学理论教程》，南开大学出版社 2010 年版，第 238～244 页。

种形式，从而弥合了微观层次与宏观层次之间的断层。同时，他创造了一套经过精确定义的概念体系，在此基础上建立了严密的理论演绎系统。虽然爱默森逝世于学术巅峰时期，但他的合作者继续进行着他未竟的工作。这种使社会交换理论同网络分析方法结合的探索，给传统交换理论注入了活力，使它在困境中出现了新的转机。

社会交换理论在社会学史上的影响是应当给以充分重视的。交换曾经主要被经济学在商品交换意义上加以研究；后来对交换的研究，通过人类学，成为社会学研究社会关系的切入点。其经过霍曼斯、布劳等人的发展，成为社会学理论的一个流派。社会交换理论反对结构功能主义那种抹杀人的个性而只把人当作社会制度或社会结构制约下的角色的观点，坚持从人的行为本身去理解人，从“交换”这一人际互动中最基本的形式中发现形成社会结构的原因，这种观点打破了结构功能主义一统天下的格局，推动了社会学理论研究出现多元化发展的新局面。

社会交换理论通过社会交换概念揭示了社会资源分布的不平等和由此产生的权力地位的分化，并从各个权力层次之间的对立和冲突中寻找社会系统发展、变迁的动力。这一基本取向不仅有助于理解微观层次和宏观层次上发生的各种社会过程，而且有助于理论研究更贴近社会现实。①

3. 关于“互动仪式链”理论。②

这是美国社会学家兰德尔·柯林斯（Randall Collins，1941—）主张的社会学理论。柯林斯，其学业开始于哈佛大学，

---

① 贾春增主编：《外国社会学史》，中国人民大学出版社 2008 年版，第 256 页。

② 基本资料和引述论证，充分利用侯钧生主编：《西方社会学理论教程》，南开大学出版社 2010 年版，第十八章。

开头学习文学，想成为剧作家和小说家。可很快又转学为数学、哲学、精神分析学等，最后才选择了社会学。在哈佛大学期间，受帕森斯的影响，他于1964年进入加利福尼亚大学伯克利分校攻读博士学位，深受符号互动论代表戈夫曼和布卢默的影响。柯林斯是美国文理科学院院士。他曾先后在加州大学、宾夕法尼亚念大学等校任教。主要著作有：《冲突社会学：关于一门解释性的科学》(1975)、《文凭社会：教育与分层的历史社会学》(1979)、《韦伯的社会学理论》(1986)、《理论社会学》(1988)、《四个社会学传统》(1994)、《哲学社会学：知识分子变迁的世界视角》(1998)、《互动仪式链》(2004) 等。

柯林斯的观点代表了学术界又一种新的综合性理论倾向，为许多社会学问题开拓了新的分析视角。但有的学者也指出，柯林斯的理论还有一些模糊之处，有待修正发展。

突显柯林斯社会学理论学术特点的，就是他提出的"互动仪式链 (interaction ritual chains)"理论。柯林斯的"互动仪式链"理论综合了互动论、交换理论及有关的社会心理学理论，强调社会学微观分析的基本性。按照柯林斯的观点，微观社会学的研究对象是情景结构及其动力学。人们的一切互动都发生在一定的情景之中，其中至少包括由两个人组成的际遇 (encounter)。柯林斯指出，微观情景不是指单个的人，而是经由个人所形成的社会网络。人类社会的全部历史都是由情景所构成。而且，每一个人都生活于局部环境中，这就是所谓"局部情景"(local situation)；我们关于世界的一切看法，我们所积累的一切素材都来自于这种情景。因此，柯林斯提出，对于宏观社会现象都可以看作是由垂直的一层层微观情景构成的，微观情景的相互关联形成了宏观模式。也就是说，宏观过程来自于互动网络关系的发展，来自于局部机遇所形成的链条关系，即"互动仪式链"。

“互动仪式”一词本出自戈夫曼，是指一种在互动中表达意义性的程序化活动。这类活动对群体生活或团结性来说具有象征性意义。涂尔干曾指出，宗教仪式的作用具有整合性。在人类社会中存在着各种各样的仪式，仪式的类型反映了社会关系的类型。例如在传统社会，人们的活动是高度仪式性的，但是在现代，是低度仪式性的。此外，仪式类型的不同，也可反映出群体成员情感投入的团体意识的不同。

柯林斯指出，仪式是互动的主要形式。在此，仪式是人们的各种行为姿势相对定型化的结果。人们做出一些姿势，便会形成和维持某种特定的社会关系。柯林斯认为，社会中的大部分现象，都是由人们的相互交流，通过各种互动仪式形成和维持的。

柯林斯强调，谈话也是一种仪式。因为谈话如同与人们在一起唱歌一样，有共同关注的话题，并共同创造了一种谈话的实在，具有共同的情感。对谈话者来说，讨论的问题是否真实，这并不重要，重要的是他们之间有共同关心的问题，而且任何一方都不能打破他们共同建立的谈话现实。否则，谈话难以持续下去。故成功的谈话是一个有节奏的连续过程，谈话者之间的话语承接，有最小的时间间隔（小于 1/10 秒），且彼此的话语有最低程度的重叠。

柯林斯指出，决定一个谈话际遇的主要因素有：①每个人的文化资源和情感资源的不平等程度；②社会密度大小；③人们进行互动的可选对象的数量（即其网络地位）。

因此，柯林斯得出结论说，谈话仪式包括能量和资本的投入。互动仪式也就是际遇者由资本和情感的交换而进行的日常程序化活动。他认为互动仪式包括下列一些因素：[①] ①至少有两人面对面的互动所构成的群体；②他们关注共同的目标或行动；③他们具有共同的情绪或情感；④彼此的关注点和共享的情绪有积累性强化特征；⑤有阻止外来者的屏障。

柯林斯讲，互动仪式可产生一系列的结果。主要包括形成群体归属感或团结性、强化文化资本和情感能量以及社会道义感。

柯林斯设问，究竟什么样的互动仪式能够为所付出的成本带来最大的积极性情感能量呢？在柯林斯看来，那些具有权力与地位的人最能够带来高额的情感回报。权力是一种能够指挥别人的行动的力量，地位则表现为受到尊敬和接受荣誉。因此，那些有文化资本从而能要求受到尊敬并要求别人服从的人，能从互动仪式中得到最大的积极性情感能量。从这里，可以看出"互动仪式"反映出一种不平等性，它具有明显的"马太效应"。

柯林斯认为，宏观水平现象最终是在个人之间，由微观的相遇来创造并维持的。宏观的和长期的社会结构是由"互动仪式"而建立起来的。这种"互动仪式"经由时间延伸以复杂的形式而结合起来，宛如一条"链"，这就是他所提出的"互动仪式链"。

柯林斯说："整个社会都可以被看作是一个长的互动仪式链，由此人们从一种际遇流动到另一种际遇。"[②] 或者说，一切社会生活都是由人们所构成的生态学，人们不断组合与改变着景观。人们不同水平的际遇形成了不同的互动仪式。由此可以预测将会发生的事情：在不同情景下所形成的团结性有多大，

① Randall Collins. The Sociology of Philosophies. A Global Theory of Intellectual Change. Cambridge. Mass：Harvard University Press. 1998. pp. 22—23.

② Randall Collins. Four Sociolgical Traditions. New York：Oxford University Press. 1994. P. 233.

将会建立起什么类型的象征符号以及它们跟任何特定人的关联。

柯林斯认为，存在着一定的互动仪式市场。人们对事件、能量、文化资本和其他他们能应用到各种互动仪式中去的资源进行估计，然后他们选择那些能够最大限度地增进他们情感利益的方式。就互动仪式的资源来说，主要包括以下几个方面的内容：

第一，人们是以“文化资本”或他们所具有的资源在彼此相遇中展开互动的。这种资源或“文化资本”是指诸如权利、权威、知识、教育、网络、经验和语言风格等，他们也能将以往某种形式的互动连接起来，如记忆中的交谈信息、知识等。

第二，人们在互动中带有某种动机或“情感能量”，而这种动机或情感能量与他们所占有的文化资本有关的，同时还与他们在互动中具有的权利、威望或地位有关。另外，还与他们对以往积极情感的记忆程度有关，并且与他们在前一段交谈中文化资本得到的提升有关。

第三，个体对互动场景的关注，如在互动场景中的人数，他人的资源，在互动中不同意见和观点的数量，互动中社会内容、礼节和实情，以及人们在互动中情感的增进和文化资本的提升。

柯林斯强调，在上述这些资源因素中，最根本的资源是文化资本和情感能量这两个方面。

关于“文化资本”，柯林斯讲，组成文化资本的资源包括对以往交谈记忆、语言风格、特殊类型的知识或专长、决策的特权以及接受荣誉的权利。文化资本又可以分为一般化的文化资本和特殊化的文化资本。一般化的文化资本是指那些用以表明一般资源的非人格符号，如知识、地位、权威和集团。而特殊化的文化资本则指个人对他人身份、名望、关系网或地位的记忆。情感能量是个体在某种场景中而产生的、由某种程度和类型的情感、感情和感觉组成的。从最高的热情与自发性，到最低的沮丧和失落。

关于"情感能量"，柯林斯认为，互动的产生在于个体应用他们各自的文化资本和情感能量彼此交谈，即这种交谈涉及资本和能量的投入。每一个体都被交谈的场景所吸引，并且能最终在文化资本和情感能量上得到回报。虽然个体在文化资本的施与受的互动过程中获益，但柯林斯更为强调情感能量才是互动的真正驱动力。他认为人们发展积极情感是最有价值的，人们可能通过参与这些互动仪式来增进这种积极情感，从而由这种互动仪式再生出一种共同的关注焦点，一种共同情绪。并形成群体的情感共鸣并且根据道德规范将它们符号化。故柯林斯得出，成功的互动仪式是那些建立起了相互关注的焦点、排除了外部干扰且将参与者纳入了非语言姿态手势的有节奏流动的仪式。微观互动的最重要方面就是非语言的、仪式化的行为，这种行为产生出了较高或较低水平的情感能量。柯林斯在这个意义上，认为情感能量是理性选择的共同指标。[①] 这样，在柯林斯看来人们的互动不是受到非理性力量的支配。他将人们对情感的追求看成是高度理性的，人们竭力在互动市场中寻求那些能给他们带来最大利益的情感能量。因此，寻求情感能量成为一个准则，人们依此准则来估量与他们相遇的各种不同的人，看看这些人能给他们带来多大的情感利益。在柯林斯看来，人类在某种意义上是"感情的俘虏"。但是他们对待情感是极为理性的，他们持续不断地在与他们相遇的人中寻求平衡，这样的互动意识就会产生出高度积极的情感能量，如做爱、家庭活动、宗教崇拜以及朋友的聚会。在这些活动中参与者在情感上得到了更多的激励与提升，而且更为重要的是人们由此产生出一种非正规的亚文化。人们在这个亚文化圈中，彼此相遇，按照互

---

① Randall Collins. Emotional energy as the common domination of rational action. Rationality and society. 1993. Vol. 5. pp. 203—230.

动仪式，共同提升情感，从而更能够承受各种生活的压力。所以，情感能量成为衡量行为的重要变量。

在柯林斯看来，情感能量如同文化资本一样，也是一种成本。人们在互动仪式中花费他们的情感能量，只要人们意识到这种情感能量的花费能给他们带来更多的回报，人们就会这样做。人们往往从共同关注的焦点、情绪、激情、共鸣和符号话语来获得这种回报。然而当互动仪式需要投入更多的情感能量却又不能得到充分的情感回报时，人们就会转向其他的获益更多的互动仪式中去。

柯林斯强调，当具有一定文化资本和情感能量的互动者离开一种际遇后，将会产生出进一步互动的社会动机流。如 A 和 B 两个人构成了一种际遇，各自具有不同的市场位置，拥有不同的文化资本（CC）和情感能量（EE）。他们的互动仪式将会出现各种结果。在他们相互选择影响的基础上，可改变他们各自原有的文化资本和情感能量（如图所示）。

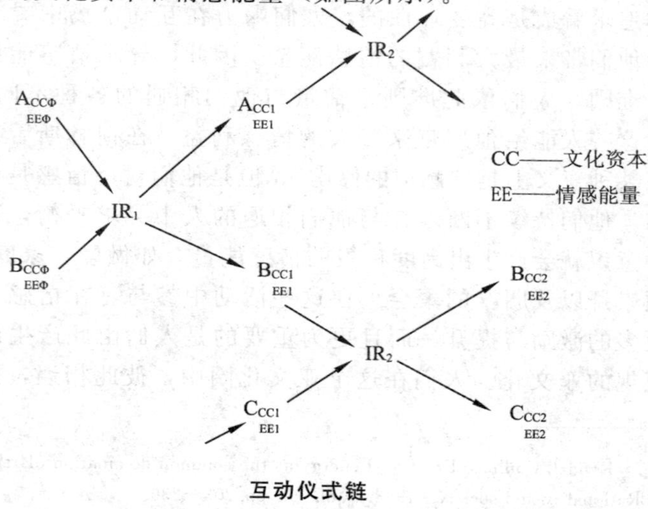

互动仪式链

据图可作如下的分析：[①] A的一般化的文化资本传递到B后，变成了B的一部分。其特殊化的文化资本也得到加强。相应地，情感能量通过下列过程而改变：①如果在互动仪式中A占控制地位，那么与控制程度相关，A的情感能量会增加，而B的情感能量会降低。②如果A比B有更多的文化资本，而且A能够对互动的对象有挑选余地，那么A会用较少的时间与B互动，甚至不与之互动。③如果A和B具有相近的市场地位，那么他们都会希望平等地进行互动，而且能够成功地进行互动仪式。仪式过程加强了情感能量，因此使A和B都增强了信心。④在②情况下成功的互动仪式，情感能量还会因为群体地位高低而发生改变。此外，A和B的市场机会不同也可改变其互动的结果。因第三者（如C）的介入也会使他们间接地获得新的市场机会。

由此柯林斯指出，在此模型中，互动链的延续依赖于彼此之间情感能量或报酬的加强。互动仪式链理论并不强调一般性的社会规范，而是关注由不同群体所实际形成的情感团结力。这样，柯林斯自认为，其互动仪式链模型扩大了交换理论的应用，可以弥补此理论的不足。例如可以把情感能量作为衡量报酬的共同基础。互动仪式链理论可解决使霍曼斯和布劳困惑的难题：互惠问题。

柯林斯认为，互动仪式链理论也可弥补理性选择理论的不足。他指出理性选择理论有三个解释难题：[②] ①某些行为如情感性、利他性和道义性的行为如何用成本—收益模型进行分析？

---

① Randall Collins. Theoretical Sociology. San Diego: Harcourt Brace Jovanovich. 1988. pp363－364.

② Randall Collins. Interaction Ritual Chains. Princeton: Princeton University Press. 2004. pp143－144.

②衡量不同的行动领域之间成本与收益的共同基础是什么？如何比较金钱、爱、地位和权力之间的价值大小？③如何从经验上说明每个人的算计行为？大量证据表明，个人在自然场景中是很少算计的。柯林斯认为运用“互动仪式链”理论可以对这三个问题作出解释。

根据这一理论，柯林斯讲，情感能量是人们在不同行为领域、不同价值的社会选择之间进行比较的共同基础。情感行为、利他行为和道义行为是利用特定的社会场景来谋求情感能量的不同方式。它们的目标是共同的，即追求情感回报的最大化。理性“选择”就是寻求情感能量的过程，大部分选择并非是算计性的。当情感能量强大时，人们能快速作出决策。因此柯林斯认为情感能量而不是金钱，更应当作为行为理论的根本基础。这样，关于社会互动仪式的理论优越于关于行为的经济理论。柯林斯试图运用其理论解释一切社会现象，通过对已有社会学理论的综合批判，建立一种新的理论视角。[①]

柯林斯通过对“互动仪式链”的解析，通过模型，把微观分析扩展到宏观层次，从而对社会分层、社会组织、社会冲突等问题进行了新的理论解释。

（1）关于社会分层。

柯林斯把发展一种新的社会分层理论作为分析社会冲突的基础，因为社会分层涉及社会生活不平等的许多特征，包括“财富、政治、职业、家庭俱乐部、社区和生活方式”[②]。在他看来，大多数的分层理论是失败的，如马克思的理论和结构功能

---

① 参见侯钧生主编：《西方社会学理论教程》，南开大学出版社 2010 年版，第 459～463 页。

② Randall Collins. Conflict Sociology ：Toward an Explanatory Science. New York：Acadamic Press. 1975. p. 49.

论。他批评马克思的理论用单因素去解释多因素的世界。对于柯林斯来说，韦伯的理论对他的论证是有用处的。但是，柯林斯强调，"现象学社会学所努力建造的在日常工作中可观察到的所有概念"①，对他来说更为重要。因为他在分层分析中所主要关心的是微观层面的问题。在他看来，社会分层这个内容如同所有其他社会结构，可以还原到人们在日常生活中的模式。

柯林斯主张对社会分层研究应着眼于日常生活。例如．在权力和地位关系问题上，人们具有不同的互动仪式或情感能量。按权力仪式来分，可把人们分为发布命令（order-giving）的阶层和接受命令（order taking）的阶层。通常，前者具有较高的情感能量，而后者具有较低的情感能量。

柯林斯提出，从经济方面划分社会阶级，也应基于人们具体的工作和消费生活。由此他划分出了七类阶级：①金融巨头；②投资阶级；③企业家阶级；④明星（celebrities）；⑤中产阶级或工人阶级；⑥非法获利者；⑦下层或贫困阶级。柯林斯说，这些不同的阶级都有其特殊的生活消费圈，可称之为"泽勒则循环"（Zelizer circuits），即美国社会学家 V. 泽勒则发现，不同阶级的人其金钱的用途是各不相同的，不同形式的金钱被用于不同的社会关系网之中。如金融巨头的钱主要用于金融投资，而工人阶级的收入主要用于维持生活。

柯林斯并不满足于把社会冲突分析局限于一般的社会分层系统，而是竭力将冲突分析扩展到其他的社会领域，例如性别与年龄。

柯林斯把家庭看成是性别冲突的场所，认为在传统的家庭中，男人通常是权力和资源的拥有者，故女人受男人的支配，

① Randall Collins. Conflict Sociology：Toward an Explanatory Science. New York：Acadamic Press. 1975. p. 53.

并屈从于不平等的待遇。柯林斯提出，性别分层的基本特征，是性财产的制度化：由于男性占有控制地位，故性财产的主要形式是男性对女性的占有，但家庭关系是由男女的仪式构成的，而这种仪式关系是随着社会的变迁不断变化的。随着社会结构的变迁，性别角色和观念都有相应的变化。现代女性拥有了更多的资源控制权，因此她们可以对抗男性的控制，争取自己的平等地位。同样，不同年龄的群体之间，由于在资源控制上的不平等，也会产生冲突。如成年人拥有较多的资源，有更多的经验、学识、力量和能力，能满足年轻人的需要，故年轻人常常会被成年人所支配。然而，当年轻人成熟起来后，他们就会去获取资源，以抵制成年人，这样就产生了代际的冲突。

柯林斯在由其提出的“互动仪式链”来说明社会分层时还指出，在互动仪式中，由于人们所具有的资源条件不同，故形成了分层结构中的不平等的关系。而反映这种关系的重要方面，在柯林斯看来就是他所说的遵从（deference）和举止（demeanor）。遵从是指对他人表示尊重的一种仪式，而表示尊重姿势的实际过程即为举止，这两个方面是密切相关的。与此相关的主要变量有：①资源的不平等，特别是财富和权力的不平等。②社会密度，这影响际遇发生在一定情景中共同出现的人数。由这些变量形成了关于遵从和举止的主要命题。①

（2）关于社会组织。

柯林斯认为，组织是日常生活中互动的基础。柯林斯将组织看成人际影响的网络和利益冲突的场所。简言之，“组织是斗

---

① ［美］乔森那·H. 特纳：《社会学理论的结构》，吴曲辉等译，浙江人民出版社1987年版，第549页。

争的场所"[1]，是体现人们在际遇中运用资源并形成关系结社构的重要社会系统。柯林斯从微观过程出发，论述了宏观的组织控制、组织管理和组织结构问题，提出了一系列关于组织特征和动力结构的命题。[2]

首先，柯林斯讲，在组织控制过程方面，有如下五个内容：①对社会组织模式的控制程度与个体间如下各要素集中的程度成正比：强制资源；物质资源；符号资源。②社会组织模式中的控制形式是资源类型的函数，这些资源集中于想控制他人的个人手中。③越是通过运用强制资源来谋求控制，受这些资源操作的对象就越趋向于以下四种情况：逃避；如果不能逃脱则反击；如果上述不可能，以及存在物质刺激，则服从；如不存在物质刺激，则消极服从。④越是通过运用物质资源来谋求控制，受物质刺激操纵的对象就越容易出现下列情况：产生渴望获得的倾向；采取谋求私利的策略。⑤越是通过运用符号资源来谋求控制，这一资源所操纵的对象越可能有如下六种情况：接受价值观和信仰的灌输；成为同质体的新成员；努力促成组织内的接触；努力阻止跨组织的接触；参加仪式活动，特别是交换仪式；由于服从而被赏以晋升。

其次，柯林斯又讲，在组织管理方面：①当权者越是使用强制性和物质性刺激方式去控制他人，这种控制越依赖作为管理手段的监视。②当权者越是使用监视系统作为控制手段，就越会出现以下情况：受监视者的异化就越强；只有在高度可见的行动中，遵从的程度才会很高；监督者与非监督者之比越大。

① ［美］乔森那·H．特纳：《社会学理论的结构》，吴曲辉等译，浙江人民出版社1987年版，第60页。

② 详见［美］乔森那·H．特纳：《社会学理论的结构》，吴曲辉等译，浙江人民出版社1987年版，第555～556页。

③当权者越是使用符合资源来进行控制，他们就越是依赖标准化的规则来实行统治。④对标准化规则系统的依赖越大，则：互动的非人格性越强；行为的标准化程度越高；职权越分散。

再次，柯林斯还讲，在组织结构方面，一是集权化与如下要素成正比：①资源的集中；②通过监督、物质刺激以及规则系统进行控制管理的能力；③控制信息流的能力；④控制环境中偶然事件的能力；⑤所要完成的任务的程序化程度。二是权威和社会关系的科层化与以下要素成正比：①记录贮存技术；②对未来任职者社会化的非血缘机构；③金融市场；④交通设施；⑤非个人权力中心；⑥权力和权威中心的分散。

（3）关于社会冲突。

在柯林斯看来，冲突理论不只是关于冲突类型的说明，也是关于社会变迁和社会结构的理论。冲突研究不仅是理论研究，更重要的是经验研究。所以，他认为对冲突论的这种新的理解和研究，将使冲突社会学根本不同于其他分支社会学，也将使人们对整个社会学领域有一个全新的认识。

传统的冲突理论的主要特征是：第一，它们仅是关于冲突的理论，而不是关于社会全面说明的理论。第二，它们侧重于宏观分析，忽视了微观社会现象。第三，具有明显的价值判断性。

柯林斯在其1975年发表的《冲突社会学》一书中，从微观分析人手，试图把微观与宏观结合起来，提出了一种新的综合性的冲突理论观点。柯林斯明确指出：以往的“冲突理论”一词在某种程度上是偏颇的。[①]

---

① Randall Collins. Conflict theory and the advance of macro-historical sociology. In George Ritzer. Ed. Frontiers of Social Theory. New York : Columbia University Press. 1990. p. 70.

有学者认为，柯林斯的冲突社会学理论并不是一个关于冲突的理论，而是一个关于社会与人、关于群体行为的组织理论。他试图解释的是结构为何能在不同的历史时期以及具体的环境中得以形成，何种形式的变迁得以发生以及是如何发生的。在柯林斯看来，冲突现象虽然是一类普遍存在的社会现象，但公开的冲突毕竟是有限的。因为冲突往往是力图打破组织的制约而不是要进行实际的毁坏。柯林斯的冲突理论并不是要排除社会团结、社会理想、道德意识和利他主义。他认为，此种理想和意识恰恰在有关的冲突中才能得以形成，并且影响着物质分配和组织条件。最为关键的一点在于冲突理论并没有将理想和道德放置于神圣的地位，相反，冲突理论要表明的是，在何种条件下理念和理想得以产生，要回答由此是如何及何时产生出社会团结，要回答何以使其合法化而有支配性力量。另外，要回答此过程何时产生出结构，要回答是什么导致对抗性甚至公开的冲突。①

又有人认为，柯林斯对冲突理论的最大贡献就在于围绕宏观研究，开辟了一条微观研究的路径。尤其应该注意的是，柯林斯对他所提出的"互动仪式链"的学说作出了进一步深化。他竭力表明，组织和分层功能是基于日常生活互动的。他认为一种全面的社会分析，既要考虑到冲突的一面，也要考虑到团结的一面。后来，柯林斯一直致力于发展他关于冲突的研究。他强调不平等不可避免地导致冲突，并认为这是一个动态过程，其中有些过程可能是温和的，有些过程可能是激烈的。他认为冲突理论的社会学目标就是用几个有限的关键概念来阐述人类

---

① Randall Collins. Conflict theory and the advance of macro-historical sociology. In George Ritzer. Ed. Frontiers of Social Theory. New York : Columbia University Press. 1990. p. 71.

互动的全部社会过程。

柯林斯提出，人类是既有合群性又有冲突性的动物。之所以会存在冲突，是因为在暴力强制后面始终隐藏着一种潜在的力量，暴力强制的结局总是一方得益、另一方受损。被强制在本质上是一种不愉快的体验。因此他认为，任何形式的强制都会使被统治者产生对抗性，由此形成冲突。此外，强制性权力的使用，尤其是国家所代表的强制权力，能使某些人在经济上获益，在情感上得到满足。结果，强制作为解决问题的一种方法，却使整个社会充满了矛盾。而人类的有助于团结的情感，反被用来加剧冲突，造成群体分裂。

柯林斯致力于发展一种综合性的冲突理论。与达伦多夫和其他人的宏观冲突理论相比，柯林斯的理论更具有微观倾向。柯林斯在1990年评价他早期的工作时说道："我对冲突理论的主要贡献在于将微观理论与宏观理论结合了起来。"① 他又说道："我发展了戈夫曼、加芬克尔、塞克斯、谢格罗夫的经验成果，从而对冲突理论作出了自己的贡献。"② 这些理论被认为是与站在微观立场上的符号互动理论、民俗方法学相联系的。

柯林斯从一开始就声称，他所强调的冲突并不是意识形态的。也就是说，他并不是以某种政治立场来阐述关于冲突是好还是坏的，而是主张，冲突是现实的、根本的，冲突是社会生活的基本过程。

柯林斯说，每个人都是根据自己和对手可能得到的资源，

---

① Randall Collins. Conflict theory and the advance of macro-historical sociology. In George Ritzer. Ed. Frontiers of Social Theory. New York : Columbia University Press. 1990. p. 72.

② Randall Collins. Conflict theory and the advance of macro-historical sociology. In George Ritzer. Ed. Frontiers of Social Theory. New York : Columbia University Press. 1990. p. 72—73.

最大限度地提高他的主观地位。一个人对现实的主观体验是一系列社会动机的联结，每个人都构造自己的自我世界；但是这种自我世界主要是通过与他人交换真实的或想象的信息而完成的；因此人们都相互掌握着打开别人内心世界的钥匙。此外，在人们追求自己利益的许多情况下，特别在涉及权利的情况下，各利益集团存在着固有的对抗性。或者说，人们生活在自我构成的主观世界里，其他人则牵着控制该人主观世界的许多绳索，为了争夺这种控制，就经常发生冲突。在柯林斯看来，生活就是一场地位争斗，在这场争斗中没有人会对他周围那些人的权利漠然置之，毫不关心。这就是一切社会冲突的根源。

柯林斯指出，冲突是由诸如财富、权力、声望及其他产品的不平等分配所不可避免地引起的。人们总是力争最大限度地增多自己所占有的稀缺资源的数量。而那些已占有较多资源的人，总想巩固自己的地位，最大限度地保证自己的既得利益。因此，他们常常使用各种手段，特别是强制手段来维护自己的地位。但是又因为受控制的人并非乐意总处于屈从的被控制的地位，这就形成了冲突。所以，柯林斯说，每个人都是根据自己和竞争对手所占有的资源情况，去追求个人的最高利益，但从经验上说，社会结构（不管是正式组织或非正式组织）只不过是体现人们互动和交流的某种方式而已。

柯林斯结合不同的理论传统，运用其"互动仪式链"理论，对社会冲突、分层、组织、宗教等许多重要问题，作了独到的理论阐述。他还发表《哲学社会学：知识分子变迁的世界视角》，积其二十余年的研究成果，讨论了不同文明社会中的知识分子阶层及思想观念的变迁。

柯林斯还通过互动仪式链、分层体系等概念，使他对冲突的分析不只局限于微观层次，而且还扩展到宏观层次。另外，他的冲突分析也不仅仅局限于经济冲突或科层组织内的冲突，而是扩展到一切制度性领域。其中涉及家庭、宗教组织、知识共同体以及政治、经济和军事机构，涉及工业社会，甚至还包括其他社会和以往的历史阶段。

有许多论者指出，与那些注重从社会层面来阐述问题的人相反，柯林斯注重从个体的角度来阐述冲突。因为他的理论根源于互动论、现象学和民俗学。对于他偏好个体层面和微观理论，他同事注意到，“如果社会学仅处于微观层面是不可能成功的”①。柯林斯将社会结构看成是与行为者密不可分的。柯林斯往往将社会结构看作互动模式而非外在的和强迫性的实体。而且，与大多数的冲突理论家不一样，他将行为者看成是在不断地创造社会结构的。

而柯林斯恰恰是针对这一问题而提出的，通过提出“互动仪式链”理论，试图把微观社会学和宏观社会学统一起来。他强调，社会学应研究从微观到宏观的一切社会现象，微观现象是基础，宏观过程是由微观过程构成的。微观社会学旨在分析微观情景的结构及其向宏观结沟的转变。而在微观过程中，互动仪式是人们最基本的活动结构，所以应成为一切社会学研究的基点。

柯林斯指出，通常，微观社会学主要研究的是人们实际生活中的所做、所说和所思。而宏观社会学主要研究的是大尺度和长时段的社会过程，但长期以来，社会学的微观研究与宏观研究之间存在着明显的分歧。他认为这其中有很大的误解，实际二者之间是相统一的。柯林斯提出，对社会结构不但要从宏观过程去解释，更要从微观过程去理解。因为社会结构要素包括了从微观到宏观的各个层次，微观与宏观的区分只不过是偶

① Randall Collins. Conflict Sociology : Toward an Explanatory Science. New YORK：Acadamic Press. 1975. p. 11.

然在一系列局部情景中所发生的相联系的实际存在的结构的不同方面。如果在某一局部微观/宏观情景中继续下去，而这些链条的累积会构成一个可识别的模式，我们便称之为"国家"或"组织"。故认为可把宏观结构观为微观际遇在时间和空间的积累，柯林斯列出了一个时空表来加以说明社会学分析的时空层次。[①]

由此柯林斯提出，其实微观现象与宏观现象之间是连续的，构成了连续统，而且宏观现象是以微观现象为基础的。微观与宏观的区分在时空坐标上是相对的，它们实际是不同层次的连续性变量。故微观社会学研究应是宏观社会学的基础。因为"一切宏观事件都是由微观经历所构成的"[②]。我们每个人实际上都生活于微观情景之中。

在此，柯林斯深受符号互动论观点的影响。柯林斯在其著作《论宏观社会学的微观基础》中，在试图从微观分析入手，寻求社会学微观分析与宏观分析之间的统一性时，把这一研究称为社会结构研究的"微观转变策略"。具体说来，柯林斯认为社会结构的基础就是"互动仪式链"。他提出，这一互动链在时间上经由具体情境中的个人之间的不断接触而延伸，从而形成了互动的结构；当人们越来越多地参与社会际遇过程，并使这些际遇发生的自然空间扩展之后，社会结构就变得更为宏观了(沿时间和空间两个维度发展)。柯林斯说，正是这种微观的互动链形成了社会组织的主要特征。故认为把所有社会结构微观化为互动仪式链，将使微观社会学在解释宏观社会结构的性质

---

① Randall Collins. On the microfoundation of macrosociology. *American Journal of Sociology*. 1981. Vol. 86. p. 986.

② Randall Collins. On the microfoundation of macrosociology. *American Journal of Sociology*. 1981. Vol. 86. p. 987.

和动力机制两方面都有重要作用。可见，柯林斯显然在很大程度上是受涂尔干的影响的，他强调社会学理论旨在揭示社会的最本质要素和结构，回答什么因素使社会结合在一起、思想观念和符号的来源是什么等诸如此类的问题。

柯林斯认为社会结构的最基本要素，就是人们之间的互动。这是非常重要的。他提出，社会结构理论应该考虑这种在个人互动中存在的社会结构的“加能过程”（energizing processes）。即理论不仅限于对人们如何互动和处理事件的基本过程作出说明，还应提供给出这样的原理，揭示出互动通过怎样的过程。要说明际遇链在时间上延伸，以及不断增加的个体在空间上的聚集。

对于“微观转变策略”，柯林斯概括强调了以下几方面的含义：①只有把社会学的概念建立在具体的微观层次上，才能使其真正从经验行为上确立起来。②社会学所解释的行为主体都必定是微观情景性的（micrositutational）。而社会制度、组织等，只不过是个体行为的抽象物，是对不同时空中的各种微观行为分布的概括。③人类的认识能力是有限的，因此面对复杂突发性的社会关系，行为者的行为主要依赖于意会性假设和惯例（routine）。④任何一个人的惯例都由特定的位置和对象而形成。⑤权威是一类惯例，其中某些特殊个体控制着与其他个体的微观互动。⑥是否遵从特定的惯例，受自我利益性的需要和冲突的决定。⑦谈话是形成共同实在（reality）的仪式，这种共同的实在可成为群体团结的象征符号。故谈话经历所形成的个体链（互动仪式链 IR chains），再生出社会关系及人们关于社会结构的认识观。⑧谈话话题可表明群体成员关系。⑨一次际遇就是一个“市场”，其中每个人不言而喻地从前有的际遇中寻找谈话和情感资源。⑩个体在互动仪式中被接收或拒绝，能分别增加或降低其情感能量（社会信心）。在互动仪式中的控制和服从也有同样的效果。⑪几个不同的仪式市场能同时运作。⑫在每一个市场中，个人通过其情感能量等级而了解其个人机会。⑬社会结构在微观层次上是不断变化的，但如果个人的情感和文化资源的波动是局部的和暂时的，那么它会趋于一种总体的稳定性。⑭大规模的社会结构的变迁会因下列任何一类微观资源的变化而发生：一般文化资源的增加；特定文化资源的变化；新的"仪式技术"。⑮对谈话资源和情感能量可通过观察一定时间中人们之间的谈话得到直接的测量，从谈论的话题和交谈的声调及节奏中的能量水平可确定文化资源。①

概言之，柯林斯把宏观现象转变为微观现象加以研究，即所说的微观转变策略，有着重要的学术贡献。柯林斯说，他的这一"策略"不能简单地等同于还原主义，而是一种经验分析的需要。他说这种微观还原具有如下几个方面的优点：② 第一，这种还原法通过说明真实的生活情景与行为，可在任何分析的层次上提出经验性更强的理论。特别是，它可以找出形成人类发展动能的真正原动力。它还能使我们分辨哪些宏观的概念和解释是有经验基础的，哪些是缺乏经验基础的。第二，微观还原增加了宏观理论的说服性。认为单纯的宏观分析是不全面的，故宏观原理应当与微观原理相结合。第三，微观分析都有一定的宏观关联性。提出微观与宏观分析有四种类型的相互作用：①个人微观史。即使明确的关于微观情景行为的原理，也包含着一定的情景的集合。即这类微观原理不但涉及特定的时空中

① Randall Collins. On the microfoundation of macrosociology . *American Journal of Sociology* . 1981. Vol. 86. p. 1011—1013.

② Randall Collins. Micro-translation as a theory -building strategy . In K. Knorr-Cetina and A. V. Cicourel eds. : Advances in Social Theory and Methodology: Toward and Integration of Micro-and Macro-sociologies. Boston: Routledge &Kegan Paul . 1981. p. 93.

的事件，而且涉及情景的微观史，而这种历史在时间上能够得到进一步的扩展。②情景性宏观观点。微观原理通常所指的是，处于一定情景中的人们，可解释宏观结构自身，不管他们的这种解释是指其他的微观情景，还是指更具体的宏观概念。③纯宏观变量：时间、空间和数目。纯宏观概念只存在于因果命题和微观转变中。而通常所使用的宏观概念都是用于微观情景的时间、空间和数目的某种组合。即所有社会实在都是微观经验性的；但正是这些经验在时间、数量和空间的集合，才构成了宏观水平的分析。④分析的宏观比较。分析不但要说明与命题相关的情景之间的关联性，而且要把这一关联性与其他可能的关联性作出比较。故分析总要涉及宏观事项，他们也必定具有某些关于宏观世界的知识。由此，柯林斯对他所提出的社会学研究的微观转变策略作了如下的总结："存在着纯微观的原理，而这些原理应在社会学的一切经验因果解释中居于核心地位。也存在着纯宏观变量，但宏观变量只有三种形式：构成微观情景的空间、时间和数目。所有其他变量都有微观情景的特征，不管它们所涉及的是微观史、情景中的宏观观点，还是其更复杂的组合。"①

总起来说，柯林斯在把宏观现象转变为微观现象加以研究时，集中到一点说，是要基于"互动仪式链"。这里，一是"互动"，这指向行为；二是"仪式链"，这指向符号。

（三）现象学的社会学。

现象学社会学（phenomenological sociology）是 20 世纪 60

① Randall Collins. Micro-translation as a theory -building strategy . In K. Knorr-Cetina and A. V. Cicourel eds.: Advances in Social Theory and Methodology: Toward and Integration of Micro-and Macro-sociologies. Boston: Routledge &-Kegan Paul . 1981. p. 101.

年代后在美国兴起的一种社会学理论。代表人物是移居美国的奥地利哲学家和社会学家 A. 舒茨和倡导民俗学方法论的美国社会学家 H. 加芬克尔等人。在舒茨之前，德国社会学家 A. 菲尔坎特曾尝试用现象学方法研究社会。现象学社会学的学术思想来源是很大程度上是来自德国哲学家 E. 胡塞尔的现象学、M. 舍勒的知识社会学和 M. 韦伯的理解的社会学。

舒茨早年研读现象学，他批判地接受了胡塞尔的意向性理论，尝试着把生活世界、主体间性等概念引入社会科学，并把它们与韦伯的"理解"概念相结合，主张社会学回到生活世界的基本事实上，开辟了当代社会学理论中的一个新方向。现象学社会学在理论上提出的基本问题，是怎样使按照自然科学方式建立起来的"社会学"在整体上不致成为一桩错误的事业，以及怎样选择一种研究社会现象的方式使之更富成效。它力求选择一种使自己植根于社会现象的独特性的基础，强调这一独特性要求使用有别于自然科学的方法。这种方法论使它关注社会现象的意义特征，但不流于无法检验的直觉。正是在这一点上，现象学社会学把胡塞尔的现象学与韦伯的理解的社会学联系起来。

1. 关于"生活世界和主体间性"。

在理论上，舒茨通过对生活世界、主体间性、行动、设计与角色、多重实在等概念的论述，描述了日常生活世界的结构及其基本形式。他的整个学术活动的主要部分用于研究每天运转不息的日常世界的意义构成。在他看来，每个人都是这个日常生活事件构成的、不断发展的世界的组成部分，人们在很大程度上认为世界的实质性存在是不言而喻的。人们的常识使他们预先设定的共同参与和分享的世界是存在的，进而设定人的所有行为在其中发生的日常世界是外在于人们的"彼在"。舒茨在对"自我—他人自我""此在—彼在"以及它们所处的"空间视野—时间坐标”加以分析后指出，所谓的日常世界或生活世界从一开始就是由多重实在构成的主体间性的世界；人们关于这个世界的日常知识从根本上说具有主体间性的特征。这意味着，这种知识在对他人具有某种意义的同时，也对我同样具有某种意义；既与他人的世界有关，也与我的世界有关；归根结底都根植于人为了生活而创造的解释图式之中。在这个意义上，日常知识恰恰是使主体间性成为可能的人们观念中的类型化，而日常的生活世界中的一切，从本质上看都是主体间性的。从现象学社会学的观点来看，由常识和日常生活构成的人类世界是最高的实在，这个世界的本质特征在于它的一切都是主体间性的。

2. 关于“自然态度的悬置”。

在方法上，现象学社会学对按自然科学理想建立的传统社会学持批判态度，认为这种社会学历来忽视人们日常生活赖以建立的基质构造，轻信自然观点把社会现象视为自然事实而加以研究，其根本弊病在于它混淆了自然科学对象和社会科学对象之间的根本差异。从学理渊源上看，R. 笛卡尔哲学曾对世界是实在的信念提出过怀疑，胡塞尔则进一步发展了这种怀疑论，他用“悬置”概念把对世界实在的信念放入括号内存而不论，并以此作为克服自然观点错误的手段。舒茨借用了现象学这一概念，提出“自然态度的悬置”方法，但他的用意与胡塞尔相反，并不是把对外部世界及其客体的信念存而不论，而是把对这个世界的怀疑“悬置”起来存而不论，以便使社会科学研究者更接近于生活世界本初的、最高的实在，从而理解这个由多重实在组成的日常世界的意义结构。

3. 关于“理解”。

舒茨认为，用自然科学方法研究的对象无论多么复杂，都是存在于观察者的世界中的客体，属于第一级构造。而社会科学的对象是人及其活动，人不仅是研究者所观察的客体，也是具有他自己在先解释的世界的存在，他与研究者之间的关系是共处于社会实在中的同伴，每个人既是观察者，又是被观察的对象，这属于第二级构造。据此，舒茨把W. 狄尔泰、韦伯阐述的"理解"看成社会学研究应使用的一种主要方式：把社会行为解释为行为者赋予其行为的意义，即在行为者看来他的行为所具有的意义。但舒茨与韦伯把"理解"当作社会科学方法论的规范原则不同；他把解释主观意义视为生活世界在观念上的类型化，认为它是人们在日常生活中解释他们自己的行为以及人际互动所实际运用的方式。"理解"有可能在运用观察方法和研究方法之前就已把握了纯粹的或绝对的事实。在这个意义上，舒茨强调，包括对主观意义的解释在内的全部"理解"问题，涉及三个既相互有别又彼此联系的不同层次问题。①"理解"首先是一个哲学认识论问题。"理解"植根于胡塞尔的"生活世界"之中，它包含个人通过其具体存在所经历的日常经验的丰富整体性；它在认识中从纯粹事实里排除了知觉、感觉因素，强调感性事实以纯粹事实为基础，并随着后者的变化而变化。②"理解"是关于人类事件的日常知识的经验形式。人们在日常生活中从一开始就把世界解释为属人的、充满意义的世界。理解他人除了把他人存在的躯体理解为"心理—生理"统一体不可分割的组成部分外，还要把他人的各种行为作为一个具有意图的创造活动来看待。③"理解"是社会科学特有的一种方法。这种方法向传统的科学观所崇尚的感觉至高地位、认知必须从感觉出发、用自然科学的理想模式建构社会科学等观点提出了严重挑战。它强调自然实在与社会实在之间的本质区别，要求人们审慎地鉴别以下事实：人不仅是科学家观察领域中的一个要素，也是他自己的行为领域的先在解释者；人的公开的外显的行为只是他全部行为中的一个片断；试图理解社会实在的人，必须面对的首要问题是，通过领会一种行为对于他、对于社会世界的坐标轴所具有的意义来理解行为者的主观性。

舒茨把重新建构人们在日常生活中解释自己世界的方式规定为现象学社会学的任务。他把自己的观点称为“自然态度构成的现象学”，认为实际上它是一种用自然观点研究社会的“社会学的社会学”，即关于人类社会怎样才是可能的知识的社会学。

4. 关于“民俗学方法论”。

加芬克尔试图从经验研究上证实舒茨的观点。按照他的界定，民俗学方法论是指“研究作为有组织的、人为的日常生活实践的持续实现之表征性表达和其他实践行动的合理性质”。他还解释说，“民俗学方法论把日常生活当作使这些活动成为明显合理的和对一切实际目标而言都能成立的社会成员们的方法加以分析，亦即当作平凡的日常活动的组织而应该加以阐释的方法加以分析”。在此，关心人们使用什么手段赋予日常生活世界以意义，即关注人们怎样使用语言和其他符号为日常生活实在添加秩序和各种模式的意义，把实践行动解释成合理的。因此，语言符号及其意义表达问题就成为民俗学方法论的关注焦点。

加芬克尔认为意义的表达通常被分为两种：一种是人们为把发生的事件置于时空范围内所作的“表征性表达”，这虽不精确但可起到索引提示作用；与之相对的是在特定情景下需要精确描述事件的“客观性表达”。表征性表达和客观性表达分别指向舒茨所说的实践实在和理论实在，前者适合于反映日常生活的实践活动，后者则是一种适用于科学领域的表达方式。民俗学方法论针对当代社会学中科学主义盛行的状况，集中论述了三个密切相关的问题：①不满足用客观性表达取代表征性表达。在他看来，作为一门科学，社会学力求用客观性表达，但社会学的对象是由人们互动造成的社会世界即日常生活世界：它的一切都是人为的，人们是通过表征性表达赋予它秩序的。因此，他对以使用表征性表达的互动为基础来建立科学实在的现存社会学方式持怀疑态度。②忽视实践行动的理由在本质上的可反思性。加芬克尔认为，社会学研究的是自我的日常活动，这一点具有重要意义，它既包含作为行动者的社会学家的资源、目标、动机、理由、机会和任务，也包含与他的研究程序是否合理、规定是否可靠等有关的理论前提预设问题。他主张对这种实践活动作系统的考察，以探明从一开始就发生了什么。在论述"实际的社会学推理"时，他在"职业的社会学""凡俗的社会学"和"实际的社会学推理"与"理论的社会学推理"或"形式的社会学推理"之间作出区分，论证了职业的社会学研究是在凡俗的社会学基础上、理论的社会学推理是在实际的社会学推理之上实现的。作为一个社会学家在用客观性表达研究社会时，总离不开他作为一名社会成员的经验和从前的经历来指导自己的行为。③行动在特定情景中的实际完成具有可分析性。他主张对行为的研究要追溯到个人经历和历史背景，日常生活世界具有历史的连续性，这就使舒茨所说的对实在怀疑的悬置成为可能。

现象学社会学针对传统社会学方法和程序中的可疑之点，提出人的主观意识、体验和时间等问题，强调描述世界的语言和意义问题，对人们有启迪和借鉴作用。但它有缺陷，20 世纪 70 年代以后，现象学社会学进一步走上与其他各门社会科学相互融合的发展道路。这主要表现在：①现象学社会学出现了与语言学、社会语言学和文化人类学合流的趋势。民俗学方法论的另一位代表人物 A. 西库雷尔，在 20 世纪 70 年代以后关注点由社会学理论和方法论问题转向社会结构问题；而结构本身在他看来就是加芬克尔所说的，是社会成员的互动，是合理行为解释程序的总和；研究社会结构就是要考察社会文化群体怎样创造自己的语言，以及不同语言的描述形式怎样赋予人的活动的意义。于是，民俗学方法论便成了文化人类学的方法论的依据；作为一门知识社会学的一般取向，其把研究者的兴趣吸引到语言这个知识的发生和发挥功能的载体上。正是在这种意义上，美国社会学家P. 菲尔默认为民俗学方法论未来将会与N. A. 乔姆斯基的语言学和C. 列维一斯特劳斯的结构主义人类学相互融合。②英国哲学家L. 维特根斯坦的语言哲学渗入现象学社会学。P. 温奇在后期维特根斯坦哲学基础上阐发现象学社会学的社会认识观点，认为在社会学中拒斥自然主义态度必然会把语言分析放在首位，因为关于实在的概念是在使用的语言中呈现出来的；实在的结构是语言结构的反映。这样，他就把社会结构研究完全归结为对日常语言的分析问题，即语言哲学问题。③现象学社会学与某些自然主义流派也有相互融合、相互渗透的趋势。如P. 莱斯曼认为有可能在越轨行为社会学研究中应用民俗学方法论的个别理论之结论；在属于新行为主义的J. 汤姆逊的《行为主义》（1970）一书中，也可以看到加芬克尔的"实践活动的形式特征"概念的影响。[①]

六、小结

（一）由塑造论哲学方法形成的塑造论哲学体系，如《塑造论哲学导引》所概述的，就哲学统摄科学和科学支持哲学讲，总的起来说呈现首尾相接的两大系列：一是哲学对于科学的证明系列，二是科学对于哲学的证实系列。当然，从学问及学科设置上来说，前者主要是哲学的任务，后者主要是科学的任务，二者是相辅相成的。

---

① 见《中国大百科全书》（社会学卷），中国大百科全书出版社 1991 年版，第432～433 页，（苏国勋撰写）。同时参看本书，第二篇，第一章。

在哲学对于科学的证明系列中，第一阶：超意识—显意识，这是实现塑造论哲学分阶映照方法的前阶；第二阶：显意识—潜意识，这是实现塑造论哲学分阶映照方法的枢纽；第三阶：潜意识—无意识，这是实现塑造论哲学分阶映照方法的超越。与哲学史走过的历程相伴随，社会学史也是如此。

（二）在"枢纽"之中，首先是，由显意识影映潜意识，这时主要是面对客体。欧洲哲学史在以本体论为重心时期，中国哲学史在以本根论为重心时期，主要通过关注语言（符号）与言之客体的同构，实现以显意识影映潜意识。与此相伴随，在社会学史中也是这样表现的。在中国社会学史中，开始是主要关心"天""道"与"社会"，影映着"天道"的"社会"。西方社会学史上，开始是主要关心"逻各斯""神"与"社会"，影映着"神学理性"的"社会"。后来，主要表现出人本论的社会观与人性论的社会观。

在"枢纽"之中，其次是，在显意识中透视潜意识，重在反思主体。由《塑造论哲学导引》在梳理西方哲学史时所讲的情况，可以作出这样的原理性论述：在哲学史开始，通过考察语言（符号）与客体之间的同构，虽然影映着潜意识，可这时的主要过程还是进行对什么是世界本原的本体论追问或对什么是人之根本的本根论追问。这毕竟还没有直接实现由显意识透视心在形而上。因此，本体论追问的困难必定暴露出来。也就是说，问题还不仅仅在于何为本原或本根，而在于能去思考本原的思维（意识）的必然性是何以可能的。这把人们注意的方向由客体引向主体，开始了以认识论为重心或致知论为重心的哲学研究。因而人们不仅考察语言（符号）与客体之间的同构关系，而且主动把关注重点放在了这种同构关系与主体的同构关系上，这就不仅是影映潜意识了，而是直接去透视潜意识，从中把握关于思维（意识）必然性的心在形而上。由如此的哲学史情况在哲学史上形成这样的趋向：人们对社会的研究也跟着走向以认识论或致知论为重心，在回答解决关于社会的问题时，越来越主要面对主体，注重在显意识中透视潜意识。这时，在中国社会思想史上特别出现了理学与心学之争，在西方社会思想史上发展出实证论的社会学。后来出现了趋向于欲望功利到关注“行”的社会理论。

在“枢纽”之中，再就是，走向显意识与潜意识统一，趋于主客体相互映照。欧洲哲学史在以实践论为重心时期，哲学探索的主要特征是，主要通过关注语言（符号）与言之客体、与言之主体、与（符号）行为的同构，实现显意识与潜意识的相互映照。与此相伴随，在社会学研究方面：一、马克思主义基于实践的社会学。马克思主义实现以实践及社会实践为重心的哲学转向。由此哲学观，坚持历史唯物主义，在对资本主义社会进行深入研究和剖析的过程中，对工业革命和资本主义发展带来的社会问题进行了深入分析，提出了许多重要观点，对社会学的发展产生重大影响。这构成了马克思主义社会学的丰富内容。马克思主义社会学努力克服西方社会学理论在世界观、历史观和方法论方面的缺陷，把对社会问题的研究建立在社会实践基础之上，实现社会学的革命性变革。二、聚焦于交往、行为、行动、实践。（一）帕累托：逻辑行为与非逻辑行为；（二）西美尔：社会交往形式与形式社会学；（三）涂尔干：“一切行为方式”即社会事实；（四）韦伯：“理解行为”；（五）马尔库塞：由“人的行为”说开，论总体性的革命；（六）帕森斯、默顿：社会行为的结构功能；（七）科尔曼：理性行为理论；（八）哈贝马斯：交往行为理论；（九）布迪厄：“实践感”及“场域”。三、诉诸于符号、拟剧、标签、身体。（一）米德、布鲁默等人的符号互动论；（二）戈夫曼的拟剧理论；（三）埃德温·勒默特的标签理论；（四）特纳等人的身体社会学以及女性主义、性别主义，以及社会行为中的情感问题。四、后现代主义思想家所阐发的社会理论。（一）福柯关于"知识考古"与"谱系学"的社会学、（二）鲍曼关于现代性与后现代性的社会理论；（三）德波的"景观社会"理论、鲍德里亚的"消费社会"和"符号社会"理论。五、不断进行新的理论综合与深化延伸。（一）从人的行为与系统、结构、功能等的关系进行综合。1. 鲁曼的社会系统理论：指向社会行为；2. 吉登斯的结构化社会学理论：社会结构与人类行为的二重性；3. 亚历山大的新功能主义社会学：社会行为与社会结构的重新解释；4. 格兰诺维特的社会网络理论：行为者与社会结构通过社会关系网络互动。（二）在社会冲突、社会交换等方面的理论综合。1. 关于社会冲突理论：（1）米尔斯；（2）科塞；（3）达伦多夫。2. 关于社会交换理论：（1）霍夫曼的行为主义交换理论；（2）布劳的结构主义交换理论；（3）爱默森的社会交换网络分析。3. 关于"互动仪式链"理论。（三）现象学的社会学。

（三）总括以上理论历程，一是"主要面对客体"、二是"重在反思主体"、三是"趋于主客体相互映照"，这正是沿着社会潜意识与社会显意识由对立统一走向同一的历程。学说理论是逻辑的，社会生长是历史的，逻辑与历史的一致体现于同社会历程的一致性。

人类从开始形成社会，同时开始着由无意识走向形成有意识。这才有了真正意义上的人类社会。这形成着人在其中发挥作用的自然历史过程。人的意识内在着潜意识与显意识的冲突与统一，社会意识内在着社会潜意识与社会显意识的冲突与统一。社会学史是由此展开的，社会学体系是由此构筑的。

由塑造单子的解析图式讲，开始（本章第一节），主要面对客体（B）；此时，主体面对着客体，只是由显意识影映潜意识。之后（本章第二节），主要反思主体（A）；于此，由重在反思主体实现着在显意识中窥察潜意识。进而（本章第三节），趋于主客体相互映照；这里特别凸显行为符号（c—d）在主体（A）与客体（B）相互映照中的作用（本书这部分充分利用了当代社会学理论的大量资料加以说明，其中可见："行为符号"几乎成了这一阶段诸多社会学家都自觉不自觉地关注所在）；这指向着显意识与潜意识由对立统一达到同一，实现超越。

本章所讲的社会学史的以上三个阶段，与哲学史是并行的：第一个阶段，可认为是以本体论为重心的阶段；第二个阶段，可认为是以认识论为重心的阶段；第三个阶段，可认为是以实践论为重心的阶段。

塑造论哲学言哲学史以言哲学方法，并由此筑起塑造论哲学体系；塑造论哲学论证社会学，言社会学史以言社会学方法，并由此筑起塑造论哲学论证社会学的体系。这既是社会学理论学说的形成史，也是社会本身的建构史；这既是社会学对象的发生史，也是社会学方法的实现史；这既是社会学面对对象实现方法建构体系的构筑，也是经由前阶、聚焦中枢、升华于超越的显示。这是在历史上诸社会学说演进中实现的。

塑造论哲学沿着这一历程对经济、政治、社会三个领域给出解析图式。

前已出版的《塑造论哲学之经济学哲学论证》这一卷，把经济学涉及的主要方面纳入"塑造单子的基本解析图式"，形成关于经济的"（财富）生产—交换流通—消费（生活）"这样一个解析图式。按照《塑造论哲学导引》提出的原理，经济学围绕"义利"关注着"（效率）生动开发—规范节制（公平）"；效率、公平何以可能，内在着"程序伦理""伦理程序"的"义利"即"利益"与"义善"何以可能。

前已出版的《塑造论哲学之政治学哲学论证》这一卷与《塑造论哲学之经济学哲学论证》相对称，把政治学涉及的主要方面纳入"塑造论单子的基本解析图式"，形成关于"政治"的"占有—统治治理—管理"这样一个解析图式。按照《塑造论哲学导引》提出的原理，政治学围绕"正义"，关注着"（自由）生动开发—规范节制（平等）"；自由平等何以可能，内在着"伦理程序""程序伦理"的"正义"，即"道义"与"正当"何以可能。

作为本书的《塑造论哲学之社会学哲学论证》这一卷体现了进一步的综合。这里，把社会学涉及的主要方面纳入"塑造单子的基本解析图式"形成关于"社会"的"（人口繁衍）生存（活动行为）—交往沟通—（工具符号）建设（进步发展）"这样一个解析图式。进一步，按照《塑造论哲学导引》提出的原理，社会学围绕"和谐"，关注着"（在成）生动开发——规范节制（诚是）"何以可能；"在成""诚是"何以可能，内在着"程序伦理""伦理程序"的"和谐"即"实是""义诚"何以可能；这落实于"实在""成就"，落实于"事在""事成"，社会在"和谐"成为现实中，不断向着新的社会文明超越，向着整个的高级社会超越。

这建立于塑造论哲学所论证的关于各领域价值概念统一的"负熵价值论"。

（四）在当代经济学关于价值理论的学说中，有重要基础地位的理论出现两大系列：一是劳动价值论，二是效用价值论。而这两者都与古典经济学中亚当·斯密等人的理论有密切关系。进一步说，劳动价值论及剩余价值理论和效用价值论及边际效用价值理论，离不开由亚当·斯密等人的学说进行延伸发展。

1. 亚当·斯密在早期古典经济学家如配第、布阿吉尔贝尔、富兰克林、休谟关于价值的理论基础上提出了他的劳动价值论，亚当·斯密在他的《国民财富的性质和原因的研究》中，从分工引出交换，再从交换引出价值。明确对使用价值和交换价值这两个概念加以论证。斯密比配第进了一步，他已从价格中抽象出交换价值；但还没能从交换价值中抽象出价值。

马克思继承和改造了古典政治经济学的劳动价值论，明确论述了使用价值和交换价值互为对待的对立统一关系；指出使用价值是价值的物质承担者；在此种考察中，他实现了关于价值的抽象。马克思创立了关于劳动二重性的学说，指出具体劳动创造使用价值，抽象劳动创造价值；抽象劳动创造新的价值，具体劳动则实现对包含在生产资料和原料中原有价值向新商品的转移。具体劳动能够被归结为抽象劳动，在于私人劳动归结为社会劳动；在于个人劳动归结为社会必要劳动。这就有了抽象劳动的确立，导出了社会必要劳动对价值有决定作用的命题。马克思着意提出论证了劳动力这一范畴。不同于古典经济学派，马克思强调工人出卖的不是劳动而是劳动力。劳动力既然是商品，它就有价值；它的价值取决于劳动力再生产所必要的劳动量，在商品市场里劳动力的价值转化为工资。他揭示道，正是由于不明白这样一种转化形态，才导致一些经济学者误把工资认作劳动本身的价值。马克思由此论证了在劳动力成为商品的条件下，如何在资本与雇佣劳动的交换中生产出被剥夺了的剩余价值。马克思还论证了后来被人们所称的价值规律的“另一种意义”。基于此马克思阐发了社会必须有比例地分配劳动于不同生产领域的理论观点。这奠定着马克思关于社会将走向生产资料社会占有的重要理论根据。马克思由此论证了资本主义社会由社会化大生产与生产无政府状态冲突形成危机的情况，提出了通过社会革命解决资本主义基本矛盾和建立未来社会的设想。

2.19 世纪以后，在与古典政治经济学劳动价值论辩论的背景下，效用价值论也在经济价值论的另一极上同时发展着。

人们生产用品，当然要注意其效用。关于效用价值论的学说，也有其自身的发展历程。在经济学中，人们早就关注到产品的效用问题，并在这种研究中关涉到如何在资源的合理配置中实现效率。

古希腊学者色诺芬所著的《经济论》，17—18 世纪上半期英国早期经济学家 N. 巴本（1640—1698），后来，英国经济学家 W. F. 劳埃德（1795—1852）、德国经济学家 H. H. 戈森（1810—1858）等人，对于效用价值论的提出都有过贡献。亚当·斯密的理论，不能没有这些理论为其历史前提。

1871 年，英国经济学家 W. S. 杰文斯（1835—1882）在其著作《政治经济学理论》中又提出了"最后效用程度"价值论。同年，奥地利经济学家 C. 门格尔（1840—1921）在其著作《国民经济学原理》（1871）中提出了类似的理论。1874 年，法国经济学家 L. 瓦尔拉斯（1834—1910）在其著作《纯粹政治经济学纲要》（1874—1877）中也提出了自己对这一理论的见解。他们同被认为是边际效用价值论的重要创建人。

经济学说史界通常认为，19 世纪 80—90 年代，边际效用论的发展形成两个支流：一个是以奥地利学派为代表的心理学派；一个是以洛桑学派为代表的数理学派。奥地利学派以门格尔和他的两个继承者 F. von 维塞与 E. von 柏姆－巴维克为代表；洛桑学派以瓦尔拉斯和他的继承者 V. 帕累托为代表。通常，杰文斯和洛桑学派一起被看作数理经济学派的代表。

20 世纪以后，特别是 1929 年爆发空前规模的世界经济危机后，英国经济学家凯恩斯（1883—1946）的《就业、利息和货币通论》掀起一场经济理论上的"凯恩斯革命"。凯恩斯主义的基本精神是，要"医治"当时经济上的危机，就要充分解决就业问题；要实现充分就业，就得刺激投资需求；要增加投资需求，就要扩大消费，甚至不惜过度消费。凯恩斯否定传统经济学的观点，认为资本主义不存在自动达到充分就业均衡的机制，因而主张政府干预经济，通过政府的政策，如采取财政金融政策，降低利率，增加公共开支，刺激投资和消费，以提高有效需求，实现充分就业。凯恩斯的理论逐渐取代传统经济学而成为西方经济学的正统理论，资本主义各国政府逐渐将其理论作为制定经济政策的主要指导思想。二战后，以凯恩斯理论为依据而形成的凯恩斯主义经济学成为西方经济学界占统治地位的学派，对主要资本主义国家的经济政策产生了重大影响。凯恩斯主义成为当代西方经济学的一种代表性理论，开辟了一个人们通常所说的“凯恩斯时代”。

3. 可是，按凯恩斯等人的理论，资本主义必须让主要经济体把经济活动维持在过度消费与信用膨胀的亢奋状态，这样才能避免经济衰退与金融体系崩溃。而这里的矛盾又在于：一方面对于追求利润最大化的股东、对于追求最大物质满足的消费者、对于追求激励技术创新与生产力增长的社会而言，这要求形成最有效率的制度。同时，这种制度对于加速破坏地球环境、掠夺落后国家的资源以及剥削经济弱势群体而言，也成为最有效率的制度。经济全球化中，此种意义上的金融体系变成了无法驾驭的超级赌场。国家、社区、家族的经济命脉，都成为极少数跨国银行、投资机构、对冲基金赌桌上的筹码。

这突显了，资本主义成为最浪费的制度，其推行的生活方式鼓励贪婪、奖励自私、崇尚个人主义、刺激无止境的物质欲望和没必要的消费需求，诱导追求虚荣的价值观。在资本主义经济的资源配置逻辑下，全球的生产活动主要是为了满足富裕阶层的物质欲望，有限资源会很快地不断被转换成垃圾；广大群体无法尽其力、用其物，形成人力和物力资源巨大浪费；这些国家，在“经济自由化”旗帜下推动资本主义全球扩张，对社会、民主、文化与环境构成生存威胁。落后国家中多数人群更是被挤压到边缘，生产资源被少数人占有，社会差距拉大。

在以凯恩斯主义为主导的社会中，科技迅速进入经济，这一方面带来生产力的巨大提高，而同时对人类社会形成很大破坏。所以一些有识之士主张，一些学科如生命科学、生命技术，必须与凯恩斯主义经济脱开。在全面以凯恩斯主义为主导的经济社会中，当文化成为产业，会表现出：一方面这是在当代社会中文化发展的必定选择，另一方面文化产业滥觞，会形成一种严重破坏人类文化的"完美的罪行"。所以应当强调，一些文化成果及一些艺术事业发展必须与凯恩斯主义经济脱开。

20 世纪 70 年代以后，资本主义矛盾激化，国家干预引起一系列新问题，出现了经济停滞和通货膨胀并存的"滞胀"局面。这越来越显示出凯恩斯的宏观经济理论无法对资本主义世界的滞胀现实作出令人信服的说明并找到解脱困难的途径。于是，在一些国家"新自由主义"经济学派活跃起来，其理论与凯恩斯主义相抗衡，反对国家干预经济，强调恢复经济自由主义，主张加强自由市场机制的自动调节作用。这实质上并没离开凯恩斯主义，但其倾向显示了对凯恩斯主义的不满。这从另一方面反证了凯恩斯主义应当终结的迫切性。

塑造论哲学由关于经济学的哲学论证以及关于政治学的哲学论证，特别是关于社会学的哲学论证，关注到当代，提出一个重要见解，即凯恩斯主义要终结。在一定意义上讲，塑造论哲学努力在经济、政治、社会领域作出论证，其中包括着这一点，力求在这方面给出新见解，或成为这一新见解的先导。

从政治上讲，人们认为，资本主义形成一种所谓"市场化"与"民主化"结成的"连体婴"。有专家对此分析说，因为竭力地市场化、私有化与自由化，意味着劳工群体与中产阶级不可能通过民主体制改变自身的不对等地位；全球化加速掏空"国家机构"的社会保障与再分配功能，让国家层次的民主政体被掏空而成为低能的空壳。当今，对生活方式、经济安全、社会秩序、环境质量产生巨大影响力的决策者，往往不是民选政府，而是一些几乎完全不受民主机制监督的跨国权力行为体，如跨国企业集团、跨国媒体集团、信息科技王国、华尔街投资银行、避险基金、信用评价机构、大会计公司、国际货币基金组织、美联储等。资本主义全球化颠覆了民主体制的基本目的与职能，让国家层面的民主政体成为经济巨人阴影下的政治侏儒。这样的所谓“民主”与“自由”正成为世界秩序动荡的根源。这会带来新的全球性的政治危机，会引发出一系列的冲突甚至战争。随着21世纪的到来，绝大多数人对新世纪充满憧憬，西方知识分子甚至遐想：这样的民主可带来和平和良治，自由化和全球化将带来可持续发展与共同富裕，人类社会将享受“美国盛世下的太平”；但随后的发展却南辕北辙。全球贸易与金融自由化遭到劳工、农民、环保团体的强烈抵制。这都显示出凯恩斯主义流行的世界，十分不安宁。

有识之士指出，现在人类面临的最大困境在于：“民主”与“自由”——被许多政治领袖和知识分子视为构建21世纪社会的两大支柱正严重变形与退化，成为世界动荡的原因。美国在过去30年间努力打造的“新自由主义世界秩序”成为扭曲市场与民主的基础力量。许多人讲，民主政体失灵的后果是政府无法扭转盛转衰的颓势。冷战结束20余载，美经济一步步陷入泡沫陷阱，美联储不断以超低利率支撑房市和股市，让财富效应刺激消费，借此掩盖财政、贸易、家庭负债三大赤字膨胀的风险。这种结构性失衡曾导致2008年“次贷危机”全面爆发。人们注意到，现在，资本主义政体已失去为民众谋福祉的功能。例如，在美国的政治运作中，政客高度依赖所谓“政治顾问”，他们擅长政治包装、形象装扮、抹黑对手、操弄选民、散布假信息、遥控媒体。政治人物优先考虑的是如何网罗最专业的政治顾问，而非国家前途与未来。过去30年中，美国民主遭“市场基本教义派"与"基督教基本教义派"的严重侵蚀，社会权力结构发生巨变：金权政治占据舞台，代表企业的利益集团在美国社会取得空前优势，而与之抗衡的力量却日益萎缩。最明显的例子就是工会的政治影响力直线滑落。通过利益游说、金权政治和媒体操控，富裕阶层主导着游戏规则制定，并将能维持中产阶级利益的税收体制、管理规则、保障体系逐一侵蚀。美国民主已丧失民主精神，逐步沦为寡头政治。有关学者指出，被人们说到的"第三波民主"面临两个结构性障碍。一是美国作为所谓积极推动民主的唯一超强，却是劣质民主的最大传染源。它提供错误示范，输出政治伎俩，为他国政治人物提供"专业服务"，且经常采取自相矛盾的双重标准。二是"劣质民主"传播给全球带来灾难。美国民主导致的是金钱政治与裙带政治；而且现在又面临着，一些政治活动者既强调"反恐"，又以"反恐"之名用某种类型的法西斯主义取代民主。新保守主义竭力在美取得主导地位，他们将"变形民主"与"变形市场"推销至全球，试图将这种赋予跨国资本无上权力的统治结构永久化。这对所有新兴民主国家是一个巨大陷阱：一方面民主在意识形态领域被树为普世价值；另一方面，这种变形民主被效仿，导致许多新兴民主国家陷入劣质民主的困境。①

（五）塑造论哲学由其论证，突出强调，在当今世界进一步的发展中，在经济上，"凯恩斯主义"应当终结，在政治上，"变形民主"应当终结，在社会上，"不良的价值观"应当终结。

塑造论哲学通过对价值重新定义，针对以上问题，在经济学论证、政治学论证以及社会学论证中，认为应当统一起来思考，予以新的综合，强调重视规定"价值"概念，强调在思想

① 参见朱云汉：《高思在云：一个知识分子对21世纪的思考》，台湾远见天下文化出版股份有限公司2015年版，同时参见2015年8月7日《参考消息》。

理论上统一价值概念。塑造论哲学与其他理论不同，特别推出负熵价值论；强调建立起一个统一价值理论，使“价值”这一概念，在一个统一的、逻辑一贯的理论框架中得到协调说明；而且建立起一种刻度，以刻划各个领域已处于的熵值及其在计量中人所把握的量度。

关于如何归结为一个统一的关于价值规定的理论，依照塑造论哲学体系及原理的见解，价值是关于对与不对、适与不适、行与不行以及该与不该的综合评价，是真、美、益、善的统一。概括起来说，人们在对应性中求真，在取悦性中求美，在权变性中求益，在共生性中求善。但一般来讲，善的包含着益、包含着美、包含着真；但真的不一定美、美的不一定益、益的不一定善。显然，逻辑真直接是对于逻辑命题的判断，也体现于关于美、益、善的认识之中；美可能体现真、体现益、体现善；有自然美、人性美、社会美、生态美；技术益内在着逻辑真，可能表现美、可能体现善；善体现着真、美、益，有个人善、社会善。如果对真美益善这若干方面不作为一个整体系统来看待，那可能只“对”而不“适”，只“适”而不“行”，只“行”而不“该”，等等。离开综合评价，固然可使其中某个方面成立，但不可能真正实现“价值”。真美益善综合地实现于人满足其某种需要，才有价值，不满足需要就没价值。然而人的需要是分层次的。这就要对满足需要作出逐个层次的考虑以及统一起来的考虑。在种种需要中，从哲学上概括，根本在于满足对人的本质加以确证的需要。

按照“真美益善”的“法则”，使“对、适、行、该”这几个方面协调起来，体现确证人自身本质的价值，这实现着，主体在“塑造之物”中，完善主体，完善自我、完善人我、完善社会、完善客体，在满足人的需要中，按是否能确证自己，调整着自己的塑造；这是在内化外化，在抽象化具体化、典型化具象化、优选化具备化、理想化具在化，以及在发散收敛中、在生动开发并规范节制中，使有意识的理论、艺术、技术、道德活动达到真美益善的统一；这形成于并拓展于一系列反馈控制系统构成的经济政治及社会的大的反馈调控系统。

塑造论哲学在论证其指向形而上的追问之同时，又论证指向形而下的命题。这在于，对于"塑造"，总起来讲关注"自然塑造人形成文化人类""人塑造自然形成人类文化"。自然塑造人形成文化人类这是走向有序；而人塑造自然形成人类文化，既可能指向有序也可能形成无序，也就是说，既可能产生有价值的文化也可能产生无价值的文化。

这样，对于"价值"，塑造论哲学提出，应当由"负熵价值论"来统一整个的价值概念。这里强调，在揭示什么是价值时，应注重考虑与"信息"即"负熵"的关系，这也意味着注重考虑人处于有序度之中的关系。"负熵"与"信息量"是等价的，可基于$H(x)=-K\sum_{i=1}^{i=n}P(Xi)\log P(Xi)$这一"信息熵"的公式来刻画；"熵"与"负熵"成为判定一个系统是失去还是获得了"信息"或"有序度"的量度；这里"熵减""有序化"和"熵增""无序化"，互为负值。塑造论哲学论证的价值含义突出体现着："是在""诚成"之中，人的行为注入负熵的飨成，才形成良性的有序系统，人的实践和衍生活动终究要相随于社会协调、持续而全面的发展进步，在这过程中确证和实现着人与自然、人与社会、自然与社会的必然性。

从经济价值来讲，塑造论哲学特别论证了，劳动价值论和效用价值论应当归结为一个统一的价值理论。依照以上的见解，对这种价值论可称作"劳动和效用的负熵价值论"。在此，以劳动分配和效用配置是否为生产和消费、为社会经济、为人类发展给出负熵为理论基点，来解释劳动价值的更深刻意义，来解释效用价值的更深刻意义。也就是说，在“劳动价值”与“效用价值”中引入负熵的参量，在其中特别注意考虑“必要劳动时间”和“边际效用”及其与负熵的关系。基于这样一些因素来把劳动价值与效用价值统一起来加以判定和计量，再考虑市场经济的均衡，考虑国民经济的平衡；进而应综合起来以关于耗散结构的理论考虑均衡系统和非平衡系统的经济模型，等等。而这是通过“看不见的手”与“看得见的手”来实现的。总之，这里价值的含义突出体现着：由经济行为注入负熵的飨成，而形成良性的有序系统，实践和衍生中的经济活动终究相随于社会协调持续而全面的发展进步，在这过程中经济关系确证和实现着人与自然、人与社会、自然与社会的必然性。与此相反，那便是无价值的。①

对于政治价值，塑造论哲学专门论证了，应考虑到自然法与人为法的统一。依照这一见解，可以对由负熵价值论以“自然生成的法”和“人为制定的法”是否为占有和管理、为社会政治、为人类发展给出负熵为理论基点，来解释自然法价值的更深刻意义，来解释人为法价值的更深刻意义。也就是说，应在“自然法价值”与“人为法价值”中引入负熵的参量，在其中特别注意考虑“自然成法和人为立法”及其与“负熵”的关系。基于这样一些因素来把自然成法的价值与人为立法的价值统一起来加以认识和把握，再考虑法制中的政治均衡，考虑法治中的政治平衡；进而应综合起来以关于耗散结构的理论考虑均衡系统和非平衡系统的政治模型，等等。而这是通过“自然法”与“人为法”来“法”“看得见的手”和“看不见的手”而

① 参见张全新：《关于劳动价值论和效用价值论的协调性问题》，《理论学习》2001年第3期；张全新：《劳动和效用价值的负熵价值论》，《新华文摘》2001年第8期。

实现的。总之，这里价值的含义突出体现着：由政治行为注入负熵的飨成，而形成良性的有序系统，实践和衍生中的政治活动终究要相随于社会协调持续而全面的发展进步，在这过程中政治关系确证和实现着人与自然、人与社会、自然与社会的必然性。与此相反，那便是无价值的。

塑造论哲学还展开论证了，对于社会价值，要考虑"社会存在""社会生成"建构与发展的统一。依此见解，塑造论哲学由其"价值论"认为，要以对交往、对整个社会、对人类发展给出"负熵"为理论基点，来解释"社会存在""社会生成"及"建构"与"发展"的更深刻意义。也就是说，在"社会存在""社会生成"的统一中，引入负熵参量，在其中特别注意考虑社会存在和社会生成与负熵的关系，基于这样一些因素来把社会存在和社会生成在价值基础上统一起来加以认识和把握，再考虑社会民间、民俗的存在生成，社会群体、社团的存在生成，考虑社会在改革与稳定中实现和谐社会的持续发展，进而综合起来以耗散结构的理论考虑均衡系统和非平衡系统的和谐社会模型，等等。① 而这是通过自然历史过程和人为建设过程来实现的。总起来说，这里"价值"的含义突出体现着：由社会行为注入负熵的飨成而形成良性的有序系统，实践和衍生中的社会活动终究相随于社会协调持续而全面的发展进步，在这过程中社会价值确证和实现着人及自然与社会的必然性。与此相反，那便是失掉价值的。

正是围绕于此，塑造论哲学著作中从不同角度反复论述到，对于"价值"，应当针对诸学说、各领域对之有各种各样而并不统一的规定性，由"负熵价值论"来整合，以统一整个的价值

---

① 参见张全新：《"耗散结构"与"非平衡系统经济学"》，《中央党校论坛》1995 年第 1 期。

概念。这里强调，在揭示什么是价值时，应注重考虑其与“序”、与“信息”的关系，这意味着注重考虑人处于有序度之中的关系。“熵”与“负熵”可成为判定一个系统是失去还是获得了“信息”或“有序度”的量度；这里“熵减”“有序化”和“熵增”“无序化”，互为负值。由此，价值的含义突出体现着：人之行为注入负熵的飨成才形成良性的有序系统，人的实践和衍生由此确证和实现着人与自然、人与社会、自然与社会的必然性。取得负熵就有“价值”，失掉负熵便无“价值”。①

这里显然有着如此的概念联系：“负熵—有序”—“序”的“正值”；“正熵—无序”—“序”的“负值”。而“序”与“程序”是相通的。可见“值”“值得”“值当”“法”“法度”“法规”与“序”“程序”是相通的。“价值”与“序”“程序”同样是相通的。这从对于“价值”以及“价”与“值”的词义辨析中可以看得出来，很有意味的是，在中文里“价”“值”这两个字以及“价值”这个词，在使用上本身就体现出这些意思。这形成并拓展于一系列反馈控制系统构成的经济政治及社会的大的反馈调控系统。

作为经济政治及社会的价值调控，以真美益善为底衬，形成程序伦理、伦理程序的架构形式。基于此，特别是基于由技术益、道德善形成的程序伦理、伦理程序架构形式，形成体现社会关系总和的经济人、政治人、社会人的行为及其悖论。这其中体现出：“程序”与“伦理”，“法”与“值”或“法度”“法规”与“值得”“值当”，“法·法度、法规”与“法律”，“值·值得、值当”与“价值”，“法律”与“价值”，它们之间

① 参见张全新：《关于劳动价值论和效用价值论的协调性问题》，《理论学习》2001年第3期；张全新：《劳动和效用价值的负熵价值论》，《新华文摘》2001年第8期。

有着一种微妙贯通性。这内在着从无意识到有意识，及潜意识与显意识；内在着从超意识到有意识，及显意识与潜意识；这样的结构和过程。内在着科学与哲学相互映照关系及过程。

当说到从"无意识"到"有意识"，就"经济""政治"及"社会"来说，有着一种从形成一般的"值"（"值得""值当"）再向"价值"的演化过程。在此要讲到的是，由关于"程序""伦理"的"一般"到"经济""政治"及"社会"的"程序伦理""伦理程序"，这就产生了涉及形式"义利（经济的利益义善）""正义（政治的正当道义）""在成（社会的存在生成）"，而这种体现"值（值得、值当）价值"的"程序伦理""伦理程序"，是在社会行为符号的内化中形成的。这伴随着从无意识到有意识以及有潜意识显意识的人的发展，涉及社会关系，才形成了人类社会的"社会潜意识"和"社会显意识"，以至走向同一起来的"社会超意识"。要强调的是，这不是局限于"抽象人"意义上的"意识"而是在社会的"具体人"意义上的意识，是社会人的意识，是社会意识。也就是说，这是人在潜意识生成中及人类在社会潜意识生长中而形成的关于经济、政治、社会的潜意识；这是人在潜意识向显意识外化中及人类在社会潜意识外化于社会显意识中而形成的关于经济政治及社会的社会显意识。就"经济"的"（财富）生产—（交换—流通）—消费（生活）"而言，从无意识的没分化，到分化成社会的"经济潜意识""经济显意识"，再到其在统一中成为同一而实现超越；这正是从"值"（"值得""值当"）到"价值"再回归到（"值当""值得"）"值"的历程，这正是社会从没分化出商品到出现商品再回归于无所谓商品的历程，其中包括着社会产品从谈不上商品价值到有所谓商品价值再到脱掉商品价值外壳而回归于社会化生产的、直接称作产品的历程。这指向着：从自生的直觉即从自生的"值"（自生地内在"值得"），到自发的"值"

（自发地体现“值得”“值当”）而形成“价值”，经过自觉的“值”（自觉地意识到“值得”“值当”）又进入直觉的“值”（直觉地体现“值得”“值当”）而实现超越。这里历经“自生—（自发—自觉）—直觉”而走向的超越，是社会经济在文明发展中各因素愈益走向和谐统一的超越。这走向着统一于“负熵”或“信息”的“有序”而不断焕发有机活力的超越，是使社会经济文明不断显示出生命生机的超越。就“政治”的“占有—（统治—治理）—管理”而言，从无意识的没分化，到分化成社会的“政治潜意识”“政治显意识”，再到其在统一中成为同一而实现超越；这正是从“法”（“法则”“法规”）到“法律”再回归到（法规“法则”）“法”的历程，这正是社会从没分化出政治到出现政治再回归于无所谓政治的历程，其中包括着从社会没产生国家到有国家再到国家消亡而回归于社会的历程。这指向着：从直觉的自生即从自生的“法”（自生地内在“法则”），到自发的“法”（自发地突现“法则”“法规”）而形成“法律”，经过自觉的“法”（自觉地意识到“法则”“法规”）进入直觉的“法”（直觉地体现“法规”“法则”）而实现超越。这里历经“自生—（自发—自觉）—直觉”而走向的超越，是社会在政治发展中各因素愈益走向和谐统一的超越。这走向着统一于“负熵”或“信息”的“有序”而不断焕发有机活力的超越，是使社会文明发展而不断绽放出生命生机的超越。

就“社会”的“（人口繁衍）生存（活动行为）—交往沟通—（工具符号）—建设（进步发展）”而言，从无意识的没分化，到分化成社会的“社会潜意识”“社会显意识”，再到其在统一中成为同一而实现超越。这内在着从“值”（“值得”“值当”）到“价值”再回归到（“值当”“值得”）“值”的历程。这内在着从“法”（“法则”、法规）到“法律”再回归到（法规“法则”）“法”的历程。这里指向着整个社会在发展中各因素愈益走向和谐统一的超越。这走向着统一于"负熵"或"信息"的"有序"而不断焕发有机活力的超越，是使整个社会文明发展而达到永葆生命生机的超越。

（六）塑造论哲学由此对"文明"作了规定。也就是说，在上述情况中应当重视出现"人为熵减良性有意识"与"人为熵增恶性有意识"的情况。因为，在大自然的发展中塑造着文化人类。这一过程是从无序到有序的熵减过程。这是作为开放系统耗散结构的自组织过程，在此自组织过程中由无意识形成的潜意识，由潜意识到与之一致的显意识，以至走向超意识。这是有意识的人把自然进化造成的有序结构加以延伸，这里形成着人类文化。在此过程中，人按照自己的序参量塑造着自然。这样，塑造论哲学由此对于"文明"与"文化"作出区别。塑造论哲学强调，文明与文化是有区别的。由于文明是人类社会发展所呈现出的社会状态，标志着人类的进步程度，所以，文明总是同人类历史活动的积极成果直接相联。而文化却并不只限于此，表现为各种各样人类创造物的具体存在形式。显然，并非任何文化现象都可归于文明的范畴。在此过程中，应意识到，会有不良的以至反动的"文化"，却不能讲会有不良的以至反动的"文明"。

所以说，在塑造论哲学中当对于社会的"文明"与"文化"作出定义上的区别，应当是这样的：如果人类文化成为一种飨成于人之有序必然性而有成于自然有序性的开发，就带来人为熵减，这与自然熵减之箭形成同一方向，从而形成文明文化。因为走向文明文化的过程与自然熵减之箭同一方向，这是走向有序的过程。由于这种有意识的人为熵减对人类来说是良性的，可称之为人为熵减的良性有意识。如果人类文化是一种不飨成于人之有序必然性并无成于自然有序性的破坏，就带来人为熵增，这与自然熵增之箭形成同一方向，从而形成非文明文化。

因为走向非文明文化的过程与自然熵增之箭同一方向，这是走向无序的过程。由于这种有意识的人为熵增对人类来说是恶性的，可称之为人为熵增恶性有意识。这种对文化中文明和非文明的区分和阐释，对于澄清这方面的种种混乱具有很强的针对性。这有利于真正立足于哲学史并科学地回答经济政治乃至社会的文明何以可能的问题。

重要在于，由塑造论哲学原理来讲，如果说“塑造”与“文化”属同一系列的范畴，那么“价值”与“文明”便成为直接相关的范畴。我们前面对此作为塑造论哲学原理已经反复论述，对于“塑造”，这里总起来讲关注“自然塑造人形成文化人类”“人塑造自然形成人类文化”。自然塑造人形成文化人类这是走向有序而抵御无序；而人塑造自然形成人类文化，则既可能产生文明的文化也可能产生非文明的文化。这样，对于文明，塑造论哲学由“负熵价值论”来统一整个的价值概念，也由此对“文明”这一概念作出规定。这里，十分注重考虑人处于有序度之中的关系。既然“负熵”与“信息量”是等价的，便可基于 $H(x)=-K\sum_{i=1}^{i=n}P(Xi)\log P(Xi)$ 这一“信息熵”的公式来刻画文明；既然“熵”与“负熵”成为判定一个系统是失去还是获得了“信息”或“有序度”的量度，这里“熵减”“有序化”与“熵增”“无序化”，互为负值。这里的文明含义突出体现着：人之行为注入负熵的飨成是形成良性的有序系统，人的实践和衍生活动终究要相随于社会协调、持续而全面的发展进步，在这过程中确证和实现着人与自然、人与社会、自然与社会的必然性。此为：“是在”“诚成”统一于价值而形成的“文明”。因此文明才被用来指谓人类社会历史发展中与蒙昧、野蛮状态相对而言的进步和开化状态和过程，这是人们确认和改造自然、社会和自己主观世界的成果。

第三章　社会发展·社会文明何以可能

第一节　"非文明—文明"与社会发展

一、关于"文明"的概念

（一）在古代汉语的文献中，"文明"一词较早见于《易经·文言》："见龙在田，天下文明。"《尚书·舜典》也有"浚哲文明"的记载，当然，中国古人所谓的"文明"，与现代意义上的"文明"概念并不完全相同。现代汉语所沿用的"文明"，可以说通常是对英文 civilization 的翻译。

"文明"这个概念与"文化"这个概念密切相关。而且在许多西方语言系统的使用中，两个词在某些处往往是互相通用的。

阮炜所著的《文明的表现——对 5000 年人类文明的评估》这样考证道：根据裴迪南·布罗代尔的研究，现代意义上的"文明"（civilization）一词于 1752 年产生于要写一部人类通史的法国学者 Anne Robert Jacques Turgot 笔下，而实际上，在此之前，civilization 和 to civilize 一直在使用，并且在 16 世纪十分流行。宽泛地讲，文明与野蛮相对，也可以说文明人与野蛮人对立。按照伊曼纽尔·沃勒斯坦的说法，与“野蛮相对”的“文明”一词于18世纪中叶被两个重要的启蒙运动学者开始使用，他们是法国人拉波（Mirabeau）和英国人弗格森（Adam Ferguson）。① 尤其在当时的法国，这一意义上“文明”的语义很深入人心，以至于被卢梭奉为价值圭臬的“高贵的野蛮人”，也不被认为是文明的。② 文明一词很快从法国传播到欧洲其他国家。与此同时，文化一词也在几乎与文明同义的情况下随后者传播和使用，尽管早在古希腊—罗马时代，西塞罗就在“性灵的陶冶”（cultura animi）之意义上使用了文化一词。这种意义上的“文化”与现代含义十分接近，不妨说现代的“文化”一词只不过是将其古义复苏而已。③

该书还指出，使情况更加复杂的是，大约自1819年起，先前只以单数形式使用的“文明”（civilization）一词，此时开始能以复数形式即civilizations出现。复数的这个词（“文明”）出现，这一情形貌似简单，实则蕴含着重大的词义变化。它的含义与单数的“文明”既紧密联系，又有很大的区别。单数的“文明”主要指举止优雅、行为得体，而这种修养又是个人努力的结果，而复数的则可以指一族群或一时期所特有的生活方式。④ 恰恰是这一意义上的文明成为考察上的一个关键概念。事实上，从斯宾格勒到汤因比，从道森到布罗代尔和沃勒斯坦，

---

① Immanuel Wallerstein, *Geopolitics and Geoculture*: *Essays on the Changing World System*, Cambridge University Press, 1994, p. 216.

② Immanuel Wallerstein, *Geopolitics and Geoculture*: *Essays on the Changing World System*, Cambridge University Press, 1994, pp. 3－4.

③ Immanuel Wallerstein, *Geopolitics and Geoculture*: *Essays on the Changing World System*, Cambridge University Press, 1994, p. 5.

④ Philip Bagby, *Culture and History*: *Prolegomena to the Comparative Study of Civilizations*, Westpot, Conneticut, 1976, pp. 74－75.

一系列学者的工作都建立在文明的这一特定意义上。Braudel 持此观点，Philip Bagby 持同样观点。[①] 基于此含义，可以讲中国文明、印度文明、阿拉伯文明，也可以讲居鲁士时代的波斯文明或中世纪的西方文明。也需注意，这里复数的文明仍然未甩开与之形影相随的复数的"文化"，因此，既可以讲公元前 5 世纪的希腊"文化"，也可以讲中美洲"文化"和秘鲁"文化"，同样可以讲 1979 年以来的伊朗"文化"。

阮炜的著作充分注意到，及至 1874 年 E. B. 泰勒发表其《原始文化》后，人类学家和民族学家便越来越多地用"文化"一词来描述他们所研究的原始社会。而英语中的"文明"一词则仍被保留用于对现代社会的描述。其他国家的学者也跟随潮流，于是出现了这种情形：可以讲"西方文明"或"西方文化"，也可以讲"原始文化"，却不再可以讲"原始文明"。词义的变化本无可厚非，可是文明与文化的词义变化却有一些可笑的保留。1850 年前后德语中出现的"文化的"（cutural）这一相关形容词，就几乎未受文明与文化词义变化的影响。例如可以说一个文明（或一种文化）是其文化财富的总和；该文明所覆盖的区域是其文化维度；该文明的历史是其文化史；一文明（或文化）传播到另一文明的东西，是其文化遗产云云。[②]

德国学者哈拉尔德·米勒也曾就德语与英语以及法语中这两个词的互译情况作出比较分析。他这样论述道："我们究竟对'文化'（Kultur）这个意义深刻的词该如何理解呢？首先我们会发现，在德语的习惯用法中，'文化'（Kultur）一词表达的

① 费尔南·布罗代尔（Braudel）：《资本主义论丛》，顾良、张慧君译，中央编译出版社 1997 年版，第 129 页。

② 见阮炜：《文明的表现——对 5000 年人类文明的评估》，北京大学出版社 2001 年版，第 50～52 页。

意思，在英语或法语里也同时表达了‘文明’（Civilization）这个词的意思。也就是说，德语中‘文化’的概念区别于其他的这两种语言，这种差异并非偶然，而是基本反映了在形成不同思想史的土壤上，由于吸收的养分各异，产生的结果自然也就不同。我们的欧洲邻居以及美国人认为‘文明’是在一定历史阶段，用于克服生存问题的社会工具（应为‘方式’——引者注）的总和：包括经济方式、有影响力的社会关系、政治上的社交举止、移民体系、教育体系，同时也包括宗教、价值体系和美学。总之，文明是涵盖社会实践的一个非常广泛的概念，那些具有共同重要特征的社会实践体系，则应该被视作相同的‘文明’群体。”“在德国，‘文明’这个概念从来没有实现‘真正的本土化’，其原因在于18世纪末至19世纪初，德国受到良好教育的市民阶层，对‘文明’一词的概念和行为理解产生了偏差，并且观察的眼光也很狭隘。而正是这个社会阶层对‘文化’（Kultur）这个词在德国的意义的形成，产生了重要的影响。在这一时期的德国，市民阶级的任务并不全是社会实践行为。除了参与政治和经济实践，他们还致力于秘密或半公开范围的‘真、善、美’行动”[①]，也就是说，“他们并不是政治和经济的主导力量。因此在德国直到今天，只要提到‘文化政策’这个概念就会使人立刻联想到歌剧、绘画、文学等等，而绝对不会是科学技术。奥斯瓦尔德·史潘勒曾注释过一部阐述文化和文明产生与消亡的重要德文著作，他把文明理解为文化的衰变阶段，在这个阶段，随着人口的城市化，人们致力于生活的实际状态，尤其是商业，而不再是精神、美德和艺术——一种非常

① Juergen Habermas：《社会结构转变——市民社会范畴调查》，Neuwied/Berlin，1968.

独特的德国式理解方法"[1]。相反，"在盎格鲁－撒克逊民族的国度以及法国，这个阶段发展起来了解放的市民阶层，他们成为社会进步的主力，成为政治与经济权力的主体。这儿人们只是从'文明'的概念上来考虑一个时代的整体重要特征，而没有考虑民族生活范围之间的相互影响，以及它们在'文化'这个概念中的内涵"。"Bassam Tibi 开创了另一套体系，他认为文化体系具有地方价值，而文明的含义更广泛，具有更一般的价值体系（例如存在埃及文化，伊斯兰文明）。""很显然，对于该如何理解'文明'的意义这个问题，英国人和法国人的传统思想比德国式的思路更具有说服力，他针对的是整个社会的所有'保留剧目'，这种看法有利于在一种文明下和平相处的民族，在生活和生存问题上得到保障。它涵盖的意义远胜于德国传统上对于'文化'的概念。用这个更贴切的概念来理解描绘人类的'美好'行为就很难在历史事实中被人理解。"[2]

（二）在西方，文明这一概念大体是从十七八世纪启蒙思想家开始使用的。以后经常被人使用，但人们所理解的文明含义却是极为模糊、很不相同的。总起来讲，十八九世纪的社会哲学及 20 世纪的某些人类学家，将文明看作是一个更高的社会秩序，特别是作为道德的秩序，主要作为一种同原始的、种族的文化观相对立的概念来使用，往往把文明定义为一种具有各种文化特征的复合体和各种制度的集合。

恩格斯在《家庭、私有制和国家的起源》一书中强调，从

① Oswald Spengler，《欧洲的没落》，《世界历史地貌轮廓》，Munich 1980；Bassam Tibi，《文明的战争》"理智和原教旨主义之间的政治和宗教"，Hamburg，1995.

② ［德］哈拉尔德·米勒：《文明的共存——对塞缪尔·亨廷顿"文明冲突论"的批判》，郦红、那滨译，新华出版社 2002 年版，第 31～32 页。

野蛮到文明的转化是早期社会的一场革命。他说："文明时代是社会发展的这样一个阶段，在这个阶段上，分工、由分工而产生的个人之间的交换，以及把这两者结合起来的商品生产，得到了充分的发展，完全改变了先前的整个社会。"①

哈拉尔德·米勒在《文明的共存》一书中论述道：动物依靠自己的本能努力生存下去。而人类在生物性的直觉方面确实不太灵敏。于是他们用"文明的仪器"来弥补自己的不足。主要的表现是"集体概念"的产生。面对自然的挑战，人类如果要生存下去，就首先必须积累作为物质生活前提的生存经验，进行集体协作。它大体上是指社会分工的形式，诸如统治方式、抗御外界危险的安全措施、平息争端的方法、如何组织年轻一代参加某种社会活动等等——如果一个社会团体想要生存下去，就必须准备好所有这些条件。人类在日常生活中，在纷繁复杂的各种关系中要认清自己的方向，协调好自身的行为和人际关系，否则社会团体之间的团结就会被打碎。对于自己行为方式的意义，人们必须培养起相互一致的看法，使得这种关系协调得以成功。此外，我们不能每天只按照自己的习惯生活，面对各种不同的状况和挑战，我们需要随机应变。即使对于突如其来的事件，社会成员也必须能够迅速作出应对之策，而不会使整个社会组织有陷入瓦解的危险。因此为了使自己具备良好的、必要的适应能力，在某种程度上普及价值体系和知识体系（文化传播）肯定是必要的。在此方面，经济方式和科学技术都起着非常重要的作用。"人类社会从原始文明、农业文明发展到现代文明，都与这两个社会变量的不断变化息息相关。假如忽视它们的作用，人们无疑会在机器时代里束手无策。想象一下，

① 恩格斯：《家庭、私有制和国家的起源》，《马克思恩格斯文集》（第 4 卷），人民出版社 2009 年版，第 193 页。

19 世纪早期的人们假如生活在我们今天的电脑世界里，该会多么吃力。……事实上，正如科技和经济方式对'文明'产生的作用力一样，人类的价值体系也同时影响到我们对待科学技术影响力的态度，这种相互影响绝不应该受到忽视。但是，假如不认真注意观察一种'文明'的技术水平以及它的经济发展过程，却想要理解和评价这种'文明'，那是完全错误的，甚至有些荒谬。从这里我们可以看出德语里'文化'（文明）这个词概念的缺陷，它把物质当作阴暗的东西而摒弃，完全醉心于精神世界"①。

在近现代，许多人类学家认为，不同的权力、社会阶层化、经济特殊化，都是现代文明的重要特征，并衍化出范围广泛的社会问题，如赤贫、失业、种族歧视、犯罪、对地球资源的超负荷利用、自然环境的污染、生态平衡的破坏等等。日本近代启蒙思想家福泽谕吉（1834—1901）讲道："文明是一个相对的词，其范围之大是无边无际的，因此只能说它是摆脱野蛮状态而逐步前进的东西。"② 美国法学家庞德对文明的阐释是："文明是人类力量不断地更加完善的发展，是人类对外在的或物质自然界和对人类目前能加以控制的内在的或人类本性的最大限度的控制。文明的这两个方面是相互依赖的。如果不是由于人们已达到的对内在本性的控制，他们就难于征服外在的自然界。"③人们注意到，亨廷顿（S. P. Huntington，1927—）在《文明的冲突》英文原版中，"文明"（Civilization）这个概念所涵盖的

---

① ［德］哈拉尔德·米勒：《文明的共存——对塞缪尔·亨廷顿"文明冲突论"的批判》，郦红、那滨译，新华出版社 2002 年版，第 33～34 页。

② ［日］福泽谕吉：《文明论概略》，北京编译社译，商务印书馆 1982 年版，第 30 页。

③ ［美］罗斯科·庞德：《通过法律的社会控制　法律的任务》，沈宗灵、董世忠译，商务印书馆 1984 年版，第 9 页。

内容与德语传统中“文化”（Kultur）一词意义相同。人们认为，在亨廷顿看来，文明是一种文化实体，村落、地区、种族集团、国籍、宗教群体都在文化差异的不同层面有着独特的文化；文明是人们最高文化的凝集物，人们所具有的最广义层面的文化身份是人有别于其他物种的标志；文明由语言、历史、宗教、习俗和制度等客观因素以及人们主观上的自我认同等方面因素共同界定；文明是动态的，它们的兴起衰落、离散聚合，总是消失和葬身在时间的荒漠之中。亨廷顿还重视使用“普世文明”这个概念。亨廷顿论述道：实际上在所有的社会里，人类都具有某些共同的基本价值，如把谋杀看作是罪恶；也具有某些共同的基本体制，如某种形式的家庭。大多数社会的大多数人民具有类似的“道德感”，即“浅层”的关于什么是正确和谬误的基本概念的最低限度道德。如果这就是普世文明的含义，那么它既是基本的又是根本重要的。“普世文明”一词可以用来指文明化社会所共有的东西，如城市和识字，这些使它们区别于原始社会和野蛮人。海沃德·阿尔克曾发表文章讲到，他在“定义上排除了”世界文明的思想，因为他把文明定义为“是对人最高的文化归类，是人们文化认同的最广范围，人类以此与其他物种相区别”。他说，“这是大多数研究文明的学者使用文明一词的方式”。他又把这一定义放宽到使其可以容纳全世界的民族认同于独特的全球文化的可能性。① 当然，西方也有某些学者强调，普世文明的概念是西方文明的独特产物。这显然是带有偏见的。②

（三）很显然的是，人们常常认为，文明通常被人用来指人

① ［美］塞缪尔·亨廷顿：《文明的冲突与世界秩序的重建》，周琪等译，新华出版社中文译本1999年版，第43～44页。

② 以上参见王凤才博士论文：《批判与重建——法兰克福学派文明论研究》。

类社会历史发展中与蒙昧、野蛮状态相对而言的进步和开化状态，是同人类改造世界的实践活动相联系的，是人们改造自然、社会和自己主观世界的成果。塑造论哲学强调，"文明"与"文化"是有区别的。"文明"是"塑造单子"的和谐，是在此意义上一级级的和谐中，实现着"文明"的超越，实现着"文化"向一级级"文明"的升华。由于文明作为人类社会发展所呈现出的社会状态，标志着人类的进步程度，所以，文明总是同人类历史活动的积极成果直接相联。而文化却并不只限于此，表现为人类各种各样创造物的具体存在形式。显然．并非任何文化现象都可归于文明的范畴。文明是具体的，一般的文明应当是对于具体的抽象，这种具体性实现于其多样性之中。关于这一点，我曾在《塑造论哲学导引》这部专著中，作出过专门论述。①

二、关于文明的命运

（一）当人们试图对"文明"作出理解，总要考察一下文明的源头及其发展问题，这其中往往要对文明的命运作出一番认识和考究。

据亨廷顿统计，学者们一般在确认历史上的主要文明和在现代世界存在的文明上意见一致。然而，对于历史上曾经存在的文明总数，他们常常各执一词。奎格利认为，历史上有16个明显的文明案例，很可能还有另外8个。汤因比起先列出了20个文明，然后是23个。斯宾格勒详举了8个主要文明。麦克尼尔分析了全部历史上的9个文明。巴格比认为，如果把日本文明和东正教文明从中国文明和西方文明中区分出来的话，也有9

① 张全新：《塑造论哲学导引》，人民出版社1995年版。

个文明，或者 11 个。布劳代尔识别了 9 个文明。罗斯托万内指出了 7 个主要的当代文明。梅尔科在考察文献之后得出结论，人们至少在下述看法上存在着合理的共识：至少有 12 个主要文明。其中 7 个文明已不复存在（美索不达米亚文明、埃及文明、克里特文明、古典文明、拜占庭文明、中美洲文明、安第斯文明），5 个仍然存在（中国文明、日本文明、印度文明、伊斯兰文明和西方文明）。一些学者还加上了东正教文明，作为区别于其母文明拜占庭文明和西方基督教文明的独立文明。亨廷顿讲到，鉴于认识当代世界的目的，除这 6 个文明之外，或许还应加上拉丁美洲文明，可能还有非洲文明。亨廷顿又讲，的确，在此要说到的是，历史上曾存在过美索不达米亚文明、埃及文明、克里特文明、拜占庭文明、中美洲文明、安第斯文明等等。这些文明各自作为一种完整的形态，大体上已经不存在了。作为中国文明、印度文明、伊斯兰文明以及西方文明，既古老又延续到现在。[①] 阮炜所著的《文明的表现——对 5000 年人类文明的评估》一书全面研究了“文明的多样性与历史的统一性”，解析了关于“文明的定义”，由文明分类中的“麻烦”和“例外”，对于汤因比的文明分类、巴格比的文明分类、布罗代尔的文明分类等进行分析，对于“文明的表现”列举埃及、波斯、希腊、罗马、犹太、伊斯兰、俄罗斯、西方以及印度、日本等文明加以研究，特别对于中国“历史连续性中的文明规模”等一系列情况作出详细论述。这对于了解各种文明类型的命运，有重要的启发意义。[②]

---

① ［美］缪塞尔·亨廷顿：《文明的冲突与世界秩序的重建》，周琪等译，新华出版社中文译本 1999 年版，第 28～32 页。

② 参见阮炜：《文明的表现——对 5000 年人类文明的评估》，北京大学出版社 2001 年版。

（二）有研究者说，例如王凤才在其博士论文《批判与重建——法兰克福学派文明论研究》中讲到，自从文艺复兴尤其是启蒙运动以来，乐观主义文明论或文明乐观主义一直是近代西方文化的主流，培根、笛卡尔、伏尔泰、康德、黑格尔、以及马克思和恩格斯等都高度颂扬启蒙精神，认为科技进步就是文明的进步，坚持文明进步论。例如，培根提出"知识就是力量"，成为启蒙精神肯定技术理性的标志。马克思和恩格斯提出"科学技术是生产力"的观点，高度评价科学技术对社会历史进步的推动作用，认为资产阶级在它不到一百年的统治中所创造的生产力，比过去一切时代所创造的全部生产力还要多、还要大。他们说，自然力的征服，机器的采用，化学在工业和农业中的应用，轮船的行驶，铁路的通行，电报的使用，整个大陆的开垦，河川的通航，仿佛用法术从地下呼唤出来的大量人口——过去哪一个世纪能料想到这样的生产力潜伏在社会劳动里吗？对此，恩格斯在马克思墓前讲话中作了深刻阐述："没有一个人能像马克思那样，对任何领域的每个科学成就，不管它是否已实际应用，都感到真正的喜悦。但是，他把科学首先看成是历史的有力的杠杆，看成是最高意义上的革命力量。"[①]

但在这时的学者中，有许多人看到一定的问题。所以研究者又讲到，这时，悲观主义文明论或文明悲观主义作为一种文化潜流若隐若现地存在着。19 世纪末 20 世纪初以来，文明进步论遭到质疑和批判。美国现代文化人类学家 R. 艾斯勒曾这样讲，如何解释"合理地"、高效地利用人类脂肪制造肥皂？如何解释经过周密策划观察原子弹和原子辐射的军事实验对活生生的而又完全无助的人类造成的危害？所有这一切超高效的大规

① 恩格斯：《马克思墓前悼词草稿》，《马克思恩格斯全集》（第 19 卷），人民出版社 1963 年版，第 372 页。

模毁灭怎么能被称为人性的进步呢？[①] 当人类文明的发展跨入了新世纪，乐观主义文明论似乎逐渐被人们所放弃，而悲观主义文明论则日益凸现为西方文化的主流。

也就是说，就古代文明、近代文明、现代文明的发展系列来讲，后来一些学者更加关注近现代文明特别是当代文明出现的衰落和危机。一些论著通常讲，从古希腊文明走过来的西方欧美文明、从古中国文明走过来的东方中华文明，等等，都经历了把自己的文明推向辉煌的进程。然而，如果说近代史上在东方中国曾出现文明衰落，那么在现代西方欧美文明也正遭遇着危机。现在人们常常用到“文明的衰落”一词，在具体分析中，实际上它特指当代西方一些国家中的现代工业文明之衰落。

（三）王凤才的博士论文在作出以上考察后指出，任何一种理论学说的产生都不是偶然的，西方悲观主义文明论也不例外，它不仅有着悠久的社会历史根源，而且有着深刻的思想理论来源。而“研究一种思想的起源，首先是要关注此种思想体系的诸元素在历史上什么时候开始提出，如何获得发展，这些元素如何经由文化的历史演进而演化，以及这种思想气质和取向与传统文化的关联。”[②] 王凤才认为，西方悲观主义文明论作为对人类文明危机和人类生存境遇的反思，其历史源头最早可以追溯到希腊神话，尤其是赫西俄德（Hesiodos，约公元前 8 世纪末——前 7 世纪初）的“黄金时代”理论[③]。他认为，人类第一个时代——黄金时代，是人类文明的顶峰。那时候，人和神一

① 参见［美］R. 艾斯勒：《圣杯与剑——我们的历史我们的未来》，程志民译，社会科学文献出版社 1993 年版，第 181 页。

② 陈来：《古代宗教与伦理》，生活·读书·新知三联书店 1996 年版，第 15 页。

③ 参见［德］G. 施瓦布：《诸神的传说：希腊神话故事》，戴欢编译，内蒙古人民出版社 2003 年版，第 10～12 页。

样无忧无虑地生活着，没有忧愁和烦恼，没有痛苦和贫困。他们不会衰老，永远年轻，不生疾病，终生快乐。当他们死期到来时，便安详地长眠；但活着的时候，却生活得顺心如意。后来，人类进入第二个时代——白银时代。这一代人与第一代人相比，在外貌和精神上都不同。孩子们被娇生惯养，即使活到百岁也和孩子一样，等长大成人时，他们的生命只剩下很短一段时间了。他们从不节制自己的感情，行为放纵，不敬神，粗野傲慢，而且经常犯罪。然后，人类就进入了第三个时代——青铜时代。这代人吃、穿、住、用都离不开铜器。他们身体强健、意志顽固，残忍暴虐，互相残害。他们专吃动物的肉。虽然长得高大威武，却无法抗拒死亡。接着，第四个时代——英雄时代到来。这一代人靠大地的丰产来生活。他们比前人更高尚、更公正，然而他们陷入了战争和仇杀之中。最后，人类进入第五个时代——黑铁时代。这时，人完全堕落了。他们日夜忧惧，不得安宁。神不断地给他们增添新的烦恼，而最大的烦恼却来自他们自己。他们全然不顾父母养育之恩和朋友之义，心里恶毒地盘算着如何消灭对方。到处都是强权者得势，作恶者飞黄腾达，善良和公正的人却得不到好报。公平和克制不再受到尊重。这样，人类就陷入无尽的悲惨境况之中。总之。在赫西俄德看来，人类文明史是不断循环和倒退的历史。所以该论者说，赫西俄德的"黄金时代"理论，实际上是一种悲观主义的文明循环论或文明倒退论。

从这一视角看过去，卢梭在《论人类不平等的起源和基础》(1755)中亦曾有类似论述：在自然状态下，人与人之间只有生理上的不平等，而在政治伦理上是平等的。自然人既不像动物那样愚蠢，又没有文明人那种有害的聪明。所以，自然人与动物的区别不在于理性，而在于自由。人具有一种自我完善的能力，这种能力使文明社会产生成为可能，但只有私有制的出现，才使文明社会的产生成为事实。他说，人类文明刚刚诞生时，这个状态是真正的青年时代，即人类早期文明是人类的“黄金时代”。但是，随着社会文明的发展，人类不平等和奴役日益加剧，也就加重了人肉体和精神上的痛苦；不仅如此，文明的进步竟然还带来了道德的堕落，文明的发展也带来了不健康的生活方式，带来人与自然平衡的破坏而引发自然灾害。为此，人付出了沉重的代价。似乎，文明每前进一步，自由也就越发减少，不平等就加大一步，痛苦就加重一些，甚至可以说，在写一部文明社会发展史的同时，也在写一部人类痛苦史。

学界一般认为，斯宾格勒（Oswald Spengler，1880—1936）的《西方的没落》（1918）一书，突出表现了现代西方悲观主义文明论调。这一理论是在第一次世界大战前后兴起的。当代日本国际政治学家神川彦松（1889—1998）就曾这样指出：“如果说这部著作标志着文明论的形成的话，那就应该说，文明论起始于第一次世界大战前后。”①

在《西方的没落》中，斯宾格勒强调，一切历史都是文化史，每个高级文化都像生命有机体一样，有诞生、生长、成熟、衰落的过程。他认为：文化类似于宗教，它是有灵魂的、活生生的形体，诉诸于心灵；文明类似于非宗教，它是灵魂的木乃伊，是进入衰落阶段的文化，诉诸于理性和才智。在斯宾格勒看来，文明是文化的最后一个阶段，它标志着文化的衰落。因而，从文化到文明的过渡，以及文明的没落乃至死亡，是所有文明都无法改变的宿命。他强调，西方文化在19世纪完成了从文化到文明的过渡，这意味着西方文化自19世纪就已经走向了没落。有学者就此认为，斯宾格勒以“文化形态学”（die kul-

① 转引自许启贤：《世界文明论研究》，人民出版社2001年版，第297页。

turelle morphologie）为核心的文明论，不仅是现代西方悲观主义文明论的经典形态，而且对以后所有文明论都发生了直接或间接的影响，如汤因比、雅斯贝尔斯、海德格尔、法兰克福学派、后现代主义等对科学技术和工业文明的批判，都表现出强烈的悲观主义倾向。人们说，斯宾格勒文明论作为对现代文明危机的深刻反思，可以视为现代西方悲观主义文明论的开端，斯宾格勒是现代西方悲观主义文明论的奠基人。

20 世纪科学技术突飞猛进，给人类带来了征服自然的巨大信心，并极大地促进了工业文明的发展；但是，"20 世纪的历史同时告诉我们，在理性的光辉似乎照亮了人类的未来，照亮了人类历史道路的时候，理性把它可怖的一面展露无遗：如奥斯威辛的焚尸炉、广岛的原子弹、核军备竞赛等等，无一不是理性的杰作。尼采曾宣布'上帝死了'，然而，在现代技术理性面前，我们惊恐地发现，'人'也将消亡了。因此，在上帝死去之后，理性又被送上了审判台。那么。人类将靠什么来拯救？"[①]在这种情况下，才出现了批判科学技术和工业文明的科技悲观主义或文明悲观主义。与这种悲观主义走在一个方向的是，后来的法兰克福学派（Frankfurter Schule）对科学技术和工业文明进行了浪漫主义批判，因而，法兰克福学派文明论作为批判理论的重要组成部分，成为法兰克福学派不同时期代表人物反思与批判文明而形成的各种观点的综合。[②]

王凤才的博士论文指出：总起来说，法兰克福学派文明论以批判与重建为主题，以启蒙精神、工具理性、文化工业、工业文明批判为核心，以非压抑性文明、交往合理性重建为目标，

① 龚群：《道德乌托邦的重建——哈贝马斯交往伦理学思想研究》，商务印书馆 2003 年版，前言第 1～2 页。

② 参加王凤才博士论文：《批判与重建——法兰克福学派文明论研究》。

总体上是具有浓厚悲观主义色彩的文明论。概而言之，法兰克福所讲的文明论有三个基本特征：其一，跨学科综合性研究方法。法兰克福学派理论家把哲学、社会学、心理学、文化等各门学科结合起来，对工业文明进行跨学科综合性研究、分析、批判。1931 年，霍克海默在就职演说《社会哲学的现状和社会研究所的任务》中，就对当时人文科学被分裂为一些彼此分离的学科、从而不能提供关于资本主义文明的完整认识深表不满，提出要与这种“片面专业化”的研究方法相抗衡，创立一种集各门学科之精华、从整体上反映资本主义文明的“社会哲学”（Die Soziale Philosophie）。其二，以文明批判与重建为主题。法兰克福学派文明论致力于对工业文明的批判，强调理论的主要功能就是批判现实。他们之所以把这种研究、分析、批判工业文明的理论称为“批判理论”，主要就在于他们认为自己的研究是批判性研究，对工业文明采取了一种批判的反思态度。1937 年，霍克海默在《传统理论与批判理论》中就提出，批判理论是一种与传统理论根本不同的、以批判一切现存东西为宗旨的理论，这种看法为法兰克福学派文明论奠定了方向。在法兰克福学派理论家看来，马克思主义本质特征就是批判，因而，可以用批判理论作为马克思主义的代名词。当然，他们批判工业文明的目的，是为了对文明进行重建。不过，早期法兰克福学派文明论以否定辩证法为理论基础，对当代工业文明持一种批判与超越的态度，并试图重建一种新文明；后期法兰克福学派文明论以交往行为合理性理论为基础，对当代工业文明具有辩护和认同倾向，并试图在当代工业文明的校正中重建晚期资本主义文明。其三，以文化与意识形态批判为核心。国内外许多学者认为，法兰克福学派文明论在一定程度上是文化与意识形态批判理论。这个看法有一定道理，因为法兰克福学派对工业文明的批判主要集中于文化和意识形态批判，如霍克海默等人重在对启蒙精神和工具理性进行批判，阿多尔诺等人重在对文化工业进行批判，马尔库塞重在对发达工业文明意识形态进行批判，哈贝马斯等人重在对科技意识形态进行批判，等等。法国学者 M. 洛威曾经指出，在法兰克福学派那里，坚决地否定现存制度和强烈地反对实证主义，这两个方面是相辅相成的，并表现出否定辩证法的统一性。自从霍克海默以来，法兰克福学派理论家就一直把对工业文明的批判与对实证主义的批判紧密地结合在一起。20 世纪 60 年代，在德国哲学社会学界又爆发了以阿尔多诺为代表的辩证学派与以波普尔为代表的实证学派的"实证主义论争"。在阿多尔诺等人看来，由于实证主义推崇理性主义，崇拜事实而不能辨别历史的否定性，就必然导致保守主义和顺从主义。因此，实证主义就是为资本主义制度辩护的理论。总之，他们往往处于悲观与乐观之间、超然与人世之间、现代与后现代之间，这成为法兰克福学派文明论的重要特征。

该论文关于法兰克福学派文明论的评述是十分精到的。论文指出："法兰克福学派并非完全否定文明，而只是对工业文明进行反思和批判。"马尔库塞通过对弗洛伊德压抑性文明论的继承和改造，阐发了自己的文明观。他认为，文明产生于基本压抑，工业文明产生于额外压抑。因而，工业文明是一种单向度的压抑性文明，发达工业文明是压抑性文明发展的顶峰。文明进步所付出的代价，在于文明压抑本能导致了人的自由和快乐的丧失，在于负罪感增强导致了人的幸福的丧失。人们在物质满足中丧失了痛苦意识，心甘情愿地变成了发达工业文明的奴隶。马尔库塞对工业文明的批判是相当深刻的。当然，他试图通过性文化革命来反叛现存社会秩序，客观上对性放纵论起到了推波助澜的作用。

该论文还阐述了法兰克福学派关于非压抑性文明和交往合

理性的论述。马尔库塞指出，为了克服压抑性文明的弊端，使人们过上无忧无虑的生活，获得真正自由，就必须重建一种非压抑性文明。为此，必须超越现实原则，重建现实原则与快乐原则的关系；把工作变为消遣，重建感性冲动与理性冲动的关系：把性欲变为爱欲，重建爱欲与文明的关系，并通过性文化革命来推翻现存制度。重建人与自然、人与人的关系。马尔库塞非压抑性文明论具有一定空想性，而且具有消极作用，自然会走向悲观主义。当然，它以发达工业文明批判为核心，以实现人的爱欲解放为目标，尤其是关于感性与理性、爱欲与文明、人与自然、人与人关系的重建，对于克服工业文明异化、实现科学精神与人文精神融合具有重要启发意义。虽然他的有些看法难以令人苟同，但他确实注意到了发达工业文明发展的新特点，提出了某些合理见解和值得重视研究的问题。

该论文特别指出，哈贝马斯试图通过交往合理性来实现社会合理化目标，以此克服当代工业文明危机，拯救现代文明。他指出，交往行为的有效性要求，是交往合理性得以重建的前提条件，是社会合理化的根本标志。只要重建交往合理性，实现交往行为合理化，重新平衡工具理性与价值理性、协调系统合理化与生活世界合理化的关系，就能实现社会合理化。因此，符合交往合理性的话语平等和民主是社会交往、文化交流的行为准则，是理想、公正、稳定社会秩序的前提条件，是未来文明的发展方向。这样，就应该用理解、宽容态度来处理不同文明之间的关系。尽管哈贝马斯并没有为法兰克福学派文明论奠定坚实基础，也不能找到克服其所讲的“生活世界殖民化”的真正途径，实现社会合理化的理想也未必能够实现。但是，他对当代文明的反思和批判，毕竟显示了对当代人生存状态的关切，以及对未来文明的信心。①

该论文在这其中还特别重视了哈贝马斯用合法化危机论对当代工业文明所进行的全方位批判。哈贝马斯的论述，特别围绕晚期资本主义存在着各种危机，如经济危机、合理性危机、合法化危机、动机危机等等，进行了分析批判。

三、塑造论哲学关于社会文明的原理及其论证

（一）塑造论哲学强调，确立社会文明不能没有形而上。真正发展起来的社会文明，在形而上的设置中，经历了原始崇拜的形而上，经历了宗教信仰的形而上，经历了伴随着基于科学而形成的哲学思想形而上。

在塑造论哲学关于人类历史上形而上设置的论述中，对这三种情况作了列举。

一是原始崇拜的形而上设置。

可以说，这种设置的生成存在，从人类历史的很早期就有。也就是说，这种"设置"得以可能，即人类在历史上之所以能有这种设置，离不开人之所以成为人本身就伴随着"工具语言符号"。扩展说，这伴随着"符号（语言—工具）行为"；这特别体现于劳动，这融于物质产品的生产再生产和人口的生产再生产之中。

在人类远古的历史时期，人塑造自然所形成的"塑造之物"，不管其多么简单、粗糙，它总是被塑造出来放在世界中，它既是意识的产物，又是属于形而下与形而上统一着的世界。而一旦与整个世界的进化融为一体，作为显意识的"塑造之物"与超意识的"存在"和"成"就成为同一的了。

① 参见王凤才博士论文：《批判与重建——法兰克福学派文明论研究》。

可是，在人们对自己的“塑造之物”并没作出显意识思考，即并没有意识到它是意识的显化之前，人的“塑造之物”是本然地陈放在那里的。这时就开始逐步有一种原始的形而上学设置。

历史上的确有过这样的时期，自然塑造之“我”对自己的塑造之“物”并不认为是自己塑造的，而只是把它归于一种非人力量的产物；这是在人类开始，如同其他物种一样，不能把自己同自然相区别的重要表现。例如对于原始崇拜中的图腾、神以及祭祠、巫术等等。这些东西，既是自然生成的人所使之，又是人面对的自然而由之。但这毕竟已用人的符号系统、行为系统，或者说，由操作系统、礼仪系统表现出来。在这种发展中，与图腾、神由多向单并由简单向丰富的演化相同步，语言文字和典章制度的体系也演变出来；此时，人对世界的意识二重化伴随于其中。

这就形成了一系列文化集合。流传下来的关于远古的故事或传说就是这些文化集合的体现。这些关于远古的故事和传说，既包含着形而上与形而下的统一，同时本身又是一种解释系统。正如许多学者已强调的，它们是远古先民的“哲学”和“科学”，在其中包含着远古先民对自然现象、对人际关系的理解，并由此解释着他们自身的来源和历史。先民的传说或故事，既体现着人与神的原始同一性，又在逐步划分出人与神的界限中宣告着神与人的依赖和对立。此情况表明着，人类力图超越自然而站出来同时又不能不依托于大自然而生存的地位。

这些传说或故事成为后来文化一系列演变的“母题”。道德伦理情结、技术程序范型、艺术韵律原型、理论逻辑命题等等的产生与演变，都可以从中找到根据。后来这些母题在一系列变形中适应不同社会历史的变化，展现出由一组组文化信息转变成的文化体系。而不论是理论的、艺术的、技术的、道德的命题、原型、范型、情结等等，它们都要以显现着人之意识的语言符号和处理行为物化出来。而其中内在的形而上总是在起着作用，并可以成为当时的人虽不明白却可以提取出来设置在那里而崇拜的东西。①

二是宗教信仰的形而上设置。

塑造论哲学特别揭示了这样的情况：在人们真正实现对显意识与潜意识映照关系作出理解之前，是不可能把形而上，把普遍必然性作为意识了的"在"和"成"而理解的。也就是说，这时不可能理解超意识的"在成"。可是"我"和"塑造之物"的的确确地在那里既定地生成和存在着。作为"语言""符号"的"塑造之物"，它总是可以被塑造出来，放到并没被理解的"存在"之"生成"中，放到那尽管还没被理解但却可以感知的物在物成之中。作为"语言""符号"的"塑造之物"带有一种奇特的性质：它可以把意识中不论被理解还是没被理解的东西设定出来，既可设定一个个符号与一个个的感性"物"和"事"相对应，又可设定某符号与一个关于整体大全而统摄万物的"在"和"成"相对应，于是设定出某符号成为一种至高无上无所不能的宗教信仰物，如神佛等等，就是由这种情况的符号设定而出现的。

特别是当人们在实际关系中，对于不得不服从的带普遍必然性的规范与人的活生生性情的关系，难以恰当说明和把握；人们面对其间形成的一系列冲突，诸如欲求性和节制性、规范性和生动性、确定性和不确定等等得不到解决；因而在神学宗教体系中便形成了这样的情况：既然人在世俗世界中生动的欲求显得那么杂乱、污浊，而体现崇高的东西是完美的，于是诉

① 参见张全新：《塑造论哲学导引》，人民出版社 1996 年版，第 62～63 页。

诸超越杂乱、超越污浊的归结，这就是天、帝、神、佛等等。在西方，上帝是至高无上的，是全在、全知、全能、全善的；基督引导圣事，救赎世人；人在赎罪中才能获得重生。在中国，天是可以与人合一的，仙界、佛界系统的秩序，实际就是人间秩序的神化；天意、神旨、佛性是可以在人身上的。而这种带超越性的东西似乎具有无限的力量，所有的人都应遵循天或神仙或佛所体现的法则。以上各种宗教都由此制订了种种礼教或戒规，这可用来劝诫并约束世人。这里面既有把人造成的显意识产物变成压抑潜意识的东西、以致使人之意识完全与无意识相对抗的一面；也有在对那些被当作宗教崇拜的东西加以阐发中实际上考虑着行为与所处世界的同律，因而在其中有影映意识的一面。这样，对行为与世界同律关系的探讨，便同对于人塑造出来作为人格神的上帝、基督、仙、佛与世界诸关系的探讨，平行发展了。这种情况充分体现在宗教的发展之中。①

列宁写《哲学笔记》，在摘录亚里士多德批判毕达哥拉斯和柏拉图学说的言论时，曾特别评述人类认识二重化和宗教的可能性问题。他指出："智慧（人的）……是复杂的。二重化的、曲折的、有可能使幻想脱离生活的活动；不仅如此，它还有可能使抽象概念、观念向幻想（最后＝神）转变（而且是不知不觉的、人们意识不到的转变）。""人类认识的二重化和唯心主义（宗教）可能性已经存在于最初的、最简单的抽象中。"②

与意识二重化及哲学实现形而上对形而下的超越相同步，

---

① 参见张全新：《塑造论哲学导引》，人民出版社 1996 年版，第 108～110 页；张全新：《佛学的理论文本与佛教的符号行为》，山东友谊出版社 2008 年版，第 1～2 页。

② 列宁：《哲学笔记》，《列宁全集》（第 38 卷），人民出版社 1959 年版，第 421 页。

宗教大都把超越凡俗世界、把超凡脱俗作为其学说论证的主旨。而这又面临着如何看待形而上与形而下的生活世界的关系问题。对此，在我的著作中作了以下列举。

(1) 例如，基督教在讨论"圣父圣子圣灵"三位一体的设置时，解释阐发的是教义，实际上在形而上与形而下的关系中内在着确立形而上学何以可能的问题。

"三位一体"中处于第一位格的是"圣父"，即"上帝"或"天主""耶和华"。《圣经》在"出埃及纪"一章中写道：摩西对天主耶和华说，"当我到以色列子民那里，对他们说'天主派我到你们这里来'。他们一定会问我'你叫什么名字?'我该如何回答他们呢?"天主向摩西说："我是我所是"；"你要这样告诉以色列人：那'我所是'派我（摩西）到你们这里来"。天主接着又对摩西说："你告诉以色列人：'耶和华，你们祖先的天主，亚伯郎的天主，伊萨格的天主派我来的'。'这是我的名字，直到永远；这是我的称号，直到万世'。"[①] 这里我们应充分注意到的是，天主耶和华讲，"我是我所是"（Ego sum qui sum/I am who I am/I am what I am）。这句话在中文《圣经》中还常常被译为"我是自有者""我所自有永远的"或"我是存有者"。这其中，拉丁文的 sum，可同时作"是""在""有"解。sum 是单数第一人称，相当于英文中的 am，即 to be 的第一人称单数形式。sum 和 esse 是相关词，带有本体、存在、本质的意思。esse 相当于英文中的 being，英文中的 essence（本质）同它有词源的联系。在神学中，与在哲学中一样，由对 sum 可作不同的解释，所以，对于《圣经》上写的耶和华讲的那句话，可解释为"上帝自为自在""自有永远"，或解释为"上帝拥有一切"。

① 《旧约全书·出埃及纪》，3：14.

再就是，作为天主与以色列人立约的名字“耶和华”，系 Jehovah，本身就含有“自有”“永有”或“自有永远”的意思。关于 qui，带有“如何”“何以”“用何”以及“作为”“以……资格”的意思，这个词与 quomodo 相同。qui 等于 atemin（is enim），带有“是”“原因”“由于”“其实”等意思。相关的形态有 quia，这同于 quod，直译是“因为”“由此”。quod 等于 subst，辞典上往往解释为：食料、财富、体质、原素、自主体、支柱、支撑、生存、存在以及实质、本体（实体）等等。

“三位一体”的第二位格“圣子”，即耶稣基督。圣子是上帝的“独生子”。他在世界尚未造出前便与上帝同在，体现上帝的逻各斯。他为救赎世人，降为世人，成肉身；这是借童女马利亚因圣灵感孕才实现的。因此基督既有完全的神性又有完全的人性，是圣父启示的传递者，是救世福音的宣告者。他甘愿钉死在十架上牺牲，替人类祭献上帝，作为赎价；后复活升天，将来还要来临，施行最后的审判。基督的事工理论则被称为“救赎论”，主要讨论基督如何完成拯救世人的使命。教会是由基督所建立，具有圣洁性和普世性，它宣传福音，组织引导圣事圣礼。

“圣灵”处于“三位一体”的第三位格。由于人是上帝“按自己的形象”所造的，它由身体和灵魂组成，在万物中居最高地位；但人有原罪，背离上帝而陷于魔鬼的罪恶势力之下，不能自救，唯有信赖基督才能蒙救称义，获得永生。正是圣灵使人知罪、悔改、成圣。

对“三位一体”的说明体现着，涉及到在讨论“形而上设置何以可能”时，不能不遇到矛盾。因为，作为基督教核心形象的耶稣基督是否确有其人，固然说法不一，但流传下来的耶稣应当说首先是个活生生的人。而教义宗旨在于信奉一个全在全能的上帝。这种宗教追求与人们对世界本原的哲学追求是相似的，异曲同工的，伴随着人类意识的二重化过程。为使全在全能的上帝在基督身上得到体现，首先可做到的是说他是上帝派生出来的，所以说耶稣基督是圣父上帝的儿子，是圣子，使之成为体现上帝"逻各斯"的化身。但这里不可避免地要遇到耶稣能否具有上帝的全在全能属性的问题，需要解决。公元325年的尼西亚会议争论的问题就体现这一点。会上阿里乌斯教派及其门徒认为，基督是上帝创造的，秉赋自由意识，上帝预见他将用以为善，从而在创造时予他以神的尊严。这种看法中的耶稣尽管为上帝所造，但基本还是人，因为他的神性毕竟还是外在地被给予的；他既然被创造，就像整个形而下的世界被创造一样，似乎有同样的性质。正因为这样，反对派阿塔纳西乌认为，圣父之子作为救世的本原，是圣父所生却不是由他创造的；他同圣父一样悠久，同圣父是本体同一的（homoousios）。但父和子毕竟还是两个，所以只能同时又讲，圣子充分享有圣父的天性，而无损于圣父，又不失其为另一存在方式；耶稣在本质上是逻各斯，这是上帝或圣父之子同人体的结合；这种化身是全在全能的化身。当然同时还有圣灵，但这被看作是另一个或第三个存在。这里意在强调，上帝是由本性同一的"三"种存在方式所组成，是同一本体的"三位一体"。在尼西亚会议上阿里乌斯教派被否定，"是圣父所生，而不是由他创造的，同圣父属于一个本体"这样的字句被编入尼西亚的信经。而对于圣灵，则是坚持"从父出来"。可是如果讲父亲，他也被理解成活生生的人。这就得讲，他这成为人格化的神，是不可避免的。那他怎么能有全在全能而超越形而下的大全性质？如果说自3世纪中叶德尔良图率先论述"三位一体"，但当时并没能真正确定三者间的关系，而且对"圣灵"并没强调到相当高的程度；而后来的争论则更加关注在形而上意义方面更强的"圣灵"问题。只讲"圣灵从父出来"显然不利于把基督的核心形象耶稣所具有的全在全能性质确立起来。于是出现了至11世纪西部教会坚持将《尼西亚信经》的“圣灵”“从父出来”一句改为“从父和子出来”的情况。显然后者比前者更加抬高了圣子的与上帝同样全在全能的意义。这样，圣灵贯彻于圣父圣子的性质得到了加强。这就进一步提升了“三位一体”的超在全能的形而上性质。

于是，基督教当时经历了这样的过程：《尼西亚信经》《使徒信经》在对“圣父、圣子、圣灵”加以说明时认为：“圣灵”“从父出来”。西派教会改为“从父和子出来”。而东派教会则坚持“从父出来”。这形成了东西教派争端的“和子”问题，并形成了东西教派的分裂。基督教史上所称的“和子”问题的争论，既代表着早期基督教与当时古希腊哲学结合所能达到的水平，也显示了东派基督教沿着与古希腊哲学结合后而向其偏于东方特点发展的趋势。[①]

（2）又例如，佛教在确立“佛”的设置时，同样，解释阐发的是教义，实际上也在形而上与形而下的关系中存在着确立形而上何以可能的问题。

佛教真实创始人相传名为悉达多，姓乔达摩，这就是后来被佛界尊称的释迦牟尼（Sakyamuni）。释迦牟尼是佛教徒对他的尊称，意思是“释迦族的贤人”。这样，在后来的佛教中，教义中最高的“佛”和教义的最早创始人，被认为是释迦牟尼。既然释迦牟尼本是个活生生的世间之人，而其作为“佛”，如何才具有超越凡俗世界、带有全在全能的遍及一切的性质，这就要对佛教的信仰作出形而上的设定。于是才有关于“佛身”的理论，才有了“毗卢遮那佛”等等的出现。

① 参见张全新：《塑造论哲学导引》，人民出版社1996年版，第110～115页。

到目前为止，尚未发现留存下来的直接见著于释迦牟尼的佛学经书，多为释迦牟尼涅槃以后，他的弟子将其生前说教结集而成的经典。其中，被认为是释迦牟尼在世时说法的朴实记录，主要体现于《阿含经》，这成为了解原始佛教时期的根本经典。《阿含经》由四部经典组成，即《杂阿含经》《中阿含经》《长阿含经》及《增一阿含经》，所以又称为《四阿含》。在《杂阿含经》中就开始有了作为"法身"之体现的毗卢遮那佛。后来一系列佛学经典，如作为佛学三大经典之一的《华严经》等对此作了进一步的论证。《华严经》有许多特点，它强调"诸佛真法"是作为本体的佛菩萨"法身"，佛法高于佛身；如果说"法身"的体现者是就是毗卢遮那佛，那么一切佛菩萨全是毗卢遮那佛的应化身；他们教化世间并拯救众生的善行，都是毗卢遮那佛秘密神力加被的结果。在这里，释迦牟尼和其他诸佛似乎黯然失色，对毗卢遮那佛的崇拜取代了对其他佛的崇拜。就佛教信仰体系而言，《华严经》中的毗卢遮那佛的出现，标志着在信奉释迦牟尼为唯一教主的佛教体系之中，产生了一种全新的形态，这为大乘教创造了一个新的或称作"佛日"的教主。

"毗卢遮那"是梵文 Vairocana 的音译，原有"光明普照"的意思，是太阳的别名，毗卢遮那佛后又被意译为"大日佛"。他无形无质，无言无行，无思无虑，但遍及一切，感应五方，所示十方诸佛，无边无际，其量不可计数，能发大光明，普照三界六道。这样，对于毗卢遮那又有意译之为"大日如来"。说到"如来"，这是梵文 Tatgdgata 的音译，音译还常有"多陀阿伽陀""答塔葛达""怛佗仪多"等等。"如"，亦名"如实"，即"真如"，往往被理解为一切"法"的真实状况，意谓佛所说的"绝对真理"；循此真如才达到佛的觉悟。

音译为"毗卢遮那"的梵文 Vairocana，还往往音译为"卢舍那"。例如旧译《华严经》（东晋佛陀跋陀罗译，六十卷）对此就译为“卢舍那”。而唐实叉难陀所译的八十卷《华严经》则将此译为“毗卢遮那”。华严宗据此认为，毗卢遮那与卢舍那分别为全称和略称。而后来，“卢舍那”又变成“报身佛”，成为《华严经》所说莲华藏世界（佛报身之净土）的教主。在《维摩诘经》等经典中，就有“报身佛”的思想。“报身”指佛自身应该享受的特殊国土和形体；据说，只有积得与该佛功德相同的菩萨，才能见之于这种“报身”。

值得注意的是，“毗卢遮那”和“卢那舍”其实都是梵文 Vairocana 的音译，后者是前者的简称。而后来一佛化成二佛，这种变化之事是由其构造佛之系统的特殊需要而产生的。有人对“三身佛”打了这样一个比方，让人们来体会其中的联系和区别：“法身”是“最理想化的标准像”，“应身”是“贴在工作证上的像”，“报身”是“取得最高学位时贴在博士证书上的像”。

通常认为，后被编进大部《华严经》而成为其中《序分·名号品》的《兜沙经》，是《华严经》的最早提要。与此类多佛信仰相应，出现了一系列有关佛身的经典。支类迦译《佛说内藏百宝经》谓：“诸佛合一身，以经法为身”，意为“佛身”由佛的“生身”上升到了以佛经所说法为“身”的“法身”。在公元 3 世纪的汉译大乘佛经中，“法身”已被普遍抽象化和神格化，认为“法身”无形无体，无作无言，不可以言说得，不可以思维求，亦不接受众生的供养布施，但它真实、圆满、寂静、永恒、充塞于世界万物之中，并构成万物的普遍本质，平等仁慈地对待天地诸有，悦护一切众生。

与“法身”相对，佛的“生身”，即“色身”。当说到“色身”这是由“法身”而化为满足众生信仰需要的一种示现，所以亦称“化身”，后来也有的称作“应身”。“化身”随民俗不同，众生构想不同，形象各异，差别很大，但大多认为其具有

"十力""四无所畏""十八不共法"等超人的能力和"三十二相""八十种好"等超人的形体。此类"化身"遍布三世十方，"其密集的程度，犹如甘蔗、竹芦、稻麻等"。

佛学中关于"佛身"理论的发育形成，体现出从一个活生生的人之形而下到至高无上的神"佛"的形而上提升，由此才能作出神学化了的佛的宗教设置。也就是说，佛身本来应当是就作为佛教创始人的释迦牟尼自身而言，后来被逐渐神秘化。而作为佛教术语，"佛身"（buddhakaya），则涉及以关于佛的诸法实相之智，所修福德、所说教法和所制律仪。因为在释迦牟尼之生身入灭后，其弟子们认为，佛陀的特质不止在于"觉悟"，更在于其有多种的理想品质，遂以佛陀"难证能显"诸法实相之智和"所显所证"的法理及其所修福德等为修身；由此延伸亦把佛陀所说教法和所制律仪称为佛身。在实际的历史上，因为必须面对释迦牟尼"成佛"之后同样要入灭，其成佛的意义何在，这是个很重要的问题。所以在小乘佛典中提出了"肉身灭，法身不灭"的论证。《中阿含经》卷十称："若见缘起便见法，若见法便见缘起。"可见这里讲到"法身"，重要的在于"缘起"。缘起的法则，是法尔道理，不生不灭。释迦牟尼成佛，即契证缘起法，不再迷惑，所以讲，法身不灭。再就是，戒、定、慧、解脱、知见五法，作为佛陀因地修持和成佛后教导弟子的法门大纲，由此强调了"五法"在果位上即转成"五分法身"。五分法身是佛陀积聚的智慧和功德，不会消失，所以法身不灭。大乘佛教对佛身理论作进一步发挥，指出当年成佛的释迦牟尼只不过是"从本垂迹"到"驾慈航"的应化之身，他在无量劫前早已成佛，这带有淡化佛陀人间现实性的趋向。在大乘经典中，有时说是一法身，有时则说有二身，即常住身与方便应化身，或生身与法身。这才延伸形成了通常关于"法身、应身、报身"的"三身"。"法身"指我空真如、法空真如所显之法性。“应身”，即应物现身，指佛为普度众生随三界六道之不同状况和需要而显现之身，也指2500年前诞生于印度、化导人间、80岁入灭的释迦牟尼。“报身”指佛陀的智慧和悲愿以及福德庄严所成之身，此又分为两种：以“如如智”证“如如理”，是唯佛与佛所自证的境界，称“自受用报身”；为初地以上菩萨现起相好庄严之身而转无上法轮，称“他受用报身”。

在佛教史上，从上座部佛教说起，那时就称佛身有32相、80种好；到了大乘时期，佛身不仅可指佛陀，甚而泛指佛教所说的一切佛了。“身”已不只是指肉体，而更侧重于指精神本体。大乘佛教就是将这种由积聚功德和觉悟而成就的佛体，从称为佛身，到称为法身。当讲到佛的“三身”，讲法身、应身、报身，形成的是：以理法聚而为法身，功德聚而为应身，智法聚而为报身。佛具此三性，三身即成一佛，一佛具此三身。与此相应，才有“三身佛”之说，即通常所说的法身佛、应身佛、报身佛。这里面“法身佛”是将佛法人格化，象征佛法的无所不在，强调先在具有的佛性，这是成就佛身之因，所以名为法身佛，即毗卢遮那佛；而“应身佛”是指为救度世间众生而随机应化的变化之身，即释迦牟尼佛；“报身佛”是指以法身为因，经不断修习而获得佛果之身，即卢舍那佛。

当然，在佛教经典中关于“法身”“报身”“应身”，有种种不同说法，名称也往往各有不同。①《法华论》《大乘义章》等讲到的是“法身、报身、应身”。《大乘义章》卷十九中讲：“法者所谓无始法性。”“后息妄想，彼法显了，便为佛体：显法成身，名为法身。”此处之“法性”或“法”，被认为指的就是人的先天可有的“如来藏”“真心”“本觉”，此为成就佛身之因，故又名“法身佛”或“法佛”。“报身”亦称“报身佛”或“报佛”。“此真心体”，为缘薰发，堵功德主，为名报佛”。此指以法身为因，经过修习而获得佛果之身，分为证知与享受，强调是佛境的报身，以及为适应"十地菩萨"需要而呈现出来之报身。"应身"亦称"应身佛"，有所谓"众生机感，义如呼唤，如来示化，事同响应，故名为应"，此指佛为度脱世间众生，随三界六道之不同状况和需要而现之身。这也指释迦牟尼之生身，或指变现混迹于世间的天、人、鬼、龙等。在中国佛教的历史实际中，天台宗是较早系统提出"三身佛"说法的，明确讲，毗卢遮那佛为"法身佛"，卢舍那佛为"报身佛"，释迦牟尼佛为"应身佛"。②《成唯识论》《佛地经》讲到的是"法性身（或'法身''自性身'）、受用身、变化身"，而《胜鬘经》为"法佛、受用佛、化佛"。据《成唯识论》卷十等载："自性身"指"法界、法性"，亦即法身。"受用身"有两种："一自受用"，指佛累劫积德所得永恒不灭、能使自己受用"广大法乐"之色身；"二他受用"，指佛"为住十地诸菩萨现大神通"，令其"受用大乘法乐"之"功德身"，此即上述之报身。"变化身"，相当上述之"应身"。在中国佛教的历史实际中，法相宗就是称毗卢遮那佛为"自性身"的。而卢舍那佛为"受用身"、释迦牟尼为"变化身"。③《最胜王经·分别之身品》讲到的是"法身、应身、化身"。据此所载：其中"法身"即上述的"自性身"及"受用身"中的"自受用身"；"应身"即"受用身"中的"他受用身"；"化身"即"变化身"。在中国佛教的历史实际中，密宗最崇拜作为毗卢遮那佛的"大日如来"（摩诃毗卢遮那，梵文Mahāvaircana）。总起来说，"三身"可归为以下几类：一是法性、法界，即成佛之根据；二是修习佛法所得之佛果，即佛之本身；三是佛为大乘菩萨说法而变现之身。在以上三种情况的说法中，大部分地区其第一种比较流行。另外，还要讲到的是，有的列出，利乐世间众生而变现之色身或其他种类之幻身，故由此有法身、报身、应身、化身所谓四身之分法。

这里，不容忽视的是，当"佛"由人变为神，在此情况下，如何既塑造出一具全智全能的最高佛又与活生生的人间世界相联系，这是很重要的问题。这样才出现了由觉悟了的释迦牟尼扩展为三世佛、四世佛、七世佛等说法。支娄迦谶译出的《兜沙经》，把世界分为十方，每方都是无量无边。佛徒修行的目的，最终在于成佛，但成佛是异常艰辛的，是须经无数劫才有希望完成的漫长过程。从修持的角度，这过程可分“十住”“十行”“十五尽藏”“十回向”“十地”“十定”，六个十阶次，每一阶次都规定有为众生必做的功德和为自己应积累的福与智，由此体现自利利他和自觉觉人的大乘精神。

总之，种种佛身之论，特别是“三身佛”的构成，反映出“人的思维二重化”过程充分体现在关于佛的思维或说佛学思维之中。这是实现佛教信仰形而上设置的关键性环节。这使佛教的偶像崇拜与哲学本体论的抽象设置结合起来。由此，把“佛”塑造得至真至善、至高至尊、全知全能，具有拯救人生的救世主品格，成为可能。这对于佛教在宗教领域发生重大变化而成为有影响力的宗教，是至关重要的。[①]

不论是佛教还是基督教以及其他种种宗教，如果丢掉形而上或缺乏形而上的设置，就难以征得信众，就很容易走向产生不利于人类的教义和行为，以致成为邪教，甚至导致恐怖主义、导致反人类。

三是哲学思想的形而上设置。

在历史上人们总是基于当时科学所能达到的认识和智慧，在哲学上给出形而上的设置。

在古希腊时期，伴随着人们关于世界二重化意识的发展，

---

① 参见张全新：《佛学的理论文本与佛教的符号行为——由塑造论哲学视角看过去的佛学、佛教及佛界、佛事》，山东友谊出版社 2008 年版，第 141～143、207～210 页。

巴门尼德提出与变动不居的有形物相对的不变不动的"存在"(öυ)。在他看来，存在唯在于其存在，别无其他概念能规定之。柏拉图强调，作为"灵魂之眼"的"思想"去把握（看）的 ειδos，是普遍的形式、是真正的"是"、是真正的"存在"(on os alehtes)。亚里士多德指出："那过去被提出，现在被提出，始终被提出，并始终是困惑的问题，即什么是'是''存在'(τυ ον，to on)，也就是这样一个问题，什么是作为'是''在'的'本体'（ουσ ί α，ousia)?"① 他由此展开了关于"本体"及各种"范畴"的一系列论述；他这方面手稿整理汇编的书，被冠名《metaphusike》(后翻译成中文即"形而上学"为其译名)。

中世纪，很重要的是，关于哲学形而上的设置与宗教形而上的论证平行发展。在中世纪的哲学论述中，对古希腊哲学提出的一些哲学范畴进行了解析。如用希腊文写成的"尼西亚信经"强调，"我们信独一的上帝，全能的父，创造有形无形万物的主。我们独信主耶稣基督，上帝的儿子，为父所生，是独生的，由父的 ουσια (ousia) 所生的。从神出来的神，从光出来的光，从真神出来的真神，受生而非被造，与父本体同一（homoousia)，天上、地上的万物都是借养于他而受造的。他为拯救我们世人而降临，成了肉身的人，受难，第三日复活升天。将来必再降临审判活人死人。我们也信圣灵"。后来的拉丁神学家，在讨论"三位一体"时，倾向于用拉丁文 substantia 代替希腊文 ουσια (ousia)，以 subsistantia 代替 hypostantia，并对 postasis 和 peresona 一系列概念作出辨析和新的规定，形成更为完善的基督教哲学系统；后在走向近代哲学中则出现了用以标志本体论的由 ousiology 到 ontologia。

① ［古希腊］亚里士多德：《形而上学》，1028b3～5。

近代西方哲学经过培根“在极不相同的substence中探索自然统一性”的“实验哲学”、笛卡尔在“Cogito，ergo sum”的解析中“重建形而上学”，经过唯理论经验论在诸哲学家那里展开关于确定“本体”（“实体”）的一系列争论，经过18世纪法国哲学以唯物论的方式确认“物质”概念；到康德那里以先验哲学的方式论证了作为本体的substens与noumeno的区别与联系；经过费希特、谢林，黑格尔由Sein、wesen、Gegriff建立了他的客观唯心论体系。黑格尔区分了“客观的形而上学”“主观的形而上学”，并且，一方面强调形而上学的必要性，一方面对他所讲的旧形而上学进行了强烈的批评。这后一方面批评，在有人误解中，开了把“形而上学”看作一种绝对的、孤立的、固定的思维方式之先河。

在理性主义哲学充分发展的同时，非理性主义哲学也在生长着。尼采由其非理性主义哲学家的立场，把哲学史归于由“无意识的形而上”到“形而上学的兴起”直至“形而上学瓦解”的过程。他认为，欧洲哲学史几乎就是一部形而上学解体的历史，同时也是虚无主义走向成熟的历史。

而在实证主义及实在论的思潮中，则经历了：对形而上学拒斥，到对形而上学认可，又向形而上学回归。

在现象学及存在主义的发展中，胡塞尔的哲学缘起于有关“形而上学成为可能的条件”的分析，他由关于Phenomenon（显现）的理论，划分了“现象学（Phanomenologie）考察的三个阶段”。海德格尔《存在与时间》导论在“概述存在（sein）意义的问题”时，第一节开头便说，“我们的时代虽把重新肯定‘形而上学’当作自己的进步，但这里所提出的问题如今已久已遗忘了。人们认为自己无需努力来重新展开……［巨人们关于存在问题的争论］。然而，这里提出的问题绝不是什么随随便便的问题”。于是他特别由Sein、Seiend、Dasein展开了他的研究。

海德格尔还专门写了《什么是形而上学》一书。后来萨特又提出了他关于 Sein 的哲学。

马克思的哲学重在论证"社会存在""社会实践"，他在不同于经验的方式意义上使用了"形而上学"这一概念。例如，他在《哲学的贫困》这部著作中曾就"政治经济学的形而上学"这一命题，围绕蒲鲁东的理论进行了论辩。恩格斯、列宁、斯大林以及后来的一些理论家，则把在黑格尔那里本来是批评笛卡尔、斯宾诺莎、洛克、莱布尼兹等人所持的"这一种形而上学""旧形而上学"看作就是其所认定的"形而上学"；把形而上学认作是与"辩证法"相对立的"绝对的、孤立的、片面的、静止的、固定的思维方式或观点"。

后来西方马克思主义就社会存在本体论、实践哲学等作了许多重要的哲学思考，一些学者如哈贝马斯还专门写了《后形而上学思想》等著作。

后现代主义哲学特别冲击传统形而上学。有的学者主张完全否定形而上学，而一些学者主张建设性地修补形而上学；罗蒂就由此写了《后形而上学的希望》。当代有学者又专门对后现代主义否定形而上学进行了辩驳；格拉切由此专门写了《形而上学及其任务》，等等。

在中国哲学史上，《易》书中有关于"形而上者谓之道，形而下者谓之器"之说。[①] 这里强调，"形乃谓之器"，在这之上有形而上的"道"。老庄由"道"的形而上，建立了其道家学说的理论体系。子思基于"天之道，人之道"讲到"诚者自成"，把形而上归于"诚""成"。子思讲，"诚者自成""不诚无物"，"诚者天之道也，诚之者人之道也"；把"诚""成"确立为最高

① 《易·系辞上》。

的形而上范畴。后来的孟子继承这一传统，并归之于“心”，在“反身而诚”中确立“心”的形而上。荀子则由“物之所以成”讲“养心莫善于诚”而指向形而上。韩非则开始将“理”形而上学化，在形而上的设置中论证“审合刑名”。

汉代董仲舒以“天瑞应诚而至”来强调“天道成”及“得人之诚”。王充注重讲“务实诚”，以“成气而行之”的形而上命题为基础。魏晋玄学围绕“贵无论”与“崇有论”之争，来展开关于“有”与“无”的哲学体系。

唐代李鼎祚在《周易集解》中引唐代崔憬言：“形质之中有体有用。体者，即形质也；用者，即形质上之妙用也。言有妙理之用，以扶其体，则是道也。其体比用，若器之于物，则是体为形之下，谓之为器也。”他强调形而上为道，形而下为形质、为体、为器，形而上不离形而下。唐代孔颖达《周易正义·系辞上》说明道：“道是无体之名，形是有质之称；凡有从无而生，形由道而立。是先道而后形，是道在形之上，形在道之下。故自形外已上者谓之道也。自形内而下者谓之器也。”他谓形而上为无体无形，形而下为有质有形。

宋以后，形而上与形而下成为哲学讨论的重要问题。北宋周敦颐由“无极而太极”的形而上来为“诚立通明”立论。张载讲：“形而上者是无形体者，故形而上者谓之道也；形而下者是有形体者，故形而下者谓之器。无形迹者即道也，如大德敦化是也；有形迹者即器也，见于事实即礼义是也。”① 程颐谓：“所以阴阳者是道也；阴者，气也。气是形而下者，道是形而上者。”② 南宋朱熹则强调：“理，形而上者；气，形而下者。自形

① 《横渠易说·系辞上》。

② 《遗书》卷十五。

而上下言，岂无先后。"[①] "理也者，形而上之道也，生物之本也；气也者，形而下之器也，生物之具也。"[②] 明清之际王夫之则认为："形而上者非无形之谓，既有形矣，有形而后有形而上"，"器而后有形，形而后有上"[③]。他强调没有脱离形而下的形而上。清代戴震则提出："形谓已成形质，形而上犹曰形以前，形而下犹曰形以后。"[④] 他把未成形质的都看作"形而上"，把已成形质的看作是"形而下"。

到现代出现的，受实证论、新实在论影响的新儒学，以及受苏联马列主义斯大林哲学影响而形成的哲学，都在哲学追问形而上方面遇到诸多问题。这促使许多哲学家为解决这些问题而作出努力。

（二）基于以上哲学史，在中西哲学的交汇点上，塑造论哲学由"'是''在'""'诚''成'"，形成对形而上的追问；这里，追问于形而上形而下渗透其中的"'是''在'""'诚''成'"，这体现出中西方哲学在追问中的各自不同角度和设置上的特点。也就是说塑造论哲学关于形而上的设置，在于把西方哲学长期追问的"'是''在'"与中国哲学长期追问的"'诚''成'"提取出来，既不简单地诉诸于似乎与人不相干的非人为感性之物，也不笼统地诉诸于离开感性之物的人主体之心，而是诉诸于人之"塑造之物"。这是诉诸于"'是''在'""'诚''成'"都内在其中的"塑造之物"，由此来追问形而上。

在塑造论哲学看来，塑造之物是内在着"'是''在'""'诚''成'"的外在之物，这外在之物是内在着形而上的形而

① 《朱子语类》卷一。
② 《答黄道夫》。
③ 《周易外传》卷五。
④ 《孟子字义疏证·天道》。

下。“形而上”潜在地设置于其中。人们总是由形而下去“看”形而上，去体悟形而上，去确立形而上，而这摆脱不了人的塑造之物。在追问形而上时，如果认为只能从非人为的感性之物上手，这只是一个虚拟，因为人只要一上手、一上眼，它就不可能是纯粹的完全“非人的”感性之物；在追问形而上时，如果离开塑造之物而认为可以只从人之心开始，这只是一个空想，因为人之心离开感性之物，只能是空泛无际的；如此等等都不可能将形而上设置起来。而面对人的塑造之物才可以有边有际、实实在在，可以将其中内在着的形而上加以确立。离开了人的塑造之物，不可能找到真正的形而上，不可能将统摄形而下的形而上设置起来。

总之，塑造论哲学关于形而上的设置，不是诉诸于非人为的感性之物、不是只诉诸于人之心，也不只是基于“‘是’‘在’”、或者只基于“‘诚’‘成’”；而是由“‘是’‘在’”“‘诚’‘成’”共同融合于人的塑造及塑造之物之中，来探寻统摄形而下的形而上。

由形而上指向落实于形而下，塑造论哲学从自然对人塑造所产生的文化人类和人对自然塑造所产生的人类文化二者交织的意义上，重视揭示人的实践与人的衍生的关系；指出，基于自然塑造人和人塑造自然，在衍生中才有实践的人，在实践中才有人的衍生；在衍生中才有人的实践，在实践中才有衍生的人。由文化塑造之物上手，实际上就是由社会塑造之物上手，来追问形而上，来解析社会，解析社会文明。《塑造论哲学导引》在阐述这一问题时，与“自然的熵减”和“自然的熵增”等概念相对称提出了“人为熵减”“人为熵增”，提出了“自然熵减的良性无意识”“自然熵增的恶性无意识”“人为熵减的良性无意识”“人为熵增的恶性无意识”，以及无意识的冲动性、有意识的规范性，有意识无意识的束缚和挣脱关系，潜意识的生成性、显意识的成就性，以及潜意识和显意识具有的发散与收敛的关系，等等一系列概念，并展开了一系列的论证。

《塑造论哲学导引》这样论述道：每当"我塑之物"成为"我上手的感性之物"，立刻基于我的感知、感受、体验和经验而意识到：对于处在世界中的我（在自然、人我、社会中的"我"）来说，它或者有成于"我""人我""社会"或不成于"我""人我""社会"。有成于的便成为对于我来说有序的，不成于的便成为对于我来说无序的。有序的与熵减之箭同一方向，信息量增加；从而得到与自己相合的生命力，离自己越来越近，并体现自己；成为"养料"，这是走向再生的。无序的便与熵增之箭同一方向，信息量减少；从而失去与自己相合的生命力，离自己越来越远，不体现自己；成为垃圾，这是走向毁灭的。作为主体的人的"塑造之物"，不论是理论的、艺术的，还是技术的、道德的，总是或造成着人为熵减或造成着人为熵增，这决定着人们由其自身生存发展而对它或肯定取纳或否定抛弃。

塑造论哲学由此对"文明"作出规定。也就是说，在上述情况中当充分把人的行为考虑进去，塑造论哲学特别强调，应重视出现"人为熵减良性有意识"与"人为熵增恶性有意识"的情况。因为，在大自然的发展中塑造着文化人类。这一过程是从无序到有序的熵减过程。这是作为开放系统耗散结构的自组织过程。在此自组织过程中，由无意识形成的潜意识，由潜意识到与之一致的显意识，这是有意识的人把自然进化造成的有序结构加以延伸，这里形成着人类文化。在此过程中，人按照自己主导的序参量塑造着自然。正是基于此，塑造论哲学白此对于"文明"与"文化"作出了定义性区别：如果人类文化成为一种飨成于人之有序必然性而有成于自然有序性的开发，就带来人为熵减；这与自然熵减之箭同一方向，从而形成文明文化。因为走向文明文化的过程与自然熵减之箭同一方向，这是走向有序的过程。由于这种有意识的人为熵减对人类来说是良性的，所以称之为“人为熵减的良性有意识”。如果人类文化是一种不飨成于人之有序必然性并无成于自然有序性的破坏，就带来人为熵增；这与自然熵增之箭同一方向，从而形成非文明文化。因为走向非文明文化的过程与自然熵增之箭同一方向，这是走向无序的过程。由于这种有意识的人为熵增对人类来说是恶性的，所以可称之为“人为熵增的恶性有意识”。这种对文化中文明和非文明的区分和阐释，对于澄清这方面的种种混乱具有很强的针对性。这可以真正立足于哲学史并科学地回答社会文明何以可能的问题。

由塑造论哲学原理来讲，如果说“塑造”与“文化”属同一系列的因果范畴，那么值（价值）和法（法律）成为密切相关的概念，这与“文明”更成为直接相关的范畴。我们前面已经反复论述，对于“塑造”，这里总起来讲关注“自然塑造人形成文化人类”“人塑造自然形成人类文化”。自然塑造人形成文化人类，这是走向有序；而人塑造自然形成人类文化，既可能产生文明的文化，也可能产生非文明的文化。这样，对于价值，前面已反复讲到，塑造论哲学提出，应当由“负熵价值论”来统一整个的价值观念。这里强调，在揭示什么是价值时，应注重考虑与“信息”的关系，也意味着注重考虑人处于有序度之中的关系。“负熵”与“信息量”是等价的，可基于 $H(x)=-K\sum_{i=1}^{i=n}P(xi)\log P(xi)$ 这一“信息熵”的公式来刻画；“熵”与“负熵”成为判定一个系统是失去还是获得了“信息”或“有序度”的量度；这里，“熵减”“有序化”和“熵增”“无序化”，互为负值。贯彻于此，可以说，作为负熵的文化，成为文明的。这里的价值含义突出体现着：人行为注入负熵的飨成才形成良性的有序系统，人的实践和衍生活动终究要相随于社会协调、持续而全面的发展进步，在这过程中确认和实现着人与自然、人与社会、自然与社会的必然性。

从经济价值来讲，应当说，劳动价值论和效用价值论应当归结为一个统一的价值理论。依照以上的见解，对这种价值论可称作"劳动和效用的负熵价值论"。在此，以劳动分配和效用配置是否为生产和消费、为社会经济、为人类发展给出负熵为理论基点，来解释劳动价值的更深刻意义，来解释效用价值的更深刻意义。也就是说，在"劳动价值"与"效用价值"中应考虑负熵的参量，在其中特别注意考虑"劳动时间"和"边际效用"及其与负熵的关系。基于这样一些因素来把劳动价值与效用价值统一起来加以判定和计量，再考虑市场经济的均衡，考虑国民经济的均衡；同时可综合起来以关于耗散结构的理论考虑均衡系统和非平衡系统的经济模型，等等。而这是通过"看不见的手"与"看得见的手"来实现的。总之，这里价值的含义突出体现着：由经济行为注入负熵的飨成而形成良性的有序系统，实践和衍生中的经济活动终究相随于社会协调、持续而全面发展进步，在这过程中经济关系确证和实现着人与自然、人与社会、自然与社会的必然性及成就性。与此相反，那便是无价值的，是非文明的。[①]

而对于政治价值，应当讲，应考虑到自然法与人为法的统一。依照这一见解，可以对这种价值论以"自然生成的法"和"人为制定的法"是否为占有和管理、为社会政治、为人类发展给出负熵为理论基点，来解释自然法的更深刻意义，来解释人为法的更深刻意义。也就是说，应在"自然法"与"人为法"中考虑负熵的参量，在其中特别注意考虑"自然成法和人为立

---

① 参见张全新：《关于劳动价值论和效用价值论协调性问题》，《理论学习》2001 年第 3 期，《新华文摘》2001 年第 8 期。

法”及其与“负熵”的关系。基于这样一些因素来把自然成法与人为立法统一起来加以认识和把握，再考虑法制中的政治均衡，考虑法治中的政治平衡；同时可综合起来以关于耗散结构的理论考虑均衡系统和非平衡系统的政治模型，等等。而这是通过“自然法”与“人为法”来“法”“看得见的手”和“看不见的手”而实现的。总之，这里价值的含义突出体现着：由政治行为注入负熵的飨成，而形成良性的有序系统，实践和衍生中的政治活动终究要相随于社会协调持续而全面发展进步，在这过程中政治关系确证和实现着人与自然、人与社会、自然与社会的必然性及成就性。与此相反，那便是无价值的，是非文明的。①

应当讲，当考虑到“看不见的手”“看得见的手”与“自然法”“人定法”的统一，依照以上见解，可以对这种价值论以“自然生成的法”“人为制定的法”“看得见的手”“看不见的手”是否为社会经济、为社会政治、为社会文化及整个人类社会发展给出负熵为理论基点，来解释“价值”的更深刻含义。也就是说，应在其中引入负熵的参量，在其中特别注意考虑“看不见的手”“看得见的手”与“自然成法”“人为定法”及其与“负熵”的关系。基于这样一些因素来把作为“看不见的手”“看得见的手”及“自然成法”“人为定法”的“价值”统一起来加以认识和把握，再考虑社会中的经济平衡，考虑社会中的政治均衡；同时可综合起来以关于耗散结构的理论考虑均衡系统和非平衡系统的经济政治模型，等等。这是通过“自然法”“人定法”来“法”“看得见的手”“看不见的手”，而实现的；是通过“看不见得手”“看得见的手”来使“自然法”“人为法”

① 张全新：《塑造论哲学之政治学论证》，山东人民出版社 2003 年版，第 532～533 页。

能够"值"，能够体现为社会的，而实现的。总之，这里"价值"的含义突出体现着：由人的行为注入负熵的飨成，而形成良性的有序系统，实践和衍生中的经济活动、政治活动终究要相随于社会协调持续而全面的发展进步，在这过程中社会的经济政治关系确证和实现着人与自然、人与人、人与社会、自然与社会的必然性。与此相反，那便是无价值的，是非文明的。[①]由此才能更加明确何谓社会发展中的社会文明。

第二节　社会发展中的"文明翕聚"与"文明开辟"

一、文明的"翕聚""开辟"与社会文明

实际上，我们在前面的引述中，已涉及了这个问题。而要专门讲到"文明的翕聚"与"文明的开辟"，需对之作出具体说明。

塑造论哲学强调，自然塑造人是自然向人的发出，人塑造自然是人向自然的发出；文化是自然塑造人与人塑造自然的交汇点，是文化人类与人类文化的交汇点，这体现于人的塑造之物（我塑之物、人我塑造之物、社会塑造之物）；文化人类与人类文化有对立统一的互为对待互为反思的关系，文化是文化人类和人类文化既对立又统一的显现。塑造论哲学又强调，体现负熵的文化成为文明的，否则是非文明的。

① 张全新：《塑造论哲学之经济学论证》（下），齐鲁书社 2006 年版，第 1515～1516 页。

应当认为，各种文化因素对整个文明的发展都有其重要的影响与作用。在人类历史上，有些文化在文明大道上加入了文明发展，也有些文化开始加入文明大道上的文明发展、后来又离开了文明大道偏离文明发展，还有些文化一开始就不属文明所以加入不了文明大道，甚至与文明大道背道而驰。

任何历史时期，对于历史上留下的风俗、习惯，以及观念、学问，在走向文明的过程中，必定要对之加以“翕聚”。这里的“翕”，由“合”“羽”组成；本来寓意是，鸟将起飞，必合歛羽翼，故《说文解字》释：翕，起也，从羽合声。由此，“翕”在使用上，直接的是指变动貌。《论语·八佾》中有“乐其可知也，始作翕如也”。郑注：“翕如变动之貌。”《广韵》道：“翕，动也。”《庄述祖·别记》中写有：“国语云，钟不过以动声。”韦注：“动声，谓合乐以金奏，而八音从之。”毛诗：“鼓钟钦钦。”传云：“钦钦，言使人乐进也。钦，翕声相近；言变动者，亦使人乐进之意。”由“合”“羽”，翕字强调着“合”，其与“敆”通。《说文解字·通训定声》云：“翕，叚借为敆。”《尔雅·释诂》也云：“翕，合也。”《诗经·小雅·常棣》又言：“兄弟既翕。”《陈奂传疏》写道：“夏小正传亦云，翕也者合也。方言，翕，聚也。翕与聚义相近。”进一步，“翕”字又带上“吸”的意思。这样，翕，吸也，引也，与歙吸通。《说文通训定声》讲：“翕，叚借为歙，为吸。”《诗经·小雅·大东》载，翕其舌。所以，《笺》解，翕犹引也，又引申为吸。《马瑞辰传笺通释》：翕吸音同通用，故《笺》训为引。《广雅》释：翕，引也。《玉篇》引诗正作载翕其舌。于是，翕又引申为入也、纳也。《太玄经·玄衡》中就有，“翕也，入”。《太玄经·玄错》又写道：“翕也，内。”另外，《太玄经·翕》有“翕其志”。注：翕，顾也。对翕的解释另有：闭也，与阖通；歙也。《易·系辞上》有“其静也翕”。注：翕，歙也。《荀子·议兵》有：“代翕代张。"有注："翕，歙也。"另外，"翕"字，带有这样一些意思：聚也、眾也、炙也、炽也、盛也、习也，以及与翖同、与翑同，等等。当说到"翕聚"，其中的聚，即聚集、聚合。"翕聚"的直接含义，收歙也。《慎思录三》中写有，"所谓，不翕聚则不能发散也"。

当社会学讲到"翕聚"时，我们要强调的是：动起张合的羽翼，吸引文化中的文明成果，使之在人类社会文明大道上不断得到聚集、聚合。

在人类社会中，人们的习惯、风俗以及观念、学问，形成一定的社会文化环境。当一个人面对所处环境中的文化，在作出抉择之前一定是受这种社会环境很大影响的；也正是有了这一基础，其才有进入文明社会的可能。没有这种走向文明的社会文化力量，或者说，文化中非文明因素膨胀，使内含文明因素的文化力量遭到破坏、扼杀，社会就会出现野蛮现象的泛滥，以至由文明返回到野蛮。而文明又可以是坚挺的，其可以控制野蛮现象不至于再生，使文明处于稳定状态。这种争斗往往体现于传统文化、落后传统文化、优秀传统文化，先进文化、落后文化、没落文化的此消彼长之中。传统文化中有优秀成份，无疑也有糟粕的东西；落后的传统文化是腐朽没落的文化，无疑有其保守性，甚至有对社会历史的反动性，它一定要被优秀的文化、先进的文化所代替。人们在创造文明史时，不是随心所欲的，而是在直接碰到既定的、从过去遗留下来的种种文化因素基础上进行创造。人们要对此回避，是不可能的。只有在批判继承中，通过不断地改造，才能创造新的文明。可见，人们总是处于一个由各种文化因素构成的文化共同体中。于此，各种文化因素混合在一起，往往形成一个相对稳定的文化模式。

世界上各民族以及各国，都有其特定的文化模式。某民族在特定区域中必会形成其特有的文化模式；这种文化模式的形成经历了许多年甚至上千年、上几千年、上万年的积淀，这种文化模式表现于人们的习惯、风俗、观念的方方面面，以至在语言、方言、语音等等方面，都有着相对稳定的沉淀。例如在各国不同地域中、在某地域特有的地理环境中，由其特定的原因决定，会有其长期的文化积淀，以至时间越长，积淀越深。关于此，可举出许多实例。例如我国的南北大运河流域，从河北经山东、经河南、安徽，到苏北，以至江浙等，在一个很大的地域中的方言、语音乃至风俗习惯，大致相同。相对照的是在济南往东的胶济铁路线上，从济南走到隔几十里的章丘，方言、语音就不一样，再到淄博以至潍坊……胶州……青岛，每隔几十里，方言、语音均不一样。这里的原因大概在于：胶济铁路使用只上百年，而大运河则上千年。显然，由于文化的交融积淀不同，形成了以上各自的特点。这种积淀，时间越长，沉淀越深；此积淀的力量是非常巨大的，是社会学不能忽视的。

在对以往的和当下的文化进行文明翕聚之同时，改造旧文化创建新文化，由此开辟新文明，即进行文明开辟，是重要的。“开辟”与“翕聚”总是相辅相成。这是因为，当人们生活于相对稳定的文化模式，其日常生活如衣食住行、婚丧嫁娶、待人接物等等，无不在此稳定的文化模式中进行。这会显示出某种文化在特定情况下的连续性。任何文化都是人创造的。人们创造一定的文化环境，在一定文化模式的环境里生活，这是自然历史过程。除了由经济的、政治的、社会的原因，除了出现使文明遭到破坏的战争，这些情况之外，从总体上说，人们总是趋向于文明生活。这产生着文化变迁。随着社会文化变迁；由自然历史过程说，人们的文化模式总是变化着，由人的主体性上说，人们总是自觉不自觉地追求并加入这种改变。文化变迁促生着新的文明，而新的文明能得以诞生、生长，离不开人们主动地进行文明开辟。

应该认为，文明开辟标示着人类社会生活不断开拓进步的状态。文明作为复合体并不是各种文明要素的机械堆积，而是有着一定内部结构的体系，这种体系是按照一定秩序和规则构成的，各种文明要素既相互联系又相互制约，从而形成一定时代的文明整体。在此意义上讲，文明开辟是至关重要的。这又是与文明翕聚相辅相成的。由此才能在翕聚、开辟中形成多样文明构成的和谐世界。

二、尊重世界文明的多样性与全人类走向更高的文明

（一）世界上文明的多样性。

据亨廷顿曾经统计，学者们一般在确认历史上的主要文明和在现代世界存在的文明上意见一致。然而，对于历史上曾经存在的文明总数，他们常常各执一词。奎格利认为，历史上有16个明显的文明案例，很可能还有另外8个。汤因比起先列出了20个文明，然后是23个。斯宾格勒详举了8个主要文明。麦克尼尔分析了历史上的9个文明。巴格比认为，如果把日本文明和东正教文明从中国文明和西方文明中区分出来的话，也有9个文明，或者11个。布劳代尔识别了9个文明。罗斯托万内指出了7个主要的当代文明。梅尔科在考察文献之后得出的结论，人们至少在下述看法上存在着合理的共识：至少有12个主要文明。其中7个文明已不复存在（美索不达米亚文明、埃及文玥、克里特文明、古典文明、拜占庭文明、中美洲文明、安第斯文明），5个仍然存在（中国文明、日本文明、印度文明、伊斯兰文明和西方文明）。一些学者还加上了东正教文明，作为区别于其母文明拜占成文明和西方基督教文明的独立文明。亨廷顿讲到，鉴于认识当代世界的目的，除这6个文明之外，或许还应加上拉丁美洲文明，可能还有非洲文明。亨廷顿又讲，的确，在此要说到的是，历史上曾存在过美索不达米亚文明、埃及文

明、克里特文明、拜占庭文明、中美洲文明、安第斯文明等等。这些文明其作为一种完整的形态，大体上已经不存在了。作为中国文明、印度文明、伊斯兰文明以及西方文明，既古老又延续到现在。亨廷顿对于当代的主要文明，作了以下说明：

关于中华文明。亨廷顿说，几乎所有学者都承认存在着一个单一的独特的中国文明，对之至少可以追溯到公元前 1500 年，也许还可以再往前追溯一千年；或者存在着两段以上中国文明，其中一个在公元最初的世纪中继承了另一个。亨廷顿在发表于《外交》季刊的文章中，把这个文明称为儒教文明。他讲到，虽然儒教是中国文明的重要组成部分，但中国文明却不仅仅是儒教，而且它也超越了作为一个政治实体的中国。许多学者所使用的“中华”（Sinic）一词，描述了中国和中国以外的东南亚以及其他地方华人群体的共同文化，以及越南和朝鲜的相关文化。

关于日本文明。亨廷顿讲，一些学者在一个单一的远东文明的称呼下把日本文明和中国文明合并在一起。另外一些学者则认为日本文明是一个独特的文明：它是中国文明的后代，出现于公元 100—400 年之间。

关于印度文明。亨廷顿说到，人们普遍认为至少自公元前 1500 年以来，在南亚次大陆存在着一个或一个以上相继的文明。这些文明一般被称为 Indian、Indic 或 Hindu 文明，人们更喜欢用后者来称呼最近的那个文明。自公元前 2000 年以来，印度教一直以这样或那样的形式成为南亚次大陆文化的中心。它“不止是一个宗教或一个社会制度；它是印度文明的核心”。它经过现时代继续起着这种作用，即使印度本身有重要的穆斯林社区以及一些更小的少数文化。亨廷顿讲，像“中华”一词一样，Hindu 一词也把文明的名称与它的核心国家分离开来，因为在这些情况下，当该文明的文化超越了那个国家时，这样做是合乎其需要的。

关于伊斯兰文明。亨廷顿论述道，所有重要学者都承认存在着独特的伊斯兰文明。伊斯兰教起源于公元7世纪的阿拉伯半岛，然后迅速传播，跨越北非和伊比利亚半岛，并向东伸展到中亚、南亚次大陆和东南亚。结果，许多独特的文化或次文明存在于伊斯兰文明之中，包括阿拉伯、土耳其、波斯和马来文化。

关于西方文明。亨廷顿说，西方文明的出现通常被追溯到大约公元700—800年。学者们一般认为，它分布于欧洲、北美和拉丁美洲，有三大组成部分。

关于拉丁美洲文明。亨廷顿认为，拉丁美洲有区别于西方的独特认同。虽然拉丁美洲文明是欧洲文明的后代，但它却是沿着非常不同于欧洲和北美的道路演进的。它具有社团主义的、独裁主义的文化，而这种文化在欧洲的程度要小得多，在北美则根本不存在。欧洲和北美都感受到宗教改革的影响，并且把天主教和新教文化结合在一起。从历史上看，虽然可能会有所变化，但拉丁美洲一直仅仅是天主教的世界。拉丁美洲文明结合了一些本土文化，这些文化不曾存在于欧洲，在北美也已被消灭。拉丁美洲文明中，以墨西哥、中美洲、秘鲁、玻利维亚为一方，以阿根廷、智利为一方，两者之间也有重大的不同。拉丁美洲的政治演变和经济发展与流行于北大西洋国家的模式大相径庭。从主观上说，拉丁美洲人在他们的自我认同上存在着分歧。一些人说，"是的，我们是西方的一部分"。另一些人则声明，"不，我们有自己独特的文化"。拉丁美洲人和北美人的大量文学作品详细描述了他们的文化差别。拉丁美洲可以被看作西方文明中的次文明，或者被看作是与西方文明密切联系的、但对其是否属于西方文明又有分歧的独立文明。亨廷顿讲到，"对于把注意力放在文明的国际政治含义（包括以拉丁美洲为一方和以北美和欧洲为一方两者之间的关系）的研究来说，后者（即“拉丁美洲文明”）是更恰当的和有用的称呼”。

关于非洲文明。亨廷顿讲，除了布罗代尔之外，许多研究文明的学者不承认存在着一个独特的非洲文明。非洲大陆的北部及非洲的东海岸属于伊斯兰文明。历史上，埃塞俄比亚构成了自己的文明。在其他地方，欧洲的帝国主义和殖民活动带去了西方文明的因素。荷兰、法国然后是英国的殖民者在南非创造了一个多板块式的欧洲文化。最重要的是，欧洲的帝国主义把基督教带到了撒哈拉沙漠以南的大部分大陆。在整个非洲，部落认同普遍而强烈，但非洲人的非洲认同感也在日益发展，可以想象，由于南非可能成为撒哈拉以南的非洲核心国家，这个地区可能会粘合成为一个独特的文明。①

当然，对于当今世界上到底有多少种文明形态，很难说某个人的划分和归类就是一定之规。总之，世界上存在着许多种类型的文明形态，这是毫无疑义的。

哈拉尔德·米勒的《文明的共存——对塞缪尔·亨廷顿“文明冲突论”的批判》，针锋相对地反驳了亨廷顿关于文明冲突的全球观，而且向人们警示，简单地渲染或者接受这种片面的观点是极其危险的。作者明确强调：不是文化的对抗，而是文化的共存与对话；国际社会必须更多地尝试进行合作，而不是简单地对抗；国际关系的复杂性、多样性不仅应该保持，而且应善加利用。埃通加·曼格尔提出了这样一个命题：“文化是制度之母。”只有对各种文化表现出宽容，全球的和平共存才可能得以实现。一些评论者指出，虽然国际现实政治的发展似乎证明了亨廷顿理论的某种预见性，但哈拉尔德·米勒的理论仍

① 见［美］塞缪尔·亨廷顿：《文明的冲突与世界秩序的重建》，周琪等译，新华出版社 1999 年版，第 28～32 页。

然具有现实价值。他们还强调，不妨将塞缪尔·亨廷顿和哈拉尔德·米勒看似对立的理论观点看作同一命题的合题，这样就会在某些点上汇合了。

美国学者亨廷顿和德国学者米勒分别从"文明冲突"和"文明共存"的视角考察世界的大趋势，各自提出文明分析的某种框架，这引起广泛的关注和讨论。一些学者说，"文明冲突"是文明发展演进的动力，"文明共存"是融合各种文明不同的特质、扬弃不合时宜文明，形成多样化的新的文明体系。文明的共存中必有文明的冲突，文明的冲突中包含着文明的共存和融合。文明在产生同一性的同时也必将产生多元性，两者密不可分并互为前提，是统一在一起的。历史上每一次文明冲突的结果往往是进一步形成文明共存与融合，而每一次经过文明与融合产生的新的文明又会孕育着更为深刻的文明冲突。[①] 文明冲突和文明整合引发着世界文明的变迁、演进、多样化发展。

（二）世界文明的多样性与国际社会的现代文明。

对于各种文明的划分，会有许多的探讨和研究，关于世界文明多样性的观点，正在成为当今世界各国的共识。世界是多样性的。在我们这个星球上，由上千个民族所组成的近 200 个国家，不仅存在着自然环境的差异，而且经历了不同的社会历史发展过程，这就形成了各种文化传统、生活方式、价值观念、宗教信仰、社会制度。各国根据各自不同的国情选择不同的社会制度和发展模式。总之，世界多样性是一种不以人的意志为转移的客观存在。而如何认识、评价和对待这种多样性则对于国际社会能否恰当地处理各种事情，推动世界的和平与发展事业，至关重要。必须承认和尊重这种客观存在，而且必须看到，

① 见［德］哈拉尔德·米勒的《文明的共存——对塞缪尔·亨廷顿"文明冲突论"的批判》，郦江、那滨译，新华出版社 2002 年版，编者序言第 2～3 页。

丰富多彩的多样性，是件好事，不是坏事。它可以通过各国人民的共同努力转化为互补性和共容性，可以促成各国之间、各种文化之间相互交流，取长补短，共享人类文明的成果。各国之间只有相互尊重、求同存异、平等相待、和平共处，才有可能维持持久的世界和平，为各国的共同发展创造必要的外部条件。因此，各国都有权选择符合本国国情的社会制度、发展战略和生活方式，各国的事情要由各国人民自己做主，国际上的事情要由大家商量解决。以实现现代国际社会的文明，建立起多样性基础上的现代文明。

有人强调，“现代文明”是个时代概念，是相对于“原始文明”“古代文明”而言的。世界上的文明是多样的；而多样的文明是发展的，是前进的，不论是多样中的各个文明还是由多样性组成的整体。同时，关于“原始文明”“古代文明”“现代文明”的这种划分并非仅仅具有时间上的意义，而且有文明性质的区别。因此，“现代文明”是具有自身特殊性质的一种文明存在形态和文明发展阶段。世界文明的状况历来是复杂的，这突出地表现在它并非仅仅具有一种文明形态，而且与世界上其他多种文明形态并存。例如，在今天世界上，仍散存着某些处于原始采集、渔猎文化的人群和地区，同时也有一些处于农牧文化的人群和地区，还有一些地区正处于向工业化迈进的时期，另有一些地区则具有了发达的科学技术和工业。人们所说的“现代文明”不仅指目前世界上多种文化并存的现状，而且特别指目前世界文化格局中的先进文化。因为只有这种先进文化才具有“现代”的特质并引领“文化”走向未来的文明。这成为一种现代世界中的主流文化，其他各种文化均处于向这种先进的主流文化过渡的“现代化”文明过程之中。

关于什么是现代文明？许多人都把现代工业社会的文明称为现代文明，把与之相对的农业社会的文明称为传统文明。这种说法不能说完全不对，但它只是从生产方式上划分的，没有考虑到现代文明的复杂的社会文化形态；而且从某种意义上讲，这种看法是以西方近代工业社会的发展为文明模式的，明显地带有"西方文明中心"论的色彩。

西方近代工业文明在现在阶段无疑具有许多现代文明的先进特征，如科学技术的高度发展及物质文明的发达进步等等，但绝不能说西方近现代工业文明社会的文明就是人类普遍的现代文明，绝不能说这种文明就是全人类都应该为之努力的目标，而不管世界各民族原来的文化背景如何。西方近代工业文明虽然在近一二百年取得了突飞猛进的发展，并且由于世界各个国家和民族向西方学习，这种文明取得了压倒其他文明的地位，但是，从人类整个文明的发展来看，从几千年乃至将来的发展来看，西方近代工业文明只是人类整个文明史的一个插曲，只是一个短暂的发展，或者说只有一瞬间的事情。若是把西方近代工业文明看成就是人类整个的现代文明，或者把人类整个现代文明定在西方工业文明的标准上，仅以它为标准模式，那是缺乏历史眼光的，是浅薄的看法。现代文明将被不同的民族文化所解释，将沿着不同民族文化的道路发展，并表现为不同的民族特征。

人们往往把文明定义为人类各种文化的高级属性和特征相互关联的复合体，定义为整个社会文化发展的进步状态；对于现代文明，也应该这样看，也应该把它看成是人类各种文化相互关联的复合体，看成是整个文明的进步状态，某种文化的单纯的或片面的发展都不能被视为健全的现代文明。如果以此看待西方近代工业文明，就会看到：西方近代工业文明作为伴随着资本主义发展起来的文明，由于种种原因造成，在很大程度上，是在机械论指导下发展起来的文明，是僵硬的工业物质文明，从大机器生产到现代钢筋水泥的建筑，是冰冷的、生硬的。

它所造就的往往不是现代人的全面发展，而是把人割裂成孤零零的片断。人与自然的对立，人与人的对立，人与社会的对立以及整个物质与精神的对立等等，构成了整个西方现代工业社会的存在方式，并且这种存在方式往往走向对人性的压抑与破坏，成为人的整个存在的异己力量。显然，现代西方工业文明只能是认为其在某种情况下起先进作用，并不是人类现代文明的普遍形式。

一定要把现代文明看成是人类各种先进文化相互关联在当代的复合体，看成是整个文化的进步状态，这自然不是旧文化的简单复合，不是陈旧的文化形态与价值体系。现代文明是在现代时空中继承人类优秀文化成果而发展出来的新的文化形态和价值体系，是新时代文明的与进步状态，而这种文明与进步状态并不是与原来的文化价值体系相割裂的，而是其在现时代的发展与进步。我们只有这样理解现代文明，才能不使现代文明与传统文明对立起来，才能不使现代文明的进步成为牺牲不同国家民族文化传统的结果。

现代文明是原有文化体系在现时代的发展与进步，它离不开原有的文化传统。这种文化传统指的不是孤零零的某项传统文化，如只是器皿的、建筑的以及道德的、风俗的等等的一个方面，而是其中的总的精神，是整个祖国民族的文化价值体系的力量。任何文明都是通过它的价值主体来实现的。一个国家、一个民族要选择的只能是符合其需要的文明，而不会去拥抱不需要的文明。即使有人强塞给它一个文明，它也是不会接受的。文明将为不同国家、民族所选择。这种选择不仅包含着价值主体的判断，而且包含着他们对现代文明的解释、感受和参与，从而使整个现代文明呈现出鲜明的主体性。

持以上见解的论者指出，这种判断、选择、解释、参与，将形成一种力量，形成一种推动现代文明进程的力量。这种力量将最终决定不同文明的道路，会决定不同文明的样式与特征，也会作用于整个人类文明的发展。这种力量比任何空洞的文明规定性都重要，它是历史的力量，也是现实的力量。它带有历史的具体性，是一个国家、一个民族在现时代生长的力量。正是因为这种力量的存在，所以，一个有文化或文明史的民族的文明在现代与将来的发展，与一个没有或缺乏文化或文明史的民族相比，是有巨大区别的。不承认这一点，就不能认识、理解现代文明的历史性、复杂性、具体性。就不可能理解在现代文明中的冲突与一致。如在对待儒家文化与西方文化、伊斯兰文化等问题上遇到的问题。

正是不同国家、民族的文化传统在现代文明中占有特殊的作用与历史地位，所以建设现代文明绝不可忽视民族文化传统的建设。特别是像中国这样一个有几千年文化或文明史的国家，如果不能坚守自己文化的价值，而是一切以西方文化或文明的价值为标准，就会在现代文明建设中失去根本，从而变得浅薄；中华民族的文明花果就会凋萎。

当然，这样说并不是要否定现代西方工业社会的物质文明。许多论者强调，要善于主动吸取造成这种文明的经济管理、现代科学技术。在当代，新的工业文明对每一个国家和民族都是性命攸关的东西。要想成为文明国家，要想成为有现代文明的民族，无疑就要发展现代工业，发展造成这种工业文明的现代科学技术。诸论者讲到，古老的中国，只有这样，才能积累物质财富，才能实现"仓廪实而知礼节，衣食足而知荣辱"，才能造成新的力量、新的观念，才能造成新的需要和新的语言及交往方式，一句话，才能造成新的文明。只有物质文明，没有精神文明，这样的文明会是不健全的，是片面的。人是有思想、情感和精神生活的存在者。社会只有丰富的物质而没有健康的精神，就会物欲横流。不同国家、民族中优秀的文化精神，是文化几千年发展的结果。如果丢掉了这些，仅仅以工业及科学技术构造自己的现代文明，那将是现代文明发展的一场悲剧。因为没有理想、信念的文明，只有赤裸裸的物欲，对任何国家、民族来说都是一种悲哀。

有识之士指出，现在整个人类的现代文明中，一些发达国家处于浅薄的物质文明单向度发展状态。许多学者强调，西方文明开始走向衰落。因此，要走向深厚博大的文明，就要造就物质文明与精神文明高度统一的现代文明。可以说，这个文明时代才刚刚开始。在前一个阶段，西方文明曾一度占统治地位，以至于今天要实现现代化的国家和民族，多以西方文明为理想模式。这是受西方文化的影响所致；在一些人那里，似乎在西方文化或文明的理想之外，再也提不出新的理想、新的观念了。现在，世界上虽然还有许多古老深厚的文化，但在许多国家，要形成一个完整的文化体系而能够与西方文化比肩、相抗衡，还有很长的路要走。我们中华民族有自己的文化，有与西方不同的深厚博大的文化，我们应该有志气、有决心为人类现代文明创造出新的理念，并作出贡献。

当然，向深厚博大的文明发展是不容易的。没有强大的经济基础不行，没有强大的精神力量更不行。要创造深厚博大的文明，不仅要造就一大批经世致用的人才，还要有大量具备现代科学技术知识的现代新人。这不仅包括自然科学家和社会科学家、文学艺术家，更包括一批有博大精深学问的思想家、学术泰斗，并通过他们教育培养出一代又一代的文化新人。只有这样，走向深厚博大的现代文明，实现健全的现代文明，才不是一句空话。

总之，现代文明是一个多层次的复杂的文化体系，它的建构绝不是一蹴而就的，这是一个一代代人向社会全面发展和进步推进的艰巨过程。这种发展和进步无论如何都不能割断与民族文化传统的联系。以几千年深厚博大的文化为基础，中华民族一定会把自己的国家建设成为一个有着高度文明的现代国度。[①]

这是多样性和谐的现代文明，这指向着一种超越，即建立以多样性为基础的和谐世界。

20 世纪中后期是国际关系理论学科大发展的时期。持社会学方法研究国际关系的学者们，一直关注探讨国际关系学与社会学的联姻问题。早在 19 世纪末就有学者试图将国际关系学作为社会学发展中的一个分支学科看待；[②] 20 世纪 50 年代，法国的雷蒙·阿隆教授在《国家间的战争与和平》第二部中提出了"国际关系社会学"的研究族系表，美国的昆西·赖特教授也考虑到"国际关系心理学和社会学"作为国际关系学分支学科的可能性；[③] 20 世纪 80 年代，斯高克浦尔、提利、巴林顿·摩尔、韩礼德、曼宁、盖尔娜、霍尔等学者都不同程度地阐述了相似的观点，把国际政治学或国际关系学作为历史社会学的分支加以研究。90 年代，建构主义进一步提出了建立某种关于国际政治的社会学理论的主张，如林克耐特提出了"国家结构社会学"，温特先是提出了"国际共同体社会学"，后在《国际政治的社会理论》一书中开宗明义，以建构主义"社会理论"来建设"一种国际政治的社会理论"，但没有给这种理论准确命名。我国学者的许多研究成果，已涉及国际关系中的社会学方法研究、全球市民社会研究、跨国利益集团研究、全球社会研

① 参见司马云杰：《文化社会学》，山西出版集团山西教育出版社 2007 年版，第 329～331 页。

② Nick Rengger and Mark Hoffman, "Modernity, Postmodernism and International Relations", in Joe Doherty Elspeth Crahan, Mo Malek, Postmodernism and the Social Science, St. Martin's Press, 1992, p. 144.

③ 倪世雄、金应忠：《当代美国国际关系理论流派文选》，学林出版社 1987 年版，第 5、14、15 页。

究、国际（或全球）治理研究、国际制度研究、国际合法性研究、国际关系的实践本体论，等等。这些论著包括：马可铮、张志对国际关系中“思想意识”和“文化”因素研究的呼吁，见上海市国际关系学会编：《国际关系理论初探》，上海外语教学出版社 1991 年版；冯绍雷对苏联国际研究中的社会学方法的介绍，见倪世雄等著：《世纪风云的产儿——当代国际关系理论》，浙江人民出版社 1989 年版；中国学者对文化和文明作用的普遍关注，见王辑思主编：《文明与国际政治》，上海人民出版社 1996 年版；关于“全球市民社会”研究，可见王逸舟：《西方国际政治学：历史与理论》，上海人民出版社 1998 年版；关于国际合法性研究，可见王正毅：《国家利益是合法性相互制约的利益》，载（香港）《中国社会科学季刊》1997 年秋季号，以及郭树永、王义桅：《关于战争合法性与战争观念重构的对话》，（香港）《中国评论》2000 年 9 月号；关于国际文化研究的理论建构，见俞新天：《国际文化研究初论》，载鲁毅、顾关福、俞正梁、傅耀祖：《新时代中国国际关系理论研究》，时事出版社 1999 年版，等等。[①]

三、携手构建人类命运共同体

习近平主席 2017 年 1 月在达沃斯出席世界经济论坛 2017 年年会发表主旨演讲时谈到，只要我们牢固树立人类命运共同体意识，携手努力、共同担当，同舟共济、共渡难关，就一定能够让世界更美好、让人民更幸福。

“人类命运共同体”是基于对 21 世纪世界发展中各种新要素的思考，本着回答“人类向何处去”这一哲学和历史命题的

① 郭树永：《国际政治社会学初探》，《国际经济与政治》2001 年第 11 期。

担当，从改革和完善国际秩序的角度，针对世界格局和全球治理的发展变迁提出的愿景。第二次世界大战后，世界总体上保持和平与发展，其主要保障因素是国际秩序的构建与经济全球化的深入发展。但是，随着经济全球化进程中挑战的增多和国际行为体日趋多样化，现行国际秩序无法有效应对种种问题，安全失序和发展失衡的风险越来越大，全球治理呼唤改革与创新。

我们现在所认可的现行国际秩序，是以联合国为主体的包括世界贸易组织、世界银行等相关国际机制构成的国际框架。联合国是由第二次世界大战的战胜国主导设计的，体现了民族国家理念和多边主义的"世界政府"理想，西方发达国家当时在培育以联合国为中心的国际秩序过程中发挥了主导作用。从人类社会发展的角度看，这个国际秩序是历史的进步。它把国际关系纳入规则框架，尤其是强调对世界的金融、贸易和发展等问题在公认的规则基础上进行治理。

然而，这个以联合国为主体的国际秩序并非西方集团所推崇的"世界秩序"的全部。美国赢得冷战胜利后，从西方集团的领导者转身，自诩为世界的领导者。美国所领导的"世界秩序"是西方秩序的延伸，虽然它与以联合国为主体的国际秩序有重叠，但也有明显不同：它在安全上以军事同盟体系为支柱，将军事同盟体系成员的安全利益凌驾于非同盟国家的安全利益之上；在政治上则谋求按照西方政治制度和价值模式改造非西方成员。在这种宗教般的"使命感"推动下，美国和一些西方国家在处理地区热点问题时一次又一次犯下错误，所引起的动荡贻害多方。美国对联合国也是可用则用，不可用则弃置一边。

国际秩序的演进总是起伏不断的，好的国际秩序应能包容所有成员方的利益。这一国际秩序必须能进行自我完善，需要激发其改革的内生动力。要尊重世界的多样性，包容不同社会制度和发展水平国家的利益诉求和价值观念。人类命运共同体正是对这种包容性的最佳诠释。对现行国际秩序的完善和发展，需要既有沿袭也有创新、既有建构也有解构。要不断为人类命运共同体理念注入具有感召力和可操作性的内涵，使之促进国际社会以发展和合作的方式迎接挑战、处理危机、解决问题，科学建构新型国际秩序。要以对话协商、互利合作的方式解决安全难题。合作安全是对日趋复杂的国际安全环境的回应。当前，人类已进入一个安全挑战空前多元化的时代。随着文明的进步、利益的交融和多边安全机制的发展，传统意义上的大国争斗、集团对抗受到制约，爆发大规模地区战争的风险总体可控。能改变各国战略安全议程并考验国际治理机制的，是恐怖主义与极端势力的跨境挑战和网络安全这样的新型挑战。当人类面临的安全挑战突破主权边界、以非传统方式在全球范围扩散时，任何一国无论实力多么强大都难以独自应对。因此，必须打破传统安全意识的樊篱，突破冷战零和思维的束缚，基于共同安全利益，以安全的合作求得合作的安全。要统筹发展和安全两件大事、统筹国内国际两个大局，建立起合作共赢的国际关系。合作安全观念要超越集体安全观念，摆脱传统意义上的敌友划线，站在维护全人类共同安全利益的高度，促进各国共同发展，其历史进步性是不言而喻的。

发展是安全的必要条件。很难想象，一个极度贫困落后、内部发展失衡的国家和地区可以实现长治久安。人类历史上不胜枚举的教训告诉我们，发展的失衡正是各种极端思潮冒头的土壤。人类命运共同体理念鼓励全球和区域合作向发展中国家倾斜，最大限度解决南北之间和地区内部发展失衡的问题，为世界经济全面可持续增长提供新动力。

人类命运共同体的构建离不开政治包容，在政治包容的基础上促进不同制度模式交流互鉴。世界上的国家林林总总，不同国家和民族在探索形成更好社会制度和文明范式的道路上，进行自己的尝试。人类命运共同体的政治要义就在于，允许各国确立符合自身国情的制度，以不同方式和路径迈向文明民主繁荣的共同目标。不同制度模式的国家相处，必须相互尊重，在此基础上才能开诚布公地交流互鉴、取长补短，共同支撑起人类文明的大厦。①

中国共产党的指导思想，从马列主义传播到中国而在艰难探索中与中国实际相结合，形成中国化的马克思主义，即以毛泽东同志为核心的中国共产党领导集体形成的作为党的指导思想的毛泽东思想。后来，以邓小平同志为核心的中国共产党领导集体形成了作为党的指导思想的中国特色社会主义理论。以江泽民为总书记的中央领导集体由建设中国特色社会主义理论，正视改革开放新时期各种关系特别是阶级关系新变化，形成了应对建设什么样的党、怎样建设党的"三个代表"重要思想。以胡锦涛同志为总书记的党中央由建设中国特色社会主义理论，忧患于中国及全球是否可持续发展的新形势，形成了回答坚持什么样的发展、怎样发展的科学发展观。以习近平同志为核心的党中央由中国特色社会主义理论，基于对中国梦的向往及推进"一带一路"纽带的新拓展，形成了面对塑造什么样的新世界、怎样与世界各国携手共建人类命运共同体的意识，形成了新时代中国特色社会主义思想。这是塑造论哲学的题中应有之义。

---

① 参见《人民日报》2017年5月16日。

第三节　社会文明建构不能离开人类文明大道

一、任何社会的文明建构不能离开人类文明大道

（一）人类社会发展的历史告诉我们，每一个社会的建构，都不能离开人类社会的文明大道。一个社会如果离开人类文明大道，就不可能使社会很好地发展，甚而阻挡社会文明进步。古今中外历史上，正反两方面的大量例子可以充分说明这个道理。在此，可举出中国历史上出现过的“文景之治”“贞观之治”及“康乾盛世”等，从中得到一些深刻的启示。

史学上往往将西汉文帝、景帝时期视为封建社会的一段“盛世”。西汉初期统治者治国的成功之处，很大程度上在于“汉承秦制”“汉承楚制”，对秦和楚的文明进行了“双重继承”和“双重扬弃”。当时，注意发掘秦“焚书坑儒”后的残留古籍，整理文献，重修文治，使“古文经学”在“今文经学”之中得到弘扬；这对文化的继承和创新起到了重要作用。同时，为保护社会自身的生长发育，实行“无为而治”“与民休息”的政策，由此带来了社会的繁荣。

唐朝的“贞观之治”时期，中国社会又一次走向整合。这是魏晋以来胡汉文化、中印文化融合的历史结晶。因为魏晋南北朝时期出现了中国历史上继春秋战国之后的又一次更大规模的民族迁移和民族融合高潮。北方及西北、东北的匈奴、鲜卑、羯、氐、羌等“胡族”曾先后进入中原，南方及西南的越、蛮、莫、傣等民族也与汉族相互渗透。胡汉民族融合、文化交汇互补，促进了社会文明的发展。中印文化交融、佛教文化传入，

在中国得以本土化，儒、道、释之间在互相争斗中相互汲取，在矛盾中交融发展，一度形成"三教鼎立、三教共弘"的局面。由此出现了为后人称道的"贞观之治"。当时，统治者一方面立于前朝可资借鉴的文明成果基础，既吸取隋亡的教训，又未完全抛弃隋朝的旧制，许多以往政治的、文化的体制，如科举制度等，沿袭下来；同时又注重以博大的胸怀"长鲸汲百川"似地吸收异族的和外域的文化成果，形成了一个政治文化政策相对宽容的时代。诚如鲁迅先生所说："对于别系的文化抱有极恢廓的胸襟与极精严的抉择，决不轻易地崇拜或轻易地唾弃。"唐朝的疆域之广、民族之多、对外交流之频是前朝所不能比的。文成公主入藏、玄藏西游取经等为后人广为传颂。由于汉文化对豪强的游牧文化的收纳，使之对细腻的农耕文化起到一种"补强剂"和"复壮剂"的作用。胡气浸染，文化杂汇，催化了唐文化的开放与拓展；而开放拓展的蓬勃气象，又为汲取异族外域文化提供了更坚实的基础和更为独到的眼光。唐人不仅广为接受胡食、胡装、胡乐、胡舞，使唐文化热烈多彩，富于华盛之气，而且以更空前的规模采撷外域英华，这包括南亚的佛学、医学、历法、音韵学、音乐、美术；中亚的音乐、舞蹈；西亚的袄教、景教、摩尼教、伊斯兰教以及医术、建筑术乃至马球等等。外域文化如八面来风涌入唐代中国，使唐文化成为一种与印度、阿拉伯并以此为媒介而与西欧的文化都有交流的世界性文化。到公元6至8世纪，唐朝长安成为一个世界性都市，其鸿胪寺曾接待70多国外交使节；其国子学和太学，曾先后接纳数万名外国留学生。据统计，长安百余万人中，包括使臣、僧侣、商人、留学生在内的各国侨民占人口的2%，加上突厥后裔，总数占比高达5%。唐朝在边疆地区设置的军镇，使外来物品得以源源不断地涌入中原，外国奇珍异宝充斥宫廷，外域宗教文化和生活习俗流行民间。据研究者统计，唐朝的外来物品分为18类，170余种，从物质生活到精神生活都对唐朝中国人发生过影响，并融入中国本土文化中，最终成了中国文化的一部分。

清朝康熙、雍正、乾隆三代统治期间的“康乾盛世”，也出现过国家统一稳定、经济持续发展、百姓生活安宁的局面。“康乾盛世”长达130多年，形成了中国历史上不多见的盛世大观。据史料记载，乾隆时期末，中国经济总量居世界第一位，人口占世界人口总数的1/3，对外贸易长期出超，是当时世界的经济强国，呈现出国泰民安、国富民强的繁盛景象。“康乾盛世”的出现，得益于清初统治者以明亡为戒，着重吏治，同时注意发展农业生产，以农业“为国之本”，使百姓“家给人足”。这也是满清统治者入关后，注意吸收汉族文化，改变本民族的一些生活方式、习惯等，既承旧制，又图革新的结果。康熙提出了废长城，“中外一视”的战略思想，突破了历时约两千年的以长城为界的传统政治地理观念。除“内外之分”，弃“华夷之辨”，视长城内外各民族为“一体”“一家”，使得国家统一思想发展到一个新的阶段。在统治思想的确立上，奉孔子为“师表”，以儒家思想资治理国，改造往往轻视实践的传统学说，发展“躬行实践”“经世致用”的实学。兴办教育，编纂图书，整理典籍，出现了文化教育的繁荣。康熙时组织编纂5200卷的《钦定古今图书集成》，乾隆时编修《四库全书》，这代表了清代的重大文化成就。有史学家对“康乾盛世”的出现归结出5种精神：强悍的尚武精神、民族的凝聚精神、团结的包容精神、积极的学习精神、善于抓住历史机遇的进取精神。这些精神是与人类社会文明的发展相融合的，是在特定的历史条件下与人类社会发展规律能够合拍的。明清之际的思想家王夫之，清代的思想家黄宗羲、顾炎武等力求适应历史潮流、天下大势，提出“倡导民本传统，反君主专制”的主张，在封建专制中出现资产阶级启蒙思想的初潮。但是后来由于清朝统治者在"康乾盛世"的辉煌面前高傲自大，无视外来文化的影响，盲目排外，闭关锁国，丧失了强国地位，走向没落。"康乾盛世"变成了"落日的辉煌"，被马克思称为"奇异的悲歌"。在中国出现"康乾盛世"的同时，西方国家发生了三方面巨变：一是工业革命，二是资产阶级革命，三是思想启蒙运动。而当时的清朝政府对此置若罔闻，既不吸收，也不借鉴，而是夜郎自大，唯我独尊，竭力割断与世界上诸国文明的联系。结果在短短一百多年的时间里，中国大大落后于西方国家，直至在西方列强的坚船利炮下屡屡失败，任人宰割。

近现代历史上，在共产党执政的国家中，脱离人类文明大道而遭受损失的例子并不鲜见。1917 年，俄罗斯"无产阶级文化教育组织"形成了一个所谓的"无产阶级文化派"。"无产阶级文化派"的出现，反映了苏维埃俄国建国初期在文化问题上的一种不良思潮。这些人否定过去的一切文化，一概拒绝继承前人的文化遗产，认为历史上无论是道德、艺术还是自然科学，统统属于资产阶级和封建地主阶级的东西，都应当作为废物抛弃，甚至连旧社会遗留下来的剧院也应当看作"反动艺术巢穴加以捣毁"；认为"汲取资产阶级文化是不可救药的倒退"。他们到处乱贴"阶级""资本主义""社会主义"的标签，甚至把自然科学也当作阶级现象，把当时的铁路叫作"资产阶级的铁路"，提出要把它全部破坏掉再建立所谓"社会主义的铁路"。他们声称"不需要继承的联系"，"无产阶级关在工作室里，就能创造出无产阶级文化"。这种严重背离人类文明大道的行径，遭到了列宁的严厉批评。列宁指出：不同的社会有不同的文化，然而，无产阶级文化不是从天上掉下来的，不是在简单地全盘否定前人成果的基础上实现的，不是那些自命为无产阶级文化专家的人（指无产阶级文化派）杜撰出来的，也不是那些"无产阶级文化派”通过脱离实际生活的“实验室道路”创造出来的所谓“纯粹无产阶级的”文化；而是通过对已有文化成果的改造、继承来完成的。因此，列宁强调指出，必须学习前人的全部优秀文化成果，“必须取得资本主义遗留下来的全部文化，用它来建设社会主义”。关于这一点，列宁在1920年10月写的《青年团的任务》中还明确指出：“无产阶级文化应当是人类在资本主义社会、地主社会和官僚社会压迫下创造出来的全部知识合乎规律的发展。”[①]“共产主义是从人类知识的总和中产生出来的”[②]。“只有了解人类创造的一切财富以丰富自己的头脑，才能成为共产主义者。”[③] 这就是说，无产阶级在对待以往文化的问题上，应当承认有其继承性，不能完全割断历史联系。为了建设共产主义新社会，无产阶级不仅要学习资本主义所达到的各种优秀成果，而且要掌握人类创造的有益财富。这是强调自有人类以来直至现在，不论是哪个民族的、哪个阶级的、哪个时代的、哪个国家的，只要是人类创造的知识，无论是社会科学知识还是自然科学知识，都要学习、了解，并进行研究。没有这种学习、了解、研究，就不可能成为一个现代有学识的人。如果一个共产主义者不下一番极认真、极艰苦而巨大的功夫，不弄清他必须用批判的态度来对待的事实，便根据自己学到的共产主义的现成结论来炫耀一番，这样的共产主义者是很可悲的。这种不求甚解的态度是极其有害的。

在中国，在十年“无产阶级文化大革命”中，严重违背共

---

① 列宁：《青年团的任务》，《列宁选集》（第4卷），人民出版社1995年版，第285页。

② 列宁：《青年团的任务》，《列宁选集》（第4卷），人民出版社1995年版，第284页。

③ 列宁：《青年团的任务》，《列宁选集》（第4卷），人民出版社1995年版，第285页。

产党执政规律、社会主义建设规律和人类社会发展规律，导致严重脱离人类文明大道的现象。正是在无视人类文明、中华文明的错误思想支配下，当时一些人提出"宁要社会主义的草，不要资本主义的苗"；凡是前人、古人、洋人创造的精神文明成果，都一概被斥为"封资修黑货"，要予以全部扫除；甚至把新中国建立后涌现的许多优秀文化成果归入"大毒草"之列，大量的书刊、戏曲、电影、歌曲被批判、被禁锢；知识受到轻视鄙薄，知识分子遭到排斥打击。这不仅直接祸及整个科学文化事业，而且殃及各方面人才的教育培养。充分记取"文化大革命"的教训，对于中国共产党认真总结执政经验，是万万不可轻视的。

（二）总结历史经验，任何社会在发展中都必须解决好在人类文明大道上对于以往文明成果的继承和创新的问题。

首先，必须遵循人类社会文明发展的规律，一定不能离开人类文明的大道。整个人类文明史是延续的，人类社会文明发展是有其规律的，人为地违背人类文明发展规律的强制性干预，往往会带来与预想相反的结果，甚至会带来灾难，造成对文明的破坏。要根据国际国内环境的变化，根据文明发展的大趋势，把经济、政治、文化的发展协调起来，把人和社会的全面发展、人与自然环境的可持续发展协调起来，把人类整个文明的发展协调起来，从而达到自然、社会与人的协调发展。

其次，必须吸收和借鉴人类以往社会中所创造的一切优秀文明成果。一个有生命力的民族，其传统文化中的某些方面会在当今显示出先进性，会对本国乃至世界文明的发展有重要意义，所以必须在现实生活中认真地继承、吸收和弘扬优秀传统文化。同时，我们也要看到，世界是丰富多彩的。世界各国文明的多样性，是人类社会的基本特征，也是人类文明进步的动力。应尊重各国的历史文化和发展模式，承认世界多样性的现实。要认真研究和借鉴世界各国的文明成果，善于从其他国家和民族的文明中汲取营养来发展自己。世界上的各种文明，应在竞争比较中取长补短，在求同存异中共同发展。因此，任何国家或民族要在日益竞争激烈的国际大家庭中占有一席之地，就必须开放，与其他国家和民族进行文化交流；要通过继承和借鉴，使民族传统文化、外来文化的精华同人民长期形成的优良传统有机地结合在一起，促进文明的发展，完善和发展自身的社会文明。

再次，必须在自身的文明发展中善于不断地创新。社会文明的发展具有相对性和阶段性，在某一国家或地区、某一阶段先进的文化，在另一国家或地区的另一阶段有可能是落后的；同时，即使当前是先进的文化，随着社会的发展和进步，也有可能逐渐跟不上时代的步伐，变成落后的。所以，必须建立创新机制，积极倡导和大力培育民族的创新精神和创新意识，形成利于文明创新的有效机制和社会环境。例如丝绸之路，唤起历史的记忆、引起现实的关注、召唤未来的建设，丝绸之路要在不断创新中，不断发展其所承载着的文明大道。要采取切实有效的措施，结合新的实践和时代的要求，结合人民群众经济、政治、文化生活的需要，在新的实践中不断推进创新，在与世界多样文明的相互吸取和激荡中，促进社会事业的不断发展和全面进步。①

（三）马克思主义指出，共产党领导人民为之奋斗的社会主义、共产主义，在实质上说，就是体现社会历史发展的客观规律，在无产阶级和广大劳动者求得自身解放中，建立起一种比以往社会有着更高文明的社会。马克思、恩格斯曾讲到过这样

① 参见张全新主编：《共产党执政规律研究》，山东人民出版社 2002 年版，第 678～685 页。

的意思：共产主义才是人类文明史的真正开始。列宁则讲到，马克思主义绝不是离开世界文明大道的学说。也就是说，社会主义的发展不能离开人类文明大道。毛泽东就特别谈到，我们建立新中国的目的就是要建立一个"先进文明的中国"，"这就是我们的目的"。正是基于这些思想，中国共产党在制定社会主义初级阶段的基本路线时，强调要达到的目的就是建设富强、民主、文明的社会主义现代化国家。邓小平论建设中国特色社会主义时专门讲道："我们要建设的社会主义国家，不但要有高度的物质文明，而且要有高度的精神文明。"① 他还强调，物质文明、精神文明都搞好，才是有中国特色的社会主义。在进入新世纪的历史时期，中国共产党更为整体地提出"把建设有中国特色社会主义事业全面推向21世纪"，并沿着毛泽东《新民主主义论》的论证方式，在全面发展的意义上，从经济、政治、文化的整体层面提出了社会主义初级阶段的基本纲领，以实现基本路线提出的把我国建设成为富强、民主、文明的社会主义现代化国家的奋斗目标。他在强调社会主义全面发展进步时，强调物质文明、精神文明共同发展，而且提出，建设物质文明、政治文明、精神文明，统一构成中国共产党的基本路线提出的中国社会主义现代化建设的文明，共同构成中国特色的社会主义文明。②

（四）有论者讲到，社会文明建设的一个重要之点，是指向实现人类对合理公共秩序的追求。马克思主义认为，由于生存规律的制约，人类曾以群居的方式生活，但人类的群居方式却

---

① 邓小平：《贯彻调整方针，保证安定团结》，《邓小平文选》（第2卷），人民出版社1994年版，第367页。

② 张全新、杜福：《共产党与中国社会主义文明发展》，《理论学刊》2002年第3期。

是如马克思所说的，“建立在人们的现实差别基础上的人与人的统一”。“人的个体之间不但有个性差异，还具有各自互不相同的个体生活”。一方面，“有生命的个人的存在”是社会存在和发展的基本前提；另一方面，个人又是“处于相互关系中的个人”，只有生活在一定的人与人及人与社会的关系中，个人的需要才能满足，个人的价值才能实现。这种由人际交往所形成的生活就构成了人类群体共同的生活，即公共生活。人是内在着个体性与公共性的矛盾统一体，这种矛盾性决定了，人所面临的问题不仅是个人的，也是公共的。既有个人如何生存的问题，还有公共生活如何维系的问题。研究人类公共生活的最大困难在于：人们有各自的利益，人的偏好趋向是不同的，在人与人之间往往发生冲突甚至重大冲突。具有不同愿望和动机的人们对利益的追求会使冲突激化，影响公共生活。因此，如何维系人的公共生活的存在和发展就成为具有个性差异的人类所面临的重要问题。

对于人类社会公共生活所具有的这种内在矛盾，引发了一些思想家和学者从不同角度的思考。墨菲从社会人类学的角度提出了这样的疑问：“社会怎么可能呢？人们迥然不同的愿望、目标和动机怎么会与公共安全及秩序的需要相一致，又怎样能符合使得生活正常运转这种要求呢?”弗洛伊德从心理学的角度谈到了同样的问题：“摆在我们面前的问题是如何摆脱文明的最大障碍——即人类互相间进攻的气质上的倾向；……人类的决定性问题在于，他们的文化发展能否在多大程度上控制住他们的进攻性和自我破坏本能对他们的集体生活的干扰。”奥尔森从人的理性出发，揭示个人理性与集体非理性之间的矛盾，在他看来：“除非存在强制或其他某些特殊手段以使个人按照他们的共同利益行事，有理性的、寻求自我利益的个人不会采取行动以实现他们共同的或集团的利益。”马克思不是从抽象的人性出发，而是从人的现实的社会关系和利益关系出发来揭示这一问题。在马克思看来，人类社会中人与人之间、阶级或集团之间的冲突从根上说，是基于利益引起的。"正是由于私人利益和公共利益之间的这种矛盾，公共利益才以国家的姿态而采取一种和实际利益（不论是单个的还是共同的）脱离的独立形式，也就是说采取一种虚幻的共同体的形式"。

有研究者强调，为了防止社会公共生活由于内部矛盾和冲突的激化而导致整个社会的崩溃，社会共同体需要建立一种它们赖以存在的内部秩序，这种秩序有利于维系社会合作、规范社会关系、调节社会矛盾。从社会公共秩序的构成因素来看，社会共同体是由社会结构、社会关系、社会价值和社会控制等基本要素构成的；当这些方面要素处于互相适应、彼此协调的关系时，社会公共生活就处于一种有秩序状态。对任何一个社会共同体而言，秩序体现着基本的价值，正是有赖于秩序，人类的公共生活才成为可能。可以说，公共生活的有序状态是人类社会中共同体存在和持续的前提和基础。在一定意义上讲，秩序也是其他社会价值具有意义的前提和基础。有论者基于以上分析强调，"消除社会混乱是社会生活的必要条件。即使是在尚未形成部落组织的原始人群当中，人们也认识到了暴力冲突必须加以控制"，而"冲突本身并不会被彻底根除"。在阶级社会中，阶级斗争的冲突具有推动历史前进的作用。在通常的社会中，一定范围和一定形式的冲突是会存在的。在和平建设时期，冲突实际上会产生许多更接近人们生活而能使人类生活得以适时改善的作用。没有冲突，社会就会失去活力，甚至灭亡。所以，重要的是，社会要能够对冲突进行适当的调节，使冲突不以将会毁掉整个社会的暴力方式而进行。"必须先有社会秩序，才谈得上社会公平。……如果某个公民不论在家中还是在家庭以外，都无法相信自己是安全的、可以不受他人的攻击和伤害，那么，对他侈谈什么公平、自由，都是毫无意义的”。自由的存在是以秩序为条件的，只有在秩序的基础上，自由才对人的生活具有积极意义。问题在于，公共生活的秩序不是自动形成的，任何公共生活赖以存在的内部秩序，都需要通过某种形式的社会控制来保障和维护，通过建立公共权力或公共权威这种政治形式，来保证公共生活规则，从而满足整合人类公共生活内部秩序的需要。恩格斯在此意义上讲，“这种力量应当缓和冲突，把冲突保持在‘秩序’的范围内”。

由历史的情况来讨论什么是合理的公共秩序问题，我们会发现，关于公共秩序的合理性观念及其标准一定受到社会多方面因素的影响和制约。如前所论，用马克思主义的论述讲，就是说这里一定要受到社会的整个经济基础和上层建筑的影响和制约，它们既是其表现，随之改变而改变，又对其有反作用。人类的不断实践性决定了，人们总有一种超越现实的理想和追求。人们对当下的公共秩序是否合法合理的反省，人们对什么是合法合理的公共秩序的追问，人们力争实现理想的公共秩序，这本身就表现了人类努力追求对现实的超越。而马克思十分强调，“人们自己创造自己的历史，但是这种创造活动并不是随心所欲的，并不是在人们选定的条件下进行的，而是在直接碰到的、既定的、从过去继承下来的条件下进行的”。这就是说，人们对合理的公共秩序的追求，对现实的超越，只能站立于现实的基础之上，只能在继承传统的基础上进行，这只能是在历史的延续中实现对现实的超越。要强调的是，这是要和一定的社会历史相吻合的，同时又向着更高的文明进步。合理的公共秩序观念的历史性表明，只有历史地具体地看待公共秩序的合理性问题，才能真正地理解，为什么公共秩序类型会发生历史性的变化；[①] 才能真正地理解，人类如何在一级级文明的不断超越中，不断地向更高的文明迈进。

二、人类社会的当代文明与全球化问题

（一）世界各国、各民族、各地域创造的文明，只要它是与时俱进的，是从实际出发并富有创造性的，是在人类文明大道上吸收多方面优秀文化成果形成的，那么它就既是有个性的文明财富，又是整个人类文明的财富。这是人类文明的共同建树。只有用人类文明的共同财富来丰富文明建设，才能在人类文明大道上，推动世界文明走向更高的全人类文明。而文明总是具体的，这种具体性实现于文明历史的具体发展之中。在文明大道前进，是历史的具体文明发展的历程。在不同历史时期有不同时期的具体的文明；不同的具体文明实现于不同历史向前发展的过程之中。在近现代，文明的超越更具体地实现于"历史向世界历史的转变"之中，并以此为阶梯向着更高的文明超越。

人们常引用马克思和恩格斯在《共产党宣言》中的这样一段话："不断扩大产品销路的需要，驱使资产阶级奔走于全球各地。它必须到处落户，到处开发，到处建立联系。""资产阶级，由于开拓了世界市场，使一切国家的生产和消费都成为世界性的了。……过去那种地方和民族的自给自足和闭关自守状态，被各民族的各方面的互相往来和各方面的相互依赖所代替了。物质的生产是如此，精神的生产也是如此。各民族的精神产品成了公共的财产。民族的片面性和局限性日益成为不可能，于是由许多种民族的和地方的文学形成了一种世界的文学"。"资产阶级，由于一切生产工具的迅速改进，由于交通的极其便利，

① 参见周光辉：《政治文明的主题：人类对合理公共秩序的追求》，《社会科学战线》2003 年第 4 期；《新华文摘》2003 年第 12 期。

把一切民族甚至最野蛮的民族都卷到文明中来了。它的商品的低廉价格，是它用来摧毁一切万里长城、征服野蛮人最顽强的仇外心理的重炮。它迫使一切民族——如果它们不想灭亡的话——采用资产阶级的生产方式；它迫使他们在自己那里推行所谓的文明，即变成资产者。一句话，它按照自己的面貌为自己创造出一个世界”。①

自19世纪40年代开始，马克思在对于作为资本主义“典型国家”的英国及其经济关系加以研究过程中，就对人类发展的历史趋向作了总体概括，对世界历史的形成、扩展及给社会发展带来的新的变化作了考察。马克思、恩格斯讲道：“各个相互影响的活动范围在这个发展进程中越是扩大，各民族的原始封闭状态由于日益完善的生产方式、交往以及因交往而自然形成的不同民族之间的分工消灭得越是彻底，历史也就越是成为世界历史。”这“成为一个世界历史性的事实”，“是完全物质的、可以通过经验证明的行动，每一个过着实际生活的、需要吃、喝、穿的个人都可以证明这种行为”。“每一个单个人的解放的程度是与历史完全转变为世界历史的程度一致的”。马克思认为，“历史完全转变为世界历史”② 是现代社会的特征。

正是在“历史向世界历史转变”中，各国在整个人类历史中走向历史性的“超越”，而这种“超越”在当近的百余年中正在急剧地发生。当然，这一“超越”在实现过程中，特别是在近现代的迅速发展中，经历着激烈的冲突，这是一种痛苦的过程。这就像“凤凰涅槃”，在“烈火”中“升华”。这个过程，

---

① 马克思、恩格斯：《共产党宣言》，《马克思恩格斯文集》（第1卷），人民出版社2009年版，第35～36页。

② 马克思、恩格斯：《德意志意识形态》，《马克思恩格斯文集》（第1卷），人民出版社2009年版，第541～542页。

从人类历史长河讲，是一种超越；而对于几代几十代人来讲，这种历史跨越会使人感到不是一个短暂的过程。

在马克思主义看来，人类社会的发展是在不断拓展自身活动范围中发展的，这是从狭窄的地域历史走向广阔的世界历史的发展。这一发展过程决定了各国各地域最终不可能在自我封闭的历史环境中生存，不能处于孤立隔绝的状态，它具有显著的国际性。"生产力的普遍发展和与此相联系的世界交往"①，成为我们这个世界越来越突出的特点。

捷克诗人乔治·沃克在第一次世界大战后写了这样几行诗："世界是一个圆形的整体，像一颗心脏，如果将它分为两半，就必定会死亡。"这引起了许多人心灵的共鸣。第二次世界大战后，美国的温德尔·威尔基总结二战的教训，写下了发人深省的《一个世界》这本书。沃尔特·李普曼出版了一部书名为《一个世界或一无所有》的著作。它向世界人民提出了生或者死的抉择问题。1976 年 9 月，美国当时的国务卿亨利·基辛格博士在联合国大会上说："世界在变小，但世界各国彼此并没有更接近。自相矛盾的是，当我们大家所面临的最严重问题只有承认我们需要相互依存才可能解决时，民族主义恰恰在这个时刻抬头了。"② 1992 年，当时，联合国秘书长加利在联合国日的致辞中宣布："第一个真正的全球性时代已经到来了。"③ 之后，联合国第七任秘书长安南在关于联合国工作的年度报告中又说："只有像联合国这样的全球性组织才有制定想使所有人受惠于全

---

① 马克思、恩格斯：《德意志意识形态》，《马克思恩格斯文集》（第 1 卷），人民出版社 2009 年版，第 542、574 页。

② 转引自［美］卡尔·多伊奇：《国际关系分析》，周启朋译，世界知识出版社 1992 年版，第 349 页。

③ 转引自《世界经济与政治》1996 年第 6 期。

球化所必需的原则、标准和规则的能力和合法性。因此，我们未来的目标不是试图改变全球化的趋势（这在任何情况下都将是徒劳的），而是利用其积极的一面，同时对其负面效应加以控制。”① 联合国开发计划署在1999年度《人类发展报告》中说："全球化不能一味追逐利润。它应当造福于全人类。因此有必要重新制定全球化的运行规则。”

这些主张表明，在世界历史发展的今天，只有造福于全人类的全球化，才是全人类文明进步的标志和希望所在。

现在，“全球化”这个概念，已成为使用很广泛且频率很高的概念。

有学者指出，“全球化”一词首先出现在20世纪60年代的法国和美国，到20世纪70年代“全球化”已成为全世界各国的通用之词（Modelski）。学界通常认为，“全球化”（globalization）一词首先于1961年被收入《韦氏大辞典》，1962年收入《牛津英语词典》，20世纪80年代中期以后迅速流行开来。也有的学者认为，它最初是由丹尼尔·耶金提出。丹尼尔·耶金在美国《新闻周刊》发表的题为《一个时髦词的诞生》一文中写道："大约不到10年前创造的全球化这个词已成为国际经济中难以回避和被公认有用的格言。”“这就是24小时相互联系的、极度活跃的、剥夺睡眠机会的并受电子邮件推动的世界。”②

对于“全球化”，不能仅停留于抽象概念的理解，而要在历史“进程中”具体地去理解。目前在关于全球化的讨论中，有人不仅讲“经济全球化”，又讲“文化全球化”，还讲“政治全球化”。持此论者简单地认为，既然“经济”能走向全球化，那么“文化”也能实现“全球化”，“政治”也能够“全球化”。某

① 路透社1998年9月8日电。

② 载1999年2月15日《新闻周刊》。

些论者还举出马克思的一些语句，用来证明这是马克思的观点。对这种认识应当作具体分析。让我们再重新看一下，人们就此常涉及的马克思的几段话。马克思和恩格斯在《共产党宣言》中讲道："资产阶级，由于开拓了世界市场，使一切国家的生产和消费都成为世界性的了。……新的工业的建立已经成为一切文明民族的生命攸关的问题；这些工业所加工的，已经不是本地的原料，而是来自极其遥远的地区的原料；它们的产品不仅供本国消费，而且同时供世界各地消费。旧的、靠本国产品来满足的需要，被新的、要靠极其遥远的国家和地带的产品来满足的需要所代替了。过去那种地方的和民族的自给自足和闭关自守状态，被各民族的各方面的互相往来和各方面的互相依赖所代替了。物质的生产是如此，精神的生产也是如此。各民族的精神产品成了公共的财产。民族的片面性和局限性日益成为不可能，于是由许多种民族的和地方的文学形成了一种世界的文学。"译者在此注释：这里"'文学'一词德文是'Literatur'，这里泛指科学、艺术、哲学、政治等等方面的著作"①。马克思、恩格斯在《德意志意识形态》的《费尔巴哈》中还说道："每一个单个人的解放的程度是与历史完全转变为世界历史的程度一致的。"马克思、恩格斯指出：这样，"单个人才能摆脱种种民族局限和地域局限而同整个世界的生产（也同精神的生产）发生实际联系，才能获得利用全球的这种全面的生产（人们的创造）的能力"②。

首先应当肯定，在马克思看来，随着历史真正转变为世界

① 马克思、恩格斯：《共产党宣言》，《马克思恩格斯选集》（第1卷），人民出版社1995年版，第276页。

② 马克思、恩格斯：《德意志意识形态》，《马克思恩格斯文集》（第1卷），人民出版社2009年版，第541～542页。

历史的程度加深，经济要走向全球化，这是毫无疑问的。

其次应当指出，文化在多样化中，仅在此意义上讲，走向全球化；作为文化，就其“文学形式”（此为马克思的用语，以往有的翻译是“美文学的”，这里最实质的应当是就“美学意义”的“美学形式”）而言，也包括就其在某些情况下所带有的经济属性来讲。也就是说，作为文化，就文化产品及其所带的美学意义来讲，或者说就作为文化产品的生产、消费来讲，伴随着经济全球化，也是走向全球化的。这里特别包括、也体现于关于文化产品生产的投入、产出以及流通、消费等，乃至整个过程。这出现了“每一个单独的个人能摆脱各种不同的民族局限和地域局限，而同整个世界的生产（也包括精神的生产）发生实际联系，并且可能有力量来利用全球的这种全面生产（人们所创造的一切）”。然而要注意：马克思在这里特别强调的是就“每一个单独的个人”（新译本为“单个人”）摆脱“民族局限”“地域局限”来讲的，这里只是就生产所“发生”的“实际联系”“可能有力量来利用全球的这种全面生产（人们所创造的一切）”而言，并不意味着某个民族、社会、国家的整个文化都去“全球化”成一个样子了。也就是说，作为文化来说，其呈现出的形态，越是丰富发展，越带有多样性，文化恰恰是各国多地域多民族带差异性的多样性标志。作为文化中艺术美的形式会有共同的美的规律，而其中带有各个情况下作为形象意蕴的内容则是丰富多样的。文化生产或文化产品生产走向全球化，决不意味着文化走向单一化。因为，趋同性与多样性总是在对立统一中相辅相成地运动的。文化成为单一的，也就意味着多样性的文明也成为单一的。如果这样，那就走向了无差异性，这恰恰是成了一种“混沌”，以耗散结构理论讲，这是丧失有序度而无序度加大的特征，这是丧失生机的特征。显然，人类“全球化”的要求绝不是要走向文化的单一化，恰恰是要发展文化的多样性。在走向现代化的过程中，文化产品生产走向现代化，走向"有力量"来"利用全球化"的"全面生产"的方式，但文化产品的多样性不仅不会消失，而恰恰是要越来越丰富多彩的。另外，在当代关于国家意识形态以及价值观的问题上，在一定的社会历史条件下，多国有多种情况，我们绝不能轻易地去主张其所谓的"全球化"。

再者应当强调，政治，作为政治交往、政治关系、政治活动，当就其可以促成经济产业发展意义上和文化生产及其产品的全球销售和传播而言，也有全球化的意义。但对于政治，就当今世界及相当长时期的世界的意义来说，从政治制度及政治制度所代表和保护的阶级利益上讲，是谈不上全球化的。在这种情况下，各国涉及文化安全、经济安全、主权安全等政治安全问题都会在其中显示出十分重要的地位。特别在当代，一些国家凭借自己的强势，搞文化霸权、文化侵略，搞经济霸权、经济渗透，搞政治渗透、政治破坏、政治颠覆，以实现自己的霸权主义；我们要特别警惕一些国家打着全球化的幌子来实现控制别国的目的。要坚决反对世界上的恐怖主义，这丝毫不意味着不同时反对世界上的霸权主义。文化霸权、政治霸权对真正进步意义上的经济全球化恰恰是有极大破坏性作用的。在此情况下，世界上的大多数国家特别是发展中国家，恰恰要特别在弘扬自身民族精神时，在保护自身文化传统和文化成果中，在保证自己的经济不受损害的情况下，要坚持自力更生，独立自主。世界各国要"在互相尊重主权和领土完整、互不侵犯、互不干涉内政、平等互利、和平共处等原则的基础上，建立和平、稳定、公正、合理的国际新秩序"。人类经过这种建立新秩序的努力，促成世界的和谐，才能建设起一个持久和平、共同发展的和谐世界。当"政治"能够"全球化"，"政治"也就无所谓了；这是"政治国家"已经消亡了以后的事情。当在人类社会进步中，国家、政治失去意义，文化在多样性发展中和谐，经济真正成为人类发展中所实现的文明之体现，这意味着正在向和谐文明世界一步步迈进，人类社会在一步步走向更加光明的未来。

（二）建立公正合理的国际社会新秩序。

文明要体现于建立一种能推动人类发展进步的良好秩序。学者们通常认为，国际秩序这一概念源于中世纪的欧洲，是当时人们厌倦战争、渴望和平秩序的反映。1311 年，意大利诗人但丁写了《论世界帝国》一书，阐述了其建立世界秩序的思想。他曾认为，只有建立一个统一的世界政府，才能使正义得到实现，世界才能有正义的秩序。英国国际关系学者何德来·西尔认为，国际秩序是对人类活动和国家行为所作的旨在维护世界稳定、和平与合作的一种合理安排。美国哈佛大学教授斯坦利·霍夫曼认为，国际秩序是国家间处于和睦状态的一种理想化的模式，是国家间友好共处的规则、制度和方法，是合理解决冲突和争端，开展国际合作以求共同发展的一种有序的状态。①

现在大部分学者认为，世界上的国际秩序，作为在一定历史时期，国际行为主体之间在共同利益的基础上通过斗争和妥协而形成的普遍的国际行为准则和稳定有序的国际状态，就其内容来说既涉及国际经济秩序也涉及国际政治秩序。其中，国际经济秩序是整个国际秩序的基础，它决定着国际政治秩序，同时国际政治秩序又对国际经济秩序产生巨大的反作用，影响着世界上国际经济秩序的建立和发展。

纵观世界历史，国际秩序总是随着国际形势和国际格局的

① 参见倪世雄等：《当代西方国际关系理论》，复旦大学出版社 2001 年版，第 458 页。

变化而发生相应的转变。从1616—1646的"二十年战争"到拿破仑战争结束，《威斯特法里亚和约》和《乌特勒支和约》的缔结，在实践上肯定了被誉为"国际法之父"的格劳秀斯所提出的国家独立、领土完整、主权平等和均势的原则。1815年的"维也纳会议"重新确立了欧洲的政治均势，形成了"维也纳体系"。1871年普法战争结束后，德法签订了《法兰克福和约》，恢复了欧洲的均势。1864年的《日内瓦公约》和1899年、1907年的《海牙公约》对战争与和平问题作出了规定。1918年，第一次世界大战的战胜国在巴黎和会和华盛顿会议上确立了"凡尔赛—华盛顿体系"，建立了一个世界性组织"国际联盟"，宣称旨在"促进国际合作，保证国际和平与安全"。英、法、美、日等帝国主义国家在世界范围内重新划分了势力范围，确立了当时所谓的"新的国际秩序"。但是，在帝国主义支配下的"凡尔赛—华盛顿"体系并没有带来世界的永久和平，这一国际秩序随着第二次世界大战的爆发而土崩瓦解。1917年俄国"十月革命"的胜利和社会主义制度的建立，极大地改变了世界历史的进程和体系，冲破了帝国主义殖民体系，向以西方列强主导下的国际秩序发起了强有力的挑战，坚持马克思主义的社会主义国家提出了全新的国际秩序观念，受到广大殖民地、半殖民地国家和人民的广泛拥护。《和平法令》《被剥削劳动人民权利宣言》《告俄国和东方全体劳动人民书》以及三次《对华宣言》等文件的发表，提出了与帝国主义主张完全相反的国际秩序主张，代表了全世界人民的正义呼声。早期苏联的主张为发展中国家争取建立国际新秩序的斗争提供了思想和理论武器。

第二次世界大战，德、意、日法西斯战败，传统的世界强国——英国和法国受到削弱，美国强盛、苏联崛起。战后初期，美苏战略同盟关系还在维持，美、苏、英、法等同盟国的领导人试图建立以"雅尔塔体制"为基础、以《联合国宪章》为指导原则的战后国际秩序。特别是战后新独立的大批社会主义国家和民族国家都对建立国际秩序提出了新的主张，这使旧的国际秩序受到巨大冲击，新的国际政治、经济秩序开始成长。国际秩序日益走向制度化和规范化，国际法和国际制度进入了一个快速发展的时期。特别是《联合国宪章》写入了各国主权平等的原则、和平解决国际争端的原则、不干涉内政的原则等，这被认为是战后国际秩序的基本规范。此后，各种国际经济、政治、军事、文化、卫生、科技组织不断涌现，反映了经济全球化的趋势。

但是，第二次世界大战后建立起来的国际秩序，实际上一度只是美苏两个超级大国取代其他欧洲列强的统治地位的两极对立的等级式国际秩序；美苏两霸的矛盾、对立和妥协对整个国际秩序起着主导作用，他们垄断国际事务，划分势力范围，干涉别国内政，以至侵略别国，甚至联合国也成为他们操纵的机器或掌上玩物。随着进入冷战时期，以苏、美为首的东、西方两极对立的格局形成。这一时期国际秩序的主要内容是美苏两个超级大国争夺势力范围特别是争夺经济控制以及军事、政治和意识形态霸权的斗争。尽管国际社会强烈要求改变霸权主导的国际秩序。而两霸争夺世界的争斗愈演愈烈。这严重阻碍了世界和平与发展和国际新秩序的建立。

从1989年下半年开始，苏联解体、东欧剧变，改变了两极对立的格局，冷战结束，世界形势和国际格局的变化引起国际秩序的迅速转变。20世纪90年代后，基于雅尔塔协议体制之上的世界格局已经被打破，新的格局尚未形成，国际关系处于大转折、大变动时期，美国妄图建立以其为领导的单极世界，霸权主义空前膨胀。

国际社会中，随着经济全球化的进一步发展，世界各国间的联系越来越紧密。而在当今经济全球化突飞猛进的新时代，霸权主义、强权政治主导国际秩序的局面并没有得到根本改变，《联合国宪章》所确立的根本原则并没有得到普遍尊重，反而经常遭到少数发达资本主义国家的肆意践踏。发展中国家在获得政治独立后与发达资本主义国家之间的关系仍然是不平等的，仍然受到发达资本主义国家的剥削、控制、束缚和侵害。因此，发展中国家面临着打破旧的国际政治、经济秩序，建立新的公平合理的国际社会秩序的艰巨任务。

世界文明多样化在曲折中发展，这是当今国际社会的一个突出特点。国际格局走向多极化，是时代进步的要求，符合各国人民的利益。多极化格局使世界各种力量逐渐形成既相互借重又相互制约与制衡的关系。这有利于推动建立公正合理的国际社会新秩序，有利于实现各国人民对和平、稳定、繁荣的新世界的美好追求。经济全球化是当今世界的一个基本特征。现在各国之间的经济联系日益加深，生产布局、投资走向、金融往来、科技开发、人才培养以及环境保护，都跨越了国界。经济全球化有利于生产要素在全球范围内的优化配置，有利于各国各地区加强经济技术合作，也有利于世界经济的发展。而人们又看到，在此时，经济全球化是在不公正不合理的国际经济旧秩序没有根本改变的情况下发生和发展的，全球化是一个难得的历史机遇，也是一个巨大的历史挑战。要顺应历史潮流，促进世界多极化，推动多种力量和谐并存，保持国际社会的稳定，就必须积极适应全球化潮流，参与国际合作与竞争，促进国际社会朝着有利于共同繁荣的方向发展。

建立国际社会新秩序，要从当今世界的实际情况出发，反映世界各国人民的普遍愿望和共同利益，体现历史发展和时代进步的要求。应该保障各国享有主权平等和内政不受干涉的权利，保障各国享有平等参与国际事务的权利，保障各国享有平等的发展权利特别是保障广大发展中国家的发展权利，保障各个民族和各种文明共同发展的权利。各国政治上应相互尊重，共同协商，而不应把自己的意志强加于别人；经济上应相互促进，共同发展，而不应造成贫富悬殊；文化上应相互借鉴，共同繁荣，而不应排斥其他民族的文化；安全上应相互信任，共同维护，树立互信、互利、平等和协作的新安全观，通过对话和合作解决争端，而不应诉诸武力或以武力相威胁。要坚持在互相尊重主权和领土完整、互不侵犯、互不干涉内政、平等互利、和平共处等原则的基础上，建立和平、稳定、公正、合理的国际新秩序，努力构建各国共同驾驭的人类命运共同体。

当今世界正处在大变动的历史时期，世界的力量组合和利益格局正在发生新的深刻变化。而时代的主题是和平与发展。世界要和平，人民要合作，国家要发展，社会要进步，是时代的潮流。但是不公正不合理的国际旧秩序还没有得到根本改变。影响和平与发展的不确定因素在增加。传统安全威胁和非传统安全威胁的因素相互交织。霸权主义和强权政治有新的表现。恐怖主义危害上升。民族、宗教矛盾和边界、领土争端导致的局部冲突时起时伏。南北差距进一步扩大。世界还很不安宁。人类面临着许多严峻挑战。总体和平、局部战乱，总体缓和、局部紧张，总体稳定、局部动荡，是当前和今后一个时期国际局势发展的基本态势。20 世纪，人类经历了两次世界大战，也经历了冷战对峙，各国人民渴望实现持久和平与普遍繁荣。国际社会的新秩序应当是在文明的翕聚与开辟中建立起走向和谐的新世界。这指向着人类社会的巨大超越。

三、和谐与超越

（一）由我在上世纪 90 年代初出版的《塑造论哲学导引》中所阐发的关于“塑造单子和谐”的思想来讲，总起来说是在“自然塑造人和人塑造自然”中实现塑造的和谐。发展要可持续，就得有发展中的诸要素协调，有这种协调才谈得上全面发展；经济、政治、文化及各项社会事业实现和谐，才能在社会全面发展中实现人的自由而全面的发展。

建立现代文明之上的和谐世界，必须有体现"翕聚"与"开辟"的机制，才能实现。文明多样性是人类社会的基本特征，也是人类文明进步的重要动力。在人类历史上，各种文明都以自己的方式为人类文明进步作出了积极贡献。存在差异，各种文明才能相互借鉴、共同提高；盲目强求一律，只会导致人类文明失去动力、僵化衰落。各种文明有历史长短之分，无高低优劣之别。历史文化、社会制度和发展模式的差异不应成为各国交流的障碍，更不应成为相互对抗的理由。应该尊重世界各国自主选择社会制度和发展道路的国情，相互借鉴而不是刻意排斥，取长补短而不是定于一尊，推动各国根据本国国情实现振兴和发展；应该加强不同文明的对话和交流，在竞争比较中取长补短，在求同存异中共同发展，努力消除相互的疑虑和隔阂，使人类更加和睦，让世界更加丰富多彩；应该以平等开放的精神，维护文明的多样性，促进国际关系民主化，协力构建各种文明兼容并蓄的和谐世界。要实现建设和谐世界的目标，需要进行长期艰辛的努力。第一，在现代文明的"翕聚"与"开辟"中建立和谐世界，才能实现相互尊重。世界上各国都有自己的历史文化传统，各国根据本国国情探索发展道路的努力应该得到尊重和保障。不同地区的不同文明应该以平和、包容的心态看待彼此的差异。差异不应该成为地区冲突和矛盾的根源，而应该成为各地区间相互借鉴和融合的动力。第二，在现代文明的"翕聚"与"开辟"中建立和谐世界，才能实现地区和平稳定。历史经验一再昭示我们：战争和武力从来就不能从根本上解决问题。面对各种错综复杂的矛盾和冲突，应该继续加强对话、平等协商，坚持通过各种手段公正合理地处理冲突、弥合分歧。这是唯一可行的现实途径。第三，在现代文明的“翕聚”与“开辟”中建立和谐世界，才能实现合作发展。发展是维护和平、实现稳定的重要基础和保障。没有合作发展，难享长久和平。在经济全球化的背景下，发展应该通过互利合作来实现。广泛的区域及全球经济合作，有利于促进各国共同繁荣，有利于增进各国人民的相互了解和友谊，也有利于促进实现地区和世界的持久和平。当今世界正在发生前所未有的历史性变革。世界多极化和经济全球化的趋势深入发展，科技进步日新月异。人类和平与发展的崇高事业前景光明。同时，传统安全威胁和非传统安全威胁的因素相互交织，世界经济发展不平衡，南北差距继续扩大。人类面临着需要认真对待的种种矛盾和挑战。应该从历史中汲取经验和教训、获取智慧和力量，顺应时代潮流和人民愿望，妥善应对各种矛盾和挑战，为世界开太平，为各国创繁荣，推动人类社会更好地向前发展。中华民族在历史上创造了辉煌的文明。先哲们在探索人类社会发展规律的过程中不约而同地提出了和谐的思想。他们都主张，实现社会和谐，主张在承认差异性和多样性的前提下，坚持包容性，共建和谐社会。

面对当今纷繁复杂的世界，应该更加重视和谐，强调和谐，促进和谐，建设一个持久和平、共同繁荣的和谐世界。这是世界各国人民的共同愿望，也是人类社会发展的必然要求。建立体现“翕聚”“开辟”的和谐世界，体现于国际社会成员共同携手努力。

建立和谐世界，体现于各国和谐共处。这体现于各国恪守公认的国际法和国际关系的基本准则，互相尊重主权和领土完整、互不侵犯、互不干涉内政、平等互利、和平共处，尊重和维护各国自主选择发展道路的权利；坚持多边主义，促进国际关系民主化，保障各国参与国际事务的平等权利；鼓励和支持以和平方式，通过对话、协商和谈判解决争端和冲突，反对任意使用武力或以武力相威胁；在平等的基础上，加强合作，共同应对全球性挑战。

建立和谐世界，体现于全球经济和谐发展。这体现于各国重视并采取有效措施推动经济全球化朝着均衡、普惠、共赢的方向发展，努力缓解发展不平衡问题，消除贫困；积极推进区域和全球经济合作，共同解决全球经济发展中出现的问题，维护经济安全；以相互开放取代彼此封闭，努力建立开放、公平、规范的多边贸易体制，实现优势互补、互利共赢，使所有国家都从中受益。

建立和谐世界，体现于不同文明和谐进步。这体现于各国维护世界多样性发展模式应多样化，坚持平等对话和交流，倡导开放和兼容并蓄的文明观，使不同文明在竞争比较中取长补短，在求同存异中共同发展；承认各国文化传统、社会制度、价值观念和发展道路的差异，不能以此为借口对别国内政说三道四，更不能把世界上存在的一些问题和矛盾归因于哪一种文明、哪一个民族或哪一种宗教；努力使世界上所有文明、所有民族携手合作，共同推进人类和平与发展的崇高事业。

（二）"构建和谐社会"，这其中，应当强调，实现经济、政治、文化及整个社会的价值目标重要的是在人类公共生活中建立起指向和谐的秩序。

塑造论哲学关于"塑造单子和谐"的论述，基于有序性来解释价值，这里的突出特点是，强调走向和谐与走向有序是同一系列概念。从社会文明的发展来讲，国家秩序走向公共秩序，社会的构成在很大程度上是建立秩序、规范秩序，然而并不是人们为建立和规范秩序的所有努力都是符合文明要求的。一般而论，文明起码包括两方面内容：一是指人类在实践中，在有意识有目的地改造世界过程中，所形成的文明成果；二是指人类行为的合理性，具有合理性的行为是文明的行为，而不具有合理性的行为是不文明的行为。文明的这些含义是一个问题的两个方面。文明的实质，说到底涉及人对自己理想的追求。人正是在创造文明世界的过程中，成就着人本身，使人由自然的人、野蛮的人成为社会的人、文明的人。马克思说："任何一种解放都是把人的世界和人的关系还给人自己。"社会文明，蕴含着合理的政治意识、政治行为、政治关系、政治结构和政治过程所构成的政治生活；蕴含着合理的经济意识、经济行为、经济关系、经济结构和经济过程所构成的经济生活；以及渗透于以上之中的文化建构。社会文明的性质规定了社会文明的建设指向建立一种合理的公共秩序。社会的文明化过程，在此意义上，是人类努力脱离野蛮、抛弃动物世界中那种弱肉强食状态的过程，而这正是通过建立合理的公共秩序来实现的。所以说，社会的文明化与公共秩序的合理化是内在统一的。人们对文明社会的渴望，也正是对合理公共秩序的期待，人们对社会文明的理想追求，也就是对合理的公共秩序的追求。

可见，从社会文明的角度看，秩序是社会运行的基础，所以"是构成人类理想的要素，同时也是人类社会活动的基本目标"。一个有效的秩序真正形成，要在逐步符合世界良性运行的合理秩序之中，经人们在社会生活中反复博弈并产生合作而产生。正是在此意义上，许多社会学说把合理性理解为社会大多数成员的认同和可接受性。所谓合理的秩序，从社会学角度看，是指公共秩序与社会大多数成员的主观评价具有某种程度的一致性；它不是单纯依靠强制力来维系，而是与社会占主导地位的价值观念、文化条件相一致，并以社会大多数成员的普遍承认和努力合作为基础。这意味着，被某个人或少数人所主张的公共秩序并不一定会被大多数人所认同和接受。立基于少数人认同的秩序不可能有效地维系和持久。任何一种公共秩序的稳定和延续都离不开社会中大多数成员的赞同和支持。由此意义讲，合理的公共秩序也就是具有正当性和合法性的秩序。这并不是否认强制力量的作用和意义，而是说，强制力量的效用是有限的，要获得社会成员的普遍承认和自愿赞同，绝不是只凭借强制力量就能达到的。换句话说，强制力不是公共秩序获得合法性和正当性的唯一力量。如同一些学者所强调的，"人们的自愿合作就是必要的，而这一点是不能通过强力去获得的。强力最多是一个达到目的的手段。建立一个新的社会秩序的目的，只有在社会大多数成员都自由地把它当作他们自己的目的时，才有可能完全实现"。问题在于，如何使某种公共秩序得到大多数社会成员的认同。人作为在社会中生活的人，离不开从人的需要满足出发对自身和周围的世界进行理解和评价。公共秩序的规范化和合理化过程总是伴随着人的认识和评价，在生活领域中具体体现出来。它是通过将人类存在而成就的社会秩序，通过对公共秩序的论证和说明，使之成为有理由、有根据和有价值的东西体现在人们的共同意识之中，从而使公共秩序具有了一定的可接受性。为公共秩序提供证明的某些思想、学说成为社会共识，并不是突然形成的，而是在人际和群际的长期社会互动中，在融入社会的社会化的过程中，逐渐被社会大多数成员所接受的。[①]

（三）实现在社会和谐中超越，关键是在社会关系优化中实现社会全面发展，实现人自由全面发展。这是人类社会大的超越。

只有把对社会关系的优化和人对社会关系的有效把握，密切结合起来，才能确保人与一定的社会关系产生良性的互动并

① 以上参见周光辉：《政治文明的主题：人类对合理的公共秩序的追求》，《社会科学战线》2003年第4期；《新华文摘》2003年第12期。

促使人在现实中实现自由全面发展和社会全面发展。在现代社会关系条件下，人的发展是否能趋向于健康而多样化的自由而全面地发展，主要取决于两个方面因素：一是现代社会关系的整体优化程度，二是个体对现代社会关系的有效把握。

现代社会关系作为现代社会人类在社会实践活动中所结成的关系，它的产生及其发展，关系着能否为现代人社会性特征的丰富发展和基本素质的提升奠定重要的社会基础与社会条件。

社会关系的生成及其发展，根植于人类的现实生活，这使人的社会关系的生成发展有自然性的一面。另一方面，一定的社会关系作为人类实践活动的产物，是人类有意识活动的产物，因而有着一定的人为性与主动控制性。社会关系的优化既是一个自然的过程，也是人类有意识和自觉改造调整与创造的过程，可以说是一个自然发展和人为控制相结合的过程。

人在发展中的任何社会关系，都是人的实践活动的结果，是人的本质力量的外化与表达。社会关系生成的这一特征，决定了其发展的必然性。社会关系虽然根源于人的感性的实践活动，但是社会关系一旦生成并且以制度、规则等形式存在以后，就会成为一种相对独立的客观存在，会对人们的社会生产与社会生活产生重要的功能性制约或促进作用。因此，一定形态的社会关系是否具有促进社会文明进步与人的健康发展的功能，则成为判断其是否具有发展性与进步性的重要标志。

社会文明的发展是社会综合进步的过程，它既包括了社会生产力和生产关系的发展，也包括了社会制度、社会上层建筑、社会意识形态、社会中人们的精神状态和行为方式的进步与发展。一般而言，社会的整体进步程度越高，则表明社会文明发展所达到的程度也就愈高。社会的整体进步，无疑与一个社会所建立和创造的社会关系形态有着直接的关系。一定的社会关系形态是一定结构与制度的社会建立的基础。没有一定形态的社会关系作为基础，也就不可能有相应形态的社会的建立及其形成。在此意义上讲，社会整体进步的实质，很大程度上在于人的社会关系的优化与发展。

社会文明的发展依赖于社会的整体进步，而社会的整体进步则是整个社会文明的发展及每个人文明程度提升的结果。社会进步与社会文明发展之间的这种关系，决定了一定的社会文明必是建立在一定的社会关系形态基础之上的。一方面，社会关系的发展是决定社会生产方式、社会结构与社会制度变革及其发展的重要基础，是引起和导致社会整体进步与发展的重要力量。另一方面，社会关系的发展也是促进人的发展的重要客观力量，是人的新的社会文化性质不断生成和增长的重要根源。社会关系发展与社会变革、人的发展所具有的这种密切关系，决定了其对于人类社会文明演进与发展的重要性。因而我们可以说，没有社会关系的优化与发展，也就不可能有人类社会文明的进步和人的文明程度的不断提升。①

社会的和谐一直是人类所追求的。一方面，作为个体人的生活幸福和健康发展，需要和谐的社会条件保障；另一方面，人类社会文明的不断演进，需要和谐的社会条件保障。

从人类社会文明发展的角度讲，现代社会关系的优化是人类社会和谐发展的必然要求。作为一种高度开放、复杂与多样的社会关系形态，现代社会关系内在地包含着许多社会问题。这些社会问题外现出来，会形成现代社会发展过程的社会冲突，也由此而制约了现代社会的和谐与发展。因此，现代社会和谐发展以及社会问题的解决，必依赖于人类在自己的实践活动中有意识、有目的和自觉地对其有赖于确立的社会关系进行优化；

---

① 张治库：《现代社会关系视阈下人的发展研究》，光明日报出版社 2010 年版，第 180～182 页。

这种优化，特别是指在与社会生产力及种种社会因素相适应中的优化。没有优化的社会关系，也就不可能使现代社会走向和谐超越。

现代社会关系的优化体现于现代人趋向自由而全面发展的基本诉求。有什么样的社会关系，人也就有着什么样的存在并在很大程度上决定着他会有什么样的成就。在这个意义上而言，社会关系的优化对人的发展有着非常重要的功能价值。

社会关系的优化是长期的工程，要改变不利于社会全面发展、人自由而全面发展的社会，建设有利于社会全面发展、人自由而全面发展的社会，人类或许要探索多种途径，非暴力的或暴力的、逐步的或突变的，而在此中终究要力求使社会关系走向优化。在社会关系的优化实践中，要将社会关系优化与一定的现实条件相结合，促进现实社会关系在不断优化中，为奔向社会全面发展、人自由而全面发展，创造积极而健康的社会关系环境。①

人自由而全面发展和社会全面发展，如中国共产党人强调的，这是在推进物质文明、政治文明、精神文明的基础上所实现的很高水平的文明发展。在马克思主义看来，共产党带领人民所追求的共产主义社会，就是每个人自由而全面发展的社会。这是马克思主义者对人类社会发展历史进程和客观规律作出认真研究后得出的结论。这一结论指向着人类社会朝着一种美好社会超越。又如前所说，马克思曾讲到，在人类的文明史中，人的发展经历着若干阶段。在人类文明史的“最初的社会形态”中，由于社会形式基本上以有赖于人的依附关系形成的自然经济为基础，所以不可能有人的独特个性的发展。到了“第二大

① 参见张治库：《现代社会学关系视域下人的发展研究》，光明日报出版社 2010 年版，第六章。

社会形态"，资本主义的发展打破了封建专制中人主要以人的依附性而生存的状况，发展了人的独立个性，却又陷入对物的依附性中。机器、资本与劳动者的对立，无产者创造的财富不仅不能为发展自己的个性服务，相反成了以新的形式压制和摧残自身的手段，人只能是片面的人。而当人类社会进入"第三阶段"，即社会主义或共产主义，人的发展既不是只依赖于人的依附关系，也不是只依赖于物的依附关系，而是依赖于社会的协调发展和持续全面进步，这才开始有真正意义上的人的自由全面发展，也才能有更加充分意义上的社会全面发展。

（四）在马克思看来，"生产力的普遍发展和与此相联系的世界交往"是"历史向世界历史的转变"的动力；反过来，"历史向世界历史的转变"又是生产力与生产关系的矛盾运动在民族性和世界性关系上的反映。① 马克思主义认为，在世界历史的条件下，各民族内部的生产力和生产关系的矛盾运动是和世界范围内生产力与生产关系的矛盾运动相联系的，并在总体上受到世界范围内生产力与生产关系矛盾运动的影响和制约。世界历史的形成，使得生产力和生产关系的矛盾，越出了狭隘的地域；使得在狭隘地域内单独进行运动的各个不同的民族、国家，卷进世界历史的漩涡之中。这时，各个民族、国家的生产力和生产关系的矛盾运动，纳入世界范围内生产力和生产关系矛盾运动的整体。

而这里，马克思主义又强调，就整个社会运动说，要依赖于社会生产力发展基础之上的生产关系及上层建筑的变革，每个国家是如此，世界社会也是如此。上层建筑、经济基础建立在生产力之上；对于生产力就其历史意义讲，具有带动历史前

① 参见马克思、恩格斯：《德意志意识形态》，《马克思恩格斯文集》（第1卷），人民出版社2009年版，第541～542页。

进的火车头作用。在其中，科技革命是经济全球化的强劲动力。我们可以看到，从经济全球化的萌芽——15 世纪末的航海大发现，到现代，每一次科技革命都大大促进了生产力的发展，进而强有力地推动了经济全球化的历史进程。科技革命对经济全球化的推动作用集中于当代越来越体现其中的信息技术的飞跃上，因为它确定了当代经济活动以什么样的方式进行，在多大的范围内进行。因此，人们认为信息技术的快速发展是经济全球化的重要物质技术条件。由马克思主义关于生产力发展的基本观点，具体而言，近半个世纪以来的经济全球化的物质基础很重要的就在于作为新科技革命的“信息革命”。

近现代以来，第一次科技革命以蒸汽机的发明为标志。此时，运输业出现了轮船和蒸汽机车，世界各国各民族间的经济联系及在经济上的相互依赖性比以往大为增强。按照恩格斯的说法，只是到了工业革命时期有了铁路和远洋轮船以后，才把“以前只是潜在的世界市场”变成了现实的世界市场。[①] 19 世纪末的第二次科技革命，电力取代蒸汽机成为新的基本动力，轮船和铁路等在更大的范围里得到使用，使性能和效率大大提高；电报的发明和使用使得信息传递的速度和广度得到了令人惊奇的提高，世界因此而大大“缩小”；交通运输方面还出现了新的工具，如汽车和飞机，世界各国之间的联系比以往又紧密了一步。20 世纪后半期交通和通信技术的改进主要表现在飞机、电脑和卫星的商业性运用上。如果说以前的交通和通信技术上的革命大大降低了有形商品和要素在世界范围内流动的成本的话，那么新一轮的科技革命则在更大程度上便利了无形商品和要素的流动，这对于以知识和信息为基础的全球经济来说，其重要

① 恩格斯：《英国工人阶级状况》，《马克思恩格斯文集》（第 1 卷），人民出版社 2009 年版，第 367 页。

性是不言而喻的。尤其是近一二十年互联网技术的发展突飞猛进，世界似乎正在变成一个"地球村"。以信息技术为中心的当代科技革命成为自 20 世纪 80 年代末以来经济全球化的主要技术基础。

有人强调，关注共同体对其自身极限的认识，以及其能唤起它面向相关的其他共同体的认识，有重要意义。又有学者讲："今天，我们常常谈到'互联网'（networking)。网络能发展为一种'共同体的共同体（conmmunity of communities)；其中包括的共同体是由较小的共同体组成的，它们和这些更小的共同体的关系就像它们与其成员的关系一样。""共同体的共同体"这种提法出现在艾特兹尼的著作之中。其中讨论到"认同政治"，其含义是，在地理上被定义的共同体的共同体是一种在种族上通过性别和性喜好来定义的共同体的共同体。约翰·B. 科布讲到，对这个词语的使用包括了上述内容，但也扩展到了在地理上被定义了的共同体的共同体。①

（五）关于对当今世界向更高文明超越起促进作用的网络世界及信息科学的发展，应当充分关注到以下趋势。

1. 网络世界的建构，昭示着人类进入网络化时代。这成为世界达到和谐与超越的"神经系统"。

现在，许多人认为，20 世纪 90 年代以来，特别是近二三十年来，互联网的发展已使人类突破了传统的时空界限，正创造着一个全新的世界——网络世界，"遥处天涯近在咫尺"的幻想成为现实。这昭示着人类正进入网络化时代。

首先，网络化扩大了人类实践的范围，使人类实践的能力

① ［美］小约翰·B. 科布：《后现代公共政策——重塑宗教、文化、教育、性、阶级、种族、政治和经济》，李际等译，社会科学文献出版社 2003 年版，第 182 页。

倍增，同时改变了人类交往实践的方式。人们曾经反复提到，按照马克思的理解，人的发展与社会的发展可以划分为三种形态：①“人的依赖关系”形态；②“以物的依赖性为基础的人的独立性”形态；③“建立在个人全面发展和他们共同的社会生产能力成为他们的社会财富这一基础上的自由个性”的形态。在第一形态中，由于个体力量的软弱，人无法面对自然和个体生存的压力，只得依赖人群共同体的力量征服与应付自然，在这种形态下，个体只有通过血缘纽带来维持自己的生存与发展，这时个人只是“狭隘的人群的附属物”，在这个阶段人与人之间交流的形式与实践基础是面对面的直接依赖型。按照某些学者的理解，这主要包括两种形式：一种是基于血缘、地缘等自然关系的共同体范围内的自然的依赖关系；另一种则是基于暴力的非自然的或政治的依赖关系。当进入第二形态，商品交换关系得以发展，市场经济得以建立，实现了人对“人的依赖关系”的解放，这用物的经济联系、商品交换与货币关系代替了人的依赖关系。人由此获得了自由，个人成为市场的主体，开始走向独立，在这一阶段，社会交流的实践基础是间接中介型。社会分工与交换把不同地域的人们联系在了一起。当走向第三形态，社会逐步建立起，能使共同的社会生产成为使个人发挥自由个性全面发展的条件。现在看来，网络的发展是社会指向这一发展的重要条件之一。以网络为技术支撑的交往实践会冲破直接依赖型和间接中介型的模式，实现直接而无需中介的交往形式，同时人类交往的内容又具有了广泛的、高度的信息化特质。

其次，很显然，在网络化的时空环境中，在个体信息交换足够方便、人们平等交流的时代，能够促进个体才能，充分保持其独立性。在网络空间里，每个个体作为独立的端子，可以自主选择自己的运作对象，自由改变自己的网上行为，这符合个性化的价值要求。个体充分运用自己的判断力，作出自身的决策，并依照法律规范，按网际要求，对自己的行为负责。以此为前提，在网际系统中，没有强制、没有中心，没有垄断，网络空间是一个敞开的多元化视界。业内所称的美国网络精英约翰·P.巴鲁在《网络空间独立宣言》（A Declaration of lndependence of Cyberspace）中说："我们正在创造的世界，是一个任何人都能够进入的世界，它没有任何由种族、经济权力、军事力量或出生所带来的特权与傲慢。我们正在创造的世界，是一个任何人在任何地方都能表达他或她不论是多么单一的信仰的世界。"① 这指向着人类在网络社会中寻求自觉和自主的一种历史选择倾向。这种倾向带有强烈的个性化色彩，从而使网上丰富多彩的多元世界成为可能。以至于有社会学家惊呼："已经不存在任何习惯上定义的社会了，现在只剩下个别的个体，而他们早已不再在传统的社会结构下活动了。"有的学者还说，网络时代能为人们提供达到全面获取、解释与发布信息的可能性；能在此基础上，在保障每个个体在无损于他人、无损于社会的前提下，在依法行为的前提下，使人人都有对信息全面获取、解释和发布的合法权利；有这个条件，个体的自由而全面的发展才会成为可能。在此意义上，网络鼓励人的个性化发展，网络给人们以自由的空间。

再次，网络化在理想与现实之间架起一道桥梁，保持一种张力，为创造可能世界提供了条件，有利于我们打开未来世界的大门。在网络化空间这样一个全新的人类生存与发展的平台上，许多理想可以显现与展示出来。在网络化的生存境遇中，网络不仅是工具与手段，在人类的经济、政治、文化及社会生

① 转引自 http：//www. eff. org//～Barlow。

活中占据重要位置，而且在构建人类未来理想的生存模式方面发挥巨大的作用。从超越的意义上来看，网络化无疑是牵引与构造现实与未来的力量。网络世界构造的虚拟世界，大量的似乎并不具有也不可能具有真正的现实性。而不可否认的是，网络世界当由人的科学理念牵引，通过虚拟来超越现实和构造未来的能力很强。我们可以说，网络世界在为人们提供现实中没有原型的东西时，也为人类敞开了一个未来的生活境界，今天的虚拟世界可能就是明天的真实世界。事实上，人类的可能世界，许多就是在理想与现实的张力下，在不断的虚拟过程中创造出来的。

当然，由于网络在世纪之交毕竟是刚刚出现的人类创造物，它的发展在当代社会经济、政治、文化的制度碰撞中，难以有真正全面的社会历史条件与之匹配。所以往往尚有发育不良以至被落后的经济、政治、文化所利用的情况。这就是人们常讲到的，在目前赞美网络化给人类带来福音的同时，也应正视它的负面影响。

第一，对于文化记录、传承、交流的冲击。现代电脑和网络的信息方式，改变着知识储存和传播方式。常听到这样的话：由于有了电脑，可以少去图书馆和书店了。固然，这方面的便捷会使大家得益，但只看屏幕不去读书之风气，或许会使人失掉不少。电脑及网络信息与纸质书籍对于记录和传承知识，其中包括保存、提取，是各有特点、各有优点的，起码当前是如此。只看电脑，不去读书，知识很容易流于只览不留、只满足一时兴趣及刺激，而不去一页一页、字句斟酌地读书，很容易养成不注重系统性、深刻性，只是浅尝辄止的习惯。电脑及网络可以形成一种虚拟世界。人们在列举了以上情况后往往这样评论：虚拟空间的出现，确实引起了人类交往及生存模式的巨变，使人类发展具有了更加广阔的前景，但网络技术的方便实用，又带来一种消解优秀文化价值的力量。网络作为一种技术，它仅仅是一种手段。有人认为："我们在现实中已经有感于这样的情形：发明了书信，人们就懒得探亲访友了；而电话普及，人们就连书信也懒得写了；至于到了网络时代，人们只需发个电子邮件，连书信中的签名也省了。人类的交往就这样随着交往手段的更新与进步，反倒愈益显得陌生化和有距离感了。在此，技术的世界、信息的世界凸显了，人性的世界、心灵世界、情感世界和体验世界隐退了。"当人们通过先进而神奇的网络技术，在虚拟空间进入平常无法经历和体验的世界时，便开始远离现实世界。人离现实世界越遥远，越活动在虚幻的世界中，就越容易造成人的情感上的冷漠和人类价值关怀的缺失。

第二，出现网络霸权与网络殖民主义。从现实的网络架构与运行状况来看，可以说网络是一个全球性的公共领域，它不属于哪一个国家或地区，网络是一个技术平台，谁拥有最先进的技术，谁就能够占领平台制高点。正如埃瑟·戴森所说："今天的 Internet 带有明显的美国味道。……美国文化与网络文化的微妙交织是一个很大的谜团。"目前国际互联网上 90%的信息为英文信息，英文国家正是借助语言这一优势，将自己的价值观与经济触角渗透与伸展到世界的每一个角落。以致发展中国家再次惊呼：传统的殖民者隐退以后，新的殖民形式——网络殖民与网络霸权却光临了。西方发达国家凭借自己的科技强势地位，扮演着信息输出与发布者的角色，而广大发展中国家只得被动地接受信息，长此以往，必会受制于发达国家而不能自拔。在当今互联网上占据支配地位的协议（ICP/IP）、最流行的操作系统（DOS 与 WINDOWS）、最流行的网络浏览软件（Netscape 和 Internet Explorer）以及网络搜索引擎（YAHOO），如此等等，多是美国的产品。美国由在网上的技术实力，相应地也建构了它在网上的优势和所谓的"文化霸权""网络霸权”地位，从而使得网络规范系统表现出一种明显的“美国中心主义”色彩。由是观之，西方国家在政治、经济、技术、价值观等个层面正通过网络潜在地与其他国家争夺受众群体，这应该引起高度重视。

第三，网络失范。这里所说的“范”是就社会规范而言，也是就法律规范而言。网络社会规范可认为是指建构和维系一个合理有序的网络社会系统所要遵循的社会性规矩、准则和价值观念等。要维持正常的网络秩序，就要求网民遵循这些准则和规矩，否则，网络社会生活就会陷入一片混乱与无序之中。在实际的网络社会生活中，“电脑黑客”“计算机病毒”“网上欺诈”“网络色情”等等，都在严重破坏网络规范。这些情况，特别在形成诸如入侵电子邮箱、私自穿越防火墙、私自解密入侵网络资源、制造与传播计算机病毒等等不良行为滋生以至泛滥的情况下，在网络社会中这已经被大多数网民看成是造成网络失范的罪魁祸首。因此，建构与维护网络社会规范以及法律的路还很长，任务还很艰巨。

而不论怎样讲，无可置疑的是，网络作为人类以往没有体验过的生存模式，改变着人类的生存方式、交往方式和实践方式。许多学者有这样的认同：手推磨是农业社会的标志，蒸汽机是进入工业社会的标志，而因特网可以说是知识经济型社会的技术标志。网络化对人类生活的最大改变是它创造了一个网络空间、虚拟空间（Cyberspace）或者亦可以说创造了一种虚拟生存方式，使人类可以在信息化、数字化中创造、沟通。我国一些学者特别指出，如果用“网”这一个概念来考察人类文明形态的话，可以将文明进程分为三个时代：以灌溉网（水网）为标志的农业文明时代，以公路网、铁路网为标志的工业文明时代，以因特网为标志的信息时代。网络时代可被认为是一种信息文明时代。在实践的维度上，网络大大拓展了人类的活动空间，丰富了人类的生活；倍增了实践主体认识、利用自然的力量，使以往人们可望而不可即的理想变成了现实；张扬了人类主动求索、应对挑战的智慧，创造了理想与可能性的实验场域。在交往方式上，网络改变了以往人类的交往形式，交往的直通性与对话性增强，网上的人类交往是自由自在的，网络在个体与全球之间架起了直通的交往桥梁，从而深刻地影响了人类的生存方式。在思维方式上，网络使人类思维的扩张性、创造性增强，使思维方式的整合性增加，使思维的开放性与动态性更加显著，使思维方式的个性化和超越性更加突出。有人认为，因特网作为交流的载体，它不仅为人类提供了交互式、开放性、交流身份的自主弹性等方便条件，更为每个个体提供了机会均等的权利和地位。[①] 无论如何，网络的发展，为建立合理的公共秩序也创造了条件，这是毫无疑义的。

以习近平为核心的党中央高度重视加强信息网络的建设、管理、发展。李克强总理在第十二届全国人民代表大会上，在政府工作报告中提出，要"制定'互联网＋'行动计划，推动互联网、云计算、大数据、物联网等与现代制造业结合，促进电子商务、工业互联网和互联网金融健康发展，引导互联网企业拓展国际市场"。这是基于互联网发展的大势，基于诸有识之士见解而提出的重要战略。有识之士指出，"互联网＋"战略是利用互联网的平台，利用信息通信技术，把互联网和包括传统行业在内的各行各业结合起来，在新的领域创造一种新的业态、新的生态。简单地说，就是"互联网＋××传统行业＝互联网××行业"，而这里的实际效果不是简单的相加，而是人类实践方式、交往方式的一种飞跃。

---

① 以上参见韩璞庚等：《网络与人类生存》，陕西人民出版社2000年版，第6～13页、第234～235页。

搞“互联网+”，对传统产业不是颠覆，而是换代升级。在中国，这与2007年出现的“互联网化”概念一脉相承，强调互联网与各传统产业进行跨界的深度融合。“互联网+”成为工业化和信息化深度融合的成果和标志，也是进一步促进信息消费的重要抓手。

从现状来看，“互联网+”在我国尚处于初级阶段，处于都在热谈但并没得到充分落实的理论阶段。“互联网+”的未来趋势，是要实现政策、产业连接、创业及资本方面的协同。目前在中国，“互联网+工业”“互联网+商贸”“互联网+金融”等等已形成很好的发展态势；此外，“互联网+医疗”“互联网+交通”“互联网+公共服务”“互联网+教育”等新兴领域也呈现出方兴未艾之势。随着“互联网+”战略的深入实施，互联网必将与更多传统行业进一步融合，助力打造“中国的升级版”，合奏出表现新形势下社会发展的最强音。

2. 人类基于现代科学构建的信息网络，不仅拓展了通信领域，而且拓展了制造领域。这为社会实现和谐与超越提供着技术条件。

这体现着塑造及塑造单子所涉及的塑造之物的两极。通信手段一般是就语言符号而言，制造手段一般是就行为工具而言。

例如，现在3D打印技术（3Dprinting）成为一种通过信息计算机而制作出对象物的技术。用专业技术的术语讲，3D打印是一种以数字模型文件为基础，运用粉末状金属或塑料及其他可黏合材料，通过逐层打印的方式来构造物体的技术。

3D打印技术作为一种快速成型的技术，不仅用于传统的模具制造、工业设计等模型建造，而且正向广泛的产品制造发展，形成“直接数字化制造”。这也意味着3D打印技术正走向逐步普及。

3D打印技术源自20世纪美国研究的照相雕塑和地貌成型

技术，学界将其称为"快速成型技术"。1986年美国科学家查尔斯·胡尔利用一种叫光敏树脂的液态材料，发明出世界上第一台3D打印机。随后查尔斯·胡尔以这种技术为基础成立了世界上第一家3D打印设备公司3D Systems，并于1992年卖出了第一台商业化产品。20世纪90年代3D打印技术经历过一波快速发展。例如1989年美国得克萨斯大学卡尔提出选择性激光烧结(SLS)技术，1990年麻省理工学院申请了"三维印刷技术"专利等。自20世纪末至今全球越来越多的公司先后涉足3D打印制造，目前全球已经产生两家行业巨头Stratasys公司和3D Systems。

现在的3D打印机从20世纪80年代非常巨型而且昂贵，经过20多年的发展，技术逐渐成熟，机器也渐渐小型化，21世纪以来3D打印机的销售逐渐扩大，价格也开始下降，并从最初面向制造业等大型工业用户，逐渐渗透到各个行业，近几年开始向个人及家庭等消费领域扩张。如今，3D打印的商业模式逐渐成熟，产业链基本成型。

由于3D打印技术可以在不用模具的条件下生成几乎任意复杂的零部件，极大地提高了生产效率和制造柔性。目前，3D打印已经广泛应用于军工、航天、医学、建筑、汽车、电子、服装、珠宝首饰等领域。据统计，2012年3D打印市场规模已达到22.004亿美元，与往年同比增长29%，人们非常看好将来的预计。

现在，人工智能的发展方兴未艾。人工智能（Artificial Intelligence)，英文缩写为Al。这是以信息技术为基础，将研究、开发用于模拟、延伸和扩展人的智能的理论、方法、技术及应用系统的一门新的技术科学。人工智能作为计算机科学的一个分支，其试图依据智能的实质，生产出一种新的能以人类智能和相似智能的方式做出反应的智能机器，该领域的研究包括机器人、语言识别、图像识别、自然语言处理和专家系统等。人工智能从诞生以来，理论和技术日益成熟，应用领域也不断扩大。人们设想，未来人工智能带来的科技产品，将会是人类智慧的“容器”。

人工智能是对人的意识、思维的信息过程的模拟。科学家认为，人工智能不是人的智能本身，但能像人那样思考、也可能超过人的智能。人工智能作为一门极富挑战性的科学，从事这项工作的人必须懂得计算机知识，心理学和哲学。人工智能是包括十分广泛的科学，它由不同的领域组成，如机器学习、计算机视觉等等。总起来说，人工智能研究的一个主要目标是使机器能够胜任一些通常需要人类智能才能完成的复杂工作；但不同的时代、不同的人对这种“复杂工作”的理解是不同的。

人工智能的定义可以分为两部分，即“人工”和“智能”。“人工”比较好理解，争议性也不大。而人们常常讨论的焦点在于“智能”。人们往往考虑到什么是人力所能及制造的，或者人自身的智能程度有没有高到可以创造人工智能的地步，等等。但总的来说，“人工系统”就是通常意义下的人工系统。许多人指出，关于什么是“智能”，这涉及“其他诸如意识（CONSCIOUSNESS）、自我（SELF）、思维（MIND）［包括无意识的思维（UNCONSCIOUS_ MIND）］”等等问题。现在，大多数人了解的智能是人本身的智能，这是多数人认同的观点。而我们对我们自身智能的理解非常有限，对构成人的智能的必要元素也了解有限，所以就很难定义关于什么是“人工”制造的“智能”。因此人工智能的研究绕不开对人的智能本身的研究。其他关于动物或其他的人造系统的智能也普遍被认为是与人工智能相关的研究课题。

尼尔逊教授对人工智能下了这样一个定义：“人工智能是关于知识的学科——怎样表示知识以及怎样获得知识并使用知识

的科学。"而另一个美国麻省理工学院的温斯顿教授认为："人工智能就是研究如何使计算机去做过去只有人才能做的智能工作。"有研究者指出，这些说法反映了人工智能学科的基本思想和基本内容。即人工智能是研究人类智能活动的规律，构造具有一定智能的人工系统，研究如何让计算机去完成以往需要人的智力才能胜任的工作，也就是研究如何应用计算机的软硬件来模拟人类某些智能行为的基本理论、方法和技术。

人工智能作为计算机学科的一个分支，20世纪70年代以来被称为世界三大尖端技术之一（空间技术、能源技术、人工智能），也被认为是21世纪三大尖端技术（基本工程、纳米科学、人工智能）之一。这是因为近40年来它获得了迅速的发展，在很多学科领域都获得了广泛应用，并取得了丰硕的成果，人工智能已逐步成为一个独立的分支，无论在理论和实践上都自成一个系统。

学者们注意到，人工智能成为研究使计算机来模拟人的某些智能行为（如学习、推理、思考、规划等）的学科，主要包括计算机实现智能的原理、制造类似于人脑智能的计算机，使计算机能实现更高层次的应用。人工智能将涉及计算机科学、心理学、哲学和语言学等学科，可以说几乎涉及自然科学和社会科学的所有学科，其范围已远远超出了计算机科学的范畴。人工智能在计算机领域内，得到了愈加广泛的重视。在控制系统、仿真系统中得到应用，特别在机器人研制和应用中发挥着重要作用。

机器人，这是人工智能延伸于自动执行工作的机器装置。机器人在英文中即robot这个词，原为robo，意为奴隶，即人类的仆人。这是作家罗伯特创造的词汇。机器人（Robot）作为自动执行工作的机器装置，作为自动控制装置、遥控装置，它既可以接受人类指挥，又可以运行预先编排的程序，也可以根据以人工智能技术制定的原则纲领行动。它的任务是协助或取代人类的某些工作。机器人的研发，融合了计算机、机械电子、材料和仿生学，特别是控制论的发展成果。其一经产生，就在工业、医学、农业、建筑业及军事等领域中有了重要用途。

目前，国际上对机器人的概念的认识已经逐渐趋近一致。一般来说，人们都可以接受这种说法，即机器人是靠自身动力和控制能力来实现各种功能的一种机器。联合国标准化组织采纳了美国机器人协会给机器人下的定义："一种可编程和多功能的操作机；或是为了执行不同的任务而具有可用电脑改变和可编程动作的专门系统。"它能为人类带来许多方便之处。

3. 信息科学的延伸，下关个体的神经系统特别是脑系统，上关整个宇宙。这指向着人脑与宇宙的和谐。

2012 年 11 月 16 日，《自然》杂志在《科学报告》专栏发表了一篇研究论文，证明宇宙的成长过程和结构与大脑细胞的生成过程和结构几乎一模一样。无独有偶，杂志编辑和作家朱迪思·霍珀（Judith Hopper）和她的先生迪克·特瑞西（Dick Teresi）合写的《三磅宇宙》（Three Pound Universe），把人脑比作"三磅重的宇宙"。在此书的第 33 页，有两张图片，一张是大脑皮层，一张是宇宙暗物质。这两张图片惊人的相似；这说明大脑就像一个微缩宇宙，而宇宙则是一巨型的大脑。有所谓，大脑是个小宇宙，宇宙是个超级大脑。

学界有人评论说，2012 年 11 月 16 日《自然》杂志的研究报告显示，某些未知的基本规律可能支配着多种或大或小的系统，从脑细胞之间的电信号传递，到社交网络的扩充，乃至宇宙的膨胀。该研究报告的作者之一、美国加州圣地亚哥大学的物理学家德米特里·戈里尤可夫（Dmitri Krioukov）说："不同的网络，如互联网、大脑和社交网络，其自然的生长动力是一样的。"

17世纪的莱布尼茨（Gottfrieod Wilhelm Leibniz，1646—1716）曾提出他所主张的单子论，20世纪的波姆（David Bohm，1917—1992）被认为是现代全息理论之父。全息论的核心思想是，任何一个部分都包含着整体的信息。波姆曾阐述说，当独立存在的事物展开来，会看到秩序之下其实存在着一种不可分的整体的有序性；这一整体与各个展开的个体同时共存。所以宇宙就如同一张巨大的全息图，它的各个部分包含于整体之中，而整体亦包含于个体之中。身体中的每一个细胞都隐含着整个宇宙。韩国人郑润在其《微尘中的无限宇宙》一书的"分形宇宙论"中写道，莱布尼茨发表了叫作单子论（Monadology）的思想。这一思想认为，宇宙由无数个单子（monad）构成，每一个单子里有一个完整的宇宙。即一个粒子如果在其里面又包含着一个完整的宇宙，那么，那个宇宙会由更小的无数个粒子构成，而在那每一个粒子里面又会有其他更小的宇宙。斯坦福大学的脑神经学家卡尔·普里布拉姆（Karl Pribram）研究脑部是如何储存记忆的，他被全像式结构模型所吸引。许多研究显示，记忆的储存不是单独地限于特定区域，而是分散于整个脑部。在20世纪20年代的一连串历史性的实验中，脑部科学家卡尔·拉甚利（Karl Lashley）发现，不管老鼠脑部的什么部位被割除，都不会影响它的记忆，仍旧能表现手术前所学到的复杂技能。后来在60年代，普里布拉姆接触到全像摄影的观念，他相信记忆不是记录在脑神经细胞中，或一群细胞中，而是以神经脉冲的图案横跨整个脑部，就像激光绕射的图案遍布整个全像摄影的底片上。迪帕克·乔普拉（Deepak Chopra）被认为是《时代周刊》20世纪世界最有影响力的100位人物之一，也是杜克大学医学中心的教授，他在《赫芬顿邮报》发表的文章《你的大脑就是宇宙》中也引用了2012年11月16日《自然》杂志发表的那个研究。乔普拉提到了古老的印度宗教的宇宙观——“因为是最小的，所以也是最大的”（As is the smallest，so is the greatest）。乔普拉说，如果我们承认每一个系统都是由反馈回路、动态平衡和持续的自组织驱动的，那么现代科学的认识就又完全回归到了佛道学说这一古老的智慧。随着越来越多的宇宙现象被发现和证实，一些研究者想起道家所说的“人体是一个小宇宙”和佛家所讲的“一粒沙里有三千大千世界”。他们设问，在没有现代科学的几千年前，佛道是如何知道宇宙奥秘的呢？

研究人员开发了一个计算机模拟程序，将早期宇宙分成尽可能小的单元，其中时空的份额比亚原子的粒子还小。模拟将所有的量子（或称节点）联系在一个巨大的，具有因果关系的天体网络中。随着模拟的进行，宇宙的历史中加入了越来越多的时空单元，星系中物质的“网络”连接由此也不断增长。当研究人员将宇宙历史与社交网络，或者大脑回路增长的方式对比时，发现这些网络都以相似的方式扩展：它们会协调相似节点与诸多连接节点之间的关系。研究还发现，大脑中的连接有着极其高的组织化，大脑的结构就像是城市的布线网格，神经元遍及各个角落。戈里尤可夫说：“对于物理学家来说这是个即时信号，意味着自然的运作中还有某种人类尚未知道的东西。”很可能在这些不同的网络之中，有一些未知的规律在支配它们运行。“研究结果提醒我们，也许是开始寻找这些规律的时候了。”

现在有一门新兴学科，叫量子信息学。这是量子力学与信息科学相结合的产物，是以量子力学的态叠加原理为基础，研究信息处理的一门新兴前沿科学。量子信息学包括量子通信、量子密码术、量子计算机等若干方面，近年来在理论和实验上取得了重大突破。

自 20 世纪 20 年代量子力学建立以来，人们对其基本原理的诠释和对其基本概念的理解一直存在激烈争论。可以说，在这些争论中，涉及的一个极其重要的问题是人们一直疑惑不解的"纠缠态"（entangled state）及其展现出的非局域关联(nonlocal correlation)。

在量子信息科学发展的初期，人们认识到纠缠是量子信息技术的关键所在。随着后来的深入研究，人们发现了一个更普遍的概念——关联，它反映了量子态各部分之间的相互联系。关联可分为经典关联和量子关联，而纠缠只是量子关联中特殊的一类。人们发现，没有纠缠的量子关联也能实现许多量子信息过程，而且由量子关联可以解决一系列物理难题。

让人十分注意的是，中国的李传锋研究组前几年还解决了对量子纠缠在噪声信道中演化进行有效刻画的世界难题。量子信道是构造量子网络必不可少的物质基础，由于真实信道具有不可避免的损耗，因此如何在实验上有效地定量描述纠缠在信道中的传输，一直困扰着学术界。以往的方法是采取态层析技术，但由于各粒子间纠缠的存在，要对多粒子态进行层析，其难度难以想象。李传锋研究组采用一种新的表征方式。他们应用光学体系在实验上证实，只要给定输入态的纠缠度便可轻而易举地得到输出态的纠缠度，这对于量子网络通信具有重要意义。该小组还创造性地利用特制的法布里—玻罗腔作为量子信道，在光学体系中首次观测到量子纠缠的崩塌与复原现象，即纠缠逐渐减少后在相同环境下继续传输又会自动增加。特别有趣的是，他们还首次观察到量子纠缠突然死亡一段时间后又重新复活这一奇异现象。这一成果会在量子存储等方面得到重要应用。

塑造论哲学一方面认为，人面对自然有着不断向着自然进行探索的过程；同时也认为，这是人不断延长自身而"使自然界成为人这一过程现实部分"的发展过程。在自然塑造的人去塑造自然的过程中，才使“存在”落实为“实在”，把自在之物变成人为之物，这人为之物即是为人之物。这样，以塑造论哲学的观点来讲：由大自然对人的塑造中衍生出文化人类，这就把必然性积淀于人；文化人类在实践中塑造着自然，形成人类文化，这是一种目标在于主客体达到统一，从而使自然衍生的人在实践中使自然飨成自身的过程。这要体现必然性，又正是在这一过程中确证着人与自然的必然性。[①]

对此，我们从量子力学的发展和应用之中是可以充分看得出来的。现在量子力学作为当代物理学的基础，已使物理技术得以充分发展。这造成了原子核物理、粒子物理、凝聚态物理、材料物理等等在各个方面的广泛应用，这引起了原子能的开发，这使得半导体、集成电路成为人所共知、共享的技术事实，这带来激光、超导等方面技术以及纳米技术的巨大进展。这些方面的事实，已成为十分显然的，在此不再重复地展开陈述。而就此我们可以十分清楚地看到，在自然塑造的人去塑造自然的过程中，自然界作为人这一过程的现实部分，人们在实践中越来越能够把原先并不明确的必然性，在实践中确证其必然性，人们在实实在在的制造中，把确证着的主客体必然性，越来越在“塑造之物”中明明白白地建构起来，实实在在地放在那里了。总之，这是把“存在”之“成”落实为“实在”“成就”的过程，正是在这一过程中“文化人类”创造着“人类文化”；这使自然飨成于人类，又使人类成就着自然。这不断确证着必然性。

---

① 参见张全新：《塑造论哲学导引》，人民出版社 1996 年版，第 665 页。张全新：《现代物理学中的“实在”与“时间”问题——关于相对论、量子力学、超弦理论及当代宇宙学的塑造论哲学审视》，山东科学技术出版社 2003 年版，第 259～260 页。

在当代物理学中关于实在性的证实，体现于一系列实验之中。物理学实验的确证或否证，推动着理论的完善；物理学理论的建构和更新，引导着新的实验。伴随着人们在实践中实验手段的发展，许多在以往推理实验或假想实验中面对的实验与理论尖锐相悖的"佯谬"，不断有新的实实在在的实验，对其提供着检验。

例如，与关于"薛定谔猫"的实验相关，最近一二十年来，实验上先后制备了微观的（原子线度）和介观的（纳米线度）薛定谔猫态。在 2000 年 1 月发表的实验报道中，米亚特（C. J. Myatt）等①精细地制造了离子阱中单个$^{9}Be^{+}$（微观薛定谔猫态）的环境，观察了退相干，即"猫"在与环境相互作用中变成确定的"死态"或确定的"活态"的过程。2000 年 7 月，弗里德曼（J. R. Friedman）等②把环形的超导量子干涉仪放在低温下的磁场中，环内超导态可以用波函数 $\Psi(x, t) = \Psi_0(x, t) + \Psi_1(x, t)$ 来描写。他们强调指出：Ψ_0 和 Ψ_1 分别表示顺时针方向与逆时针方向的电流态，它们代表相差达 2～3 微安的电流，相当于 10^9 个电子（库珀对）沿相反方向在运动［波函数 $\Psi(x, t)$ 中的坐标 x 现在代表环中的磁通量］。在此，10^9 显然是一个宏观上很大的数目，可认为这做出了一个"宏观薛定谔猫"，其中的 Ψ_0 和 Ψ_1 模拟了"死猫"和"活猫"两种截然不同的状态。在此实验中，当 $|\Psi_1| > |\Psi_0|$，表观上只有逆时针方向的超导电流，可利用微波吸收的实验证明：由 $|\Psi_0|^2$ 所表示的吸收概率确实存在；反过来，当 $|\Psi_0| > |\Psi_1|$，表观上只有顺时针方向电流，实验则表明：Ψ_1 态确实存在；当 $|\Psi_0| = |\Psi_1|$ 时，表观上没有电流，但实验的分析表明：电

---

① C. J. Myatt, *et al*. *Nature*, 2000, 403: 269.

② J. R. Friedman, *et al*, *Nature*, 2000, 406: 43.

流的两种流向（即“死猫”和“活猫”两种状态）确实以相等的概率出现。这里的所有实验结果都与量子力学的计算符合。对此，有一位理论家布拉特（G. Blatter）就实验作了解释，他调侃地把其文章的标题写为《薛定谔猫现在胖了》[①]。于是像《纽约时报》那样的著名传媒也发表长篇文章介绍这个实验，所附漫画中的活猫有重叠的死猫影子，猫画得比人还大，引起了大众的兴趣。对此有学者在介绍时强调，“猫态”已从介观走向宏观了，这证明量子力学是正确的。[②]

基于实践的发展，有许多学者指出，目前关于量子理论基本问题的研究、对于基本观念的争辩和探讨，已不再停留在理论意义上的思辨或争论之中，对于量子力学的理论和实验研究已不只局限于对基本问题的思考与探索，由此引申出来的基本效应和观念已经对信息科学的基本模式产生了革命性影响；其潜在的作用将随着量子信息理论的发展而越来越明显地凸现出来。有关量子信息学及其应用技术的发展显示出，量子力学很可能成为未来建立更高新技术的先导。根据中国科学技术大学量子通信与量子计算研究室等部门物理学家走在前沿的情况介绍，可从以下几个方面看得出来：

（1）量子计算。

物理学家指出，量子比特可以制备于两个逻辑态即 0 和 1 的相干叠加态。现考虑一个 N 个物理比特的存储器，若它是经典存储器，则它只能存储 2^N 个可能数据之中的某一个；若它是量子存储器，则可以同时存储 2^N 个数据，而且随着 N 的增加，其存储数据的能力将按指数上升。例如，一个由 250 个原子构

---

① G. Blatter，*Nature*，2000，406：25.

② 据倪光炯：《对量子力学的一种新解释：测量与信息》，《科学》2002 年第 6 期。

成的量子比特存储器，可能存储的数据会比现有已知的宇宙的全部原子数目还要多。可见量子存储器具有巨大的存储数据的能力。

由于运算是对存储数据进行操作（变换），因此量子计算机对 N 个量子存储器实行一次操作，便可以同时对所存储的 2^N 个输入数据进行数学运算，其效果等效于经典计算机要重复实施 2^N 次操作，或者采用 2^N 个不同的处理器实行并行操作。这便是量子并行计算能力的物理基础。量子计算的实现必须解决 3 个关键性问题：其一是量子算法，这是有效提高运算速度的关键；其二是量子编码，这是进行可靠运算的保证；其三是量子逻辑网络，这是进行量子计算的物理器件。解决这些问题，量子计算能极大地加速经典函数的运算速度。①

①量子算法。

Shor 于 1994 年发现的 Shor 算法可有效地用来进行大数因子分解。大数因子分解是现在广泛用于电子银行、网络等领域的公开密钥体系 RSA 安全性的依据。采用现有计算机对数 N（二进制长度为 $\log N$）做因子分解，其运算步骤（时间）随输入长度 $\log N$ 指数增长。Shor 算法的主要思想是：首先利用数论中的一些定理，将大数因子分解转化为求一个函数周期问题，而后者可以用量子快速傅里叶变换在多项式步骤内完成。这证明，利用量子计算机，可以在多项式步骤内进行大数因子分解。实验上，目前一个推广了的 Shor 算法已经在核磁共振中得到实现。

1997 年 Grover 发现了另一种很有用的量子算法，即所谓的量子搜寻算法。这适用于解决如下问题：从 N 个未分类的客体

① 参见郭光灿：《量子信息引论》，国家自然科学基金项目，19874056。

中寻找出某个特定的客体，经典算法只能是一个接一个搜寻，直至找到所要的客体为止，这种算法平均地讲要寻找 $N/2$ 次，找到概率为 1/2，而采用 Grover 的量子算法则只需要$\sqrt{N}$次。例如，要从有 10^6 个号码的电话本中找出某个指定号码，该电话本是以姓名为顺序编排的。经典方法是一个个地找，平均要找 5×10^5 次，才能以 1/2 概率找到所要的电话号码。而按 Grover 的量子算法，每查询一次可以同时检查所有 10^6 个号码。由于 10^6 量子比特处于纠缠态，量子干涉的效应会使前次的结果影响到下一次的量子操作。这种干涉生成的操作运算重复 1000（即$\sqrt{\mathrm{N}}$）次后，获得正确答案的概率为 1/2。若多重复操作几次，那么找到所需电话号码的概率就能接近于 1。

Grover 算法的用途很广，可以寻找最大值、最小值、平均值等，也可以用于下棋。最有趣的是可有效地攻击密码体系，如 DES（the data encryption standard）体系，这里的实质是从 $2^{56}=7\times10^{16}$ 个可能的密钥中寻找一个正确的密钥。若以每秒 10^6 密钥的运算速率操作，经典计算需要 1000 年，而采用 Grover 算法的量子计算机则只需小于 4 分钟的时间。目前，Grover 的算法已经在核磁共振和光学系统中得到实现。

②量子模拟。

除了进行上述快速计算外，量子计算机另一方面的重要用途是用来模拟量子系统。早在 1982 年，费恩曼（Feynman）就猜想，量子计算机可以用来模拟一切局域量子系统，这一猜想在 1996 年由 Lloyd 证明是正确的。Lloyd 进一步指出，大约需要几百至几千个量子比特，即可精确地模拟一些具有连续变量的量子系统，例如格点规范理论所描述的体系，可模拟某些量子引力。这些结果表明，模拟量子系统的演化，很可能成为量子计算机的一个主要用途。

一般地说，量子模拟可以按下列步骤来完成：第一，根据所研究的量子体系的哈密顿量，设计出能够实现相应的幺正变换U的量子网络；第二，将 N 量子比特按照要求制备为特定初态 $|\phi_0>$；第三，操作计算机进行模拟运算，计算机的终态就是所需的量子态 $U|\phi_0>$。因此，一旦人们有了量子模拟计算机，就无须求解薛定谔方程或者采用蒙特卡罗方法在经典计算机上做数值运算，便可精确地研究量子体系的特性。

有许多量子体系可以用这种方法来研究。例如：高温高密度等离子体；采用格点规范理论描述的体系（如量子色动力学）；晶体固态模型（包括诸如Hubbard模型的固体费米系统）；固体模型（包括诸如高温超导体的长程关联分子行为的量子模型）；等等。在核磁共振中，量子模拟的初步实验业已展开，目前已经能够模拟量子谐振子和反谐振子的动力学行为以及三体碰撞哈密顿量的演化。

③量子编码和量子逻辑网络。

物理学家们认为，消相干（decoherence）是量子计算机实际应用的主要障碍，因为环境会不可避免地破坏量子相干性，使量子计算机演变成经典计算机。这个曾经困惑学术界的难题现在已经得到基本解决。人们发现，量子编码是克服消相干的主要途径。目前有三种不同原理的量子编码方案：量子纠错码、量子避错码、量子防错码。量子避错码的原理是我国科学家在国际上率先提出的。我国的学者与英国学者独立发现，在集体消相干过程中存在一类不会遭受环境破坏的特殊量子态，这被称为相干保持态。因此，可以将量子信息编制在这个态上，达到无消相干存储的目的。后来美国学者证明，[①] 采用这类相干保

① D. A. Lichar, I. L. chuang, K. B. Whaley K B. Phys. Rev. Lett, 1998. 81: 2459.

持态也可以实现无消相干的可靠量子计算，而且实验上已证实这类量子态的无消相干特性。①

现在，量子计算机实现的关键在于寻找适合制备量子网络的物理体系，由此达到量子逻辑网络的物理实现。目前在腔QED、离子阱、核磁共振、超导系统中已能演示简单的量子网络。其中由德、美研制成功5个量子比特核磁共振体系，我国科学家已在类似体系中实现4个量子比特，并在探索基于光子交换的新型机制。

总之，虽然技术上的实现尚有困难，而量子计算机的实现原则上已不存在不可逾越的障碍。现在如何研制多个量子比特的量子逻辑网络，成为当今国际学术界关注的焦点。

（2）量子通信。

①量子因特网。

量子因特网能够开辟新型的通信系统，可实现网络中量子信息的保密发送，多方分布计算，也可以降低通信复杂度。目前学术界正致力于相关单元技术的研究，如量子隐形传态、量子密集编码、纠缠纯化等，有许多关键性课题正在解决过程中。

量子因特网的主要部分由量子存储器（用于存储和处理信息）和量子通道（用于传输信息）构成。在此可以采用高Q腔中的原子作为存储器，采用光纤作为通道。例如，作为量子存储器的光腔——原子系统，为克服腔损耗的影响，在技术上需要在极低温下运行，而且腔的Q值要很高，这在实验上有很大困难。我国科学家提出一种易于在实验上实现的量子信息处理器，可以有效地克服光腔消相干的影响。在此成果发表两个月之后，巴黎高等师范学校的著名学者Haroche在实验上初步实

① P. G. Kwait, *et al*. Science, 2000, 290: 498.

现了这一理论模型。

量子隐形传态（又称为量子离物传态），即借助于 EPR 粒子对量子的通道和经典通信，可以将某个粒子的未知量子态（即量子信息）传送到远处，使另一个粒子处于这个未知量子态上，而无须传送原始粒子本身。奥地利因斯布鲁克小组首先在实验上演示光子偏振态的隐形传送，美国学者在实验上演示了相干态的隐形传送。

另外，现已证明，采用最大纠缠的量子通道，可以有效地减低通信复杂度。所谓通信复杂度，是指完成某种分布计算的任务所需要的通信次数。我国科学家研究了非最大纠缠通道的通信复杂度，并用实验成功地进行了验证。

②量子克隆机。

1982 年，Wootters 和 Zurek 在 Nature 杂志上发表一篇短文提出这样一个问题[①]：是否存在一种物理过程，能实现对一个未知量子态的精确复制，使每个复制态与初始量子态完全相同？该文证明，量子力学就线性特性说禁止这样的复制，这就是量子态不可克隆定理的最初表述。量子态不可克隆定理的证明很简单：以两态量子系统为例，其基矢选为 $|0\rangle$ 和 $|1\rangle$，可构成此二维空间的任意量子态 $|s\rangle$。量子克隆过程可表示为 $|s\rangle$ $IQ\rangle\ x \to |s\rangle\ |\tilde{Q}s\rangle\ x$。式中右端 $|s\rangle\ |s\rangle$ 表示初始模和复制均处于 $|s\rangle$ 态，$|Q\rangle\ x$ 和 $|Qs\rangle\ x$ 分别为装置在复制前后的量子态，复制后装置的量子态 $|\tilde{Q}s\rangle\ x$ 可能依赖于输入态 $|s\rangle$。假如存在上式的变换，那么对基矢 $|0\rangle$ 和 $|1\rangle$ 应该分别有：$|0\rangle\ |Q\rangle\ x \to |0\rangle\ |0\rangle\ |\tilde{Q}_0\rangle\ x$，$|1\rangle\ |Q\rangle\ x \to |1\rangle$

① J. Mertz, Debuisschert T *et al*. Opt, Lett, 1991, 16: 1234.

$|1\rangle$ $|\tilde{Q}_1\langle x$。现假定$|s\rangle$是一个任意的叠加态，即$|s\rangle=\alpha|0\rangle+\beta|1\rangle$，$|\alpha|^2+|\beta|^2=1$。由量子操作讲的线性特征，不难得到在操作后$|s\rangle$将演变为$|s\rangle$ $|Q\rangle x=(\alpha|0\rangle+\beta|0\rangle)$ $|Q\rangle x\rightarrow\alpha|0\rangle$ $|0\rangle$ $|\tilde{Q}_0\rangle x+\beta|1\rangle$ $|1\rangle$ $|\tilde{Q}_1\rangle x$，如果复制机的态$|Q_0\rangle x$与$|\tilde{Q}_1\rangle x$不恒等，那么上式给出的初始模和复制模均处于$|0\rangle$与$|1\rangle$的混合态；如果态$|Q_0\rangle x$与$|\tilde{Q}_1\rangle x$恒等，则初始模和复制模将处于纠缠态$\alpha|0\rangle$ $|0\rangle+\beta|1\rangle$ $|1\rangle$。无论哪种情况，初始模和复制模都不可能处于直积态$|s\rangle$ $|s\rangle$。因此，如果一个量子复制机能精确复制态$|0\rangle$和$|1\rangle$，则它不可能复制两态的叠加态$|s\rangle$，此即量子态不可克隆定理的内容。①

量子态不可克隆是量子力学的固有特性，看起来这设置了一个不可逾越的界限。然而，量子态不可克隆定理断言的是非正交态不可以克隆，可这并没有排除非精确克隆即复制量子态的可能性。正因为这样，量子态不可精确复制，当把这应用于通信技术当中，成了量子密码术的重要前提。把量子态不可克隆定理作为量子信息科学的重要理论基础，由于量子信息以量子态为信息载体（信息单元），这恰恰能够充分保证量子密码的安全性，使得窃听者不可能采取克隆技术来获得合法用户的信息。鉴于这个定理的重要性，近些年来人们对它作了进一步的研究，揭示出更丰富的应用性质。目前主要有两种克隆机：普适量子克隆机和概率量子克隆机。

关于普适量子克隆机。文献中常讲到态的保真度，设输入态为$|\phi_0\rangle$，输出态为ρ，则保真度F定义为：$F=\rangle\phi_0|\rho|$

---

① 以上参见郭光灿：《量子信息引论》，国家自然科学基金项目，19874056。

$\phi_0\rangle$。普适量子（Buzek-Hillery）克隆机对于任意的量子态都适用。其性能与输入态无关，并且两个输出态完全相同，而同时又不等于输入态。这表明，输入态在复制过程中总是要不可避免地被遭到破坏。若选择一组最佳参数则可使得这种破坏降低到最小程度。业已证明，输入、输出态之间的保真度最高可以达到5/6。我国科学家已采用光学方法在实验上验证了量子普适克隆原理，实验结果与理论预言一致。

关于概率量子克隆机。概率量子克隆机适用于与线性无关的态集。在此，是把幺正演化和测量过程相结合，用大于零的确定概率输出，而且输出态一定是输入态的精确复制态。为构造概率量子克隆机，测量和合适的幺正演化都是不可缺的。如果只有幺正演化，显然非正交态不可以精确克隆；另一方面，如果只有测量，当输入态为非正交态时，机器不可能对其中任意一个输入态都以大于零的概率产生输出，并且做到输出态还是输入态的精确复制态。因此构造概率量子克隆机的关键是设计出合适的幺正演化并要联系测量过程。概率克隆机成功产生输出的概率，现被定义为克隆效率，这决定着该机器的性能。显然，对于确定的输入态集合，我们希望设计一种机器，使得它具有最大效率，且该效率不依赖于具体的输入态。此时，对该机器才可称为最佳的概率量子克隆机。①

③量子密码术。

如前所说，利用量子态的基本特性来进行量子信息通讯，可以建立一种用量子态来传递密钥而充分保证安全性的密码体系。因为，此种情况下的任何"窃听"都相当于对量子态的准确测量进行精确复制。前者会引起量子态的波包坍缩，能破坏

① 参见郭光灿：《量子信息引论》，国家自然科学基金项目，19874056。

原来的量子状态；而后者是被量子相干性原理的直接推论，即量子不可克隆（精确复制）的原理所禁戒。[①]

对于现有的保密通信通常是这样来认为的：Alice 采用密钥 K（随机数）将其要发送给 Bob 的明文通过某种加密规则变换成密文，然后经由公开的经典信息通道传送给 Bob，后者采用密钥 K'通过适当的解密规则将密文变换成为明文。这个过程如果能够有效地防止任何非法用户的窃听，那就是安全的保密通信。

按照密钥 K 和 K'是否相同，密钥系统可分为对称密码（$K=K'$）和非对称密码（$K\neq K'$）。数学上能证明存在不可破译的对称密钥，即 Vemam 密码或一次性便笺式密码。这就要求密钥应与明文一样长，而且仅能使用一次。这种体系需要用户双方拥有庞大的相同密码，这里包含着极大的随机数，才能保证不泄密。因此传统意义上的密钥传送和保管等都极不安全。例如，目前广泛用于网络、金融行业的是非对称密码。这是一种公开密钥，加密和解密法则、加密的密钥 K 均是公开的，只是解密的密钥 K，不公开，只有接收者 Bob 本人知道。这种密钥的安全性基于大数因子分解这样一类不易计算的单向性函数。数学上虽没能严格证明这种密钥不可破译，但现有经典计算机几乎无法完成这种计算。

Shor 量子算法证明，采用量子计算机可以轻而易举地破译这种公开密钥体系。这就对现有保密通信提出了严峻挑战。为解决这个问题，量子密码术可以提供更为有效的途径。在这其中，量子密钥系统采用量子态作为信息载体，经由量子通道传送，在合法用户之间建立共享的密钥（经典随机数）。

量子密码的安全性由量子力学原理保证。这里能够假定，

① 参见孙昌璞：《量子理论若干基本问题研究的新进展》，见物理学进展，(21)，3. 参见 W. K. Wootters，W. H. Zzrek，Nature，1982，299：802。

偷窃者智商极高，采用极高明的窃听策略，使用一切可能的先进仪器，在这些条件下，密钥如何才能仍然是安全的？可以认为，窃听者的基本策略有两类：一是通过对携带着经典信息的量子态进行测量，从其测量的结果来获取所需的信息。但是量子力学的基本原理告诉我们，对量子态的测量会干扰量子态本身，因此，这种窃听方式必会留下痕迹而被合法用户所发现。二是避开直接量子测量而采用量子复制机来复制传送信息的量子态，窃听者将原量子态传送给 Bob，而留下复制的量子态进行测量以窃取信息，这样就不会留下任何会被发现的痕迹。但是量子不可克隆定理确保窃听者不会成功，任何物理上可行的量子复制机都不可能克隆出与输入量子态完全一样的量子态来。因此，量子密码术原则上可以提供不可破译、不可窃听的保密通信体系。

这样，所有的量子密码方案都可以基于信源编码，即将经典随机数用非正交态来编制，基于信源编码方案的量子编码原理来进行。于是便可以提出完全新型的量子密码原理，即所谓"信道编码"。在此能够将两个正交态（经典信息）经由处在量子纠缠态的加密和解密器来传送密钥，这两个态在信道中以完全相同的混合态传送，窃听者无法从中获取任何信息，其安全性基于量子纠缠，可推广到量子信息的整个保密传送。①

（3）量子博弈。

量子力学应用于博弈论的研究可以拓展许多有趣而新颖的课题。例如在 PQ 翻硬币、"囚徒怪圈"等传统博弈论课题中，应用量子理论可以给出十分新鲜的结果。科学家们已采用光子网络在实验上成功演示了量子博弈机。人们知道，赌博中有这

① 见《物理》，2001（30）5。

样一个常见的游戏：甲方（可假定相当于发送者 Alice）是随机地往两个盒子中的一个放一个硬币，即放进两个盒子的几率相等。而乙方（此处相当于接收者 Bob）选中并打开其中一个盒子，如果有硬币，他就赢，否则他输。但是在经典情况下，乙方不易检验甲方是否按概率$\frac{1}{2}:\frac{1}{2}$往盒子里放硬币，尤其在对弈次数较少的时候更是如此。而量子化后这一博弈游戏便可以做到这一点。

量子化后的这一博弈框架如下：甲方 Alice 有两个盒子 A 和 B 用来放粒子。粒子在 A 盒子或 B 盒子的状态用 $|a>$ 及 $|b>$ 来表示。甲方 Alice 把粒子制备到某个态上，然后将盒子 B 发给乙方 Bob。甲方 Alice 的策略是将粒子制备到 $|\phi_0>$ 态上，即粒子处在盒子 A，B 的均等叠加态上，测量后在两个盒子发现粒子的概率相等，甲方 Alice 就可以确保其收益期望值不低于 0。当然也可以将粒子制备于偏离 $|\phi_0\rangle$ 的态：$|\phi_1|\rangle=\alpha|a|+\beta|b\rangle$ 上，这样就有可能被乙方 Bob 发现。乙方 Bob 的策略是收到 B 盒子后并不立即测量粒子是否在 B 盒子里，而是先做一个变换：$|b\rangle=\sqrt{1-\eta}|b\rangle+\sqrt{\eta}|b'\rangle$。式中 $|b\rangle$ 和 $|b'\rangle$ 正交，这就好像 B 盒子的态在不破坏的情况下把粒子分成两部分，在这里分裂参数 h 依赖于惩罚参数 R。在完成态分裂操作后，Bob 做态 $|b\rangle$ 的投影测量，即查看盒子 B 里有没有甲方 Alice 放置的粒子。如果乙方 Bob 发现了粒子，Bob 便成功了。否则，乙方 Bob 向甲方 Alice 索要 A 盒子用来检验：他可以用 A 盒子和留下来的 $|b'\rangle$ 来做联合测量，当看一下粒子是否处在态 $|a\rangle+\sqrt{\eta}|b'\rangle$（忽略归一化因子）上，就可以以一定的概率判断出甲方 Alice 是否弄假。

当然，这一量子化结果在实验上如果用一般的粒子（如原子及离子）来实现是比较困难的。中国科技大学的课题组发现，

如果利用光子，在现有技术下就能够实现。这种实验方案是利用光子经过分束器的路径来代表 A，B 两个盒子，利用光子的偏振来区别态 $|b\rangle$ 和态 $|b'\rangle$。

另外，假如在三方博弈中，有两方彼此虽不信任，可能进行有效合作，同时又都不相信第三者；在此情况下，"量子比特承诺"便成为关键性课题。通常的经典比特承诺是不安全的，任何一方都可能欺骗对方而不被发现。于是研究量子密码术的学者们提出"量子比特承诺"方案，期望解决这其中的安全性问题。基本情况是：Alice 向 Bob 承诺一个比特（0 或 1），并答应不会改变这个承诺，于是给 Bob 某种证据，但 Bob 不可能从这个证据中获取该承诺，只有在 Alice 帮助下 Bob 才能做到。虽然因有人作出的不安全性证明，致使是否存在绝对安全的量子比特承诺策略一直是国际学术界感兴趣的热点。[①] 而中国科学家提出的一种新的策略，论证了其中的安全性问题。这引起量子力学应用物理学家们的关注。

据美国 *Phys. Rev. Lett.*，2002，88：137902 报道，中国科学技术大学杜江峰研究小组利用核磁共振系统率先在国际上实现了量子博弈实验，引起了国际同行的高度重视。最近，英国 *Nature* 介绍了杜江峰小组的论文。在此之前，*New Scientist*，欧洲物理学会的 Physics Web 和美国物理学会（AIP）的 *News Updates* 也先后对他们的工作进行了报道。2001 年初，杜江峰小组首先在理论上研究了"囚徒困境"对局中双方手持粒子相互间的量子纠缠程度与对局中纳什均衡点的关系。他们发现，当这个纠缠程度较小时，对局与经典博弈的情况没什么不同，"两人都采取策略 B"仍是局中唯一的纳什均衡点。当纠缠

① 以上参见郭光灿：《量子信息引论》，国家自然科学基金项目（19874056）。

程度增大一些时，对局中将出现两个纳什均衡点，从某种意义上说，这时对局处在一种不稳定状态。而粒子的纠缠大到一定程度时，对局中将只有艾泽特所给出的那一个纳什均衡点。杜江峰小组是利用核磁共振设备实现量子博弈的。在他们的实验中，氢原子的核自旋状态充当博弈双方手中的粒子。科学家使用一系列射频磁脉冲对这些粒子的状态进行测控。他们成功制备了不同纠缠程度的粒子态，并模拟博弈双方按不同情况下的纳什均衡所对应的策略，对这些粒子进行相应的幺正变换。之后，实验者测量了一个博弈者的收益。实验测得的收益与理论预言吻合得相当好。[①]

总之，量子信息论作为新兴的应用学科诞生，无疑是量子力学研究所带来的辉煌成果。这反过来也会促进和丰富量子力学的理论研究内容，有力地推动量子论的发展。量子信息技术可望成为21世纪的重要高新技术。有学者预言说，这会使信息科学从经典时代跃向量子时代。目前关于量子信息的研究，已向我们展示了极为诱人的发展前景。例如，其中一个很重要的方向就在于量子相干性的产生（量子初态的制备）及其控制与操纵（如用射频脉冲产生量子逻辑门操作）。量子信息科学成功应用于技术的例子说明，原则上可以把量子力学的基本观念直接应用于信息科学。这里，以量子的方式存贮和处理信息，会产生许多令人惊奇的结果，其应用前景是极为广阔的，这些发展甚至有可能导致信息科学的革命。在过去的几十年里，正是量子物理学导致的激光、半导体和微电子技术的发展，直接奠定了信息科学的物理基础。[②] 虽然，在这些发展中，量子物理学

① 参见《科学》2002年第3期。

② 详情可参见孙昌璞：《量子理论若干基本问题研究的新进展》，《物理学进展》第21卷第3期。

的影响现在主要还是发生在信息的物理载体革新上，还没能对关于量子力学的前沿理论难题研究直接起作用。然而，目前的量子信息科学研究与以往研究的差别就在于量子物理学的基本理论研究（如关于量子相干性、量子纠缠态和量子测量的研究），已直接应用于并引起信息科学的变革。这是非常富有革命性的发展。这指向着人与自然塑造的和谐超越于一个新水平。正是在这种实践过程中，实现着自然塑造人和人塑造自然的统一，实现着"实在性的证实"，从而把握"证明着的存在"，实现着必然性。这正是我的塑造论哲学所揭示和所强调的重要精神。[①]

（六）1.（1）在关于塑造论哲学的论述中，揭示了：哲学史实现着对普遍必然性的追问；哲学史经历了，本体论为重心、认识论为重心、实践论为重心并走向塑造论为重心的历程。

经济学、政治学、社会学以及一系列部门科学学科支持着哲学追问，实现着经济的、政治的、社会的等等诸方面的论证。经济人、政治人、社会人在社会化中趋向于实现人与社会的融合，指向着自然、人、社会的和谐。

"自然界成为人这一过程的现实部分"[②]，科学包括人的科学，哲学统摄人的科学。《塑造论哲学导引》特别论述道："大自然的灵性使人的意识带上灵性，人的灵性又给予大自然，这形成着在灵性上的统一。"[③]

（2）历史上，直到现在，一些人关心着一种心灵哲学或心

---

① 参见张全新：《现代物理学中的"实在"与"时间"问题——关于相对论、量子力学、超弦理论及当代宇宙学的塑造论哲学审视》，山东科学技术出版社2003年版，第八章。

② 马克思：《1844年经济学哲学手稿》，《马克思恩格斯全集》（第42卷），人民出版社1979年版，第129页。

③ 张全新：《塑造论哲学导引》，人民出版社1996年版，第949页。

灵学。有学者认为，心灵哲学是在哲学的分化和有关科学的一体化过程中产生的一门分支学科。[①] 人们通常认为，心灵应该是心理学范畴；应当认为，这特别应该是社会心理学的范畴。当人们谈论于此，有对一些事实尚无法加以说明的情况，也有对一些现象推向神秘主义的情况。

这里十分密切地涉及两个词，一是 mind，再是 soul。mind 源于拉丁语 mens，中文往往翻译为心、心灵。soul，希腊语为 psyche，拉丁语为 anima，中文往往翻译为灵魂。

来自古希腊语、拉丁语的 Soul，原本的意思指生命的气息，它被认为是这样的：当其在躯体中时使该躯体具有生命，不在时就意味着躯体死亡。灵魂赋予人的躯体以认知力，尤其是思想。灵魂也赋予躯体自我运动的力量。毕达戈拉斯引入了灵魂不死且在多个躯体之间转生的观念。这种观念经过柏拉图的补充，成为哲学的一个似乎是永久性论题，包括同一、生存、复活、解脱等问题。亚里士多德说，灵魂是有机体的现实性，在这个意义上，它不能与躯体分离；但是，他又认为，存在着一种不灭的、分离的主动灵魂或理性。柏拉图在《斐多篇》中介绍说，苏格拉底早年研究过自然哲学，当这种研究无法帮助他解释自然现象背后的原因时，他就感到迷惑和不满足。后来听到阿那克萨戈拉讲“奴斯”，很高兴。但研究阿那克萨戈拉的著作以后，发现他在解释具体的自然现象时又放弃了“奴斯”，仍用物质作机械的解释。这样，苏格拉底要求做“心灵的转向”，把哲学从研究自然转向研究自我，即后来人们所常说的，将哲学从天上拉回到人间。苏格拉底明确将灵魂看成是与物质有本质不同的精神实体。在苏格拉底看来，事物的产生与灭亡，不

---

① 高新民、沈学君：《现代西方心灵哲学》，华中师范大学出版社 2010 年版，第 1 页。

过是某种东西的聚合和分散。肉体是"多"，它是可以聚合与分解的；而灵魂是"一"，是单一的东西，没有部分，它不能分散，因而也无所谓聚合，所以灵魂不会生灭，它永恒存在。这种单一性的东西，不是物质性的"原子"，而是精神性的实体。

柏拉图把灵魂三分为理性、激情和欲望，并坚信只有人类具有理性部分。他相信，这三个部分处于不断冲突的状态之中，公正的人应当在激情的帮助下，用理智控制欲望的部分。在西方哲学史上，这种"三分"构造出来后引起许多讨论。研究这三个部分的作用及其相互关系的"心理学"，其名称就是源出于希腊文灵魂（*psyche*）一词的。

亚里士多德则讲："灵魂的首要意义，乃是我们据以或赖以生活、感觉和思维的东西。"①

笛卡尔不爱用"灵魂"一词，更喜欢用"心灵"（源于拉丁语 *mens*）。在他那里，心灵在很大程度上是指灵魂中的意识或思维部分，因为对于可能属于思维和心灵的一切东西，难以从概念上给予统一的说明。其他一些哲学家，譬如洛克，把心灵用作理解的同义语。笛卡尔相信，心灵是独立的、非形体的实体。这个命题，引发了"心身问题"的讨论，而这正是关于"心"的哲学最主要的问题。灵魂也被当成"精神"的同义语。黑格尔讲精神哲学，英文用的词就是 philophy of mind。

在思想史中，有许多与以上相关的衍生词，如：Transmigration of the soul（灵魂轮回），Metempsychosis（灵魂转生），Reincarnation（再生）等等。

"灵魂轮回"，这是由毕达戈拉斯引入西方传统的一种学说。学界认为，于此表现出他可能受到了东方神秘主义的影响。《前

① ［古希腊］亚里士多德：《论灵魂》，414a12。

苏格拉底哲学残篇》对此总结说："首先，他［指毕达戈拉斯］主张灵魂是不朽的；其次，它变成其他种类的生物，……毕达戈拉斯似乎是把这些信念引入希腊的第一人。"[1] 毕达戈拉斯的这种学说主张，灵魂与神圣和不朽有着本质的亲缘关系，它只是暂时寄居在躯体中，可以在不同的动物和人的躯体内继续显现活力。如果灵魂保持自身的纯洁，没被躯体的激情玷污，最后就可以回到它的本真或似神的状态。相反，如果它犯了罪，就会在较为悲惨的肉身中受延长痛苦的惩罚。所以，灵魂必须尽力保持与躯体的分离。柏拉图著名的回忆说就是建立在灵魂轮回基础之上的。灵魂轮回也被称作"灵魂转生"［metempsychosis。这个词源自希腊语 *meta*（在……之后，与……相伴）、*en*（在……之中）和 *psyche*（灵魂）］。此词是毕达戈拉斯率先使用的。

关于再生（Reincarnation），此学说认为，作为一种信念，相信灵魂不朽，人的生命在一个肉体死后会在另一个肉体中再生。因此，死仅仅是肉体之死，灵魂能够留驻在人或动物的不同肉体中。在当代哲学中，再生不仅是个神学论题，也是关于人格同一的一个争论点。这个问题关涉到再生的自我保留它以前同一性的条件。如果保留它的同一性，是根据人格同一的什么标准才如此的？如果不保留，它就似乎不是同一个生命的再生。由此来说，再生是"轮回"或"灵魂转生"的同义语。

另外一个概念，即 World-soul，常译为"世界灵魂"（拉丁语为 *anima mundi*）。有些哲学家认为，如果宇宙处于和谐的天体运动中，就必定存在一个有生命的本原或灵魂在支配它，犹如人的灵魂支配人的肉体一样。因此，世界应被看成一个活的

---

① ［德］第尔斯和克兰兹：《前苏格拉底哲学残篇》，14，8a。

生命有机体，它的灵魂就是世界灵魂。世界灵魂的观念在前苏格拉底哲学中很流行，柏拉图在其著作《蒂迈欧篇》里作了精心阐述，按该书的说法，创造者或"造物主"（*Demiurge*）给世界赋予了灵魂。人的灵魂应摹仿世界灵魂，以实现其各个不同部分的和谐。这种世界灵魂学说在斯多亚学派和新柏拉图主义那里，并通过它们，在中世纪哲学中得到了发展。它被谢林在近代复活，并在当代环境哲学中起作用。谢林在《自然哲学观念》"导言"中写道："在久远的古代，人们就已经相信，世界由一种有生命的原则即所谓的世界灵魂所充满。"①

西方哲学史上有个表示某思想派别的概念 Spiritualism，这常被译为唯灵论。唯灵论宣称，世界的最终本质是精神或灵魂而不是物质。肉体只是一种现象的存在，作为精神实在的一种表现，它把精神或思想作为它的唯一基础。从这种意义上讲，它被认为是唯心主义的同义语，并且是反对唯物主义的。唯灵论各种形式的不同在于它们是何以刻画精神在世界中的根本性作用。詹姆斯在其《实用主义和真理的意义选辑》（1937 年）一书中写道："唯灵论认为，精神不仅证明和记录事情，而且还启动和操作它们。"②

又有一个概念 Mentalism，即心灵主义，这个词往往与"观念论"和"泛心论"一起，被看作是同义语。这种观点认为，物理的或身体的东西可以用心的东西来解释，并且后者在真正的意义上存在。根据这种观点，所有的东西在本质上都是心的。巴克莱和其他的心灵主义者声称，物理对象只是感觉或知觉。莱布尼茨说道，构成世界的单子最终是精神的。黑格尔及其他

① Schelling, *Ideas for a Philosophy of Nature*, introduction.

② James, *Pragmatism and Selections from the Meaning of Truth*, 1937, p. 93.

绝对观念论者认为，整个世界归根结底都是心的。阿姆斯特朗的《唯物主义的心的理论》（1968）写道：所有这些哲学家主张不同形式的心灵主义。阿姆斯特朗就此讲：“有些关于心与身的理论试图将身还原为心或心的某种特性。这样的理论可以叫作心灵主义理论。”①

由此延伸，有所谓 Mentalistic linguistics（心灵主义语言学）。这是乔姆斯基（Noam Chomsky 1928—　）对自己语言学方法的描述。他根据能力和运用的区分，认为语言学应该研究能力，即内在于说者的语言转换生成规则。乔姆斯基在《句法理论的若干方面》（1965 年）中讲，内省对语言研究来说是最好的论据来源。语言学是研究人类心的结构和过程的认知心理学分支，它只能以间接的方式与观察行为相联系。这样一种心灵主义的方法是与行为主义方法相对立的。行为主义方法为了解释行为抛弃了内省、意识以及其他心灵主义术语。心灵主义与行为主义在语言哲学中的对立，基本上就是理性主义与经验主义的对立。乔姆斯基说：“心灵主义语言学只是理论语言学，它把运用作为确定能力的论据（当然还有其他的论据，例如由内省提供的论据），而能力则被看作是它研究的主要对象。”②

与此相关又有所谓 Mentality（心性），这里强调，拥有一个心，是指能使一个人去思维、感觉、想象和行为的那些特征。不同的哲学家对心性具有不同的解释。根据笛卡尔的二元论，心性由独立于物理状态的内部状态所组成。根据某些形式的物理主义，关于心性的所有事实都可以被还原为关于神经中枢系统的状态事实。心性在这个意义上是脑科学的课题。非还原的物理主义将心的状态同一于大脑状态，但仍在理论的自主水平

---

① Armstrong, *A Materialist Theory of Mind*, 1968, p. 5.

② Chomsky, *Aspects of the Theory of Syntax*, 1965, p. 93.

上讨论心的东西。心性亦可指一个人的心中所发生的那些使其成为一个独特的人的东西。泰尔斯和泰尔斯的《历史认识论引论》(1993 年) 认为，在这一宽泛的意义上讲，心性是"思维风格"或"思维方式"的同义语并且部分地由其社会文化背景所形成。"他自己的心性……是他自己的假定、价值、期望和对可能的东西的知觉"①。

有著作介绍，人们曾认为了解心灵研究的最好读物是沃尔曼编的《Handbook of parapsychology》(1977)。这常被中文译为《超心理学手册》。沃尔曼著作的书名及其广泛引用，引起人们对 parapschology 这一术语的特殊关注。这个词还常被中文译为"心灵研究"。此词曾于 19 世纪流行一时。而表示这方面内容的另一个词是 psychical research，后来，这一术语逐渐被"超心理学"(parapsychology) 一词所取代。所以，出现在沃尔曼 1977 年出版的那本书中的就是这个词。学界通常认为，这后一术语往往被认为是不能令人满意的，因为它有时是"心灵研究"的同义词，有时又只是指该学科实验方面的内容。因而，许多书籍有保留地使用"超心理学"一词。而且术语"超感官知觉"(estrasensory perception) 和"心灵施动"频繁出现在一些著作的章节中，分别缩写为"ESP"和"PK"。②

(3) J. G. 吉尼斯著的《心灵学——现代西方超心理学》一书，在开始的第一部分导言中论述了西方心灵学的学科近百年的历史，叙述了从 1880 年到大约 1950 年间此学科的发展。

此书第二部分的标题是："心灵现象的范围。"其各章包含了心灵研究的内容，特别搜集整理和描述了十余种心灵现象。

① Tiles and Tiles, *An Introduction to Historical Epistemology*, 1993, p. 46.

② 参见［英］I. G. 吉尼斯：《心灵学——现代西方超心理学》，张燕云译，辽宁人民出版社 1988 年版，第 8 页。

前五章分别论述了巫术（mediumship，§3）、脱体经验（out-of-the-body experiences，§4）、魂灵（apparitions）和作祟（hauntings，§5）、遥视（Clairvoyance）和传心术（telepathy，§6），以及死后续存（survival）和再生（reincarnation，§7）。这些现象均涉及如此的问题：是否有些东西在我们死后仍保留下来，§7结束时对这一问题作了一番概述。这一部分的其余各章包含如下内容：神动现象（poltergeists，§8）、心灵治疗（psychic healing，§9）、预知和预言（§10）、心灵施动（psychokinesis，§11），以及与照相术有关的现象：思维照相或本摄影胶片上留下的形象效果（thoughtography，§12.1）和柯莱恩照相术（kirlian photography，§12.2）。

书中第三部分“心灵研究的诸方面”，关注心灵学在某些分支中呈现出来的学科特点。这部分的开头内容是对自动现象（spontaneous phenomena）的一般性论述（§13），接着探讨了究竟应把“巧合”作为一种解释还是应把它本身视作一种现象（§14）。§15提出了关于自动案例的研究纲要。后面一系列章节则论述了与实验室工作有更密切联系的各方面内容。在§16中描述了研究传心术、遥视和心灵施动的技术，§17讨论了催眠的作用。统计学和计算机的应用分别在§18和§19中作了论述。关于研究结果的类型的综述见§20，它使这个序列暂告一个段落。最后两章涉及心灵研究引起的伦理学问题（§21）和在教授此学科时可以采用的方法（§22）。

该书第四部分考虑的是“心灵研究和其他学科”。心灵现象的宽广范围使心灵研究涉及科学、技术和医学等几个领域。这种相互联系的某些枝节内容在前几部分中已有所涉及，这里谈论的主要是心灵研究与结成这种联系的主要科学领域的关系，它们是：心理学（§23）、精神病学（§24）、大脑研究（§25）和物理学（§26）。此外，§27着力对业已确立的科学和尚处在未成熟状态中的心灵研究加以比较，并探讨了由此而来的某些哲学问题。书中认为，心灵研究并不是唯一的非正统学科，§28 就提到了另外三种——飞碟学、星占学和"魔杖"探测；指出它们所处情形十分类似并且很可能还与心灵研究本身有关。最后两章对心灵研究考虑了其他类的关系：它与宗教的对比（§29）、大众传播工具对它的报道（§30）。

作为此书结尾的第五部分包含有关类型的资料信息。如§31 是心灵研究名词术语简释汇编。§32 列出了世界上从事心灵研究、或至少成为其主要方面研究的主要机构（可能的话，还列出它们的出版物），并提供出挑选出来的、达到指导研究生水平的学校和研究机构的名单。①

（4）《心灵学——现代西方超心理学》中译本序言写道：心灵学被认为是一门研究所有超常现象即现代科学知识所无法圆满解释的生物体现象的学科。在我国，这类超常现象，通常被称为"特异功能"。其主要观点认为：人类具有一种潜在的能力，可以不通过正常的感官渠道而感知世界。于此，其论者往往将研究对象大体分为两类：一类是有关生物体在认识上的超常观象，即"超感官知觉"；另一类是生物体不经物理媒介而作用于物质的现象，即"心灵施动"。

书中列举了几个例子："1848 年，住在美国纽约海斯韦村的福克斯三姐妹，通过敲击家具等一些物理现象，与该家族死者的灵魂有了'信息传感'。""这促进了人们去对超常现象进行研究，这意味着心灵学——超心理学的萌生。""19 世纪 50 年代，几个心灵学组织相继成立，其中之一是剑桥大学心灵调查会，它有时被人称为'鬼神会'，这主要由于当时他们把兴趣集中在

① ［英］I. G. 吉尼斯：《心灵学——现代西方超心理学》，张燕云译，辽宁人民出版社 1988 年版，第 4～5 页。

自发的超自然体验上。这个调查会的一名成员是亨利·西奇威克（1838—1900）。30年后，1882年2月20日英国成立了世界第一个心灵研究会。”“1885年，美国也成立了类似的机构——心灵研究会。随后，欧洲的大多数国家都相继成立了这样的学会。”到了20世纪30年代，“心灵研究已从定性的研究（如巫术的证据、自动的验例等）转入定量的研究。美国北卡罗来纳州的杜克大学在J. B. 莱因的倡导下，成立了‘超心理学研究所’，J. B. 莱因还在《超感官知觉》（1934年）一书中创造了一系列超心理学术语，并将统计学技术运用于心灵研究中。他通过著书立说，宣传鼓动，不仅吸引了科学界，甚至引起了广大公众的注意”。“二次大战期间，希特勒和戈培尔曾利用心灵学，公开鼓励星术家用占星术预测有利于自己的战争结局，以便为法西斯统治制造舆论。这种倒行逆施的做法遭到强烈的抗议。”尽管如此，心灵学在西方仍越来越受到人们的重视。1957年，国际性的专业组织“国际超心理协会”在美国成立。1969年该学会成为美国科学促进协会的附属学会，越来越多的大学开始提出了心灵学的研究方向和研究课题。美国学者A. 奥托1980年的文章《psychology and personal growth》说：“在苏联（原苏联——引者注），……称这种特殊的心灵感应现象为‘脑电波传感’，相信人的大脑可以像广播电台那样传递信息。与西方不同的是，他们承认现存的现象，选择一般智力的人作为试验对象并加以训练。”书中写道：“显而易见，热衷于心灵学的研究，与愚昧、迷信不能相提并论。”而应当提醒的是，同时要注意到，不可否认，这方面确有走向宣扬谬误、谬论的情况，有走向神秘主义的情况，有走向江湖术士、江湖骗子的情况。

《心灵学——现代西方超心理学》一书是“由多位作者撰稿，最后有英国学者艾弗·格拉顿·吉尼斯编纂而成的一部有关心灵研究的综合性著作”。I. G. 吉尼斯讲，书中的作者“在对未知世界的问题上所持的态度不尽相同，但他们都持有这样一种观点：'鬼神'之事是源远流长的，人类迄今为止的全部文化不能不说与它有着千丝万缕的联系。在东方，算卦、预知、死后续存、心灵治疗等屡见不鲜；在西方，巫术、降神会、占星术、'魔杖'探测等也层出不穷。对诸如此类的现象应该怎样看，如何作出科学的回答，这是一个值得重视的研究课题"。钱学森在中国第二届人体特异功能科学会期间发表的《开展人体科学的基础研究》一文中说："气功、中医理论和人体特异功能孕育人体科学最根本的道理，不是神秘的，而是同现代科学技术最前沿的发展密切相关的，因而它们本身就是科学技术的重大研究课题。"①

2. 通常认为，现代西方心灵哲学是从笛卡尔（Reně Descartes，1596—1650）开始的。在笛卡尔那里，所使用的"灵魂"（Soul）和"心"（Mind）这两个术语是可以互换的。对于他来说，心同一于"自我""个人"以及思维、相信、怀疑、欲求和行为着的实体。对于像休谟等其他人而言，"心"指一系列心理状态，在这个意义上，它与意识相近并与物理状态相对。如果一个人相信笛卡尔的心的实体，这就包含着一个人作为心的实体的心和一个人作为物理实体的身之间的关系。另一方面，如果一个人相信心是心理状态的集合，这就变成对一个人的心理特性和一个人的物理特性之间的关系的解释。哲学史家往往这样讲，现在人们恢复了对笛卡尔所取代的亚里士多德关于心的描述的兴趣。根据亚里士多德的观点，心或灵魂是身体的形式，尽管这种立场可能立足于一些不可能得到复兴的前提。笛卡尔在《哲学著作集》（科庭汉姆等人的英文译本第2卷）中有

① 参见［英］I. G. 吉尼斯：《心灵学——现代西方超心理学》，张燕云译，辽宁人民出版社1988年版，《中译本序言》第1～5页。

这样的话：“思维所直接归属的实体叫作心。我使用‘心’而不是‘灵魂’这一术语是因为‘灵魂’一词意义含混且常被应用于身体的东西。”①

麦金在《心的特性》（1932 年）中专门讲道：“关于心的现象世界与身的物理状态的关系问题通常被称为‘心身问题’。”②当人们谈到笛卡尔对近、现代西方心灵哲学的影响时，一般首推他的心身二元论，认为这才使他成为近、现代心灵哲学的开创者。而关于灵魂与身体的关系问题，可以追溯到柏拉图和亚里士多德，在柏拉图、亚里士多德以至后来的托马斯·阿奎那等人那里，该问题曾得到很有特点的研究。但当时关于心身关系问题的研究并不是一个专门的哲学理论命题。

真正将这一问题置于近现代哲学之中心地位的是笛卡尔。当笛卡尔系统地提出心身二元论，才将心身关系问题尖锐地摆在了哲学家们面前，并成为从那时起西方哲学关注的最主要问题之一。笛卡尔认为心的实质是思维，这与身或广延实体完全不同。此即心身二元论的一个表达。那么，一个有广延性的身体如何与一个无广延性的心相互作用呢？心如何可能既是不可还原的心理的东西又在某种意义上完全依赖于一个大脑或神经这样的物的系统？笛卡尔未能对这个问题给出令人满意的说明，这导致对其二元论的许多反驳以及关于心与身或心与物理现象之关系的许多不同的描述。这成为关于心的哲学的重要议题。在所提出的各种理论中，较有影响的包括：“偶因论”“附随现象论”“心身平行论”“唯心论”“双面理论”“泛心论”“行为主义”“同一论”或“中心状态唯物论”“功能主义”“变异一元

① Descartes, *Philosophical Writings* (tr. Cottingham, etc.), vol, Ⅱ, p. 114.

② McGinn, *The Character of Mind*, 1982, p. 19.

论"等等，所有这些都在不同条目中分别讨论。心身问题依然在当今哲学中引起许多重要争论。迄今为止，对这一问题的讨论一直是从心的观点出发，而有的哲学家则以对脑及神经系统活动的新的科学理解为出发点来处理这一问题，认为如能彻底解决心身问题，就有可能导致关于人性的整体科学。有的哲学家认为这一问题的提出本身是一个错误，它建立在笛卡尔的错误假设上。也有人力图回到亚里士多德，把心解释为身之形式。

诸多哲学家指出，心身关系问题似乎成为当今西方心灵哲学的主导话语，尤其近几十年，在神经生理学、脑科学、认知心理学、计算机科学、分析哲学、语言哲学等研究成果的推动下，心灵哲学得到了前所未有的发展，已经成为西方哲学中最具活力、最富挑战性的分支之一。许多论者认为，时至今日，无论心灵哲学如何发展，它所讨论的诸多问题在原则上并没有超出笛卡尔所考虑的范围，或者说这诸多问题在很大程度上仍旧是在笛卡尔理论的基础上衍生和发展起来的。正因为如此，人们把笛卡尔看成是现代西方心灵哲学的真正奠基者，他提出的心身区别和心身相互作用的难题为后世心灵哲学的发展确立了基调。

人们对笛卡尔心灵哲学的基本观点这样表述：世界上存在着两种不同类型的实体，一类是物质实体，它的本质属性是广延；一类是心灵实体，它的本质属性是思维。在笛卡尔看来，无论在哪一个方面，对立的各方都不能被还原为另一方，也就是说，心灵与"广延"是绝对不相同的两种东西，各自都不能成为对方的根据和解释，这种实体二元论就是人们所说的笛卡尔心灵哲学中的心身二元论。笛卡尔的心身二元论观点最显著地体现在人的身上：人是心灵（或灵魂）和身体两种不同类型实体的组合，是有理性和意识的动物；人的全部本质在于心灵，而肉体则像动物一样，不过是一种结构复杂的、无意识的机器，它服从于机械的运动规律。在笛卡尔看来，身体是机械的自然的一部分，心灵是一个纯思维的实体，心灵在身体里“就像舵手在船上”一样，通过这样一种方式，灵魂可以“直接”调动身体，也能够感受到在身体中的变化，例如“疼痛”或其他感觉。笛卡尔认为灵魂的本质是思想，它有两种活动：感觉和欲望。感觉本身是一种本能，它能使人们面对当前的事情，知道采取迅速、果断的态度。譬如：手碰到火时，知道立刻缩回。欲望包括意志和情感，它是由动物元气在灵魂中所激起的感觉——情感或冲动即身体内的一些机械的能力所组成的。

笛卡尔对于心身的区分所导致的二元论，使之遇到了一个最棘手的问题，那就是，根据他的二元论，既然心灵与身体是绝对不同的两类实体，它们之间是没有同一性可言的，那么，它们是如何结合到一起并能相互作用的呢？虽然笛卡尔本人对此作出过许多努力，但始终没有得出令人满意的解答，如何解决这一难题就成为后来的科学和哲学共同面对的问题。

在笛卡尔稍前出生的布鲁诺（Giordano，1548—1600），把认识过程区分为四个阶段：①感觉。认识杂多的表面现象，但不能认识事物的本质，而且还时常产生错觉，因此只是一个微弱的源泉。真理决不存在于感觉之中。②理智，通过论证和推理，从特殊中引出一般。③心智，它把理智得出的一般结论提高为原理和原则，从而认识到事物实体的统一。④心灵，它达到了对神的直观，使无限宇宙的真理所固有的生动形态呈现在人的心灵之前。

笛卡尔将心灵与身体截然分开而对立，使问题变得复杂起来。面对这一困难，笛卡尔曾尝试在大脑的生理结构中寻找心身相互作用的依据。他认为，心灵与身体的统一并不是指它们的所有部分都结合到一起，而只是心灵与大脑中的一小部分的结合。他认为在人的大脑顶端最深处的结构体上有一个特殊的器官叫松果腺，它是沟通灵魂与身体的桥梁。在松果腺中，心灵借助于"动物元气"、血液和神经网络的运动而与身体相互作用。一方面，灵魂直接作用于松果腺，由此牵动动物元气，通过这种动物精神作用并影响身体；另一方面，身体的变化通过动物精神被传递到松果腺中，产生感觉而影响灵魂，这就是笛卡尔的因果相互作用理论。

在笛卡尔之后，18世纪苏格兰常识学派的杜格尔德·斯图尔特（1753—1828）写了《人类心灵哲学原理》，托马斯·布朗（1778—1820）著有《人类心灵哲学讲演集》等。后来黑格尔把"心灵哲学"（通常译作"精神哲学"，英文仍是：philosophy of mind）作为他的哲学体系的重要组成部分。

自笛卡尔以来，心灵哲学的发展试图解决笛卡尔心身关系的窘境。哲学家们纷纷将这个问题当作真正的挑战，提出了各种各样的解决方案。在诸多解决笛卡尔学说的种种矛盾的理论中，一个重要尝试是众所周知的机缘论，在这方面最有影响的是尼古拉斯·马勒伯朗士（Nicolas Malebranche，1638—1715）的工作。马勒伯朗士认为，笛卡尔的心灵实体和身体实体在因果上是无效的，因为上帝才是唯一真正的原因。按照这一理论，不仅不存在心灵对身体的影响或身体对心灵的影响，而且除了上帝这个真正原因的干预外，在经验中发生的规律根本没有因果有效性。另一个重要理论是斯宾诺莎（Benedictus de Spinoza，1632—1677）的心身平行论。为了保留作为唯一真正原因的上帝概念而不牺牲在精神和物理的领域里有效的因果性观念，斯宾诺莎抛弃了笛卡尔两类实体的观点；而赞成被称为心身平行的理论。这个理论是依据这样一种观念，即精神的和物理的是一个相同实体的两个不同方面。对斯宾诺莎来说，那个单一的实体就是上帝。斯宾诺莎虽然同意笛卡尔的意识世界和物质世界在性质上是分离的观点，但他仍然拒斥笛卡尔的意识和延展分别属于两类有限的实体的观点，他认为这两类实体最终都归于一个唯一的无限实体，这种实体，即上帝，是任何存在的事情的普遍的本质或特征。斯宾诺莎观点的直接含义是：虽然精神的发生只能决定其他的精神发生，物理的运动只能决定其他的物理运动，但是心和身仍然是在建立协调之前存在的，因为相同的神圣本质在精神和延展之间形成了联系，因而不可能是自相矛盾的。心身平行论在19世纪后半期曾得到复活。因为这个理论既保留着心身二元论，也保留着心理事件和物理事件之间的正常的相互关系，但是避开了因果性的相互作用论，因而很容易被人接受。

3.（1）现代西方心灵哲学开始于19世纪后半叶，是在否定传统的形而上学，尤其是笛卡尔的心灵哲学的基础上产生和发展起来的。开始，由于孔德等人实证主义哲学思潮的影响，人们对形而上学问题不感兴趣、予以拒斥，对心灵哲学也没有兴趣。他们将传统的心身问题，变成由感觉要素不同地组合而成的东西之间的关系问题，或变成不同的语词、概念即心理语词与生理学语词的关系问题。这一倾向是反笛卡尔式实体二元论的。

①一些实证论的例如实用主义哲学家，以另外的论题讨论心灵问题。

对于笛卡尔的学说，杜威反问，如果心灵与身体是互不相干的两类实体，那么如何理解既有思想又有身体的活生生的人呢？这里涉及两个问题：首先，人的心灵和身体是否结合在一起；其次，代表了人的本质的是心灵还是身体。这两个问题是互为关联的，笛卡尔对此都给出了回答，在他看来，虽然心灵和身体是绝对有别的两种实体，但它们能够结合在一起，从而构成了有生命的人；由“我思，故我在”的规定，每一个人都是自己思想的存在，因此人的本质是思想。

杜威强烈反对笛卡尔的心身二元论，也不满意迄今对心身问题的各种解决方案。他的目的是要得出自己对心身问题的解决方案。杜威首先对心灵哲学发展的历史作了一番历史的考察，他发现，西方二元论哲学的发展有着悠久的历史，从柏拉图开始就已出现了理念世界和现象世界的对立；随后，亚里士多德的形式与质料的对立；奥古斯丁的上帝之城与地上之城的对立；笛卡尔的精神与身体的对立；康德的本体与现象的对立，等等。他认为，所有这些都表明，在欧洲哲学发展的几千年历史上，二元论哲学始终处于主导的地位。杜威针对有人把主观主义的起源推溯到笛卡尔以及他的把"思维"当作是不可怀疑的确定性的主张，或者推溯到洛克以及他把简单观念当作是直接对象的主张；他认为，这种观点从专门的学术上来讲是正确的，但从历史上看则是错误的，因为只要考察一下科学发展的历史就不难发现，在笛卡尔时代，科学的发展已经使得心灵没有立足之地了，人们不得不为心灵寻找其他的栖息之所。正是在这样一个背景下，"笛卡尔的思想是被迫内向的古典传统的理性(nous)，因为物理科学已经把它从它的对象中排挤出来了"[①]。杜威同时认为，在这一点上，洛克的简单观念，也出于同样的原因，他接着说："同样，洛克的简单观念就是古典的理念、形式、种属，后者被从自然中放逐出来而被迫转向心灵中来避难。"[②] 哲学家们先将原本单一的世界划分成为精神与物质两个世界，然后又再设想出种种办法将这两个世界结合起来。杜威认为各种各样的结合都是不成功的，要解决这一问题，就要改

① ［美］杜威：《经验与自然》，傅统先译，江苏教育出版社2005年版，第147页。

② ［美］杜威：《经验与自然》，傅统先译，江苏教育出版社2005年版，第147页。

造哲学，就要超越精神与物质的二元论，重新回到一个世界中。

对于如何改造哲学，杜威的观点与大多数人的观点很不相同。因为在20世纪，为了支持心灵和大脑之间的关系的生物的和机械的理论，人们对意识的分析很少集中于它的最终起源和形态上，而是更多地集中于它是如何在发展中出现的，以及使得它成为可能的结构的和概念的生物机制上。甚至在近三百年的时间里，人们对意识的兴趣就已经从理解人类意识的神圣来源转向了寻找理解、复制和控制意识产生的生理条件上了。杜威显然不同意这种观点，在他看来，无论是心灵还是意识，随你把它叫作什么，其蕴涵都要比生物学上的意蕴大得多，尽管笛卡尔曾经试图从解剖学上来寻找心灵的居所，但他并没有取得成功，因为心灵并不是一个生物学的概念，而是一个形而上学的概念。在黑格尔绝对唯心主义的影响下，杜威期望通过有机连续统一性的观念和环境在这种连续中所起的作用来研究心灵的起源和意义。但当他看到达尔文的进化论思想是从一个完全不同的景观上帮助人们重新阐释心灵问题时，杜威放弃了以黑格尔的视角阐释心灵的想法，因为达尔文试图廓清产生意识的自然条件和决定生命形式的功能条件给了杜威极大的影响，从而最终使杜威从黑格尔的绝对唯心主义转向了达尔文的经验的自然主义。

杜威对笛卡尔二元论问题的解决，可被理解为是从“活的生物”这样一个概念开始的，他正是以“活的生物”为基本出发点建立起以反对笛卡尔心身二元论为主要目标的一元论哲学。杜威发现，心身二元论哲学的根本特征就是把世界看成是对象，而把人的精神看作是主体，从而把主体和客体看作是二元对立的关系。杜威则从自然主义的视角，把人和动物都看作是“活的生物”，而把自然界看作是人和动物共同生活的环境。他强调，人是环境的一部分，环境也是人的一部分，我们的皮肤并不是将我们与环境隔开的墙，人无法置身于环境之外，而只能置身于环境之中。

在达尔文自然主义的影响下，杜威认为，要真正解决心身二元论哲学的困境，有必要求助于处于人的水平之下的动物的生活。杜威发现，动物在它们的活动中是"行动融入感觉，感觉融入行动"[①] 的，他由此发现了动物活动经验的直接性和整体性，并得出结论：无论是人还是动物，都对当下的事物形成一种经验。正是从人和动物的这一共同点出发，杜威找到了解决二元对立的突破口。

正因为如此，杜威把他的哲学称为"经验的自然主义"或"自然主义的经验论"[②]；有研究者指出，由此杜威发现，心灵和经验是有着密切联系的两个概念。所以，经验作为杜威哲学的核心，也是他的心灵哲学的核心。杜威在回答"物理演化论者"和"所谓的经验心理学家"时说："两者常规的毛病是一样的——从赋予意义的有机体中抽取出某一种因素，并把它看作是绝对的……唯一奇怪的是人们在他们自己的创造力抽取出思想之前仍然要在心灵上弯腰，并且作为所有实在和知识的原因和背景来崇拜它。"[③] 杜威把世界看作人的环境，把"活的生物"与环境之间的相互作用看作是给定的事实，而经验则是"活的生物"在以某种方式与环境的接触中"相互作用的许多事物"[④]。

---

① 参见［美］杜威：《艺术即经验》，高建平译，商务印书馆2005年版，第18页。

② ［美］杜威：《经验与自然》，傅统先译，江苏教育出版社2005年版，第1页。

③ John Dewey, *The Early Works*, Vol, 1, Southern Illinois University Press, 1989, p. 42.

④ ［美］杜威：《经验与自然》，傅统先译，江苏教育出版社2005年版，第3页。

通过对经验概念的解释，杜威进一步提出了他的“一个经验”[①]的概念。在杜威看来，经验有完整与不完整之分。

杜威在解释中总是以自然主义的解释方法小心翼翼地保护着“心灵”，避免重新陷入黑格尔的唯心主义和绝对主义。杜威认真严肃地对待黑格尔的自然主义和绝对精神，同时力求消除他的唯心主义和绝对论。他坚持认为，如果存在和形成的现象是在包含人的判断的心理学术语中被重新阐释，那么意识就能够被科学地理解。但是，杜威不失为一个坚定的达尔文思想的支持者，在他那里，黑格尔的心灵和意识的概念，被改写成一个生物学的和渐成说的框架，在这一框架中，大脑、身体、思想和行为都被看作是通过经验而联结在一起的。达尔文的进化论把大脑和心灵看作是为了获得新的功能而对自然要求作出简单的偶然的反应；杜威欣赏达尔文关于偶然性和功能主义的观念，同时消除了达尔文的决定论。当杜威假定人类精神在自然之内而不是在自然之外时，是与黑格尔不同的；精神是在自然中出现的，并且它促使人们在它们的思想、语言和行为中发现了意义和蕴涵；精神是在社会的交互作用中得到体现和表达的，因而文化传统和习俗在精神的形成过程中的作用是巨大的。杜威从进化论的角度出发，同意自然界是从无机体进入到有机的。当自然进化到人时，一种人类共同体出现了，它把作为个体的个人性统一起来。在杜威那里，人是通过分享共同的目标和通过分享那些目标所获得的意义而组织起来的；正是在这种共同体中，人得到了自我发展和自我认识；“心灵”是从物质中突现出来的一种功能，它是通过与环境相互作用而获得并建立起来的。从这一意义上讲来，“心灵”不过是一个有感触的动物所具

① John Dewey, *The Later Works*, Vol. 10, Southern Illinois University Press, 1989, p. 42.

有的一个附加特性而已。

杜威把经验作为联系物理世界和人的思想的媒介，由此解决心身问题，在他看来，在有机体从仅仅具有感触发展到精神的水平的过程中，语言所起的作用无论怎样评价都不过分。因为正是借助于语言，自然事件才变得越来越复杂以至于出现了交流，并且对象被共同分享和普遍化，最终使得有机体具有了精神特征。当模糊的意义被重建时，形成心灵的意义就变成了意识或观念，意识是在心灵的背景下实现对意义的实际把握和理解；这是各种观念的总和。杜威强调，意识作为一个与心灵完全不同的概念，它的产生和机体条件具有特定的联系，而有机的事情和机体存在的环境之间有紧密的、不可分割的联系。意识是在心灵的指导下对这个世界的观察和记录，是知识之所以产生的条件和前提。

可见，杜威对心灵与身体的关系的解释是与传统的观点很不同的。杜威认为，他反对心身二元论并不仅仅在于是二元论，而是因为它迫使人们在陈述和解释方面接受对立的、不相容的原则。对于杜威来说，笛卡尔心身二元论不仅是一个哲学问题，更是一个人的社会生活自身的存在论问题。因此，杜威心灵哲学的特点在于，它不像传统哲学中的那些解决方案那样仅仅在笛卡尔的理论框架内看待心身问题，而是越过了传统心身二元论的问题，重新开拓了一种新的心灵哲学的视阈，形成了自己独特的哲学品格。杜威通过重建"心灵"概念，使得它的心灵哲学能够超越传统心灵哲学的前提，而在一种"源初的"生存领域内探究重建的可能性。

人们往往讲，"心灵"概念不仅是近代以来西方心灵哲学的第一原则，也是近代以来整个西方哲学的第一原则。自笛卡尔以来，近代西方哲学沿着笛卡尔的思路发展。笛卡尔从"我思"这一视角入手来探讨人和世界的意义，而当他将世界分为心灵和物质这样两类对立的实体时，一个既无法回避又无法解决的难题就此呈现在了他面前，那就是：什么是心灵？它和物质是一种什么样的关系？如何解释心灵和肉体的相互作用？一个心灵如何能认识他心？等等。杜威对心灵哲学的研究并不是沿着笛卡尔的路线进行的，相反，他超越了笛卡尔所设立的理论构架。他以一种全新的视角阐释了“心灵”概念。杜威站在自然主义的立场上，将黑格尔的有机统一理论和达尔文的生命演化学说结合起来，为人们呈现了一幅心灵起源的全新图景。在这一图景中，杜威从活的有机体出发，以生存论的视角解释了心灵是什么，它是如何产生的，心灵如何认识世界，又如何认识他人等。一系列心灵哲学一直以来都在努力尝试解决这些难题。

由于种种原因，哲学和社会学界对杜威的心灵哲学并没有引起足够的重视。学界许多人注意到，在杜威以后，各种哲学流派在对心灵哲学进行研究时多多少少都是走的科学主义的路子，它们或者以实证主义的思维方式来研究心灵，或者希望科学能直接介入对心灵的研究，但它们都没有取得预期的成功。而从他们中许多人后来的研究转向看，似乎自觉或不自觉地走向了杜威的研究思路。[①]

②论述心灵哲学，还有一位当代思想家值得注意，即乔治·赫伯特·米德（G. H. Mead，1863—1931）。米德曾是美国实用主义哲学的带头人之一，是现代著名的社会心理学家，被认为是这门学科的创始人之一。

米德 1863 年生于美国马萨诸塞州的南哈特莱，其父是当地的公理会牧师。米德 7 岁时，全家迁往俄亥俄州的奥伯林，父亲当上了奥伯林学院的布道学教授。米德 1879 年考入奥伯林学

① 参见张立成：《杜威的心灵哲学》，中国社会科学出版社 2011 年版，“导言”第6～9 页、第 12～16 页。

院，就读期间对自己从小被灌输的神学观点提出质疑，这是他思想上的一次革命。他说自己1882年春天"从独断论沉睡中"醒来，在哲学上作了第一次独立的努力，反对苏格兰哲学的狭隘枯燥，寄希望于康德及康德以后的德国唯心主义。1887年他进哈佛大学开始研究生学习。新黑格尔主义哲学家罗伊斯对米德有很大吸引力。但是他又不满意哲学家对问题纯思辨的论述，不满意哲学的远离科学和社会问题。1888年，米德选择了生理心理学，试图走出概念的解释而达到新的知识。1888、1889年的冬季，他在莱比锡大学学习冯特的实验心理学。但由于语言困难，只能听些哲学课程，其中包括冯特的"形而上学基础"。一个学期后，米德转到柏林，成为狄尔泰、埃宾豪斯、泡尔生和施莫勒的学生，这使他直接了解到解释心理学与描述心理学两派的激烈论争。而他所关注的只是如何运用自然科学的方法，从人类的起源和发展来分析人类心灵。

1891年他受聘于密歇根大学，开设生理心理学、哲学史、康德与进化论等课程，第一次试图提出进化论对心理学的意义，并把有机体与环境的关系作为心理学研究的基本模型。这时他发现需要对自己的观点作基本的理论的澄清，他希望通过对黑格尔思想的彻底研究达到这种澄清。1894年，米德成为芝加哥大学哲学和心理学系助理教授，从此开始了在那里长达近40年的执教生涯。其间曾任哲学系主任。他在芝加哥大学最后10年对社会学系的影响使该系享有"米德的前哨"之称。

与许多著作等身的思想家不同的是，米德生前没有出版过一本著作，其影响主要是在课堂上。在米德去世之后，他的学生根据课堂记录和他的部分手稿编辑出版了《当代哲学》（1932年）、《心灵、自我与社会》（1934年）、《19世纪思想运动》（1936年）、《行动哲学》（1938年）等著作，在20世纪50—60年代又有几种版本的《米德选集》问世。随着这些著作的出版，米德在思想界的影响日益扩大，特别是自20世纪60年代末以来，不少学者像发掘被长期埋没的珍宝那样，从不同理论观点出发对他的思想进行了不同侧面的研究。

米德的重要著作《心灵、自我与社会》，是米德讲授社会心理学30年的记录，体现了其社会心理学体系的基本轮廓，可以代表其最重要的社会科学研究成果。

米德从进化的观点出发，论述人的心灵、自我如何从社会背景中产生和发展，这是米德社会心理学体系的基本内容。生物进化论是19世纪的重大发现，它给同时代人带来强大影响，使进化发展成为一切理论思考的基本框架。

学界中的专家大都认为，在米德之前的社会心理学领域内，没有人完全地解释过心灵及自我如何从行为中产生，人们把心灵自我的实存作为社会过程发生的先决条件，而且未能对心灵及自我的机制作出分析。米德的贡献在于，论证作为心理意识活动的人的心灵与自我完全是社会的产物；而语言，为它们的出现提供了机制。

米德强调，生物个体转变为具有心灵的有机体，形成具有自我意识的人格，是通过语言这个媒介而发生或突现的，而语言，是进化的产物。生物个体参与社会性动作，把各自动作的初期阶段用作姿态，即用作完成该动作的指导。这种姿态在动物身上已经出现。但符号或姿态必须成为表意的符号或姿态，才能产生语言，生物个体才能有意识地交流自己。有声的姿态能在自我和他人身上唤起同一反应，为意义交流提供必不可少的共同内容。因而有声的姿态乃是语言以及各种衍生的符号体系的实际源泉，也是“心灵”的源泉。心灵是在社会过程中，在社会性相互作用这个经验母体中通过语言而产生出来的。只有人类能够从姿态会话的水平进到表意的语言符号的水平，从而获得心灵或意识。

凭借语言这个媒介，具有心灵的有机体能够成为其自身的对象，而这种能力恰恰是“自我”的独特品性，这种能力是在“角色扮演”中发现的。自我的发展经过玩耍阶段和游戏阶段这两个阶段。在玩耍阶段，儿童挨个扮演以各种方式进入他生活的人或动物，通过有声姿态的自我刺激作用而采取他人的态度；而在游戏中，他扮演参与共同活动的任何一个他人的角色，他已经泛化了角色扮演的态度，或者说，采取了“泛化的他人”的态度。所有他人的态度组织起来并被一个人的自我所接受，便构成了作为自我的一个方面的“客我”，与之相对应的方面则是“主我”，主我和客我的统一便是完整的自我。

总之，支撑着米德对心灵、自我的独特分析的基本思想是意识的突现进化。米德特别强调意识的两个概念。其一，意识并不是从外部加给动物的一种孤立的实体，而是有机体和环境在发展进化途中相互作用的结果。意识是一种机能，它代表着具有感受性的有机体以及与之相联系的环境。其二，意识指的是人类有机体活动的一种性质，这种活动不能简单地混同于生理或行为单位。他把人的具有理性归之于某种行为，即个体采取他人的态度，个体置身于他所属的整个群体态度中的行为。

米德强调，个体的心灵、自我以及相关的思维活动取决于他所参与的社会行为。在米德看来，“社会”概念与“泛化的他人”紧紧联系在一起。社会以自我和心灵的本性为前提。由于自我只能从社会过程中产生，社会是自我能从中产生的泛化的背景；而随着具有心灵与自我的生物个体的出现，初始意义上的社会也发生了变化，接受了人类社会所特有的组织形式。社会制度乃是一套特殊的相互联系的角色，一个制度便是一套群体或社会的行为的组织形式。主我以其行动改变社会的结构，一般人只能带来细微的变化，而具有伟大心灵和杰出才能的人则可能带来巨大的变化。

米德关于心灵、自我与社会的概念分析形成一个学说体系，在这个体系的展开过程中，动作的符号性和互动性起了关键的作用，因此人们把他的社会心理学简称为“符号互动论”。[①]

米德著作《心灵、自我与社会》的“编者导言”，这样写道：在哲学上，米德在哲学上是一位实用主义者；在科学上是一位社会心理学家。他属于一种古老传统，即亚里士多德、笛卡儿、莱布尼茨的传统，罗素、怀特海、杜威的传统。这一传统看不到科学活动与哲学活动之间有明显区别或对立，而且它的成员本身既是科学家又是哲学家。

在米德看来，到20世纪，生物进化论显著地让人们注意到世上发展变化的因素。这种理论意味着，不单是人类有机体，而且心灵的整个生活，都在进化发展的范围分有其变化特性，并且在有机体与环境的相互作用中产生。心灵在行为中出现，而且要在行动中保留。必须把社会本身设想为复杂的生物实体并使它与进化的范畴相符。后达尔文主义思潮使生物学、心理学和社会学的各种术语变得显要起来，以其重新解释心灵和智能概念，并从这一新的观点出发重新考虑哲学的问题和任务。这个任务远远没有完成，表明这一点的事实是，形成体系的时期几乎还未出现。不过已经可以清楚看到建立在生物学、心理学和社会学的资料与态度之上的一种经验自然主义的基本原则。米德说，它是这样一种哲学，它反对“古代哲学的……理性的彼岸性，基督教教义的……灵魂的彼岸性，文艺复兴二元论的……心灵的彼岸性”。在许多方面，实用主义至今取得的最可靠、给人印象最深的成果，是它关于智能和心灵的理论。这样一个理论无疑是整个结构的基础。发展和阐释这一理论，便是

① 参见［美］米德：《心灵、自我与社会》，上海世纪出版集团2006年版，第306～309页。

米德毕生的任务。米德和杜威的工作在许多方面互相补充。人们认为，二者从未有过重大分歧。

米德指出，有这样一个问题：在把心灵等同于符号的作用时，是否必须认为语言符号全是具有一种社会起源与语音起源的语言符号。如果不是这样，那么在人和动物的心灵中便可能有某些不属于米德术语范围的个体的方面。用现在的术语来说，这个问题是指记号情境（非语言符号）与符号情境（语言符号）在发生上孰先孰后的问题。在这里，争端主要在于"心灵"和"符号"这些词的外延上，因为米德在某些地方承认霍林沃思所强调的重整作用和亨特所强调的延缓反应这些事实，但和他们不一样，他认为这些过程并不属于"表意的符号"或"心灵"之类。米德承认，个体有机体必须具备某些生理条件以发展语言符号；那些想要在广义上使用心灵和符号的人不妨补充说，个体如果不能对非语言的、因而非社会性的记号作出反应、使得一事件在某一中心器官导致对某些其他事件的预期或重整的话，就不能发展语言符号。不管是否接受米德对"心灵"与"自我"这些术语的用法，这已表明心灵和自我完全是在社会过程中产生的。

米德用生物社会学的术语回答人的心灵与自我如何在行为过程中产生的问题。他不像传统的心理学家那样忽视使人类得以发展的社会过程，也不像传统的社会科学家那样忽视社会过程的生物学方面，而求助于一种心灵主义和主观主义的社会概念，即以心灵为前提的社会概念。米德避免了这两种极端，而是诉诸相互作用的生物有机体的不断发展的社会过程，在这个过程中，通过姿态（以有声姿态的形式）的会话的内在化，心灵与自我便产生了。米德还努力避免生物学个体主义，他承认使心灵得以产生的基本生物过程的社会性。

根据米德的说明，生物个体转变为具有心灵的有机体即自我，是通过语言这个媒介而发生的，而语言又是以某种类型的社会和某些个体有机体的生理能力为前提的。[①] 个体意识到他在做什么；他已达到真正语言的阶段而不是无意识的交流；便可以说他在使用符号，而不只是对记号作出反应；现在他获得了心灵。米德说，“当我们准备要做的事支配着我们正在做的事的时候，我们是有意识的”（1924 年）。这适用于“心灵”这个词。心灵作为表意的符号的所在，既不等于一般经验，也不等于个人经验。

米德《心灵、自我与社会》这部著作的第二篇“心灵”，围绕“冯特与姿态这个概念”展开论述。他指出，在一个特定社会群体或共同体内的每一个姿态都代表了一个特殊的动作或反应，即那种在对象那里明确地唤起、在主体那里隐含地唤起的动作或反应；而它所代表的这一特殊动作或反应，乃是它作为一种表意符号的意义之所在。只有凭借作为表意符号的姿态，心灵或智能的存在才是可能的；因为只有凭借作为表意符号的姿态，思维才能发生，思维无非是个体借助于这些姿态与自己进行的内在化的隐含的会话。“要使思想可能存在，就必须有符号，一般地说，有声的姿态，它们在个体自身引起他在他人身上引起的反应，以致从那一反应的观点来看，他能够指导他以后的行动。它不仅包括鸟和动物互相交流那个意义上的交流，而且包括在个体自身引起他在其他个体身上引起的反应，包括扮演他人的角色，像其他人那样动作。某人参与了另一个人正在进行的同一过程并根据那一参与控制他的动作。那便构成一客体的意义，即，不仅在其他人身上、而且在某人自己身上的共同反应，这种反应反过来又成为对某人自己的刺激。”“如果

① 参见［美］米德：《心灵、自我与社会》，赵月瑟译，上海世纪出版集团、上海译文出版社 2006 年版，“编者导言”第 1～2、5～6、10～11 页。

我们想象心灵只是一种意识实体，其中有某些印象和状态，并认为那些状态之一是一个普遍概念，那么，一个词便成为完全任意的：它只是一个符号。"①

米德力图表明，心灵与自我完全是社会的产物；而语言，作为一种有声的姿态，为它们的出现提供了机制。就此，有学者讲，米德成功地完成了其任务，特别是成功地分析了语言的机制。在米德说来，借助这一机制，心灵社会地构成了；借助这一机制，意识到本身是一个对象的自我出现了。

米德讲，在寻找能够成为表意的符号、因而能够把生物个体转变成一个具有心灵的有机体的姿态时，他发现了有声的姿态。任何其他姿态都不会像影响他人一样地影响个体本身。我们听到自己讲话就像他人听到一样，但我们看不见自己的面部表情，通常也看不到自己的动作。在米德看来，有声的姿态是语言本身以及各种衍生的符号体系的实际源泉，也是心灵的源泉。

所以说，心灵是表意的符号在行为中的所在。它是使意义得以出现的社会交流过程在个体身上的内在化。它是向人的自我表明他的姿态所引起的他人的反应（以及涉及的对象）、并根据这些来控制反应本身的能力。表意的姿态，本身是社会过程的一个组成部分，它使那些在姿态交流的早期非表意阶段出现的意义内在化，并使组成该过程的生物个体获得这些意义。米德不是从个体的心灵出发引出社会，而是从一个客观的社会过程开始，借助于有声的姿态这一媒介把社会交流过程输入个体内部。然后个体把社会动作化为自己的动作。心灵仍然是社会的；甚至在内心讲坛上，如此获得发展的思想，也是通过某人扮演他人角色并按照这种角色扮演控制自己行为而持续下去的。

① ［美］米德：《心灵、自我与社会》，赵月瑟译，上海世纪出版集团、上海译文出版社2006年版，第33页、第37页、第58页。

在米德看来，人与物理东西的区别取决于人有扮演他人角色的能力，并且关于这些对象的思想包括扮演它们的角色，因此，即使科学家对物理性质的思考也是一个社会的过程，虽然所思考的对象不再是社会的。

米德又强调，并非所有在姿态会话水平上交流的动物都能达到表意符号的水平。实际上，只有人这一种动物完成了从冲动到理性的转变。只有人类有机体具有表意的符号所必需的神经学构造。显然米德关于神经学所讲的话，常常使用行为主义喜欢用的比较陈旧的静态的说法，如神经细胞的数量，细胞的可能组合，过去的联想因素的中断和重组等等，而不是使用拉什利、克勒和巴甫洛夫的更为动态的概念。不过，他的基本观点与生物学范畴中的这些变化并无关系。在讨论表意符号的神经学条件时，他一方面强调皮层的重要性，另一方面强调他所称的人的神经系统的时间性，即一个缓慢地展开的动作在其发展中被它本身引起的各种动作所控制的能力。

米德《心灵、自我与社会》“编者导言”指出，所有“未来”的控制都以这种行为的可能性为基础。很可能，是人的皮层（反射学家十分清楚地说明了它在高级反射作用中的地位）和神经系统的时间性（它使人能根据作出某姿态而引起的后果来控制该姿态）使得只有人类动物能够从姿态会话的水平进到表意的语言符号的水平，而缺乏这些则使学舌的鸟不能真正讲话。这两个特征，加上人手在使人脱离物理对象的过程中的地位，也许便是决定人与动物的生物学分化的根据。

米德发现，实际上，自我、心灵、“意识”以及表意的符号，在某种意义上是一起突然产生的。自我独特的品性在于，具有心灵的有机体能够成为其自身的对象。根据行为主义的观点，使这一点成为可能的机制，是在角色扮演中发现的，而角色扮演包含在语言符号中。就人能够扮演他人的角色而言，可以说，他能从那个视界返视他自身（对他自己作出反应），因而成为他自己的对象。因此，又是只有在社会过程中，作为与生物有机体相区别的自我、已经意识到其自身的存在的自我才可能出现。由此，米德认为，正是语言这个媒介使自我的出现成为可能。

米德是芝加哥学派的带头人之一。这个学派哲学的精髓便是对过程的关注。他们强调人类行为和目的在经验、知识和意义中的重要性。他们把思想看成不断发展中的行动的组成部分。全部生活都涉及行动，行动是自然而然出现并依照目标组织起来的，这些目标在不断地调整再调整的过程中自生自变。米德的社会心理学始终贯穿着这种精神。

米德被认为是与皮尔士、詹姆斯、杜威齐名的实用主义者。他们的观点实际上是有同亦有异。米德与皮尔士的观点有一致之处，但没有受皮尔士的直接影响。皮尔士曾提出，人的自我概念不是直觉的，而是通过人对错误的经验发展起来的。米德则以其姿态理论，对自我如何从社会互动中产生作了详细说明。皮尔士的指号理论对米德的表意符号的影响也是间接的。米德对詹姆斯的主观主义真理论保持距离，对其心理学概念也保持距离。他有时也用詹姆斯的概念，诸如"主我""客我""自我"，但表达的意思不同。在詹姆斯那里，"客我"是作为意识对象的个体，而"主我"则是具有意识的个体。詹姆斯只是划出了心理学研究的范围，米德是要发现心理现象的客观性和普遍性。米德和杜威是多年的密友，他们之间的影响是相互的。米德关于有机体与环境、个体与社会的连续性的思想，与杜威的经验自然主义同出一辙。米德承认杜威是实用主义领导人，杜威则承认米德在社会心理学方面有特殊影响，并声称自己极大地受惠于米德的哲学。[1]

③19世纪末至20世纪20年代，由于布伦塔诺的描述性心理学以及冯特、威廉·詹姆斯等心理学家的心理学哲学思想、马赫的“心身平行原理”和胡塞尔的现象学等等的建树，使心灵哲学的研究有所进展。而在20世纪20—40年代，由于行为主义的产生和发展，心灵哲学受到重创，一度陷入低潮。因为根据行为主义的观点，传统的心灵主义所说的心理、意识之类是无法被客观地予以观察的东西，因而不能成为科学的对象，以心灵的表现形式及其本质为主要对象的心灵哲学自然也属于应予拒斥的形而上学之列。20世纪40年代以后，随着实证主义的意义理论和行为主义的持续不断的衰落以及随之而来的认知心理学的蓬勃兴起，不能直接予以客观观察的内部心理过程及状态重新进入科学和哲学研究的视野。但在分析哲学的发展过程中，由于维特根斯坦（Ludwig Wittgenstein，1889—1951）后期哲学的形成和传播，特别是他的《哲学研究》《片断》和《关于心理学哲学的评论》的写作和出版，显示出心理现象的语词和概念引起了分析哲学家们优先的关注，从而成为语言分析的主要对象之一。有的西方论者甚至认为，探讨心灵哲学的许多新方向和新方法都导源于维特根斯坦。在这样的背景之下，以语言分析为基础、为特征的心灵哲学迅速崛起，并成为现代西方心灵哲学发展的主流或占主导地位的倾向。J. 特赫曼在《哲学与心灵》（1988年英文本）一书中肯定了这一点。从此西方心灵哲学走出低谷，进入了一个新的发展时期：其对象和范围逐渐得到明确并被固定下来，方法也有所改善；特别是分析哲学家们将其津津乐道的语言分析方法运用于这一领域，使之

① 参见［美］乔治·H. 米德：《心灵、自我与社会》，赵月瑟译，上海世纪出版集团、上海译文出版社2006年版，编者导言、译后记。

焕发出勃勃生机；专门的论著纷纷问世，别具一格的理论层出不穷；心灵哲学的内容日益丰富。

在语言分析的心灵哲学形成和发展的同时，随着科学实在论的兴起，特别是系统论、信息论、控制论、计算机科学，以及神经科学的突飞猛进，一种新的思潮即以有关自然科学前沿学科的理论和方法为基础、以提供心灵哲学问题的高层次哲学答案和分析各种心理现象的最佳策略与方法为目的的科学主义的（scientistic）心灵哲学悄然生起。特别是到了 20 世纪六七十年代，W. 蒯因、P. 费耶阿本德和 R. 罗蒂等人由怀疑、背叛、抨击传统的分析哲学，在心灵哲学中对语言分析的心灵哲学进行了深入的清算，例如揭露语言分析方法在心灵哲学中的局限性和片面性，强调有关科学理论在解决心灵哲学问题中的基础作用。正如利康（W. Lycan）在概括当代心灵哲学的现状和特点时所说的那样："过去 30 年，心灵哲学在学说、方法、观点上发生了巨大而深刻的变化。这种变化的特点就是心灵哲学家以前所未有的热情关心各门相关科学，如心理学、语言学、计算机科学、进化生物学、神经解剖学等。"[①] 布莱克默（J. Blackmore）也说："哲学家不可能仅仅通过转换范畴或通过消除语言的混乱去解决心灵哲学问题"，心灵哲学"不仅需要物理学、化学、生物学、生理学、医学和心理学知识，而且需要关于人类进化的历史的知识"[②]。P. S. 丘奇兰德在描述当代心灵哲学的演进时也指出："一些哲学家开始为传统的心灵哲学问题

① Lycan, W. (ed.): *Mind and Cognition: An Anthology*. Basil Blackwell, 1990, "Introduction".

② Chishom, R. (ed.): *Philosophy of Mind, Proceedings of the 9th International Wittgenstein Symposium*. 1985, p. 259.

设计了一个科学前景”，从而推进了心灵哲学观念的转变[①]。这些无疑促进了科学主义的心灵哲学的发展，壮大了它的声势，使之成为当今可以与语言分析的心灵哲学相抗衡的一种强大的思想倾向或走向。

语言分析的心灵哲学的基本特点是：强调语言分析是心灵哲学的基础和根本方法。有多种不同的形式，如维特根斯坦的心灵哲学，赖尔等人的两种语言论（the double-language theory）[②]，罗素等人的中立一元论，石里克等人的“方法论的平行论”或“分析行为主义”（analytical behaviorism），卡尔纳普和费格尔的物理主义同一论以及J. 塞尔的“朴素心理主义”和“朴素物理主义”的一致论等等。语言分析的心灵哲学坚持认为，心灵哲学的任务不是提供新的知识，而是对有关的概念进行语言分析。对此，赖尔说：“对各种心理能力、活动和状态的概念作这种探讨始终是哲学家的一大任务。”他讲道，系统地表达他的心灵学哲学思想的名著《心的概念》“并未给心的问题的研究添加新的信息”；它不是要“增加我们对心的认识，而是想修正一下那种描述我们早已具备的种种知识的逻辑地图”[③]。这也就是说，对各心理概念进行分析的目的不是为心身之类的问题找到答案，而是要通过语言分析，搞清它们的意义、细微差别和具体用法，以澄清混乱，最终消除心灵哲学的传统问题。在他们看来，由此所决定，心灵哲学的功能不是帮助人们理解和解释，不是像科学那样对未来作出预言，而是通过达到完全

① 参见［美］P. S. 丘奇兰德：《神经科学对哲学的重要意义》，《哲学译丛》1989年第4期。

② 参见［美］波普尔：《猜想与反驳》，傅季重等译，上海译文出版社1986年版，第432页。

③ 参见［英］赖尔：《心的概念》，刘建荣译，上海译文出版社1988年版，第1～2页。

的明晰性使传统的问题完全消失。质言之，不是建设，而是批判或"治疗"。

这样，他们强调，心灵哲学的方法既不是科学的方法或从科学中移植而来的方法，也不是传统哲学的思辨方法，而是语言分析方法。语言分析又有逻辑分析和概念分析之别，前者主要是从形式结构方面分析心理学和日常有关语言中的语句的逻辑结构，后者主要是从词义方面对心理词汇或概念进行分析，以弄清其意义，以便正确地加以使用。

事实的确表明，在建立心灵哲学的过程中，他们所做的具体工作就是对心理词汇作繁琐、细致的分析；当然他们的分析又各具特色。如维特根斯坦在《哲学研究》等书中强调他的目的不是用科学方法去解决问题，而是对心理现象作语法探索。所谓语法不是语言学家所说的语法，而是对日常语言的句子所表现出来的语言的种种典型用法进行分析；这样的语法探索就是对表示心理现象的有关词汇和概念的意义进行分析和澄清。例如他通过对表示心理活动的动词的分析，认为它们有单数第一人称和第三人称两种用法。第一人称陈述类似本能的反作用，类似呻吟的自然表达式，而不是对内心感觉或状态的描述。第三人称陈述不是对他人内在状态的描述，而是报告他所表达的内在状态的表情和行为。有关哲学家指出，心灵主义和行为主义因此都是片面的。前者把单数第一人称的用法误解为对自我状态的描述，进而把表示心理活动的句子的主词当作代表精神实体的名称。其实根本就没有这种实体。而行为主义则把表示心理活动的词当作对行为的描述，只承认行为，把第三人称用法当作唯一的用法，忽视了人的心理活动和内在过程①。

---

①　参见赵敦华：《维特根斯坦》，香港三联书店有限公司1988年版，第144～154页。

在分析心理概念和陈述时，赖尔强调的是类似句法分析的逻辑分析，即不考虑陈述的经验内容，不考察陈述与实在的关系，而只分析句子本身的逻辑句法，其目的是要确定心理概念的逻辑地理学，亦即使用这些概念的命题的逻辑。一个概念的逻辑类型就是逻辑上合理应用它的一套方法。如果弄错了类型，把类当作自身所属的成员，或把适用于一类的范畴错误地用在另一类上，如根据“物在何处”“物是什么”提出“心在何处”“心是什么”的问题，这样就犯了所谓的“范畴错误”，引出了虚假的问题[①]。

高新民、沈学君在其《现代西方心灵哲学》中写道：在思想内容上，语言分析的心灵哲学的各种理论有某些共同的倾向。首先，它们都认为：传统的心身问题是一根源于语言的误用的“假问题”。如上所述，赖尔认为，它根源于所谓的“范畴错误”。石里克认为，它是错误的提法所造成的一个无法解决的假问题。所谓“错误的提法”，就是指概念的含混不清和“自相矛盾”。维特根斯坦断言：心身问题有两方面的根源，一是本质主义倾向。所谓本质主义倾向，就是人们在探索时习惯于在个别中寻求一般本质的倾向，以为在对个别心理现象的认识的基础上，可以得到关于心理的一般本质的认识。二是语言的错误引导。传统哲学认为，语言由单词构成，每一单词都与语言之外的某物有联系，相关的对象给予单词以意义。基于此，人们在设想“理解”等词时，根据它们与“飞”“看”等词的语法的相似性，就推想它们表示的一定是某种实在的属性或活动，这样自然便会去追问心身的本质与关系的问题。再如“思想”一词，由于它同“撕碎”的用法一样，并有相同的语法变化，这样语

① ［英］赖尔：《心的概念》，刘建荣译，上海译文出版社 1988 年版，第 10～11 页。

言就会引导人们相信它是某种实体的活动，进而追问该实体是什么。

《现代西方心灵哲学》一书就此说，通过对心理概念的分析，他们所得的一致结论就是否认存在着非物质的心灵或精神实体，否认有独立于生理的心理过程，否认心理与生理、心与身的相互作用。赖尔形象地把传统哲学相信其存在的非物质精神实体比作"机器中的幽灵"。维特根斯坦的"反隐私语言论证"实质上也是反对非物质精神实体或"自我"一说的。方法论的平行论、中立一元论、物理主义的同一论等的这一倾向就更明显了。语言分析的心灵哲学在反心灵主义的同时尽管都指责和批判行为主义，但事实上，其思想深处在不同程度上接受了行为主义的某些原则，打上了行为主义的印记。如赖尔认为，描述一个人的心理活动就是描述他的行为的各部分受驾驭的方式，"外在的种种智力行为并不是研究心的活动的线索，而就是心的活动"①。他自认为，他的心灵哲学的基本倾向是行为主义②。方法论的平行论和物理主义的同一论则有过之而无不及。因为它们认为，心理学术语表示的并不是物理实在之外的事件、过程和状态，而就是大脑中发生的物理事件、过程和状态。心理学术语可以转译为物理学术语。维特根斯坦的思想要复杂一些，既有唯我论、不可知论的方面，又有行为主义的倾向，不过不是形而上学的行为主义，而是方法论的行为主义。正如施太格缪勒所说："维特根斯坦显然不主张形而上学的行为主义，他并不否认那些可能伴随着意指、理解等出现的体验的存在。"

① 参见［英］赖尔：《心的概念》，刘建荣译，上海译文出版社 1988 年版，第 55 页。

② 参见［英］赖尔：《心的概念》，刘建荣译，上海译文出版社 1988 年版，第 342 页。

他的看法“也许最好可以称之为意义行为主义”[①]，因为他试图提供心理现象的行为标准。他说，内在活动需要外在标准。当然他在以行为标准确定心理概念的意义时又考虑到了“其他条件”，如当时的整个情况、过去的经验等。

④《现代西方心灵哲学》指出，科学主义的心灵哲学在方法论上坚持多元主义，并强调心灵哲学的对象在科学的基础上可得到合理的哲学探讨，这可以为心灵哲学的问题提供有意义的新理论或新知识，可以构筑增进人们对世界的理解的“新的模型”。持这一立场的一般是自然主义哲学家、科学实在论者、对传统分析哲学持怀疑和批判态度的哲学家以及关心哲学事业的自然科学家，主要表现形式有：斯马特和阿姆斯特朗等人的心脑等同论，普南特、J. 福多等人的功能主义，戴维森等人的异态一元论，蒯因、费耶阿本德、罗蒂等人的“取消论”或消失观，R. 纳尔逊的新机械论，K. 塞耶尔的信息实在论，邦格的突现唯物论，斯佩里的精神一元论，K. 坎贝尔等人的新附带现象论，波普尔、艾克尔斯、J. 贝洛夫等人的二元论的相互作用论和E. 拉兹洛的双重透视论等。这些理论尽管形式内容迥异，有的甚至大相径庭，但有共同的倾向。各种科学主义的心灵哲学由于各自所参照的科学、所用的方法、所处理的问题的侧重点不同，因而所得的结论也有一些差异，主要有如下三类形式。

其一，以物理学、神经科学等为基础统一心理学的物理主义。在物理主义看来，世界是统一的物理世界，人是遵循物理学规律的物理客体，世界上除了物理的构成和过程之外没有其他任何东西，心理及其过程和状态不过是中枢神经系统的过程

① 参见［奥］施太格缪勒：《当代哲学主流》（上册），王炳文等译，商务印书馆1986年版，第617～618页。

和状态而已。这种物理主义又有几种表现形式。第一，斯马特的等同论认为物理主义命题是高水平的科学假说，前提上完备的物理学概念和定律陈述足以对一切自然现象包括心理现象作出说明，因为心理现象就是大脑中的物理现象。第二，阿姆斯特朗的"可能的等同论"（contingent theory of identity）认为心理与物理是等同的，但具体心理事件、过程、状态与具体物理事件、过程、状态的等同并不是绝对必然的，而带有偶然性、巧合性。心理陈述与物理陈述的同一是不同于意义同一、指称同一的第三种同一，即可能的同一。第三，戴维森和L. 史蒂文森等人的异态一元论，即认为心理与物理的对应和等同不是机械的一成不变的同一，而是随机应变的对应与等同。第四，蒯因、费耶阿本德等人为克服前述等同论的矛盾即心理和物理各自具有对方所没有的独特的属性因而难以等同而提出了"取消论"，他们认为心灵及其表现形式并不存在，心灵主义的用语如要使用的话，它们指称的不是别的，就是大脑及其状态，因而可以转译成神经病学、物理学和生物化学的术语。

其二，奠基于认知心理学、计算机科学、神经科学之上的，以捍卫心理和心理学的自主性为特征的二元论。根据这种观点，认知心理学和神经科学讲的是两个完全不同的层次。认知层次应通过与数字计算机的高级功能层次的类比来表征，类似于计算机程序的存在。而大脑相当于执行程序即计算机硬件。正如通过检验某人的IBM机的电路来试图理解词语处理程序的特点是毫无成效的一样，试图通过观察大脑去理解认知也不会有什么结果。认知层次上的种种表象有一个不能还原为脑过程的语义向度，神经生物学层次的事件则缺乏语义而只是因果的相关联。高一级层次不能还原为低一级层次。主要表现形式有：第一，福多和普特南的功能主义。它认为，与心理等同的是像计算机程序一样的非物理的功能。但功能究竟是什么，是哲学的功能（某一对象独有的作用）还是数学的功能，这在目前还是一个争论不休的问题。第二，纳尔逊的新机械论。它像传统机械论一样，认为可分离的、幽灵般的心灵是不存在的。但又别出心裁地主张：存在着支配着人的内在活动的规则即“心的逻辑”，它类似于计算机的规则系统，独立于脑物质及其规律。第三，T. 内格尔等人的反唯物主义或反还原主义。它认为，不可能把人的主观本质特征还原为大脑过程，因为人的精神现象的还原不同于科学中其他地方的还原，人的内在本质特性和大脑状态的性质分别是以不同的方式被认识到的。第四，K. 坎贝尔的新附带现象论。它认为，精神存在着，但它与物质的大脑迥然不同，大脑中适当的条件能产生并决定精神，但精神对大脑没有任何的作用。此外，当代最有影响的是波普尔和J. 艾克尔斯的二元论的相互作用论。

其三，试图在心理学与物理学、认知心理学与神经科学之上寻找有共同基础的心灵哲学。K. 塞耶尔的信息实在论就是典型。他认为，信息是比心理、物理更基本的一种实在，因为具有物理器官和心理功能的人是信息过程的产物，而且决定心理物理过程的根本因素是信息。因此控制论中的信息、反馈等概念“适宜于对心理事件和生理事件作出解释”，是把心理学与物理学、认知心理学与神经科学统一起来从而建立科学的心灵哲学的基础①。与此相仿的是邦格的突现唯物论和斯佩里的心理神经一元论。所不同的是他们试图以系统的观点把有关的科学特别是脑科学、心理学统一起来，把物理学因素、化学因素、生物学因素乃至社会学因素看作产生意识的系统的因素，把意识当作综合了复杂因素的大脑动力系统的“突现特性”。E. 拉兹

① Sayre，K.：*Cybernetics and the Philosophy of Mind*. Routledge，1976，p. 14.

洛就曾试图运用系统方法调和科学的解释模式和常识的解释模式之间的冲突，提出了所谓的"双重透视论"。而丹尼特（D. Dennett）则试图在工具主义的基础上解除认知心理学、神经生理学等现代科学关于心理的解释模式对民间心理学的解释模式的威胁，以使两者在心灵哲学中和睦相处，使人们通常相信其存在的"期望""理智""意识"等与科学所说的神经元、脑结构与功能等和谐共存。①

（2）①英国著名数学家和逻辑学家、被称为现代计算机科学研究之父的图灵（Alan Turing）表达了将人类心灵与数字计算机、将人类智能活动与数字计算机运行相类比甚至等同看待的思想。从中体现出人们对人工智能与人的心灵的和谐统一的关注。

在1950年发表的著名论文《计算机器与智能》中，图灵设计和阐述了著名的图灵测试理论，强调可将数字计算机运行视为人类思维的活动。图灵测试的设想推动了认知主义研究框架的发展。西蒙和纽维尔评判说："图灵在这里认识到了所有计算机科学家在直觉上都知道的基本真理。"②

②我国学者孟伟在其著作《交互心灵的建构——现象学与认知科学研究》一书中作了这样的阐述：在1956年达特茅斯（Dartmouth）会议上，卡内基—梅隆大学教授西蒙（Herbert Simon）、麻省理工大学语言学教授乔姆斯基（Noam Chomsky）、麻省理工大学计算机科学教授明斯基（Marvin Minsky）

---

① 高新民、沈学君：《现代西方心灵哲学》，华中师范大学出版社2010年版，第20～24、27～28页。

② ［美］纽维尔、西蒙：《作为经验探索的计算机科学：符号和搜索》，载玛格丽特·博登编：《人工智能哲学》，刘西瑞、王汉琦译，上海译文出版社2001年版，第178页。

以及斯坦福大学计算机科学教授麦卡锡（John McCarthy）等认知主义的著名代表在会上基本达成了认知主义框架的思想共识，即人类认知应当被理解为基于符号表征的计算活动。此后，认知主义的思想逐渐拓展并且成为涵盖计算机科学、心理学、脑科学以及语言学等领域的通用研究框架。由于认知主义将人类认识过程类比甚至等同于数字计算机的运行，因此认知主义也被概括为关于心灵的一种数字计算理论（the Digital Computational Theory of Mind，简称 DCTM）。

认知主义主张人类认识活动能够类比于数字计算机的运行。例如，瓦雷拉明确点明了认知主义与数字计算机技术之间的理论关联。他说："认知主义的理论假设是：认知——人类的认知——就是类似于数字计算机那样的符号控制（manipulation of symbols）。换句话说，认知就是心理表征（mental representation）：心灵活动就是控制符号，这些符号以某种方式表征世界和世界的特征。"①

认知主义主张人类认识活动的基本成分是以广义的符号或者表征的形式存在。例如，美国亚利桑那大学哲学系教授哈内什（Robert Harnish）这样概括认知主义的基本理论内涵，即认识活动被理解为具有内容的心理表征之间的计算关系；认识过程就是针对具有内容的心理表征的计算活动；计算构架（Architecture）和表征都是数字式的，由此他将认知主义的实质表述为一种心灵的数字计算理论。② 这里，"构架"是指在不同的研究框架中认识活动形成的具体机制或者组织形式。就数字计算

① F&E. Thompson&E. Rosch. Varela，*The Embodied*：*Cognitive Science and Human Experience*. Cambridge，Mass.：MIT. 1991，p. 8.

② R. Harnish，*Mind*，*Brains*，*Computers*：*a Historical Introduction to the Foundations of Cognitive Science*，Blackwell Publishers Inc.，2002，p. 190.

心灵理论而言，认知构架特指数字计算机的组织形式，或者说"机器是如何组织的，就是意味着信息是如何储存并且系统的信息流动是如何决定的。哈内什认为，如果"符号"被宽泛地指具有表征能力的任何东西，那么我们可以用符号替代表征。不过，日常用语中符号常常被明确限制为某种语词。同样，"语义""意义"以及"指称"也具有代表某种东西的意味，不过这些概念主要应用于语言学系统。这样，表征只能从一般的意义上加以界定："我们这样概括表征，依据是X代表了Y，或者说X表征了（re-presenting）Y。"此外，从内涵层面上讲，表征包含着对两个问题的解答，即计算模型"控制"（manipulate，包括创造、转换和消除）什么类型的表征？这些表征如何表征或者什么决定了这些表征的活动？[①] 进而，哈内什还特别解释了认知主义这个界定中的数字式、构架以及表征等概念的含义。他说，我们利用"数字式"（digital）"这个名称来指称理解心灵的某种理论风格……有些人把这种理论风格界定为'符号化'、'古典的'或者'基于规则的'。这些概念没有一个能够充分表达这种理论风格。我们最好不要纠缠于名称，而是看一看其所表达的内容。就此而言，'数字式'至少可以指在20世纪60年代到80年代流行的'数字'计算机影响下形成的一种理论风格"[②]。

认知主义主张人类认识活动能够被视为针对这些符号或表征的规则转换或者计算。例如，美国富兰克林—马歇尔学院心理学系教授安德森（Michael Anderson）非常强调认知主义这个基本内涵。他说："简言之，认知主义就是这样一种理论假设：

① R. Harnish, *Mind*, *Brains*, *Computers*, pp. 153—154.

② R. Harnish, *Mind*, *Brains*, *Computers*: *a Historical Introduction to the Foundations of Cognitive Science*, Blackwell Publishers Inc., 2002, p. 106.

心灵的——思维的——核心功能可以由依据清晰规则的符号操作得以解释。认知主义依次具有三个重要构成：表征、形式主义（formalism）以及基于规则的转换（rule-based transformation）。"[①] 这种研究进路长期主导着认知科学研究，认知主义的"心灵计算模型成为认知科学领域的支配性研究"[②]，它不仅长时间支配着人工智能学科和语言学等学科的研究，而且还扩展成为影响大脑科学（大脑被看作一部计算机或者是一个信息加工系统）以及心理学（认知心理学将心理活动视为一个信息加工活动，这在一定程度上克服了传统行为主义对心灵的黑箱处理）等学科领域的研究。

另外，稍后发展起来的功能主义（Functionalism）又在哲学层面上为认知主义研究框架提供了进一步的论证。人们认为，功能主义在哲学层面上使数字计算机或通用图灵机与人的心理状态的解释，在理论上有机结合成为可能。

美国哈佛大学哲学教授、著名哲学家普特南（Hilary Putnam）是功能主义的主要倡导者。普特南不赞同将心理状态等同于大脑物理状态的还原主义主张，他试图将人的心理状态解释为一种功能状态，以此来避免还原主义对人类心理状态的消除倾向，从而在回避二元论的前提下重新赋予人类心理状态的独立性。针对将心理状态等同于大脑状态的心脑同一论，普特南说："心理状态，例如疼痛，并不是一种大脑状态，不是大脑的一种物理—化学状态（或者是一种整体的神经系统状态），心理状态是一种整个有机体的功能状态。" 此外，为了规避二元论，普特南通过多重实现理论，主张这种功能状态能够多重实现于

① M. Anderson，Embodied Cognition：A field guide. *Artificial Intelligence*，2003（149）：pp. 91－130.

② F. Varela，et al.，*The Embodied Mind*，p. 4.

任何的生物或者物理装置上，由此坚持了某种物理主义的倾向。他指出，这种功能状态不仅能够实现于人类生物大脑之上，而且能够实现于任何脊椎动物的大脑，任何外太空生物的大脑，甚至是数字计算机或者图灵机之上。这就是说，即使是数字计算机的程序也能够体现出我们人类的心理状态，他说："如果（计算机）程序成功，那么这就能够唤起我们对于'心理状态'概念的清晰定义。"[①] 普特南的功能主义并没有完全避免二元论并提供一种清晰的心身关系说明，但是功能主义思想却与图灵思想相互配合，在哲学层面上推动了认知主义研究框架的发展。正是在这个意义上，哈内什指出："是普特南，而不是图灵，推动了'计算智能'向'智能的计算理论'的关键性转变。"[②]

西蒙等人说："符号是智能行动的根基，这无疑是人工智能最重要的论题。……对一般智能行动来说，物理符号系统具有必要和充分的手段。所谓'必要的'是指，任何表现出一般智能的系统都可以经分析证明是一个物理符号系统。所谓'充分的'是指，任何足够大的物理符号系统都可以通过进一步的组织而表现出一般智能。"[③] 他们明确指出，物理符号系统就是一整套实现于硅器件或者神经元之上的符号或者程序活动，"就是一架机器，它产生出一个随时间而演化发展的符号结构集合

---

① Hilary Putnam，The Nature of Mental States，*Mind*，*Language and Reality*，Cambridge University Press，1975，pp. 429—440.

② R. Harnish，*Mind*，*Brains*，*Computers*，p. 186.

③ ［美］纽维尔、西蒙：《作为经验探索的计算机科学：符号和搜索》，载玛格丽特·博登编：《人工智能哲学》，刘西瑞、王汉琦译，上海译文出版社 2001 年版，第 145、150 页。

体”[①]。

西蒙和纽维尔等人相信，物理符号系统假设（physical symbol system hypothesis）为理解人类智能建构了一个基础性的纲领，为清晰理解人类心灵提供了一种有效的途径。他们自豪地说：“从柏拉图的《美诺篇》到今天，走过了一条漫长的道路，然而或许令人鼓舞的是，在这条道路上的大部分进展是进入 20 世纪中叶以后取得的。思维在被现代形式逻辑解释为形式标记的处理之前，一直是不可捉摸和难以名状的东西。在计算机教给我们知道符号如何能由机器加工之前，它看起来主要仍存在于柏拉图的理念世界里，或是在同样模糊不清的人类心灵空间里。”[②]

美国哲学家福多（Jerry Fodor）倡导一种“思想语言假设（the language of thought，简称 LOT）”。这较早出现于福多 1975 年出版的著作《思想语言》中。这个假设的基本思想是主张人类的认识活动包含着一种类似语言的表征系统。福多假设的思想语言，是一种自然语言说出前的假定存在状态。不过，这种思想语言同时又是一种遵循逻辑和语法规则的内在存在状态。按照福多的理解，这种思想语言能够与计算机的机器语言进行类比。思想语言是一种人类后天习得语言的先天系统，这就像计算机所遵循的编程语言，正是通过这些编程语言，计算机具有了后来的程序化运行。福多的思想语言假设，为通过计算机活动理解人类智能提供了一种哲学论证。

---

① ［美］纽维尔、西蒙：《作为经验探索的计算机科学：符号和搜索》，载玛格丽特·博登编：《人工智能哲学》，刘西瑞、王汉琦译，上海译文出版社 2001 年版，第 150 页。

② ［美］纽维尔、西蒙：《作为经验探索的计算机科学：符号和搜索》，载玛格丽特·博登编：《人工智能哲学》，刘西瑞、王汉琦译，上海译文出版社 2001 年版，第 175～176 页。

还有一种与认知主义框架侧重点有所不同的"联结主义"理论。联结主义更倾向于通过大脑神经网络联结活动的模拟来研究人类认知活动，因此，联结主义也被概括为一种联结计算心灵理论（connectionist computational theory of mind，简称CCTM）。联结主义最早源于1949年加拿大著名心理学家、神经心理学和神经网络理论之父赫伯（Donald Hebb）提出的"赫伯规则"。赫伯认为神经突触之间的共联强度是可变的，并且我们可以给出突触间共联权重值的变化方案，由此像学习这种人类认知活动能够通过神经系统的两个神经细胞突触的共联得到解释。鉴于赫伯试图通过大脑神经元的共联活动变化来解释人类认知活动，联结主义也因此而得名。

尽管联结主义与认知主义同根同源，但联结主义自产生就体现了与认知主义存在区别并呈现了与认知主义竞争的一种理论态势。在当时举办的马西研讨会（Macy Conference是1946—1953年间以马西基金会为主资助举办的交叉科学讨论会，其主题是讨论"生物和社会系统中的循环因果和反馈机制"，参与者包括数学家、心理学家、精神病学家和人类学家等）上就有人将联结主义与认知主义作了对比，主张大脑实际上并不存在规则、不存在中央逻辑处理器，也不存在能够储存信息的确定地点，相反大脑可以被看作一种分布式的大规模互联活动。随后，"赫伯规则"又较为现实地解决了大脑活动的"联结"问题。而1958年计算机科学家罗森布拉特（Frank Rosenblatt）开始建造体现联结主义构想的装置——"感知机"（Perceptron），这一装置显示了能够通过类神经元联结变化展现某种认知形式的能力。而感知机的建造者"罗森布拉特直觉地感到，使世界形式化，从而形式化地说明智能行为，面临着无法逾越的困难”①。

联结主义研究的主导思想是模拟人类生物大脑神经网络活动。从人类生物大脑的结构来看，联结主义模型与人类大脑结构非常相似。联结主义模型的基本单元类似于大脑的神经元；单元联结的权重类似于大脑的轴突和突触；大脑和联结主义模型都有着类似的层级结构；大脑的学习活动也是通过突触权重的调节实现的；与联结主义模型类似，大脑也展示了一种并行分布式的活动。从大脑的功能来看，联结主义模型也类似于大脑。大脑展示了一种大规模的并行活动，人类的很多认识活动，例如知觉、回忆、大多数语言加工以及直觉推理都能够在100毫秒的时间内完成。大脑的回忆活动，更是典型体现了分布式的特征，也就是说回忆的信息分布在大脑的众多部位并且大脑的每一部位都参与了信息的储存活动。同时，类似于联结主义模型，大脑活动也显示了极强的修复能力，等等。

联结主义者通过模拟大脑神经网络来研究人类认知活动，这大大克服了以符号计算为主要特征的认知主义方式对智能进行形式化处理的困难。联结主义方式能够较好处理认知主义方式所棘手的快速认知（rapid recognition）、联想记忆（associative memory）以及范畴概括（categorical generalization）等问题。联结主义的模型更接近生物系统，能够更容易实现人工智能与神经科学之间的整合。联结主义在实验心理学中的应用，使人们又回到行为主义立场，由此避免了认知心理学在精神现象解释上的某种矛盾性。研究者认为，联结主义模型能够很好

① ［美］德雷福斯等：《造就心灵还是建立大脑模型：人工智能的分歧点》，载玛格丽特·博登编：《人工智能哲学》，刘西瑞、王汉琦译，上海译文出版社2001年版，第444页。

地应用于视觉研究、言语识别等不同领域，等等。[①] 这些成果表明联结主义的确体现了认知科学研究的一种进展。

与认知主义相比，联结主义更加侧重通过大脑神经网络活动来理解认知，更加倾向于把人类精神活动理解为一种与大脑神经网络活动密切相关的活动。鉴于此，人们常常把联结主义视为对人类大脑活动的一种模拟理论。联结主义在 20 世纪 80 年代得以复兴以来，其框架处于不断的发展与修正过程中。首先，联结主义的各种理论没有放弃联结表征计算规则，但是相比之前的联结主义研究，后来的发展对生物大脑的关注与倾向性却大大加强了。例如致力于神经科学哲学研究的美国著名哲学家丘奇兰德（Paul Churchland）就提出，联结主义的 PDP 模型只是一种"抽象定义的信息处理模型"，他倾向于选择更为贴近"生物学上的可实现性"的"表现特殊神经回路和（或）突触相互作用的计算系统"来诠释联结主义。[②] 其次，联结主义框架的应用范围也得到了扩展。例如，美国哲学家屈森斯（Adrian Cussins）就利用联结主义来解释非概念内容（nonconceptual content）。屈森斯认为，概念内容是指这样的内容："它呈现给主体的世界是客观的、具有人类特征的世界，关于这个世界，人们既可能作出正确判断，也可能作出错误判断。"而非概念内容则是指这样的内容："即使客观的、具有人类特征的世界不为主体所理解，也可以将世界呈现给经验主体。"[③] 他认为认知主义难以解释人类认知活动中的非概念内容，相反，倾向和重视

① F. Varela, et al., *The Embodied Mind*, p. 92

② ［英］玛格丽特·博登编：《人工智能哲学》，刘西瑞、王汉琦译，上海译文出版社 2001 年版，"导言"第 22 页。

③ ［英］屈森斯：《概念的联结论构造》，载玛格丽特·博登编：《人工智能哲学》，刘西瑞、王汉琦译，上海译文出版社 2001 年版，第 512～513 页。

大脑生物学属性的联结主义则更可能为非概念内容提供一种哲学说明。屈森斯认为，认知科学理论就是关于物理系统如何思维的理论，而建立一个认知科学的理论框架则必须解释物理系统如何可能思维。屈森斯将这一可能性问题称为“认知体现问题”[①]，而解决认知体现问题主要有两个理论框架：一是以福多为代表的思想语言框架（LOT），另一个则是概念的联结论构造（C3）。屈森斯认为，LOT 理论框架依赖经典的“句法/语义”表述理论（S/S 理论），因此，LOT 理论的心理学建模需要运用概念内容，目的是建立概念论理论；相反，C3 框架不依赖“句法/语义”表述理论，依赖于“构造理论内容”（CTC），其心理学建模运用非概念内容，目的是建立非概念论的心理模型。因此，屈森斯表明：“C3 适合于联结论，就像 LOT 适合于经典 AI 一样。”[②]

屈森斯在阐述非概念内容的联结主义理论时，就触及和说到知觉和行为系统在认知活动中的核心地位。他认为知觉和行为系统是“认知的核心，高层次推理只不过是形成了围绕这一核心而建立的周围结构”[③]。同时，屈森斯对非概念能力的认知解释也在哲学层面上触及了批判笛卡尔主义二元论的理论倾向。他认为基于 CTC 的心理学理论预先假定的是“基底域的基本的、非概念的有机体能力”，同时，非概念内容的心理学解释就是“试图证明心灵/世界区别——客观性——怎样能从仅仅存在着一个未分化的心灵/世界连续体的前客观阶段中显现出来的。

① ［英］屈森斯：《概念的联结论构造》，载玛格丽特·博登编：《人工智能哲学》，刘西瑞、王汉琦译，上海译文出版社 2001 年版，第 495 页。

② ［英］屈森斯：《概念的联结论构造》，载玛格丽特·博登编：《人工智能哲学》，刘西瑞、王汉琦译，上海译文出版社 2001 年版，第 500 页。

③ ［英］屈森斯：《概念的联结论构造》，载玛格丽特·博登编：《人工智能哲学》，刘西瑞、王汉琦译，上海译文出版社 2001 年版，第 542 页。

心灵是嵌入的，而不是唯我论的或形式的"[①]。

有专家指出，认知主义与联结主义的理论竞争更多体现在实现认知活动的技术层面上。按照休伯特·德雷福斯的概括，有两种框架自20世纪50年代延续到80年代的理论争议，主要表现在："一派把计算机看作操作思想符号的系统；另一派则把计算机看作建立大脑模型的手段。一派试图用计算机来例示对世界的形式表述；另一派则试图用计算机模拟神经元的相互作用。一派把问题求解作为智能的范式；另一派则把学习作为智能的范式。一派利用逻辑学；另一派则利用统计学。一个是哲学中理性主义、还原论传统的继承者；另一个则把自己看作理想化的、整体论的神经科学。"[②] 学者们分析道，从认知科学发展的角度看，两种框架展现交替强势状况的主要原因更多在于技术上的可操作性。例如，在20世纪70年代，以符号操作为核心的认知主义只需要较少数学分析和计算就能解决认知问题，而早期联结主义者限于计算力量而只能进行纯理论的神经科学和心理学研究；而在20世纪80年代，认知主义符号加工又面临了大规模运算的瓶颈制约，而此时计算机技术的发展却已经使联结主义能够在很大程度上克服认知主义的缺陷。[③]

尽管联结主义在许多方面不同于认知主义，特别是联结主义试图用生物大脑神经突触联结的并行矢量转换与计算来代替

① ［英］屈森斯：《概念的联结论构造》，载玛格丽特·博登编：《人工智能哲学》，刘西瑞、王汉琦译，上海译文出版社2001年版，第551页。

② ［美］德雷福斯等：《造就心灵还是建立大脑模型：人工智能的分歧点》，载玛格丽特·博登编：《人工智能哲学》，刘西瑞、王汉琦译，上海译文出版社2001年版，第417页。

③ ［美］德雷福斯等：《造就心灵还是建立大脑模型：人工智能的分歧点》，载玛格丽特·博登编：《人工智能哲学》，刘西瑞、王汉琦译，上海译文出版社2001年版，第421页。

认知主义脱离生物脑“硬件”的基于规则的程序（软件）计算，但是联结主义在哲学层面上并没有放弃认知主义的基本理论假设。保罗·丘奇兰德提出，联结主义的批评“并没有否定功能主义（认知主义的哲学基础）方案的两个重要背景假设。第一个假设是认知生物体确实是在从事某种复杂的功能计算。第二个假设是这些计算活动（无论它们是什么）能够实现于各种不同的物理基础”①。哈内什也明确主张，认知主义和联结主义虽然分别体现了数字计算和联结计算的心灵理论，但是这两种理论不过是计算心灵理论的个案体现。② 因此，我们可以说认知主义和联结主义的核心观念没有本质的改变，它们都赞同认知等于计算活动，同时主张这种计算可以实现于数字计算机等物理装置上。韦勒认为，认知主义和联结主义的共通之处在于都接受了心灵表征理论（the representational theory of mind）和认知活动计算理论（the computational theory of cognitive processing）的前提假设，而这两种假设更为深刻的哲学理念则是笛卡尔主义心理学（Cartesian psychology）。

韦勒认识到了认知主义和联结主义之间的差异。他把认知主义和联结主义统称为正统认知科学（orthodox cognitive science）。同时，他又对认知主义冠以古典（classical）认知科学之名。他认为古典认知科学研究与联结主义研究的不同之处在于：古典认知科学以西蒙、纽维尔、福多和皮利辛等为代表，而联结主义认知科学则以鲁梅哈特和麦克莱兰等为代表；古典认知科学利用人类语言的“抽象结构”作为研究心灵本质的理论模型，而联结主义则利用生物大脑的“抽象结构”作为研究心灵

---

① ［美］丘奇兰德：《功能主义40年：一次批判性的回顾》，田平译，《世界哲学》2006年第5期。

② R. Harnish, *Mind*, *Brains*, *Computers*, p. 275.

的模型；古典认知科学把内在的表征系统称为"思想语言"，而联结主义则发展出一种"分布式表征"(distributed representation)，如此等等。而韦勒提出这些区别，正如一些学者指出的，并不能掩饰它们采纳的共同假设是笛卡尔主义心理学。韦勒把认知科学发展过程中形成的一套哲学原则归结为笛卡尔主义心理学，并且把这些原则视为正统认知科学的哲学基础。

这种理论框架所包含的一系列原则主导了正统认知科学的研究。韦勒概括了笛卡尔主义心理学所包含的八条原则：第一，主客二分是智能主体所处认识论情境的首要特征。第二，心灵、认知和智能的解释依赖于表征状态以及管理、转化这些状态的方式。第三，人类大多数智能行为呈现为一种通用推理活动，这些推理活动对与当下行为处境相关的心理表征作出检索，进而通过合适的方式管理和转化这些表征并由此决定相应的行为。第四，人类知觉本质上是推论性的（inferential)。第五，知觉引导的智能行为展现为一种"感官—表征—计划—活动"的循环模式。第六，在典型的知觉引导的智能行为中，环境的作用仅仅表现为引发智能主体要解决的问题，仅仅是（通过感觉）向心灵提供信息输入的来源，仅仅是产生一系列预先计划行为（推理的输出信息）的背景。第七，尽管身体感知携带的信息内容以及某种原初知觉状态可能不得不通过特殊的身体状态和机制得以详细阐述，但认知科学对智能主体产生可靠和灵活智能行为的活动原则的理解，仍然在概念和理论上独立于对智能主体物理涉身性（physical embodiment）的科学解释。第八，心理学解释没有并且不能对于极富时间变化的（richly temporal）认知心理活动提供具有说服力的科学解释。[①]

① Michael. Wheeler，*Reconstructing the Cognitive World*，Combridge：the MIT press，2005，pp. 23－53.

认知主义和联结主义在认知科学实践中获得了许多重要成果，但也受到了许多批评与质疑，特别是 20 世纪 80 年代以来这种批评与质疑声逐渐增强了。首先，这种批评与质疑指向了两种框架共同遵循的表征计算理论假设[①]，彻底的计算主义在本体论上把实在也理解为一种计算装置或者活动，这可称为“广义的本体论上的计算主义”[②]。与之相比，认知计算主义在内涵上只是一种狭义的计算主义。认知计算主义主要针对人类认识活动，它主张某种形式的计算不仅是理解和研究人类认知的主要手段和目的，而且在哲学层面上倾向于把人类认知与心灵的本质视为计算。以符号表征计算为主要理论假设的认知计算主义在认知科学研究中曾经取得不菲成就，这使西蒙等认知科学家乐观地作出预言：第一，在十年时间里，数字计算机将成为世界象棋冠军；第二，在十年时间里，数字计算机将发现和证明重要的新数学定理；第三，在十年的时间里，大多数心理学理论将以计算机程序或者有关计算机程序特点的定量叙述为形式。西蒙的预言反映了他们对计算主义在最终揭示心灵奥秘问题上的坚定信念以及乐观态度。不过，现实情况是，尽管时间早已经过去多年，然而这种预言并没有真正实现。

德雷福斯敏锐指出了西蒙乐观主义背后存在着的四个假设：其一，生物学假设，指大脑的神经元活动等价于物理系统开关的闭合与断开；其二，心理学假设，指大脑的“内部”存在着一个信息加工过程或者说“第三人称”的加工过程；其三，认识论假设，指一切知识都可以形式化；其四，本体论假设，指世界被看作由与环境无关的原子事实组成。这些假设归结为一

① 刘晓力：《认知科学研究纲领的困境与走向》，《中国社会科学》2003 年第 1 期。

② 郦全民：《计算与实在》，《哲学研究》2006 年第 3 期。

点就是以计算来理解智能。德雷福斯说：这些假设的共同之处在于："它们都认为，人一定是一种可按规则对于原子事实形式的数据做计算的装置。"① 德雷福斯认为，西蒙等人预言的失败恰恰说明这四种理论假设是错误的，或者说认知计算主义纲领在理解人类智能上是不充分的。德雷福斯在哲学层面上通过描述现象学与后期维特根斯坦批评理想语言建构对认知计算主义作了理论上的质疑。他甚至基于这些现象学等哲学理论因素对认知计算主义的挑战，得出了"如果这种关于智能的现象学描述是正确的，那么原则上有理由认为，人工智能不可能全部实现"② 的结论。

在批评和质疑认知计算主义的声浪中，美国当代著名哲学家塞尔（John Searle）立足于意向心理过程对计算主义的批判也是强有力的。他针对认知计算主义以计算替代人类智能的极端做法，指出人类智能特有的意向心理状态不是通过计算形式展现的。塞尔把传统认知科学研究的主流——认知主义——的研究纲领概括为计算主义，他说："思想是处理信息的过程，但是，信息处理不过是符号操作。计算机的工作是符号操作，所以，研究思想（他们宁愿把思想称为'认知'）的最好办法，就是去研究不论是在计算机中的或是在脑中的计算方面的符号操作程序。按照这种观点，认知科学的任务就是去描述脑的特征，但不是在神经细胞层次上，也不是在有意识心理状态层次上，而是把脑功能作为一种信息处理系统的层次上去描述脑特性

① ［美］德雷福斯：《计算机不能做什么：人工智能的极限》，宁春岩译，三联书店 1986 年版，第 240 页。

② ［美］德雷福斯：《计算机不能做什么：人工智能的极限》，宁春岩译，三联书店 1986 年版，第 290 页。

的。"[①] 塞尔设计了著名的"中文屋"（Chinese Room）试验向认知计算主义发起了有力的批判和质疑。塞尔的"中文屋"试验是指：将一个完全不懂中文的人关在一间房内，这个人被教会一套英语与中文的转换规则；这样，外面的人用中文提出的问题，里面的人可以通过完全形式的这套规则用中文回答问题；这样，里面的人看起来就似乎懂得中文。[②] 通过这个试验，一个从来不认识中文的人可以通过预先制定的规则来回答中文问题，仿佛这个人能够理解中文。但是在事实上，塞尔认为我们却不能说这个人"理解"中文，或者说这个人具有理解中文的意向心理状态。他说："计算机具有的是一种语法，而不是语义。'汉语屋子'这个比喻的全部用意就在于提醒我们注意到一个为我们所熟知的事实。要理解一种语言，以致要完全具有心理状态，就要具备比仅仅一套形式符号更多的东西，就要具备一种释义，或者说那些符号都要有意义。"[③] 通过中文屋试验以及相应的论证，塞尔作出了这样的结论：第一，在大脑神经生物层面上与心理层面之间没有必要设想一个信息加工层面或者说表征层面，同时人脑与计算机并不存在功能上的等同；第二，人类心灵意向性活动呈现的意义是不能通过符号操作和计算得以呈现的，或者说"信息处理根本不具有心理过程"[④]。

1972 年的诺贝尔生理学或医学奖得主、美国生物学家埃德

① ［美］塞尔：《心、脑与科学》，杨音莱译，上海译文出版社 1991 年版，第 34 页。

② ［美］塞尔：《心灵、大脑与程序》，载玛格丽特·博登编：《人工智能哲学》，刘西瑞、王汉琦译，上海译文出版社 2001 年版，第 94～95 页。

③ ［美］塞尔：《心、脑与科学》，杨音莱译，上海译文出版社 1991 年版，第 24 页。

④ ［美］塞尔：《心、脑与科学》，杨音莱译，上海译文出版社 1991 年版，第 39 页。

尔曼（Gerald Edelman）把意识活动的特征概括为私密性、整体性和信息性。私密性也被认作主观性，是指每个意识事件都是只有单独一种"观点"的某个过程；整体性则与私密性密切相关，指任何一个时刻主体都不能把他所经验到的意识状态分解成一些独立成分；信息性则指在任何一个时刻都可以从无数可能的意识状态中选取出一个状态来。① 人类意识的主观性一直是哲学和科学研究的焦点，特别是构成了对传统认知科学研究的重要挑战。

诸多学者注意到，现代哲学与科学大多反对利用二元论来理解人类心灵，而面对的问题在于：与之相对的行为主义和心脑同一论是否能够对主观性的意识提供一种充分解释？各种行为主义反对将心灵神秘化和实体化的二元论立场，它们在行为主义心理学和大脑科学的基础上，试图通过人类生理物理的活动机制来理解意识活动。

一些研究者指出，尽管联结主义模型与人类大脑有结构和功能上的近似，并且联结主义研究取得的成果也鼓舞了这种模拟，但是联结主义通过生物大脑及神经网络研究建立的模型并非真实的生物大脑，因此不能过高估计联结主义的研究成果。"事实却并不如很多人想象的那样乐观。生物学家多数持保留的态度。动物的大脑比神经网络计算机复杂不知多少倍，人的大脑有 10^{12} 个神经元，任何人造的神经网络计算机都绝对不可能有这么多的处理单元。更不用说生物神经系统的复杂的结构和功能了。"② 有学者说，退一步讲，即使是通过真实生物大脑而

① ［美］杰拉尔德·埃德尔曼、朱利欧·托诺尼：《意识的宇宙》，顾凡及译，上海科学技术出版社 2004 年版，第 23、27 页。

② 潘笃武：《电脑能胜过人脑吗》，华东师范大学出版社 2003 年版，第 154 页。

不是通过模拟大脑神经网络来研究人类智能或者意识活动，这也是不充分的。例如，如果模拟大脑足以说明意识活动，那么求助于现实生物大脑能够说明意识活动吗？人们可能说，在真实的生物大脑层面由于“没有两个人能够拥有完全相同的突触联结和突触权重构造”，这样，基于不同突触联结及其权重构造的矢量转换或者矩阵计算就可能解释带有主体性特征的意识现象。但是这种说法的理由存在很大的问题。首先，不同的大脑生理结构可能是形成不同意识状态的必要条件，但是需要证据说明它是形成和理解不同意识状态的充分条件。其次，这种说法在本质上依然是利用计算来解释意识的主观性属性。如果这种说法能够成立，那么我们似乎同样可以推论，由于认知主义的计算规则也是可以变更的，那么认知主义同样能够科学地说明主观心灵现象。①

让学术界十分关注的是，梅洛－庞蒂在胡塞尔意识意向性和交互意识性思想的基础上发展出身体意向性（bodily intentionality）和身体性的交互主体性（bodily intersubjectivity）的思想。交互式认知建构的形成与发展也激发了当代哲学家对心灵、意义和理性等传统哲学问题的重新思考。交互式认知建构预示了对传统笛卡尔主义二元论的批判，并且主张一种交互式心灵或者说涉身心灵观念。人们认为，对二元论的批判并不是回归到把心灵活动归结为大脑物理生理状态的还原主义立场，而是将心灵活动归结为身体与环境间的互动，归结为身体的能动活动。②

---

① 孟伟：《交互心灵的建构——现象学与认知科学研究》第一部分科学讨论，中国社会科学出版社 2009 年版。

② 孟伟：《交互心灵的建构》，中国社会科学出版社 2009 年版，“导言”第 4 页。

③约翰·麦克道威尔（John Mcdowell，1942—　）在其著作《心灵与世界》导言的开篇即指明，他的目标是本着一种诊断病症的精神提出一种对于现代哲学的一些特有"忧虑"的说明。他认为这些忧虑集中在心灵与世界的关系问题上，按照他的论证，这是关于心灵对世界指向的忧虑。麦克道威尔认为，上述"忧虑"可以追溯到其所谓"最低限度的经验论"和"心灵的框架"之间的"冲突"。"最低限度的经验论"与"心灵的框架"的矛盾表现在：一方面，按照最低限度的经验论，经验构成一个法庭，经验要对事物情况如何这一问题作出的决定进行评判；另一方面，心灵的框架却难以使人看到经验怎样才能像法庭发挥作用那样对我们的思想作出裁决，因而不可能使上述目标真正得以实现。既然找到了导致"忧虑"的症结，那么，接下来要做的就是给出治疗方案。[①]

在这之前，维特根斯坦曾围绕于此，作过一些理论设想。

维特根斯坦所针对的情况是，传统哲学往往是用"私人语言"来谈论心灵的，这会引起混乱。维特根斯坦想做的一项工作就是力图提供一种新的理解心灵的方式。这种新方式常被称作"判据（criteria）理论"。[②] 此判据理论认为，心理概念的意义不是由私人感觉而由独立于感觉的判据确定的。判据不同于征象（symptom）。一个事物的征象是经验显示出来的经常和那个事物相联系的东西。判据不属于经验的范畴，它是一个东西的"定义"。[③] 例如，若认为"痛"这个心理概念的确是在表达

① ［美］约翰·麦克道威尔：《心灵与世界》，刘叶涛译，中国人民大学出版社2006年版，第2页。

② N. Malcolm，1954，"Wittgenstein's Philosophical Investigations"，*The Philosophical Review*，63（4）：530—559.

③ L. Wittgenstein，1953，*Philosophical Investigations*，G. E. M. Anscombe（ed.）and（trans.），Oxford：Basil Blackwell，§354.

痛这种心理现象的话，就得承认有一种痛的判据。这个判据不能是私人的，维特根斯坦称其为“疼痛行为”（pain-behavior）。[①] 于是，按此说来，疼痛行为的判据地位决定了它与疼痛之间存在一种必然关系——疼痛以疼痛行为为必要条件。维特根斯坦用反问句表达了这一“新见解”：“你所说的一切最终不就归结为这样一点吗：如果没有痛这一行为（举例来说）就没有痛存在。”换种方式说，像痛一类的感觉现象只能通过与其他东西发生关系的方式存在。所有心理现象都如此。在此意义上，应该说，外部的（the outer）是内心的（the inner）寓所（locus）。

有学者对此评论说，维特根斯坦的“新见解”是对传统心灵观的颠覆。因为按照传统心灵观，内心的是外部的原因，它是先于外部的。而维特根斯坦的“新见解”认为，内心依赖于外部，它需要外部的规定与彰显才会出现。外部的不是内心的所造成的结果，而是内心的表达（expressions）。一些表达是与生俱来就会的，例如孩子痛了就会哭。这些是“原初的、自然的表达”。心理现象的复杂性就在于它们不囿于原初表达，更多时候，它们会通过后天习得的表达表现出来。“孩子弄伤了自己，哭喊起来；于是大人就对他说话，教他呼喊，之后又教给他语句。他们教给这个孩子新的疼痛行为。”[②] 新的疼痛行为让痛获得了新的表达。新表达是对内心的新规定，是对内心的重塑——它使得新的思想与感受成为可能。所以，一个人的内心世界并不像传统心灵观所设想的那样是预先给定的；相反，它

① L. Wittgenstein, 1953, *Philosophical Investigations*, G. E. M. Anscombe (ed.) and (trans.), Oxford: Basil Blackwell, § 244.

② L. Wittgenstein, 1953, *Philosophical Investigations*, G. E. M. Anscombe (ed.) and (trans.), Oxford: Basil Blackwell. § 281. § 244.

依赖于他人，是由他所在的社会塑造的。

这里，可以清楚地看到，在维特根斯坦所描绘的新图景中，内心的并不是隐匿在深处的不可见者，相反，它就在行为表达之中。内心的与外部的这种密切关系让我们对它的直接感知成为可能。维特根斯坦说："'我们看见了情感。'——相对于什么来说？——我们不是看某个人的面部变化而推出他感到快乐、悲伤、厌烦。我们直接把他的面容描述为悲伤的、喜悦的、厌烦的，即使人们不能对面部特征作出另一种描述。——人们可能说，悲伤在面容中被拟人化了。这对于我们称之为'情感'的那种东西来说是本质的。""一般说来，我不是猜出他心中的恐惧——我看见这种恐惧。我并不是觉得我仿佛是从外在东西中推出内在东西中的可能存在。毋宁说，人的面孔仿佛在一定程度上是透明的，我不是在反射的光亮中，而是在它自己的光亮中看见它的。"[①] 在很多地方，维特根斯坦都表达这样一种思想：他心是可以直接感知的。维特根斯坦的这种思想，在我看来，是对常识的充分尊重。日常生活中，很多情况下，我们的确认为自己可以直接看出他人的喜怒哀乐。"你看，他的幸福写在脸上。"这是我们的日常语言。如果遵循维特根斯坦所建议的方式去理解"他心"就会发现，困扰类比论证的概念问题消失了。对他心的理解并不是从第一人称拓展到第三人称。

当代诸多学者注意到，20世纪很长一段时间，"他心问题"，即何以知道他人有心灵，这个问题与"心身问题"一道，被认为是心灵哲学中最为基本的两个问题。于是，何以知道他人的心灵，这样的"心灵理论"或"读心"问题，成为许多人所关注的。问题的实质在于，我们是如何将心灵状态归于他人的？

① L. Wittgenstein，1980，*Remarks on the Philosophy of Psychology Volumes II*. Oxford：Blackwell，§570. §170.

许多人正是在这样一种广泛的意义上使用“他心问题”一词的。

诸多学者关注到，他心问题“何以可能”的问题，之所以令人感兴趣，正如诺齐克和卡萨姆所指出的，是因为我们感到可能性的获得遇到阻碍。[①] 对于他心问题，阻碍来自这样的常识：我们自己的心灵是自明的，他心却不是。例如，我处于疼痛状态时，我自然就会感觉到疼痛。但你疼痛时，我就没有那种切身感受。对任何一个人来说，“自心”与“他心”都是不对称的。不对称性给我们带来一个特别的问题：既然我们每个人都无法直接感受他人的心灵状态，我们又怎么知道他人像我一样有心灵，而不是没有心灵的自动机（automata）或赞比人(zombie)？这个问题对“他心知识的可能性”构成了直接威胁，称其为“他心的知识论”问题。对他心的知识论问题，传统的回答是通过类比论证。此类比论证可概括如下：第一，我在某种情形中具有某种心灵状态而做出某种身体行为；第二，他人与我相似；第三，他人在相似情形中做出相似的身体行为。因此，他人在那种情形中具有与我相似的心灵状态。据说，首先提出类比论证的人是穆勒（John Stuart Mill）。[②] 罗素和艾耶尔(Alfred Ayer）是其著名的支持者。[③]

很多人认为，维特根斯坦已经对“他心”问题给出一个完

---

① R. Nozick，1981，*Philosophical Explanations*. Cambridge：Harvard University Press，8—18. Cassam，Q.，2007. *The Possibility of Knowledge*. Oxford：Oxford University Press，vii.

② A. Avramides，2001，*Other Minds*. London：Routledge，5.

③ Andrew Melnyk（1994）和 Alec Hyslop（1995），分别参见 A. Melnyk，1994，“Inference to the Best Explanation and Other Minds”，*Australasian Journal of Philosophy*，72：482—491. A. Hyslop，1995，*Other Minds*. Dordrecht：Kluwer Academic Publishers.

整的解决方案。[①] 在他们看来，维特根斯坦的判据理论不只是解决了他心的概念问题，同样也解决了知识论问题。另有学者不这么认为。理由主要有两点。第一，维特根斯坦的判据概念是情境依赖的，它无法离开情境起作用。情境不仅涉及周边情况，例如在舞台上或在日常生活中，还涉及态度。那些包含内心的表达的语言游戏，它们的判据之所以能起作用，是因为我们已经认定，像我们一样的存在者的确是人。"我对他的态度就是对一个灵魂的态度。"[②] 由于我们的语言判据已经预设了他心，所以，诉诸语言实践并不能解决他心的怀疑论问题。第二，正如特姆金（Jack Temkin）所指出的，维特根斯坦的判据概念是逻辑上的，而不是知识论的。[③] 在维特根斯坦那里，判据与征象的区别不是证据强度的区别，而是与命题的意义是否关联的区别。既然判据理论不是知识论的，那么也就谈不上是知识论问题的解决方案。

维特根斯坦的"判据理论"被一些学者认为是讨论"他心问题"的最佳起点。以往，人们往往把心理现象设想成是私人空间中的不可观察物。"判据理论"在方法论上实现了一种"外

① 例如 Norman Malcom（1954）、Rogers Albritton（1959）、Newton Garver（1962）、Carl Wellman（1967），分别参见 N. Malcolm，1954，"Wittgenstein's Philosophical Investigations"，*The Philosophical Review*，63（4）. R. Albritton，1959，"On Wittgenstein's Use of the Term 'Criterion'"，*Journal of Philosophy*，56（22）. N. Garver，1962，"Wittgenstein on Criteria"，in C. D. Rollins，（ed.），*Knowledge and Experience*. Pittsburgh：University of Pittsburgh *Press*. C. *Wellman*，1967，"*Wittgenstein's Conception* of a Criterion"，in Harold Morick，（ed.），*Wittgenstein and the Problem of Other Minds*. New York：*McGraw-Hill*.

② L. Wittgenstein，1953，*Philosophical Investigations*，G. E. M. Anscombe（ed.）and（trans.），Oxford：Basil Blackwell，178.

③ J. Temkin，1990，"Wittgenstein on Criteria and Other Minds"，*The Southern Journal of Philosophy*，28（4）：577－579.

化”，即将心理现象置于可观察的时空之中，成为可观察的对象，于是每个人都有材料谈论他心了。诸多学者指出，现在的问题是，“判据理论”是在何种意义上说他心是可以直接感知的？仅仅是说对他心的感知与对外部事物的感知是一样的，还是有别的什么意思？具体到假装问题上，区别就明显了。在假装的情形中，一个人表现出疼痛的行为，但他实际上并不疼痛。此时，疼痛的判据是否得到了满足？很多人认为是的。[①] 在他们看来，判据是可击败的。判据的可击败性容许下述可能：认知者虽然经验到了用以归与他人S的某种心灵状态M的判据C得到了满足，但就其所有已知而言，S仍然有可能不处于M状态，因为未来的证据可能会击败C。例如，在一个更大范围的情境中，C被新判据C′覆盖了，相应地，认知者对S的心灵状态的归与就由原来的M调整为M′。可击败性观点似乎顺应了这样的常识看法：知识必须对未来开放。

有专家指出，麦克道尔认为判据可击败的说法是“不融贯的”。假如判据对他心的知识主张总是只能给予可击败的支持，那么，我们何以归于他心呢？一个同时可适用于对和错两种情形的判据实际上根本就不是判据，因为它什么也没说，什么也不支持。如果我们强行认为它在“缺省”的情形下支持了某一方，比如存在他心，那意味着，相反的一方，例如不存在他心，同样也获得了证据支持。这等于把我们送到了怀疑论的虎口。另一方面，假如我们承认认知者的确具有他人心灵状态是如此

① 例如Crispin Wright（1980）、P. M. S. Hacker（1975）、Sydney Shoemaker（1963），分别参见C. Wright，1980，“Realism，Truth-Value Links，Other Minds and the Past”，*Ratio Bristol*，22（2）：112—132. P. M. S. Hacker，1975，*Insight and Illusion*. Oxford：Oxford University Press. S. Shoemaker，1963，*Self-Knowledge and Self-Identity*. Ithaca：Cornell University Press.

这般的知识，那么我们就不得不承认，认知者目前所掌握的信息足以排除他人的心灵状态不是如此这般的可能性。如果我们觉得他不能排除那种可能，那么，我们说他知道又是什么意思呢？综合以上两方面的分析，我们可以看到，同时承认知识的可归与性与其他情况的不可排除性是矛盾的。

有研究者由此论证道：为什么很多人倾向于认为判据是可击败的呢？是因为他们不假思索地接受了这样一个预设：S处在M的经验总是相容于S不处于M的经验。在一种情形中，比如说好情形，认知者获得了S处在M的经验P；在另一种情形中，比如说坏情形，由于S看起来像是具有M，所以认知者同样可以获得P。鉴于在坏情形中经验所给予的是看起来像是具有M，所以在好情形中经验所能给予的也是如此。这种想法很像传统知识论中的错觉论证。错觉论证开始于经验的不可分辨性。日常经验给我们这样的印象：真实知觉与错觉在主观上是不可分辨的。错觉，例如视觉余像和逼真的幻觉，有可能表现得与真实知觉一样。在错觉情形中，经验呈现出来的是显相，即事物看起来是如此这般。由于真实知觉与错觉在主观上是不可分辨的，所以，在好情形中，经验呈现出来的也是显相。就这样，经验所能达及的范围就被限定在显相内，从而外部世界中的事物就只能在经验之外通过遥控显相的方式影响经验。麦克道尔称此为"最大公因素"假设。[①] 最大公因素假设普遍存在于知识论与知觉哲学中，例如英国经验论、感觉材料理论与意向论。这个假设对经验进行了另一种意义上的内化——它将经验的达及范围收缩到心灵之中。问题是，当经验被内化后，它也就与世界失去了认知接触。无论经验中的显相是多么生动，都无法

① J. McDowell, 1998, "Criteria, Defeasibility, and Knowledge", *Meaning Knowledge, and Reality*. Cambridge: Harvard University Press, 371—375, 386.

辩护关于世界的知识断言，因为显相是公共的，它的给予总是与不存在世界只存在纯粹显相的假设相容。一种知识论，只要它承诺了最大公因素假设，就不可避免地会遇到他心或外部世界的怀疑论问题。

该研究者进而说，假如最大公因素假设是一个合理的论断，那么我们就不得不吞下怀疑论的苦果。好在事实并非如此。最大公因素假设断言主观不可分辨性的经验是同种经验，这预设了现象上相同的经验本体上相同。然而，现象上相同并不等于本体上相同。例如，一张老虎的全息照片可以看起来像真老虎一模一样。对于经验来说，完全有这样的可能：在好情形中，经验的确与世界发生了认知接触，它达及了世界，它的内容就是事物如此这般；而在坏情形中，与之不可分辨的经验却是纯粹的显相。麦克道尔称此观点为“显相的析取概念”[①]，简称析取论。析取论否认好情形中的经验与坏情形中的经验是同种经验，因为它们的构成不同：在好情形中，外部事物直接出现在经验中，构成经验的一个组分。坏情形的经验则不以外部事物为组分。构成上的不同决定了它们知识论地位的不同：在好情形中，经验为事物如此这般的断言提供了辩护；在坏情形中，经验看起来起到了辩护作用，但实际上并未提供任何证据。假设我们同时接受了维特根斯坦的直接感知模型与麦克道尔的析取论，他心问题会怎样呢？首先，在排除了行为中介的意义上，他心与石头、剪刀、布等普通事物一样是可以直接感知的。至少有时候，我们无须通过行为代理就可认识他心。“在适当的场合，他人处于某种‘内在’状态的情况其本身可以成为一个人

---

① J. McDowell, 1998, “Criteria, Defeasibility, and Knowledge”, *Meaning, Knowledge, and Reality*. Cambridge: Harvard University Press, 389.

的经验的对象。"[①] 在直接感知模型中，他心的概念问题烟消云散了。其次，在排除了显相中介的意义上，他心与石头、剪刀、布等普通事物一样是直接感知的。在好情形中，"一个人可以从另一个人的面部表情或行为确切地感知到那个人在疼痛，而不仅仅是从他所感知到的推知那个人在疼痛"[②]。请注意句子中的"确切地"，它排除了经验被击败的可能。另一个人在疼痛，这是世界中的一个事实。在好情形中，这个事实 p 直接出现在认知者的经验中。鉴于 p 排除了非 p，所以认知者的经验构成了对他的信念 p 的"排除了错误的辩护"[③]。与此相反，"在假装的情形中，一个人使得关于'内部'事物的判据看起来得到了满足……但判据实际上并未得到满足"[④]。在好坏两种情形中，经验的辩护效力是不一样的。怀疑论的紧迫性就在于我们承认经验辩护的等效性。现在，既然我们不再认为经验辩护具有等效性，那么怀疑论也就不再让人忧虑了。这样，"他心"的知识论问题也就冰消雪释了。[⑤]

面对于此，麦克道威尔提出了他的方案：

第一种方案是与经验论断绝关系。麦克道威尔认为，经验论会导致在"融贯论"和"所与的神话"之间发生不停地摆荡。在麦克道威尔看来，融贯论以牺牲客观的外部限制为代价，实

① J. McDowell，1998，"Criteria，Defeasibility，and Knowledge"，*Meaning，Knowledge，and Reality*. Cambridge：Harvard University Press，370.

② J. McDowell，1998，"Criteria，Defeasibility，and Knowledge"，*Meaning，Knowledge，and Reality*. Cambridge：Harvard University Press，305.

③ J. McDowell，2002，"Knowledge and the Internal Revisited"，*Philosophy and Phenomenological Research*，64：97.

④ J. McDowell，1998，"Criteria，Defeasibility，and Knowledge"，*Meaning，Knowledge，and Reality*. Cambridge：Harvard University Press，380.

⑤ 国家社会科学基金项目"当代心灵哲学中的析取主义研究"（10CZX031）研究成果：《知识与行动：从析取论的观点看》。

质上就等于割断了心灵与世界之间的关联，从而不可能真正地容纳经验内容。而“所与的神话”则想通过把经验解释为基础性的“所与”，认为它具有未被概念化的内容，而且正是由于具有这种内容，它才能够以某种方式确保经验信念的合理性。但对于麦克道威尔来说，“所与”的思想最多只在我们需要证成的地方为我们提供了辩解，因而，对所与的诉诸也是徒劳的。

第二种方案是拒斥逻辑空间的二分法。这是绝对自然主义的方案。“逻辑空间二分”的思想是塞拉斯提出来的。他把逻辑空间分为“理性的逻辑空间”和“自然的逻辑空间”。拒斥逻辑空间的二分意味着将理性的逻辑空间看作自然的逻辑空间的一个组成部分，认为构成理性的逻辑空间的规范性关系可以使用自然的逻辑空间中的概念性材料加以重构。在麦克道威尔看来，绝对自然主义试图根据纯粹自然科学的方式来处理自发性，这是没有希望的。而柏拉图主义与绝对自然主义相对，设定了与自然完全分离的独特的理性空间，这也是不能接受的。

麦克道威尔提出，可以通过自然化的柏拉图主义。它要求我们把第二自然看作是自然的一个部分，要求修改我们的自然观，以便我们能够把握这样一个事实：我们与世界的关系是开放性的。或者用麦克道威尔自己的话来说，“世界就是人的居所，他们在那里无拘无束”。只要能够做到“无拘无束”，也就等于排除了前述所谓现代哲学的特有的“忧虑”。在麦克道威尔看来，我们之所以需要修正我们以往关于自然的观念，乃是因为需要修正的观念没有给人的理性的概念性能力留出应有的位置；实际上，应该将概念性能力包括在第二自然当中，并使之成为我们获得关于世界的经验的必要条件。麦克道威尔认为，这是人的成熟的一个正常组成部分。因此，对于我们的自然观的上述修正使得我们在世界中无拘无束，并使哲学获得“安宁”。这就是麦克道威尔想要实现的目标。总起来说，对于《心灵与世界》所表达的思想主旨与其最基本的诉求，可以按照麦克道威尔的原始表述总结如下：只要我们牢固地把握住了第二自然的自然主义，使得这种把握不能被再次陷入关于如何将心灵安置在世界当中这个问题上的普通的哲学忧虑的诱惑所动摇，那么这种把握就不会制造理查德·罗蒂意在取代的那种构造性哲学。用维特根斯坦的话说，那将是获得了"使哲学得到安宁的发现"。所谓"使哲学得到安宁"，指的是"我们将获致一种心灵的框架，在其中我们似乎不再需要面对那些吁求哲学的问题了"①。

(3)①当代美国哲学家约翰·塞尔（John Searle)，发表过一系列关于"心灵"的著作。塞尔于1982年出版《意向性：论心灵哲学》，该书认为，语言哲学是心灵哲学的一个分支，而心灵哲学的关键问题是回答心理状态怎样表现世界上事物的状态；这里要通过对意向性问题的回答，把语言哲学和心灵哲学结合起来。塞尔1998年出版《心灵、语言和社会》，对以往探讨和论述的诸方面的问题，主要是心灵、语言和社会问题，加以综合，特别回答了一系列哲学上激烈争论的问题。正如他自己所说："在本书中，我探讨了心灵、语言和社会这三个相互交错的概念框架的结构和相互联系。"② 塞尔属于分析哲学家，擅长逻辑分析，此书包含了许多逻辑分析。它对心灵、语言和社会实在的结构性特征和它们之间的逻辑依存关系进行了分析综合。诸多评论者说："这种综合是一个分析哲学家所能进行的综合"，这"本书具有较大的思想容量，涉及广阔领域多方面的问题"。

---

① [美] 约翰·麦克道威尔：《心灵与世界》，刘叶涛译，中国人民大学出版社2006年版，第2～5页。

② [美] 约翰·塞尔：《心灵、语言和社会——实在世界中的哲学》，李步楼译，上海译文出版社2001年版，第154页。

“这两本书都体现了影响广泛的当代哲学潮流。在很多哲学家看来，心灵哲学现在是第一哲学。”①

②塞尔自认为他提出的学说，是出于面临的挑战。他在《心灵、语言和社会》一书中写道：“从17世纪的科学革命时代直到20世纪的头几十年，对于受过教育的人来说，可能都相信自己应该知道并理解关于宇宙如何动作的一些重要的事情。”可是，“在20世纪初的几十年，理智方面和其他方面的许多事件使有关事物本性以及我们理解这种本性的能力的传统的乐观主义受到了挑战和削弱”。“无论是实在世界的可理解性，还是我们理解这个世界的能力，似乎都受到了来自各个方面的攻击。第一，相对论对我们关于空间和时间、关于物质和能量的最根本的假设提出了挑战。”“第二，集合论悖论的发现似乎对作为合理性的堡垒——数学的合理性提出了挑战。如果数学的基础包含了矛盾，那么看来就没有什么东西是可靠的了。正如弗雷格本人在面对罗素悖论时所说的那样，‘你所发现的矛盾使我感到难以形容的惊奇，我几乎要说，它使我有晴天霹雳之感，因为它已动摇了我打算据以建立算术的那个基础’。它似乎‘不仅削弱了我的算术的基础，而且削弱了算术本身的唯一可能的基础’②。第三，弗洛伊德的心理学不是被当作通向改善了的合理性的途径，而是被看作对合理性之不可能的一种证明。按照弗洛伊德的学说，理性的意识只是非理性的无意识之海中的一个岛屿。第四，库特·哥德尔对不完全性的证明似乎对数学发起了另一次进攻。在数学系统中有许多真的陈述，我们都能够知

① ［美］约翰·塞尔：《心灵、语言和社会——实在世界中的哲学》，李步楼译，上海译文出版社2001年版，“序”第1页。

② ［美］G. 弗雷格：《哲学和数学通信》，芝加哥大学出版社1980年版，第132页。

道它们是真的，但在那些系统中又不可能证明其为真。而在哥德尔之前，数学中的'真'的意义似乎就意味着'在数学上是可证的'。第五，最糟糕的是，按照某些解释，量子力学似乎与我们传统的决定论的概念以及物理宇宙独立存在的概念完全不相容。量子力学似乎表明，在最基础水平上的物理实在是非决定论的，而且，有意识的观察者就在其观察活动之中，也在一定程度上创造他（或她）正在观察的那个实在。第六，在20世纪后期，科学本身的合理性受到来自像托马斯·库恩和保罗·法伊尔阿本德这样的作者的攻击，他们争辩说，科学本身受到任意性和非理性的影响。人们认为库恩已表明，一场大的科学革命不仅是对同一实在的新的描述，而且创造了不同的'实在'。他说，'在革命以后，科学家们是在一个不同的世界中工作的。'[①] 而且许多人认为，路德维希·维特根斯坦这位20世纪最具影响力的哲学家，已指出我们的话语是一系列相互不可翻译、不可公约的语言游戏。我们不是在从事一个有着普遍合理性标准、对每个人来说一切都是可理解的大的语言游戏，而是在从事一系列比较小的语言游戏，其中每一个游戏都有各自的可理解性的内在标准。"[②]

塞尔讲："我认为，世界完全独立于我们的心灵而存在，在我们的进化着的天赋所确定的范围之内，我们能够达到对于世界之本性的理解。我相信，自19世纪以来的真正的变化不是世界以某种令人兴奋的和天启的方式变得不可理解；而是这样，由于令人烦恼和单调乏味的原因，这个世界很难理解，所以，

① ［美］T. S. 库恩：《科学革命的结构》，芝加哥大学出版社1970年第2版，第135页。

② ［美］塞尔：《心灵、语言和社会——实在世界中的哲学》，李步楼译，上海译文出版社2001年版，第1～3页。

你必须变得更聪明些，知道更多一些。例如，要懂得现代物理学，你就必须知道大量数学知识。”“所以我将简短地陈述我为什么对刚才所介绍的那些论点不感到担忧，然后我将比较详细地从各个方而回应‘后现代主义者’的挑战”。

“第一，相对论并不是对传统物理学的拒斥，而是对它的推广。它要求我们以反直观的方式来思考空间和时间，但这并不对宇宙的可理解性构成威胁。值得回顾的是：牛顿力学在 17 世纪似乎也是悖乎常理的。第二，逻辑悖论，无论是语义悖论还是集合论悖论，在我看来除了我们可能犯的哲学错误以外，并没有表明别的什么东西。正如芝诺关于空间、时间或运动的著名悖论并不表明时间、空间和运动的非实在性一样，逻辑悖论也并不表明在语言、逻辑和数学的核心存在着任何矛盾。第三，弗洛伊德的心理学，不管它对人类文化有什么样的最终贡献，但它不再被严肃地看作是一种科学理论。它作为一种文化现象继续存在，但极少严肃的科学家会认为它对人类的心理学发展和病理学提供了一种能用科学方法充分予以证实的说明。第四，哥德尔的证明对于传统的将本体论（何物存在）与认识论（我们如何认知）分开的理性主义观念来说，是一种支持。真理是一个与事实相符合的问题。如果一个陈述是真的，那么必定有某种事实使之据以为真。事实属于何物存在的问题，是本体论的问题。证明和证实属于寻找真理的问题，因而是认识的概念，但不能把它们与我们所要寻找的事实混淆起来。哥德尔无可争辩地表明数学真理不能与可证明性相等同。第五，我也同意按照某些解释，量子力学是对启蒙运动的见解的一种严肃认真的挑战，而我在专业知识上也没有资格对它的意义作出严格的评价。然而，我想把两种不同的主张区别开来：一种主张认为量子力学在微观层次对宏观层次的关系上表现了一种非确定性；另一种主张认为量子力学表明实在并没有不依赖于观察者的独立存在。就我所知，在作为一种关于实在的事实的微观一宏观关系上，我们就是要接受一定程度的、统计学意义上的非确定性。然而，在我看来，在量子力学的实际结果中，并没有什么东西迫使我们作出这样的结论：有意识的观察者在部分地创造被观察的实在。这种悖乎常理的东西并不存在于实验的实际结果之中，而是存在于对这些结果的不同解释之中，并没有什么东西迫使我们作出这种悖于常理的、反直观的解释，尽管有些物理学家已接受了那种解释。"

于是，塞尔申明："我想说明心灵、语言和社会实在的某些基本部分是如何起作用，它们又如何形成一个融贯的整体的。""我有三个'目标。'第一，我想把有关心灵、语言和社会的性质以及有关它们之间相互关系的一系列理论主张向前推进。第二，在达到第一个目标的基础上，我想展示某种哲学分析的风格。哲学的探究与其他形式的探究——例如科学的探究——，既有许多重要的相似之处，也有许多不同之处，我想在本书的讨论中把它们弄清楚。第三，我想对哲学困惑的本性和各种哲学问题进行一系列可以说是粗略的考察。""我相信我们是生活在一个世界之中，而且，我打算对这一个世界的诸多组成部分中的某些部分之间的关系进行描述。我想对实在的几个在哲学上最令人困惑的部分的一般结构予以解释。特别是，我想解释心灵、语言和社会的某些结构特性，然后指明它们是怎样结合在一起的。"①

③在做了以上哲学史与科学史的铺垫之后，塞尔特别围绕"心灵"展开了论述。塞尔由其面对的问题，首先从"基本的形而上学：实在与真理"说起，论述了"我们怎样和宇宙协调一

① ［美］约翰·塞尔：《心灵、语言和社会——实在世界中的哲学》，李步楼译，上海译文出版社2001年版，第4～5页、第8页、第6页。

致：作为生物学现象的心灵”，特别指明“心灵的本质：意向及其结构”以及“心灵如何运作：意向性”。

塞尔哲学里显示出，他与一些语言哲学家局限于对语言使用的研究而回避或拒斥形而上学问题不同，他在《心灵、语言和社会》一书中一开始就讨论基本的形而上学问题，并且把在这个基本形而上学问题上的立场作为解决其他哲学问题的前提。在他看来，他所说的基本形而上学就是关于实在世界的存在及其可理解性问题。这个古老的问题在18世纪启蒙运动哲学家那里，取得了鲜明彻底的经典形式。塞尔坚持并维护启蒙运动的见解，认为存在着绝对的、唯一的、客观的、完全不依赖于我们而独立存在的实在世界。塞尔还把“承认有一个不依赖于我们而独立存在的实在世界的观点”称之为“外部实在论”。塞尔追溯分析了历史上贝克莱和康德，着重分析了20世纪以来否定外部实在论的新形式，批评了视角主义、文化相对主义、后现代主义以及种种怀疑论观点，指出现代科学（如相对论和量子力学）和现代逻辑提出的新成果和新问题并没有推翻“外部实在论”观点。

关于“我们怎样和宇宙一致”，他由“作为生物学现象的心灵”展开。

塞尔主张，在心灵问题上的“生物学的自然主义”。塞尔把他坚持的外部实在论的基本形而上学作为他解决心灵哲学问题的基础和前提，坚持从实在世界本身的发展来说明心灵和意识现象。塞尔认为，实在世界是由那些可能称之为“力场中的微粒”所构成，这些微粒构成各种大的系统，太阳系是其中之一，人类居住的行星（地球）则是它的一个子系统。在人们居住的地球上，某些由羰基分子所组成的生命系统是经过长期演化而成的各种生物物种，生命系统的物种有些是动物，有些动物具有神经系统，某些神经系统能够引起并保持意识，而有意识的动物通常又都具有意向性。塞尔依据自然科学的物质结构理论和生物进化理论，认为心灵和意识是物质微粒构成的实在世界长期演化的产物，是这个实在世界的一部分，因此心灵和意识是由一种生物学过程所引起的生物学事实，是一种自然过程，并非什么神秘莫测的现象。但是，他认为意识具有内在的、主观的、质的特征，意识状态具有第一人称的存在方式，意识的这种"第一人称本体论的主观性"是不可还原、不能归结为或等同于物质的东西的。在对意识和心灵的看法上，长期以来存在着二元论和唯物主义的争论，二元论（包括实体二元论和属性二元论）把意识看成某种独立的、神秘的、根本上不同于物质的或物理的实在的现象。塞尔认为，二元论是错误的。但他同时又认为，唯物主义把意识归结为、还原为物质的现象．不承认意识的不可还原性，所以他又反对唯物主义。他坚持认为意识是由脑过程所引起的一种生物学现象，但认为意识具有不可还原的第一人称本体论的主观性。在他看来，这两者并没有什么矛盾和不一致的地方。因为，从意识的微观基础来看，在较低层次上可能通过神经系统、突触以及神经传导纤维的神经生物学过程、生物化学过程来解释意识现象的原因，而意识则是大脑过程的更高层次上的特征。塞尔把他对心灵和意识的这种基本立场称之为"生物学的自然主义"。说它"是生物学的"，是由于对精神现象的说明方式是生物学方式；说它是"自然主义"是因为这种观点主张心灵是自然的一部分。塞尔所反对的唯物主义，具有代表性的就是他所提到的行为主义、物理主义、功能主义和强人工智能论，这些学派都有把意识现象归结为、还原为生理和物理的现象、把心理语言还原为物理语言的倾向，但他似乎并不了解，也可能是误解了马克思主义的唯物主义，因为马克思主义辩证唯物主义是反对将意识归结为物质，又反对把高级运动形式归结为低级运动形式的。

塞尔论述道：结果表明，由于有占压倒优势的证据，支持物质原子论和生物进化论这两个命题，所以在我们的文明中，受教育的人少有出现对它们的认真争论。依据这两个理论，可以提出如下看法：宇宙完全由那样的实体所组成，我们可以把这种实体方便而不十分精确地称之为力场中的“粒子”。这些粒子常常被组成系统。而系统的界限是由它的因果关系所确定的。山峰、冰川、树木、行星、银河、动物和分子等等都是这些系统的例子。有些系统是碳基有机系统，在这些有机系统中有今天作为长期进化的物种成员而存在的有机体。有些种类的有机系统已进化为神经系统，而那些神经系统又进化为我们称之为“心灵”、即人类的和动物的心灵的东西，这里要讨论的就是从这一点进入对物理学、化学、生物学的叙述。心灵这个概念有些混乱也有点可悲，但正如T. S. 艾略特所说：“当我与你谈话时，我总得使用语词。”心灵这个词实际上在英语中没有一个替代词，尽管我将建议用一些其他的语词，我希望这些语词将被证明比“心灵”这个概念更有用处。心灵的首要的和最根本的特征是意识性。我用“意识性”这个词意指那些知觉的或清醒的状态，它们一般在我们早晨从沉睡中醒来时开始、并在整个一天继续这种状态，直到我们再次入睡。意识可能停止的另一种方式就是倘若我们死了，生命画上了句号，或者成为“无意识”的。意识以许许多多的形式和变种出现。在所有这些形式中，意识的本质特征是它的内在的、质的和主观的性质，这是就这些词的特殊意义而言的，对此我马上将作出解释。[①]

塞尔在其著作中，在他的生物学自然主义的基础上，力图把他的意向性理论、语言行为理论和社会实在的理论统一起来。

① 参见［美］约翰·塞尔：《心灵、语言和社会——实在世界中的哲学》，李步楼译，上海译文出版社2001年版，第4页、第40页。

塞尔在他的《意向性》一书中，就论证了语言行为和意向性的密切联系，在此书中，他坚持和深化了这种见解。他指出，从发生学上看，儿童的思维能力和说话能力是共同发展起来的，它们是互相促进、互相丰富的；从语言的使用来看，作为人类行为的一部分，言语行为必须通过意向性来执行；就其物理特征来看，语言只是一些发出的声音和写在纸上的墨迹，是意识和意向性赋予这些声音和符号以一定的意义。说话人说出话语并赋予其意义，都是说话人的意向性使然；从结构特征来看，言语行为和意向性都具有类似的满足条件和适应指向。关于意识、意向性、语言和社会现象的密切联系，塞尔在其书中进行了深入的探讨。塞尔认为，自然的、物理的实在是不依赖于人类心灵而独立存在的，而社会的和制度性的实在（如货币、语言、财产、婚姻、政府、大学、律师、总统、足球比赛、鸡尾酒宴等）则是依赖于观察者、依赖于人类心灵的，心灵通过意向性与外部实在世界相联系，意识和意向性都是某种生物学过程引起的生物学事实，然而它们又创造了与观察者相联系的社会的和制度性的实在。社会的和制度性的实在并不是凭借其物理特性来执行其功能，而是凭借集体的接受、承认或相信某种事物具有某种功能，这种功能被称为地位功能。集体地赋予地位功能使社会的和制度性的实在具有认识论的客观性。人类通过集体意向性赋予事物以地位功能，从而创造了社会的和制度性的实在。集体的接受、承认或集体的意向性必须通过语言来表示某种对象具有某种功能。在社会的和制度性的实在中，语言不仅用来描述事物，而且参与建构事实。语言本身，是一种制度性实在，同时，它又通过一种执行话语和建构性规则来创造和建构制度性实在。这样，塞尔便以他所特有的方式说明了意向性、语言行为和社会现象之间的内在的联系。[①]

塞尔又讲：“在此之前，我们对心灵的讨论集中在意识上，这可能会给人们一种印象，以为心灵本质上是一个自我封闭的、主观性的活动场所。但是，恰恰相反，心灵在进化上的首要的作用就是以一定方式将我们与环境、特别是与他人联系起来。我的主观状态使我与世界的其他部分相联系，而这种关系的一般的名称就是‘意向性’。”“‘意向性’是表示心灵能够以各种形式指向、关于、涉及世界上的物体和事态的一般性名称。”“意向性是一个倒霉的字眼，而且如同许许多多哲学上的倒霉字眼一样，我们也把它归于说德语的哲学家。这个语词暗示意向性在指向性的意义上总是必须与‘意图’、‘想要’……有某种联系。在德语中没有与此相关的问题，因为在德语中，意向性（Intentionalität）不会听起来像 Absicht（意图、意向），所以我们必须记住英语中的 intending（意图）恰恰就是意向性的多种形式中的一种”。

“我说过我们不应把二元论看成是西方哲学特有的一种理论。东方的宗教人物也欢迎它，这一事实说明了它有更为广泛的吸引力。……只是在你接受了带有心理的和物理的、心灵和物质、精神和肉体这些相互排斥的范畴的词汇表时，传统的问题才会产生。当然，意识仍然是特殊的生物学现象。意识具有第一人称的本体论，因而不能被归结为具有第三人称的本体论现象，也不能为了有利于具有第三人称的本体论现象就将之消灭。但那只是一个有关自然界如何运作的事实而已。某种大脑过程引起意识状态和意识过程，这是一个神经生物学的事实。我极力主张我们应当承认这些事实，而不要接受那个以传统方

① ［美］约翰·塞尔：《心灵、语言和社会——实在世界中的哲学》，李步楼译，上海译文出版社 2001 年版，“译者的话”第 5～6 页。

式附加于这些事实的形而上学包袱。"①

在"心灵如何运作"这一节中，塞尔专门讲到"单子"："单子所起的作用就像一道命令或者一个愿望，因而具有世界向单子的适应指向（world-to-list direction of fit）。力图使世界与单子的内容相符合，……是要与一个独立存在的实在相符合。单子的作用是作为对实际发生的事情的一种描述或一份报告。他的单子只应当是表示事情是怎样的情况。……简言之，真或假就是表示在实现语词向世界的适应指向中成功或失败的名称。"

塞尔由此论述了"单子"这个概念。他讲："适用于单子与世界的关系的道理的同样也适用于语词和世界的关系，事实上也适用于心灵与世界的关系。在购物单向世界的适应指向和世界向购物单的适应指向之间的区别是语词向世界（word-to-world）和世界向语词（world-to-word）的适应指向以及心灵向世界（mind-to-world）和世界向心灵（world-to-mind）的适应指向之间的这种更为一般的区别的一个实例。我想，这种区别是清楚的。我相信，这种区别对于任何意向性理论来说都是至关重要的。相信、知觉和记忆具有心灵向世界的适应指向，因为它们的目的是要表示事物的情况；愿望和意图具有世界向心灵的适应指向，因为它们的目的不是表示事物的情况，而是表示我们想要使它们怎么样，或者我们打算使它们怎么样。"②

总之，如同塞尔所指出的，心灵所具有的一个值得注意的特性就是：它通过意向性使我们同实在世界相联系。那正是意

① ［美］约翰·塞尔：《心灵、语言和社会——实在世界中的哲学》，李步楼译，上海译文出版社2001年版，第81页、第52页。

② ［美］约翰·塞尔：《心灵、语言和社会——实在世界中的哲学》，李步楼译，上海译文出版社2001年版，第97页、第98页。

向性的所在，即：心灵用来联结我们同世界的特殊方法。同样显著的事实是意向性内容以不同的方式通过不同类型的意向状态与世界相联系。不同类型的意向状态可以说是用不同的适应职责（obligations of fitting）把命题内容与实在世界相关联。信念和假设被看成是真的或假的取决于世界是不是实际上如信念所表示它的那样。因此，可以认为，信念具有心灵向世界的适应指向（mind-to-world direction of fit）。可以说，信念的责任就是与一个独立存在的世界相一致。另一方面，愿望和意图不具有心灵向世界的适应指向，因为如果一种愿望或意图没有得到满足，那么，世界之没有与愿望或意图的内容相一致，可以说不是愿望和意图的责任，而是世界的责任。“适应指向”这个术语是J. L. 奥斯丁所发明的。[①]

塞尔就此特讲到这样的概念：世界向单子的适应指向（world-to-list direction of fit）。他又说：“适用于单子与世界的关系的道理的同样也适用于语词和世界的关系，事实上也适用于心灵与世界的关系。”这里涉及到“语词向世界（word-to-world）和世界向语词（world-to-word）的适应指向以及心灵向世界（mind-to-world）和世界向心灵（world-to-mind）的适应”“零适应指向（the null direction of fit）”“心灵向世界的适应指向”[②] 等等。

④塞尔在《心灵、语言和社会》一书的最后两章中，第五章设问，“心灵怎样创造一个客观的社会实在?”实质上这已说到灵性何以塑造客观的社会实在的问题。第六章由“语言如何

① 参见J. L. 奥斯丁：《如何谈话：一些简单的方法》，载J. O. 厄姆森、G·沃诺克编的《哲学论文集》（牛津：克拉伦登出版社，1979年）。

② 参见［美］约翰·塞尔：《心灵、语言和社会——实在世界中的哲学》，上海译文出版社2001年版，第96页、第98页。

工作"论及"作为一种人类行为的言语"，于此，诉诸语言行为，特别讲到"以言行事的行为"和"以言取效的行为"，其中讨论了"meaning 的多种意义""意义和交流""各种类型的言语行为""建构性规则和符号系统"等。

塞尔旨在强调，心灵何以才能实现运作，才能把握客观实在；用塞尔的话说即如何由此回答，心灵怎样创造一个客观的社会实在。

塞尔写道："在前面几章，我们讨论了一些令人惊奇的现象。其中之一就是在一个完全由物理微粒所构成的世界中竟存在着意识。第二个令人惊奇的现象就是心灵具有指向在它之外的世界的物体和事态的显著能力。第三个就是心灵具有以合作的行为来创造一个客观的社会实在的能力。在本章中，我们要讨论一种同样令人惊奇的现象，那就是人类语言交往的存在。"

他说："我们能够通过执行以言行事行为来做的事情是很有限的，而这些语言行为是由心灵的结构所决定的。简言之，由于心灵通过对满足条件赋予满足条件从而创造意义，所以心灵的界限确立了意义的界限。"他讲了"以言行事要旨"的"五种不同的类型"。塞尔又讲道："语言还创造一种单个人的心灵本身并不具有的可能性，那就是在执行宣告中把两种适应指向联接起来的可能性。"

总之，塞尔说："本书力图解释心灵、语言和社会实在的某些结构性特征，并解释它们之间的逻辑依存关系。现在我已完成了这个目标。"①

（4）德国的汉斯·约阿西姆·施杜里希在《世界哲学史》最后部分写道："精神"（*Geist*）这个概念过去几乎只为哲学家

① ［美］约翰·塞尔：《心灵、语言和社会——实在世界中的哲学》，李步楼译，上海译文出版社 2001 年版，第 130 页、第 142 页、第 145 页。

所独占，它的意义比“意识”更加模糊不清。前已说到，在希腊语和拉丁语中，它分别被称作 *pneuma* 和 *spiritus*，最初的意思是呼吸或气息，后来它又被附加上了基督教的宗教色彩。如果我们再把“心灵”和“灵魂”考虑进来，那么，对这些概念做区分就更加困难了。（今天，这两个概念似乎带有更多的宗教含义）。吉尔伯特·赖尔认为，对于严密科学来说，精神这个概念是不可用的，因为它的意义含糊不清。在德语中，*Geist* 还可以指“幽灵、魔鬼”（即英语里的 ghost），这个概念更多被用作比喻。在历史发展的过程中，哲学家们曾经把这个概念与许多事物联系到一起，谁若想把所有的联系都一一列举出来，他可能需要专门为此写一本。这会让我们想到黑格尔、谢林或尼古拉·哈特曼。

汉斯的著作指出：“在主要由自然科学家参与的当代的讨论中，人们看问题的角度发生了改变。也就是说，人们试图去理解人类（以及动物）的精神功能（*die mentalen Leistungen*，其中的 *mental* 来自拉丁语的 *mens*，意思是理智、思想、思维方式、观念、精神，由于这个概念的多义性，人们更倾向于取它的‘精神’的含义）。更确切地说，人们试图了解，大脑中的意识是如何形成的？首先提出这一问题的人是弗朗西斯·克里克（Francis Crick），而且在自然科学研究的基础上，这个目标也是可以达到的。当克里克与詹姆斯·D. 沃森（James D. Watson）一起发现了 DNA 分子结构（DNA 是英语 Desoxyribonucleidacid 的缩写形式，脱氧核糖核酸，它是基因信息的载体）时，他在科学界获得了国际声誉。为此，他们两人获得了 1962 年的诺贝尔医学奖。”

汉斯在其著作中反问：“由克里克设定的目标真的能够实现吗?”他就此写道：“要是在过去，倘若有人提出这样一个目标，他可能会遭到人们的嘲笑，因为在他们眼里，这纯属妄想。即使在今天，人们在这个问题上仍然存在意见分歧。持怀疑态度的人认为：大脑是在进化的过程中形成的器官，它会帮助人（以及人的动物祖先）在他的周围世界中辨明方向，并使他能够在生存和自我繁殖的斗争中取得成功。但是，大脑并非用来揭露和了解自身功能的秘密。另一种怀疑观点认为：意识的一个重要特征（或确切地说，我们的有意识的经历的重要——或许也是最重要的——特征）就是它的个性色彩，它的主观性。当我清晨把鼻子伸到春风里，去闻花儿的芳香；当我在夜里躺在湖畔仰望星空；当我回忆起1938年的那个阳光明媚的星期天上午我漫步柏林选帝侯大街上的情景；这一切都是独一无二的、不可混淆的、只属于我个人的经历。但是，科学——从本质上说——却并不考察只属于我个人的事情，而是考察那些互为主体性的东西，原则上说，它应该对每个人都有效，而且能接受每个人的检验。在客观既有的、只对科学开放的现实性与主体（我的意识）之间，应该如何建立起一种联系呢？显然，'大脑与意识'问题基本上也就是那个古老的心理物理学问题或身心问题，莱布尼茨及其追随者就曾经专门思考过这个问题。当然，这个问题在20世纪具有了新的形式，因为人们已不再把这两个领域看作完全分离的两个世界了。在哲学人类学和分析哲学中，在主要由赫伯特·菲格尔（Herbert Feigl）重新提出来加以讨论的问题中，'大脑与意识'问题成为争论的焦点。"

当代的重要意见之一来自美国哲学家托马斯·纳格尔（Thomas Nagel）。他在一篇文章的开首写了一句引人注意的话："若没有意识，精神和肉体问题就没有多大意思了。而若把意识也放进来考虑，问题的解决好像就没有了希望。"他举例说，蝙蝠是一种哺乳动物，我们必须承认，它们也有某种形式的意识和经验。不过，蝙蝠的感觉组织与我们所想象的并不一样。他们能够快速和连续地发出（人耳听不到的）高频叫声，它类似于一种超声波回升探测器；当这种叫声碰到周围的物体并出现回声时，它们就能听到回声。它们就通过这种方式迅速判断出周围有什么物体，物体的形状和大小，以及它运动的方向，它们的判断是如此精确，以至于它们能够在黑暗中发现和捕捉到周围飞行的昆虫。倘若我们试图设身处地去体验这种动物的想象世界和经验世界，那必定会失败的。我们不可能真正了解，“做一个蝙蝠究竟是怎么回事”。纳格尔从这个现象中得出如下结论：任何以“还原的”方式解释意识经验的努力必然会失败。

是否能够通过还原的方式解释意识，在这个问题上，至今人们仍然存在争议。纳格尔否定这种可能性，帕特里齐亚·邱奇阑对此持肯定态度，并拿出科学史上的例子作为依据。像进化论和相对论这样的理论，尽管它们与我们心中根深蒂固的观念或直觉是相矛盾的，并且它们看上去也像是先入之见，但是最终它们还是得到了承认。

某些科学家（如弗朗西斯·克里克）表达出了一种理论，他们试图说明大脑是如何产生意识的，或至少想说明，有意识的知觉是如何产生的。譬如，通过视觉细胞的大量“报道”，大脑中就能构造出一个整体形象，然后就能判断出“它是否是一个有敌意的、危险的食肉动物”。参与活动的不计其数的神经细胞组成了一个神经元的网络，并且能够使它们的行为同步发生。

对于这个问题，数学家罗杰·彭罗斯（Roger Penrose）则持一种完全不同的立场。他坚信，在意识的形成过程中，量子物理的变化起着重要的作用，而且只有当我们成功地将相对论和量子论结合到一起，我们才能够揭开这个秘密的谜底。鲁道夫·黎纳斯（Rodolfo Llinas）及其同事则试图从另一个角度解决这个问题，他们认为有一种“振荡子”，在人熟睡的时候，它们会相互脱离，在清醒的状态下，它们又会联结起来。

为此，汉森列举出两种论点作为参考。

一是“笛卡尔主义的戏剧”。这个主题词为我们提供了一个富于启发意义的例子，即现代脑科学研究的结果可能与那些我们本能地认为是理所应当的事情产生明显的矛盾：饭被端上了餐桌。有人将鱼、土豆和蔬菜放到我的盘子里。我看到了这是怎么回事，我也闻到了它的味道。上面冒着蒸汽，这说明饭菜还是热的。我迅速地扫一眼四周就能看出，主人已经开始用餐了。于是我也拿起刀叉开始进餐。在这个简单的日常活动中，隐藏着多么丰富的神经元变化过程啊！我们可以想象，在我们的头脑里必定有一种作决定的主管机关，它会负责协调我们的行为。眼睛、鼻子和手的感官印象——经过相应的处理之后——会在这里汇合到一起，大脑会把这些印象与过去的经验作比较，并最终让我们作出决定（“现在开始进餐”），在切开食物并把食物送进嘴里的这个过程中，胳膊和手的运动也要求大量的神经和肌肉群的一种复杂的相互配合。可是，大脑里的这个人们可以形象地想象成的类似观察者和发号施令者的中央主管机关并不存在！毋宁说，在大脑里发生着一种脑组织之间的极为复杂的相互协调与配合。如果我们仍然宁愿不辞辛苦地打一个比喻，那么就可以说：与其说神经元服从一个独裁者，倒不如说，它们的决定是以一种可以称之为“民主的”方式作出的。既没有一种“笛卡尔主义的戏剧”，也没有一个观察者。

二是“外与内”。托马斯·纳格尔是从一个难点上（或许也是最难的难点上）研究大脑与意识问题的，这个困难的问题就是：对于XX来说，是XX，并且作为XX有某种经历，这是怎么回事？它摸自己会有什么样的感觉？在这里，纳格尔所指的XX是一个动物，它的感官组织以及它眼中的世界与人的极为不同。不过，如果我们不是考虑一个动物，而是考虑另外一个人的话，这个问题依然会存在。（对我来说）我是“我”，这是怎么回事？比如，我正在品尝一种葡萄酒，坐在吧台旁边的我的邻座也在品尝这种葡萄酒，他能够猜测出在我口中这种酒的味道吗？或许他的“口感”与我的很不一样呢？一个我所熟悉的故友知己对一个事物的内心感受我当然是比较容易了解到的，但是，一个陌生人或一个外国人或历史上的某个古人甚或一个大猩猩的内心感受，我却不那么容易了解到，那么一个蝙蝠一个蜗牛或其他的动物呢？或许我们应该认识到，一种生物（在物种上）离我们越远，它眼中的“事物的可感受的特性”，它的知觉、感觉和经历的特殊的、主观的色彩就越不容易被我们所了解；对于人来说，一个人在社会、地理或历史方面离我越远，我也越不容易了解他的主观感受；大自然在进化过程中创造出了各种不同的物种，既创造了人，也创造了一些较高级的动物，而它们作为个体都是独一无二的，在遗传基因和命运上也都各不相同，它们对于世界都有只属于自己的并且也只有自己才真正了解的各不相同的“内在的主观感受”。

这就带来了一个问题，这个问题就是：自然进化的一切造物是不是都有对于世界的“内在感受”？对于人来说，这好像是肯定的，对于较高级的动物来说，这基本上也是可以肯定的。凡是接近过较高级动物的人，没有人会认为它们只是自动机，只是简单地按照一定的规则对某种刺激做出反应。当我看到，我的狗是如何在睡梦中偶尔动弹一下，轻轻地打着呼噜，龇着牙，伸动着爪子，虽然我不知道它到底梦见了什么，但是它正在它的梦中“经历着”某种事情，这一点看来是确定无疑的。在自然进化的阶梯上，究竟有多少造物具备这种能力呢？我们本能地会倾向于认为，那些简单构造的动物不具备这种“有意识的经历的”能力。植物无论如何不具备这种能力，或许那些没有中枢神经的动物也不具备这种能力。不过要注意，蜜蜂并没有中枢神经，但是（正如卡尔·冯·弗里石的研究结果所表明的那样）蜜蜂在方向定位上具备一种显著的能力，而若是没有一定的抽象能力，这种能力则是不可想象的。蜜蜂也显示出具有睡眠和清醒状态，就如我们在人或狗的身上所看到的那样。假如蜜蜂在清醒状态下没有任何意识的话，那么，在它们身上怎么会有睡眠和清醒的区别呢？此外，每一个在生存斗争中想自我保存的有机物必须"懂得"（不是有意识的，但是本能的），什么属于它的身体，什么不属于它的身体，什么是属于外在世界的（有的是对自己有敌意的，有的是可以吃的，有的则是对自己无关紧要的）。也就是说，是不是最简单的有机物也具备区别"我与非我"的能力呢？

最后，汉斯在其书中写道：可以假设，那个"还原法的"尝试——即从大脑中的某种化学的或电子的变化过程出发去解释意识——有一天真的能够成功，然后我们就会了解到，在一个大脑中会发生多么复杂的变化，在这种复杂的变化过程中，一个生物对自己和他周围的世界就有了意识，并拥有一个包含他自己的身体和他的"我"的世界的代理。这将是科学的伟大胜利！但是我们也不应该相信，那个我们人类所面临的难题，那个哲学家们自古以来就苦思冥索的难题因此而得到了解决。即使我们知道，为了制造意识，某些神经元网络是如何用 40 赫兹的频率合作的，可是，难道我们因此就能知道，是什么，或者是谁赋予历史上的伟人们以灵感，让米开朗琪罗创作了他的艺术作品，让莎士比亚写出了他的戏剧和十四行诗，让巴赫、莫扎特和贝多芬创作出了他们的音乐，让伟大的宗教创始人产生了他们的宗教思想吗？是他们自己的大脑吗？还是我们应该相信圣经旧约创世纪里的记载？创世纪里说，虽然人是上帝用"泥土"（物质）创造的，但是人也得到了上帝吹进他身体的

“神的气息”并因此获得了一个“有生命的灵魂”。[①] 可以这样想，这个秘密将会继续存在下去。

《世界哲学史》作为全书的结束语，指出，这里显然涉及五个方面问题范围：人的概念，语言，认识与知识，我们应该做什么，大脑、意识和精神。

一些哲学家强调，上帝这个主题就属于这个范围，因为从整个思想史以及当代的汉斯·昆（Hans Küng，生于 1928 年）和约翰·L. 麦基（John L. Mackie，1917—1989）所讨论的问题来看，情况确是如此。虽然爱德华·O. 威尔逊相信：“是否存在一个宇宙论的上帝，一个宇宙的创造者（如那些自然神论者所认为的那样），这个问题总有一天会得到确认的，或许我们甚至会得到一个关于上帝的明确形象，只是我们今天还无法想象而已。”许多人强调其并不相信这一点。

另一个科学与哲学可以相互协作探讨的主题就是时间。鉴于迄今为止的相对论、量子论和宇宙学已经停止了对这个宇宙之谜的进一步探讨，所以我也不相信，在指日可待的时间里，时间之谜（歌德在他的《普罗米修斯》中说，时间不仅是人类的主宰，而且也是众神的主宰）能够被揭穿。约翰·塞尔（John Searle）也支持了我的这个意见，尽管时间对于我们的意识起着关键作用（我们的意识始终是在时间中自我延伸的），但是塞尔面对时间问题还是觉得无可奈何，他说：“有两个主题对于意识是关键的，但是关于它们我只能说很少的话，因为我对它们的理解还不够充分。其中第一个主题就是时间性……”

通过科学家与哲学家的共同努力，另外一个主题——迄今为止它一直是哲学家们保留的领地，它和“精神”一样看上去

① 参见《圣经·旧约·创世纪 2.7》：“上帝用地上的尘土造了一个‘人’，然后，把生命之气吹入他的鼻孔，人就成了有生命的生物。”——译者。

都是自然科学难以进入的领域——或许会变得更加明朗起来，这里指的就是自由（意志自由）的现象。汉斯讲，在这种积极的期待中，我通过胡伯特·马克尔（Hubert Markl）而得到了精神上的支持，他问道："什么东西使得人类从灵长目动物到人的自然进化历史的生物过程变得如此无与伦比，以至于他能够产生出一种本质，即他觉得他在自己的行为上有选择的自由，至少在客观范围内，他看上去有自己作决定的自由？"马克尔认为这个问题原则上是"可以研究的"。即使我们的感觉——我们觉得自己能够在特定的处境下自由作出决定——被证明是一种幻觉，那么这种幻觉在它的形成条件上也需要一种自然科学的解释。因为——如马克尔所说——即使我们长久地没有能力解释主宰实在世界的因果律的束缚与不容推卸的内心的道德自由的感觉之间的矛盾，我们仍然能够去研究，我们的本性是如何向我们打开了一扇自由的大门。如果生物学也需要我们对最高的精神能力和灵魂的自我经验发表意见的话，难道这应该作为一种还原主义而遭到拒绝吗？在马克尔看来不应该——因为"当人们解释实在性来源的时候，实在性并不会消失"[①]。

5. 要有灵性的出现，不能只有理论逻辑，也不是单纯的认识论问题；需要有艺术韵律、技术程序、道德伦理等等都融化于其中的心灵，需要真美益善都融于其中。这里的"融化"是要紧的。例如，"中国梦"就是真美益善的融化，是升华；它不是单纯在理论逻辑层面、不是单纯在伦理道德层面、不是单纯在技术程序层面、不是单纯在艺术韵律层面，而是它们一起融化了的升华。不是任何梦都是有意义的、有功用的、有价值的，有空想的梦、有黄粱梦、有恶作剧的梦。融化了真美益善而升

① 参见［德］汉斯·约阿西姆·施杜里希：《世界哲学史》（第17版），吕叔君译，山东画报出版社2006年版，第526～531页。

华，才有灵性。心灵建立于科学实践，要成为伟大的社会实践。梦境融汇于心理，融会于社会心理，它在融汇中溢于言表和行为，溢于社会行为、社会实践；很重要的在于，它是融合了的超越。中国人民向往着实现“中国梦”的超越。

（七）我在上世纪 90 年代写的《塑造论哲学导引》一书的最后部分专门援引了当代大量文献论述道：由于世界范围的信息处理的能力变得越来越复杂、密切，社会的联系显得越来越依赖于地球的“神经系统”。“信息网络”似乎正是这些“神经”的构成。“地球大脑”的神经系统越来越完善越来越敏捷。20 世纪后半叶就有学者指出，全球的数据处理能力每两年半提高一倍。如果这一增长速率继续下去，全球通信网络有可能在 21 世纪与人脑相匹配。如果今后这段时间短得似乎难以置信的话，那么大概是因为我们现在没人能够真正想到其增长速度有多快。这一切带来的变化将是如此之大，以致它们造成的影响是我们想象不到的。我们再也不会感到自己是孤立的个体。我们会确确实实地感到，我们自己是迅速一体化的全球网络的组成部分，是觉醒的地球大脑的神经细胞。如果进化确实使世界跨入高度协同的社会，生活会是什么样子呢？有的学者作了这样的列举：第一，高度协同的本质是个体的目标与整体系统的需要相协和。结果，使系统中各元素之间及这些元素和整个系统之间的不协调达到最低限度。第二，高度协同社会的到来要经过广泛的从自我获得意识到普遍“自我”意识的转变。结果，人们会像“感觉到”自己身体一样感觉到世界的其他部分。这会对人们处理外界事物的方法产生重要影响。现在我们中的多数人都对故意伤害自己身体的念头——比如，剁掉一根指头，有一种本能的反感。这是由于我们从内心深处知道那指头是我们身上的一部分。如果人们开始对身外的世界有相同的感觉方式，就会不仅仅作为理智的理解，而且作为直接的不可避免的知觉，就像了解自己身体的一部分那样了解世界的各个方面。于是人们就会发现，为了短期目标疯狂地大批毁坏森林就犹如砍掉手指一样，因为这是有害的或者是妨碍人类生存的。人类将开始一种自身与环境更为协调一致的生活。第三，在高度协同的社会中，社会对增长的态度将发生重大的变化。现在多数人占优势的是注重物质方面的增长。在向更高级意识状态的普遍转移中，人们会看到一种更加广泛的增长。这里特别包括着个性的和社会的全面增长。人们可能扭转各种不适当的浪费现象以及经常的破坏行为。人们的行为将能够更多地遵循社会的总需求而不只是个人的自我需求。此外，高级意识状态的广泛传播将产生一个人们普遍把精神价值接受为自己生活一部分的社会。自我开发和内心精神发展会被当作全体人类努力的合理归宿以及我们继续进化的基础。然而，人类和身外环境互相协调并不意味着人们将在行为和需求上都变得很相似，你身体内的细胞不必变成相似的，但可以使你有一个健康的器官。自我，体现在更深的水平上。在高度协同的社会中，人及其兴趣的多样会更加丰富。的确，人们从归属和符合某种规范的心理需要中解放出来，就能更加随意地表达个性。人们不是趋向于变得更加相同，而是增加了多样性。这将被看成是一个进化着的有机社会的健康和创造性的表现。同样，在各地域也不会失去多样性。其中的差异增加倾向绝不会与更大规模的整体相抵触。就像在我们自己的身体内部心脏、肺、肾以及肝的功能都有高度自主的功能，同时又一起作为更大整体的一部分进行工作一样；所以，在高度协同的社会中，会走向从个体到家庭、团体、民族以至全世界的层次上的自主性与合作性间的综合协调。

就这一论题讲，当然还应涉及更广泛的因素，但这毕竟都显示着：大自然的灵性使人的行为带上灵性，人的意识的灵性又给予大自然，这形成着在灵性上的统一。人所塑造而成的任何一种与自然熵减一致的塑造之物，都体现着这种灵性，它既是人之显意识的，又成为超意识的。只有在自然塑造人和人塑造自然中让“灵性”贯通于其中，才能使人与自然、人与人、人与社会相辅相成。这一切有赖于人的意识，同时又超越于人的意识，要实现显意识与潜意识的统一，有意识与无意识的统一，实现有灵性的人与自然与社会的灵性的统一。英国化学家詹姆斯·罗夫洛克由地球是生命系统，提出使用 Gaia Hypothesis 一词为生态命名，以示对古希腊神话中“大地之母”女神该娅的赞美。该娅显示出一切生命系统都拥有的特征：共生状态（homeostasis）。这一术语来自希腊文，有“使之保持同一”之意，它是由 19 世纪法国生理学家克劳德·伯纳德首先引用的。伯纳德指出：“一切生命机制，无论其差异如何，都只有一个共同的目的：维持生命条件使之稳定不变。”人的意识本身与该娅相统一，便可共同形成一种人类社会与自然相统一的社会超有机体。这是一种“多组织的有机体”。就此有学者用了“超社会有机体”这个概念。人类社会诸因素是极为多样化并且是专业化的，由许多种不同的类型组成，每种类型都能对整体起着作用。在组成社会的各种团体中，每个人虽然作为“细胞”，但仍然保留相当大的独立性。转化成社会超有机体，在本质上意味着社会变成了更加一体化的有生命系统。但这似乎导致了个体更大的自由度和个体上的自我表现力。当然，在历史发展过程中，非文明会在过程中与文明相抗衡，而文明总是战胜非文明。

总之，在超社会有机体中，应当既有每个人的个性全面发展，又形成一个有机的社会整体。马克思提出的建立在自由人联合体基础上的共产主义社会设想，是指向社会超有机体的。马克思讲道："共产主义是对私有财产即人的自我异化的积极的扬弃，因而是通过人并且为了人而对人的本质的真正占有；因此，它是人向自身、也就是向社会的即合乎人性的人的复归，这种复归是完全的复归，是自觉实现并在以往发展的全部财富的范围内实现的复归。这种共产主义，作为完成了的自然主义，等于人道主义，而作为完成了的人道主义，等于自然主义，它是人和自我界之间、人和人之间的矛盾的真正解决，是存在和本质、对象化和自我确证、自由和必然、个体和类之间的斗争的真工正解决。它是历史之谜的解答，而且知道自己就是这种解答。"①

马克思由此指出：这时，"单个人才能摆脱种种民族局限和地域局限而同整个世界的生产（也同精神的生产）发生实际联系，才能获得利用全球的这种全面的生产（人们的创造）。各个人的全面的依存关系、他们的这种自然形成的世界历史性的共同活动的最初形式，由于这种共产主义革命而转化为对下述力量的控制和自我驾驭，这些力量本来是由人们的相互作用产生的，但是迄今为止对他们来说都作为完全异己的力量威胁和驾驭着他们。"② 马克思还说，共产主义和所有过去的运动不同的地方在于：它推翻了一切旧的生产关系和交往关系的基础，并且破天荒第一次自觉地把一切自发产生的前提看作是先前世世代代的创造，消除这些前提的自

① 马克思：《1844年经济学哲学手稿》，《马克思恩格斯文集》（第42卷），人民出版社2009年版，第184～185页。

② 马克思、恩格斯：《德意志意识形态》，《马克思恩格斯文集》（第1卷），人民出版社2009年版，第541～542页。

发性，使其成为联合起来的个人并由之所支配。“共产主义所造成的存在状况，正是这样一种现实基础，它使一切不依赖于个人而存在的状况不可能发生，排除一切不依赖于个人而存在的东西，因为这种存在状况只不过是各个人之间迄今为止的交往的产物”①。总之，“每一个单个人的解放的程度是与历史完全转变为世界历史的程度一致的”②。

马克思主义强调，人类社会向更高文明发展，最根本的在于由生产力生产关系、经济基础上层建筑、社会存在社会意识的矛盾运动，在不断解决这些矛盾中前进。在历史发展中，关于人及社会发展的观念及其标准受一定的生产力和生产关系、经济基础和上层建筑、社会存在和社会意识的影响和制约，它们既是人类认识水平和社会发展水平的反映，也随着人类认识水平和社会发展水平的改变而改变。人类的实践本性决定了，人是不会满足于现状的，人总是有一种超越现实的理想和追求。③

这种“超越”意味着，体现为关于市场与计划之价值的经济的升华，以及体现为法制和法治之法律的政治的消解，直接就显现其关于社会文化的文明形态，而省略了政治、经济这样作出区分的外化形态，直接指向着文明社会的文化或者说指向着社会的文化文明。这是哲学所指向的，这是塑造论哲学重在揭示的，这是朝着塑造论哲学关于“超越”这一概念的说明时所描述的、朝着未来社会的指向。

---

① 马克思、恩格斯：《德意志意识形态》，《马克思恩格斯文集》（第1卷），人民出版社2009年版，第574页。

② 马克思、恩格斯：《德意志意识形态》，《马克思恩格斯文集》（第1卷），人民出版社2009年版，第541页。

③ 参见周光辉：《政治文明的主题：人类对合理公共秩序的追求》，《社会科学战线》2003年第4期；《新华文摘》2003年第12期。

结语：关于塑造论哲学之社会学哲学论证的结论

（一）就全书整个体系而言，重要的在于，这里展开了三个“何以可能”：一是“形而上学”何以可能；二是“双向塑造”何以可能；三是“负熵价值论”何以可能。

详细说，是由“三个论证”论证“三个确立”：一是在论证塑造论哲学如何成为可能之中，确立哲学形而上何以可能；二是在论证“自然塑造人”“人塑造自然”的“双向塑造”如何成为可能之中，确立塑造论哲学何以成为可能；三是在论证“塑造论哲学”如何成为可能之中，确立“负熵价值论”何以成为可能。

塑造论哲学由追溯原始崇拜的形而上、宗教信仰的形而上，论证了努力建立于科学之上的形而上。塑造论哲学由形而上与形而下的关系，论证了形而下之世界的实在和成就。其中，在形而上与形而下之间，强调了三个中介，一是“延异”与“到得”，二是“时间”“空间”，三是“塑造单子”。这里，对于“延异”与“到得”特别指向着“‘是’‘在’”“‘诚’‘成’”由形而上到形而下；对于“时间”“空间”特别指向着“实在”“成就”之中的由形而上到形而下；对于“塑造单子”特别指向着“真”“善”“益”“美”由形而上到形而下，指向着经济、政治、社会。

这里实现着：第一，“‘是’‘在’”“‘诚’‘成’”协调，中西哲学统一于一个体系，成为可能；第二，形而上统摄于形而下、形而下支撑着形而上，成为可能；第三，人文科学、社会科学、自然科学统一成为可能。

（二）《塑造论哲学导引》由塑造单子和谐的思想，对哲学与科学的关系作出了论述，强调：从学问的角度说，哲学是追问形而上的，科学是探究形而下的。这里，就单子圆的两种运转来讲，作为形而上向形而下的显露，可认为是哲学向科学显露的轨迹；作为形而下依形而上的潜生，可认为是科学依哲学潜生的轨迹。

由此便可确定科学与哲学或哲学与科学的关系：

科学只有在塑造单子中处于能达到圆满时，才潜生为真正的哲学，这才形成科学支持着的哲学；哲学只有在塑造单子达到圆满时，才能显露为真正的科学，这才形成哲学统摄着的科学。

科学只有被哲学所理解才能真正成为科学，但哲学本身不等于就是科学学科；哲学只有被科学所支持才能真正成为被理解的，但科学本身又不等于就是哲学。如果把科学学科当成哲学，就会产生哲学的非哲学化倾向，而要确立哲学，又必须有科学的支持。哲学体系是借助于科学才成为科学的哲学体系，通过科学语言才能表达出哲学，但哲学并不是科学理论本身，而是塑造单子的“圆满”。这里，就要借助于“塑造单子”各条（A、B、C、D）线两个方向运转刻画的那种关系，就如何才得以指向“圆满”、如何才成为可能或讲“何以可能”作出哲学论证。

所以，哲学必须抓住“塑造单子”，追问两个运转的协调统一，这才能实现基于科学的哲学潜生和基于哲学的科学显露。因此，真正展开哲学体系，就必须抓住塑造单子就其中刻画的某种具体关系为细胞来显露各门科学与哲学的关系。

由以上哲学原理，首先，塑造论哲学强调了哲学方法实现于哲学史之中，这是第一个层次。其次，塑造论哲学在揭示理论、艺术、技术、伦理这几个领域的悖论之后，对这些领域以塑造单子及其和谐为基础，进行解析，这是第二层次。第三层次，是进入关于塑造论哲学之经济学哲学论证、塑造论哲学之政治学哲学论证、塑造论哲学之社会学论证。即从经济人悖论说起，特别证明经济必然性的情况；从政治人悖论说起，特别证明政治必然性的情况；从社会人悖论说起，特别证明社会必然性的情况。《塑造论哲学之社会学哲学论证》一书，作为塑造论哲学之社会学哲学论证的论著，主要是从揭示社会人悖论说起，来证明社会必然性的问题，对社会学这门学科的基础哲学问题、对社会学何以才能体现社会必然性，作出充分研究和论述。

这种展开了的研究，也是为了把塑造论哲学体系完整地建构起来，既表现了塑造论哲学对社会学结论的统摄，又显示了社会学对塑造论哲学原理的支持。

总而言之，本书所要进行的是塑造论哲学的社会学哲学论证，不是社会学本身也不是通常意义上有人讲的所谓“社会哲学”。不可单独划出来搞一个什么“社会哲学”。也就是说，本书的这种建构既不能直接说就是社会学体系，也不能简单地说是所谓的什么社会哲学体系，而是把塑造论哲学的原理和方法贯彻于社会学为其提供解决自身难题的哲学基础体系。这里依塑造论哲学原理通过塑造单子解析为社会学提供寻求必然性证明的基础，同时又是依塑造单子实现两大系列的证明和证实，这是对必然性何以可能的证明，是对塑造论哲学加以证实，使塑造论哲学体系完成得更加彻底。

概括全书，要回到此书开始所讲到的：这里要论证出社会学原理和结论的必然性根据。而要使之实现，须得使之成为塑造论哲学统摄下的关于形而上的形而下显露，同时又成为形而下依形而上的潜生，这才成为被证明和被证实的。

（三）塑造论哲学强调，哲学要追问形而上。这成为哲学区别于其他任何学问或学科的特征。中国古代传统经典中有所谓“形而上者谓之道，形而下者谓之器”之说。古希腊有传统文献标示出有别于物理学的“物理学之上”的题目。诸如此类的提法其实就指出了应当有不同于重在探究形而下之学问而重在追问形而上的学问。

又正如《塑造论哲学导引》指出的，作为体现人类最高智慧的哲学，总是在那里追问普遍必然的“‘是’‘在’”“‘成’‘诚’”。对此，部门科学不主要地加以考虑，而哲学却一定要追问、思考这些问题。当然，这些问题的深化、解决，又有赖于科学的发展。这是因为，形而上是统摄形而下的普照之光，形而下是支持形而上的殊相之火。科学不能离开形而上的统摄，哲学不能离开形而下的支持。如果说科学要在理性导引下探究形而下，那么哲学则要在经验支持中追问形而上。

《塑造论哲学导引》从论述“哲学的元问题”开始，对“哲学何以可能”努力作出回答；对哲学的对象难题、方法难题、体系难题进行元哲学解析。之后，回答“理论逻辑何以可能”“艺术韵律何以可能”“技术程序何以可能”“道德伦理何以可能”。其中，对潜意识形式，即理论逻辑、艺术韵律、技术程序、道德伦理，进行了解析。再后，又对“潜意识＋显意识”的内容，即逻辑＋现象事实、韵律＋形象意蕴、程序＋备件材料、伦理＋性情欲求，进行了论述。这里，各领域均经历着交织进行的两条道路：理论：抽象化和具体化；艺术：典型化和具象化；技术：优选化和具备化；道德：理想化和具在化。详细讲是这样，关于理论：从完整的表象始，蒸发出本质的一般；以最抽象范畴为起点，通过中介上升到具体。关于艺术：从充分的情绪始，升华出情感的代表；以最典型意象为中心，通过神化上升到具象（具体形象）。关于技术：从反复的摸索始，提升出良策的方略；以最优选设计为雏形，通过措施实施为具备（具体备件）。关于道德：从丰富的素质始，陶冶出崇高的德操；以最理想人格为楷模，通过履行上升到具在（具体人在）。当两条道路达到统一，便形成直觉和灵感，形成超意识与无意识的同一。塑造论哲学将这归结于塑造单子达到圆满，这意味着诸因素达到和谐。塑造论哲学将此“基本解析图式”的刻画，作为塑造论哲学向多领域展开的中介图式。

塑造论哲学由“塑造单子”作为向多领域展开的“基本解析图式”，对“塑造单子和谐何以可能”作出回答，从而为实现哲学统摄科学学科，科学学科又支持哲学，作出体系建构。塑造论哲学在逻辑真和艺术美的“底衬”上，特别体现程序益和伦理善而向经济学、政治学延伸，对于“经济的必然性可以可能”“政治的必然性何以可能”作出回答；之后在逻辑真、艺术美、程序益、伦理善共同的综合意义上，对于“文化的必然性何以可能”或综合说对于“社会的必然性何以可能”作出回答。这里的“理论、艺术、技术、道德”以及“经济、政治、社会”，每个领域都经由“无意识—潜意识—显意识—超意识”及“超意识—显意识—潜意识—无意识”的循环，贯彻塑造论哲学实现于哲学方法史连带各门科学学科方法史的见解，由回答“哲学何以可能”而证明“科学何以可能”，由回答“科学何以可能”而证实“哲学何以可能”；使“形而上的哲学”之可能统摄“科学的形而下”成为可能，使“形而下的科学”之可能支持“哲学的形而上”成为可能。这就回到对《塑造论哲学寻引》开始提出的哲学元问题实现证明和证实。

（四）塑造论哲学认为，哲学体系应能展开对所有部门学科加以论证。这体现于塑造论哲学体系拓展到经济学、政治学、社会学各个领域。

《塑造论哲学之经济学哲学论证》这一卷，首先从“塑造论哲学对哲学何以可能的回答”论述起，把经济学涉及的主要方面纳入“塑造单子的基本解析图示”，形成关于经济的“（财富）生产—交换流通—消费（生活）”这样一个解析图式。这是绪论部分的主要内容。然后，沿着“无意识—潜意识—显意识—超意识”分一、二、三篇。第一篇把“无意识”前提作为“前阶”，由此说起。第二篇论述作为“枢纽”的“经济潜意识—经济显意识”关系，就此展开。先由“社会潜意识”层面就作为经济的“‘程序理论’之‘值’的（形式）公设”，就“值（值得、值当）”的“原初（经济）状态”，论述了“经济义利（利益义善）的必然性形式何以可能”；再由“社会潜意识和社会显意识”的关系，解析了经济人悖论，之后就作为经济之“值（值得、值当）”体现于“民生世事”的“义利”，论述了“经济义利的普遍性统摄何以可能”；又在“社会显意识”层面上，就经济的“‘值’体现于‘民生世事’”而指向“经世济民”所显现出来的经济体系，论述了经济何以获“益”至“善”，论述“经济义利体现于效率公平的绩效性显现何以可能”。这是在价值化和体制化的对立统一中实现的和谐性。这里，“看不见的手”和“看得见的手”实现着对于“值（值得、值当）价值”的调节。第三篇关于向“超意识”状态升华，指向着超越。由值（价值）与法（法律）的关系，通过解析“看不见的手”和“看得见的手”及其学说构建史，阐述了“潜意识—显意识”经“对立统一”走向“同一”，从而实现经济发展中的一级级文明，走向和谐与超越。这一系列论证，归结到回答“经济必然性是何以成为可能的”并且是回答“经济学所描述和论证的经济必然性是何以成为可能的”，从而对经济学意义的形而下支持哲学意义的形而上是何以成为可能的，作出结论。

《塑造论哲学之政治学哲学论证》这一卷与《塑造论哲学之经济学哲学论证》相对称，首先从“塑造论哲学对哲学何以可能的回答”论述起，把政治学涉及的主要方面纳入“塑造单子的基本解析图式”，形成关于“政治”的“占有—统治治理—管理”这样一个解析图式。这是绪论部分的主要内容。然后，沿着“无意识—潜意识—显意识—超意识”分一、二、三篇。第一篇把“无意识”前提作为“前阶”，由此说起。第二篇论述作为“枢纽”的“经济潜意识—经济显意识”关系，就此展开。先由“社会潜意识”层面就作为政治的“‘伦理程序’之‘法’的（形式）公设”，就“法（法度、法规）”的“原初（政治）状态”，论述了“政治正义（道义正当）的必然性形式何以可能”；再由“社会潜意识和社会显意识”的关系，解析了政治人悖论，之后就作为政治之“‘法’（法度、法规）”体现于“世情民事”的“正义”，论述了“政治正义的普遍性统摄何以可能”；又在“社会显意识”层面上，就政治的“‘法’体现于‘世情民事’”而指向“布政治世”所显现出来的政治体系，论述了政治何以至“善”获“益”，论述“政治正义体现于自由平等的合法性显现何以可能”。这是在法律化和制度化的对立统一种实现的和谐性。这里，“自然法”和“人为法”实现着对于“法（法度、法规）法律”的调节。第三篇关于向“超意识”状态升华，指向着超越。由法（法律）与值（价值）的关系，通过解析“自然法”和“人为法”及其学说建构史，阐述了“潜意识—显意识”经“对立统一”走向“同一”，从而实现政治发展中的一级级文明，走向和谐与超越。这一系列论证，归结到回答“政治必然性是何以成为可能的”并且是回答“政治学所描述和论证的政治必然性是何以成为可能的”，从而对政治学意义的形而下支持哲学意义的形而上是何以成为可能的，作出结论。

《塑造论哲学的经济学哲学论证》与《塑造论哲学之政治学

哲学论证》可以作姊妹篇。综合二卷的内容，由塑造单子图式，在经济与政治的比照当中，形成这样的具体展开了的范畴表或关系图式：

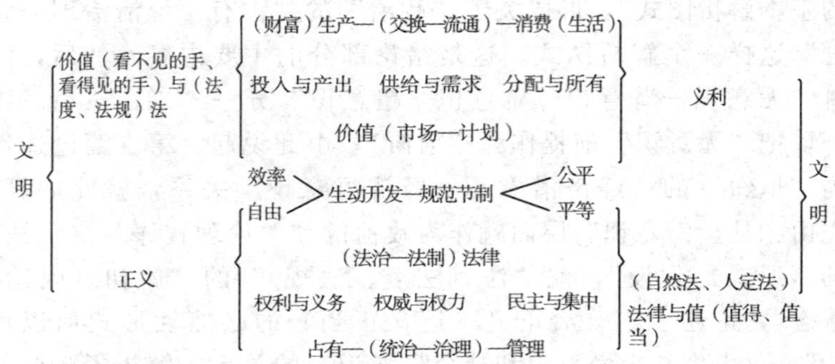

当说到从“无意识”到“有意识”，就“经济”“政治”及“社会”来说，有着一种从形成一般的“值”（“值得”“值当”）“价值”从一般的“法”（“法则”“法规”）向“法律”的演化过程。在此要讲的是，由关于“程序”“伦理”的“一般”到“经济”“政治”与“社会”的“程序伦理”“伦理程序”。这就生成了涉及形式“义利”“正义”“诚是”的“伦理程序”或“程序伦理”，这是在社会行为符号的内化中形成的。是伴随着从无意识到有意识即能有潜意识显意识的人的发展，涉及到社会关系，才形成了人类社会的“社会潜意识”和“社会显意识”。要强调的是，不是在“抽象人”意义上的“意识”而是在社会的“具体人”意义上的意识，是社会人的意识，是社会意识。也就是说，人在潜意识生成中及人类在社会潜意识生长中，其中体现出：“程序”与“伦理”，“法”与“值”或“法度”“法规”与“值得”“值当”，“法、法度、法规”与“法律”，“值、值得、值当”与“价值”，“法律”与“价值”，它们之间有着一种微妙贯通性。这内在着从无意识到有意识即潜意识显意识及从超意识到有意识即显意识潜意识的过程，内在着科学与哲学相互映照过程。当说到从“无意识”到“有意识”，就“经济”“政治”及“社会”来说，有着一种从形成一般的“值”（“值得”“值当”）再向“价值”、从一般的“法”（“法则”“法规”）再向“法律”的演化过程。在此要讲到的是，由关于“程序”“伦理”的“一般”到“经济”“政治”与“社会”的“程序伦理”“伦理程序”，这就生成了涉及形式“义利”“正义”“诚是”的“伦理程序”或“程序伦理”，这是在社会行为符号的内化中形成的。是伴随着从无意识到有意识及能有潜意识显意识的人的发展，涉及到社会关系，才形成了人类社会的“社会潜意识”和“社会显意识”。要强调的是，这是人在潜意识生成中及人类在社会潜意识生长中而形成的关于经济政治社会的显意识。

就“经济”而言，从无意识的无所谓分化，到分化成社会的“经济潜意识”“经济显意识”，再到其在统一中走向同一而实现超越；这正是从“值”（“值得”“值当”）到“价值”再回归到“（‘值当’‘值得’）‘值’”的历程，这正是社会从没分化出商品到出现商品再回归于无所谓商品的历程，其中包括着从社会产品谈不上商品价值到有所谓商品价值再到脱掉商品价值而回归于社会化生产的、直接称作产品的历程。这指向着：从直觉的自生，即从自生的“值”（自生地内在“值得”），到自发的“值”（自发地体现“值当”），进入直觉的“值”（直觉地体现“值得”“值当”）而实现超越。这是历经“自生—自发—自觉”升华于“直觉”，而走向的超越，是社会在发展中各因素愈益走向和谐统一的超越。这走向着统一于“负熵”或“信息”的“有序”而不断焕发有机活力的超越，是使社会文明发展而不断显示出生命生机的超越。

就“政治”而言，从无意识的无所谓分化，到分化或社会的“政治潜意识”“政治显意识”，再到其在统一中走向同一而实现超越；这正是从"'法'（'法则''法度'）"到"法律"再回归到"（'法度''法则'）'法'"的历程，这正是社会从没分化出政治到出现政治再回归于无所谓政治的历程，其中包括着从社会没产生国家到有国家再到国家消亡的历程。这指向着：从直觉的自生，即从自生的"法"（自生地内在"法规"），到自发的"法"（自发地突现"法规"），进入直觉的"法"（直觉地体现"法规""法度"）而实现超越。这是历经"自生—自发—自觉"升华于"直觉"，而走向的超越，是社会在发展中各因素愈益走向和谐统一的超越。这走向着统一于"负熵"或"信息"的"有序"而不断换发有机活力的超越，是使社会文明发展而不断显示出生命生机的超越。

在《塑造论哲学之经济学哲学论证》和《塑造论哲学之政治学哲学论证》之后，《塑造论哲学之社会学哲学论证》这一卷体现了进一步的综合。这里，首先从"塑造论哲学对社会学何以可能的回答"论述起，把社会学涉及的主要方面纳入"塑造单子的基本解析图式"，形成关于社会的"（人口繁衍）生存（活动行为）—交往沟通—（工具符号）建设（进步发展）"这样一个解析图式。这是绪论部分的主要内容。然后，沿着"无意识—潜意识—显意识—超意识"分一、二、三篇。第一篇把"无意识"前提作为"前阶"，由此说起。第二篇论述作为"枢纽"的"社会潜意识—社会显意识"关系，就此展开。先由"社会潜意识"层面，就作为社会的"'真美益善'之'性'的（形式）公设"，就"性（人性、社会性）"的"原初（社会）状态"，论述了"社会在成（社会存在社会生成）的必然性形式何以可能"；再由"社会潜意识和社会显意识"的关系，解析了社会人悖论，之后就作为社会之"性（人性、社会性）"体现于"社情民俗"的"存在""生成"，论述了"社会存在社会生成的普遍性统摄何以可能"；又在"社会显意识"层面上就社会的

“‘性’体现于‘社情民俗’”而指向“社缘会通”所显现出来的社会体系，论述了社会何以达到“真美益善”统一，论述了“社会存在社会生成的和谐性显现何以可能”。这是在习性化和规制化的对立统一中实现的和谐性。这里，“人塑造（自然）社会”和“社会（自然）塑造人”实现着对于“性（人性、社会性）”的调节。第三篇关于向“超意识”状态升华，指向着超越。由值（价值）法（法律）与性（人性、社会性）的关系，通过解析“人塑造（自然）社会”和“社会（自然）塑造人”及其学说建构史，阐述了“社会潜意识—社会显意识”经“对立统一”走向“同一”，从而实现社会发展中的一级级文明，走向和谐与超越。这一系列论证，归结到回答“社会必然性是何以成为可能的”并且是回答“社会学所描述和论证的社会必然性是何以成为可能的”，从而对社会学意义的形而下支持哲学意义的形而上是何以可能的，作出结论。

（五）于此，塑造论哲学之经济的、政治的、社会的哲学论证，形成一个整体。体现于关于此的每卷的绪论及各有关章节中：由塑造论哲学看经济学、政治学、社会学何以可能。这里从塑造论哲学对哲学何以可能的回答说起，解析“塑造单子”在图式中经济、政治、社会诸范畴，及要素构成。

各卷第一篇“前阶：无意识—有意识。从无意识前提说起”，论述了权变性机制中维护性与攻击性、共生性机制中的自立性与依他性，论述了走向人类社会意义的经济、政治、社会何以可能的物种进化前提。

各卷第二篇第一章，在潜意识层面上加以解析。面对经济人行为悖论、政治人行为悖论、社会人行为悖论，论述经济、政治、社会的“程序伦理”“伦理程序”之值、之法、之性的（形式）公设。由此论及经济的值（值得·价值）、政治的法（法则·法律）、社会的性（人性·社会性）。由此论及效率何以可能，公平何以可能，关于效率公平的义利何以可能；论及自由何以可能、平等何以可能，关于自由平等的正义何以可能；论及生动开发何以可能、规范节制何以可能、关于生动开发规范节制的和谐何以可能。总之论及义利（利益、义善）、正义（道义、正当）、在成（社会的在、社会的成）是如何可能的。

各卷第二篇第二章，在潜意识显意识的相互映照中加以解析。经济：值（值得·值当）价值＋世事民生的义利；政治：法（法则·法规）法律＋世情民事的正义；社会：性（人性·社会性）习性＋世俗民情的在成。在此，论述了：（自然生长的）体制→价值，价值→（社会规定了的）体制；价值化体制化相辅相成；经济在投入与产出、供给与需求、分配与所有的对立统一中运行；经济体制经历着不断的完备与更替，其中经历着经济变革，实现于改革与革命。论述了（自然生长的）制度→法律，法律→（社会规定了的）制度；法律化制度化相辅相成；政治在权利与义务、权威与权力、集中与民主的对立统一中运行；政治制度经历着不断的完备与更替，其中经历着政治变革，实现于改革与革命。论述了：（自生的）规制→习性，习性→（社会规定了的）规制；习性化规制化相辅相成；社会在自我与他我、个人与集体、社群与社会的对立统一中运行；社会规制经历着不断完备与更替，其中经历着社会变迁，实现于改革与革命。

各卷第二篇第三章，在显意识层面上加以解析。经济显意识：经世致民→显现出来的经济体系（经济义利的绩效性何以可能）。经济人的显现：经济角色（行为符号），经济之值的显现：价值显现于市场（行为）与计划（符号），经济体制的显现：经济"肌体"（人与物、行为与符号）。政治显意识：布政治世→显现出来的政治体系（政治正义的合法性何以可能）。政治人的显现：政治角色（行为符号），政治之法的显现：法律显现于法制（符号）与法治（行为），政治制度的显现：政治“机器”（“工具”“印章”）。社会显意识：社缘会通→显现出来的社会体系。（社会“在成”“诚是”的“实在”“成就”何以可能）社会人的显现：社会角色（行为符号），社会之性的显现：习性显现于“身体化”与“习性场”，社会规制的显现：社会有机体（“肌体”与“机器”，有生长力的行为与符号）。

各卷第三篇诸章节，论述了：经过经济社会化、社会化经济，政治社会化、社会化政治，人的社会化、社会化的人，生长发育；经济在“看不见的手与看得见的手”（值·值得·价值）的作用中、政治在“自然法与人为法”（法·法则·法律）的作用中、社会在“社会塑造人与人塑造社会”（性·人性·社会性）的作用中；在文明竞争文明交融、文明冲突文明整合、文明翕聚文明开辟之中；在所有制走向社会、国家走向社会、人走向社会的趋势中；即在向社会回归、向人性回归中，实现马克思所说的返回了的人道主义，实现社会性人性的统一。